中华传世藏书

《图文珍藏版》

儒家经典

刘凯⊙主编

线装书局

中华传世藏书

儒家经典

• 图文珍藏本 •

春秋左传

［春秋］左丘明 ◎ 著

导读

　　《春秋左传》又名《左传》，是我国现存最早的编年体史书，我国第一部较为完备的编年体史书。相传为春秋末年的左丘明为解释孔子的《春秋》而作。实际上，成书时间当在战国中期。春秋时期，各诸侯国有史官记录其派驻国的史事，还有称为瞽蒙的盲史官讲述历史，左丘明便是一位盲史官。后人根据左丘明的讲史记录和其他史官留下的各种材料整理成《左传》。记事起于鲁隐公元年(公元前722年)，止于鲁悼公十四年(公元前454年)，比《春秋》记事时间延长了许多。是学习、研究先秦历史、文学、哲学和语言必读的典籍。

隐公

隐公元年

【原文】

元年:春,王正月。

三月,公及邾仪父盟于蔑。

夏,五月,郑伯克段于鄢。

秋,七月,天王使宰咺来归惠公、仲子之赗。

九月,及宋人盟于宿。

冬,十有二月,祭伯来。

公子益师卒。

惠公元妃孟子。孟子卒,继室以声子,生隐公。

宋武公生仲子,仲子生而有文在其手,曰"为鲁夫人",故仲子归于我。生桓公而惠公薨,是以隐公立而奉之。

元年春,王周正月。不书即位,摄也。

三月,公及邾仪父盟于蔑,邾子克也。未王命,故不书爵。曰"仪父",贵之也。公摄位而欲求好于邾,故为蔑之盟。

夏,四月,费伯帅师城郎。不书,非公命也。

初,郑武公娶于申,曰"武姜"。生庄公及共叔段。庄公寤生,惊姜氏,故名曰"寤生",遂恶之。爱共叔段,欲立之。亟请于武公,公弗许。及庄公即位,为之请制。公曰:"制,岩邑也,虢叔死焉,佗邑唯命。"请京,使居之,谓之"京城大叔"。

祭仲曰:"都城过百雉,国之害也。先王之制,大都不过参国之一,中五之一,小九之一。今京不度,非制也。君将不堪。"

公曰:"姜氏欲之,焉辟害?"对曰:"姜氏何厌之有!不如早为之所,无使滋蔓。蔓,难图

《春秋》书影

也。蔓草犹不可除,况君之宠弟乎?"公曰:"多行不义必自毙。子姑待之!"

既而大叔命西鄙、北鄙贰于己。公子吕曰:"国不堪贰,君将若之何?欲与大叔,臣请事之。若弗与,则请除之,无生民心。"公曰:"无庸,将自及。"大叔又收贰以为己邑,至于廪延。子封曰:"可矣!厚将得众。"公曰:"不义不暱,厚将崩。"

大叔完聚,缮甲兵,具卒乘,将袭郑。夫人将启之。公闻其期,曰:"可矣!"命子封帅车二百乘以伐京。京叛大叔段,段入于鄢。公伐诸鄢。五月辛丑,大叔出奔共。

书曰:"郑伯克段于鄢。"段不弟,故不言"弟"。如二君,故曰"克"。称"郑伯",讥失教也。——谓之郑志。——不言"出奔",难之也。

遂寘姜氏于城颍,而誓之曰:"不及黄泉,无相见也!"既而悔之。

颍考叔为颍谷封人,闻之,有献于公。公赐之食。食舍肉,公问之。对曰:"小人有母,皆尝小人之食矣,未尝君之羹。请以遗之。"公曰:"尔有母遗,繄我独无!"颍考叔曰:"敢问何谓也?"公语之故,且告之悔。对曰:"君何患焉?若阙地及泉,隧而相见,其谁曰不然?"公从之。公入而赋:"大隧之中,其乐也融融。"姜出而赋:"大隧之外,其乐也洩洩!"遂为母子如初。

君子曰:"颍考叔,纯孝也。爱其母,施及庄公。《诗》曰:'孝子不匮,永锡尔类。'其是之谓乎?"

秋七月,天王使宰咺来归惠公、仲子之赗。缓,且子氏未薨,故名。天子七月而葬,同轨毕至;诸侯五月,同盟至;大夫三月,同位至;士逾月,外姻至。赠死不及尸,吊生不及哀。豫凶事,非礼也。

八月,纪人伐夷。夷不告,故不书。有蜚,不为灾,亦不书。

惠公之季年,败宋师于黄。公立,而求成焉。九月,及宋人盟于宿,始通也。

冬,十月庚申,改葬惠公。公弗临,故不书。

惠公之薨也,有宋师,大子少,葬故有阙,是以改葬。卫侯来会葬,不见公,亦不书。

郑共叔之乱,公孙滑出奔卫。卫人为之伐郑,取廪延。郑人以王师、虢师伐卫南鄙。请师于邾,邾子使私于公子豫。豫请往,公弗许,遂行。及邾人、郑人盟于翼。不书,非公命也。

新作南门。不书,亦非公命也。

十二月,祭伯来,非王命也。

众父卒,公不与小敛,故不书日。

【译文】

鲁隐公元年春天,周历正月。三月,鲁隐公与邾仪父在蔑地结盟。夏天,五月,郑伯在鄢地打败了共叔段。秋天,七月,周平王派宰夫咺来鲁国赠送鲁惠公和仲子的丧葬礼物。九月,鲁国与宋国在宿国结盟。冬天,十二月,祭伯来到鲁国。鲁国公子益师逝世。

惠公的第一夫人是孟子。孟子死，又娶了声子，生了隐公。

宋武公生了仲子。仲子出生来就有字在手掌上，说"为鲁夫人"。所以仲子嫁给我国，生了桓公，不久惠公就死了，于是隐公摄政以奉戴桓公。

鲁隐公元年春天，王朝周历正月。《春秋》不写鲁隐公即君位，是因为隐公代替桓公理政的缘故。

三月，隐公与邾仪父在蔑地结盟，邾仪父就是邾子克。由于这次结盟不是奉周王之命进行的，所以不标明邾君的爵位。称他为"仪父"，是为了尊重他。隐公代处君位，想跟邾国建立友好关系，所以举行了这次蔑地结盟。

夏天，四月，费伯带领军队建筑郎城。《春秋》不记载这件事，因为筑城不是隐公的命令。

当初，郑武公从申国娶来夫人，称为武姜。武姜生了庄公和共叔段。庄公难产，吓怕了姜氏，所以姜氏给他取名叫寤生，并由此讨厌他。姜氏喜爱共叔段，想要立他为太子，多次向武公请求，武公没有答应。

等到庄公当了国君，姜氏又替段请求制邑这个地方。庄公说："制邑，是个险要的城市，虢叔就死在那里。若是别的都邑，就听从您的命令。"姜氏请求京邑，庄公就让段住到那里，称为京城太叔。

祭仲说："都邑的城墙的周长超过三百尺，就是国家的危害。先王的制度是：大都的城墙不超过首都城墙的三分之一，中等的不超过五分之一，小的不超过九分之一。现在京邑的城墙不合制度，如果不加以制止的话，您将会受不了。"庄公说："姜氏想要这样，我怎么敢逃避危害呢？"祭仲回答说："姜氏有什么满足！不如早点替段另外安排个去处，不要让他继续发展，再发展就难以对付了。杂草蔓延尚且不可除掉，何况是您宠爱的弟弟呢？"庄公说："多做不义的事情，一定会自取灭亡，你姑且等着吧。"

不久，太叔命令西、北两方的边邑在属于郑庄公的同时，也附属于自己。公子吕对庄公说："国家受不了两属的局面。您对这件事将怎么处置？如果想把郑国交给太叔，就请您允许我去侍奉他；如果不准备给他，就请您除掉他。以免让老百姓产生二心。"庄公说："用不着这样，他将自取灭亡。"太叔又将两属的西、北边邑完全收归己有，直达廪延。子封说："应该对付他了，再扩大地盘，将会得到民众。"庄公说："叔段不义，团结不了民众，地盘扩大了将会溃散。"

太叔加固城墙，聚集粮草，修理铠甲兵器，配备步卒兵车，将要偷袭郑国首都。姜氏打算作为内应替他打开城门。庄公闻知他们举事的日期，说："可以解决他了！"命令子封率兵车二百乘去攻打京城。京城百姓反叛太叔段，太叔段逃入鄢城，庄公又发兵到鄢城讨伐他。五月二十三日，太叔出逃到卫国的共邑。

《春秋》记载说："郑伯在鄢城打败段。"因为叔段不像个做弟弟的，所以《春秋》不标称"弟"；因为庄公跟叔段就如同实力相当的两个君侯，所以庄公打败叔段用"克"；称庄

公为"郑伯",是讥讽他对叔段未加教诲。可以说郑庄公有意造成这种结局;不写叔段"出奔",是难说其是主动出奔的。

于是庄公把姜氏放逐到城颍,并且对她发誓说:"不到黄泉之下,不再见你。"不久,又对这个誓言感到后悔。

颍考叔是颍谷城管理边疆的官员,他听说这件事,准备向庄公献策。见到庄公后,庄公赐给他吃的,颍考叔把肉留下不吃。庄公问他为什么这样,他回答说:"我有母亲,我的食物她都吃过了,但没有吃过您赐的肉,请允许我把这些肉留给她吃。"庄公说:"你有母亲可奉送,而我却偏偏没有!"颍考叔说:"斗胆问问,您刚才说的是什么意思?"庄公跟他讲了缘故,并且告诉他自己的悔恨。颍考叔说:"您担忧什么呢? 如果把地挖到见水的深度,然后打个隧道相见,那谁能说不符合誓言?"庄公依从了他。庄公进入隧道就吟诵诗句:"大隧之中,快乐和睦。"姜氏出了隧道也吟诵诗句:"大隧外面,快乐舒坦。"于是他们作为母子就像以前一样。

君子说:"颍考叔真是能行孝道啊! 敬爱自己的母亲,还扩展到了庄公。《诗》说:'孝子行孝不会穷尽,永久赐予你的同类。'大概就是说的这种情况吧!"

秋天,七月,周天子派宰夫咺来赠送鲁惠公和夫人仲子的丧葬礼物。因为来得太迟,而且仲子还没有死,所以写出宰夫的名以示批评。天子死后历七个月安葬,诸侯国参加葬礼。诸侯死后历五个月安葬,建立同盟关系的诸侯国参加葬礼。大夫死后历三个月安葬,地位相同的大夫参加葬礼。士死后超过一月就安葬,具有婚姻关系的亲戚来参加葬礼。赠送死去的人没有赶在安葬之前,慰问活着的人又没有赶在最悲哀的时候,而且预先赠送仲子的丧葬之物,都是不合礼制的。

八月,纪国军队讨伐夷国。夷国没有通报鲁国,所以《春秋》不载。同月鲁国出现了稻飞虱,因为没有造成灾害,所以也没有记载。

鲁惠公晚年,曾在宋国黄邑打败了宋军。鲁隐公摄政后,就跟宋国讲和。九月,鲁国与宋国在宿地订立盟约,两国开始通好。

冬天,十月十四日,改葬鲁惠公。隐公没有以丧主身份参加改葬哭临仪式,所以《春秋》没有记载。

鲁惠公逝世的时候,有宋军侵扰,太子年纪尚小,葬礼本来不完备,所以要改葬。卫侯来参加改葬礼,但没有见到鲁隐公,所以《春秋》没有记载。

郑国共叔段作乱失败的时候,公孙滑逃到了卫国。卫国替公孙滑讨伐郑国,攻取了廪延。郑人率领周王朝和虢国军队攻打卫国南方的边邑。郑国向邾国借兵,邾子派人私下里跟鲁大夫公子豫联系。公子豫请求带兵前去会战,鲁隐公不答应。但公子豫最终还是去了,跟邾国和郑国在翼地订立了盟约。《春秋》不记载,因为这件事不是奉隐公之命而行的。

新建了都城的南门。《春秋》不记载,也是因为这不是隐公的命令。

十二月，祭伯来到鲁国，但不是奉周王的命令。

众父逝世，隐公没有参加小敛，所以《春秋》不写日期。

隐公二年

【原文】

二年：春，公会戎于潜。

夏，五月，莒人入向。

无骇帅师入极。

秋，八月庚辰，公及戎盟于唐。

九月，纪裂𦈡来逆女。

冬，十月，伯姬归于纪。

纪子帛、莒子盟于密。

十有二月乙卯，夫人子氏薨。

郑人伐卫。

二年春，公会戎于潜，修惠公之好也。戎请盟，公辞。

莒子娶于向。向姜不安莒而归。夏，莒人入向，以姜氏还。

司空无骇入极，费庈父胜之。

戎请盟。秋，盟于唐，复修戎好也。

九月，纪裂𦈡来逆女。卿为君逆也。

冬，纪子帛、莒子盟于密。鲁故也。

郑人伐卫，讨公孙滑之乱也。

【译文】

隐公二年春天，隐公跟戎人在潜这个地方相会。夏天，五月，莒国军队侵入向国。鲁卿无骇率领军队进驻极国。秋天，八月庚辰这一天，隐公跟戎人在唐地结盟。九月，纪卿裂𦈡来鲁国迎娶伯姬。冬天，八月，鲁女伯姬嫁到了纪国。纪国子帛跟莒君在密地结盟。十二月十五日。鲁国夫人仲子逝世。郑军攻打卫国。

二年春天，隐公与戎人在潜地相会，是为继承惠公建立的友好关系。戎人请求结盟，隐公推辞了。

莒君从向国娶了向姜，向姜不安心在莒国生活，就回到了向国。夏天，莒国军队挺进向国，抢回了姜氏。

司空无骇进驻极国。费庈父趁机灭亡了极国。

戎人请求结盟。秋天,鲁国跟戎人在唐结盟,再一次重温与戎人的友好关系。

九月,纪国裂𫄨来迎娶隐公的女儿,这是卿来替国君迎娶。

冬天,纪国子帛和莒君在密地结盟,这是为了缓解鲁国和莒国间的不合。

郑军攻打卫国,是为了讨伐公孙滑的叛乱。

隐公三年

【原文】

三年:春,王二月己巳,日有食之。

三月庚戌,天王崩。

夏,四月辛卯,君氏卒。

秋,武氏子来求赙。

八月庚辰,宋公和卒。

冬,十有二月,齐侯、郑伯盟于石门。

癸未,葬宋穆公。

三年春,王三月壬戌,平王崩。赴以"庚戌",故书之。

夏,君氏卒。声子也。不赴于诸侯,不反哭于寝,不祔于姑,故不曰"薨"。不称夫人,故不言葬,不书姓。为公故,曰"君氏"。

郑武公、庄公为平王卿士。王贰于虢,郑伯怨王;王曰:"无之。"故周、郑交质。王子狐为质于郑,郑公子忽为质于周。王崩,周人将畀虢公政。四月,郑祭足帅师取温之麦。秋,又取成周之禾。周、郑交恶。

君子曰:"信不由中,质无益也。明恕而行,要之以礼,虽无有质,谁能间之? 苟有明信,涧、溪、沼、沚之毛,苹、蘩、蕰、藻之菜,筐、筥、锜、釜之器,潢污、行潦之水,可荐于鬼神,可羞于王公;而况君子结二国之信,行之以礼,又焉用质?《风》有《采蘩》《采苹》,《雅》有《行苇》《泂酌》,昭忠信也。"

"武氏子来求赙",王未葬也。

宋穆公疾,召大司马孔父而属殇公焉,曰:"先君舍与夷而立寡人,寡人弗敢忘。若以大夫之灵,得保首领以没,先君若问与夷,其将何辞以对? 请子奉之,以主社稷。寡人虽死,亦无悔焉!"对曰:"群臣愿奉冯也。"公曰:"不可! 先君以寡人为贤,使主社稷。若弃德不让,是废先君之举也,岂曰能贤? 光昭先君之令德,可不务乎? 吾子其无废先君之功!"使公子冯出居于郑。八月庚辰,宋穆公卒,殇公即位。

君子曰:"宋宣公可谓知人矣! 立穆公,其子飨之,命以义夫!《商颂》曰:'殷受命咸宜,百禄是荷。'其是之谓乎!"

"冬,齐、郑盟于石门",寻卢之盟也。庚戌,郑伯之车偾于济。

卫庄公娶于齐东宫得臣之妹,曰庄姜,美而无子,卫人所为赋《硕人》也。又娶于陈,曰厉妫,生孝伯,早死。其娣戴妫,生桓公,庄姜以为己子。

公子州吁,嬖人之子也,有宠而好兵。公弗禁。庄姜恶之。石碏谏曰:"臣闻爱子,教子以义方,弗纳于邪,骄、奢、淫、泆,所自邪也。四者之来,宠禄过也。将立州吁,乃定之矣;若犹未也,阶之为祸。夫宠而不骄,骄而能降,降而不憾,憾而能眕者,鲜矣。且夫贱妨贵,少陵长,远间亲,新间旧,小加大,淫破义,所谓六逆也。君义,臣行,父慈,子孝,兄爱,弟敬,所谓六顺也。去顺效逆,所以速祸也。君人者,将祸是务去,而速之,无乃不可乎?"弗听。其子厚与州吁游,禁之不可。桓公立,乃老。

【译文】

鲁隐公三年春天,周历二月初一日,发生日食。三月十二日,周天子平王逝世。夏天,四月二十四日,君氏逝世。秋天,武氏的儿子来鲁国征求助丧财物,八月十五日,宋穆公逝世。冬天,十二月,齐侯、郑伯在石门结盟。同月二十日,安葬宋穆公。

鲁隐公三年春天,周历三月二十四日,周平王逝世。因为讣告说是庚戌日,所以《春秋》就记载为十二日。

夏天,君氏逝世。君氏就是隐公的母亲声子。声子死后没有讣告诸侯,安葬后没有到祖庙返哭,又没有把神主放在婆婆的神主旁边,所以不能叫"薨"。没有称她"夫人",所以不记载葬事,也不标称姓氏。但由于她是隐公的生母,尊称她为"君氏"。

郑武公和郑庄公是周平王的执政卿士。周平王想同时委政给西虢公。郑庄公因此怨恨平王。周平王说:"没有这样的事。"所以周朝和郑国互相以人质做抵押。周平王的儿子狐到郑国做人质,郑庄公的太子忽到周朝做人质。周平王逝世后,周人又想将政权委任西虢公。夏历四月,郑国派祭足率领军队割取了王畿小国温的麦子。秋天,又收取成周的谷子。周、郑由此相互怨恨。

君子说:"信任不是发自内心,用人做抵押也没有益。行为明智、宽厚,用礼来约束,即使没有人质,谁又能离间他们? 如果有明显的诚信,即使是涧溪小沟或沼泽池塘中生产的苹、蘩、蕴藻之类的野菜,即使是筐、筥、锜、釜这些平常器皿所装的积水,都可以拿来进献给鬼神和王公,何况君子缔结国与国之间的信任呢? 只要按照礼义来做,又哪里用得着人质?《诗经》中的《国风》有《采蘩》《采苹》二诗,《大雅》有《行苇》《泂酌》二诗,都是用来表彰忠信的。"

武氏的儿子来征求助丧的财物,是因为周平王尚未下葬。

宋穆公得病,召来大司马孔父,把殇公嘱托给他。穆公说:"先君不立他的儿子与夷,却立我为君,我不敢忘记这种德行。如果我托您的福,能够保全尸首而死,先君见到我若问起与夷,我将用什么话来回答呢? 希望您辅助他,以统治国家。如此,我即使死了,也

没有什么悔恨了。"孔父回答说："群臣希望辅助您的儿子冯即位。"穆公说："不行。先君认为我贤，让我主持国家。我如果抛弃先君的恩德而不把君位让给他的儿子，那就是败坏先君的德举，怎么能算贤？ 发扬先君善德的事，能不加紧实行吗？您还是不要败坏先君的功德吧！"于是，让公子冯出居到郑国。八月十五日，宋穆公逝世，宋殇公与夷即位。

君子说："宋宣公可说是了解人了，立穆公为君，自己的儿子也享受到好处。这是依据道义来命令的啊！《商颂》说：'商授命都合乎道义，所以得到许多福禄。'大概说的就是这种情况吧！"

冬，齐国和郑国在石门会盟，这是为了巩固在卢地结盟的友好关系。郑伯的车倒在济水里。

卫庄公从齐国娶了夫人，就是太子得臣的妹妹，叫庄姜。庄姜漂亮却没有生儿子，所以卫国人替她创作了《硕人》这首诗。卫庄公又从陈国娶夫人，叫厉妫，生了孝伯，但孝伯死得早。厉妫的妹妹戴妫，生了桓公，庄姜把桓公当作自己的儿子。

卫国的公子州吁，是国君宠妾所生的儿子。州吁依仗宠爱，喜好摆弄刀枪，卫庄公对他不加禁戒。庄姜因此而怨恨。卫大夫石碏劝诫庄公说："我听说如果喜爱孩子，就用道义教育他，不要让他陷入邪恶。骄横、奢移、淫乱、放纵，是产生邪恶的温床。这四种坏品行的形成，又是因为恩宠太过的缘故。如果您要立州吁为太子，就赶快确定他的地位；如果还拖延不决，就会成为祸患的台阶。受到恩宠却不骄横，骄横惯了却甘愿地位下降，地位下降了却不怨恨，心里怨恨却能在行为上加以克制，这样的人实在太少。而且，低贱的人妨害高贵的人，年小的侵辱年长的，疏远的离间亲近的，时间短的取代时间长的，势力小的凌驾势力大的，淫乱的败坏道义的，这就是所谓的'六逆'——六种悖理的行为。君侯仁义，臣子奉行，父亲慈祥，儿子孝顺，兄长爱抚，弟辈恭敬，这是所谓的'六顺'——六种合理的行为。抛弃合理的而去仿效悖理的，这是招致祸患的原因。做人家君侯的人，希望务必除去祸患，而您却招它来，这恐怕不行吧？"卫庄公不听。石碏的儿子石厚跟州吁交好，石碏禁止他们往来，没有成功。卫桓公即位以后，石碏怕牵连自己，就告老退休了。

隐公四年

【原文】

四年：春，王二月，莒人伐杞，取牟、娄。

戊申，卫州吁弑其君完。

夏，公及宋公遇于清。

宋公、陈侯、蔡人、卫人伐郑。

秋,翚帅师会宋公、陈侯、蔡人、卫人伐郑。

九月,卫人杀州吁于濮。

冬,十有二月,卫人立晋。

四年春,卫州吁弑桓公而立。

公与宋公为会,将寻宿之盟,未及期,卫人来告乱。

夏,公及宋公遇于清。

宋殇公之即位也,公子冯出奔郑,郑人欲纳之。及卫州吁立,将修先君之怨于郑,而求宠于诸侯,以和其民;使告于宋,曰:"君若伐郑,以除君害,君为主,敝邑以赋与陈、蔡从,则卫国之愿也。"宋人许之。于是陈、蔡方睦于卫,故宋公、陈侯、蔡人、卫人伐郑,围其东门,五日而还。

公问于众仲曰:"卫州吁其成乎?"对曰:"臣闻以德和民,不闻以乱。以乱,犹治丝而棼之也。夫州吁阻兵而安忍。阻兵无众,安忍无亲。众叛亲离,难以济矣。夫兵,犹火也,弗戢,将自焚也。夫州吁弑其君,而虐用其民,于是乎不务令德,而欲以乱成,必不免矣。"

秋,诸侯复伐郑。宋公使来乞师,公辞之。羽父请以师会之,公弗许。固请而行,故书曰:"翚帅师",疾之也。诸侯之师败郑徒兵,取其禾而还。

州吁未能和其民,厚问定君于石子。石子曰:"王觐为可。"曰:"何以得觐?"曰:"陈桓公方有宠于王。陈、卫方睦,若朝陈使请,必可得也。"厚从州吁如陈。石碏使告于陈曰:"卫国褊小。老夫耄矣,无能为也。此二人者,实弑寡君,敢即图之。"陈人执之,而请莅于卫。九月,卫人使右宰丑莅杀州吁于濮,石碏使其宰獳羊肩莅杀石厚于陈。

君子曰:"石碏,纯臣也。恶州吁而厚与焉。'大义灭亲',其是之谓乎!"

卫人逆公子晋于邢。冬,十二月,宣公即位。书曰"卫人立晋",众也。

【译文】

鲁隐公四年春天,周历二月,莒国军队攻伐杞国,夺取了杞国的牟娄城。三月十六日,卫国州吁杀了他们的国君完。夏天,鲁隐公和宋殇公在卫国的清地临时会见。宋公、陈侯及蔡国、卫国的大夫率领各自的军队一起攻伐郑国。秋天,鲁公子翚率领鲁军会同宋公、陈侯及蔡、卫大夫一起再次攻伐郑国。九月,卫国人在濮地杀死了州吁。冬天,十二月,卫国人立晋为新君。

鲁隐公四年春天,卫国的州吁杀了卫桓公而自立为国君。

隐公和宋殇公筹备会见,打算重温宿地结盟的友好。还未到预定日期,卫国人来通报国内叛乱。

夏天,隐公与宋殇公在清地临时会见。

宋殇公即位的时候,公子冯逃亡到郑国。郑国想要送他回国。等到卫国州吁自立为

君,打算向郑国报复前代国君结下的怨仇,并向诸侯国讨好,以便安定卫国的人民。因此,州吁派人告诉宋国说:"君侯若愿攻打郑国,以消除君侯的祸害,就请您作为主人,敝邑发兵,与陈、蔡两国军队从属于您,这是我们卫国的愿望。"宋国答应了。当时陈、蔡两国正与卫国友好,所以宋公、陈侯、蔡人、卫人联合攻打郑国。包围郑国都城的东门,五天以后才回。

隐公问众仲道:"卫国的州吁会成功吗?"众仲回答说:"我听说用德行安定百姓,未曾听过用动乱的。用动乱来安定百姓,就好像要整理乱丝却把它弄得更纷乱了一样。州吁这个人,依仗武力而安于残忍。依仗武力就没人拥护;安于残忍就无人亲近。大众背叛,亲信离去,难以成功啊!武力这东西,就像火一样,不收敛的话,就会焚烧自己的。州吁杀了他的国君,又残暴地使用他的民众,在这种情况下还不施行美德,却想要凭借战乱来取得成功,一定不能免去祸患了。"

秋天,诸侯再次攻打郑国。宋殇公派人来鲁国请求出兵援助,隐公推辞了。羽父请求让他带兵跟诸侯会战,隐公不同意。羽父坚决请求,终于带兵而去。所以《春秋》上记载说:"翚帅师。"这是表示憎恶他。诸侯联军打败了郑国的步兵,掠取了那里的谷子才回来。

州吁没有能够安定卫国民众,石厚向父亲石碏请教稳固州吁君位的办法。石碏说:"朝见天王就能取得合法地位。"石厚问:"怎样才能朝见天王呢?"石碏说:"陈桓公正得到天王宠爱,而陈国、卫国正相友好,如果先朝见陈君,让陈君替卫国请求,一定能够办到。"石厚陪着州吁到了陈国。石碏派人告诉陈国说:"卫国狭小,我年纪又老了,不能干什么了。就是这两个人杀了我们的国君,斗胆请你们趁机对付他们。"陈国人捉住了州吁和石厚,就请卫人自来陈国讨伐他们。九月,卫国派右宰官丑来到陈国,在濮地处决了州吁。石碏也派他的宰臣獳羊肩到陈国杀死了石厚。

君子说:"石碏是个真正的臣子啊!痛恨州吁,把自己的儿子石厚也牵连进去。所谓'大义灭亲',恐怕就是说的这种情况吧!"

卫人从邢国接回公子晋。冬天,十二月,卫宣公即位。《春秋》上记载"卫人立晋",是因为立晋为君反映了众人的意愿。

隐公五年

【原文】

五年:春,公矢鱼于棠。

夏,四月,葬卫桓公。

秋,卫师入郕。

九月，考仲子之宫。初献六羽。

邾人、郑人伐宋。

螟。

冬，十有二月辛巳，公子驱卒。

宋人伐郑，围长葛。

五年春，公将如棠观鱼者。臧僖伯谏曰："凡物不足以讲大事，其材不足以备器用，则君不举焉。君，将纳民于轨、物者也。故讲事以度轨量，谓之'轨'；取材以章物采，谓之'物'；不轨不物，谓之乱政。乱政亟行，所以败也。故春蒐、夏苗、秋狝、冬狩，皆于农隙以讲事也。三年而治兵，入而振旅，归而饮至，以数军实。昭文章，明贵贱，辨等列，顺少长，习威仪也。鸟兽之肉不登于俎，皮革、齿牙、骨角、毛羽不登于器，则公不射，古之制也。若夫山林、川泽之实，器用之资，皂隶之事，官司之守，非君所及也。"公曰："吾将略地焉。"遂往，陈鱼而观之。僖伯称疾，不从。书曰"公矢鱼于棠"，非礼也，且言远地也。

曲沃庄伯以郑人、邢人伐翼，王使尹氏、武氏助之。翼侯奔随。

夏，葬卫桓公。卫乱，是以缓。

四月，郑人侵卫牧，以报东门之役。卫人以燕师伐郑，郑祭足、原繁、洩驾以三军军其前，使曼伯与子元潜军军其后。燕人畏郑三军而不虞制人。六月，郑二公子以制人败燕师于北制。君子曰："不备不虞，不可以师。"

曲沃叛王。秋，王命虢公伐曲沃，而立哀侯于翼。

卫之乱也，郕人侵卫，故卫师入郕。

九月，考仲子之宫，将万焉。公问羽数于众仲。对曰："天子用八，诸侯用六，大夫四，士二。夫舞，所以节八音而行八风，故自八以下。"公从之。于是初献六羽，始用六佾也。

宋人取邾田。邾人告于郑曰："请君释憾于宋，敝邑为道。"郑人以王师会之，伐宋，入其郛，以报东门之役。

宋人使来告命。公闻其入郛也，将救之，问于使者曰："师何及？"对曰："未及国。"公怒，乃止，辞使者曰："君命寡人同恤社稷之难。今问诸使者，曰'师未及国'，非寡人之所敢知也。"

冬十二月辛巳，臧僖伯卒。公曰："叔父有憾于寡人，寡人弗敢忘。"葬之加一等。

宋人伐郑，围长葛，以报入郛之役也。

【译文】

五年春天，鲁隐公到棠地让人演示捕鱼。夏天，四月，卫国安葬卫桓公。秋天，卫国军队侵入郕国。九月，为仲子的宫室落成举行祭典。首次表演六佾乐舞。邾国、郑国联合攻打宋国。螟害成灾。冬天，十二月二十九日，公子驱逝世。宋军攻打郑国，围困郑邑长葛。

五年春天，鲁隐公打算到棠地去观赏渔人捕鱼。臧僖伯劝道："大凡物质，不能用来演习祭祀或军事，材料不能用来制作礼器和兵器，那君王就不取用。君王，是要把人民纳入'轨'、'物'的人。演习大事来端正法度叫作'轨'，选取材料来显示礼仪叫作'物'，国君的举动不合'轨'不合'物'就叫作'乱政'。多次施行'乱政'，就是国家衰败的原因。所以春天蒐猎，夏天苗猎，秋天狝猎，冬天狩猎，都是在农闲时候来演习武事。三年才进行一次大的军事演习，回到国都的时候要整顿军队，祭告家庙，宴请臣下，犒赏随从，数点收获的实物。使纹彩鲜艳，贵贱分明，等级清楚，少长有序，这是讲习威仪。如果鸟兽的肉不能摆上宗庙的祭器，它们的皮革、牙齿、骨角、毛羽不能用到礼器和武器上，那国君就不应射杀它们，这是古代的制度。至于山林河泽的出产，一般器物的材料，那是下等人的事情，是臣下官吏的职责，不是国君应该涉及的。"隐公说："我是打算到那里去巡视边地啊！"于是隐公去到棠地，让人演示捕鱼以加观赏。臧僖伯推说有病没有跟去。《春秋》记载"公矢鱼于棠"，是因为这次行动不符合礼，而且暗示棠是远离国都的地方。

曲沃庄伯带领郑国人和邢国人攻打翼城，周桓王派尹氏、武氏帮助他们。翼侯逃奔到了随地。

夏天，安葬卫桓公。卫国发生内乱，所以安葬国君的仪式延迟到现在。

四月，郑军侵入卫国都城郊外，以报复上年卫国等围攻郑东门的战役。卫国率领燕军攻郑。郑国的祭足、原繁、泄驾带领三军驻扎在燕军的前方，让曼伯和子元暗地里率领制地兵士绕到燕军的后方。燕人惧怕前方的郑国三军，却没有防备后方的制人。六月，郑国的两位公子率领制人在北制打败了燕军。君子说："不防备意外，就不能够带兵作战。"

曲沃背叛周天子。秋天，周天子命令虢公讨伐曲沃，并在翼城立哀侯为晋君。

卫国发生内乱的时候，郕人曾侵犯卫国，所以现在卫国军队打入郕国。

九月，为仲子庙举行落成祭典，将要在那里表演"万舞"。隐公向众仲问执羽跳舞的人数，众仲回答说："天子用八佾，诸侯用六佾，大夫用四佾，士用二佾。舞蹈，是用来节制八音从而播行八风的，所以跳舞人的佾数要在八以下。"隐公听从他。于是第一次表演六羽，这是鲁国用六佾的开端。

宋人夺取了邾国的田地。邾人告诉郑国说："请君侯对宋国报仇解恨，我们邾国军队愿打头阵。"郑国人带领王朝的军队跟邾军会合，一起攻打宋国，打到了国都的外城。以此报复围攻郑国东门的那场战斗。宋国派人来以国君的名义请求救援。隐公听说邾郑联军攻到了宋国都城，打算救援宋国。隐公问来使说："联军打到了什么地方？"回答说："还没到达国都。"隐公因其讲话不实而发怒，就取消了救援的打算。隐公辞拒来使说："君侯命令寡人一同为宋国的危难忧虑，现在就此事向使者询问，却回答说'军队没有到达国都'，这就不是寡人敢知道的事了。"

冬天，十二月二十九日，臧伯僖逝世。隐公说："叔父对我有怨恨。我不敢忘记。"于

是提高一个等级来安葬他。

宋人攻打郑国，包围长葛，是为了报复郑国侵入宋国外城的那次战役。

隐公六年

【原文】

六年：春，郑人来渝平。

夏，五月辛酉，公会齐侯盟于艾。

秋，七月。

冬，宋人取长葛。

六年春，郑人来渝平，更成也。

翼九宗五正顷父之子嘉父逆晋侯于随，纳诸鄂。晋人谓之鄂侯。

夏，盟于艾，始平于齐也。

五月庚申，郑伯侵陈，大获。

往岁，郑伯请成于陈，陈侯不许。五父谏曰："亲仁善邻，国之宝也。君其许郑！"陈侯曰："宋、卫实难，郑何能为？"遂不许。

君子曰："善不可失，恶不可长，其陈桓公之谓乎！长恶不悛，从自及也。虽欲救之，其将能乎？《商书》曰：'恶之易也，如火之燎于原，不可乡迩，其犹可扑灭？'周任有言曰：'为国家者，见恶如农夫之务去草焉，芟夷蕰崇之，绝其本根，勿使能殖，则善者信矣。'"

秋，宋人取长葛。

冬，京师来告饥。公为之请籴于宋、卫、齐、郑，礼也。

郑伯如周，始朝桓王也。王不礼焉。周桓公言于王曰："我周之东迁，晋、郑焉依。善郑以劝来者，犹惧不蔇，况不礼焉？郑不来矣！"

【译文】

六年春天，郑国人来鲁国要求解怨结好。夏天，五月二十日，隐公齐侯相会，在艾地结盟。秋天，七月。冬天，宋人攻占了长葛。

六年春天，郑人来鲁要求解怨结好，这就是所谓"更成"。

翼地九宗五正顷父的儿子嘉父到随城迎接晋侯，把他安置在鄂城，晋国人称他为鄂侯。

夏天，在艾地结盟，这是鲁国同齐国建立友好关系的开始。

五月十一日，郑伯侵袭陈国，获得很多俘虏和财物。

往年，郑伯请求跟陈国结好，陈侯不答应。五父劝谏说："亲近仁义，友善邻邦，这是

治国的法宝。希望君侯答应郑国。"陈侯说："我只担心宋国和卫国,郑国能干什么!"终于没有答应。

君子说："不能丢失善,不能助长恶。这大概是说的陈桓公吧!滋长恶而不思悔改,跟着自己就会遭受灾难。这时即使想要挽救,哪里还能办得到?《商书》说:'恶的蔓延,就像草原上烧起大火一样,不能挨近,哪里还能够扑灭!'周任有话说:'治理国家的人,见到恶就像农民要坚决锄掉杂草一样,锄掉它堆积起来,并挖掉它们的根,叫它们不能再繁殖,这样,好的东西就会伸展了。'"

秋天,宋人攻取郑国长葛。

冬天,京城派人来报告饥荒。隐公替他向宋国、卫国、齐国和郑国请求购买粮食,这是合乎礼的。

郑伯到周朝去,这是第一次朝见周桓王。桓王不按礼分接待他。周桓公向桓王进言说："我们周室东迁的时候,完全依靠晋国和郑国。好好地对待郑国以鼓励其他国家,还恐怕来不及,何况对郑不加礼遇呢?郑国不会再来了。"

隐公七年

【原文】

七年:春,王三月,叔姬归于纪。

滕侯卒。

夏,城中丘。

齐侯使其弟年来聘。

秋,公伐邾。

冬,天王使凡伯来聘。戎伐凡伯于楚丘以归。

七年春,滕侯卒。不书名,未同盟也。凡诸侯同盟,于是称名,故薨则赴以名,告终、〔称〕嗣也。以继好息民,谓之礼经。

"夏,城中丘。"书,不时也。

齐侯使夷仲年来聘,结艾之盟也。

秋,宋及郑平。七月庚申,盟于宿。公伐邾,为宋讨也。

初,戎朝于周,发币于公卿,凡伯弗宾。冬,王使凡伯来聘。还,戎伐之于楚丘以归。

陈及郑平。十二月,陈五父如郑莅盟。壬申,及郑伯盟,歃如忘。洩伯曰："五父必不免,不赖盟矣。"

郑良佐如陈莅盟,辛巳,及陈侯盟,亦知陈之将乱也。

郑公子忽在王所,故陈侯请妻之。郑伯许之,乃成昏。

【译文】

七年春天，周历三月，叔姬嫁到纪国。滕侯逝世。夏天，筑中丘城。齐侯派他的弟弟夷仲年来访问。秋天，隐公带兵攻打邾国。冬天，周王派凡伯来访问。戎军在楚丘拦击凡伯，挟持凡伯归戎。

七年春天，滕侯逝世。《春秋》不写他的名字，是因为没有跟我鲁国结盟。诸侯结盟的时候，要称名报告神灵，所以死后也要用名字讣告——即报告死亡的是谁，继位的是谁。用继续友好外交来安定国内人民，这叫作礼的大法。

夏天，建中丘城。《春秋》记载这事，是因为它不合时宜。

齐侯派夷仲年来访问，是为了继续和巩固艾地的盟约。

秋天，宋国与郑国讲和。七月十七日，两国在宿地结盟。隐公攻打邾国，这是替宋国去攻打的。

当初，戎人朝见周王，并向王室公卿送礼，凡伯没有用贵宾之礼接待戎人。冬天，周王派凡伯来鲁国访问。回去的时候，戎人在楚丘拦击他，把他挟持到了戎地。

陈国跟郑国讲和。十二月，陈五父到郑国参加盟会。二日，跟郑伯结盟，歃血的时候，陈五父心不在焉。洩伯说："五父一定不免于祸，因为他盟誓不专心。"

郑国的良佐到陈国参加盟约，十一日，和陈侯结盟，也看出陈将要发生动乱。

郑国的公子忽在周天子那里，所以陈侯请求将女儿嫁给他。郑伯同意，于是举行了订婚仪式。

隐公八年

【原文】

八年：春，宋公、卫侯遇于垂。

三月，郑伯使宛来归祊。庚寅，我入祊。

夏，六月己亥，蔡侯考父卒。

辛亥，宿男卒。

秋，七月庚午，宋公、齐侯、卫侯盟于瓦屋。

八月，葬蔡宣公。

九月辛卯，公及莒人盟于浮来。

螟。

冬，十有二月，无骇卒。

八年春，齐侯将平宋、卫，有会期。宋公以币请于卫，请先相见。卫侯许之，故遇于

犬丘。

郑伯请释泰山之祀而祀周公，以泰山之祊易许田。三月，郑伯使宛来归祊，不祀泰山也。

夏，虢公忌父始作卿士于周。

四月甲辰，郑公子忽如陈逆妇妫。辛亥，以妫氏归。甲寅，入于郑。陈铖子送女。先配而后祖。铖子曰："是不为夫妇，诬其祖矣。非礼也，何以能育？"

齐人卒平宋、卫于郑。秋，会于温，盟于瓦屋，以释东门之役，礼也。

八月丙戌，郑伯以齐人朝王，礼也。

公及莒人盟于浮来，以成纪好也。

冬，齐侯使来，告成三国。公使众仲对曰："君释三国之图以鸠其民，君之惠也。寡君闻命矣，敢不承受君之明德！"

无骇卒，羽父请谥与族。公问族于众仲。众仲对曰："天子建德，因生以赐姓，胙之土而命之氏。诸侯以字为谥，因以为族。官有世功，则有官族。邑亦如之。"公命以字为展氏。

【译文】

隐公八年春天，宋公跟卫侯没有预约而在垂地临时相会。三月，郑伯派大夫宛来送交祊邑。二十一日，我国进驻祊邑。夏天，六月二日，蔡侯考父逝世。十四日，宿男逝世。秋天，七月三日，宋公、齐侯、卫侯在瓦屋结盟。八月，埋葬蔡宣公。九月辛卯，隐公跟莒人在浮来结盟。发生蝗虫灾害。冬天，十二月，无骇逝世。

八年春天，齐侯将要帮助宋、卫二国跟郑国讲和，已决定了约会日期。宋公用礼物向卫国请求，请求在会期之前见面。卫侯答应了他，所以临时跟宋公在犬丘相会。

郑伯请求放弃对泰山的祭礼而祭祀周公，用泰山旁边的祊地交换鲁国在许地的土田。三月，郑伯派大夫宛来鲁国交送祊地，表示不再祭祀泰山了。

夏天，虢公忌父开始到周王朝做卿士。

四月六日，郑公子忽到陈国迎娶妻子妫氏。十三日，带着妫氏一起回来。十六日，回到郑国。陈铖子送妫氏到郑国。公子忽与妫氏先同居而后祭告祖庙。铖子说："这不能算夫妇，简直是欺骗他们的祖宗。嫁娶不符合礼，怎么能善育后代呢！"

齐人终于助成了宋、卫二国跟郑国讲和。秋天，三国在温地相会，在瓦屋结盟，抛弃了东门战役的前嫌，这是合乎礼的。

八月的一天，郑伯带着齐人朝见周王，这也合乎礼。

隐公跟莒人在浮来结盟，是为成全跟纪国的友好关系。

冬天，齐侯派人来报告撮合三国讲和的事。隐公让众仲回答使者说："贵君解了三国的仇怨，使三国能够聚养他们的百姓。这是贵君的恩惠。寡君听到了这事，岂敢不承受

君侯的美德!"

　　无骇逝世,羽父请求赐给他谥号和姓氏。隐公向众仲询问赐姓氏的事,众仲对答说:"天子封有德之人做诸侯,根据他的品行赐予姓,封给他土地而又赐氏。诸侯用字作为谥号,后代又因袭谥号作为姓氏。若世代做某种官而有功绩,他的后代就以官名作为姓氏。封邑的情况也像这样。"隐公命令以无骇的字为姓氏,即展氏。

隐公九年

【原文】

　　九年:春,天(子)〔王〕使南季来聘。

　　三月癸酉,大雨,震电。

　　庚辰,大雨雪。

　　挟卒。

　　夏,城郎。

　　秋,七月。

　　冬,公会齐侯于防。

　　九年春,王三月癸酉,大雨,霖以"震"。书,始也。庚辰,大雨雪,亦如之。书,时失也。凡雨,自三日以往为霖。平地尺为大雪。

　　夏,城郎。书,不时也。

　　宋公不王。郑伯为王左卿士,以王命讨之,伐宋。宋以入郛之役怨公,不告命。公怒,绝宋使。

　　秋,郑人以王命来告伐宋。

　　冬,公会齐侯于防,谋伐宋也。

　　北戎侵郑。郑伯御之,患戎师,曰:"彼徒我车,惧其侵轶我也。"公子突曰:"使勇而无刚者尝寇而速去之,君为三覆以待之。戎轻而不整,贪而无亲;胜不相让,败不相救。先者见获,必务进;进而遇覆,必速奔;后者不救,则无继矣。乃可以逞。"从之。戎人之前遇覆者奔,祝聃逐之;衷戎师,前后击之,尽殪。戎师大奔。十一月甲寅,郑人大败戎师。

【译文】

　　九年春天,周天子派大夫南季来访问。三月十日,天降暴雨,电闪雷鸣。十七日,又下大雪。鲁大夫挟逝世。夏天,修筑郎城。秋天,七月。冬天,隐公与齐侯在东防相会。

　　九年春天,周历三月十日,大雨成霖,且有雷震。《春秋》记载的是开始的日期。十七日,下大雪,也是记载开始的日期。凡下雨、雪,连续下三天以上的叫作"霖";平地雪深一

尺的叫"大雪"。

　　夏天，修筑郎城。《春秋》记载此事，是因为它不合时宜。

　　宋公不朝见天王。郑伯是天王的左卿士，所以奉王命讨伐他，攻打宋国。宋国因为"入郛之役"怨恨鲁公，所以不来报告此事。隐公发怒，就断绝了跟宋国之间的使者往来。

　　秋天，郑人用天王的名义前来报告攻打宋国的事。

　　冬天，隐公跟齐侯在东防相会，是为了商议伐宋的事。

　　北戎侵犯郑国，郑伯率兵抵抗他们，但对戎兵有所顾忌，说："他们是步兵，我们用车兵，我担心他们突然从后面绕到前面来偷袭我们。"公子突说："派一些勇敢但没有毅力的战士，冲击一下敌军就赶紧逃离。国君您设下三批伏兵等待戎人。戎人轻率而无秩序，贪心又不团结；打胜了争功不让，打败了互不相救。前头部队看到财物俘虏，必然只顾前进；前进一旦遇到埋伏，就一定会匆忙奔逃。后头部队不加救助，敌军就没有援兵了。这样才能够达到我们战胜的目的。"郑伯听从了这个意见。戎军走在前面遇上伏兵的赶紧逃命，祝聃追击他们，把戎军夹在中间，前后夹击，全部歼灭，后面的戎军拼命逃跑。十一月甲寅日，郑人大败戎军。

隐公十年

【原文】

　　十年：春，王二月，公会齐侯、郑伯于中丘。

　　夏，翚帅师会齐人、郑人伐宋。

　　六月壬戌，公败宋师于菅。辛未，取郜。辛巳，取防。

　　秋，宋人、卫人入郑。宋人、蔡人、卫人伐（戴）〔载〕。郑伯伐取之。

　　冬，十月壬午，齐、郑人入郕。

　　十年春，王正月，公会齐侯、郑伯于中丘。癸丑，盟于邓，为师期。

　　夏五月，羽父先会齐侯、郑伯伐宋。

　　六月戊申，公会齐侯、郑伯于老桃。壬戌，公败宋师于菅。庚午，郑师入郜。辛未，归于我。庚辰，郑师入防。辛巳，归于我。

　　君子谓："郑庄公于是乎可谓正矣。以王命讨不庭，不贪其土以劳王爵，正之体也。"

　　蔡人、卫人、郕人不会王命。

　　秋七月庚寅，郑师入郊。犹在郊，宋人、卫人入郑。蔡人从之，伐（戴）〔载〕。八月壬戌，郑伯围（戴）〔载〕。癸亥，克之，取三师焉。宋、卫既入郑，而以伐（戴）〔载〕召蔡人，蔡人怒，故不和而败。

　　九月戊寅，郑伯入宋。

"冬,齐人、郑人入郎",讨违王命也。

【译文】

十年春天,周历二月,隐公在中丘跟齐侯、郑伯相会。夏天,公子翚带兵会同齐人、郑人一起攻打宋国。六月七日,隐公在菅地打败宋军。十六日,收取郜地。二十六日,收取防地。秋天,宋人、卫人侵入郑国。宋人、蔡人、卫人联合攻打戴国。郑伯攻克戴地,俘获了三国军队。冬天,十月二十九日,齐人、郑人侵入郎国。

十年春天,周历正月,隐公在中丘跟齐侯、郑伯相会。二月二十五日,在邓地结盟,决定了出兵伐宋的日期。

夏天,五月,羽父在约期之前率兵会合齐侯、郑伯攻打宋国。

六月戊申日,隐公在老桃与齐侯、郑伯相会。七日,隐公在菅地打败宋军。十五日,郑国军队攻入郜邑。十六日,郑伯将郜地归属于我国。二十五日,郑军又攻入防地。二十六日,防地也归属于我国。君子认为:"郑庄公在这件事情上可说是做对了。用天子的命令讨伐不朝觐天王的诸侯,自己不贪求攻取的土地,而把它犒赏给受王爵位的国君,这是得到治政的根本了。"

蔡人、卫人、郎人没有尊奉王命会师伐宋。

秋天,七月五日,郑国军队进入本国郊外。趁着郑军还在郊外,宋人、卫人侵入郑国,又叫蔡人跟从他们攻打戴邑。八月八日,郑伯包围戴地。九日,攻破戴城,在那里俘获了三国军队。宋、卫进入郑国以后而又叫蔡人去攻打戴地,蔡人恼怒,所以三国不和而被打败。

九月戊寅日,郑伯攻入宋国。

冬天,齐人、郑人攻进郎国,这是讨伐它违背天王命令不会师伐宋。

隐公十一年

【原文】

十有一年:春,滕侯、薛侯来朝。

夏,公会郑伯于时来。

秋,七月壬午,公及齐侯、郑伯入许。

冬,十有一月壬辰,公薨。

十一年春,滕侯、薛侯来朝,争长。薛侯曰:"我先封。"滕侯曰:"我,周之卜正也。薛,庶姓也,我不可以后之。"

公使羽父请于薛侯曰:"君与滕君辱在寡人。周谚有之曰:'山有木,工则度之;宾有

礼,主则择之。'周之宗盟,异姓为后。寡人若朝于薛,不敢与诸任齿。君若辱贶寡人,则愿以滕君为请。"

薛侯许之,乃长滕侯。

"夏,公会郑伯于郲",谋伐许也。

郑伯将伐许,五月甲辰,授兵于大宫。公孙阏与颍考叔争车,颍考叔挟辀以走,子都拔棘以逐之。及大逵,弗及,子都怒。

秋七月,公会齐侯、郑伯伐许。庚辰,傅于许。颍考叔取郑伯之旗蝥弧以先登,子都自下射之,颠。瑕叔盈又以蝥弧登,周麾而呼曰:"君登矣!"郑师毕登。壬午,遂入许。许庄公奔卫。

齐侯以许让公。公曰:"君谓许不共,故从君讨之。许既伏其罪矣,虽君有命,寡人弗敢与闻。"乃与郑人。

郑伯使许大夫百里奉许叔以居许东偏,曰:"天祸许国,鬼神实不逞于许君,而假手于我寡人。寡人唯是一二父兄,不能共亿,其敢以许自为功乎? 寡人有弟,不能和协,而使糊其口于四方,其况能久有许乎? 吾子其奉许叔以抚柔此民也,吾将使获也佐吾子。若寡人得没于地,天其以礼悔祸于许,无宁兹许公复奉其社稷。唯我郑国之有请谒焉,如旧昏媾,其能降以相从也。无滋他族,实偪处此,以与我郑国争此土也。吾子孙覆亡之不暇,而况能禋祀许乎? 寡人之使吾子处此,不唯许国之为,亦聊以固吾圉也。"乃使公孙获处许西偏,曰:"凡而器用财贿,无寘于许。我死,乃亟去之! 吾先君新邑于此,王室而既卑矣,周之子孙日失其序。夫许,大岳之胤也,天而既厌周德矣,吾其能与许争乎?"

君子谓郑庄公于是乎有礼。礼,经国家,定社稷,序民人,利后嗣者也。许无刑而伐之,服而舍之,度德而处之,量力而行之,相时而动,无累后人,可谓知礼矣。

郑伯使卒出豭,行出犬鸡,以诅射颍考叔者。

君子谓郑庄公失政刑矣。政以治民,刑以正邪。既无德政,又无威刑,是以及邪。邪而诅之,将何益矣!

王取邬、刘、蒍、邘之田于郑,而与郑人苏忿生之田:温、原、絺、樊、隰郕、欑茅、向、盟、州、陉、隤、怀。

君子是以知桓王之失郑也。恕而行之,德之则也,礼之经也。己弗能有,而以与人,人之不至,不亦宜乎!

郑、息有违言,息侯伐郑。郑伯与战于竟,息师大败而还。

君子是以知息之将亡也。不度德,不量力,不亲亲,不征辞,不察有罪。犯五不韪,而以伐人,其丧师也,不亦宜乎?

冬十月,郑伯以虢师伐宋。壬戌,大败宋师,以报其入郑也。

宋不告命,故不书。凡诸侯有命,告则书,不然则否。师出臧否,亦如之。虽及灭国,灭不告败,胜不告克,不书于策。

羽父请杀桓公,将以求大宰。公曰:"为其少故也,吾将授之矣。使营菟裘,吾将老焉。"羽父惧,反谮公于桓公,而请弑之。

公之为公子也,与郑人战于狐壤,止焉。郑人囚诸尹氏,赂尹氏,而祷于其主钟巫,遂与尹氏归,而立其主。十一月,公祭钟巫,齐于社圃,馆于寪氏。壬辰,羽父使贼弑公于寪氏,立桓公,而讨寪氏,有死者。不书葬,不成丧也。

【译文】

十一年春天,滕侯、薛侯来朝见鲁公。夏天,隐公在时来会见郑伯。秋天,七月三日,隐公同齐侯、郑伯攻入许国。冬天,十一月十五日,隐公逝世。

十一年春天,滕侯、薛侯来朝见鲁公,争着排在前面。薛侯说:"我国比滕国先受封,所以应该排在前面。"滕侯说:"我国,是周王朝的卜正官;薛国,是庶姓国。我不能够排在它后面。"

隐公派羽父跟薛侯商议,说:"君侯与滕君蒙辱来看望寡人,周谚有这样的说法:'山上有树木,工匠才会去砍伐它;宾客有礼节,主人才会邀请他。'周朝的朝觐盟会,都是把异姓排在后面。寡人如果到薛国去朝见,绝不敢跟任姓各国排在一起。君侯若肯施惠给寡人,就希望同意滕君的请求。"

薛侯答应了,于是把滕侯排在前面。

夏天,隐公在郏地跟郑伯相会,是为了商议攻打许国的事。

郑伯将要攻打许国,五月二十四日,在祖庙里分发武器。公孙阏与颍考叔争夺兵车。颍考叔挟起兵车辕木就跑,子都拔出戟去追赶他。追到了大路口,也没能赶上。子都为此非常气愤。

秋天,七月,隐公会同齐侯、郑伯讨伐许国。初一日,兵临许城之下。颍考叔举着郑伯的旗帜——蝥弧,抢先登上城墙。子都从城下向他射暗箭,颍考叔坠下城墙而死。瑕叔盈又举着蝥弧登城,向四周挥舞旗帜大喊:"国君登上城墙了!"于是郑国军队全部登上城墙。初三日,终于打进许城。许庄公逃奔到卫国。

齐侯把许城让给隐公。隐公说:"君侯认为许国不遵守王法,所以我跟着您来讨伐它。现许国既然已经伏罪,虽然君侯有这样的好意,我也不敢领情。"于是就给了郑国。

郑伯让许国大夫百里辅佐许叔居住在许国东部,说:"上天降祸给许国,鬼神对许君也确实不满意,因而借我的手来惩罚他。寡人连一两个父老兄弟也不能同心同德,怎敢把攻取许国作为自己的功劳呢?我有一个弟弟,不能和睦相处而让他流浪在外四处求食,难道还能够长久地占有许国吗?还是请您辅佐许叔来安抚这里的人民吧,我将派公孙获帮助您。如果寡人能够全寿善终,上天或许会依礼撤回加给许国的祸患,说不定会让许公重新执掌国政,到那时,即使我郑国对你们有什么请求,也希望你们像老亲戚一样,能够屈身相从。不要让别的国家住在这附近,来跟我郑国争夺这一方土地。不然,我

的子孙后代连挽救自身灭亡的时间都没有，哪还能虔诚地祭祀许国呢？我让您住在这里，不只是为了许国，也是为了姑且巩固我国的边疆啊！"于是又派公孙获住在许城西部，对他说："凡是你的器用财物，不要存放在许城。如果我死了，你就赶快离开许国。我们的先君在这里建置新邑，而现在王室已经衰微了，周室子孙正在一天天地丢失祖业。许国，是四岳的后代。上天既然已经厌弃周室的德行，我们怎么能够跟许国相争呢！"

君子认为郑庄公在这件事情上合乎礼。礼，是治理国家、安定社稷、使人民有序、对后代有益的东西。许国不遵守法度就讨伐它，服罪了就宽恕它，揣度德行来处理，估测力量去办事，看准了时机才行动，不连累后人，这可以说是懂得礼了。

郑伯让每百人拿出一头猪，每二十五人拿出一条狗或一只鸡，用来诅咒射杀颍考叔的人。君子认为郑庄公失去了政和刑。政用来治理百姓，刑用来匡正邪恶。既没有仁德的政治，又缺乏威严的刑罚，所以产生了邪恶。邪恶产生了才去诅咒它，会有什么好处呢！

周桓王从郑国取得邬、刘、芴、邘等地的土田，却把从前属于苏忿生的土田——温、原、絺、樊、隰郕、攒茅、向、盟、州、陉、隤、怀等换给郑国。

周桓王

君子从这件事预知周桓王将会失去郑国。按照恕道办事，是德行的准则、礼仪的常规。自己不能占有，却拿来换给别人。别人不再来亲附，不也是应该的吗？

郑、息两国发生了口角。息侯出兵攻打郑国，郑伯跟他在边境上交战，息国军队吃了大败仗回去。君子根据这件事推知息国快要灭亡了。不揣度德行，不估测力量，不亲近同姓国，不考辨言辞，不明察是非。犯下这五大错误，却去攻打别人，息国丧亡军队，不也是应该的吗？

冬天，十月，郑伯带领虢国军队攻打宋国。十四日，把宋国军队打得大败，以报复宋国侵入郑国的那次战役。

宋国没有来报告这件事，所以《春秋》上不记载。凡诸侯有大事，通报的就记载，不通报的就不记载。出兵顺利不顺利，也照此办理。即使是灭国这样的大事，被灭亡的国家不通报战败，胜利的国家不通报战胜，也不记载在史册上。

羽父请求杀掉桓公，想凭着这样的功劳求取卿相的职位。隐公说："我之所以摄政，是因为他年纪太小的缘故。现在他已长成，我打算把权位交给他。派人在菟裘建造房屋，我将要到那里去养老。"羽父害怕，反过来在桓公面前诬陷隐公，请求杀掉隐公。

隐公做公子的时候，曾与郑人在狐壤交战，被郑人俘获。郑人把他关在尹氏那里。隐公贿赂尹氏，并向尹氏的祭主钟巫神祷告。于是跟尹氏一起逃回，在鲁国为尹氏建立

祭主。十一月，隐公将要祭祀钟巫，在社圃斋戒，在寪氏家里住宿。十五日，羽父派杀手在寪氏家里杀死了隐公。接着拥立桓公为君，并讨伐寪氏，寪氏家有人冤死。《春秋》不记载安葬隐公，是因为没有按国君的规格为隐公举行丧礼。

桓公

桓公元年

【原文】

元年：春，王正月，公即位。

三月，公会郑伯于垂，郑伯以璧假许田。

夏，四月丁未，公及郑伯盟于越。

秋，大水。

冬，十月。

元年春，公即位。修好于郑。郑人请复祀周公，卒易祊田。公许之。三月，郑伯以璧假许田，为周公、祊故也。

夏，四月丁未，公及郑伯盟于越。结祊成也。盟曰："渝盟，无享国！"

秋，大水。凡平原出水为大水。

冬，郑伯拜盟。

宋华父督见孔父之妻于路，目逆而送之，曰："美而艳！"

【译文】

鲁桓公元年春天，周历正月，桓公就国君职。三月，桓公在垂会见郑伯，郑伯用璧交换许田。夏天，四月初二，桓公和郑伯在越地结盟。秋天，发生洪涝灾害。冬天，十月。

元年春天，桓公当上国君，跟郑国重修友好关系。郑人请求重新祭祀周公，完成交换祊田的事。桓公答应了他。三月，郑伯又加用玉璧来交换许田，这是为了祭祀周公和交换祊田的缘故。

夏天，四月初二，桓公跟郑伯在越地结盟，这是为祊田而建立的友好关系。盟辞说："违背盟约，不能享国。"

秋天，发生大水。凡是平原上淹了水就叫作大水。

冬天，郑伯前来拜谢结盟。

宋国的华父督在路上看见孔父的妻子，用眼睛盯着她走近来，又盯着她走开去，赞叹道："既美丽又漂亮。"

桓公二年

【原文】

二年：春，王正月戊申，宋督弑其君与夷及其大夫孔父。

滕子来朝。

三月，公会齐侯、陈侯、郑伯于稷，以成宋乱。

夏，四月，取郜大鼎于宋。戊申，纳于大庙。

秋，七月，杞侯来朝。

蔡侯、郑伯会于邓。

九月，入杞。

公及戎盟于唐。

冬，公至自唐。

二年春，宋督攻孔氏，杀孔父而取其妻。公怒。督惧，遂弑殇公。君子以督为有无君之心而后动于恶，故先书"弑其君"。

会于稷以成宋乱，为赂故，立华氏也。

宋殇公立，十年十一战，民不堪命。孔父嘉为司马，督为大宰，故因民之不堪命，先宣言曰："司马则然。"已杀孔父而弑殇公，召庄公于郑而立之以亲郑。以郜大鼎赂公，齐、陈、郑皆有赂，故遂相宋公。

夏四月，取郜大鼎于宋。戊申，纳于大庙。非礼也。臧哀伯谏曰："君人者，将昭德塞违以临照百官，犹惧或失之，故昭令德以示子孙。是以清庙茅屋，大路越席，大羹不致，粢食不凿，昭其俭也。衮、冕、黻、珽，带、裳、幅、舄，衡、紞、纮、綎，昭其度也。藻、率、鞞、鞛、鞶、厉、游、缨，昭其数也。火、龙、黼、黻，昭其文也。五色比象，昭其物也。钖、鸾、和、铃，昭其声也。三辰旂旗，昭其明也。夫德：俭而有度，登降有数，文、物以纪之，声、明以发之；以临照百官，百官于是乎戒惧而不敢易纪律。今灭德立违，而寘其赂器于大庙，以明示百官；百官象之，其又何诛焉？国家之败，由官邪也。官之失德，宠赂章也。郜鼎在庙，章孰甚焉！武王克商，迁九鼎于雒邑，义士犹或非之；而况将昭违乱之赂器于大庙，其若之何？"公不听。

周内史闻之，曰："臧孙达其有后于鲁乎！君违，不忘谏之以德。"

秋七月，杞侯来朝，不敬。杞侯归，乃谋伐之。

蔡侯、郑伯会于邓，始惧楚也。

九月，入杞，讨不敬也。

公及戎盟于唐，修旧好也。冬，公至自唐，告于庙也。凡公行，告于宗庙；反行，饮至，舍爵，策勋焉：礼也。特相会，往来称地，让事也。自参以上，则往称地，来称会，成事也。

初，晋穆侯之夫人姜氏以条之役生大子，命之曰"仇"。其弟以千亩之战生，命之曰"成师"。师服曰："异哉，君之名子也！夫名以制义，义以出礼，礼以体政，政以正民，是以政成而民听，易则生乱。嘉耦曰妃，怨耦曰仇，古之命也。今君命大子曰'仇'，弟曰'成师'，始兆乱矣。兄其替乎！"

惠之二十四年，晋始乱，故封桓叔于曲沃。靖侯之孙栾宾傅之。师服曰："吾闻国家之立也，本大而末小，是以能固。故天子建国，诸侯立家，卿置侧室，大夫有贰宗，士有隶子弟，庶人工商各有分亲，皆有等衰。是以民服事其上而下无觊觎。今晋，甸侯也！而建国，本既弱矣，岂能久乎？"

惠之三十年，晋潘父弑昭侯而纳桓叔，不克。晋人立孝侯。惠之四十五年，曲沃庄伯伐翼，弑孝侯。翼人立其弟鄂侯。鄂侯生哀侯。哀侯侵陉庭之田。陉庭南鄙启曲沃伐翼。

【译文】

二年春天，周历正月，戊申日，宋华父督杀了他的国君与夷和大夫孔父。滕国国君来朝见。三月，桓公在稷地会见齐侯、陈侯、郑伯，以成全宋国的叛乱。夏天，四月，从宋国取来郜部国的大鼎，初九日，将大鼎放进周公庙。秋天，七月，杞侯来朝见。蔡侯、郑伯在邓地相会。九月，鲁军侵入杞国。桓公跟戎人在唐地结盟。冬天，桓公从唐地回国。

二年春天，宋华父督攻打孔氏，杀死孔父而夺取他的妻子。殇公发怒，华父督害怕，就杀了殇公。君子认为华父督先心里没有了君王，然后才敢做专杀大臣的坏事，所以《春秋》先记载"弑其君"。

桓公和齐侯、郑伯在稷地会见，以便成全宋国的叛乱，这是因为接收了贿赂的缘故，目的是建立华氏政权。

宋殇公当国君后，十年内打了十一仗，人民忍受不了。孔父嘉做司马，华父督是太宰，所以华父督利用人民不能忍受的心理抢先散布言论说："是司马造成这种局面的。"杀了孔父和殇公之后，华父督从郑国迎来庄公立他为君，以此讨好郑国；又用郜国大鼎贿赂桓公；而且齐国、陈国、郑国都有财礼奉送；所以他最终能辅佐宋公。

夏天，四月，从宋国取来郜铸大鼎。初九日，把大鼎安置在太庙里，这是不符合礼的。臧哀伯劝说："做国君的人，要显示善德阻塞邪恶，为百官做出榜样，如此还怕有所疏漏，所以又要发扬美德来给子孙示范。因此，太庙用茅草盖顶，辂车用蒲席垫底，肉汁不放调料，主食不舂捣加工，这是在显示他们的节俭；礼服、礼帽、蔽膝、圭版、大带、裙子、绑腿、鞋子、横簪、填绳、系带、帽顶，尊卑各有规定，这是为了显示制度；缫藉、佩巾、刀鞘、刀饰、革带、带饰、旗饰、马鞍，上下多少不同，这是为了显示定数；画环形、龙形、绣斧形、弓形，

都是为了显示文饰;五种颜色合成各种形象,这是为了显示色彩;锡、鸾、和、铃,都是用来表明声音的;画有日、月、星的旌旗,都是为了表现光明的。所谓美德,是节俭而有制度,增减有一定的数量,用花纹、色彩来记录它,用声音、光亮来发扬它,从而显示给百官。百官因此小心谨慎,不敢违反各项规章制度。现在却抛弃美德而树立邪恶,把宋国贿赂的鼎器放在太庙里,公然向百官显示。百官如果跟着这样做,那又惩罚谁呢? 国家的失败,就是由于官吏的邪恶啊! 官吏的丧失美德,则是由于宠幸和贿赂公行。把郜鼎放在太庙里,还有比这个更明显的贿赂吗? 武王打败商纣,把九鼎迁到王城,正义之士尚且认为他不对,何况将违礼叛乱的贿赂器物在太庙里展示,那又会怎样呢?"桓公不听。

周朝的内史听说了这件事,说:"臧孙达在鲁国大概会后继有人的。国君违背礼制,他没有忘记用道德来劝阻。"

秋天,七月,杞侯来朝见,不恭敬。杞侯回国后,鲁君就策划讨伐他。

蔡侯、郑伯在邓地相会,这是由于开始害怕楚国了。

九月,鲁军攻入杞国,是为了讨伐杞侯的不恭敬。

桓公跟戎人在唐地结盟,这是为了重温过去的友好关系。冬天,桓公从唐地回国。《春秋》记载这件事,是因为祭告了宗庙。凡是国君出去,要祭告宗庙;回来后,要"饮至"——在宗庙里置杯饮酒,用简册记载功勋;这是礼制。鲁君单独跟另一国君相会,无论是去还是来,都要记载相会地点,因为这是相互谦让的事。如果会见的国君在三个以上,那就去别国时记载会见地点,来鲁国的话就只说相会而不记地点,这是因为一定有人主持会见的缘故。

当初,晋穆侯的夫人姜氏在条戎战役时生下太子,那次战斗失败,所以替太子取个名字叫"仇"。仇的弟弟在千亩战役时出生,这次战斗打胜了,所以给他取名叫"成师"。师服说:"君侯给孩子取名取得真怪啊! 命名要符合道义,道义产生礼仪,礼仪体现政治,政治使百姓正直,所以政治成功百姓就听从,否则就产生祸乱。美好的婚姻叫作'妃',不好的婚配叫作'仇',这是古时的名称。现在君侯给太子取名叫'仇',他的弟弟叫'成师',这就开始预示祸乱了。做哥哥的恐怕会衰微吧!"

鲁惠公二十四年,晋国开始发生动乱,所以把桓叔封在曲沃,靖侯的孙子栾叔辅助他。师服说:"我听说国家的建立,根本大而枝节小,这样才能够巩固。所以天子分封诸侯,诸侯建立卿家,卿家设置侧室,大夫有贰宗的官职,士有做隶役的子弟,庶人、工匠、商贾也各有亲疏,都有等级差别。因此百姓能甘心侍奉他们的上司,下面的人都没有非分之想。现在晋国只不过是王畿之内的一个侯国,却要另建侯国,根本已经衰弱了,难道还能够长久吗?"

鲁惠公三十年,晋国的潘父杀死昭侯而接纳桓叔,没有成功。晋国人立了孝侯。惠公四十五年,曲沃庄伯攻打翼都,杀死孝侯。翼都人立孝侯的弟弟鄂侯。鄂侯生了哀侯。哀侯侵夺陉庭的土地,陉庭南部边境的人就挑动曲沃攻打翼城。

桓公三年

【原文】

三年:春,正月,公会齐侯于嬴。

夏,齐侯、卫侯胥命于蒲。

六月,公会杞侯于郕。

秋,七月壬辰朔,日有食之,既。

公子翚如齐逆女。

九月,齐侯送姜氏于讙。

公会齐侯于讙。

夫人姜氏至自齐。

冬,齐侯使其弟年来聘。

有年。

三年春,曲沃武公伐翼,次于陉庭。韩万御戎,梁弘为右。逐翼侯于汾隰,骖絓而止。夜获之,及栾共叔。

会于嬴,成昏于齐也。

夏,齐侯、卫侯胥命于蒲,不盟也。

公会杞侯于郕,杞求成也。

秋,公子翚如齐逆女。修先君之好,故曰“公子”。

齐侯送姜氏于讙,非礼也。凡公女嫁于敌国,姊妹,则上卿送之,以礼于先君;公子,则下卿送之。于大国,虽公子亦上卿送之。于天子,则诸卿皆行。公不自送。于小国,则上大夫送之。

冬,齐仲年来聘,致夫人也。

芮伯万之母芮姜恶芮伯之多宠人也,故逐之,出居于魏。

【译文】

三年春天,周历正月,桓公在嬴地会见齐侯。夏天,齐侯、卫侯在蒲地会谈。六月,桓公在郕地会见杞侯。秋天,七月十七日早晨,发生日全食了。公子翚到齐国迎接齐女。九月,齐侯送女姜氏到讙地。桓公在讙地会见齐侯。夫人姜氏从齐国嫁到我国。冬天,齐侯派他的弟弟年来我国访问。粮食大丰收。

三年春天,曲沃武公攻打翼都,在陉庭作短暂停留。韩万驾驭兵车,梁弘担任车右,在汾水边地追赶晋哀侯。哀侯座车的骖马被挂住而停了下来。晚上抓住了晋哀侯,连同

栾共叔。

桓公与齐侯在嬴地会见，是为了跟齐国订婚。

夏天，《春秋》说齐侯、卫侯在蒲地"胥命"，是因为他们没有结盟。

桓公在郲地接见杞侯，是因为杞侯来请求和解。

秋天，公子翚到齐国迎接齐女，继承了先君的友好关系，所以称他为"公子"。

齐侯送姜氏到鲁国的讙地，这是不合乎礼的。凡是国家公室的女子，出嫁给同等国家，如果是国君的姐妹，就由上卿送她，以表示对前代国君的尊敬；如果是国君的女儿，就由下卿送她。如果嫁给大国，即使是国君女儿，也由上卿送她。如果嫁给天子，那就各位卿臣都去送，但国君自己不送。如果嫁给小国，就由上大夫送她。

冬天，齐国的仲年来访问，这是为了看望夫人。

芮伯万的母亲芮姜怨恨芮伯有许多宠姬，所以赶走了他。芮伯逃奔出去住在魏国。

桓公四年

【原文】

四年：春，正月，公狩于郎。

夏，天王使宰渠伯纠来聘。

四年春正月，公狩于郎。书，时，礼也。

夏，周宰渠伯纠来聘。父在，故名。

秋，秦师侵芮，败焉，小之也。

冬，王师、秦师围魏，执芮伯以归。

【译文】

四年春天，周历正月，桓公到郎地狩猎。夏天，天子派宰渠伯纠来访问。

四年春天，周历正月，桓公在郎地狩猎。《春秋》记载此事，是因为这事合时合礼。

夏天，周朝宰官渠伯纠来访问。因为他父亲在世，所以《春秋》称他的名。

秋天，秦军侵犯芮国，被芮国打败，这是因为小看了芮国。

冬天，周王的军队和秦国军队包围魏国，逮了芮伯回国。

桓公五年

【原文】

五年：春，正月甲戌、己丑，陈侯鲍卒。

夏，齐侯、郑伯如纪。

天王使仍叔之子来聘。

葬陈桓公。

城祝丘。

秋，蔡人，卫人、陈人从王伐郑。

大雩。

螽。

冬，州公如曹。

五年春，正月甲戌、己丑，陈侯鲍卒。再赴也。于是陈乱，文公子佗杀大子免而代之。公疾病而乱作，国人分散，故再赴。

夏，齐侯、郑伯朝于纪，欲以袭之。纪人知之。

王夺郑伯政，郑伯不朝。

秋，王以诸侯伐郑。郑伯御之。

王为中军；虢公林父将右军，蔡人、卫人属焉；周公黑肩将左军，陈人属焉。

郑子元请为左拒以当蔡人、卫人，为右拒以当陈人，曰："陈乱，民莫有斗心。若先犯之，必奔。王卒顾之，必乱。蔡、卫不枝，固将先奔。既而萃于王卒，可以集事。"从之。曼伯为右拒，祭仲足为左拒，原繁、高渠弥以中军奉公，为鱼丽之陈。先偏后伍，伍承弥缝。

战于繻葛。命二拒曰："旝动而鼓！"蔡、卫、陈皆奔，王卒乱。郑师合以攻之，王卒大败。祝聃射王中肩，王亦能军。祝聃请从之，公曰："君子不欲多上人，况敢陵天子乎？苟自救也，社稷无陨，多矣。"

夜，郑伯使祭足劳王，且问左右。

仍叔之子，弱也。

秋，大雩。书，不时也。凡祀，启蛰而郊，龙见而雩，始杀而尝，闭蛰而烝。过则书。

冬，淳于公如曹。度其国危，遂不复。

【译文】

五年春天，周历正月，甲戌或乙丑日，陈国君鲍逝世。夏天，齐侯和郑伯到纪国去。周天子派仍叔的儿子来访问。安葬陈桓公。修筑祝丘城。秋天，蔡人、卫人、陈人跟随周天子的军队讨伐郑国。举行大规模的求雨祭祀。发生大蝗灾。冬天，州国国君到曹国去。

五年春天，周历正月。甲戌日或乙丑日，陈国君侯鲍逝世。记载两个日子，是因为讣告了两次。在这段时间里，陈国发生动乱，文公的儿子佗杀掉太子免而取代他。陈桓公病危，因而动乱发生，国内的人四处逃散，所以前后发布了两次讣告。

夏天，齐侯、郑伯到纪国朝见，想趁机偷袭纪国。纪人明白这件事。

周天子剥夺了郑伯在王室的政权,郑伯因此不再朝拜天子。

秋天,天子率领诸侯讨伐郑国,郑伯抵抗他们的进攻。

周天子统帅中军;虢公林父率领右军,蔡人、卫人隶属于他;周公黑肩指挥左军,陈人隶属于他。

郑国子元建议组建左边方阵,以抵挡蔡国、卫国的军队;组建右边方阵,以对付陈国军队。他说:"陈国动乱,士兵们没有心思打仗。如果先攻击陈军,陈一定会败逃。天子的军队如果照顾溃逃的陈军,自己的阵脚也必定会打乱。蔡国和卫国的军队支持不住,无疑会抢先奔逃。打败左右的陈、蔡、卫军后,集中兵力来对付天子的中军,就可以成事。"郑伯听从了。曼伯布置右方阵,祭仲足指挥左方阵,原繁、高渠弥带领中军护卫郑伯。各军摆开"鱼丽"阵势。即"偏"在前,"伍"在后,"伍"承担弥补"偏"的空隙。

战斗在繻葛打响。郑伯命令左右两方阵说:"令旗挥动,就击鼓进军!"结果,蔡、卫、陈三国军队都逃奔,天子军队也发生混乱,郑军集中起来攻击天子军队,天子军队大败。祝聃射伤了天子的肩膀,但天子还能指挥军队。祝聃请求追击天子。郑伯说:"君子不希望逼人太甚,何况是敢于欺凌天子呢? 如果能够挽救自己,国家不再受到损害,就足够了。"

晚上,郑伯派祭足慰问天子,同时慰问天子的随从人员。

《春秋》写明"仍叔之子",是因为他还年轻。

秋天,为求雨举行大规模雩祭。《春秋》记载这件事,是因为它不合时令。凡是祭祀,昆虫惊动的时候举行郊祭,龙星出现的时候举行雩祭,秋气刚到的时候举行尝祭,昆虫蛰伏的时候举行烝祭。如果祭祀不符合时令,就加以记载。

冬天,淳于公外出到曹国。估测自己的国家会发生危难,就没有回去了。

桓公六年

【原文】

六年:春,正月,(寔)〔实〕来。

夏,四月,公会(纪)〔杞〕侯于成。

秋,八月壬午,大阅。

蔡人杀陈佗。

九月丁卯,子同生。

冬,(纪)〔杞〕侯来朝。

六年春,自曹来朝。书曰"(寔)〔实〕来",不复其国也。

楚武王侵随,使薳章求成焉,军于瑕以待之。随人使少师董成。

斗伯比言于楚子曰："吾不得志于汉东也，我则使然。我张吾三军而被吾甲兵，以武临之，彼则惧而协（来）〔以〕谋我，故难间也。汉东之国随为大，随张，必弃小国；小国离，楚之利也。少师侈，请羸师以张之。"熊率且比曰："季梁在，何益？"斗伯比曰："以为后图。少师得其君。"王毁军而纳少师。

少师归，请追楚师。随侯将许之，季梁止之，曰："天方授楚。楚之羸，其诱我也。君何急焉？臣闻小之能敌大也，小道大淫。所谓道，忠于民而信于神也。上思利民，忠也。祝史正辞，信也。今民馁而君逞欲，祝史矫举以祭，臣不知其可也。"公曰："吾牲牷肥腯，粢盛丰备，何则不信？"对曰："夫民，神之主也，是以圣王先成民而后致力于神。故奉牲以告，曰'博硕肥腯'，谓民力之普存也，谓其畜之硕大蕃滋也，谓其不疾瘯蠡也，谓其备腯咸有也；奉盛以告，曰'洁粢丰盛'，谓其三时不害而民和年丰也；奉酒醴以告，曰'嘉栗旨酒'，谓其上下皆有嘉德而无违心也。所谓馨香，无谗慝也。故务其三时，修其五教，亲其九族，以致其禋祀，于是乎民和而神降之福，故动则有成。今民各有心，而鬼神乏主，君虽独丰，其何福之有？君姑修政而亲兄弟之国，庶免于难。"随侯惧而修政，楚不敢伐。

夏，会于成，（纪）〔杞〕来咨谋齐难也。

北戎伐齐，齐侯使乞师于郑。郑大子忽帅师救齐。六月，大败戎师，获其二帅大良、少良，甲首三百，以献于齐。于是诸侯之大夫戍齐，齐人馈之饩，使鲁为其班。后郑。郑忽以其有功也，怒，故有郎之师。

公之未昏于齐也，齐侯欲以文姜妻郑大子忽。大子忽辞，人问其故；大子曰："人各有耦。齐大，非吾耦也。《诗》云：'自求多福。'在我而已，大国何为？"君子曰："善自为谋。"及其败戎师也，齐侯又请妻之。固辞。人问其故，大子曰："无事于齐，吾犹不敢。今以君命奔齐之急，而受室以归，是以师昏也。民其谓我何？"遂辞诸郑伯。

秋，大阅，简车马也。

九月丁卯，子同生。以大子生之礼举之：接以大牢，卜士负之，士妻食之，公与文姜、宗妇命之。

公问名于申繻。对曰："名有五：有信，有义，有象，有假，有类。以（名生）〔生名〕为信，以德命为义，以类命为象，取于物为假，取于父为类。不以国，不以官，不以山川，不以隐疾，不以畜牲，不以器币。周人以讳事神；名，终将讳之。故以国则废名，以官则废职，以山川则废主，以畜牲则废祀，以器币则废礼。晋以僖侯废司徒，宋以武公废司空，先君献、武废二山，是以大物不可以命。"公曰："是其生也，与吾同物，命之曰同。"

冬，（纪）〔杞〕侯来朝，请王命以求成于齐。公告不能。

【译文】

六年春天，周历正月，淳于公来到鲁国。夏天，四月，桓公在郕地会见纪侯。秋天，八月八日，举行大规模阅兵仪式。蔡人杀死陈佗。九月二十四日，子同出生。冬天，纪侯前

来朝见。

六年春天，淳于公从曹国前来朝见。《春秋》写作"寔来"，是因为他不再回自己的国家了。

楚武王侵犯随国，派莲章向随国请求和谈，将军队驻扎在瑕地以等待随国使者。随人派少师来主持和谈。

斗伯比跟楚王说道："我们不能够在汉水以东的国家达到目的了，是我们自己造成这种局面的。我们扩大三军，配备铠甲兵器，用武力去欺压他们。他们害怕，就会团结一心来对付我们，所以很难离间他们。汉水以东的国家，随国最大。随国要是骄傲，就必定抛弃小国。小国离散，就是楚国的利益。少师为人狂妄，建议表面损减军队来诱使他骄傲。"熊率且比说："季梁还在，有什么用？"斗伯比说："这是为以后打算，少师将会得到国君的宠信。"楚王就减损军队，然后让少师进入军队和谈。

少师回去，建议随侯追击楚军。随侯打算答应他。季梁劝止这件事，说："老天爷正在帮助楚国，楚军疲弱，恐怕是诱惑我们。君急什么呢？我听说小国能够跟大国相抗衡，是因为小国有道而大国淫乱。所谓'道'，就是对人民忠心、对鬼神诚信。君上想着为人民谋福利，就是'忠'；祝史说话正直诚实，就是'信'。老百姓挨饿而君王却要追求自己的私欲，祝史说假话来祭祀神灵，我不知道这样做能行得通啊！"随侯说："我用来祭祀的牲畜肥壮，谷物丰满齐全，怎么是'不信'？"季梁回答说："老百姓，是神灵的主人，所以圣贤的君王先成全民事然后才对神灵效力。因此进献牲畜时报告说：'博硕肥腯。'这是指老百姓的力量普遍存在，牲畜壮大繁殖，没有疾病瘦弱，各种毛色的肥壮牲畜都有。进献谷物时报告说：'洁粢丰盛。'这是指农事没有受到损害，因而百姓和乐五谷丰收。进献酒时报告说：'嘉栗旨酒。'这是指上下都有美好的德行，而没有邪恶的思想。所谓馨香，就是没有虚妄邪恶。所以致力农事，修讲五教，亲近九族，用这些行为来祭祀神灵。由于这样，百姓和乐，神灵赐给他们福气，所以做什么事都能成功。现在老百姓各有异心，因而鬼神缺乏主人，君侯即使自己丰足，又有什么福气呢？君侯如能修治政教，亲近兄弟国家，说不定能避免祸难。"随侯害怕，就努力修治政教，楚国不敢讨伐。

夏天，桓公和纪侯在成地相会，这是因为纪侯前来商议如何消除齐国灭纪的灾难。

北戎攻打齐国，齐国派人向郑国借兵。郑太子忽带兵救齐。六月，大败戎军，俘获了戎军的两个统帅大良和少良，还有戎军兵士的首级数百，一并献给齐国。当时诸侯的大夫在齐国戍守，齐国赠送他们食物，让鲁国替他排定先后次序。鲁国把郑国排在后面。郑太子忽认为自己有功劳不应排后，就发怒，所以后来发生了郎地的战争。

在桓公没有向齐国求婚以前，齐侯想把文姜嫁给郑国太子忽，太子忽辞谢。有人问这样做的缘故，太子说："人人各自有合适的配偶，齐国强大，不是我的配偶。《诗经》说：'求于自己，多受福禄。'福禄取决于我自己，靠大国有什么用？"君子说："郑太子忽善于替自己打算。"到他打败戎军的时候，齐侯又请求将别的女儿嫁他，太子忽坚决辞谢。有

人问为什么,太子说:"没有替齐国干什么事情的时候,我尚且不敢答应齐国婚事,现在奉国君命令来替齐国救急,却娶了媳妇回去,那就是凭借军队索取婚姻啊,老百姓将会怎么说我呢?"于是通过郑伯辞谢了这桩婚事。

秋天,举行大规模阅兵,这是为了检阅战车和战马。

九月二十四日,公子同出生。用太子出生的礼仪来对待他:父亲接见儿子时用太牢,让占卜选择的吉人背负他,叫吉人的妻子喂养他,桓公与文姜以及宗妇替他取名。

桓公向申繻询问取名的事。申繻回答说:"名有五种,即信、义、象、假、类。根据出生时的情况取名叫信,用吉祥赞扬的字眼取名叫义,根据相似的特征取名叫象,从别的事物那儿借名叫假,从父亲那儿取名叫类。不可用本国国名为人名,不可用官职名为人名,不可用山川名为人名,不可用疾病名为人名,不可用畜牲名为人名,不可用礼器礼物名为人名。周人用避讳侍奉鬼神,人的名字,死后将要避讳。所以如果用国名为人名,避讳时就要废除原取的人名;用官名为人名,避讳时就要废除原官职名;用山川名为人名,避讳时就要废除山川的神主名;用畜牲名为人名,避讳时就无法祭祀;用礼器礼物名为人名,避讳时就会废除仪礼。晋国因为僖公名司徒而不得不改官职司徒为中军。宋国因为武公名司空而不得不改司空官为司城,我国因避先君献公、武公的名讳不得不废除具、敖二山名,因此大物之名是不能拿来给人命名的。"桓公说:"这个孩子的出生,跟我是同一天,就叫他作同。"

冬天,纪侯来朝见,想请桓公求取王命来跟齐国讲和。桓公告诉他不行。

桓公七年

【原文】

七年:春,二月己亥,焚咸丘。

夏,穀伯绥来朝。邓侯吾离来朝。

七年春,穀伯、邓侯来朝。名,贱之也。

夏,盟、向求成于郑,既而背之。

秋,郑人、齐人、卫人伐盟、向。王迁盟、向之民于郏。

冬,曲沃伯诱晋小子侯,杀之。

【译文】

七年春天,二月二十八日,放火烧了咸丘。夏天,穀国国君绥前来朝见,邓国国君吾离也来朝见。

七年春天,穀伯、邓侯前来朝见。《春秋》称他们的名,是由于看不起他们。

夏天,盟、向两邑向郑国求和,不久又背叛郑国。

秋天,郑人、齐人、卫人讨伐盟邑和向邑。周天子把盟、向两邑的百姓迁到王城。

冬天,曲沃伯诱召晋小子侯,伏兵杀害了他。

桓公八年

【原文】

八年:春,正月己卯,烝。

天王使家父来聘。

夏,五月丁丑,烝。

秋,伐邾。

冬,十月,雨雪。

祭公来,遂逆王后于纪。

八年春,灭翼。

随少师有宠。楚斗伯比曰:"可矣!雠有衅,不可失也。"

夏,楚子合诸侯于沈鹿。黄、随不会。使薳章让黄。楚子伐随,军于汉、淮之间。

季梁请下之:"弗许而后战,所以怒我而怠寇也。"少师谓随侯曰:"必速战!不然,将失楚师。"随侯御之。望楚师,季梁曰:"楚人上左,君必左,无与王遇。且攻其右。右无良焉,必败。偏败,众乃携矣。"少师曰:"不当王,非敌也。"弗从。

战于速杞。随师败绩。随侯逸。斗丹获其戎车,与其戎右少师。

秋,随及楚平。楚子将不许,斗伯比曰:"天去其疾矣,随未可克也。"乃盟而还。

冬,王命虢仲立晋哀侯之弟缗于晋。

祭公来,遂逆王后于纪。礼也。

【译文】

八年春天,正月十四日,举行烝祭。周天子派家父前来访问。夏天,五月十三日,又举行烝祭。秋天,讨伐邾国。冬天,十月,下雪。祭公先来鲁国,然后到纪国迎接王后。

八年春天,曲沃伯灭亡了晋国都城翼邑。

随国少师受到国君宠信。楚国的斗伯比说:"可以了。敌人有了空子,我们不应该错过。"

夏天,楚王在沈鹿会合诸侯,黄国和随国没有与会。楚王派薳章去责备黄国,他自己统兵讨伐随国,把军队驻扎在汉水和淮水之间。

季梁建议向楚国请降,说:"如果楚国不答应,然后再交战。这是让我军激奋而使敌

人松懈的办法。"少师对随侯说："一定要赶快交战,不这样,就会失掉战胜楚军的机会。"
随侯出兵抵抗楚军,与楚军遥相对望。季梁说："楚国人尊重左边,楚王一定在左军中。
不要跟楚王正面交锋,暂且攻打他的右军。右军没有良将,必定失败。右军一败,整个楚
军就离散了。"少师说："国君不跟楚王正面交锋,就不是对等的战争。"随侯没有听从季梁
的话。两军在速杞交战,随军打了败仗。随侯逃脱。斗丹缴获了随侯的战车,以及随侯
的车右少师。

秋天,随国要求跟楚国讲和,楚王打算不答应。斗伯比说："上天已经除去随国的祸
害少师了,随国是不能够灭亡的。"于是跟随国结盟然后回国。

冬天,周天子命令虢仲到晋国立晋哀侯的弟弟缗为晋侯。祭公先来鲁国,然后去纪
国迎接王后。这是合于礼的。

桓公九年

【原文】

九年:春,纪季姜归于京师。

夏,四月。

秋,七月。

冬,曹伯使其世子射姑来朝。

九年春,纪季姜归于京师。凡诸侯之女行,唯王后书。

巴子使韩服告于楚,请与邓为好。楚子使道朔将巴客以聘于邓。邓南鄙鄾人攻而夺
之币,杀道朔及巴行人。楚子使薳章让于邓,邓人弗受。

夏,楚使斗廉帅师及巴师围鄾。邓养甥、聃甥帅师救鄾,三逐巴师,不克。斗廉衡陈
其师于巴师之中,以战,而北。邓人逐之,背巴师。而夹攻之,邓师大败。鄾人宵溃。

秋,虢仲、芮伯、梁伯、荀侯、贾伯伐曲沃。

冬,曹大子来朝。宾之以上卿,礼也。享曹大子,初献,乐奏而叹。施父曰："曹大子
其有忧乎？非叹所也。"

【译文】

九年春天,纪国的季姜嫁到周王都城洛邑。夏天,四月。秋天,七月。冬天,曹桓公
派他的太子射姑前来朝见。

九年春天,纪国季姜嫁到周都洛邑。凡是诸侯的女儿出嫁,只有当王后的才加以
记载。

巴国国君派外交官韩服向楚国通报,请楚国帮助巴国跟邓国建立友好关系。楚王就

派道朔带领韩服去邓国访问，邓国南部边邑鄬人攻击他们，夺取了他们的财物礼品，杀死了道朔和巴国的外交官韩服。楚王派远章去责备邓国，邓国不接受指责。

夏天，楚国派斗廉带兵联同巴国军队包围鄬邑。邓国的养甥、聃甥带兵救援鄬邑。邓军向巴军多次进攻，都没有攻破。斗廉把他的军队横摆在巴军中间去跟邓军交战，然后诈败奔逃。邓军追赶楚军，以致巴军处在背后。巴军与楚军夹攻邓军，邓军大败。鄬邑人连夜逃散了。

秋天，虢仲、芮伯、梁伯、荀侯、贾伯讨伐曲沃。

冬天，曹国太子前来朝见。鲁国用上卿礼遇接待他，这是合礼的。设宴招待曹太子，开始进酒奏乐的时候，曹太子叹气。施父说："曹太子恐怕会有忧患吧，因为这不是叹气的地方啊！"

桓公十年

【原文】

十年：春，王正月庚申，曹伯终生卒。

夏，五月，葬曹桓公。

秋，公会卫侯于桃丘，弗遇。

冬，十有二月丙午，齐侯、卫侯、郑伯来战于郎。

十年春，曹桓公卒。

虢仲谮其大夫詹父于王。詹父有辞，以王师伐虢。夏，虢公出奔虞。

秋，秦人纳芮伯万于芮。

初，虞叔有玉，虞公求旃。弗献，既而悔之，曰："周谚有之：'匹夫无罪，怀璧其罪。'吾焉用此？其以贾害也？"乃献之。又求其宝剑。叔曰："是无厌也。无厌，将及我。"遂伐虞公，故虞公出奔共池。

冬，齐、卫、郑来战于郎。我有辞也。

初，北戎病齐，诸侯救之，郑公子忽有功焉。齐人饩诸侯，使鲁次之。鲁以周班后郑。郑人怒，请师于齐。齐人以卫师助之，故不称侵伐。先书"齐、卫"，王爵也。

【译文】

十年春天，周历正月六日，曹国国君终生逝世。夏天，五月，安葬曹桓公。秋天，桓公到桃丘去会见卫侯，没有见到。冬天，十二月二十七日，齐侯、卫侯、郑伯前来郎地跟我军作战。

十年春天，曹桓公逝世。

虢仲在周天子面前诬陷他的大夫詹父。詹父有理,就率领天子军队讨伐虢国。夏天,虢公逃奔到虞国。

秋天,秦人把芮伯万送入芮国。

当初,虞叔有块宝玉,虞公向他索取,虞叔不给。不久,虞叔后悔,想道:"周朝的谚语有这样的说法:'百姓没有罪,怀藏的玉璧才是罪。'我要这块宝玉干什么,难道用它来买祸害?"于是就把宝玉献给了虞公。虞公又索取他的宝剑。虞叔说:"这个人贪得无厌。贪得无厌,必定会给我带来祸害。"于是就攻打虞公。所以虞公逃奔到了共池。

冬天,齐、卫、郑三国联军前来郎地作战。这次战争我方是有理的。

当初,北戎侵犯齐国,诸侯去救援齐国,郑公子忽在这件事上有功劳。齐人馈送诸侯食物,让鲁国排列先后次序。鲁国依据周朝封爵的先后把郑国排在后面。郑人发怒,向齐国请求出兵,齐国就率领卫国军队援助郑国。所以《春秋》记载时不称"侵伐"。先写齐国、卫国而后写为主的郑国,也是按照周朝封爵的次序。

桓公十一年

【原文】

十有一年:春,正月,齐人、卫人、郑人盟于恶曹。

夏,五月癸未,郑伯寤生卒。

秋,七月,葬郑庄公。

九月,宋人执郑祭仲。突归于郑。郑忽出奔卫。

柔会宋公、陈侯、蔡叔,盟于折。

公会宋公于夫钟。

冬,十有二月,公会宋公于阚。

十一年春,齐、卫、郑、宋盟于恶曹。

楚屈瑕将盟贰、轸。郧人军于蒲骚,将与随、绞、州、蓼伐楚师。莫敖患之。斗廉曰:"郧人军其郊,必不诫,且日虞四邑之至也。君次于郊郢,以御四邑;我以锐师宵加于郧。郧有虞心而恃其城,莫有斗志。若败郧师,四邑必离。"莫敖曰:"盍请济师于王?"对曰:"师克在和,不在众。商、周之不敌,君之所闻也。成军以出,又何济焉?"莫敖曰:"卜之。"对曰:"卜以决疑。不疑何卜?"遂败郧师于蒲骚,卒盟而还。

郑昭公之败北戎也,齐人将妻之,昭公辞。祭仲曰:"必取之!君多内宠,子无大援,将不立。三公子皆君也。"

夏,郑庄公卒。

初,祭封人仲足有宠于庄公,庄公使为卿。为公娶邓曼,生昭公。故祭仲立之。宋雍

氏女于郑庄公,曰雍姞,生厉公。雍氏宗,有宠于宋庄公,故诱祭仲而执之,曰:"不立突,将死!"亦执厉公而求赂焉。祭仲与宋人盟,以厉公归而立之。

秋,九月丁亥,昭公奔卫。己亥,厉公立。

【译文】

十一年春天,正月,齐人、卫人、郑人在恶曹结盟。夏天,五月七日,郑庄公寤生逝世。秋天,七月,安葬郑庄公。九月,宋人捉住郑国的祭仲。郑公子突回到郑国,郑昭公忽逃亡到卫国。鲁大夫柔在折地会见宋公、陈侯、蔡叔,并结盟。桓公与宋公在夫钟相会。冬天,十二月,桓公又在阚地会见宋公。

十一年春天,齐国、卫国、郑国、宋国在恶曹结盟。

楚国的莫敖屈瑕打算跟贰国、轸国结盟。郧人却在蒲骚布置军队,将要会同随、绞、州、蓼四国攻打楚军,莫敖为此担心害怕。斗廉说:"郧军驻扎在本国的郊区,一定不会防备,而且他们天天盼望四国前来增援。您领兵驻扎在郊郢,以便抵挡四国援军;我带精锐部队夜间偷袭郧军。郧军一心盼望救援,又依仗有城邑作保,定会缺乏战斗意志。如果打败了郧军,四国联军就一定离散。"莫敖说:"为什么不向楚王请求增加军队呢?"斗廉回答说:"军队打胜仗在于团结,不在人多。商朝和周国力量相差悬殊,这是您知道的。只要我们的军队同仇敌忾出战,又何必要增加兵力呢?"莫敖说:"占卜一下吧?"斗廉回答说:"占卜是用来决定疑虑的,没有疑虑,又占卜什么?"于是在蒲骚打败了郧军,终于跟贰、轸两国结了盟才回国。

郑昭公忽在齐国打败北戎的时候,齐君想把女儿嫁给他,昭公辞谢了。祭仲说:"一定要娶她。国君有许多宠幸的妻妾,你如果没有大国援助,将难以立为国君。因为另三个公子都有可能成为国君。"

夏天,郑庄公逝世。

当初,祭地封人仲足得到郑庄公宠信,郑庄公让他做卿。仲足替郑庄公娶回邓曼,生下昭公。所以祭仲扶立他做国君。宋国的雍氏把女儿嫁给郑庄公,叫雍姞,生下厉公。雍氏受人尊重,得到宋庄公宠信,所以他诱来祭仲逮捕了他,说:"若不立突为郑君,你就要死。"又捉住厉公突,向他索取贿赂。祭仲跟宋人结盟,带着厉公回国而立他做郑君。

秋天,九月十三日,郑昭公逃亡到卫国。二十五日,郑厉公突即位做了国君。

桓公十二年

【原文】

十有二年:春,正月。

夏,六月壬寅,公会杞侯、莒子,盟于曲池。

秋,七月丁亥,公会宋公、燕人,盟于榖丘。

八月壬辰,陈侯跃卒。

公会宋公于虚。

冬,十有一月,公会宋公于龟。

丙戌,公会郑伯,盟于武父。

丙戌,卫侯晋卒。

十有二月,及郑师伐宋。丁未,战于宋。

十二年夏,"盟于曲池",平杞、莒也。

公欲平宋、郑。秋,公及宋公盟于句渎之丘。宋成未可知也,故又会于虚。冬,又会于龟。宋公辞平。故与郑伯盟于武父,遂师师而伐宋,战焉,宋无信也。

君子曰:"苟信不继,盟无益也。《诗》云'君子屡盟,乱是用长',无信也。"

楚伐绞,军其南门。莫敖屈瑕曰:"绞小而轻,轻则寡谋。请无扞采樵者以诱之。"从之。绞人获三十人。明日,绞人争出,驱楚役徒于山中。楚人坐其北门,而覆诸山下;大败之,为城下之盟而还。

伐绞之役,楚师分涉于彭。罗人欲伐之,使伯嘉谍之;三巡数之。

【译文】

十二年春天,正月。夏天,六月十二日,桓公会见杞侯、莒子,在曲池结盟。秋天,七月十七日,桓公会见宋公、燕君,在谷丘结盟。八月壬辰日,陈厉公逝世。桓公跟宋公在虚地相会。冬天,十一月,桓公在龟地会见宋公。十八日,桓公会见郑伯,在武父结盟。同一天,卫宣公逝世。十二月,联同郑国军队攻打宋国。十日,在宋国作战。

十二年夏天,桓公在曲池会盟,是为了调解杞国和莒国之间的矛盾。

桓公想让宋国、郑国讲和。秋天,桓公在谷丘会见宋公。由于不知宋国是否真心愿和,所以又在虚地会见;冬天,又相会在龟地。宋公拒绝讲和,所以桓公跟郑伯在武父结盟,然后带领军队讨伐宋国,在宋国交战,这是因为宋国不讲信用。

君子说:"如果信用跟不上,结盟是没有用的。《诗》说'君子多次结盟,动乱由此产生',这正是由于没有信用。"

楚国讨伐绞国,驻军在绞国的城南门。莫敖屈瑕说:"绞国弱小却轻率粗心,轻率粗心就缺乏计谋。建议不派人保卫外出砍柴的人,用这种方法来引诱他们。"楚王听从了他。绞人俘获了三十个砍柴人。第二天,绞人争着出城,到山中驱赶楚国的砍柴人。楚人则在山下设置埋伏,并派兵坐在绞城北门外等候。结果大败绞人,逼迫绞人订立了城下盟约才回国。

讨伐绞国的那场战役,楚国军队从彭水分头过河。罗人想要攻击他们,就派伯嘉前

往侦察楚军。伯嘉多次计点楚军人数。

桓公十三年

【原文】

十有三年:春,二月,公会纪侯、郑伯。己巳,及齐侯、宋公、卫侯、燕人战。齐师、宋师、卫师、燕师败绩。

三月,葬卫宣公。

夏,大水。

秋,七月。

冬,十月。

十三年春,楚屈瑕伐罗。斗伯比送之,还,谓其御曰:"莫敖必败。举趾高,心不固矣。"遂见楚子,曰:"必济师!"楚子辞焉,入告夫人邓曼。邓曼曰:"大夫其非众之谓。其谓君抚小民以信,训诸司以德,而威莫敖以刑也。莫敖狃于蒲骚之役,将自用也,必小罗。君若不镇抚,其不设备乎?夫固谓君训众而好镇抚之,召诸司而劝之以令德,见莫敖而告诸天之不假易也。不然,夫岂不知楚师之尽行也?"楚子使赖人追之,不及。

莫敖使徇于师曰:"谏者有刑!"及鄢,乱次以济,遂无次。且不设备。及罗,罗与卢戎两军之,大败之。莫敖缢于荒谷。

群帅囚于冶父以听刑。楚子曰:"孤之罪也!"皆免之。

宋多责赂于郑。郑不堪命,故以纪、鲁及齐与宋、卫、燕战。不书所战,后也。

郑人来请修好。

【译文】

十三年春天,二月,桓公会见纪侯、郑伯。初三日,桓公跟齐侯、宋公、卫侯、燕人交战。齐国军队、宋国军队、卫国军队、燕国军队都失败了。三月,安葬卫宣公。夏天,发生大水。秋天,七月。冬天,十月。

十三年春天,楚国屈瑕领兵讨伐罗国,斗伯比为他送行。返回的时候,斗伯比对他的驾车人说:"莫敖一定会失败。走路时把脚抬得很高,表明他心思浮动不安定。"于是去见楚王,说:"一定要增加军队!"楚王没有答应他的请求。楚王进到屋里,把这事告诉夫人邓曼,邓曼说:"斗大夫恐怕不是说的军队人数多少,而是说您要用诚信来安抚百姓,用道德来告诫官吏,用法律来约束莫敖。莫敖陶醉在蒲骚战役的胜利中,一定会自以为是,从而轻视罗国。君王如果不加镇抚,恐怕他不会设置防备啊!斗大夫一定是说您要训诫大众并好好地督察他们,召集官吏而用美好的德行鼓励他们,召见莫敖,告诉他上天不会宽

大他的过错。斗大夫说的如果不是这意思,他难道不知道楚国的军队全都出动了吗?"楚王派赖人去追赶莫敖,没有追上。

莫敖派人在军队中巡回宣布命令说:"敢进谏的人要受刑罚!"到达鄢水,军队次序混乱地渡河,终致不成行列,而且不设防备。到达罗国,罗军与卢戎军队两面夹击,大败楚军。莫敖吊死在荒谷。

其他将军自己囚禁在冶父,等候楚王处罚。楚王说:"这是我的过错。"全部赦免了他们。

宋国向郑国索取很多的财物。郑国不能忍受,所以率领纪、鲁、齐三国的军队跟宋、卫、燕军作战。《春秋》没有记载作战的地点,是因为鲁军后到。

郑国来请求建立友好关系。

桓公十四年

【原文】

十有四年:春,正月,公会郑伯于曹。

无冰。

夏,五。郑伯使其弟语来盟。

秋,八月壬申,御廪灾。

乙亥,尝。

冬,十有二月丁巳,齐侯禄父卒。

宋人以齐人、蔡人、卫人、陈人伐郑。

十四年春,会于曹。曹人致饩,礼也。

夏,郑子人来寻盟,且修曹之会。

秋,八月壬申,御廪灾。乙亥,尝。书,不害也。

冬,宋人以诸侯伐郑,报宋之战也。焚渠门,入,及大逵。伐东郊,取牛首。以大宫之椽归为卢门之椽。

【译文】

十四年春天,正月,桓公在曹国会见郑伯。没有结冰。夏天,五月,郑伯派他的弟弟语前来结盟。秋天,八月十五日,御廪发生火灾。十八日,举行尝祭。冬天,十二月二日,齐国国君禄父逝世。宋人带领齐人、蔡人、卫人、陈人讨伐郑国。

十四年春天,桓公与郑伯在曹国会见。曹国馈送他们食物,这是合于礼的。

夏天,郑国子人前来重温十二年底在武父所订立的盟约,并且重温去年在曹国的

会见。

秋天，八月十五日，御廪发生火灾。十八日，照常举行尝祭。《春秋》记载这件事，是由于他们并不害怕天灾。

冬天，宋国率领诸侯联军讨伐郑国，是为了报复前几年郑伐宋的那次战役。焚烧了郑国的渠门，攻入城市，到达了城内的大街上。又攻打东郊，占取了牛首。带回郑国祖庙的椽子，用它作为宋国城郊卢门的椽子。

桓公十五年

【原文】

十有五年：春，二月，天王使家父来求车。

三月乙未，天王崩。

夏，四月乙巳，葬齐僖公。

五月，郑伯突出奔蔡。

郑世子忽复归于郑。

许叔入于许。

公会齐侯于艾。

邾人、牟人、葛人来朝。

秋，九月，郑伯突入于栎。

冬，十有一月，公会〔齐侯、〕宋公、卫侯、陈侯于袲，伐郑。

十五年春，天王使家父来求车，非礼也。诸侯不贡车服，天子不私求财。

祭仲专。郑伯患之，使其婿雍纠杀之。将享诸郊，雍姬知之，谓其母曰："父与夫孰亲？"其母曰："人尽夫也，父一而已，胡可比也？"遂告祭仲曰："雍氏舍其室而将享子于郊。吾惑之，以告。"祭仲杀雍纠，尸诸周氏之汪。公载以出，曰："谋及妇人，宜其死也。"夏，厉公出奔蔡。

六月乙亥，昭公入。

许叔入于许。

公会齐侯于艾，谋定许也。

秋，郑伯因栎人杀檀伯，而遂居栎。

冬，会于袲，谋伐郑，将纳厉公也。弗克而还。

【译文】

十五年春天，二月，周桓王派家父来索取车辆。三月十一日，周桓王逝世。夏天，四

月十五日，安葬齐僖公。五月，郑伯突逃亡到蔡国，郑太子忽回国复位。许叔进入许国都城。桓公跟齐侯在艾地相会。邾君、牟君、葛君前来朝见。秋天，九月，郑伯突入居郑国的边邑栎。冬天，十一月，桓公在袤地会见宋公、卫侯和陈侯，然后一起讨伐郑国。

十五年春天，周桓王派家父前来索取车辆，这是不合礼的。诸侯不应该向天子贡献车辆服装，天子也不应该向诸侯私下索取财物。

祭仲专权，郑厉公很担心，就派祭仲的女婿雍纠谋杀他。雍纠打算在郊外宴请祭仲。雍姬知道了这个阴谋，对她的母亲说："父亲与丈夫哪一个更亲？"她母亲说："凡是男人都可以做丈夫，而父亲却只有一个，这怎么能够相比呢？"雍姬于是告诉她的父亲祭仲说："我丈夫雍氏不在自己家里却要到郊外去宴请您，我对此感到疑惑，所以把这事告诉您。"祭仲杀死雍纠，暴尸在周氏之汪。厉公载着雍纠的尸体出逃，说："跟妇人谋划大事，死得活该。"夏天，郑厉公逃奔到了蔡国。

六月二十二日，郑昭公进入郑国。

许叔从许东偏进居许国都城。

桓公在艾地跟齐侯相会，就是为了商议如何安定许国。

秋天，郑厉公通过栎人杀害了戍守大夫檀伯，因而就居住在栎邑。

冬天，桓公与宋、卫、陈三国国君在袤地会见，是为了谋划讨伐郑国，打算将厉公送回国都复位。没有成功，只好退兵。

桓公十六年

【原文】

十有六年：春，正月，公会宋公、蔡侯、卫侯于曹。

夏，四月，公会宋公、卫侯、陈侯、蔡侯伐郑。

秋，七月，公至自伐郑。

冬，城向。

十有一月，卫侯朔出奔齐。

十六年春，正月，会于曹，谋伐郑也。

夏，伐郑。

秋七月，公至自伐郑，以饮至之礼也。

冬，城向。书，时也。

初，卫宣公烝于夷姜，生急子，属诸右公子。为之娶于齐，而美，公取之。生寿及朔，属寿于左公子。夷姜缢。宣姜与公子朔构急子。公使诸齐，使盗待诸莘，将杀之。寿子告之，使行。不可，曰："弃父之命，恶用子矣？有无父之国则可也。"及行，饮以酒。寿子

载其旌以先,盗杀之。急子至,曰:"我之求也,此何罪? 请杀我乎!"又杀之。二公子故怨惠公。

十一月,左公子泄、右公子职立公子黔牟。惠公奔齐。

【译文】

十六年春天,正月,桓公在曹国与宋公、蔡侯、卫侯会盟。夏天,四月,桓公领兵会同宋公、卫侯、陈侯、蔡侯的军队讨伐郑国。秋天,七月,桓公讨伐郑国后回到本国。冬天,修筑向城。十一月,卫惠公朔逃亡到齐国。

十六年春天,正月,桓公和宋公、蔡侯、卫侯在曹国会见,是为了商议讨伐郑国的事。

夏天,攻打郑国。

秋天,七月,桓公攻打郑国后回国。《春秋》记载"至",是因为举行了祭告宗庙宴赏臣下的"饮至"礼。

冬天,修筑向城。《春秋》记载,是因为合时。

当初,卫宣公与他的庶母夷姜通奸,生下急子,托付给右公子职。宣公替他从齐国娶媳妇,媳妇很漂亮,宣公就自己娶了她,生了寿和朔,把寿托付给左公子。夷姜上吊死了。宣姜和公子朔诬陷急子。宣公派急子到齐国出使,暗地里叫杀手在莘地等待,打算杀了他。寿子告诉急子这件事,叫他逃走。急子不肯,说:"丢下父亲的使命,还用儿子干什么? 除非有没有父亲的国家才行。"等到出发的时候,寿子用酒灌醉急子,载着急子的旗号先走,杀手误认为是急子而杀了他。急子到后,说:"你们是找我的,这个人有什么罪? 请杀我吧!"杀手又杀了急子。左右二公子由此怨恨惠公。

十一月,左公子泄和右公子职立公子黔牟为君。卫惠公逃亡到齐国。

桓公十七年

【原文】

十有七年:春,正月丙辰,公会齐侯、纪侯,盟于黄。

二月丙午,公(会)〔及〕邾仪父盟于趡。

夏,五月丙午,及齐师战于奚。

六月丁丑,蔡侯封人卒。

秋,八月,蔡季自陈归于蔡。

癸巳,葬蔡桓侯。

及宋人、卫人伐邾。

冬,十月朔,日有食之。

十七年春，"盟于黄"，平齐、纪，且谋卫故也。

及邾仪父盟于趡，寻蔑之盟也，

夏，及齐师战于奚，疆事也。于是齐人侵鲁疆，疆吏来告。公曰："疆场之事，慎守其一而备其不虞。姑尽所备焉。事至而战，又何谒焉？"

蔡桓侯卒。蔡人召蔡季于陈。"秋，蔡季自陈归于蔡"，蔡人嘉之也。

伐邾，宋志也。

冬十月朔，日有食之。不书日，官失之也。天子有日官，诸侯有日御。日官居卿以（底）〔厎〕日，礼也。日御不失日，以授百官于朝。

初，郑伯将以高渠弥为卿。昭公恶之，固谏，不听。昭公立，惧其杀己也，辛卯，弑昭公而立公子亹。君子谓昭公知所恶矣。公子达曰："高伯其为戮乎？复恶，已甚矣！"

【译文】

十七年春天，正月十三日，桓公在黄地会见齐侯、纪侯，并结盟。二月丙午日，桓公会见邾仪父，在趡地结盟。夏天，五月五日，跟齐军在奚地交战。六月六日，蔡侯封人逝世。秋天，八月，蔡季从陈国回到蔡国。二十三日，安葬蔡桓侯。鲁军跟宋人、卫人一同攻打邾国。冬天，十月一日，日食。

十七年春天，桓公与齐侯、纪侯在黄地结盟，这是由于调解齐国和纪国的矛盾，并且商议如何对付卫国的缘故。

桓公跟邾仪父在趡地结盟，则是为了重温隐公时的蔑地盟约。

夏天，鲁军跟齐军在奚地作战，这是疆界上的冲突。当时齐军侵犯鲁国边疆，守边官吏前来报告请示。桓公说："边疆这类事情，要小心地守护自己的一方，并防备别国的意外侵犯。所以要随时对这类事情做好一切准备。敌人进犯了就迎头痛击，又何必要请示呢？"

蔡桓侯逝世，蔡国人到陈国召蔡季回国。秋天，蔡季从陈国回到蔡国，因为蔡国人都赞扬他。

鲁国攻打邾国，这是宋国的意愿。

冬天，十月初一，日食。《春秋》不记载日子，这是史官的疏漏。天子有日官，诸侯有日御。日官居卿位以推算日历，这是礼的规定。日御不能使日历错漏，要原原本本地将日官推定的日历在朝廷上传授给百官。

当初，郑庄公打算用高渠弥做卿，昭公讨厌他，坚决阻止，但庄公没有听从。昭公即位，高渠弥害怕他杀自己，就在十月二十二日杀死昭公，另立公子亹为君。君子认为昭公确实了解他所讨厌的人。公子达说："高渠弥将会被杀吧，他报仇报得太过分了！"

桓公十八年

【原文】

十有八年：春，王正月，公会齐侯于泺。公与夫人姜氏遂如齐。

夏，四月丙子，公薨于齐。

丁酉，公之丧至自齐。

秋，七月。

冬，十有二月己丑，葬我君桓公。

十八年春，公将有行，遂与姜氏如齐。申繻曰："女有家，男有室，无相渎也，谓之有礼。易此，必败。"

公会齐侯与泺，遂及文姜如齐。齐侯通焉，公谪之。以告。

夏，四月丙子，享公。使公子彭生乘公，公薨于车。

鲁人告于齐曰："寡君畏君之威，不敢宁居，来修旧好。礼成而不反，无所归咎，恶于诸侯。请以彭生除之。"齐人杀彭生。

秋，齐侯师于首止。子亹会之，高渠弥相。七月戊戌，齐人杀子亹而轘高渠弥。祭仲逆郑子于陈而立之。是行也，祭仲知之，故称疾不往。人曰："祭仲以知免。"仲曰："信也。"

周公欲弑庄王而立王子克。辛伯告王，遂与王杀周公黑肩。王子克奔燕。

初，子仪有宠于桓王，桓王属诸周公。辛伯谏曰："并后，匹嫡，两政，耦国，乱之本也。"周公弗从，故及。

【译文】

十八年春天，周历正月，桓公在泺地会见齐侯。桓公与夫人姜氏趁便到了齐国。夏天，四月十日，桓公在齐国逝世。五月一日，桓公的灵柩从齐国送运回国。秋天，七月。冬天，十二月二十七日，安葬我们的国君桓公。

十八年春天，桓公打算前往会见齐侯，于是跟姜氏一起到齐国去。申繻说："女自有夫，男各有妻，不互相亵渎，就叫作有礼。如果违反这种礼节，就一定会坏事。"

桓公在泺地会见齐侯，然后与文姜到齐国去，齐侯跟文姜私通。桓公责备文姜，文姜把话转告齐侯。

夏天，四月初十日，齐侯宴请桓公。而后让公子彭生帮助桓公登车，桓公就死在车里。

鲁国人通告齐国说："寡君害怕齐君的威力，不敢在家安居，前来齐国重修旧好。但

完成礼仪后却没有回国，我们无法追究罪责，因而在诸侯中造成了恶劣影响。请求杀掉彭生来清除这种影响。"齐人杀了彭生。

秋天，齐侯驻军在首止，子亹前往会见，高渠弥做助手。七月初三日，齐人杀死子亹，车裂高渠弥。祭仲从陈国接回子仪，立他为国君。这次前往会见齐侯，祭仲知道有事发生，所以装病没有去。人家说："祭仲是因为有先见之明才躲过了祸害。"祭仲说："确实是这样。"

周公想要谋杀庄王而另立王子克。辛伯将这事告诉庄王，于是跟庄王合力杀死了周公黑肩。王子克逃奔到燕国。

当初，王子克得到桓王宠爱，桓王把他托付给周公。辛伯劝诫周公说："妾妃跟王后并列，庶子与嫡子等同，两个人共掌朝政，大城市和国都一样，这都是祸乱的根源啊！"周公不听从劝告，所以遭到了祸难。

庄公

庄公元年

【原文】

元年：春，王正月。

三月，夫人孙于齐。

夏，单伯送王姬。

秋，筑王姬之馆于外。

冬，十月乙亥，陈侯林卒。

王使荣叔来锡桓公命。

王姬归于齐。

齐师迁纪郱、鄑、郚。

元年春，不称即位，文姜出故也。

三月，夫人孙子齐。不称姜氏，绝，不为亲，礼也。

秋，筑王姬之馆于外。为外，礼也。

【译文】

鲁庄公元年春天，周历正月。三月，夫人文姜逃奔到齐国。夏天，单伯送来周天子的女儿待嫁。秋天，在都城外面修筑王姬居住的馆舍。冬天，十月十七日，陈庄公逝世。周

王的女儿嫁到齐国。齐国军队迁出纪国邢、鄑、郜三邑的人民而占取其地。

鲁庄公元年春天,《春秋》不载庄公即位,是由于文姜出逃的缘故。

三月,夫人文姜逃奔到齐国。《春秋》不称她"姜氏",是因为庄公与她断绝了母子关系,不再是亲人。这是合于礼的。

秋天,在都城外修筑供王姬住居的馆舍,因为王姬不是鲁国人,这也是符合礼的。

庄公二年

【原文】

二年:春,王二月,葬陈庄公。

夏,公子庆父帅师伐于馀丘。

秋,七月,齐王姬卒。

冬,十有二月,夫人姜氏会齐侯于禚。

乙酉,宋公冯卒。

二年冬,夫人姜氏会齐侯于禚。书,奸也。

【译文】

二年春天,周历二月,安葬陈庄公。夏天,公子庆父领兵打馀丘。秋天,七月,嫁给齐襄公的周王女儿逝世。冬天,十二月,夫人姜氏跟齐侯在禚地相会。初四日,宋公冯逝世。

二年冬天,夫人姜氏跟齐侯在禚地相会。《春秋》记载这件事,是由于他们在那里通奸。

庄公三年

【原文】

三年:春,王正月,溺会齐师伐卫。

夏,四月,葬宋庄公。

五月,葬桓王。

秋,纪季以酅入于齐。

冬,公次于滑。

三年春,溺会齐师伐卫。疾之也。

夏五月,葬桓王。缓也。

秋,纪季以酅入于齐。纪于是乎始判。

冬,公次于滑。将会郑伯谋纪故也。郑伯辞以难。凡师,一宿为舍,再宿为信,过信为次。

【译文】

三年春天,周历正月,溺领兵会同齐军攻打卫国。夏天,四月,安葬宋庄公。五月,安葬周桓王。秋天,纪季率领酅邑人投奔齐国。冬天,庄公在滑地暂住。

三年春天,公子溺会同齐军攻打卫国,《春秋》记载不称"公子",是由于憎恶他专命私行。

夏天,五月,安葬周桓王,这已经太迟了。

秋天,纪季率酅投靠齐国,纪国从此开始分为两国。

冬天,庄公在滑地停留,是由于打算会见郑伯,商议救助纪国的缘故。郑伯用自己国家有祸难为借口推辞了。凡是军队外出,住一宿叫作舍,住两晚叫作信,超过两晚就叫次。

庄公四年

【原文】

四年:春,王二月,夫人姜氏享齐侯于祝丘。

三月,纪伯姬卒。

夏,齐侯、陈侯、郑伯遇于垂。

纪侯大去其国。

六月乙丑,齐侯葬纪伯姬。

秋,七月。

冬,公及齐人狩于禚。

四年春,王正月。楚武王荆尸授师孑焉,以伐随。将齐,入告夫人邓曼曰:"余心荡。"邓曼叹曰:"王禄尽矣!盈而荡,天之道也。先君其知之矣,故临武事、将发大命而荡王心焉。若师徒无亏,王薨于行,国之福也。"王遂行,卒于樠木之下。令尹斗祁、莫敖屈重除道梁溠,营军临随。随人惧,行成。莫敖以王命入盟随侯,且请为会于汉汭。而还,济汉而后发丧。

纪侯不能下齐,以与纪季。"夏,纪侯大去其国",违齐难也。

【译文】

四年春天,周历正月,夫人姜氏在祝丘宴请齐侯。三月,纪伯姬逝世。夏天,齐侯、陈

侯、郑伯在垂地举行非正式会谈。纪侯永远离开自己的国家。六月二十三日,齐侯替纪国安葬纪伯姬。秋天,七月。冬天,庄公跟齐侯在禚地田猎。

四年春天,周历三月,楚武王摆开"荆尸"军阵,给军队颁发戟器,准备攻打齐国。武王打算斋戒,进去告诉妻子邓曼说:"我心跳得慌。"邓曼叹气说:"君王您的福寿快完了。满了才会摇动,这是自然的规律。先君大概知道了,所以在您临近战争,将要发布征伐命令的时候,让您心慌惊跳。如果军队没有什么损失,您在途中寿终,那就是国家的福气了。"武王于是出发,死在樠树下面。令尹斗祈、莫敖屈重逢山开路,遇水架桥,继续进逼随国建立军营。随国人害怕,就向楚国求和。莫敖用楚王的名义进入随国跟随侯结盟,并请随侯在汉水转弯处相会。退兵渡过汉水后,才公开楚王的丧事。

纪侯不愿意向齐国低头,就把纪国交给纪季。夏天,纪侯永远离开了他的国家,这是为了躲避齐国的祸难。

庄公五年

【原文】

五年:春,王正月。

夏,夫人姜氏如齐师。

秋,郳犁来来朝。

冬,公会齐人、宋人、陈人、蔡人伐卫。

五年秋,郳犁来来朝。名,未王命也。

冬,伐卫,纳惠公也。

【译文】

五年春天,周历正月。夏天,夫人姜氏前往齐国军中。秋天,郳君犁来前来朝见。冬天,庄公会同齐军、宋军、陈军、蔡军攻打卫国。

五年秋天,郳君犁来前来朝见。《春秋》称他的名,是因为他还没有获得周王朝的任职命令。

冬天,齐、鲁等诸侯军队攻打卫国,是为了护送卫惠公回国复位。

庄公六年

【原文】

六年:春,王正月,王人子突救卫。

夏,六月,卫侯朔入于卫。

秋,公至自伐卫。

螟。

冬,齐人来归卫俘。

六年春,王人救卫。

夏,卫侯入,放公子黔牟于周,放宁跪于秦,杀左公子泄、右公子职,乃即位。君子以二公子之立黔牟为不度矣。夫能固位者,必度于本末而后立衷焉。不知其本,不谋;知本之不枝,弗强。《诗》云:"本枝百世。"

冬,齐人来归卫宝,文姜请之也。

楚文王伐申,过邓。邓祁侯曰:"吾甥也。"止而享之。雅甥、聃甥、养甥请杀楚子,邓侯弗许。三甥曰:"亡邓国者,必此人也。若不早图,后君噬齐,其及图之乎?图之,此为时矣!"邓侯曰:"人将不食吾馀。"对曰:"若不从三臣,抑社稷实不血食,而君焉取馀?"弗从。还年,楚子伐邓。十六年,楚复伐邓,灭之。

鲁庄公

【译文】

六年春天,周历正月,周王朝官员子突救援卫国。夏天,六月,卫惠公朔进入卫国。秋天,庄公从攻打卫国的战场回国。发生蝗虫灾害。冬天,齐国人送来攻打卫国的战利品。

六年春天,周王官吏救援卫国。

夏天,卫惠公回国,把公子黔牟放逐到成周,把大夫宁跪放逐到秦地,杀死左公子泄和右公子职,然后才复位当国君。君子认为,左右二公子扶立公子黔牟当国君这件事做得欠考虑。能够巩固国君地位的人,一定会考察候选人的各方面条件,然后从中选立合适的。不了解某人的基本情况,就不要替他谋取君位;了解到他虽有根基却没有枝叶维护,也不必勉强他当国君。《诗》中说:"有本有枝,百代久传。"

冬天,齐国人送来卫国的宝器,这是由于文姜的请求。

楚文王讨伐申国。经过邓国。邓祈侯说:"这是我的外甥。"就留下他,设宴款待他。雅甥、聃甥和养甥请求杀掉楚文王,邓侯不答应。三个人说:"灭亡邓国的一定是这个人。如果不早点除掉他,以后您就像咬自己肚脐一样够不着,哪里还能够对付他呢?要对付他,现在是最好的时机。"邓侯说:"这样做,世人将不会吃我剩下的食物。"三人回答说:"如果不听从我们的意见,国家灭亡,连土神谷神都得不到祭享,国君您还到哪里去拿剩余的东西给人吃?"邓侯不听。楚文王讨伐申国回国的那一年,顺便攻击了邓国。十六

年,楚国再次攻打邓国,灭亡了它。

庄公七年

【原文】

七年:春,夫人姜氏会齐侯于防。

夏,四月辛卯,夜,恒星不见;夜中,星陨如雨。

秋,大水。

无麦、苗。

冬,夫人姜氏会齐侯于榖。

七年春,文姜会齐侯于防,齐志也。

夏,恒星不见,夜明也。星陨如雨,与雨偕也。

秋,无麦、苗,不害嘉谷也。

【译文】

七年春天,夫人姜氏在防地跟齐侯私会。夏天,四月五日晚上,平日常见的星星没有出现。半夜的时候星星像下雨一样陨落。秋天,发了大水。麦子失收,青苗淹没。冬天,夫人姜氏到榖地私会齐侯。

七年春天,文姜跟齐侯在防地私会,这是齐侯的意愿。

夏天,常见的星星不出现,是因为夜空太明亮了。《春秋》说"星陨如雨",实际上是星星跟雨水一块儿落下。

秋天,麦子失收,青苗淹没,但并没有妨害黍稷的收成。

庄公八年

【原文】

八年:春,王正月,师次于郎,以俟陈人、蔡人。

甲午,治兵。

夏,师及齐师围郕。郕降于齐师。

秋,师还。

冬,十有一月癸未,齐无知弑其君诸儿。

八年春,"治兵"于庙,礼也。

夏,师及齐师围郕。郕降于齐师。仲庆父请伐齐师,公曰:"不可。我实不德,齐师何

罪？罪我之由。《夏书》曰：'皋陶迈种德。德，乃降。'姑务修德以待时乎！"秋，师还。君子是以善鲁庄公。

齐侯使连称、管至父成葵丘，瓜时而往，曰："及瓜而代。"期戍，公问不至。请代，弗许。故谋作乱。

僖公之母弟曰夷仲年，生公孙无知，有宠于僖公，衣服礼秩如適。襄公绌之。二人因之以作乱。连称有从妹在公宫，无宠。使间公，曰："捷，吾以女为夫人。"

冬十二月，齐侯游于姑棼，遂田于贝丘。见大豕，从者曰："公子彭生也。"公怒，曰："彭生敢见！"射之。豕人立而啼。公惧，队于车，伤足丧屦。反，诛屦于徒人费，弗得；鞭之，见血。走出，遇贼于门。劫而束之。费曰："我奚御哉？"袒而示之背，信之。费请先入；伏公而出，斗死于门中。石之纷如死于阶下。遂入，杀孟阳于床，曰："非君也，不类。"见公之足于户下，遂弑之，而立无知。

初，襄公立，无常。鲍叔牙曰："君使民慢，乱将作矣！"奉公子小白出奔莒。乱作，管夷吾、召忽奉公子纠来奔。

初，公孙无知虐于雍廪。

【译文】

八年春天，周历正月，鲁国军队驻扎在防地，以等待陈国、蔡国的军队前来。十三日，在太庙分发武器。夏天，鲁军和齐军包围郕国。郕国向齐军投降。秋天，鲁军回国。冬天，十一月七日，齐国无知杀死了他的君王诸儿。

八年春天，在太庙里分发武器，这是合乎礼的。

夏天，鲁军和齐军包围郕国，郕国向齐军投降。仲庆父请求攻打齐军。庄公说："不行。实在是我们没有德行，齐军有什么罪过？罪过是由我们产生的。《夏书》说：'皋陶努力培养德行，有了德行，别人才投降他。'我们姑且专心培养德行，等候时机吧！"秋天，鲁军回国。君子因此称赞鲁庄公。

齐侯派连称、管至父去守卫葵丘。结瓜的时候去，齐侯说："等明年结瓜的时候就派人替换你们。"可守卫了一周年，没有齐君的音讯到来。连称、管至父自己请求派人替换，齐侯也不答应。所以连称、管至父计划叛乱。

齐僖公的同母弟弟叫夷仲年，生了公孙无知，得到僖公的宠爱，衣服礼仪等方面的待遇如同嫡孙一样。襄公即位后却降低了他的待遇。所以连称、管至父利用他来发动叛乱。连称有个堂妹在齐侯宫室，没有得宠，公孙无知就让她去刺探齐侯的行动，对她说："如果成功了，我就把你封为夫人。"

冬天，十二月，齐侯到姑棼游玩，接着在贝丘围猎。看见一头大野猪。随从人员说："这是死去的公子彭生。"齐侯愤怒地说："彭生竟敢来见我！"用箭射它。野猪像人一样站着啼叫。齐侯害怕，从车下摔下来，伤了脚，丢了鞋。回到驻地，齐侯叫侍人费去寻找

鞋子,没有找到。齐侯用鞭子抽打侍人费,打出了血。侍人费跑出去,在门口碰上叛乱的人,叛贼劫持并捆绑他。费说:"我怎么会替君王抵抗呢?"脱下衣服把背上的鞭伤给叛贼看,叛贼相信了他。费请求先进去。他把齐侯隐藏好才出来,跟叛贼拼斗,死在门内。石之纷如死在台阶下。叛贼于是进去,把假装齐侯的孟阳杀死在床上。叛贼说:"这不是国君,不像。"发现齐侯的脚露在门下,就杀了齐侯,然后立无知做国君。

当初,齐襄公就位,说话做事没有一定准则。鲍叔牙说:"国君使唤百姓怠慢无礼,祸乱将要发生了。"就侍奉公子小白逃亡到了莒国。叛乱发生,管夷吾、召忽侍奉公子纠来投奔鲁国。

当初,公孙无知虐待雍廪。

庄公九年

【原文】

九年:春,齐人杀无知。

公及齐大夫盟于蔇。

夏,公伐齐,纳(子)纠。齐小白入于齐。

秋,七月丁酉,葬齐襄公。

八月庚申,及齐师战于乾时,我师败绩。

九月,齐人取子纠杀之。

冬,浚洙。

九年春,雍廪杀无知。

公及齐大夫盟于蔇,齐无君也。

夏,公伐齐,纳子纠。桓公自莒先入。

秋,师及齐师战于乾时,我师败绩。公丧戎路,传乘而归。秦子、梁子以公旗辟于下道,是以皆止。

鲍叔帅师来言曰:"子纠,亲也;请君讨之。管、召,雠也;请受而甘心焉。"乃杀子纠于生窦。召忽死之。管仲请囚,鲍叔受之,及堂阜而税之。归而以告曰:"管夷吾治于高傒。使相可也。"公从之。

【译文】

九年春天,齐国人杀死公孙无知。庄公跟齐国大夫在蔇地结盟。夏天,庄公攻打齐国,想把子纠送回国内。齐公子小白抢先回到了齐国。秋天,七月二十四日,安葬齐襄公。八月十八日,跟齐国军队在乾时交战,我国军队打了大败仗。九月,齐国人要回子

纠,杀了他。冬天,疏理洙水。

九年春天,雍廪杀了齐侯无知。

庄公在蔇地跟齐国大夫结盟,是因为齐国当时没有国君。

夏天,庄公攻打齐国,想送子纠回去。可桓公小白从莒国抢先回到了齐国。

秋天,我军和齐军在乾时交战,我军打了大败仗。庄公丢掉兵车,坐上便车逃回。秦子、梁子打着庄公的旗帜躲在小道上诱骗齐军,因此都被抓住。

鲍叔带着军队来鲁国说:"子纠是我们国君的亲人,我君不忍心下手,就请贵国诛杀他。管仲和召忽是我们国君的仇人,请你们交给我们带回去让国君亲自处置才甘心啊。"于是,在鲁国生窦把子纠杀了。召忽为主人殉死。管仲请求做囚犯,鲍叔同意,将他捆绑押回,一到齐地堂阜就放开他。回去后把这件事禀告齐君,说:"管仲治国才能比高侯还好,让他做宰相是可以的。"齐桓公听从了他。

庄公十年

【原文】

十年:春,王正月,公败齐师于长勺。

二月,公侵宋。

三月,宋人迁宿。

夏,六月,齐师、宋师次于郎。公败宋师于乘丘。

秋,九月,荆败蔡师于莘,以蔡侯献舞归。

冬,十月,齐师灭谭,谭子奔莒。

十年春,齐师伐我。公将战,曹刿请见。其乡人曰:"肉食者谋之,又何间焉?"刿曰:"肉食者鄙,未能远谋。"乃入见,问:"何以战?"公曰:"衣食所安,弗敢专也,必以分人。"对曰:"小惠未遍,民弗从也。"公曰:"牺牲玉帛,弗敢加也。必以信。"对曰:"小信未孚,神弗福也。"公曰:"小大之狱,虽不能察,必以情。"对曰:"忠之属也,可以一战。战则请从。"

公与之乘。战于长勺。公将鼓之,刿曰:"未可。"齐人三鼓,刿曰:"可矣。"齐师败绩。公将驰之,刿曰:"未可。"下视其辙;登轼而望之;曰:"可矣。"遂逐齐师。

既克,公问其故。对曰:"夫战,勇气也。一鼓作气,再而衰,三而竭。彼竭我盈,故克之。夫大国,难测也,惧有伏焉。吾视其辙乱,望其旗靡,故逐之。"

夏六月,齐师、宋师次于郎。公子偃曰:"宋师不整,可败也。宋败,齐必还。请击之。"公弗许。自雩门窃出,蒙皋比而先犯之。公从之,大败宋师于乘丘。齐师乃还。

蔡哀侯娶于陈,息侯亦娶焉。息妫将归,过蔡。蔡侯曰:"吾姨也。"止而见之,弗宾。

息侯闻之,怒,使谓楚文王曰:"伐我,吾求救于蔡;而伐之。"楚子从之。秋九月,楚败蔡师于莘,以蔡侯献舞归。

齐侯之出也,过谭;谭不礼焉。及其入也,诸侯皆贺,谭又不至。"冬,齐师灭谭",谭无礼也。"谭子奔莒",同盟故也。

【译文】

十年春天,周历正月,庄公在长勺打败齐国军队。二月,庄公偷袭宋国。三月,宋人占有宿地。夏天,六月,齐军、宋军深入鲁国郎地驻扎。庄公在乘丘打败宋军。秋天,九月,楚国在莘地打败蔡军,带着蔡侯献舞回国。冬天,十月,齐军灭亡谭国,谭国国君逃奔到莒国。

十年春天,齐国军队攻打我国。庄公将要迎战,曹刿请求进见庄公。曹刿的同乡人说:"有当官的考虑这些事,你又为什么要参与进去?"曹刿说:"当官的人见识浅陋,不能够长远考虑。"于是,进宫见庄公,问庄公靠什么打仗。庄公说:"衣服粮食这些养身的东西,我不敢独自占用,一定拿来分给众人。"曹刿回答说:"这点小恩惠不能遍及所有人,老百姓是不会跟从您的。"庄公说:"用来祭神的牲畜玉帛等东西,我不敢谎报,一定要诚实。"曹刿回答说:"这点个人的诚实不能够形成风气,神灵是不会保佑您的。"庄公说:"大大小小的诉讼案件,即使不能够一一体察实情,也一定要秉公办理。"曹刿回答说:"这是忠于民事之类的行为啊,可以凭这个打一仗。打仗的时候,请让我跟在您身边。"

庄公让曹刿跟他坐同一辆车子,在长勺开战。庄公打算击鼓进军,曹刿说:"还不行。"齐国人击了三次鼓,曹刿说:"可以击鼓进攻了。"齐军吃了败仗。庄公打算驱车追赶齐军,曹刿说:"不行。"往下观察车轮印迹,又登上车前横木眺望齐军败走的样子,然后说:"可以追击了!"于是追赶齐军。

打败齐军以后,庄公询问这样做的缘故。曹刿回答说:"战争,靠的是勇气。第一次击鼓,士气振作;第二次击鼓,士气就会减弱一些;第三次击鼓,士气就没有了。齐军三次击鼓进攻后已没有了士气,可我军还是第一次击鼓,士气正旺盛,所以能够战胜齐军。像齐国这样的大国,是难以估测的,我担心它们假装败逃而在那里设有埋伏。我看清他们的车轮印迹混乱,望见他们的旗帜东倒西歪,知道是真败,所以就追击他们。"

夏天,六月,齐军、宋军深入到郎地驻扎。公子偃说:"宋国军队纪律涣散,是能够打败的。宋军一败,齐军必定退回。请攻击宋军。"庄公不答应。公子偃私自带兵从城西门偷偷出去,让兵马披上虎皮先进攻宋军。庄公闻知,只好率大军跟随公子偃出战,在乘丘将宋国军队打得大败。齐国军队于是撤回。

蔡哀侯从陈国娶了妻子,息侯也从陈国娶妻。息妫出嫁的时候,经过蔡国。蔡侯说:"这是我的姨子。"就留下她跟她见面,对她不守规矩。息侯听说这件事,很生气,派人对楚文王说:"您攻打我,我向蔡国求救,然后您借口攻打蔡国。"楚王同意。秋天,九月,楚

国在莘地打败蔡国军队,捉拿了蔡侯献舞回国。

齐桓公逃亡的时候,经过谭国,谭国对他不礼敬。等他回国即位后,诸侯都来祝贺,谭国又不来。冬天,齐军灭亡谭国,这是因为谭国不讲礼节。谭子逃奔到莒国,是由于莒国是他的同盟国的缘故。

庄公十一年

【原文】

十有一年:春,王正月。

夏,五月戊寅,公败宋师于鄑。

秋,宋大水。

冬,王姬归于齐。

十一年夏,宋为乘丘之役故,侵我。公御之。宋师未陈而薄之,败诸鄑。

凡师,敌未陈曰败某师,皆陈曰战,大崩曰败绩,得俊曰克,覆而败之曰取某师,京师败曰王师败绩于某。

秋,宋大水。公使吊焉,曰:"天作淫雨,害于粢盛,若之何不吊?"对曰:"孤实不敬,天降之灾;又以为君忧,拜命之辱。"臧文仲曰:"宋其兴乎! 禹、汤罪己,其兴也悖焉;桀、纣罪人,其亡也忽焉。且列国有凶,称孤,礼也。言惧而名礼,其庶乎!"既而闻之曰:"公子御说之辞也。"臧孙达曰:"是宜为君,有恤民之心。"

冬,齐侯来逆共姬。

乘丘之役,公以金仆姑射南宫长万,公右歂孙生搏之。宋人请之。宋公靳之,曰:"始,吾敬子。今子鲁囚也,吾弗敬子矣!"病之。

【译文】

十一年春天,周历正月。夏天,五月十七日,庄公在鄑地打败宋国入侵的军队。秋天,宋国发大水。冬天,周天子的女儿嫁到齐国。

十一年夏天,宋国因为乘丘战役的缘故,侵犯我国。庄公发兵还击。宋军还没有摆好阵势,鲁军就冲上去,在鄑地把宋军打败。

凡是军队交战,敌方没有摆开阵势就把它打败叫"败某师",双方都摆好了阵势的叫"战",军队严重溃散叫"败绩",捉到对方的勇士或将军叫"克",设伏兵打败对方叫"取某师",周王朝的军队战败叫"王师败绩于某"。

秋天,宋国发生水灾。庄公派人去宋国慰问,说:"老天连降暴雨,损害了贵国的庄稼,我怎么能不来慰问呢?"宋君回答说:"孤确实不敬,所以上天降给我灾害,又因此让贵

国忧虑,屈辱前来赐命,实不敢当。"臧文仲说:"宋国恐怕要兴盛了吧!夏禹商汤责罚自己,他们很快就兴盛了;夏桀商纣归罪别人,他们很快就灭亡了。再说,各国发生灾荒,对慰问者自称'孤',这是合于礼的。说话谦恭谨慎,称名合乎礼仪,大概要兴盛了吧!"后来听到有人说:"这是公子御说说的话。"臧孙达说:"公子御说这个人应该当国君,因为他有同情老百姓的思想。"

冬天,齐桓公来鲁国迎娶王姬。

乘丘战役中,庄公用金头仆姑箭射伤南宫长万,庄公的车右歂孙活捉了他。宋人请求放他回去。回去后宋公羞辱他说:"从前我敬重您。但现在您是鲁国囚犯,我不敬重您了。"南宫长万由此怨恨宋公。

庄公十二年

【原文】

十有二年:春,王三月,纪叔姬归于酅。

夏,四月。

秋,八月甲午,宋万弑其君捷及其大夫仇牧。

冬,十月,宋万出奔陈。

十二年秋,宋万弑闵公于蒙泽。遇仇牧于门,批而杀之。遇大宰督于东宫之西,又杀之。立子游。群公子奔萧。公子御说奔亳,南宫牛、猛获帅师围亳。

冬十月,萧叔大心及戴、武、宣、穆、庄之族以曹师伐之。杀南宫牛于师,杀子游于宋,立桓公。猛获奔卫。南宫万奔陈,以乘车辇其母,一日而至。

宋人请猛获于卫。卫人欲勿与,石祁子曰:"不可!天下之恶一也,恶于宋而保于我,保之何补?得一夫而失一国,与恶而弃好,非谋也。"卫人归之。亦请南宫万于陈,以赂。陈人使妇人饮之酒,而以犀革裹之。比及宋,手足皆见。宋人皆醢之。

【译文】

十二年春天,周历三月,纪叔姬回到酅邑。夏天,四月。秋天,八月十日,宋南宫长万杀死他的国君捷和大夫仇牧。冬天,十月,南宫长万出逃到陈国。

十二年秋天,南宫长万在蒙泽宫杀害闵公。在宫门内遇到仇牧,反手一掌将他砍死。在东宫的西面碰上太宰督,南宫长万又把他杀了。然后立公子游做国君。众公子逃到萧邑,公子御说逃到亳邑。南宫牛、猛获领兵把亳邑包围了起来。

冬天,十月,萧叔大心和宋戴公、武公、宣公、穆公、庄公的族人率领曹国的军队攻打南宫牛和猛获。在战场上杀死南宫牛,又打到宋国都城把子游杀了。立宋桓公为国君。

猛获逃到卫国。南宫长万逃往陈国——用快车拉着自己的母亲,一天就到了陈国。

宋人向卫国请求交出猛获,卫国打算不给。石祁子说:"使不得。天下的罪人是一样的,猛获在宋国作了恶却被我国保护,保护他有什么用? 得到一个人却失去一个国家,结交恶人却抛弃友邦,这不是好主意。"卫人就把猛获交回了宋国。宋国又用贿赂向陈国请求交出南宫长万。陈国让女人把南宫长万灌醉,又用犀牛皮把他包扎起来。等押送到宋国的时候,南宫长万的手脚都挣扎着露了出来。宋人把这两个人剁成了肉酱。

庄公十三年

【原文】

十有三年:春,齐侯、宋人、陈人、蔡人、邾人会于北杏。

夏,六月,齐人灭遂。

秋,七月。

冬,公会齐侯,盟于柯。

十三年春,会于北杏,以平宋乱。遂人不至。夏,齐人灭遂而戍之。

冬,盟于柯,始及齐平也。

宋人背北杏之会。

【译文】

十三年春天,齐侯、宋人、陈人、蔡人、邾人在齐国的北杏相会。夏天,六月,齐人灭亡遂国。秋天,七月。冬天,庄公到齐邑柯会见齐侯,并结盟。

十三年春天,齐侯主持诸侯在北杏相会,是为了平定宋国的内乱。遂人没有来参加盟会。夏天,齐人灭掉遂国并派兵驻守在那里。

冬天,庄公跟齐侯在柯邑结盟。这是自长勺之战后头一次跟齐国讲和。

宋国违背了北杏会见的盟约。

庄公十四年

【原文】

十有四年:春,齐人、陈人、曹人伐宋。

夏,单伯会伐宋。

秋,七月,荆入蔡。

冬,单伯会齐侯、宋公、卫侯、郑伯于鄄。

十四年春,诸侯伐宋。齐请师于周。夏,单伯会之。取成于宋而还。

郑厉公自栎侵郑,及大陵,获傅瑕。傅瑕曰:"苟舍我,吾请纳君。"与之盟而赦之。六月甲子,傅瑕杀郑子及其二子而纳厉公。

初,内蛇与外蛇斗于郑南门中,内蛇死。六年而厉公入,公闻之,问于申繻曰:"犹有妖乎?"对曰:"人之所忌,其气(焰)〔炎〕以取之。妖由人兴也。人无衅焉,妖不自作。人弃常,则妖兴。故有妖。"

厉公入,遂杀傅瑕。使谓原繁曰:"傅瑕贰,周有常刑,既伏其罪矣。纳我而无二心者,吾皆许之上大夫之事,吾愿与伯父图之。且寡人出,伯父无里言;入,又不念寡人:寡人憾焉!"对曰:"先君桓公命我先人典司宗祏。社稷有主,而外其心,其何贰如之?苟主社稷,国内之民其谁不为臣?臣无二心,天之制也。子仪在位十四年矣,而谋召君者,庸非贰乎?庄公之子犹有八人,若皆以官爵行赂劝贰而可以济事,君其若之何?臣闻命矣!"乃缢而死。

蔡哀侯为莘故,绳息妫以语楚子。楚子如息,以食入享;遂灭息,以息妫归。生堵敖及成王焉,未言。楚子问之,对曰:"吾一妇人而事二夫,纵弗能死,其又奚言?"楚子以蔡侯灭息,遂伐蔡。秋七月,楚入蔡。

君子曰:"《商书》所谓'恶之易也,如火之燎于原,不可乡迩,其犹可扑灭'者,其如蔡哀侯乎!"

冬,会于鄄,宋服故也。

【译文】

十四年春天,齐国、陈国、曹国联合攻打宋国。夏天,周大夫单伯也参与攻打宋国。秋天,七月,楚国攻入蔡国。冬天,单伯在卫国鄄地会见齐侯、宋公、卫侯和郑伯。

十四年春天,诸侯攻打宋国。齐国请求周王出兵。夏天,周大夫单伯领兵跟诸侯相会,迫使宋国讲和后才回去。

郑厉公从栎地出发偷袭郑国,到达大陵,抓获了傅瑕。傅瑕说:"如果放了我,我愿意帮您回国复位。"厉公跟他订立盟誓后就放了他。六月二十日,傅瑕杀死了郑国国君和他的两个儿子,把厉公接回了国都。

当初,有一条城内的蛇与一条城外的蛇在郑都南门中争斗,城里的蛇死了。过了六年,厉公就进入国都重新当了国君。庄公听说了这件事,问申繻说:"该不会有妖怪吧?"申繻回答说:"人类的凶险祸害,是他自己的品行气概带来的,妖怪是因为人才产生的。人本身没有缺陷的话,妖怪不会自己兴起。人的言行违背了常规,妖怪就产生了,所以才有妖怪。"

郑厉公一进国都,就杀了傅瑕。然后派人对原繁说:"傅瑕侍奉国君三心二意,按照周朝的正常刑法,他已经伏罪受罚了。凡是助我回国却没有二心的人我都答应给他们上

大夫的职务,我希望能与伯父您商议这些事。但寡人出逃在外的时候,您没有向我通报国内的消息;我回国以后,您又不亲附我。我对此感到遗憾。"原繁回答说:"先君桓公命令我的祖先掌管宗庙石室。国家已有君主,却把自己的心思向着逃亡在外的人,那还有什么比这更三心二意的呢?一旦主持了国家,那国内的百姓哪个不是他的臣民?臣民不能有二心,这是上天的规定。子仪当国君已经十四年了,如果我策划请您回国重登君位,这难道不是有二心吗?庄公的儿子还有八个,如果都用官爵作为贿赂来鼓励臣下三心二意并且可以成事的话,那您将拿他们怎么办?下臣已经听到了君主的命令了。"于是上吊自杀了。

蔡哀侯因为莘地战役被俘的缘故,跟楚王谈话时有意赞美息妫。楚王就到息国去,带着食物进去宴请息国君臣,趁机灭亡了息国。带着息妫回国,生了堵敖和成王。息妫从不主动说话,楚王问她缘故,她回答说:"我作为一个女人,却侍奉两个丈夫,既然不能殉节而死,还能说什么呢?"楚王因为蔡侯的缘故灭亡了息国,接着又攻打蔡国。秋天,七月,楚王攻进蔡国。

君子说:"《商书》里说:'罪恶的蔓延犹如大火在草原上燃烧,不能够接近,又怎么能够扑灭呢?'这些话指的大概就像蔡哀侯这种情况吧?"

冬天,单伯跟诸侯在鄄地会见,是由于宋国降服的缘故。

庄公十五年

【原文】

十有五年:春,齐侯、宋公、陈侯、卫侯、郑伯会于鄄。

夏,夫人姜氏如齐。

秋,宋人、齐人、邾人伐郳。

郑人侵宋。

冬,十月。

十五年春,复会焉,齐始霸也。

秋,诸侯为宋伐郳。郑人间之而侵宋。

【译文】

十五年春天,齐侯、宋公、陈侯、卫侯、郑伯在鄄地相会。夏天,夫人姜氏前往齐国。秋天,宋人、齐人、邾人联合攻打郳国。郑人袭击宋国。冬天,十月。

十五年春天,诸侯再次在鄄地相会,这是因为齐国开始称霸了。

秋天,诸侯替宋国攻打郳国。郑人趁此机会侵犯宋国。

庄公十六年

【原文】

十有六年:春,王正月。

夏,宋人、齐人、卫人伐郑。

秋,荆伐郑。

冬,十有二月,会齐侯、宋公、陈侯、卫侯、郑伯、许男、滑伯、滕子,同盟于幽。

邾子克卒。

十六年夏,诸侯伐郑,宋故也。

郑伯自栎入,缓告于楚。秋,楚伐郑及栎,为不礼故也。

郑伯治与于雍纠之乱者。九月,杀公子阏,刖强鉏。公父定叔出奔卫。三年而复之,曰:"不可使共叔无后于郑。"使以十月入,曰:"良月也,就盈数焉。"

君子谓"强鉏不能卫其足"。

冬,同盟于幽,郑成也。

王使虢公命曲沃伯以一军为晋侯。

初,晋武公伐夷,执夷诡诸。苪国请而免之。既而弗报,故子国作乱,谓晋人曰:"与我伐夷而取其地。"遂以晋师伐夷,杀夷诡诸。周公忌父出奔虢。惠王立而复之。

【译文】

十六年春天,周历正月。夏天,宋国、齐国、卫国联合进攻郑国。秋天,楚国攻打郑国。冬天,十二月,庄公会合齐侯、宋公、陈侯、卫侯、郑伯、许男、滑伯、滕子,在幽地一起结盟。邾国国君克逝世。

十六年夏天,诸侯攻打郑国,是因为宋国的缘故。

郑厉公从栎地回到国内复位,过了很久才向楚国通报。秋天,楚国攻打郑国,打到了栎邑。这是由于郑国对楚国不礼貌的缘故。

郑厉公惩罚参与雍纠叛乱的人,九月,杀了公子阏,又把强鉏的脚砍断。公父定叔逃到卫国。过了三年,郑厉公让他回国,说:"不能让共叔在郑国没有后人。"叫公父定叔在十月回国,说:"这是个好月份,挑个满数嘛。"

君子认为强鉏不善于保护自己的脚。

冬天,诸侯在幽地订立盟约,这是因为郑国请求讲和。

周王派虢公任命曲沃武公为晋侯,建立一个军的兵力。

当初,晋武公攻打夷地,捉住夷诡诸。苪国替夷诡诸请求,晋武公就放了他。但后来

夷诡诸不报答芮国，所以芮国挑起战乱。芮国对晋人说："跟我一起攻打夷地，你们占有那里的土地。"于是就率领晋国军队攻打夷地，杀了夷诡诸。周公忌父出逃到虢国。惠王即位后才让他回朝复位。

庄公十七年

【原文】

十有七年：春，齐人执郑詹。

夏，齐人歼于遂。

秋，郑詹自齐逃来。

冬，多麋。

十七年春，齐人执郑詹，郑不朝也。

夏，遂因氏、颌氏、工娄氏、须遂氏飨齐戍，醉而杀之，齐人歼焉。

【译文】

十七年春天，齐国囚禁了来访的郑詹。夏天，齐国守军在遂被全部杀死。秋天，郑詹从齐国逃来鲁国。冬天，麋鹿成灾。

十七年春天，齐人囚禁郑詹，这是因为郑伯不曾朝见齐桓公。

夏天，遂国的四大家族因氏、颌氏、工娄氏、须遂氏设宴招待齐国的守军，把他们灌醉后杀了，齐国守军被遂人杀光。

齐桓公

庄公十八年

【原文】

十有八年：春，王三月，日有食之。

夏，公追戎于济西。

秋，有螟。

冬，十月。

十八年春，虢公、晋侯朝王。王飨醴，命之宥。皆赐玉五瑴、马三匹，非礼也。王命诸侯：名位不同，礼亦异数；不以礼假人。

虢公、晋侯、郑伯使原庄公逆王后于陈。陈妫归于京师，实惠后。

夏，公追戎于济西。不言其来，讳之也。

秋，有蜮，为灾也。

初，楚武王克权，使斗缗尹之。以叛，围而杀之。迁权于那处，使阎敖尹之。及文王即位，与巴人伐申，而惊其师。巴人叛楚而伐那处，取之，遂门于楚。阎敖游涌而逸，楚子杀之。其族为乱。冬，巴人因之以伐楚。

【译文】

十八年春天，周历三月，日食。夏天，庄公在济水以西追击戎兵。秋天，发生蜮虫灾害。冬天，十月。

十八年春天，虢公、晋侯一起朝见周王。周王用甜酒招待他们，叫他们向自己敬酒以示亲近。并且送给他们俩每人五双玉、三匹马，这是不合礼制的。天子赐礼物给诸侯，名分爵位不同，礼物的多少也不同，不能在礼制上送人情。

虢公、晋侯、郑伯让原庄公到陈国去迎娶王后。陈妫嫁到京城，就是惠后。

夏天，庄公在济水西边驱赶戎兵。《春秋》不记载戎兵侵入，是为了避讳。

秋天，发生蜮虫，造成了灾害。

当初，楚武王攻占权国，派斗缗当权邑的长官。斗缗却凭据权邑背叛楚国，楚武王就围攻权邑，杀了斗缗。并把权邑的老百姓都迁移到楚国的那处，派阎敖去管治他们。等到楚文王当了国君，楚军跟巴人一起攻打申国，却让巴国军队受到惊吓。巴人因此背叛楚国去攻打那处，占取那处后，接着又攻打楚都城门。阎敖从涌水里游泳逃跑，楚文王杀了他。阎敖的家族因此叛乱。冬天，巴人利用阎敖的家族再一次攻打楚国。

庄公十九年

【原文】

十有九年：春，王正月。

夏，四月。

秋，公子结媵陈人之妇于鄄，遂及齐侯、宋公盟。

夫人姜氏如莒。

冬，齐人、宋人、陈人伐我西鄙。

十九年春，楚子御之，大败于津。还，鬻拳弗纳，遂伐黄，败黄师于踖陵。还，及湫，有

疾。夏六月庚申，卒。鬻拳葬诸夕室；亦自杀也，而葬于经皇。

初，鬻拳强谏楚子，楚子弗从。临之以兵，惧而从之。鬻拳曰："吾惧君以兵，罪莫大焉。"遂自刖也。楚人以为大阍，谓之大伯；使其后掌之。君子曰："鬻拳可谓爱君矣：谏以自纳于刑，刑犹不忘纳君于善。"

初，王姚嬖于庄王，生子颓。子颓有宠，𬇙国为之师。及惠王即位，取𬇙国之圃以为圃。边伯之宫近于王宫，王取之。王夺子禽祝跪与詹父田，而收膳夫之秩，故𬇙国、边伯、石速、詹父、子禽祝跪作乱，因苏氏。秋，五大夫奉子颓以伐王，不克，出奔温。苏子奉子颓以奔卫。卫师、燕师伐周。冬，立子颓。

【译文】

十九年春天，周历正月。夏天，四月。秋天，公子结护送陪卫女嫁给陈国的鲁女到鄄地，趁便代表鲁公跟齐侯、宋公结盟。鲁夫人文姜前往莒国。冬天，齐国、宋国、陈国联合进攻我国西部边疆。

十九年春天，楚文王领兵前去抵抗巴人的进攻，在津地被打得大败。返回国都的时候，鬻拳不让楚文王进城。于是楚文王又挥师攻打黄国，在碏陵将黄国军队打败。回国的时候，到达湫邑，生了病。夏天，六月十五日，楚文王病逝。鬻拳把文王安葬在夕室。然后又自杀身亡，葬在文王陵墓的宫殿前面。

当初，鬻拳坚决劝阻楚文王，文王不听。鬻拳用兵器对着他，文王害怕就听从了。鬻拳说："我用兵器威吓君王，没有比这更大的罪行了。"于是自己砍断了脚作为惩罚。楚人让他做大阍，称他为大伯，并让他的后人长期继任这个官职。君子说："鬻拳可以说是热爱君王了：进谏后能自己让自己受刑罚，受了刑罚还不忘让君王得到好名声。"

当初，王姚被庄王宠爱，生下子颓。庄王喜欢子颓，让𬇙国做他的老师。周惠王上台以后，占取𬇙国的菜圃扩建成禽兽园林。边伯的府邸靠近王宫，惠王也占用了。惠王又夺取子禽祝跪和詹父的田地，没收了膳夫石速的俸禄。所以𬇙国、边伯、石速、詹父和子禽祝跪发动叛乱，以对王室有意见的苏忿生为靠山。秋天，五位大夫侍奉子颓去攻打惠王，没有成功，就出逃到苏氏的温邑。苏氏又护着子颓逃到卫国。卫国和燕国的军队攻打西周。冬天，立子颓为周王。

庄公二十年

【原文】

二十年：春，王二月，夫人姜氏如莒。
夏，齐大灾。

秋,七月。

冬,齐人伐戎。

二十年春,郑伯和王室,不克。执燕仲父。

夏,郑伯遂以王归,王处于栎。秋,王及郑伯入于邬。遂入成周,取其宝器而还。

冬,王子颓享五大夫,乐及遍舞。郑伯闻之,见虢叔,曰:"寡人闻之:哀乐失时,殃咎必至。今王子颓歌舞不倦,乐祸也。夫司寇行戮,君为之不举;而况敢乐祸乎?奸王之位,祸孰大焉?临祸忘忧,忧必及之。盍纳王乎?"虢公曰:"寡人之愿也!"

【译文】

二十年春天,周历二月,夫人文姜前往莒国。夏天,齐国发生大火灾。秋天,七月。冬天,齐国进攻西戎。

二十年春天,郑伯调和王室的矛盾,没有成功。郑伯抓住燕仲父。

夏天,郑伯就带着周惠王回国。惠王住在栎邑。秋天,惠王同郑伯一起进入邬邑,接着又进入成周。郑伯拿了那里的宝器回国。

冬天,王子颓设宴招待芮国等五位大夫,演奏了所有的乐舞。郑伯听到这件事,就去会见虢叔,说:"寡人听说过:悲哀或欢乐不合时宜的话,灾祸就会到来。现在王子颓没有节制地观赏歌舞,这是把祸患当作欢乐啊!连法官诛杀罪人,君王都因此而不在吃饭时奏乐,何况敢于把祸患当作欢乐呢?冒犯天子的职位,没有比这更大的祸患了!面对着祸害却忘记了忧患,忧患一定会降临到他身上。何不让惠王回国复位呢?"虢公说:"这也是我的心愿啊!"

庄公二十一年

【原文】

二十有一年:春,王正月。

夏,五月辛酉,郑伯突卒。

秋,七月戊戌,夫人姜氏薨。

冬,十有二月,葬郑厉公。

二十一年春,晋命于虢。夏,同伐王城。郑伯将王,自圉门入。虢叔自北门入。杀王子颓及五大夫。

郑伯享王于阙西辟,乐备。王与之武公之略,自虎牢以东。

原伯曰:"郑伯效尤,其亦将有咎!"五月,郑厉公卒。

王巡虢守。虢公为王宫于玤,王与之酒泉。

郑伯之享王也，王以后之鞶鉴予之。虢公请器，王予之爵。郑伯由是始恶于王。

冬，王归自虢。

【译文】

二十一年春天，周历正月。夏天，五月二十七日，郑伯突逝世。秋天，七月五日，夫人文姜逝世。冬天，十二月，安葬郑厉公。

二十一年春天，郑厉公与虢公在弭地约会。夏天，一同攻打王城。郑厉公侍奉惠王从南门攻入王城，虢公从北门攻入。杀了王子颓和苪国等五位大夫。

郑厉公在宫门高台上的西屋设宴招待惠王，演奏了各种乐舞。惠王把从前郑武公丢失的虎牢以东的土地赐给郑厉公。

原伯说："郑厉公学着犯错误，恐怕也会有报应。"五月，郑厉公果然逝世。

周惠王到虢国巡视，虢公特在珤地建筑了王宫。周惠王赐给虢公酒泉。

郑伯招待周惠王的时候，惠王把王后的装饰有镜子的大带赐给他。可虢公要求器物时，惠王却给了他饮酒的礼器爵。郑文公因为这件事开始对周惠王不满。

冬天，周惠王从虢国回到王城。

庄公二十二年

【原文】

二十〔有〕二年：春，王正月，肆大眚。

癸丑，葬我小君文姜。

陈人杀其公子御寇。

夏，五月。

秋，七月丙申，及其高傒盟于防。

冬，公如齐纳币。

二十二年春，陈人杀其大子御寇。陈公子完与颛孙奔齐。颛孙自齐来奔。

齐侯使敬仲为卿。辞曰："羁旅之臣，幸若获宥，及于宽政，赦其不闲于教训，而免于罪戾、弛于负担，君之惠也。所获多矣，敢辱高位以速官谤？请以死告。《诗》云：'翘翘车乘，招我以弓。岂不欲往？畏我友朋。'"使为工正。

饮桓公酒，乐。公曰："以火继之。"辞曰："臣卜其昼，未卜其夜，不敢！"君子曰："酒以成礼，不继以淫，义也。以君成礼，弗纳于淫，仁也。"

初，懿氏卜妻敬仲。其妻占之，曰："吉！是谓：'凤皇于飞，和鸣锵锵。有妫之后，将育于姜。五世其昌，并于正卿。八世之后，莫之于京！'"

陈厉公,蔡出也,故蔡人杀五父而立之。生敬仲。其少也,周史有以《周易》见陈侯者,陈侯使筮之,遇"观☷☴"之"否☷☰",曰:"是谓'观国之光,利用宾于王'。此其代陈有国乎? 不在此,其在异国;非此其身,在其子孙:光远而自他有耀者也。'坤',土也;'巽',风也;'乾',天也:风为天于土上,山也;有山之材而照之以天光,于是乎居土上,故曰'观国之光,利用宾于王'。庭实旅百,奉之以玉帛,天地之美具焉,故曰'利用宾于王'。犹有观焉,故曰:其在后乎! 风行而著于土,故曰:其在异国乎! 若在异国,必姜姓也。姜,大岳之后也。山岳则配天。物莫能两大。陈衰,此其昌乎!"

及陈之初亡也,陈桓子始大于齐;其后亡也,成子得政。

【译文】

二十二年春天,周历正月,赦免大罪。二十三日,安葬我们的国君夫人文姜。陈人杀死他们的公子御寇。夏天,五月。秋天,七月九日,鲁公跟齐国的高傒在防地结盟。冬天,庄公前往齐国奉送聘礼。

二十二年春天,陈人杀了他们的太子御寇。陈国公子敬仲和颛孙逃奔到了齐国。颛孙又从齐国逃来鲁国。

齐桓公让敬仲做卿。敬仲推辞说:"我这个客居贵国的小臣幸运地获得原谅,碰上宽厚的政治,赦免了我的教训,赦免了我的罪过,使我放下了心理负担,这些都是君惠啊! 我得到的已经很多了,岂敢再接受高位而招来官员们的议论呢? 斗胆冒死相告。《诗》说:'高高的车子上,有人用弓招呼我。我哪里是不想去? 我是害怕我的朋友。'"于是齐桓公只让他当了个工正。

敬仲招待齐桓公饮酒,饮得很高兴。天黑了,齐桓公说:"点上灯火继续饮酒。"敬仲回绝说:"我只占卜了白天,没有占卜夜晚,所以不敢在夜晚留君饮酒。"君子评论说:"用酒来完成礼仪,却不过头过分,这就是义。让君侯成就礼仪,却不让他陷于无度,这就是仁。"

当初,陈国一个懿姓大夫占卜把女儿嫁给敬仲的吉凶。他的妻子亲自占卜,说:"吉利。这叫作'凤凰将飞翔,鸣叫声响亮。陈国的后代,将在姜姓国度繁衍生长。第五代开始昌盛,职位跟正卿同行。第八代以后,就没有谁比他更强。'"

陈厉公,是蔡国女儿所生,所以蔡人杀死五父而立陈厉公为君。陈厉公即位后,生下敬仲。敬仲年轻的时候,有个周朝史官拿着《周易》拜见陈侯,陈侯让他用蓍茅占卜,遇到观卦变为否卦。说:"这叫作'观赏他国的光辉,对做君王的宾客有利'。这个人恐怕要代替陈氏享有国家了吧! 不是在本国,而是在别的国家。不是他本人,而是他的子孙。光,是远远地从别的地方照射来的;坤,是土地;巽,是风气;乾,是上天;风生在天上却行走在地下,这就是山。有山上的各种物质,又用天上的光来照射它们,因此啊就处在土地上面,所以说'观赏他国光辉,对做他国君王的宾客有利'。庭内摆满了各种礼品,再献上束

帛玉璧，天上地下的美好东西都在那里，所以说‘对做君王的宾客有利’。但还要在那里
观赏，所以说恐怕要到他后人身上才可应验。风飘行才落脚在土地上，所以说恐怕他的
昌盛在别的国家。如果在别的国家，那一定是姜姓的齐国。姜姓，是太岳的后代，山岳正
好与天相配。事物不能够同时在两地强大，恐怕要陈国衰亡后，这个氏族才能够强大。”

果然，到了陈国初次灭亡的时候，陈桓子开始在齐国强盛起来；陈国再次灭亡后，陈
成子就取得了齐国的政权。

庄公二十三年

【原文】

二十有三年：春，公至自齐。

祭叔来聘。

夏，公如齐观社。

公至自齐。

荆人来聘。

公及齐侯遇于穀。

萧叔朝公。

秋，丹桓宫楹。

冬，十有一月，曹伯射姑卒。

十有二月甲寅，公会齐侯盟于扈。

二十三年夏，公如齐观社，非礼也。曹刿谏曰：“不可！夫礼，所以整民也。故会以训
上下之则，制财用之节；朝以正班爵之义，帅长幼之序；征伐以讨其不然。诸侯有王，王有
巡守，以大习之。非是，君不举矣。君举必书。书而不法，后嗣何观？”

晋桓、庄之族偪，献公患之。士蒍曰：“去富子，则群公子可谋也已。”公曰：“尔试其
事。”士蒍与群公子谋，谮富子而去之。

秋，丹桓宫之楹。

【译文】

二十三年春天，庄公从齐国回来。蔡叔前来访问。夏天，庄公到齐国观摩祭社仪式。
庄公从齐国回来。楚国人前来访问。庄公跟齐侯在谷地举行非正式会晤。萧叔来朝见
庄公。秋天，给桓公庙宇的木柱涂上朱红色的油漆。冬天，十一月，曹伯射姑逝世。十二
月五日，庄公会见齐侯，在齐国扈地结盟。

二十三年夏天，庄公到齐国去观赏祭社礼仪，这是不合礼制的。曹刿劝阻说：“不行

啊。礼仪,是用来整顿百姓的。所以盟会用来显示上下的法则,制定财物使用的标准;朝觐用来端正爵位的仪式,遵循长幼的次序;征伐用来惩罚那些不敬的国家。诸侯有朝觐天子之礼,天子有巡视诸侯疆土的职责,都是用来熟悉这些制度的。如果不是这样,君王就不应该行动。君王的一举一动都一定要记载,记载下来却不合法度,那后代子孙学习什么呢?"

晋国的桓叔和庄伯两个家族威逼公室,晋献公为此担心。士蒍说:"去掉富子,那其他公子就容易对付了。"献公说:"你试着去办这件事吧。"士蒍就跟众公子谋议,诬陷富子而铲除了他。

秋天,替桓公大庙的木柱涂上朱红色油漆。

庄公二十四年

【原文】

二十有四年:春,王三月,刻桓宫桷。

葬曹庄公。

夏,公如齐逆女。

秋,公至自齐。

八月丁丑,夫人姜氏入。

戊寅,大夫宗妇觌,用币。

大水。

冬,戎侵曹。

曹羁出奔陈。

赤归于曹。

郭公。

二十四年春,刻其桷,皆非礼也。御孙谏曰:"臣闻之:'俭,德之共也;侈,恶之大也。'先君有共德,而君纳诸大恶,无乃不可乎!"

秋,哀姜至,公使宗妇觌;用币,非礼也。御孙曰:"男贽:大者玉帛,小者禽鸟,以章物也。女贽不过榛、栗、枣、脩,以告虔也。今男女同贽,是无别也。男女之别,国之大节也,而由夫人乱之,无乃不可乎!"

晋士蒍又与群公子谋,使杀游氏之二子。士蒍告晋侯曰:"可矣。不过二年,君必无患。"

【译文】

二十四年春天,周历三月,雕刻桓宫的方椽。安葬曹庄公。夏天,庄公亲自到齐国去

迎娶齐女。秋天,庄公从齐国回国。八月二日,夫人哀姜进入鲁国。三日,同姓大夫的妻子都来拜见新夫人,献上玉帛等礼品。发生了水灾。冬天,戎人侵犯曹国。曹太子羁逃奔到陈国。公子赤回到曹国。郭公。

二十四年春天,在油漆桓宫庙宇的木柱之后又把方椽雕刻装饰了,这都是不符合礼制的。御孙曾劝阻说:"我听到这样的话:'俭约,是一种大德;奢侈,是一种大恶。'先君建立起大德,而君主您却让它变成大恶,恐怕不太好吧?"

秋天,夫人哀姜从齐国嫁到,庄公让同姓大夫的妻子们前往拜见,使用了玉帛等见面礼,这也是不合礼制的。御孙说:"男人所拿的见面礼,大的是玉帛,小的是禽鸟,用不同的礼物来显示不等的级别。女人所拿的见面礼,不过是些榛果、栗子、枣子、干肉之类,用来表示诚敬罢了。现在男女使用同样的见面礼,这就是没有区别。男女的区别,是国家的重大礼节,却由夫人来搞乱它,这恐怕不行吧?"

晋国的士芳又跟群公子谋划,唆使他们杀死了游氏二子。士芳报告晋侯说:"行了,不用两年,您一定再没有忧患。"

庄公二十五年

【原文】

二十有五年:春,陈侯使女叔来聘。

夏,五月癸丘,卫侯朔卒。

六月辛未,朔,日有食之。鼓、用牲于社。

伯姬归于杞。

秋,大水,鼓、用牲于社,于门。

冬,公子友如陈。

二十五年春,陈女叔来聘,始结陈好也。嘉之,故不名。

夏六月辛未,朔,日有食之。鼓、用牲于社。非常也。唯正月之朔,慝未作,日有食之,于是乎用币于社,伐鼓于朝。

秋,大水,鼓、用牲于社,于门。亦非常也。凡天灾,有币无牲,非日、月之眚不鼓。

晋士芳使群公子尽杀游氏之族,乃城聚而处之。

冬,晋侯围聚,尽杀群公子。

【译文】

二十五年春天,陈侯派女叔前来访问。夏天,五月十二日,卫惠公逝世。六月初一日,日食,人们在土地庙里击鼓,并用牲畜祭祀。伯姬嫁到杞国。秋天,发生水灾,在土地

庙和城门口击鼓,并用牲畜祭祀。冬天,公子友前往陈国访问。

二十五年春天,陈国的女叔前来访问,这是第一次跟陈国建立友好关系。《春秋》赞美这件事,所以不称女叔的名。

夏天,六月初一日,日食。人们在土地庙里击鼓、用牲畜祭祀,这是不合常规的。周历的六月初一,阴气还没有发作,日食,在这时,应该用玉帛之类祭祀土地,而在朝廷内击鼓助威。

秋天,发生水灾,在土地庙和城门口击鼓,并用牲畜祭祀,这也是不合常规的。凡是天灾,只用玉帛祭祀,不用牲畜祭祀;如果不是太阳或月亮受到伤害,就不击鼓。

晋国的士为唆使群公子把游氏的族人都杀了,然后修筑聚邑让群公子住在那里。

冬天,晋侯围攻聚邑,把群公子全部杀死。

庄公二十六年

【原文】

二十有六年:春,公伐戎。

夏,公至自伐戎。

曹杀其大夫。

秋,公会宋人、齐人伐徐。

冬,十有二月癸亥,朔,日有食之。

二十六年春,晋士为大司空。

夏,士为城绛,以深其宫。秋,虢人侵晋。冬,虢人又侵晋。

【译文】

二十六年春天,庄公攻打戎人。夏天,庄公从伐戎战场上回国。曹人杀死他们的大夫。秋天,庄公会合宋国和齐国的军队攻打徐国。冬天,十二月初一日,日食。

二十六年春天,晋国的士为做了大司空。

夏天,士为修筑绛邑的城墙,并且加高那里的宫墙。

秋天,虢人侵犯晋国。

冬天,虢人又侵犯晋国。

庄公二十七年

【原文】

二十有七年：春，公会杞伯姬于洮。

夏，六月，公会齐侯、宋公、陈侯、郑伯，同盟于幽。

秋，公子友如陈，葬原仲。

冬，杞伯姬来。

莒庆来逆叔姬。

杞伯来朝。

公会齐侯于城濮。

二十七年春，公会杞伯姬于洮，非事也。天子非展义不巡守，诸侯非民事不举，卿非君命不越竟。

夏，同盟于幽，陈、郑服也。

秋，公子友如陈，葬原仲。非礼也。原仲，季友之旧也。

冬，杞伯姬来，归宁也。凡诸侯之女，归宁曰"来"，出曰"来归"，夫人归宁曰"如某"，出曰"归于某"。

晋侯将伐虢，士蔿曰："不可！虢公骄，若骤得胜于我，必弃其民。无众而后伐之，欲御我，谁与？夫礼乐、慈爱，战所畜也。夫民，让事，乐和，爱亲，哀丧，而后可用也。虢弗畜也，亟战，将饥。"

王使召伯廖赐齐侯命，且请伐卫，以其立子颓也。

【译文】

二十七年春天，庄公在洮地会见嫁到杞国的女儿伯姬。夏天，六月，庄公会见齐侯、宋公、陈侯、郑伯，一同在幽地结盟。秋天，公子友前往陈国，参加安葬原仲的葬礼。冬天，杞伯姬回到鲁国。莒国的大夫庆前来迎娶叔姬。杞伯前来朝见。庄公与齐侯在卫地城濮相会。

二十七年春天，庄公到洮地会见杞伯姬，这不是民众大事。天子如果不是宣扬德义，就不巡视天下；诸侯如果不是民众大事，就不出行；公卿如果没有君王的命令，就不能越过国境线。

夏天，庄公和齐侯等一同在幽地结盟，是因为陈国和郑国已经降服。

秋天，公子友到陈国去参加原仲葬礼，这是不合礼制的。因为原仲只是公子友个人的老朋友。

冬天，杞伯姬前来，这是回国向父母请安的。凡是诸侯出嫁的女儿，回国看望父母叫作"来"，被夫家抛弃叫"来归"；当了国君夫人的回娘家看望叫"如某"，被抛弃回去的叫"归于某"。

晋侯打算攻打虢国。士苪说："还不行。虢公骄傲，如果让他多次从我国得胜回去，他一定会抛弃他的百姓。等他没有了百姓，然后去攻打他，他即使想抵抗我军，又有谁跟从他呢？礼、乐、慈、爱，这是作战需要事先具备的。百姓谦让、和顺、对亲人爱护、对丧事哀痛，这才可以使用他们。虢公没有具备这些，如果他多次发动战争，百姓就会气馁。"

周惠王派召伯廖赐命齐侯为诸侯之伯，同时请齐侯讨伐卫国，因为卫国曾扶立子颓为王。

庄公二十八年

【原文】

二十有八年：春，王三月甲寅，齐人伐卫。卫人及齐人战，卫人败绩。

夏，四月丁未，邾子琐卒。

秋，荆伐郑。公会齐人、宋人救郑。

冬，筑郿。

大无麦、禾。臧孙辰告籴于齐。

二十八年春，齐侯伐卫，战败卫师，数之以王命，取赂而还。

晋献公娶于贾，无子。蒸于齐姜，生秦穆夫人及大子申生。又娶二女于戎，大戎狐姬生重耳，小戎子生夷吾。晋伐骊戎，骊戎男女以骊姬。归，生奚齐。其娣生卓子。

骊姬嬖，欲立其子。赂外嬖梁五与东关嬖五，使言于公曰："曲沃，君之宗也；蒲与二屈，君之疆也：不可以无主。宗邑无主，则民不威；疆埸无主，则启戎心。戎之生心，民慢其政，国之患也。若使大子主曲沃，而重耳、夷吾主蒲与屈，则可以威民而惧戎，且旌君伐。"使俱曰："狄之广莫，于晋为都。晋之启土，不亦宜乎！"晋侯说之。夏，使大子居曲沃，重耳居蒲城，夷吾居屈。群公子皆鄙，唯二姬之子在绛。二五卒与骊姬谮群公子而立奚齐，晋人谓之"二〔五〕耦"。

楚令尹子元欲蛊文夫人，为馆于其宫侧而振万焉。夫人闻之，泣曰："先君以是舞也，习戎备也。今令尹不寻诸仇雠，而于未亡人之侧，不亦异乎！"御人以告子元，子元曰："妇人不忘袭雠，我反忘之！"

秋，子元以车六百乘伐郑，入于桔柣之门。子元、斗御疆、斗梧、耿之不比为斾，斗班、王孙游、王孙喜殿。众车入自纯门，及逵市，县门不发。楚言而出，子元曰："郑有人焉。"诸侯救郑，楚师夜遁。郑人将奔桐丘，谍告曰："楚幕有乌。"乃止。

冬,饥,臧孙辰告籴于齐,礼也。

"筑郿",非都也。凡邑,有宗庙先君之主曰都,无曰邑。邑曰"筑",都曰"城"。

【译文】

二十八年春天,周历三月某日,齐国军队攻打卫国。卫国人跟齐军交战,卫国吃了败仗。夏天,四月二十三日,邾国国君琐逝世。秋天,楚国攻打郑国。庄公会同齐人和宋人救援郑国。冬天,建筑郿邑。麦子、黍稷都大大歉收。臧文仲向齐国请求购买粮食。

二十八年春天,齐侯攻打卫国,打败了卫国军队,用周天子的名义列数卫国的罪过。取得许多财物回国。

晋献公从贾国娶了夫人,没有生孩子。献公跟他的庶母齐姜私通,生下秦穆夫人和太子申生。后又从戎地娶回二女,大戎狐姬生下重耳,小戎子生了夷吾。晋国攻打骊戎的时候,骊戎君主把女儿骊姬嫁给献公,回国后,生下奚齐,陪嫁而来的骊姬的妹妹生下卓子。

骊姬得宠,想要立她的儿子为太子,就收买宫外的宠臣梁五和东关嬖五,让他们对献公说:"曲沃,是君侯的宗邑;蒲和二屈,是君侯的边邑;这些城邑不能够没有主人。宗邑没有主人,百姓就不会畏惧;边疆没有主人,就会引发敌国侵犯的野心。敌国产生了野心,百姓又轻视政令,这是国家的祸患啊。如果让太子申生去主管曲沃,重耳和夷吾分别主管蒲邑和二屈,就可以让百姓敬畏而叫敌人害怕,并且能显示国君的功德。"骊姬又让梁五和东关嬖五同时劝说晋君说:"戎狄土地广阔,又跟晋国毗邻。晋国要扩张领土,不是很合适吗?"晋侯听了这些话很高兴。夏天,派太子居管曲沃,又派重耳驻守蒲城,夷吾驻守屈邑。其他公子也都派到边邑去住。只有骊姬和她妹妹的儿子住在绛都。梁五和东关嬖五最后跟骊姬一同诬陷各位公子而册立奚齐为太子,晋国人把他们叫作"二五耦"。

楚国的令尹子元想要诱惑文王夫人,就在她的宫旁建造馆舍,在馆舍里敲击铎铃演奏万舞。夫人听到乐舞,抽泣着说:"先君使用这种乐舞,是为了演习军事的。现在令尹不把它用到仇敌身上,却在我这寡妇身边演奏,不也太出格了吗?"侍者把话告诉了子元。子元说:"妇人没有忘记仇敌,我反倒忘了!"

秋天,子元率领六百辆战车攻打郑国,没有交战就进入了郊外大门。子元、斗御疆、斗梧、耿之不比打着先锋旗走在前面,斗班、王孙游、王孙喜殿后。几百辆军车从外郭门进入,到达城外的逵市。郑国内城的闸门没有放下。楚军怕有埋伏,议论纷纷地退出来。子元说:"郑国有能人呢!"诸侯救援郑国,楚军连夜逃跑。郑国人正打算逃奔到桐丘去,探子来报告说:"楚军帐篷上有乌鸦,肯定撤退了。"于是就停止了外逃。

冬天,发生饥荒。臧孙辰向齐国请求买粮食,这是合于礼的。

《春秋》说"筑郿",是因为郿不是都城。凡城邑,有宗庙存放着先君牌位的叫"都",

没有宗庙和先君牌位的叫"邑"。建造"邑"叫"筑",建造"都"叫"城"。

庄公二十九年

【原文】

二十有九年:春,新延厩。

夏,郑人侵许。

秋,有蜚。

冬,十有二月,纪叔姬卒。

城诸及防。

二十九年春,新作延厩。书,不时也。凡马,日中而出,日中而入。

夏,郑人侵许。凡师:有钟鼓曰"伐",无曰"侵",轻曰"袭"。

秋,有蜚。为灾也。凡物不为灾,不书。

冬十二月,城诸及防。书,时也。凡土功:龙见而毕务,戒事也;火见而致用,水昏正而栽,日至而毕。

樊皮叛王。

【译文】

二十九年春天,新建延厩。夏天,郑人侵犯许国。秋天,发生虫灾。冬天,十二月,纪叔姬逝世。建造诸邑和防邑。

二十九年春天,新建造了延厩。《春秋》加以记载,是因为这件事不合时宜。凡是马,春分时节赶出放牧,秋分时节才能入圈。

夏天,郑国人侵犯许国。凡是出兵打仗,大张旗鼓的叫作"伐",没有大张旗鼓的叫作"侵",轻装突击的叫作"袭"。

秋天,《春秋》记载"有蜚",是因为蝗虫成灾。凡是物质,不成灾,就不加记载。

冬天,十二月,修筑诸城和防城。《春秋》记载这件事,是因为合时。凡是土木建设,苍龙星出现的时候就要结束农活做好准备,心宿出现的时候就摆出各种建筑工具,营室星黄昏出现在中天的时候就立板开工,到冬至的时候就要完成。

樊皮背叛了周天子。

庄公三十年

【原文】

三十年:春,王正月。

夏,次于成。

秋,七月,齐人降鄣。

八月癸亥,葬纪叔姬。

九月庚午朔,日有食之。鼓、用牲于社。

冬,公及齐侯遇于鲁济。

齐人伐山戎。

三十年春,王命虢公讨樊皮。夏四月丙辰,虢公入樊,执樊仲皮,归于京师。

楚公子元归自伐郑,而处王宫。斗射师谏,则执而梏之。秋,申公斗班杀子元。斗縠於菟为令尹,自毁其家以纾楚国之难。

冬,遇于鲁济,谋山戎也,以其病燕故也。

【译文】

三十年春天,周历正月。夏天,鲁国军队临时驻扎在成地。秋天,七月,齐国人迫使纪国的鄣邑投降。八月二十三日,安葬纪叔姬。九月初一日,日食,人们在土地庙里击鼓和用牲祭祀。冬天,庄公与齐侯在鲁国的济水边举行非正式会晤。齐国人攻打山戎。

三十年春天,周天子命令虢公讨伐樊皮。夏天,四月十四日,虢公攻入樊城,捉住了樊皮,把他押回京师。

楚国的公子元攻打郑国后回国,竟住在王宫里。斗班劝阻他,他就把斗班抓起来戴上手铐。秋天,申公斗班杀死公子元。斗谷於菟是令尹,他捐弃自己的家财,以便缓和楚国的灾难。

冬天,庄公与齐侯在鲁国济水边会晤,商议攻打山戎,因为山戎侵扰燕国。

庄公三十一年

【原文】

三十有一年:春,筑台于郎。

夏,四月,薛伯卒。

筑台于薛。

六月,齐侯来献戎捷。

秋,筑台于秦。

冬,不雨。

三十一年,夏六月,齐侯来献戎捷,非礼也。凡诸侯有四夷之功,则献于王,王以警于夷;中国则否。诸侯不相遗俘。

【译文】

三十一年春天,在郎地修筑高台。夏天,四月,薛伯逝世。在薛地修建高台。六月,齐侯来赠送伐戎战役的俘虏。秋天,又在秦地修筑高台。冬天,没有下雨。

三十一年夏天,六月,齐侯前来赠送伐戎战役的俘虏,这是不合于礼制的。大凡诸侯跟四方夷族交战而有所俘获,就贡献给周天子,周天子用它来警告夷族;跟中原的国家交战就不这样。诸侯之间不可相互赠送俘虏。

庄公三十二年

【原文】

三十有二年:春,城(小)穀。

夏,宋公、齐侯遇于梁丘。

秋,七月癸巳,公子牙卒。

八月癸亥,公薨于路寝。

冬,十月己未,子般卒。

公子庆父如齐。

狄伐邢。

三十二年春,城(小)穀,为管仲也。

齐侯为楚伐郑之故,请会于诸侯。宋公请先见于齐侯。夏,遇于梁丘。

秋七月,有神降于莘。

惠王问诸内史过曰:“是何故也?”对曰:“国之将兴,明神降之,监其德也;将亡,神又降之,观其恶也。故有得神以兴,亦有以亡。虞、夏、商、周皆有之。”王曰:“若之何?”对曰:“以其物享焉。其至之日,亦其物也。”王从之。内史过往,闻虢请命,反曰:“虢必亡矣,虐而听于神。”

神居莘六月。虢公使祝应、宗区、史嚚享焉,神赐之土田。史嚚曰:“虢其亡乎! 吾闻之:国将兴,听于民;将亡,听于神。神,聪明正直而壹者也,依人而行。虢多凉德,其何土之能得?”

初,公筑台,临党氏;见孟任,从之;闭。而以"夫人"言;许之,割臂盟公。生子般焉。雩,讲于梁氏,女公子观之;圉人荦自墙外与之戏。子般怒,使鞭之。公曰:"不如杀之,是不可鞭。荦有力焉,能投盖于稷门。"

公疾,问后于叔牙,对曰:"庆父材。"问于季友,对曰:"臣以死奉般。"公曰:"乡者牙曰'庆父材'。"成季使以君命命僖叔,待于鍼巫氏,使鍼季酖之,曰:"饮此,则有后于鲁国。不然,死且无后!"饮之,归,及逵泉而卒。立叔孙氏。

八月癸亥,公薨于路寝。子般即位,次于党氏。冬十月己未,共仲使圉人荦贼子般于党氏。成季奔陈。立闵公。

【译文】

三十二年春天,齐国修建小谷城。夏天,宋公、齐侯在梁丘非正式会见。秋天,七月四日,公子牙逝世。八月五日,庄公在正寝逝世。冬天,十月二日,子般逝世。公子庆父前往齐国。狄人攻打邢国。

三十二年春天,齐国修建小谷城,是为了安置管仲。

齐侯因为楚国攻打郑国的缘故,请求诸侯相会商议救援之事。宋公请求先跟齐侯相见,所以两人在梁丘临时会晤。

秋天,七月,有神灵降到莘地。

周惠王向内史过问道:"这是什么缘故?"内史过回答说:"国家即将兴盛,明神降临,是要考察他们的德行;国家将要灭亡,神灵又降到,是想观察他们的罪恶。所以有的国家得到神灵就兴盛,也有的国家得到神灵就灭亡。虞、夏、商、周各朝各代都有这种情况。"惠王说:"对这神灵怎么办?"回答说:"用相应的物品祭祀它。它来到的是什么日子,也就用跟那日子相应的物品。"惠王听从了他。内史过前往虢国传达惠王的命令,听说虢国已经向神灵请求赐予土田了。内史过回来后说:"虢国一定会灭亡了。君主暴虐,却听命于神灵。"

神在莘地居住了六个月。虢公派祝应、宗区、史嚚祭祀神,求神赐给虢国土田。史嚚说:"虢国恐怕要灭亡了!我听说过这样的话:国家将兴,听命于民;国家将亡,听命于神。神是聪明正直一心一意的。它根据人的品行如何而采取相应的行动。虢国德行浅薄,它能得到什么田土呢?"

当初,庄公修筑高台,可以从上面看到党氏家。庄公见到党氏的女儿孟任,就去追她,孟任闭门不纳。庄公提出让她做夫人,孟任就答应了,并破臂出血与庄公盟誓。这样就生了子般。要祭祀求雨,先在梁氏家中演习。庄公女儿跟来观看,圉人荦从围墙外面跟她调戏。子般愤怒,叫人鞭打圉人荦。庄公说:"不如杀了他,这个人是打不得的。因为荦很有力气,能把车盖抛到稷门上去。"

庄公得病,向叔牙问继承人的问题。叔牙回答说:"庆父有才能。"庄公又问季友,季

友回答说:"臣下用死来侍奉子般。"庄公说:"刚才叔牙说'庆父有才能'。"季友派人用国君的名义命令叔牙,要他到针巫的家里等着,叫针巫用毒酒毒死他。针巫对叔牙说:"喝下这杯酒,你就有后人在鲁国;不喝的话,不但你死,而且没有后人。"叔牙喝了毒酒,往回走,走到逵泉就死了。鲁国册立了他的后人叔孙氏。

八月初五日,庄公在正寝逝世。子般即国君位,临时住在党氏家里。冬天,十月初二日,庆父叫圉人荦在党氏家中杀了子般。季友逃奔陈国。立闵公为国君。

闵公

闵公元年

【原文】

元年:春,王正月。

齐人救邢。

夏,六月辛酉,葬我君庄公。

秋,八月,公及齐侯盟于落姑。季子来归。

冬,齐仲孙来。

元年春,不书即位,乱故也。

狄人伐邢。管敬仲言于齐侯曰:"戎狄豺狼,不可厌也。诸夏亲昵,不可弃也。宴安鸩毒,不可怀也。《诗》云:'岂不怀归?畏此简书。'简书,同恶相恤之谓也。请救邢以从简书。"齐人救邢。

夏六月,葬庄公。乱故,是以缓。

秋八月,公及齐侯盟于落姑,请复季友也。齐侯许之,使召诸陈,公次于郎以待之。"季子来归",嘉之也。

冬,齐仲孙湫来省难。书曰"仲孙",亦嘉之也。仲孙归,曰:"不去庆父,鲁难未已。"公曰:"若之何而去之?"对曰:"难不已,将自毙。君其待之。"公曰:"鲁可取乎?"对曰:"不可。犹秉周礼。周礼,所以本也。臣闻之:'国将亡,本必先颠,而后枝叶从之。'鲁不弃周礼,未可动也。君其务宁鲁难而亲之。亲有礼,因重固,间携贰,覆昏乱,霸王之器也。"

晋侯作二军,公将上军,大子申生将下军,赵夙御戎,毕万为右,以灭耿、灭霍、灭魏。还,为大子城曲沃,赐赵夙耿,赐毕万魏,以为大夫。

士苏曰："大子不得立矣。分之都城而位以卿，先为之极，又焉得立？不如逃之，无使罪至。为吴大伯，不亦可乎？犹有令名，与其及也。且谚曰：'心苟无瑕，何恤乎无家？'天若祚大子，其无晋乎？"

卜偃曰："毕万之后必大。万，盈数也；魏，大名也。以是始赏，天启之矣。天子曰兆民，诸侯曰万民。今名之大以从盈数，其必有众！"

初，毕万筮仕于晋，遇"屯☷☳"之"比☷☵"。辛廖占之，曰："吉！'屯'固，'比'入，吉孰大焉？其必蕃昌！'震'为土，车从马；足居之，兄长之，母覆之，众归之：六体不易，合而能固，安而能杀，公侯之卦也。公侯之子孙，必复其始！"

【译文】

闵公元年春天，周历正月。齐国人援救邢国。夏天，六月七日，安葬我国国君庄公。

秋天，八月，闵公与齐侯在落姑结盟。季友回到鲁国。冬天，齐国的仲孙来到鲁国。

闵公元年春天，《春秋》不写闵公即位，是因为鲁国发生内乱的缘故。

狄人攻打邢国。管仲对齐侯说："戎狄之国犹如豺狼，不能够让它满足。华夏诸国亲近，不应该抛弃。安逸恰似毒酒，不可以怀恋。《诗》说：'难道不想着回去，只是怕这告急文书。'告急文书，意思是要同仇敌忾、忧患与共。请您依从文书救援邢国。"于是齐国军队前往救援邢国。

夏天，六月，安葬庄公。由于内乱的缘故，所以延迟了。

秋天，八月，闵公跟齐侯在落姑结盟，是为了请齐侯帮季友回国。齐侯答应了闵公，派人到陈国去召请季友。闵公住在郎地等候他。《春秋》说"季子来归"，是对季友的褒奖。

冬天，齐国的仲孙湫前来考察鲁国的内乱，《春秋》称他"仲孙"而不写名，也是褒奖他。仲孙回国，说："不去掉庆父，鲁国的内乱不会停止。"齐侯说："怎样做才能去掉他？"仲孙回答说："内乱不停，他将会自取灭亡。您等着瞧就是了。"齐侯说："鲁国可以夺取吗？"仲孙回答说："不行。鲁国仍在实行周礼。周礼，是用来建立根本的东西。我听说：'国家将要灭亡，一定先断了根本，然后枝枝叶叶才会枯死。'鲁国没有放弃周礼，就不能够动它。君侯您应该致力于消除鲁国内乱并且亲近它。亲近有礼的国家，依靠强大坚固的国家，离间涣散不团结的国家，消灭昏乱无可救药的国家，这是成就霸王事业的策略。"

晋侯把原来的一军改建为上下两支部队。晋侯统率上军，太子申生统率下军。赵夙替晋侯驾车，毕万做晋侯的车右。统此二军相继灭亡了耿国、霍国和魏国。班师回国后，晋侯替太子修筑曲沃城池，赐给赵夙耿国，赐给毕万魏国，并把他们封为大夫。

士苏说："太子得不到君位了。分给他曲沃这样重要的都城，又让他处于卿的高位，预先把他捧到了顶点，又怎么能站得稳呢？不如逃离晋国，以免让罪过到来。做一个吴太伯那样的人，不也可以吗？还有好的名声。何必在这里等着受祸害呢！况且古话说：

'心里如果没有恶念,何愁没有自己的家!'上天若是真要佑助太子,无论身在何处都会得到晋国的!"

卜偃说:"毕万的后代一定会强盛。万,是个满数;魏,是个大名。用魏作为赏赐的开端,这是上天在帮助他。天子称兆民,诸侯称万民。现在的名号之大符合这个满数,他一定会得到大众。"

当初,毕万占筮在晋国做官的吉凶,遇到屯卦☲☳变为比卦☵☷。辛廖解释说:"吉利。屯卦坚固,比卦宜入,还有比这更大的吉利吗?他一定会繁衍昌盛。震变为土,车跟着马,脚踩大地,兄长抚育,母亲庇护,众人归附。这六种卦象不可变易,群合而能坚固,安适却又肃杀,这是公侯的卦象。他本是公侯的子孙,一定会回复到他祖先当初的地位。"

闵公二年

【原文】

二年:春,王正月,齐人迁阳。

夏,五月乙酉,吉禘于庄公。

秋,八月辛丑,公薨。

九月,夫人姜氏孙于邾。

公子庆父出奔莒。

冬,齐高子来盟。

十有二月,狄入卫。

郑弃其师。

二年春,虢公败犬戎于渭汭。舟之侨曰:"无德而禄,殃也。殃将至矣!"遂奔晋。

夏,吉禘于庄公,速也。

初,公傅夺卜齮田,公不禁。秋八月辛丑,共仲使卜齮贼公于武闱。成季以僖公适邾,——共仲奔莒,——乃入,立之。以赂求共仲于莒,莒人归之。及密,使公子鱼请。不许,哭而往。共仲曰:"奚斯之声也!"乃缢。

闵公,哀姜之娣叔姜之子也,故齐人立之。共仲通于哀姜,哀姜欲立之。闵公之死也,哀姜与知之,故孙于邾。齐人取而杀之于夷,以其尸归,僖公请而葬之。

成季之将生也,桓公使卜楚丘之父卜之。曰:"男也。其名曰友,在公之右;间于两社,为公室辅。季氏亡,则鲁不昌。"又筮之,遇"大有☲☰"之"乾☰",曰:"同复于父,敬如君所。"及生,有文在其手曰"友",遂以命之。

冬十二月,狄人伐卫。卫懿公好鹤,鹤有乘轩者。将战,国人受甲者皆曰:"使鹤!鹤实有禄位。余焉能战?"公与石祁子玦,与宁庄子矢,使守,曰:"以此赞国,择利而为之。"

与夫人绣衣,曰:"听于二子。"渠孔御戎,子伯为右,黄夷前驱,孔婴齐殿。及狄人战于荥泽,卫师败绩。遂灭卫。卫侯不去其旗,是以甚败。狄人因史华龙滑与礼孔以逐卫人,二人曰:"我,大史也,实掌其祭。不先,国不可得也。"乃先之。至则告守曰:"不可待也。"夜与国人出。狄入卫,遂从之,又败诸河。

初,惠公之即位也少,齐人使昭伯烝于宣姜。不可,强之。生齐子、戴公、文公、宋桓夫人、许穆夫人。文公为卫之多患也,先适齐。及败,宋桓公逆诸河,宵济。卫之遗民男女七百有三十人,益之以共、滕之民为五千人。立戴公以庐于曹。许穆夫人赋《载驰》。齐侯使公子无亏帅车三百乘、甲士三千人以戍曹;归公乘马,祭服五称,牛、羊、豕、鸡、狗皆三百,与门材;归夫人鱼轩,重锦三十两。

郑人恶高克,使帅师次于河上,久而弗召。师溃而归,高克奔陈。郑人为之赋《清人》。

晋侯使大子申生伐东山皋落氏。里克谏曰:"大子奉冢祀、社稷之粢盛,以朝夕视君膳者也,故曰冢子。君行则守,有守则从。从曰抚军,守曰监国,古之制也。夫帅师,专行谋,誓军旅,君与国政之所图也,非大子之事也。师在制命而已,禀命则不威,专命则不孝,故君之嗣适不可以帅师。君失其官,帅师不威,将焉用之?且臣闻皋落氏将战。君其舍之!"公曰:"寡人有子,未知其谁立焉!"不对而退。

见大子。大子曰:"吾其废乎?"对曰:"告之以临民,教之以军旅,不共是惧,何故废乎?且子惧不孝,无惧弗得立。修己而不责人,则免于难。"

大子帅师,公衣之偏衣,佩之金玦。狐突御戎,先友为右。梁馀子养御罕夷,先丹木为右。羊舌大夫为尉。先友曰:"衣身之偏,握兵之要,在此行也,子其勉之!偏躬无慝,兵要远灾,亲以无灾,又何患焉!"狐突叹曰:"时,事之徵也。衣,身之章也。佩,衷之旗也。故敬其事,则命以始;服其身,则衣之纯;用其衷,则佩之度。今命以时卒,闷其事也;衣之尨服,远其躬也;佩以金玦,弃其衷也:服以远之,时以闷之;尨,凉;冬,杀;金,寒;玦,离。胡可恃也!虽欲勉之,狄可尽乎?"梁馀子养曰:"帅师者,受命于庙,受脤于社,有常服矣。不获而尨,命可知也。死而不孝,不如逃之!"罕夷曰:"尨奇无常,金玦不复。虽复何为?君有心矣!"先丹木曰:"是服也,狂夫阻之。曰'尽敌而反',敌可尽乎?虽尽敌,犹有内谗,不如违之。"狐突欲行。羊舌大夫曰:"不可!违命不孝,弃事不忠。虽知其寒,恶不可取。子其死之!"

大子将战,狐突谏曰:"不可!昔辛伯谂周桓公云:'内宠并后,外宠二政,嬖子配嫡,大都耦国:乱之本也。'周公弗从,故及于难。今乱本成矣,立可必乎?孝而安民,子其图之!与其危身以速罪也。"

成风闻成季之繇,乃事之而属僖公焉,故成季立之。

僖之元年,齐桓公迁邢于夷仪。二年,封卫于楚丘。邢迁如归,卫国忘亡。

卫文公大布之衣、大帛之冠,务材训农,通商惠工,敬教劝学,授方任能,元年革车三

十乘,季年乃三百乘。

【译文】

闵公二年春天,周历正月,齐人迁移阳国之民而占有其地。夏天,五月六日,为庄公举行吉禘祭祀。秋天,八月十四日,闵公逝世。九月,夫人姜氏出奔到邾国,公子庆父出逃到莒国。冬天,齐国的高子前来结盟。十二月,赤狄攻入卫国。郑国丧失了自己的军队。

闵公二年春天,虢公在渭水湾边上打败犬戎。舟之侨说:"没有好的德行却享受高的俸禄,这是灾祸。灾祸快要来了。"于是逃奔到晋国。

夏天,为庄公举行定位大祭,太早了点。

当初,闵公的保傅夺取卜齮的田地,闵公没有制止。秋天,八月二十四日,庆父派卜齮在路寝的旁门处杀死闵公。季友护着僖公逃亡去了邾国。庆父逃奔莒国后,季友才带僖公回国,立僖公为国君。用财宝向莒国请求庆父,莒国人就把庆父交还给鲁国。抵达密地时,庆父让公子鱼前去请求赦罪,僖公不答应。公子鱼哭着回去。庆父说:"这是公子鱼的哭声。看来没希望了!"就上吊自杀了。

闵公,是哀姜的妹妹叔姜的儿子,所以齐国人帮助他立为国君。庆父跟哀姜私通,哀姜想要立庆父为君。闵公被杀身亡的事,哀姜早就知道,她害怕国人追究,所以逃到了邾国。齐国人把她从邾国抓到夷地杀了,带着她的尸首回国。僖公请求齐国归还哀姜尸体并安葬了她。

季友快要出生的时候,桓公让卜楚丘的父亲替他占卜。结果说:"是个男孩,名字叫友,常处君王左右,身居两社之间,是朝廷的得力大臣。季氏如果灭亡,鲁国就不会繁昌。"又替他占筮,得到大有卦变为乾卦,卦辞说:"尊贵与父亲等同,敬爱能赶上君王。"到生下来,果然有字在他手上,是个"友"字,于是就用"友"替他命名。

冬天,十二月,狄人攻打卫国。卫懿公喜爱养鹤,让鹤坐着大夫才能坐的高级车子。就要打仗了,被发给武器的人们都说:"让鹤去打仗吧,鹤享有那么高的待遇!我们这些人怎么能作战?"卫懿公把玉玦送给石祁子,把矢交给宁庄子,让他们守护国都,说:"凭这两样东西掌管国都,只要是有利的事就大胆做。"又把绣衣交给夫人,说:"听这两个人的!"然后让渠孔驾车,子伯做车右,黄夷在前开道,孔婴齐在后压阵。跟狄军在荧泽展开大战。卫国军队打了败仗,于是灭亡了卫国。卫侯不肯去掉自己的旗帜,因此败得很惨。狄人囚禁卫国的史官华龙滑和礼孔,带着他们追击卫国人。两位史官说:"我们是卫国的太史官,执掌卫国的祭祀。如果不先让我们回去,你们就不可能得到卫国。"于是让他俩先回到卫国首都。两人一到都城,就告诉防守的人说:"不能够抵抗了!"连夜带国都里的人们逃出。狄人进入卫国都,接着追赶逃亡的卫国人,又在黄河边上打败了他们。

当初,卫惠公即位的时候,年纪还小。齐僖公指使昭伯跟君母宣姜私通,昭伯不肯,

齐人强迫他就范。结果生了齐子、戴公、文公、宋桓夫人和许穆夫人。文公认为卫国潜伏着许多祸患，就先躲避到了齐国。在卫懿公战败的时候，宋桓公到黄河岸边接应卫国的难民，连夜渡过黄河。卫国剩下的人男女一共只有七百三十人，加上共邑、滕邑的百姓，共五千人。立戴公为卫君，暂时寄居在曹邑。许穆夫人为此作了《载驰》一诗。齐侯派公子无亏带领兵车三百乘、战士三千人守卫曹邑。赠送戴公驾车用的马匹，又送祭服五套，还有牛、羊、猪、鸡、狗各三百，以及建造门户的材料等。送给夫人鱼皮装饰的漂亮车子和三十匹上等丝绸。

郑文公讨厌高克，就派他带兵驻扎在黄河边上，过了很久也不召他回来。最后军队溃散逃回，高克只好投奔陈国。郑国人替他作了《清人》一诗。

晋侯派太子申生去攻打东山皋落氏。里克劝谏说："太子，是捧着祭祀礼品参与宗庙社稷大祭和早晚照看国君饮食的人，所以叫作冢子。国君外出就镇守国都，另有大臣守护国都时就跟从国君外出。跟从外出叫作抚军，在内镇守叫作监国。这是自古以来的礼制。至于领兵打仗，独自决定大小事情，号令三军上下，这是国君和执政大臣所做的事，不是太子的职分。统领军队，关键在于做决定下命令，如果让太子去做，请示君王受命而行就没有威信，独断专行不禀报君王又会有失孝道。所以君王的嫡子不能让他统率军队。否则国君失去了任命职官的准则，嫡子领兵又没有威信，何必要这样做呢？况且我听说皋落氏将会出兵迎战，君王还是放弃这种打算吧。"晋公说："我有几个儿子，还不知道立谁呢！"里克不再作声就退了出来。

里克见到太子。太子说："我将会被废掉吗？"里克回答说："教你治理人民和领兵打仗，担心的是不能完成使命，为什么要废除你呢？再说做儿子的只担心自己不孝，不要去考虑能不能立。严格要求自己而不去指责别人，就能够免除祸难。"

太子率领军队，晋公让他穿一半颜色跟自己衣服相同的衣服，并把金玦送给他佩带。狐突替太子驾车，先友做车右。梁余子养替罕夷驾车，先丹木做车右。羊舌大夫担任军尉。先友对太子说："穿着有一半颜色跟君侯相同的衣服，掌握着军队的决策权，成败就在这一回了，您要努力啊！把身上颜色的一半赐给您，似乎没有什么恶意，您掌握着兵权就能够避开灾祸。君侯亲近，又没有灾祸，您还担心什么呢？"狐突感叹着说："时令，是行为的象征；衣服，是身份的显示；佩物，是内心的标志。如果真是看重这件事，就该在上半年下达命令；如果是要把自己的衣服赐给他人，就该让别人穿完全同色的衣服；如果是想表达自己的内心，就该让人家佩带合乎常规的玉珮。现在到年终时候才下达命令，这是让事情闭塞不通；让人家穿杂色的衣服，这是表明自己疏远他；用金玦作为佩带，这是抛弃了自己的诚心。用服装来表示疏远，用时间来阻碍闭塞；杂色表示冷淡，冬天象征肃杀，金属性属寒凉，玦又暗示着离别。这怎么能够依靠呢？即使拼命去做，狄人又怎么能够杀光呢？"梁余子养说："统率军队的人，要到宗庙里接受命令，在社庙中接受祭肉，而且有一定的衣服。现在得不到规定服装却赐给杂色偏衣，晋公的用意可以明白了。前去

攻战的话,死了还会落得个不孝,不如逃跑。"罕夷说:"杂色偏衣奇奇怪怪不合常规,金玦则表示没有性命再回国。即使能回国又能干什么呢?君主已经有别的想法了!"先丹木说:"这种衣服啊,就是狂人也不愿意穿它的。说'杀光敌人再回国',敌人能杀得光吗?即使杀光了敌人,还会有人从里面陷害。不如离开这里。"狐突准备护从太子离开。羊舌大夫说:"不行!违背君父的命令就是不孝,抛弃国家的事情不做就是不忠。虽然知道君主的用心寒凉,但不忠不孝的恶名不能蒙受。您还是拼死效命吧!"

太子打算前往攻战。狐突劝谏说:"不行。从前辛伯极力劝谏周桓公说:'受宠的妃妾相当于王后,受宠的大臣专政横行,庶子跟嫡子等同,大都与国都匹敌,这是祸乱的根源。'周公不听,结果遭受祸难。现在动乱的根源已经形成了,你能够肯定立为嗣君吗?行孝若能安民,那你就考虑着去做。可事情并非如此,与其危害自己而招来罪过,不如违命出逃。"

成风听说季友出生时的卦辞,就有意跟他结好,并把僖公托付给他,所以季友立僖公为君。

僖公元年,齐桓公把邢邑的百姓迁移到夷仪。第二年,又在楚丘封建了卫国。邢人迁移就像回到了自己家,卫国也忘记了自己曾被灭亡过。

卫文公穿着粗布衣服,戴着粗帛帽子,专心培植材用,引导农业生产,便利商贾,嘉惠百工,重视教育,鼓励学习,传授为官之道,任用有才之人。头一年,只有兵车三十辆,可到晚年,竟然增加到三百辆。

僖公

僖公元年

【原文】

元年:春,王正月。

齐师、宋师、曹(伯)〔师〕次于聂北,救邢。

夏,六月,邢迁于夷仪。

齐师、宋师、曹师城邢。

秋,七月戊辰,夫人姜氏薨于夷,齐人以归。

楚人伐郑。

八月,公会齐侯、宋公、郑伯、邾人于柽。

九月,公败邾师于偃。

冬,十月壬午,公子友帅师败莒师于郦,获莒(挐)〔挐〕。

十有二月丁巳,夫人氏之丧至自齐。

元年春,不称即位,公出故也。公出复入,不书,讳之也。讳国恶,礼也。

诸侯救邢。邢人溃,出奔师。师遂逐狄人,具邢器用而迁之,师无私焉。

夏,邢迁于夷仪,诸侯城之,救患也。凡侯伯,救患、分灾、讨罪,礼也。

秋,楚人伐郑,郑即齐故也。盟于荦,谋救郑也。

九月,公败邾师于偃,虚丘之戍将归者也。

冬,莒人来求赂。公子友败诸郦,获莒子之弟挐。非卿也,嘉获之也。公赐季友汶阳之田及费。

夫人氏之丧至自齐。君子以齐人〔之〕杀哀姜也为已甚矣。女子,从人者也。

【译文】

元年春,周历正月,齐国的军队、宋国的军队、曹国的军队驻扎在聂北,救援邢国。夏六月,邢国迁到夷仪。齐国的军队、宋国的军队、曹国的军队为邢国筑城。秋七月二十六日,夫人姜氏死在夷,齐国人带着姜氏的遗体回到齐国。楚国人攻打郑国。八月,僖公在柽会见齐侯、宋公、郑伯、曹伯、邾国人。九月,僖公在偃打败邾国的军队。冬十月十二日,公子友率领军队在郦打败莒国的军队,俘虏了莒挐。十二月十八日,夫人姜氏的尸体从齐国运来。

元年春,《春秋》不说即位,这是因为僖公逃亡在外的缘故。僖公逃亡又回来,《春秋》不记载,这是为了隐讳这件事。隐讳国家的坏事,这是合于礼的。

诸侯救援邢国。邢国的军队已经溃散,逃亡到诸侯的军队来。诸侯的军队于是赶走了狄人,将邢国的器物财货收聚起来,让他们迁走,军队没有私自占取。

夏,邢国迁到夷仪,诸侯为邢国修筑城墙,这是为了救援患难。凡是诸侯领袖,救援患难、分担灾害、讨伐罪人,这是合于礼的。

秋,楚国人攻打郑国,这是因为郑国亲近齐国的缘故。诸侯国在荦结盟,策划救援郑国。

九月,僖公在偃打败邾国的军队,这是邾国的那支戍守虚丘将要回去的军队。

冬,莒国人前来求取财物,公子友在郦打败了他们,俘虏了莒子的弟弟挐。挐不是卿,《春秋》这样记载是为了赞美俘获他这件事。僖公把汶水北面的田土以及费赐给季友。

夫人姜氏的遗体从齐国运来。君子认为齐国人杀死哀姜是太过分了,妇女,本来就是听从夫家的。

僖公二年

【原文】

二年：春，王正月，城楚丘。

夏，五月辛巳，葬我小君哀姜。

虞师、晋师灭下阳。

秋，九月，齐侯、宋公、江人、黄人盟于贯。

冬，十月，不雨。

楚人侵郑。

二年春，诸侯城楚丘而封卫焉。不书所会，后也。

晋荀息请以屈产之乘与垂棘之璧，假道于虞，以伐虢。公曰："是吾宝也。"对曰："若得道于虞，犹外府也。"公曰："宫之奇存焉。"对曰："宫之奇之为人也，懦而不能强谏。且少长于君，君暱之。虽谏，将不听。"乃使荀息假道于虞，曰："冀为不道，入自颠軨，伐鄍三门。冀之既病，则亦唯君故。今虢为不道，保于逆旅，以侵敝邑之南鄙。敢请假道，以请罪于虢。"虞公许之，且请先伐虢。宫之奇谏。不听，遂起师。夏，晋里克、荀息帅师会虞师，伐虢，灭下阳。先书虞，贿故也。

秋，盟于贯，服江、黄也。

齐寺人貂始漏师于多鱼。

虢公败戎于桑田。晋卜偃曰："虢必亡矣！亡下阳不惧，而又有功，是天夺之鉴而益其疾也。必易晋而不抚其民矣。不可以五稔。"

冬，楚人伐郑，斗章囚郑聃伯。

【译文】

二年春，周历正月，在楚丘修筑城墙。夏五月十四日，安葬我国的小君哀姜。虞国的军队、晋国的军队灭亡了下阳。秋九月，齐侯、宋公、江国人、黄国人在贯结盟。冬十月，不下雨。楚国人侵袭郑国。

二年春，诸侯在楚丘修筑城墙，把卫国封在那里。《春秋》不记载会见的诸侯，因为僖公到会迟了。

晋国的荀息请求用屈出产的马匹和垂棘出产的玉璧向虞国借道来攻打虢国。晋献公说："这是我的宝贝啊！"荀息回答说："如果向虞国借得道路，就好像得到一座外库。"晋献公说："宫之奇在那里。"荀息回答说："宫之奇的为人，懦弱而不能坚决进谏，而且从小在君主身边长大，虞君亲昵他，即使进谏，虞君也不会听从。"晋献公于是派遣荀息向虞

国借道，说："冀国做不仁道的事情，从颠轸入侵，攻打虞国郲邑的三面城门。我们攻打冀国，冀国已经受到损伤，那也是为了君侯您的缘故。现在虢国做不仁道的事情，在客舍修筑堡垒，来侵犯我国的南部边境。冒昧向贵国借道，以便到虢国去问罪。"虞君答应了，而且请求先去攻打虢国。宫之奇进谏，虞君不听，就起兵攻打虢国。夏，晋国的里克、荀息率领军队会合虞国的军队，攻打虢国，灭亡了下阳。《春秋》把虞国写在前面，这是虞国接受了贿赂的缘故。

秋，在贯结盟，这是由于江、黄两国归服于齐国。

齐国的寺人貂开始在多鱼泄漏军事机密。

虢公在桑田打败戎。晋国的卜偃说："虢国一定要灭亡了。灭亡了下阳还不害怕，而又建立武功，这是上天夺去了它的镜子，而增加它的罪恶啊！它一定会轻视晋国而不安抚它的百姓了，它过不了五年。"

冬，楚国人攻打郑国，斗章囚禁了郑国的聃伯。

僖公三年

【原文】

三年：春，王正月，不雨。

夏，四月，不雨。

徐人取舒。

六月，雨。

秋，齐侯、宋公、江人、黄人会于阳穀。

冬，公子友如齐莅盟。

楚人伐郑。

三年春不雨，夏六月雨。自十月不雨至于五月。不口旱，不为灾也。

秋，会于阳穀，谋伐楚也。

齐侯为阳穀之会来寻盟。冬，公子友如齐莅盟。

楚人伐郑，郑伯欲成。孔叔不可，曰："齐方勤我。弃德，不祥。"

齐侯与蔡姬乘舟于囿，荡公。公惧，变色；禁之，不可。公怒归之，未〔之〕绝（之）也。蔡人嫁之。

【译文】

三年春，周历正月，不下雨。夏四月不下雨。徐国人占取了舒国。六月下雨。秋，齐侯、宋公、江国人、黄国人在阳谷会见。冬，公子友到齐国参加盟会。楚国人攻打郑国。

三年春，不下雨，夏六月才下雨。从十月不下雨一直到五月。《春秋》不说旱，因为没有成灾。

秋，齐侯、宋公、江国人、黄国人在阳谷会见，这是为了谋划攻打楚国。

齐侯为了阳谷的盟会前来寻求结盟。冬，公子友到齐国参加盟会。

楚国人攻打郑国，郑伯想求和。孔叔不同意，说："齐国正出力帮助我国，丢弃他们的恩德不吉祥。"

齐侯和蔡姬在园囿里坐船游玩，蔡姬摆动游船，使齐侯摇晃，齐侯害怕，脸色都变了；禁止蔡姬摇动游船，蔡姬不听。齐侯大怒，把她送回蔡国，但还没有断绝关系。蔡国人把她改嫁了。

僖公四年

【原文】

四年：春，王正月，公会齐侯、宋公、陈侯、卫侯、郑伯、许男、曹伯侵蔡，蔡溃。遂伐楚，次于陉。

夏，许男新臣卒。

楚屈完来盟于师，盟于召陵。

齐人执陈辕涛涂。

秋，及江人、黄人伐陈。

八月，公至自伐楚。

葬许穆公。

冬，十有二月，公孙兹帅师会齐人、宋人、卫人、郑人、许人、曹人侵陈。

四年春，齐侯以诸侯之师侵蔡，蔡溃，遂伐楚。

楚子使与师言曰："君处北海，寡人处南海，唯是风马牛不相及也。不虞君之涉吾地也何故？"管仲对曰："昔召康公命我先君大公曰：'五侯九伯，女实征之，以夹辅周室。'赐我先君履：东至于海，西至于河，南至于穆陵，北至于无棣。尔贡（包）〔苞〕茅不入，王祭不共，无以缩酒，寡人是征。昭王南征而不复，寡人是问。"对曰："贡之不入，寡君之罪也，敢不共给？昭王之不复，君其问诸水滨。"

师进，次于陉。夏，楚子使屈完如师。师退，次于召陵。

齐侯陈诸侯之师，与屈完乘而观之。齐侯曰："岂不穀是为？先君之好是继。与不穀同好，如何？"对曰："君惠徼福于敝邑之社稷，辱收寡君，寡君之愿也。"齐侯曰："以此众战，谁能御之？以此攻城，何城不克？"对曰："君若以德绥诸侯，谁敢不服？君若以力，楚国方城以为城，汉（水）以为池；虽众，无所用之！"

屈完及诸侯盟。

陈辕涛涂谓郑申侯曰:"师出于陈、郑之间,国必甚病。若出于东方,观兵于东夷,循海而归,其可也。"申侯曰:"善。"涛涂以告齐侯,许之。申侯见,曰:"师老矣,若出于东方而遇敌,惧不可用也。若出于陈、郑之间,共其资粮屝屦,其可也。"齐侯说,与之虎牢。执辕涛涂。

秋,伐陈,讨不忠也。

许穆公卒于师,葬之以侯,礼也。凡诸侯薨于朝、会,加一等;死王事,加二等。于是有以衮敛。

冬,叔孙戴伯帅师,会诸侯之师侵陈。陈成。归辕涛涂。

初,晋献公欲以骊姬为夫人,卜之,不吉;筮之,吉。公曰:"从筮。"卜人曰:"筮短龟长,不如从长。且其繇曰:'专之渝,攘公之羭。一薰一莸,十年尚犹有臭。'必不可!"弗听,立之。生奚齐,其娣生卓子。

及将立奚齐,既与中大夫成谋。姬谓大子曰:"君梦齐姜,必速祭之!"大子祭于曲沃,归胙于公。公田,姬寘诸宫六日。公至,毒而献之。公祭之地,地坟;与犬,犬毙;与小臣,小臣亦毙。姬泣曰:"贼由大子!"大子奔新城。公杀其傅杜原款。或谓大子:"子辞,君必辩焉。"大子曰:"君非姬氏,居不安,食不饱。我辞,姬必有罪。君老矣,吾又不乐。"曰:"子其行乎?"大子曰:"君实不察其罪。被此名也以出,人谁纳我?"十二月,戊申,缢于新城。姬遂谮二公子曰:"皆知之。"重耳奔蒲,夷吾奔屈。

晋献公

【译文】

四年春,周历正月,僖公会同齐侯、宋公、陈侯、卫侯、郑伯、许男、曹伯侵犯蔡国。蔡国溃败,接着攻打楚国,驻扎在陉。夏,许男新臣死。楚国的大夫屈完前来同诸侯国的军队结盟,在召陵结盟。齐国人捉拿了陈国的大夫辕涛涂。秋,僖公同江国人、黄国人一起攻打陈国。八月,僖公攻打楚国回来。安葬许穆公。冬十二月,公孙兹率领军队会同齐国人、卫国人、郑国人、许国人、曹国人侵犯陈国。

四年春,齐侯率领诸侯的军队侵犯蔡国。蔡国溃败,接着攻打楚国。

楚王派遣使者来到军队说:"君侯住在北方,寡人住在南方,牛马发情互相追逐也不会跑到对方境内去,没有想到您会踏上我们的土地,这是什么缘故?"管仲回答说:"以前召康公命令我们的先君太公说:'五侯九伯,你都可以征伐他们,以便辅助周王室。'赐给

我们先君的边界:东边到大海,西边到黄河,南边到穆陵,北边到无棣。你们朝贡周王室的包茅不按时献纳,天子祭祀的物品供应不上,没有用来滤酒的东西,寡人来查究这件事;昭王南巡没有回去,寡人来责问这件事。"使者回答说:"贡品没有送来,这是我们国君的罪过,哪里敢不供给? 至于昭王没有回去,您还是向汉水边的老百姓打听吧。"

诸侯的军队前进,驻扎在陉。夏,楚王派遣屈完到诸侯军营。诸侯军队后退,驻扎在召陵。齐侯陈列诸侯的军队,同屈完一起乘车观看。齐侯说:"这次起兵难道是为了我吗? 是为了继承先君建立的友好关系。与我和好,怎么样?"屈完回答说:"承蒙您向我国的土神和谷神求福,收容我们的君主,这是我们君主的愿望。"齐侯说:"用这样的军队作战,谁能够抵御? 用这样的军队攻城,什么样的城不能攻克?"屈完回答说:"您如果用德行安抚诸侯,谁敢不服? 您如果用武力,楚国将把方城山作为城墙,把汉水作为护城河,您的军队虽然众多,也没有用得上的地方。"

屈完同诸侯结盟。

陈国的辕涛涂对郑国的申侯说:"军队经过陈国、郑国的土地,两国必定十分困乏。如果从东方走,向东夷炫耀武力,沿着海边回国,这是可以的。"申侯说:"好。"涛涂把这个意见告诉齐侯,齐侯同意了。申侯进见齐侯说:"军队已经疲惫了,如果从东方走而遇到敌人,恐怕不能够打仗了。如果经过陈国、郑国一带,由他们供给粮食草鞋,这是可以的。"齐侯很高兴,把虎牢赐给了他。把辕涛涂抓了起来。

秋,攻打陈国,这是为了讨伐不忠。

许穆公死在军队里,用侯礼安葬他,这是合于礼的。凡是诸侯在朝会时死去的,葬礼加一等,为天子作战而死去的,加二等。在这个时候可以用衮衣入殓。

冬,叔孙戴伯率领军队会合诸侯的军队侵犯陈国,陈国求和,放回辕涛涂。

起初,晋献公想立骊姬为夫人,占卜,不吉利;占筮,吉利。献公说:"依从占筮的结果。"占卜的人说:"占筮的效果差一些,占卜的效果好一些,不如依从效果好的。而且它的占辞说:'专宠会使人变坏,将要夺走您的所爱。香草和臭草放在一起,多年之后还有臭气。'一定不可以。"献公不听,立骊姬。骊姬生奚齐,她的妹妹生卓子。

等到准备立奚齐为太子的时候,骊姬已经与中大夫定好了计谋。骊姬对太子说:"国君梦见你母亲齐姜,你必须赶快去祭祀。"太子在曲沃祭祀母亲,把祭祀的酒肉带回来献给献公。刚好献公打猎去了,骊姬把酒肉在宫里放了六天。献公回来,骊姬在酒肉里放了毒药然后献上去。献公用酒祭地,地上突起一个土堆。把肉给狗吃,狗就倒下了。给小臣吃,小臣也倒下了。骊姬哭着说:"犯上作乱的人来自太子。"太子逃亡到新城。献公杀了他的保傅杜原款。有人对太子说:"您如果申辩,国君一定会弄清楚这件事。"太子说:"国君如果没有骊姬,将会居处不安,饮食不饱。我如果申辩,骊姬必定获罪。国君年纪老了,他不快乐,我也不会快乐。"说:"那么您逃走吗?"太子说:"君不能查清我的罪过,蒙受着这种恶名逃走,别人谁会接纳我?"十二月戊申,吊死在新城。骊姬接着诬陷两

位公子说:"他们都知道太子的阴谋。"重耳逃到蒲,夷吾逃到屈。

僖公五年

【原文】

五年:春,晋侯杀其世子申生。

杞伯姬来朝其子。

夏,公孙兹如牟。

公及齐侯、宋公、陈侯、卫侯、郑伯、许男、曹伯会王世子于首止。

秋,八月,诸侯盟于首止。

郑伯逃归不盟。

楚子灭弦。弦子奔黄。

九月戊申朔,日有食之。

冬,晋人执虞公。

五年春,王正月辛亥朔,日南至。公既视朔,遂登观台以望。而书,礼也。凡分、至、启、闭,必书云物,为备故也。

晋侯使以杀大子申生之故来告。

初,晋侯使士𫇭为二公子筑蒲与屈,不慎,置薪焉。夷吾诉之。公使让之,士𫇭为稽首而对曰:"臣闻之,无丧而慼,忧必雠焉。无戎而城,雠必保焉。寇雠之保,又何慎焉?守官废命,不敬;固雠之保,不忠。失忠与敬,何以事君?《诗》云:'怀德惟宁,宗子惟城。'君其修德而固宗子,何城如之?三年,将寻师焉,焉用慎?"退而赋曰:"狐裘尨茸,一国三公,吾谁适从?"

及难,公使寺人披伐蒲。重耳曰:"君父之命不校。"乃徇曰:"校者,吾仇也。"逾垣而走。披斩其袪,遂出奔翟。

夏,公孙兹如牟,娶焉。

会于首止,会王大子郑,谋宁周也。

陈辕宣仲怨郑申侯之反己于召陵,故劝之城其赐邑,曰:"美城之!大名也,子孙不忘。吾助子请。"乃为之请于诸侯而城之,美。遂譖诸郑伯曰:"美城其赐邑,将以叛也。"申侯于是得罪。

秋,诸侯盟。王使周公召郑伯,曰:"吾抚女以从楚,辅之以晋,可以少安。"郑伯喜于王命,而惧其不朝于齐也,故逃归不盟。孔叔止之,曰:"国君不可以轻。轻则失亲;失亲,患必至。病而乞盟,所丧多矣,君必悔之!"弗听,逃其师而归。

楚斗穀於菟灭弦,弦子奔黄。于是江、黄、道、柏方睦于齐,皆弦姻也;弦子恃之而不

事楚,又不设备,故亡。

晋侯复假道于虞以伐虢。宫之奇谏曰:"虢,虞之表也。虢亡,虞必从之。晋不可启,寇不可玩。一之谓甚,其可再乎?谚所谓'辅车相依,唇亡齿寒'者,其虞、虢之谓也。"公曰:"晋,吾宗也,岂害我哉?"对曰:"大伯、虞仲,大王之昭也。大伯不从,是以不嗣。虢仲、虢叔,王季之穆也。为文王卿士,勋在王室,藏于盟府,将虢是灭,何爱于虞?且虞能亲于桓、庄乎,其爱之也?桓、庄之族何罪,而以为戮,不唯偪乎?亲以宠偪,犹尚害之,况以国乎?"公曰:"吾享祀丰洁,神必据我。"对曰:"臣闻之:'鬼神非人实亲,惟德是依。'故《周书》曰:'皇天无亲,惟德是辅。'又曰:'黍稷非馨,明德惟馨。'又曰:'民不易物,唯德繄物。'如是,则非德民不和,神不享矣。神所冯依,将在德矣。若晋取虞,而明德以荐馨香,神其吐之乎?"弗听,许晋使。宫之奇以其族行,曰:"虞不腊矣。在此行也,晋不更举矣。"

八月,甲午,晋侯围上阳。问于卜偃曰:"吾其济乎?"对曰:"克之。"公曰:"何时?"对曰:"童谣云:'丙之晨,龙尾伏辰;(均)〔袀〕服振振,取虢之旂。鹑之贲贲,天策焞焞,火中成军,虢公其奔。'其九月、十月之交乎!丙子旦,日在尾,月在策,鹑火中,必是时也。"

冬,十二月,丙子朔,晋灭虢。虢公丑奔京师。师还,馆于虞。遂袭虞,灭之。执虞公及其大夫井伯,以媵秦穆姬。而修虞祀,且归其职贡于王。

故书曰:"晋人执虞公。"罪虞公,〔且〕言易也。

【译文】

五年春,晋侯杀了他的太子申生。杞伯姬使其子前来朝见。夏,公孙兹到牟国去。僖公与齐侯、宋公、陈侯、卫侯、郑伯、许男、曹伯在首止会见周王世子。秋八月,诸侯在首止结盟,郑伯逃回去没有参加结盟。楚国人灭亡弦国,弦子逃亡到黄国。九月一日,发生日食。冬,晋国人抓住了虞公。

五年春,周历正月初一,冬至。僖公听政以后,就登上观台观察天象,并且记载,这是合于礼的。凡是春分秋分、夏至冬至、立春立夏、立秋立冬,必定记载天象,这是为了防备灾害的缘故。

晋侯派遣使者前来告诉杀害太子申生的原因。

起初,晋侯派遣士芳为两位公子在蒲和屈修筑城墙,不小心,在城墙里放进了木柴。夷吾把这件事告诉晋侯,晋侯派人责备士芳。士芳叩头回答说:"我听说,没有丧事而悲伤,忧愁必然跟着而来;没有战事而筑城,国内的敌人必然据以固守。敌人占据的地方,又何必谨慎呢?在其位而不接受命令,这是不敬;坚固敌人占据的地方,这是不忠。失掉了忠和敬,怎么能侍奉国君?《诗》说:'心怀德行就是安宁,公子就是边城。'国君只要修养德行,巩固公子的地位,什么样的城池比得上呢?很快就要用兵了,哪里用得着谨慎?"士芳退下去赋诗说:"狐皮袍子已蓬松,一个国家有三公,我应择谁来跟从?"

等到发生祸难,晋侯派遣寺人披攻打蒲。重耳说:"国君和父亲的命令不能违抗。"于是遍告众人说:"如果违抗,就是我的敌人。"他跳墙逃跑。披斩断了他的袖口。重耳于是逃亡到翟国。

夏,公孙兹到牟国去,在那里娶了亲。

诸侯在首止相会,会见王太子郑,谋求安定成周。

陈国的辕宣仲怨恨郑国的申侯在召陵出卖了他,所以怂恿他在所赐的封邑筑城。说:"把城墙筑得美观,可以扩大名声,子孙都不会忘记。我帮助您请求。"于是替他向诸侯请求,筑起了城墙,很美观。接着他在郑伯面前诬陷申侯说:"把所赐封邑的城墙筑得很美观,是准备叛乱的。"申侯因此获罪。

秋,诸侯会盟。周天子派周公召见郑伯,说:"我用要你跟随楚国的办法来安抚你,用晋国辅助你们,这样可以稍稍安定了。"郑伯对天子的命令很高兴,却又惧怕不朝见齐国,所以逃走回国不参加结盟。孔叔制止郑伯,说:"国君不能轻率,轻率就会失掉亲人,失掉亲近的人,祸患必然来到。国家困难了然后去乞求结盟,丢失的东西就多了。您一定会后悔的。"郑伯不听,逃离他的军队而回国。

楚国的斗穀於菟灭亡了弦国,弦子逃亡到黄国。在这个时候江国、黄国、道国、柏国正同齐国友好,都是弦国的姻亲。弦子仗恃着这种关系而不侍奉楚国,又不设置防备,所以灭亡了。

晋侯再次向虞国借道以便攻打虢国。宫之奇进谏说:"虢国,是虞国的屏障;虢国灭亡,虞国必定跟着灭亡。晋国的贪心不能启发,对敌人不能放松警惕,一次已经过分,难道还能有第二次吗?谚语说的'辅车相依,唇亡齿寒',大概就是说的虞和虢的关系。"虞公说:"晋国是我的宗室,难道会害我吗?"宫之奇回答说:"太伯、虞仲是太王的儿子,太伯不听从父命,所以不能继承王位。虢仲、虢叔是王季的儿子,是文王的卿士,在王室有功。在盟府藏有功勋记录。晋国将要灭掉虢国了,对虞国还有什么爱惜的呢?而且虞国能比桓庄更亲近晋君吗?晋侯难道爱惜桓叔、庄伯吗?桓庄家族有什么罪过而把他们杀了?不就是因为晋侯感到他们太逼近的缘故吗?亲近的人而用宠势相逼,尚且杀了他们,何况用国家相逼呢?"虞公说:"我祭祀用的祭品丰盛而清洁,神灵必定保佑我。"宫之奇回答说:"我听说,鬼神不亲人,只依德。所以《周书》说:'上天没有私亲,只辅助有德行的人。'又说:'黍稷不是馨香,光明的德行才是馨香。'又说:"人们拿来祭祀的东西不改变,但只有有德行的人的祭品才是真正的祭品。'如果这样,那么没有德行,百姓就不和睦,神灵就不享用了。神灵所凭依的,就在于德行了。如果晋国占取了虞国,发扬美德作为芳香的祭品奉献给神灵,神灵难道会吐出来吗?"虞公不听,答应了晋国使者的要求。宫之奇带领他的族人出走,说:"虞国不能举行腊祭了。就是这一次,晋国用不着再次发兵了。"

八月十七日,晋侯包围了上阳。献公问卜偃说:"我能够成功吗?"卜偃回答说:"可以攻破它。"献公说："什么时候?"卜偃回答说："童谣说：'丙子日的清晨,日光照没尾星,上下同服多繁盛,夺取虢国军旗获胜。鹑火之星贲贲,天策之星焯焯,鹑火星下挥大军,虢公将要出奔。'这日子大概在九月、十月交替的时候吧!丙子日的清晨,日在尾星的区域,月在天策星的区域,鹑火星出现在南方,必定是这个时候。"

冬,十二月一日,晋国灭亡了虢国,虢公丑逃亡到京城。晋国军队回国,住在虞国,便袭击了虞国,灭亡了它。抓住了虞公和他的大夫井伯,把井伯作为秦穆姬的陪嫁随从,继续虞国的祭祀,而且把虞国的赋税和贡物归于周天子。

所以《春秋》记载说："晋人执虞公。"这是责备虞国,而且说明灭亡虞国很容易。

僖公六年

【原文】

六年:春,王正月。

夏,公会齐侯、宋公、陈侯、卫侯、曹伯伐郑,围新城。

秋,楚人围许,诸侯遂救许。

冬,公至自伐郑。

六年春,晋侯使贾华伐屈。夷吾不能守,盟而行。将奔狄,郤芮曰："后出同走,罪也。不如之梁,梁近秦而幸焉。"乃之梁。

夏,诸侯伐郑,以其逃首止之盟故也。围新密,郑所以不时城也。

秋,楚子围许以救郑。诸侯救许。乃还。

冬,蔡穆侯将许僖公以见楚子于武城。许男面缚,衔璧,大夫衰绖,士舆榇。楚子问诸逢伯,对曰："昔武王克殷,微子启如是。武王亲释其缚,受其璧而祓之,焚其榇,礼而命之,使复其所。"楚子从之。

【译文】

六年春,周历正月。夏,僖公会同齐侯、宋公、陈侯、卫侯、曹伯攻打郑国,包围了新城。秋,楚国人包围了许国,诸侯于是救援许国。冬,僖公伐郑回来。

六年春,晋侯派遣贾华攻打屈。夷吾守不住,和屈人订立盟约然后出走,准备逃亡到狄。郤芮说："在重耳之后出走,又逃往同一个地方,这是有罪的。不如到梁国去,梁国靠近秦国,而且受到秦国的信任。"夷吾于是到梁国去。

夏,诸侯攻打郑国,因为它逃离首止的结盟的缘故。诸侯包围了新密,这就是郑国在不应大兴土木的时候筑的城。

秋,楚王包围许国来救援郑国。诸侯救援许国。楚军于是回国。

冬,蔡穆公带领许僖公在武城见楚王。许男两手反绑,口里衔着玉,大夫穿着孝服,士人抬着棺材。楚王就这件事向逢伯询问,逢伯回答说:"从前武王战胜殷朝,微子启就是这样的。武王亲自解开他的绳索,接受他的玉璧而为他举行除灾求福的仪式。烧掉抬来的棺材,给以礼遇和封命,恢复他原来的地位。"楚王听从了逢伯的话。

僖公七年

【原文】

七年:春,齐人伐郑。

夏,小邾子来朝。

郑杀其大夫申侯。

秋,七月,公会齐侯、宋公、陈世子款、郑世子华,盟于宁母。

曹伯班卒。

公子友如齐。

冬,葬曹昭公。

七年春,齐人伐郑。孔叔言于郑伯曰:"谚有之,曰:'心则不竞,何惮于病?'既不能强,又不能弱,所以毙也。国危矣,请下齐以救国。"公曰:"吾知其所由来矣。姑少待我。"对曰:"朝不及夕,何以待君?"

夏,郑杀申侯以说于齐,且用陈辕涛涂之谮也。初,申侯——申出也,——有宠于楚文王。文王将死,与之璧,使行,曰:"唯我知女;女专利而不厌,予取予求,不女疵瑕也。后之人将求多于女,女必不免。我死,女必速行!无适小国,将不女容焉!"既葬,出奔郑,又有宠于厉公。子文闻其死也,曰:"古人有言曰:'知臣莫若君。'弗可改也已!"

秋,盟于宁母,谋郑故也。

管仲言于齐侯曰:"臣闻之:招携以礼,怀远以德。德、礼不易,无人不怀。"齐侯修礼于诸侯,诸侯官受方物。

郑伯使大子华听命于会,言于齐侯曰:"泄氏、孔氏、子人氏三族实违君命。(若君)〔君若〕去之以为成,我以郑为内臣,君亦无所不利焉。"齐侯将许之。管仲曰:"君以礼与信属诸侯,而以奸终之,无乃不可乎? 子父不奸之谓礼,守命共时之谓信。违此二者,奸莫大焉!"公曰:"诸侯有讨于郑,未捷。今苟有衅,从之,不亦可乎?"对曰:"君若绥之以德,加之以训;辞,而帅诸侯以讨郑:郑将覆亡之不暇,岂敢不惧? 若总其罪人以临之,郑有辞矣,何惧? 且夫合诸侯,以崇德也;会而列奸,何以示后嗣? 夫诸侯之会,其德、刑、礼、义无国不记;记奸之位,君盟替矣。作而不记,非盛德也。君其勿许! 郑必受盟。夫子华既为大子,而求介于大国以弱其国,亦必不免。郑有叔詹、堵叔、师叔三良为政,未可

间也。"子华于是得罪于郑。

冬，郑伯使请盟于齐。

闰月，惠王崩。襄王恶大叔带之难，惧不立，不发丧，而告难于齐。

【译文】

七年春，齐国人攻打郑国。夏，小邾子前来朝见。郑国杀了它的大夫申侯。秋七月，僖公在宁母会盟齐侯、宋公、陈国的世子款、郑国的世子华。曹昭公死。公子友到齐国去。冬，安葬曹昭公。

七年春，齐国人攻打郑国。孔叔对郑伯说："谚语有这样的话，说：'心志如果不坚强，对于屈辱何必恐慌？'既不能坚强，又不能软弱，这是导致灭亡的原因。国家危急了，请向齐国屈服来挽救国家。"郑伯说："我知道他们是为什么来的了，姑且稍稍等我一下。"孔叔回答说："过了早晨不能到晚上，怎么等待君主呢？"

夏，郑国杀死申侯来取悦于齐国，同时也是由于陈国辕涛涂的诬陷。起初，申侯是申氏所生，受到楚文王的宠信。文王要死了，给他玉璧，让他走，说："只有我了解你。你垄断财货而没有满足，从我这里求取，我不指责你。后来的人将向你索取大量财货，你一定不能免于祸患。我死了以后，你一定赶快离开，不要到小国去，将不能容纳你。"楚文王安葬后，申侯逃亡到郑国，又受到厉公的宠信。子文听说他死了，说："古人有这样的话，说：'了解臣下没有谁像国君那样清楚。'这句话是不能改变的啊。"

秋，僖公和齐侯、宋公、陈国的世子款、郑国的世子华在宁母结盟，这是为了策划对付郑国的缘故。

管仲对齐侯说："我听说，用礼招抚有二心的国家，用德使远方的国家归顺。不违背德和礼就没有人不归顺。"齐侯就依礼对待诸侯，诸侯向齐官员贡献土产以献于天子。

郑伯派遣太子华在盟会听候命令。太子华对齐侯说："泄氏、孔氏、子人氏三族，违背您的命令，您如果除掉他们和郑国讲和，我把郑国作为您的臣属，您也没有不利的地方。"齐侯准备答应他。管仲说："您用礼和信会合诸侯，而用邪恶结束，大概不可以吧？儿子和父亲不相奸诈叫作礼，恪守王命、按时供给贡品叫作信，违背这两点，没有什么邪恶比这更大的了。"齐侯说："诸侯向郑国讨伐，没有取得胜利；现在如果有缝隙，利用它，不是也可以吗？"管仲回答说："您如果用德行来安抚，加上训导，如果他们不接受，然后率领诸侯来讨伐郑国，郑国将没有时间挽救灭亡，岂敢不害怕？如果领着它的罪人来对付它，郑国就有理了，还害怕什么？而且会合诸侯，是为了尊崇德行。会合而使奸邪之人位列国君，怎么能垂示后代呢？诸侯会见时的德行、刑罚、礼仪、道义没有哪个国家不记载。如果记载了使奸邪之人居于君位，您的盟约就被废弃了。做了却不能见于记载，便不是崇高的德行。您不答应，郑国一定会接受盟约。子华既然身为太子，却要求借助大国来削弱他的国家，也一定不能免于祸难。郑国有叔詹、堵叔、师叔三位贤明的人执政，不可能

钻他们的空子。"齐侯拒绝了子华的要求。子华因此获罪于郑国。

冬,郑国派遣使者向齐国请求结盟。

闰十二月,周惠王死。襄王担心太叔带发难,害怕不能立为国君,因此不发布丧事的消息,却向齐国报告祸难。

僖公八年

【原文】

八年:春,王正月,公会王人、齐侯、宋公、卫侯、许男、曹伯、陈世子款,盟于洮。郑伯乞盟。

夏,狄伐晋。

秋,七月,禘于大庙,用致夫人。

冬,十有二月丁未,天王崩。

八年春,盟于洮,谋王室也。"郑伯乞盟",请服也。襄王定位而后发丧。

晋里克帅师,梁由靡御,虢射为右,以败狄于采桑。梁由靡曰:"狄无耻。从之,必大克!"里克曰:"惧之而已,无速众狄。"虢射曰:"期年狄必至,示之弱也。"

夏,狄伐晋,报采桑之役也。复期月。

秋,禘而致哀姜焉,非礼也。凡夫人,不薨于寝,不殡于庙,不赴于同,不祔于姑,则弗致也。

冬,王人来告丧。难故也,是以缓。

宋公疾,大子兹父固请曰:"目夷长且仁,君其立之!"公命子鱼;子鱼辞,曰:"能以国让,仁孰大焉?臣不及也,且又不顺。"遂走而退。

【译文】

八年春,周历正月,僖公会同周人、齐侯、宋公、卫侯、许男、曹伯、陈国的世子款在洮结盟。郑伯请求参加盟会。夏,狄国攻打晋国。秋七月,在太庙举行禘祭,是为了把哀姜的神主放在太庙里。冬十二月十八日,周惠王死。

八年春,僖公和周人、齐侯、宋公、卫侯、许男、曹伯、陈国的世子款在洮结盟,商量安定王室。郑伯请求参加盟会,表示顺服。襄王的君位安定以后才发出讣告。

晋国的里克率领军队,梁由靡驾车,虢射作为车右,在采桑打败了狄人。梁由靡说:"狄人无耻,如果追击他们,必然大胜。"里克说:"使他们畏惧就行了,不要因此招来更多的狄人。"虢射说:"一年以后狄人一定来到,不去追击,就是向他们示弱了。"

夏,狄国攻打晋国,这是为了报复采桑的战役。印证了虢射所说一年的预言。

秋,举行禘祭,把哀姜的神主放在太庙里,这是不合于礼的。凡是夫人,如果不死在正房里,不停棺在祖庙里,不向同盟国家发讣告,不附葬于祖姑,就不能把神主放到太庙里去。

冬,周人前来报告丧事,由于发生祸难的缘故,所以讣告迟了。

宋公生病,太子兹父坚决请求说:"目夷年长而且仁爱,君王还是立他为国君吧!"宋公就命令立目夷为国君。目夷推辞说:"能够把国家辞让给别人,还有比这更大的仁爱吗?我不如他,而且不合于立君的礼制。"于是就快步退了出去。

僖公九年

【原文】

九年:春,三月丁丑,宋公御说卒。

夏,公会宰周公、齐侯、宋子、卫侯、郑伯、许男、曹伯于葵丘。

秋,七月乙酉,伯姬卒。

九月戊辰,诸侯盟于葵丘。

甲子,晋侯佹诸卒。

冬,晋里(奚)克杀其君之子奚齐。

九年:春,宋桓公卒。未葬而襄公会诸侯,故曰"子"。凡在丧,王曰"小童",公侯曰"子"。

夏,会于葵丘。寻盟,且修好,礼也。

王使宰孔赐齐侯胙,曰:"天子有事于文、武,使孔赐伯舅胙。"齐侯将下拜,孔曰:"且有后命。天子使孔曰:'以伯舅耋老,加劳,赐一级,无下拜。'"对曰:"天威不违颜咫尺,小白余敢贪天子之命,无下拜?恐陨越于下,以遗天子羞,敢不下拜?"下,拜;登,受。

秋,齐侯盟诸侯于葵丘,曰:"凡我同盟之人,既盟之后,言归于好!"

宰孔先归,遇晋侯,曰:"可无会也。齐侯不务德而勤远略,故北伐山戎,南伐楚,西为此会也。东略之不知,西则否矣。其在乱乎?君务靖乱,无勤于行!"晋侯乃还。

九月,晋献公卒。里克、卓丕郑欲纳文公,故以三公子之徒作乱。

初,献公使荀息傅奚齐。公疾,召之,曰:"以是藐诸孤辱在大夫,其若之何?"稽首而对曰:"臣竭其股肱之力,加之以忠、贞。其济,君之灵也;不济,则以死继之。"公曰:"何谓忠、贞?"对曰:"公家之利,知无不为,忠也。送往事居,耦俱无猜,贞也。"

及里克将杀奚齐,先告荀息曰:"三怨将作,秦、晋辅之,子将何如?"荀息曰:"将死之!"里克曰:"无益也。"荀叔曰:"吾与先君言矣,不可以贰。能欲复言而爱身乎?虽无益也,将焉辟之?且人之欲善,谁不如我?我欲无贰,而能谓人已乎?"

冬十月，里克杀奚齐于次。书曰“杀其君之子”，未葬也。荀息将死之，人曰：“不如立卓子而辅之。”荀息立公子卓以葬。十一月，里克杀公子卓于朝。荀息死之。

君子曰：“《诗》所谓‘白圭之玷，尚可磨也；斯言之玷，不可为也’，荀息有焉！”

齐侯以诸侯之师伐晋，及高梁而还，讨晋乱也。令不及鲁，故不书。

晋郤芮使夷吾重赂秦以求入，曰：“人实有国，我何爱焉？入而能民，土于何有？”从之。齐隰朋帅师会秦师，纳晋惠公。秦伯谓郤芮曰：“公子谁恃？”对曰：“臣闻亡人无党，有党必有雠。夷吾弱不好弄，能斗不过，长亦不改，不识其他。”

公谓公孙枝曰：“夷吾其定乎？”对曰：“臣闻之：唯则定国。《诗》曰：‘不识不知，顺帝之则。’文王之谓也。又曰：‘不僭不贼，鲜不为则。’无好无恶、不忌不克之谓也。今其言多忌克，难哉！”公曰：“忌则多怨，又焉能克？是吾利也。”

宋襄公即位，以公子目夷为仁，使为左师以听政，于是宋治。故鱼氏世为左师。

【译文】

九年春三月十九日，宋公御悦死。夏，僖公在葵丘会见宰周公、齐侯、宋子、卫侯、郑伯、许男、曹伯。秋七月二十九日，伯姬死。九月十三日，诸侯在葵丘结盟。十一月十日，晋侯诡诸死。冬，晋国的里克杀了他的国君的儿子奚齐。

九年春，宋桓公死。还没有安葬，襄公就会见诸侯，所以《春秋》称他为“子”。凡是在丧事期间，继位的天子称小童，继位的诸侯称子。

夏，僖公和宰周公、齐侯、宋子、卫侯、郑伯、许男、曹伯在葵丘会见，重温旧盟，并且发展友好关系。这是合于礼的。

周天子派遣宰孔赐给齐侯祭祀的酒肉，说：“天子祭祀文王、武王，让我赐给伯舅祭肉。”齐侯准备下阶跪拜。宰孔说：“还有后面的命令。天子派遣我说：‘因为伯舅年老，应重加慰劳，赐爵一级，不用下阶跪拜。’”齐侯回答说：“天子的威严不离开我的颜面咫尺之远，小白我哪里敢接受天子的命令而不下拜呢？如果不下拜，唯恐跌落下来，给天子留下羞辱，哪里敢不下拜？”齐侯走下台阶，跪拜而后登上台阶，接受祭肉。

秋，齐侯在葵丘会盟诸侯，说：“凡是我们一起结盟的人，已经结盟之后，就归于和好。”

宰孔先回国，遇到晋侯说：“可以不参加盟会了。齐侯不致力于德行而忙于远征，所以在北边攻打山戎，在南边攻打楚国，在西边举行这次盟会。不知是否向东边征伐，攻打西边是不会了。大概是想乘其祸难吧！您应该致力于平定国内的祸难，不要忙于参加盟会。”晋侯就回国了。

九月，晋献公死。里克、丕郑想接纳文公为国君，所以凭借三位公子的党羽作乱。

起初，献公派荀息辅佐奚齐，献公生病，召见荀息，说：“把这个弱小的孤儿托付给您，您怎么办呢？”荀息叩头回答说：“我竭尽辅助的力量，加上忠贞。事情成功，是君主的威

1423

灵,不成功,便继之以死。"献公说:"什么叫忠贞?"荀息回答说:"国家的利益,知道了没有不做的,这是忠;送走过去的,侍奉活着的,两方面都没有猜疑,这是贞。"

到了里克将要杀奚齐的时候,里克预先告诉荀息说:"三方面的怨恨将要发作了,秦国和晋国都帮助他们,您将怎么办呢?"荀息说:"将死去。"里克说:"没有用处啊!"荀息说:"我同先君说过了,不可以有二心,能够想实践诺言而又爱惜生命吗?虽然没有用处,又怎么能逃避呢?而且人们想为善的,谁不是像我一样?我想没有二心,却能对别人说不要这样做吗?"

冬十月,里克在居丧的地方杀死了奚齐。《春秋》记载说:"杀其君之子",这是由于献公还没有安葬,奚齐还不能称君的缘故。荀息准备自杀,有人说:"不如立卓子为国君而辅助他。"荀息立了公子卓为国君而安葬了献公。十一月,里克在朝廷杀死了公子卓。荀息自杀了。

君子说:"诗所说的'白圭玉上的斑点,还可以磨掉;说话有了斑点,是不可以去掉的',荀息就是这样的啊!"

齐侯率领诸侯的军队攻打晋国,到达高梁才回国,这是为了讨伐晋国的祸乱。因为命令没有到达鲁国,所以《春秋》没有记载。

晋国的郤芮让夷吾送给秦国重礼来请求秦国帮助他回国,说:"人家占有了国家,我们有什么爱惜的?回国而得到百姓,土地有什么了不起?"夷吾听从了。齐国的隰朋率领军队会合秦国的军队使晋惠公回国即位。秦伯对郤芮说:"公子依靠谁呢?"郤芮回答说:"我听说逃亡的人没有朋党,有朋党必然有仇敌。夷吾年轻时不喜欢戏耍,能够争斗但是不过分,长大了也没有改变。其他的就不了解了。"

秦伯对公孙枝说:"夷吾可以安定国家吗?"回答说:"我听说,只有行为合乎准则才能安定国家。《诗》说:'无知无识,顺应天帝的准则。'这说的是文王啊。又说:'不虚假,不伤残,很少不能做典范。'没有爱好,没有厌恶,这是说的既不会猜忌也不会好胜。现在他的言语却有很多的猜忌和好胜心,要他来安定国家,难啊!"秦伯说:"猜忌就多怨恨,又怎么能取胜?这是我们国家的利益啊!"

宋襄公即位,认为公子目夷仁爱,让他做左师来处理政务,宋国因此大治。所以他的后人鱼氏世世代代承袭左师之官。

僖公十年

【原文】

十年:春,王正月,公如齐。

狄灭温,温子奔卫。

晋里克弑其君卓及其大夫荀息。

夏,齐侯、许男伐北戎。

晋杀其大夫里克。

秋,七月。

冬,大雨雪。

十年春,"狄灭温",苏子无信也。苏子叛王即敌,又不能于狄;狄人伐之,王不救,故灭。苏子奔卫。

夏四月,周公忌父、王子党会齐隰朋立晋侯。晋侯杀里克以说。将杀里克,公使谓之曰:"微子,则不及此。虽然,子(弑)〔杀〕二君与一大夫,为子君者不亦难乎?"对曰:"不有废也,君何以兴? 欲加之罪,其无辞乎? 臣闻命矣!"伏剑而死。于是丕郑聘于秦,且谢缓赂,故不及。

晋侯改葬共大子。

秋,狐突适下国,遇大子。大子使登、仆,而告之曰:"夷吾无礼。余得请于帝矣,将以晋畀秦;秦将祀余。"对曰:"臣闻之:'神不歆非类,民不祀非族。'君祀无乃殄乎? 且民何罪? 失刑、乏祀,君其图之!"君曰:"诺! 吾将复请。七日,新城西偏将有巫者而见我焉。"许之,遂不见。及期而往,告之曰:"帝许我罚有罪矣,敝于韩。"

丕郑之如秦也,言于秦伯曰:"吕甥、郤称、冀芮实为不从。若重问以召之,臣出晋君,君纳重耳,蔑不济矣。"

冬,秦伯使泠至报、问,且召三子。郤芮曰:"币重而言甘,诱我也。"遂杀丕郑、祁举及七舆大夫:左行共华、右行贾华、叔坚、骓颛、累虎、特宫、山祁,皆里、丕之党也。

丕豹奔秦,言于秦伯曰:"晋侯背大主而忌小怨,民弗与也。伐之,必出。"公曰:"失众,焉能杀? 违祸,谁能出君?"

【译文】

十年春,周历正月,僖公到齐国去。狄人灭亡了温国,温子逃亡到卫国。晋国的里克杀了他的君主卓以及大夫荀息。夏,齐侯、许男攻打北戎。晋国杀了大夫里克。秋七月。冬,下很大的雪。

十年春,狄人灭亡温国,这是由于苏子没有信义。苏子背叛周天子而投奔狄人,又同狄人相处不来,狄人攻打他,周王不救援,所以灭亡。苏子逃亡到卫国。

夏四月,周公忌父、王子党会同齐国的隰朋立了晋侯。晋侯杀掉里克来为自己释嫌。将要杀掉里克的时候,晋侯派人对里克说:"如果没有您,我就不能到这个地步。虽然如此,您杀了两个国君一个大夫,做您的君主的人,不是太难了吗?"里克回答说:"没有人被废除,您怎么能兴起? 想给人加上罪名,还怕没有理由吗? 我听到了命令了。"用剑自杀而死。这时丕郑在秦国聘问,也为了推迟送礼而去致歉,所以没有碰上这场祸难。

晋侯改葬恭太子。

秋，狐突到曲沃去，遇见太子。太子让他登车，作为御者，告诉他说："夷吾无礼，我向天帝请求并且得到同意，将把晋国送给秦国，秦国将祭祀我。"狐突回答说："我听说：'神灵不享受别族的祭品，百姓不祭祀不是本族的人。'您的祭祀大概要断绝了吧？而且百姓有什么罪？处罚不当而又祭祀断绝，您还是考虑考虑吧！"太子说："好，我将再次请求。过七天，新城的西边，我将依附于一个巫人出现。"狐突同意去见巫人，接着太子不见了。到时候前去，巫人告诉狐突说："天帝答应我惩罚有罪的人了，他将败在韩。"

丕郑到秦国去后，对秦伯说："吕甥、郤称、冀芮是不同意给秦国土地财货的，如果用重礼来召请他们，我让晋国国君出走，您使重耳回国即位，没有不成功的。"

冬，秦伯派遣泠至到晋国回聘，并给吕甥等人赠送财礼。并且召请这三个人，郤芮说："财礼贵重而说话甘甜，这是在诱骗我们。"于是杀了丕郑、祁举及七舆大夫：左行共华、右行贾华、叔坚、骓歂、纍虎、特宫、山祁，都是里克、丕郑的党羽。

丕豹逃亡到秦国，对秦伯说："晋侯背叛大主而忌恨小怨，百姓不拥护他。攻打他，一定被赶走。"秦伯说："失去群众，哪里还能杀掉大臣？百姓都要逃离祸难，谁能赶走国君？"

僖公十一年

【原文】

十有一年：春，晋杀其大夫丕郑（父）。

夏，公及夫人姜氏会齐侯于阳穀。

秋，八月，大雩。

冬，楚人伐黄。

十一年春，晋侯使以丕郑之乱来告。

天王使召武公、内史过赐晋侯命。受玉惰。过归，告王曰："晋侯其无后乎？王赐之命，而惰于受瑞，先自弃也已，其何继之有！礼，国之干也。敬，礼之舆也。不敬则礼不行，礼不行则上下昏，何以长世？"

夏，扬、拒、泉、皋、伊、雒之戎同伐京师，入王城，焚东门，王子带召之也。秦、晋伐戎以救周。秋，晋侯平戎于王。

黄人不归楚贡。冬，楚人伐黄。

【译文】

十一年春，晋国杀大夫丕郑父。夏，僖公与夫人姜氏在阳谷会见齐侯。秋八月，举行

盛大的雩祭。冬,楚国人攻打黄国。

十一年春,晋侯派遣使者前来报告邳郑之乱。

天王派遣召武公、内史过赐给晋侯宠命,晋侯接受赐玉时懒洋洋的。过回去,告诉周天子说:"晋侯大概没有继承人了吧! 天子赐给他宠命,却懒洋洋地接受瑞玉,这是首先自己抛弃自己了,还会有什么继承人? 礼,是国家的躯干;敬,是载礼的车箱。不恭敬,礼就不能实施;礼不能实施,上下就会昏乱,怎么能够延长寿命!"

夏,扬、拒、泉、皋、伊洛的戎人一起攻打京师,进入王城,焚烧东门,这是王子带引进来的。秦国、晋国攻打戎人来救援周朝。秋,晋侯使戎人和周天子讲和。

黄国人不给楚国贡品。冬,楚国人攻打黄国。

僖公十二年

【原文】

十有二年:春,王三月庚午,日有食之。

夏,楚人灭黄。

秋,七月。

冬,十有二月丁丑,陈侯杵臼卒。

十二年春,诸侯城卫楚丘之郛,惧狄难也。

黄人恃诸侯之睦于齐也,不共楚职,曰:"自郢及我九百里,焉能害我?"夏,楚灭黄。

王以戎难故,讨王子带。秋,王子带奔齐。

冬,齐侯使管夷吾平戎于王,使隰朋平戎于晋。

王以上卿之礼飨管仲。管仲辞曰:"臣,贱有司也。有天子之二守国、高在,若节春秋来承王命,何以礼焉? 陪臣敢辞!"王曰:"舅氏! 余嘉乃勋。应乃懿德,谓督不忘。往践乃职,无逆朕命!"管仲受下卿之礼而还。

君子曰:"管氏之世祀也宜哉! 让不忘其上。《诗》曰:'恺悌君子,神所劳矣!'"

【译文】

十二年春,周历三月一日,发生日食。夏,楚国人灭亡黄国。秋七月。冬十二月十一日,陈侯杵臼死。

十二年春,诸侯在卫国楚丘的外城修筑城墙,因为害怕狄人骚扰。

黄国人仗恃诸侯同齐国的和睦关系,不供给楚国贡品,说:"从郢都到我国有九百里,怎么能危害我国?"夏,楚国灭亡黄国。

天子因为戎人骚扰的缘故,讨伐王子带。秋,王子带逃亡到齐国。

冬天,齐侯派管仲让戎人和周天子讲和,派隰朋让戎人和晋国讲和。

天子用上卿的礼节招待管仲,管仲辞谢说:"陪臣是低贱的官员,有天子任命的两位守臣国子、高子在齐国,如果他们依春、秋朝聘的时节来接受天子的命令,您用什么礼节招待他们呢? 陪臣谨敢辞谢。"天子说:"我嘉奖你的功勋,接受你的美德,这可以说是笃厚而不能忘记的,去履行你上卿的职务,不要违背我的命令。"管仲最终还是接受了下卿的礼节而回国。

君子说:"管氏世世代代受到祭祀,这是应该的啊! 谦让而不忘记爵位比他高的上卿。《诗》说:'和蔼平易的君子,是神灵保佑的人。'"

僖公十三年

【原文】

十有三年:春,狄侵卫。

夏,四月,葬陈宣公。

公会齐侯、宋公、陈侯、卫侯、郑伯、许男、曹伯于鹹。

秋,九月,大雩。

冬,公子友如齐。

十三年春,齐侯使仲孙湫聘于周,且言王子带。事毕,不与王言。归,复命曰:"未可。王怒未怠,其十年乎? 不十年,王弗召也。"

夏,会于鹹,淮夷病杞故,且谋王室也。

秋,为戎难故,诸侯戍周。齐仲孙湫致之。

冬,晋荐饥,使乞籴于秦。秦伯谓子桑:"与诸乎?"对曰:"重施而报,君将何求? 重施而不报,其民必携。携而讨焉;无众,必败。"谓百里:"与诸乎?"对曰:"天灾流行,国家代有。救灾恤邻,道也。行道,有福。"丕郑之子豹在秦,请伐晋。秦伯曰:"其君是恶,其民何罪?"秦于是乎输粟于晋,自雍及绛相继,命之曰"泛舟之役"。

【译文】

十三年春,狄人侵袭卫国。夏四月,安葬陈宣公。僖公在鹹会见齐侯、宋公、陈侯、卫侯、郑伯、许男、曹伯。秋九月,举行盛大的雩祭。冬,公子友到齐国去。

十三年春,齐侯派遣仲孙湫到周聘问,而且要他说说王子带的事情。朝聘完了,仲孙湫没有同周天子说起王子带。回国,向齐侯回复说:"还不行,天子的怒气还没有缓和,大概要等十年吧? 不到十年,天子不会召回王子带。"

夏,僖公同诸侯在鹹会见。这是因为淮夷使杞国担心的缘故,同时也是为了商量安

定周王室。

秋,因为戎人骚扰的缘故,诸侯派兵戍守成周。齐国的仲孙湫带领军队前去。

冬,晋国连续两年发生饥荒,派人到秦国请求购买粮食。秦伯对子桑说:"给他们吗?"子桑回答说:"再次给予恩惠而报答我们,您还要求什么?再次给予恩惠而不报答我们,他们的百姓必然离心,百姓离心然后讨伐他们,他们没有百姓必然失败。"秦伯对百里奚说:"给他们吗?"百里奚回答说:"天灾流行,总是在各个国家交替发生的。救援灾荒,抚恤邻邦,这是符合道义的。按道义办事,就会有福禄。"丕郑的儿子豹在秦国,请求秦国攻打晋国。秦伯说:"厌恶他们的国君,他们的百姓有什么罪?"秦国于是把粮食输送给晋国。从雍到绛船只相连接,被称作"泛舟之役"。

僖公十四年

【原文】

十有四年:春,诸侯城缘陵。

夏,六月,季姬及鄫子遇于防。使鄫子来朝。

秋,八月辛卯,沙鹿崩。

狄侵郑。

冬,蔡侯肸卒。

"十四年春,诸侯城缘陵"而迁杞焉。不书其人,有阙也。

鄫季姬来宁,公怒,止之,以鄫子之不朝也。夏,遇于防而使来朝。

秋八月辛卯,沙鹿崩。晋卜偃曰:"期年将有大咎,几亡国。"

冬,秦饥,使乞籴于晋。晋人弗与。庆郑曰:"背施,无亲。幸灾,不仁。贪爱,不祥。怒邻,不义。四德皆失,何以守国?"虢射曰:"皮之不存,毛将安傅?"庆郑曰:"弃信背邻,患孰恤之?无信,患作;失援,必毙:是则然矣!"虢射曰:"无损于怨而厚于寇,不如勿与。"庆郑曰:"背施幸灾,民所弃也。近犹雠之,况怨敌乎?"弗听。退,曰:"君其悔是哉!"

【译文】

十四年春,诸侯在缘陵修筑城墙。夏六月,季姬和鄫子在防相遇。季姬使鄫子前来朝见。秋八月五日,沙鹿山崩塌。狄人侵袭郑国。冬,蔡侯肸死。

十四年春,诸侯在缘陵筑城,然后把杞国迁进去。《春秋》不记载筑城的人,这是由于文字有缺。

曾季姬回来省视父母,僖公发怒,留下季姬不让她回去,因为鄫子不来朝见。夏,季姬在防与鄫子临时会见,使鄫子前来朝见。

秋八月五日，沙鹿山崩塌。晋国的卜偃说："一年后将有大难，几乎要亡国。"

冬，秦国发生灾荒，派人向晋国请求买进粮食，晋国人不给。庆郑说："背弃恩惠就没有亲人；庆幸别人的灾祸，这是不仁；贪图爱惜的东西，就会不吉祥；使邻国愤怒，这是不义。四种道德都丢掉了，用什么来守卫国家？"虢射曰："皮已经不存在，毛又依附在哪里？"庆郑说："丢掉信用、背弃邻国，谁来抚恤患难？没有信用，祸患就会发生；失去援助，一定灭亡。这件事就可以印证了。"虢射说："给了粮食不会使怨恨减少，反而增加敌人的实力，不如不给。"庆郑说："背弃恩惠、庆幸别人的灾祸，这是百姓唾弃的行为。亲近的人尚且仇视，何况怨恨的敌人呢？"惠公不听。庆郑退下来说："国君将要为这件事后悔啊！"

僖公十五年

【原文】

十有五年：春，王正月，公如齐。

楚人伐徐。

三月，公会齐侯、宋公、陈侯、卫侯、郑伯、许男、曹伯盟于牡丘，遂次于匡。公孙敖帅师，及诸侯之大夫救徐。

夏，五月，日有食之。

秋，七月，齐师、曹师伐厉。

八月，螽。

九月，公至自会。

季姬归于鄫。

己卯晦，震夷伯之庙。

冬，宋人伐曹。

楚人败徐于娄林。

十有一月壬戌，晋侯及秦伯战于韩，获晋侯。

十五年春，楚人伐徐，徐即诸夏故也。三月，盟于牡丘，寻葵丘之盟，且救徐也。孟穆伯帅师及诸侯之师救徐，诸侯次于匡以待之。

夏五月，日有食之。不书朔与日，官失之也。

秋，伐厉，以救徐也。

晋侯之入也，秦穆姬属贾君焉，且曰："尽纳群公子！"晋侯烝于贾君，又不纳群公子，是以穆姬怨之。晋侯许赂中大夫，既而皆背之。赂秦伯以河外列城五，东尽虢略，南及华山，内及解梁城，既而不与。晋饥，秦输之粟；秦饥，晋闭之籴。故秦伯伐晋。

卜徒父筮之："吉！涉河，侯车败。"诘之，对曰："乃大吉也。三败，必获晋君！其卦遇

1430

'蛊'，曰：'千乘三去。三去之馀，获其雄狐。'夫'狐蛊'，必其君也。'蛊'之贞，风也；其悔，山也。岁云秋矣，我落其实而取其材，所以克也。实落材亡，不败何待？"

三败，及韩。晋侯谓庆郑曰："寇深矣，若之何？"对曰："君实深之，可若何！"公曰："不孙！"卜右，庆郑吉。弗使。步扬御戎，家仆徒为右。乘小驷，郑入也。庆郑曰："古者大事必乘其产：生其水土而知其人心，安其教训而服习其道，唯所纳之，无不如志。今乘异产以从戎事，及惧而变，将与人易：乱气狡愤，阴血周作，张脉偾兴，外强中干；进退不可，周旋不能。君必悔之！"弗听。

九月，晋侯逆秦师，使韩简视师。复曰："师少于我，斗士倍我。"公曰："何故？"对曰："出因其资，入用其宠，饥食其粟，三施而无报，是以来也。今又击之，我怠秦奋，倍犹未也。"公曰："一夫不可狃，况国乎？"遂使请战，曰："寡人不佞，能合其众而不能离也。君若不还，无所逃命！"秦伯使公孙枝对曰："君之未入，寡人惧之；入而未定列，犹吾忧也。苟列定矣，敢不承命！"韩简退，曰："吾幸而得囚。"

壬戌，战于韩原。晋戎马还泞而止。公号庆郑，庆郑曰："愎谏，违卜，固败是求，又何逃焉？"遂去之。梁由靡御韩简，虢射为右，辂秦伯，将止之。郑以救公误之，遂失秦伯。秦获晋侯以归。晋大夫反首拔舍从之，秦伯使辞焉，曰："二三子何其感也！寡人之从晋君而西也，亦晋之妖梦是践，岂敢以至？"晋大夫三拜稽首，曰："君履后天而戴皇天，皇天后土实闻君之言！群臣敢在下风。"

穆姬闻晋侯将至，以大子罃、弘与女简璧登台而履薪焉；使以免服衰绖逆，且告曰："上天降灾，使我两君匪以玉帛相见，而以兴戎。若晋君朝以入，则婢子夕以死；夕以入，则朝以死。唯君裁之！"乃舍诸灵台。

大夫请以入。公曰："获晋侯，以厚归也。既而丧归，焉用之？大夫其何有焉！且晋人感忧以重我，天地以要我：不图晋忧，重其怒；我食吾言，背天地也。重怒难任，背天不祥，必归晋君！"公子絷曰："不如杀之，无聚慝焉。"子桑曰："归之而质其大子，必得大成。晋未可灭而杀其君，只以成恶。且史佚有言曰：'无始祸，无怙乱，无重怒。'重怒难任，陵人不祥。"乃许晋平。

晋侯使郤乞告瑕吕饴甥，且召之。子金教之言，曰："朝国人而以君命赏，且告之曰：孤虽归，辱社稷矣！其卜贰圉也。"众皆哭，晋于是乎作爰田。吕甥曰："君亡之不恤，而群臣是忧；惠之至也，将若君何？"众曰："何为而可？"对曰："征缮以辅孺子。诸侯闻之，——丧君有君，群臣辑睦，甲兵益多，——好我者劝，恶我者惧，庶有益乎！"众说。晋于是乎作州兵。

初，晋献公筮嫁伯姬于秦，遇"归妹䷵"之"睽䷥"。史苏占之曰："不吉。其繇曰：'士刲羊，亦无衁也。女承筐，亦无贶也。西邻责言，不可偿也。归妹之睽，犹无相也。''震'之'离'，亦'离'之'震'。'为雷为火，为嬴败姬。车说其輹，火焚其旗。不利行师，败于宗丘。归妹睽孤，寇张之弧。侄其从姑，六年其逋；逃归其国，而弃其家；明年其死于高梁之虚。'"

及惠公在秦,曰:"先君若从史苏之占,吾不及此夫!"韩简侍,曰:"龟,象也。筮,数也。物生而后有象,象而后有滋,滋而后有数。先君之败德,及可数乎?史苏是占,勿从何益?《诗》曰:'下民之孽,匪降自天。僔沓背憎,职竞由人。'"

震夷伯之庙,罪之也,于是展氏有隐慝焉。

冬,宋人伐曹,讨旧怨也。

楚败徐于娄林,徐恃救也。

十月,晋阴饴甥会秦伯,盟于王城。秦伯曰:"晋国和乎?"对曰:"不和。小人耻失其君而悼丧其亲,不惮征缮以立圉也,曰:'必报雠!宁事戎狄。'君子爱其君而知其罪,不惮征缮以待秦命,曰:'必报德,有死无二!'以此不和。"秦伯曰:"国谓君何?"对曰:"小人戚,谓之不免。君子恕,以为必归。小人曰:'我毒秦,秦岂归君?'君子曰:'我知罪矣,秦必归君。贰而执之,服而舍之,德莫厚焉,刑莫威焉!服者怀德,贰者畏刑。此一役也,秦可以霸。纳而不定,废而不立,以德为怨,秦不其然!'"秦伯曰:"是吾心也!"改馆晋侯,馈七牢焉。

蛾析谓庆郑曰:"盍行乎?"对曰:"陷君于败,败而不死,又使失刑,非人臣也。臣而不臣,行将焉入?"十一月,晋侯归。丁丑,杀庆郑而后入。

是岁,晋又饥。秦伯又饩之粟,曰:"吾怨其君而矜其民。且吾闻唐叔之封也,箕子曰:'其后必大。'晋其庸可冀乎?姑树德焉,以待能者。"于是秦始征晋河东,置官司焉。

【译文】

十五年春,周历正月,僖公到齐国去。楚国人攻打徐国。三月,僖公会同齐侯、宋公、陈侯、卫侯、郑伯、许男、曹伯在牡丘结盟,接着驻扎在匡。公孙敖率领军队以及诸侯的大夫救援徐国。夏五月,发生日食。秋天七月,齐国、曹国军队讨伐厉国。八月,发生虫灾。九月,僖公会盟回来。季姬回到鄫国。三十日,雷击夷伯的庙宇。冬,宋国人攻打曹国。楚国人在娄林大败徐国。十一月十四日,晋侯同秦伯在韩作战,秦伯俘虏了晋侯。

十五年春,楚国人攻打徐国,这是徐国亲近诸夏的缘故。三月,诸侯在牡丘结盟,这是为了重温葵丘的盟约,而且为了救援徐国。孟穆伯率领军队与诸侯的军队一起救援徐国,诸侯的军队驻扎在匡等待他。

夏五月,发生日食。不记载朔和日,这是史官漏记了。

秋,齐国、曹国攻打厉国,用这样的方式救援徐国。

晋侯回国即位的时候,秦穆姬把贾君嘱托给他,并且对他说:"让公子们全部回国。"晋侯与贾君淫乱,又不接纳群公子回国,因此秦穆姬怨恨他。晋侯曾答应给中大夫赠送财礼,不久却背弃了诺言。答应送给秦伯黄河以西和以南的五座城,东边到虢略,南边到华山,黄河之内到解梁城,后来又不给了。晋国发生饥荒,秦国输送粮食给晋国;秦国发

生饥荒,晋国却拒绝他买粮,所以秦伯攻打晋国。

卜徒父占筮:"吉利! 渡过黄河,晋侯的战车毁坏。"秦伯追问,回答说:"这是大吉啊! 打败他们三次,必定俘虏晋国的国君。这一卦占到了蛊卦,占辞说:'千辆兵车三次被驱逐,三次驱逐之后,就一定俘虏他们的雄狐。'这个雄狐,一定是他们的国君。蛊的内卦是风;蛊的外卦是山。时节已到秋天了,我们的风吹到他们的山上,吹落他们的果实,而且取得他们的木材,因此能够取胜。果实落了,木材丢了,他们不失败还等待什么呢?"

秦军三次击败晋军,抵达韩。晋侯对庆郑说:"敌人已经深入了,把他们怎么办?"庆郑回答说:"您让他们深入的,能怎么办?"晋侯说:"放肆!"占卜车右的人选,庆郑得吉卦,但是晋侯不用他。让步扬驾御战车,家仆徒作为车右。用小驷拉车,小驷是郑国献纳的。庆郑说:"古代在战争期间,一定用本国的马驾车,出生在这块水土上,懂得主人的心意,安于主人的教训,熟悉这里的道路,随便你怎样牵动指挥它,没有不如人意的。现在用别国出产的马驾车来从事战争,等到它恐惧而发生变故,将会与人的意志相违背。出气不匀,烦躁不安,血液在全身奔流,血管涨起,紧张兴奋,外似强大,内则虚弱。不能进,不能退,不能旋转,您必定要后悔的。"晋侯不听从。

九月,晋侯迎战秦国的军队,派韩简去察看秦国的军队,韩简回来说:"秦国军队比我们少,战斗人员却超过我们一倍。"晋侯说:"什么缘故?"韩简回答说:"我们逃亡的时候依靠他们的资助,回来时也凭借他们的宠信,发生饥荒时又吃他们的粮食,他们三次给我们恩惠而我们却没有报答,因此他们才来。现在又要攻击他们,我国的士气懈怠,秦国的士气振奋,斗志相差一倍还不止呢。"晋侯说:"一个人尚且不可以轻视,何况一个国家呢?"于是让韩简去约战,对秦伯说:"我不才,能集合我的部下却不能使他们离散。您如果不回去,我们将没有地方逃避命令。"秦伯派公孙枝回答说:"晋君没有回国,我为他忧惧;回来了但是君位没有定下来,还是我的忧虑。如果君位定下来了,我哪里敢不接受作战的命令。"韩简退回来说:"我如果能被囚禁就是幸运了。"

十四日,在韩原作战。晋侯的小驷马陷在泥泞里盘旋不出。晋侯呼叫庆郑。庆郑说:"不听劝谏,违背占卜的结果,又逃到哪里去呢?"于是离开他。梁由靡驾御韩简的战车,虢射作为车右,迎战秦伯,将要俘虏秦伯。庆郑因为救援晋侯而耽误了,于是失掉了秦伯。秦国俘虏了晋侯回国。晋国的大夫披头散发拔起帐篷跟着秦伯。秦伯派人辞谢说:"你们几位为什么如此忧愁啊! 我跟随晋国国君往西去,只是为了应验晋国的妖梦,难道敢做得太过分吗?"晋国的大夫拜了三次然后叩头说:"您踩着后土而顶着皇天,皇天后土,都听到了您的话,我们下臣谨在下边听从您的吩咐。"

穆姬听说晋侯要到了,便带着太子罃、儿子弘和女儿简璧登上高台,踩着柴草。派人免冠束发穿着孝服去迎接秦伯,并且告诉秦伯说:"上天降下灾难,使我们两国的君主不用玉帛相见而是兴动甲兵。如果晋国君主早晨进入国都,那么我晚上就死;晚上进入国都,那么我早晨就死。请您裁夺!"于是秦伯把晋侯安置在郊外的灵台。

大夫请求把晋侯带进国都。秦伯说："俘虏了晋侯，这是带着丰厚的收获回来的，但如果穿着丧服回来，这些收获有什么用呢？大夫又能得到什么好处？而且晋国人用他们的忧伤感动我，用天地约束我。不考虑晋国的忧愁，就会加重他们的愤怒；如果我自食其言，这就是违背天地。增加愤怒会使我难以承担；违背天地，就会不吉祥，一定要放晋君回国。"公子絷说："不如杀了他，不要让邪恶再聚集在晋国。"子桑说："让晋君回国而把他的太子作为人质，必然能得到十分有利的媾和的条件。杀掉他们的君主晋国还不能灭亡，只会造成很坏的后果。而且史佚有话说：'不要首先挑起祸端，不要依靠祸乱谋利，不要加重别人的愤怒。'加重别人的愤怒自己会难以承当，欺凌别人自己也会不吉祥。"于是允许晋国媾和。

晋侯派郤乞向瑕吕饴甥请教，并且召见他。吕甥教郤乞怎样说话，说："使国都的人在宫门朝见，用国君的名义给予赏赐。而且告诉他们说：'孤虽然回来，已经给国家带来耻辱了，还是占卜立太子圉吧。'"百姓听了一齐号哭。晋国于是作爰田。吕甥说："国君不担忧自己身在异国，反而担忧群臣，这真是仁惠到了极点。我们准备怎么对待国君？"大家说："怎么办才行？"回答说："征收赋税，修缮甲兵，以辅助继位的人。诸侯听说我们失去了国君，又有了新的国君，群臣和睦，甲兵比以前更多，喜欢我们的人就会勉励我们，厌恶我们的人就会惧怕我们，也许会有好处吧？"大家很高兴，晋国于是改革兵制。

起初，晋献公为嫁伯姬给秦国而占筮。得到归妹卦☳☰变成睽卦☱☲，史苏预测说："不吉利。卦辞说：'士人宰羊，没有血浆。女人提筐，空忙一场，秦国责备，不可补偿。归妹变睽，没人相帮。'震卦变成离卦，也就是离卦变成震卦。'又是雷，又是火，胜利者姓嬴，失败者姓姬。车箱脱了轴钩，大火烧了军旗，出师不利，宗丘败绩。归妹嫁女，睽离则孤，敌人张开弓弧。侄子跟从姑姑，六年之后逃走，回到自己的国都，抛弃了先前的配偶，次年死在高粱山丘。'"

等到惠公被囚在秦国，说："先君如果听从了史苏的占卜，我不会到这个地步！"韩简随侍在旁，说："卜龟，是依靠兆象预测吉凶的；占筮，是依靠数的排列组合来预测吉凶的。事物生长以后才会有象，有象以后才会繁衍，繁衍以后才会有数，先君的不好的道德，难道是象数可以解释的吗？《诗》说：'百姓的灾祸，不是从天而降，聚在一起议论，转过背去憎恨，都因世人好争强。'"

雷击夷伯的庙宇，这是归罪于他。从这里可以看出展氏有不为人知的罪恶。

冬，宋国人攻打曹国，这是为了讨伐过去结下的怨恨。

楚国在娄林大败徐国，这是因为徐国一味依靠救援。

十月，晋国的阴饴甥会见秦伯，在王城结盟。秦伯说："晋国和睦吗？"阴饴甥回答说："不和睦。小人以失掉国君为耻而哀悼战死的亲人，不怕征收赋税、修缮甲兵来立太子圉为国君，说：'宁愿侍奉戎狄，也一定要报仇。'君子爱护他们的国君而知道他的罪过，不怕征收赋税、修缮甲兵来等待秦国的命令，说：'一定要报答秦国的恩德，有必死之志而无二

心.'因此不和.''秦伯说:"国人对国君的命运怎么看?"阴饴甥回答说:"小人忧虑,认为他不会被赦免;君子宽恕,认为他一定会回来.小人说:'我们伤害了秦国,秦国难道会让国君回来?'君子说:'我们已经知罪了,秦国一定会让国君回来.有二心就抓起来,服了罪就放了他.德行没有比这更宽厚的,刑罚没有比这更威严的.服罪的怀念德行,有二心的害怕刑罚,这一回,秦国可以领导诸侯了.帮助人家回国做国君又不让他安定,甚至废掉他而不立他为国君,把恩德变成仇怨,秦国不会这样的."秦伯说:"这正是我的心意啊!"于是让晋侯改住宾馆,馈送他牛、羊、豕各七头.

蛾析对庆郑说:"何不逃走呢?"庆郑回答说:"使国君陷于失败,失败了却不死,反而逃亡,又让国君失去刑罚,这就不是做臣子的本分了.做臣子而不像个臣子,又能走到哪里去?"十一月,晋侯回国.二十九日,杀了庆郑然后进入国都.

这一年,晋国又发生饥荒,秦伯又送给晋国粮食,说:"我怨恨他们的君主,但是同情他们的百姓.而且我听说唐叔受封的时候,箕子说:'他们的后代一定昌大.'晋国大概还是很有希望的吧? 我姑且在那里树立德行,以期待有能力的人."在这时秦国才开始在晋国的黄河东部征收赋税,在那里设置官员.

僖公十六年

【原文】

十有六年:春,王正月戊申朔,陨石于宋,五.是月,六(鹢)〔鹢〕退飞,过宋都.

三月壬申,公子季友卒.

夏,四月丙申,鄫季姬卒.

秋,七月甲子,公孙兹卒.

冬,十有二月,公会齐侯、宋公、陈侯、卫侯、郑伯、许男、邢侯、曹伯于淮.

十六年春,"陨石于宋,五.",陨星也."六(鹢)〔鹢〕退飞,过宋都",风也.周内史叔兴聘于宋,宋襄公问焉,曰:"是何祥也? 吉凶焉在?"对曰:"今兹鲁多大丧,明年齐有乱,君将得诸侯而不终."退而告人,曰:"君失问.是阴阳之事,非吉凶所生也.吉凶由人.吾不敢逆君故也."

夏,齐伐厉,不克,救徐而还.

秋,狄侵晋,取狐、厨、受铎,涉汾,及昆都,因晋败也.

王以戎难告于齐.齐徵诸侯而戍周.

冬,十一月乙卯,郑杀子华.

十二月,会于淮,谋鄫,且东略也.城鄫,役人病,有夜登丘而呼曰:"齐有乱!"不果城而还.

【译文】

十六年春,周历正月一日,从天上坠落五块石头,掉在宋国境内。这一月,六只鹢鸟后退着飞,经过宋国国都。三月二十五日,公子季友死。夏四月二十日,鄫季姬死。秋七月十九日,公孙兹死。冬十二月,僖公在淮会见齐侯、宋公、陈侯、卫侯、郑伯、许男、邢侯、曹伯。

十六年春,天上坠落五块石头在宋国,这是坠落的星。六只鹢鸟倒退着飞,经过宋国国都,这是风急的缘故。周朝的内史叔兴在宋国聘问,宋襄公问他,说:"这是什么征兆?吉凶在哪里?"叔兴回答说:"今年鲁国多有大的丧事,明年齐国有动乱,君侯将会得诸侯的拥护而不能持久。"退下来告诉别人说:"国君问得不恰当。这是自然界阴阳变化的结果,并不是吉凶产生的原因。吉凶是由人造成的。我这样回答,是不敢违逆国君的缘故。"

夏,齐国攻打厉国,不能取胜,救援了徐国就回国了。

秋,狄国侵袭晋国,占取了狐、厨、受铎等地,渡过汾河,直到昆都,因为晋国打败了。

天子把戎人骚扰的消息告诉齐国,齐国调集诸侯戍守成周。

冬十一月十二日,郑国杀子华。

十二月,诸侯在淮会见,商量鄫国的事,同时也为了攻掠东方。在鄫国修筑城墙,服劳役的人困乏。有人夜里登上山丘喊叫说:"齐国发生动乱!"诸侯没有筑完城墙就回国了。

僖公十七年

【原文】

十有七年:春,齐人、徐人伐英氏。

夏,灭项。

秋,夫人姜氏会齐侯于卞。

九月,公至自会。

冬,十有二月乙亥,齐侯小白卒。

十有七年:春,齐人为徐伐英氏,以报娄林之役也。

夏,晋太子圉为质于秦,秦归河东而妻之。

惠公之在梁也,梁伯妻之。梁嬴孕,过期。卜招父与其子卜之。其子曰:"将生一男一女。"招曰:"然。男为人臣,女为人妾。"故名男曰圉,女曰妾。及子圉西质,妾为宦女焉。

师灭项。淮之会,公有诸侯之事,未归,而取项。齐人以为讨,而止公。

秋,声姜以公故,会齐侯于卞。九月,公至。书曰"至自会",犹有诸侯之事焉,且讳之也。

齐侯之夫人三:王姬,徐嬴,蔡姬,皆无子。齐侯好内,多内宠。内嬖如夫人者六人:长卫姬,生武孟;少卫姬,生惠公;郑姬,生孝公;葛嬴,生昭公;密姬,生懿公;宋华子,生公子雍。公与管仲属孝公于宋襄公,以为大子。雍巫有宠于卫共姬,因寺人貂以荐羞于公,亦有宠。公许之立武孟。管仲卒,五公子皆求立。冬十月乙亥,齐桓公卒。易牙入,与寺人貂因内宠以杀群吏,而立公子无亏。孝公奔宋。十二月乙亥,赴。辛巳,夜殡。

【译文】

十七年春,齐国人、徐国人攻打英氏。夏,灭亡项国。秋,僖公夫人姜氏在卞会见齐侯。九月,僖公会盟回来。冬十二月八日,齐侯小白死。

十七年春,齐国人为徐国攻打英氏,为了报复娄林的战役。

夏,晋国的太子圉在秦国作为人质,秦国把河东之地归还晋国而把女儿嫁给太子圉。

惠公在梁国的时候,梁伯把女儿嫁给他。梁伯的女儿梁嬴怀孕,过了产期。卜招父和他的儿子占卜。他的儿子说:"将生一男一女。"招父说:"是的,男的做别人的奴仆,女的做别人的奴婢。"所以为男孩取名做圉,为女孩取名做妾。待到子圉在秦为质,妾在那里做侍女。

鲁国的军队灭亡项国。淮地的会见,因僖公同诸侯有礼节往来的事情,没有及时赶回去,结果鲁国就占取了项国。齐国人认为是僖公下令讨伐的,便不让他回国。

秋,声姜因为僖公没有回国的缘故,在卞会见齐侯。九月,僖公回国,《春秋》记载说"至自会",好像是说在那里还有诸侯礼节往来的事情,实际上却是为僖公被拘留一事避讳。

齐侯有三位夫人,王姬、徐嬴、蔡姬,都没有儿子。齐侯喜欢女色,有很多受宠的女人,受宠的女人如同夫人的有六人:长卫姬,生了武孟;少卫姬,生了惠公;郑姬,生了孝公;葛嬴,生了昭公;密姬,生了懿公;宋华子,生了公子雍。齐侯和管仲把孝公托付给宋襄公,把他作为太子。雍巫受到卫共姬的宠信,依靠寺人貂的关系把美味的食品进献给齐侯,也受到齐侯的宠信。齐侯答应他们立武孟为继承人。管仲死,五位公子都谋求立为继承人。冬十月七日,齐桓公死。易牙进入宫中,和寺人貂一起依靠长卫姬杀了很多官吏,立公子无亏为国君。孝公逃亡到宋国。十二月八日,发出讣告。十四日,在夜间入殓。

僖公十八年

【原文】

十有八年:春;王正月,宋公、曹伯、卫人、邾人伐齐。

夏,师救齐。

五月戊寅,宋师及齐师战于甗,齐师败绩。

狄救齐。

秋,八月丁亥,葬齐桓公。

冬,邢人、狄人伐卫。

十八年春,宋襄公以诸侯伐齐。三月,齐人杀无亏。

郑伯使朝于楚。楚子赐之金,既而悔之,与之盟曰:"无以铸兵!"故以铸三钟。

齐人将立孝公,不胜四公子之徒,遂与宋人战。夏五月,宋败齐师于甗,立孝公而还。

秋八月,葬齐桓公。

冬,邢人、狄人伐卫,围菟圃。卫侯以国让父兄子弟,及朝众,曰:"苟能治之,燬请从焉。"众不可,而(从)〔后〕师于訾娄。狄师还。

梁伯益其国而不能实也,命曰新里。秦取之。

【译文】

十八年春,周历正月,宋公、曹伯、卫国人、邾国人攻打齐国。夏,鲁国的军队救援齐国。五月十四日,宋国的军队同齐国的军队在甗作战。齐国的军队大败。狄国救援齐国。秋八月丁亥,安葬齐桓公。冬,邢国人、狄国人攻打卫国。

十八年春,宋襄公率领诸侯攻打齐国。三月,齐国人杀无亏。

郑伯开始到楚国朝见。楚子赐给郑伯铜。不久又为这件事后悔,与郑伯盟约说:"不要用来铸造兵器!"所以用它铸造了三座钟。

齐国人准备立孝公为国君,不能抵制四公子一伙人的反对,四公子就和宋国人作战。夏五月,宋国在甗打败了齐国军队,立了孝公然后回国。

秋八月,安葬齐桓公。

冬,邢国人、狄国人攻打卫国,包围了菟圃。卫侯把国家让给父兄子弟和朝廷众人,说:"谁如果能治理国家,我就跟从他。"大家不同意,而后在訾娄摆开阵势,狄国的军队就退回去了。

梁伯开拓了国土,却不能把百姓迁到那里,把那地方取名为新里,后来被秦国占取了。

僖公十九年

【原文】

十有九年：春，王三月，宋人执滕子婴齐。

夏，六月，宋公、曹人、邾人盟于曹南。

鄫子会盟于邾。己酉，邾人执鄫子，用之。

秋，宋人围曹。

卫人伐邢。

冬，会陈人、蔡人、楚人、郑人盟于齐。

梁亡。

十九年春，遂城而居之。

宋人执滕宣公。

夏，宋公使邾文公用鄫子于次睢之社，欲以属东夷。司马子鱼曰："古者六畜不相为用，小事不用大牲，而况敢用人乎？祭祀，以为人也。民，神之主也。用人，其谁飨之？齐桓公存三亡国以属诸侯，义士犹曰薄德。今一会而虐二国之君，又用诸淫昏之鬼，将以求霸，不亦难乎？得死为幸！"

秋，卫人伐邢，以报菟圃之役。于是卫大旱，卜有事于山川，不吉。宁庄子曰："昔周饥，克殷而年丰。今邢方无道，诸侯无伯，天其或者欲使卫讨邢乎？"从之。师兴而雨。

宋人围曹，讨不服也。子鱼言于宋公曰："文王闻崇德乱而伐之，军三旬而不降；退修教而复伐之，因垒而降。《诗》曰：'刑于寡妻，至于兄弟，以御于家邦。'今君德无乃犹有所阙，而以伐人，若之何？盍姑内省德乎，无阙而后动？"

陈穆公请修好于诸侯以无忘齐桓之德。"冬，盟于齐"，修桓公之好也。

梁亡。不书其主，自取之也。初，梁伯好土功，亟城而弗处。民罢而弗堪，则曰"某寇将至"。乃沟公宫，曰："秦将袭我。"民惧而溃，秦遂取梁。

【译文】

十九年春，周历三月，宋国人抓住了滕子婴齐。夏六月，宋公、曹国人、邾国人在曹国南部结盟。鄫子在邾国参加盟会。二十一日，邾国人抓住了鄫子，用他来祭祀。秋，宋国人包围了曹国。卫国人攻打邢国。冬，僖公会同陈国人、蔡国人、楚国人、郑国人在齐结盟。梁国灭亡了。

十九年春，就在新里修筑城墙而后住在那里。

宋国人抓住了滕宣公。

夏,宋公要邾文公杀了鄫子来祭祀次睢的土地神,想以此使东夷归附。司马子鱼说:"古代的六畜不互相用来祭祀,小的祭祀不杀大的牲畜,何况敢用人呢? 祭祀是为了人。百姓,是神的主人。杀人祭祀,哪个鬼神会享用? 齐桓公保存三个将要灭亡的国家来使诸侯归附,仁义之士还说他缺少德行,现在一次会盟就伤害两个国家的国君,又拿他来祭祀邪恶昏乱的鬼神,想用这种方式求取霸业,不是太难了吗? 能够善终就是幸运的了。"

秋,卫国人攻打邢国,这是为了报复菟圃那一次战役。这时卫国大旱,为祭祀山川占卜,不吉。宁庄子说:"过去周室发生饥荒,打败了殷朝便获得丰收。现在邢国正是没有道义的时候,诸侯又没有领袖,上天或者是要卫国攻打邢国吧?"听从他的话,军队刚出发就下雨了。

宋国人包围曹国,这是为了讨伐曹国的不顺服。子鱼对宋公说:"文王听说崇国德行昏乱便讨伐他,包围了三十天还不投降。便退回来修治教化,然后又去攻打他,依靠先前所筑的营垒就使崇国投降了。《诗》说:'在正妻面前做出典范,把它扩展到兄弟之间,来治理家和国。'现在君主的德行大概还有不足的地方,却以此攻打别人,能把它怎么办? 何不姑且退回去自己反省一下德行,在没有不足以后再行动。"

陈穆公请求同诸侯建立友好关系,以此表示不忘齐桓公的德行。冬,在齐国结盟,这是为了重修齐桓公建立的友好关系。

梁国灭亡,《春秋》不记载灭亡它的人,因为是它自取灭亡的。起初,梁伯喜欢土木工程,几次筑城却又不居住,百姓疲倦得不能忍受,就说"某某敌人要来了"。于是在国君的宫室外挖沟,说:"秦国将袭击我国。"百姓害怕而溃散,秦国就占取了梁国。

僖公二十年

【原文】

二十年:春,新作南门。

夏,郜子来朝。

五月乙巳,西宫灾。

郑人入滑。

秋,齐人、狄人盟于邢。

楚人伐随。

二十年春,新作南门。书,不时也。凡启塞从时。

滑人叛郑而服于卫。夏,郑公子士、泄堵寇帅师入滑。

秋,齐、狄盟于邢,为邢谋卫难也。于是卫方病邢。

随以汉东诸侯叛楚。冬,楚斗穀於菟帅师伐随,取成而还。君子曰:"随之见伐,不量

力也。量力而动,其过鲜矣。善败由己,而由人乎哉?《诗》曰:'岂不夙夜?谓行多露。'"

宋襄公欲合诸侯。臧文仲闻之,曰:"以欲从人则可,以人从欲鲜济。"

【译文】

二十年春,重新建造南门。夏,郜子前来朝见。五月二十三日,西宫发生火灾。郑国人进入滑国。秋,齐国人、狄国人在邢国结盟。楚国人攻打随国。

二十年春,重新建造南门。《春秋》记载这件事,是因为不合时宜。凡修建城门和制造门闩,应该符合时令。

滑国人背叛了郑国而顺服于卫国。夏,郑国的公子士、泄堵寇率领军队进入滑国。

秋,齐国、狄国在邢国结盟,这是为邢国策划对付卫国的骚扰。从这时起卫国才开始把邢国当作自己的心病。

随国率领汉水东边的诸侯背叛楚国。冬,楚国的斗縠於菟率领军队攻打随国,达成和解以后回国。君子说:"随国被攻打,是由于不度量自己的国力。度量自己的实力然后行动,过错就会少了。成败在于自己,难道在于别人吗?《诗》说:'难道不想早晚劳作,奈何路上露水太多。'"

宋襄公想会合诸侯。臧文仲听到这个消息,说:"让欲望服从别人,那是可以的;让别人服从自己的欲望,就很少成功了。"

僖公二十一年

【原文】

二十有一年:春,狄侵卫。

宋人、齐人、楚人盟于鹿上。

夏,大旱。

秋,宋公、楚子、陈侯、蔡侯、郑伯、许男、曹伯会于盂。执宋公以伐宋。

冬,公伐邾。

楚人使宜申来献捷。

十有二月癸丑,公会诸侯,盟于薄,释宋公。

二十一年春,宋人为鹿上之盟以求诸侯于楚,楚人许之。公子目夷曰:"小国争盟,祸也。宋其亡乎?幸而后败。"

夏,大旱。公欲焚巫尪,臧文仲曰:"非旱备也!修城郭,贬食省用,务穑劝分,此其务也。巫尪何为?天欲杀之,则如勿生。若能为旱,焚之滋甚!"公从之。是岁也,饥而

不害。

秋,诸侯会宋公于盂。子鱼曰:"祸其在此乎?君欲已甚,其何以堪之!"于是楚执宋公以伐宋。冬,会于薄以释之。子鱼曰:"祸犹未也,未足以惩君。"

任、宿、须句、颛臾,风姓也,实司大皞与有济之祀,以服事诸夏播人灭须句;须句子来奔,因成风也。成风为之言于公曰:"崇明祀,保小寡,周礼也。蛮夷猾夏,周祸也。若封须句,是崇皞、济而修(祀)〔礼〕纾祸也。"

【译文】

二十一年春,狄国侵袭卫国。宋国人、齐国人、楚国人在鹿上结盟。夏,大旱。秋,宋公、楚子、陈侯、蔡侯、郑伯、许男、曹伯在盂会见。楚子抓住了宋公来攻打宋国。冬,僖公攻打邾国。楚国人派遣宜申前来报告攻宋的捷报。十二月十日,僖公在薄会盟诸侯,楚子释放宋公。

二十一年春,宋国举行了鹿上的会盟,来向楚国要求归附楚国的诸侯奉自己为盟主。楚国人答应了。公子目夷说:"弱小的国家争当盟主,这是灾祸。宋国将要灭亡了吧!失败得晚一点就算幸运了。"

夏,发生大旱灾。僖公想烧死巫人和仰面朝天的畸形人。臧文仲说:"这不是防备旱灾的办法。修理城墙、减少饮食、节省开支、致力农事、鼓励人们施舍,这是应该做的。巫人和畸形人能做什么呢?如果上天要杀掉他们,就应当不生他们;如果他们能够造成旱灾,烧死了他们旱灾会更加严重。"僖公听从了这个意见。这一年,虽然发生了饥荒,但没有造成危害。

秋,诸侯在盂会见宋公。子鱼说:"祸端就在这里吧!国君的欲望太过分了,怎么能忍受得了呢?"在会上楚国抓住了宋公来攻打宋国。冬,诸侯在薄会盟,楚国释放了宋公。子鱼说:"灾祸还没有完,不足以惩罚国君。"

任、宿、须句、颛臾,都姓风,主持太皞和济水的祭祀,而服从中原各国。邾国人灭亡须句。须句子逃亡前来,这是由于须句是成风的娘家。成风为了须句子对僖公说:"尊崇太皞与济水的祭祀,保护弱小的国家,这是周的礼仪;蛮夷扰乱中原,这是周的灾祸。如果封了须句,这是尊崇太皞、济水之神而修明祭祀、解除灾祸啊。"

僖公二十二年

【原文】

二十有二年:春,公伐邾,取须句。

夏,宋公、卫侯、许男、滕子伐郑。

秋,八月丁未,及邾人战于升陉。

冬,十有一月己巳朔,宋公及楚人战于泓。宋师败绩。

二十二年春,伐邾,取须句,反其君焉,礼也。

三月,郑伯如楚。

夏,宋公伐郑。子鱼曰:"所谓祸在此矣!"

初,平王之东迁也,辛有适伊川,见初髪而祭于野者,曰:"不及百年,此其戎乎! 其礼先亡矣。"

秋,秦、晋迁陆浑之戎于伊川。

晋大子圉为质于秦,将逃归,谓嬴氏曰:"与子归乎?"对曰:"子,晋大子而辱于秦。子之欲归,不亦宜乎! 寡君之使婢子侍执巾栉,以固子也。从子而归,弃君命也。不敢从,亦不敢言。"遂逃归。

富辰言于王曰:"请召大叔。《诗》曰:'协比其邻,昏姻孔云。'吾兄弟之不协,焉能怨诸侯之不睦?"王说。王子带自齐复归于京师,王召之也。

邾人以须句故出师。公卑邾,不设备而御之。臧文仲曰:"国无小,不可易也。无备,虽众,不可恃也。《诗》曰:'战战兢兢,如临深渊,如履薄冰。'又曰:'敬之敬之! 天惟显思,命不易哉!'先王之明德,犹无不难也,无不惧也,况我小国乎? 君其无谓邾小;蜂虿有毒,而况国乎!"弗听。

八月丁未,公及邾师战于升陉,我师败绩。邾人获公胄,县诸鱼门。

楚人伐宋以救郑。宋公将战,大司马固谏曰:"天之弃商久矣! 君将兴之,弗可赦也已。"弗听。

冬十一月己巳朔,宋公及楚人战于泓。宋人既成列,楚人未既济。司马曰:"彼众我寡,及其未既济也,请击之。"公曰:"不可。"既济而未成列,又以告。公曰:"未可。"既陈而后击之,宋师败绩。公伤股,门官歼焉。

国人皆咎公。公曰:"君子不重伤,不禽二毛。古之为军也,不以阻隘也。寡人虽亡国之余,不鼓不成列。"子鱼曰:"君未知战。勍敌之人,隘而不列,天赞我也;阻而鼓之,不亦可乎? 犹有惧焉! 且今之勍者,皆吾敌也。虽及胡耇,获则取之,何有于二毛? 明耻、教战,求杀敌也。伤未及死,如何勿重? 若爱重伤,则如勿伤。爱其二毛,则如服焉。三军以利用也,金鼓以声气也。利而用之,阻隘可也;声盛致志,鼓儳可也。"

丙子晨,郑文夫人芈氏、姜氏劳楚子于柯泽。楚子使师缙示之俘馘。君子曰:"非礼也! 妇人送迎不出门,见兄弟不逾阈。戎事不迩女器。"

丁丑,楚子入(飨)〔享〕于郑。九献,庭实旅百,加笾豆六品。(飨)〔享〕毕,夜出,文芈送于军。取郑二姬以归。叔詹曰:"楚王其不没乎? 为礼卒于无别,无别不可谓礼。将何以没?"诸侯是以知其不遂霸也。

【译文】

二十二年春,僖公攻打邾国,占取了须句。夏,宋公、卫侯、许男、滕子攻打郑国。秋八月八日,僖公与邾国人在升陉作战。冬十一月一日,宋公同楚国人在泓水旁作战,宋国的军队大败。

二十二年春,攻打邾国,占取须句,让它的国君回去,这是合于礼的。

三月,郑伯到楚国去。

夏,宋公攻打郑国。子鱼说:"所说的祸就在这里了。"

起初,周平王东迁洛邑的时候,辛有到伊川去,看见披着头发在野地祭祀的人,说:"不到百年,这里就变成戎人居住的地方了! 周的礼仪先消亡了。"

秋,秦国和晋国把陆浑之戎迁到伊川。

晋国的太子圉在秦国作为人质,准备逃回去,对嬴氏说:"跟您一起回去吗?"回答说:"您是晋国的太子,却被秦国侮辱。您想回去,不是很应该吗? 我的国君让我为您拿着手巾、梳子,是为了让您安心。跟着您回去,这是丢弃了国君的命令。我不敢跟从,但也不敢泄漏。"于是太子圉逃回晋国。

富辰对周天子说:"请您召回太叔。《诗》说:'同邻居的关系能团结融洽,姻亲之间就一定能和顺有加。'我们兄弟都不融洽,怎么能埋怨诸侯不和睦呢?"天子很高兴。王子带从齐国回到京师,这是周天子把他召回来的。

邾国人因为鲁国帮助须句的缘故出兵。僖公轻视邾国,不设防备就去抵御邾国的军队。臧文仲说:"国家没有弱小,不能轻视。没有防备,虽然人多,也不足依靠。《诗》说:'战战兢兢,如同面临深渊,如同踩着薄冰。'又说:'小心啊小心,上天虽然磊落光明,却并不容易得到天命!'以先王的美德,尚且没有不感到困难的事情,没有不感到忧虑的事情,何况我们小国呢? 您不要认为邾国弱小,黄蜂、蝎子都有毒,何况一个国家呢?"僖公不听。

八月八日,僖公同邾国的军队在升陉作战,我军大败。邾国人获得僖公的头盔,把它挂在城门上。

楚国人攻打宋国以救援郑国。宋公打算迎战,大司马固劝阻说:"上天抛弃我们已经很久了,您想复兴它,这种违背天意的罪过是不能赦免的。"宋公不听。

冬十一月一日,宋公同楚国人在泓水旁交战。宋国人已经摆成队列,楚国人还没有全部渡河。司马说:"对方人多,我们人少,趁他们还没有全部过河的时候,请下令攻击他们。"宋公说:"不行。"楚军全部渡过了河但还没有摆成队列,司马又把请求下令攻击的话告诉宋公。宋公说:"还不行。"等到楚国人已经摆好了阵势,然后攻击他们,宋国的军队大败。宋公伤了大腿,门官被歼灭。

都城里的人都归罪宋公。宋公说:"君子不伤害已经受了伤的人,不擒捉头发花白的

人。古代作战，不凭借险要的地势。我虽然是殷商亡国的后裔，却也不能进攻没有摆开阵势的敌人。"子鱼说："您不懂得作战。强大的敌人，由于地形险要而不能摆成队列，这是上天在帮助我们。拦截他们，然后进攻他们，不也是可以的吗？即使这样，还担心不能成功呢。况且现在那些强大的人，都是我们的敌人，即使被追上的是老人，俘虏了他们，就要取下他的左耳，对于头发花白的人还有什么值得怜悯的呢？使将士知道什么是耻辱，教给他们怎样打仗，这是为了杀死敌人。敌人受了伤，但还没有到死的地步，为什么不再伤害他？如果不忍心伤害敌人的伤员，就应当一开始就不伤害他；怜悯头发花白的人，就应当顺服他们。军队在有利的时候才使用，鸣金击鼓是为了用声音鼓舞士气。只要有利的时候就使用军队，因此在险要的地方是可以使用军队的，鼓声大作可以激励士气，在敌人没有摆开阵势的时候击鼓进攻是可以的。"

十一月八日早晨，郑文公夫人芈氏、姜氏在柯泽慰劳楚子。楚子派师缙把俘虏和割下来的敌人的左耳给她们看。君子说："这是不合于礼的。妇女送迎不出房门，和兄弟相见不逾越门槛，战争中不接近女人的用具。"

九日，楚子进入郑国接受款待，主人敬酒，院子里陈列的礼品上百件，再加上用笾和豆盛放的食品六种。宴请完毕，夜里出来，文芈送楚子到军营里。楚子带了郑国的两个侍妾回去。叔詹说："楚王大概不会善终吧！执行礼节而最终弄到男女没有区别的地步，男女没有区别就不能说符合礼。他将怎样得到善终呢？"诸侯凭这一点就知道楚子不能完成霸业。

僖公二十三年

【原文】

二十有三年：春，齐侯伐宋，围缗。

夏，五月庚寅，宋公兹父卒。

秋，楚人伐陈。

冬，十有一月，杞子卒。

"二十三年春，齐侯伐宋，围缗"，以讨其不与盟于齐也。

夏五月，宋襄公卒，伤于泓故也。

秋，楚成得臣帅师伐陈，讨其贰于宋也。遂取焦、夷，城顿而还。子文以为之功，使为令尹。叔伯曰："子若国何？"对曰："吾以靖国也。夫有大功而无贵仕，其人能靖者与有几？"

九月，晋惠公卒。怀公立，命无从亡人，期；期而不至，无赦。狐突之子毛及偃从重耳在秦，弗召。冬，怀公执狐突，曰："子来则免！"对曰："子之能仕，父教之忠，古之制也。策名,委质,贰乃辟也。今臣之子名在重耳,有年数矣。若又召之,教之贰也。父教子贰,何以事君?刑之不滥,君之明也,臣之愿也。淫刑以逞,谁则无罪?臣闻命矣!"乃杀之。卜偃称疾不出,曰:"《周书》有之:'乃大明服。'己则不明而杀人以逞,不亦难乎?民不见德而唯戮是闻,其何后之有?"

十一月,杞成公卒。书曰"子",杞,夷也。不书名,未同盟也。凡诸侯同盟,死则赴以名,礼也。赴以名,则亦书之;不然则否,辟不敏也。

晋公子重耳之及于难也,晋人伐诸蒲城。蒲城人欲战,重耳不可,曰:"保君父之命而享其生禄,于是乎得人。有人而校,罪莫大焉。吾其奔也。"遂奔狄。从者狐偃、赵衰、颠颉、魏武子、司空季子。狄人伐廧咎如,获其二女叔隗、季隗,纳诸公子。公子取季隗,生伯儵、叔刘。以叔隗妻赵衰,生盾。将适齐,谓季隗曰:"待我二十五年,不来而后嫁。"对曰:"我二十五年矣,又如是而嫁,则就木焉。请待子!"处狄十二年而行。

重耳

过卫,卫文公不礼焉。出于五鹿,乞食于野人;野人与之块。公子怒,欲鞭之。子犯曰:"天赐也!"稽首,受而载之。

及齐,齐桓公妻之,有马二十乘。公子安之,从者以为不可,将行,谋于桑下。蚕妾在其上,以告姜氏。姜氏杀之,而谓公子曰:"子有四方之志,其闻之者,吾杀之矣。"公子曰:"无之。"姜曰:"行也!怀(其)〔与〕安,实败名。"公子不可。姜与子犯谋,醉而遣之。醒,以戈逐子犯。

及曹,曹共公闻其骈胁,欲观其(裸)〔裸〕。浴,薄而观之。僖负羁之妻曰:"吾观晋公子之从者,皆足以相国。若以相,夫子必反其国。反其国,必得志于诸侯。得志于诸侯而诛无礼,曹其首也。子盍蚤自贰焉!"乃馈盘飧,寘璧焉。公子受飧反璧。

及宋,宋襄公赠之以马二十乘。

及郑,郑文公亦不礼焉。叔詹谏曰:"臣闻天之所启,人弗及也。晋公子有三焉,天其或者将建诸,君其礼焉。男女同姓,其生不蕃。晋公子,姬出也,而至于今,一也。离外之患,而天(下)靖晋国,殆将启之,二也。有三士足以上人,而从之,三也。晋、郑同侪,其过子弟,固将礼焉,况天之所启乎?"弗听。

及楚,楚子飨之,曰:"公子若反晋国,则何以报不穀?"对曰:"子女玉帛则君有之;羽毛齿革,则君地生焉。其波及晋国者,君之馀也。其何以报君?"曰:"虽然,何以报我?"对曰:"若以君之灵,得反晋国,晋、楚治兵,遇于中原,其辟君三舍。若不获命,其左执鞭弭,

右属橐鞬,以与君周旋。"子玉请杀之,楚子曰:"晋公子广而俭,文而有礼。其从者肃而宽,忠而能力。晋侯无亲,外内恶之。吾闻姬姓唐叔之后,其后衰者也,其将由晋公子乎?天将兴之,谁能废之? 违天,必有大咎。"乃送诸秦。

秦伯纳女五人。怀嬴与焉,奉匜沃盥,既而挥之。怒,曰:"秦晋,匹也,何以卑我?"公子惧,降服而囚。

他日,公享之,子犯曰:"吾不如衰之文也,请使衰从。"公子赋《河水》,公赋《六月》。赵衰曰:"重耳拜赐!"公子降,拜,稽首。公降一级而辞焉。衰曰:"君称所以佐天子者命重耳,重耳敢不拜?"

【译文】

二十三年春,齐侯攻打宋国,包围了缗。夏五月二十五日,宋公滋父死。秋,楚国人攻打陈国。冬十一月,杞子死。

二十三年春,齐侯攻打宋国,包围了缗,这是为了讨伐它不到齐国参加盟会。

夏五月,宋襄公死,这是在泓水旁作战受了伤的缘故。

秋,楚国的成得臣率领军队攻打陈国,这是为了讨伐陈国两属于宋国。于是占取了焦、夷两地,在顿筑城后回国。子文把这些作为他的功劳,让他做令尹。叔伯说:"您把国家怎么办?"子文回答说:"我用这样的方法安定国家,有很大的功劳却没有尊贵的地位,这样的人能安定国家的有几个?"

九月,晋惠公死。怀公即位,命令臣下不要跟随逃亡在外的人,规定期限,到了期限而不回来,不赦免。狐突的儿子毛和偃跟随重耳在秦国,狐突不召他们回来。冬,怀公把狐突抓起来说:"儿子回来了就赦免你。"狐突回答说:"当儿子能做官的时候,父亲就教导他忠诚,这是古代的制度,把名字写在简策上,给尊长送了见面礼,如果不专一就是罪过。现在我的儿子的名字在重耳那里已经有很多年头了,如果又召他回来,这是教他不专一啊。父亲教儿子不专一,怎么能侍奉君主? 不滥用刑罚,这是君主圣明,是臣子的愿望。滥用刑罚来求称意,谁能没有罪? 我听到命令了。"晋怀公就杀了他。卜偃称病不出,说:"《周书》有这样的话:'君主圣明,臣民就会顺服。'自己如果不圣明,而通过杀人来求称意,不是很难持久吗? 百姓不被爱抚,只听到杀戮,还会有什么子孙的禄位?"

十一月,杞成公死。《春秋》记载称"子",这是因为杞是夷人。不记载名字,是因为没有同鲁国结盟的缘故。凡是在一起结了盟的诸侯,死后就在讣告上写上名字,这是合于礼的。讣告上写了名字,《春秋》也就写名字,不然就不写,这是为了避免因弄不清楚而记错。

晋国的公子重耳遭到祸难的时候,晋国人在蒲城攻打他。蒲城人想迎战,重耳不许可,说:"依靠国君父亲的命令才能享受养生的俸禄,于是得到百姓拥护。有了百姓的拥护却去抵抗君主父亲,没有比这更大的罪了。我还是逃跑吧。"于是逃亡到狄国。跟随的

人有狐偃、赵衰、颠颉、魏武子、司空季子。狄人攻打廧咎如，俘虏了他们的两个女儿，叔隗和季隗，把她们送给公子重耳。公子娶了季隗，生了伯儵和叔刘。把叔隗给赵衰做妻子，生了盾。将要到齐国去，重耳对季隗说："等我二十五年，如果我不回来你再改嫁。"季隗回答说："我已经二十五岁了，又过这些年再改嫁，那就要进棺材了。我等您。"重耳在狄居住了十二年而后离开。

经过卫国，卫文公不以礼相待。经过五鹿，重耳向乡下人要饭，乡下人给公子土块。公子发怒，想鞭打他。子犯说："这是上天赐与的啊！"公子叩头至地，接过土块，把它装在车子里。

到达齐国，齐桓公为公子重耳娶了妻子，有马八十匹。公子安于这种生活，跟从的人认为这样不行，准备离去，在桑树下商量。养蚕的侍妾正在树上采桑叶，把这个消息告诉了姜氏。姜氏杀了她，对公子说："您有远大的志向，听到这个消息的人，我把她杀了。"公子说："没有这回事。"姜氏说："走吧！眷恋享受和安于现状，确实会败坏名声。"公子不答应。姜氏和子犯商量，把他灌醉了然后送他走。公子酒醒，用戈追逐子犯。

到达曹国，曹共公听说公子重耳的肋骨连成一块，想在他裸体的时候观看。公子重耳洗澡的时候，曹共公便走近前去观看。僖负羁的妻子说："我观察那些跟随晋国公子的人，都可以辅佐国政。如果用他们为辅佐，公子必定能回到晋国做国君，一定能在诸侯中得志。在诸侯中得志，然后惩罚对他无礼的国家，曹国将是第一个受惩罚的。您何不早早自己向公子表示同曹国国君的不一致呢！"于是送给公子一盘晚餐，放上玉璧，公子接受了晚餐，退回了玉璧。

到达宋国，宋襄公赠给他八十匹马。

到达郑国，郑文公也不以礼相待。叔詹进谏说："我听说上天赞助的人，一般人比不上。晋公子有三点不同于一般人的地方，上天可能将立他做国君吧。您还是以礼相待吧！父母同姓，生育必不蕃盛。晋公子是姬姓女子所生，却能活到今天，这是一；遭到逃亡在外的患难，而上天却不让晋国安定，大概是要赞助他了，这是二；有三个贤士，足以超过一般的人，却都跟随着他，这是三。晋国和郑国是处于同等地位的国家，晋国的子弟来往经过郑国，还要以礼相待，何况是上天赞助的人呢！"郑文公不听。

到达楚国，楚子设宴招待他，说："公子如果回到晋国，那么用什么报答我？"重耳回答说："子、女、玉、帛，那是您所拥有的；羽、毛、齿、革，那是您的土地上出产的。那些播散到晋国的，都是您剩下来的。能用什么来报答您呢？"楚子说："虽然如此，到底用什么报答我呢？"重耳回答说："如果托您的福，能够回到晋国，晋国和楚国演习军事时在中原相遇，我将避开您九十里。如果得不到允许，将左手拿着鞭和弓，右手拿着弓袋箭袋，来同您周旋。"子玉请求杀掉他。楚子说，"晋公子志向远大而严于律己，文辞华美而合于礼仪。他的随从们严肃而宽厚，忠诚而尽力。晋侯没有亲近的人，国内国外都讨厌他。我听说姬姓中唐叔的后代，将会是衰亡在最后的。这大概是因为晋公子将要执政的缘故吧！上天

要使他兴盛,谁能废掉他?违背天意,一定有大的灾祸。"于是送他到秦国。

秦伯送给重耳五个女子,怀嬴也在内。怀嬴捧着匜给重耳浇水洗手。洗完后重耳挥手将水甩掉。怀嬴发怒,说:"秦国和晋国是地位相等的国家,为什么轻视我?"公子恐惧,脱下上衣,自己把自己囚禁起来。

有一天,秦伯设宴招待公子。子犯说:"我不如赵衰的文采,请让赵衰跟随。"公子在宴会上朗诵了《河水》这首诗,秦伯朗诵了《六月》这首诗。赵衰说:"重耳拜谢恩赐!"公子走下台阶,拜,叩头,秦伯走下一级台阶辞谢。赵衰说:"君称引辅佐天子的诗命令重耳辅佐天子,重耳岂敢不下拜?"

僖公二十四年

【原文】

二十有四年:春,王正月。

夏,狄伐郑。

秋,七月。

冬,天王出居于郑。

晋侯夷吾卒。

二十四年春,王正月,秦伯纳之。不书,不告入也。

及河,子犯以璧授公子,曰:"臣负羁绁从君巡于天下,臣之罪甚多矣,臣犹知之,而况君乎?请由此亡。"公子曰:"所不与舅氏同心者,有如白水!"投其璧于河。

济河,围令狐,入桑泉,取臼衰。二月甲午,晋师军于庐柳,秦伯使公子絷如晋师。师退,军于郇。辛丑,狐偃及秦、晋之大夫盟于郇。壬寅,公子入于晋师。丙午,入于曲沃。丁未,朝于武宫。戊申,使杀怀公于高粱。不书,亦不告也。

吕、郤畏偪,将焚公宫而弒晋侯。寺人披请见。公使让之,且辞焉,曰:"蒲城之役,君命一宿,女即至。其后余从狄君以田渭滨,女为惠公来求杀余,命女三宿,女中宿至。虽有君命,何其速也!夫祛犹在,女其行乎!"对曰:"臣谓君之入也,其知之矣;若犹未也,又将及难。君命无二,古之制也。除君之恶,唯力是视!蒲人、狄人,余何有焉?今君即位,其无蒲、狄乎?齐桓公置射钩而使管仲相,君若易之,何辱命焉?行者甚众,岂唯刑臣!"公见之。以难告。三月,晋侯潜会秦伯于王城。己丑晦,公宫火,瑕甥、郤芮不获公,乃如河上,秦伯诱而杀之。

晋侯逆夫人嬴氏以归。秦伯送卫于晋三千人,实纪纲之仆。

初,晋侯之竖头须,守藏者也,其出也,窃藏以逃,尽用以求纳之。及入,求见。公辞焉以沐。谓仆人曰:"沐则心覆,心覆则图反,宜吾不得见也。居者为社稷之守,行者为羁

继之仆，其亦可也，何必罪居者？国君而雠匹夫，惧者甚众矣。"仆人以告，公遽见之。

狄人归季隗于晋，而请其二子。文公妻赵衰，生原同、屏括、（搂）〔楼〕婴。赵姬请逆盾与其母，子馀辞。姬曰："得宠而忘旧，何以使人？必逆之！"固请，许之。来。以盾为才，固请于公，以为嫡子，而使其三子下之，以叔隗为内子，而己下之。

晋侯赏从亡者，介之推不言禄，禄亦弗及。推曰："献公之子九人，唯君在矣。惠、怀无亲，外内弃之。天未绝晋，必将有主。主晋祀者，非君而谁？天实置之，而二三子以为己力，不亦诬乎？窃人之财，犹谓之盗，况贪天之功以为己力乎？下义其罪，上赏其奸，上下相蒙，难与处矣！"其母曰："盍亦求之？以死谁怼？"对曰："尤而效之，罪又甚焉，且出怨言，不食其食。"其母曰："亦使知之若何？"对曰："言，身之文也。身将隐，焉用文之？是求显也。"其母曰："能如是乎！与女偕隐。"遂隐而死。晋侯求之，不获，以绵上为之田，曰："以志吾过，且旌善人。"

郑之入滑也，滑人听命。师还，又即卫。郑公子士、泄堵俞弥帅师伐滑。王使伯服、游孙伯如郑请滑。郑伯怨惠王之入而不与厉公爵也，又怨襄王之与卫、滑也，故不听王命而执二子。王怒，将以狄伐郑。

富辰谏曰："不可！臣闻之：大上以德抚民，其次亲亲以相及也。昔周公吊二叔之不咸，故封建亲戚以蕃屏周。管，蔡，郕，霍，鲁，卫，毛，聃，郜，雍，曹，滕，毕，原，酆，郇，文之昭也。邘，晋，应，韩，武之穆也。凡，蒋，邢，茅，胙，祭，周公之胤也。召穆公思周德之不类，故纠合宗族于成周而作诗，曰：'常棣之华，鄂不韡韡。凡今之人，莫如兄弟。'其四章曰：'兄弟阋于墙，外御其侮。'如是，则兄弟虽有小忿，不废懿亲。今天子不忍小忿以弃郑亲，其若之何？庸勋，亲亲，昵近，尊贤，德之大者也。即聋，从昧，与顽，用嚚，奸之大者也。弃德，崇奸，祸之大者也。郑有平、惠之勋，又有厉、宣之亲，弃嬖宠而用三良，于诸姬为近，四德具矣。耳不听五声之和为聋，目不别五色之章为昧，心不则德义之经为顽，口不道忠信之言为嚚；狄皆则之，四奸具矣。周之有懿德也，犹曰'莫如兄弟'，故封建之。其怀柔天下也，犹惧有外侮。扞御侮者莫如亲亲，故以亲屏周。召穆公亦云。今周德既衰，于是乎又渝周、召以从诸奸，无乃不可乎？民未忘祸，王又兴之，其若文、武何？"

王弗听，使颓叔、桃子出狄师。夏，狄伐郑，取栎。王德狄人，将以其女为后。富辰谏曰："不可！臣闻之曰：'报者倦矣，施者未厌。'狄固贪惏，王又启之。女德无极，妇怨无终，狄必为患！"王又弗听。

初，甘昭公有宠于惠后，惠后将立之，未及而卒。昭公奔齐，王复之；又通于隗氏。王替隗氏。颓叔、桃子曰："我实使狄。狄其怨我。"遂奉大叔以狄师攻王。王御士将御之，王曰："先后其谓我何？宁使诸侯图之。"王遂出，及坎欿，国人纳之。

秋，颓叔、桃子奉大叔，以狄师伐周，大败周师，获周公忌父、原伯、毛伯、富辰。王出适郑，处于汜。大叔以隗氏居于温。

郑子华之弟子臧出奔宋，好聚鹬冠。郑伯闻而恶之，使盗诱之。八月，盗杀之于陈、

宋之间。

君子曰："服之不衷，身之灾也。《诗》曰：'彼己之子，不称其服。'子臧之服，不称也夫！《诗》曰'自诒伊戚'，其子臧之谓矣。《夏书》曰'地平天成'，称也。"

宋及楚平，宋成公如楚。还，入于郑。郑伯将享之，问礼于皇武子。对曰："宋，先代之后也，于周为客。天子有事膰焉，有丧拜焉。丰厚可也。"郑伯从之。享宋公有加，礼也。

冬，王使来告难曰："不穀不德，得罪于母（弟）〔氏〕之宠子带，鄙在郑地汜，敢告叔父。"臧文仲对曰："天子蒙尘于外，敢不奔问官守？"王使简师父告于晋，使左鄢父告于秦。

天子无出。书曰"天王出居于郑"，辟母弟之难也。天子凶服降名，礼也。

郑伯与孔将钼、石甲父、侯宣多省视官、具于汜，而后听其私政，礼也。

卫人将伐邢，礼至曰："不得其守，国不可得也。我请昆弟仕焉。"乃往，得仕。

【译文】

二十四年春，周历正月。夏，狄人攻打郑国。秋七月。冬，周天子出奔到郑国。晋侯夷吾死。

二十四年春，周历正月，秦伯派人送重耳回国。《春秋》不记载，因为晋国没有来通报。

到达黄河，子犯把玉璧还给公子，说："我背负着马络头马缰绳跟着您巡行天下，我的罪过很多了，我自己尚且知道，何况您呢？请您允许我从这里离开。"公子说："如果不和舅父一条心，有河水为证。"将玉璧投入河中。

渡过黄河，包围令狐，进入桑泉，占取臼衰。二月甲午日，晋国的军队驻扎在庐柳。秦伯派公子絷到晋国军营中去，晋国的军队退走，驻扎在郇。辛丑日，狐偃同秦国、晋国的大夫在郇结盟。壬寅日，公子进入晋国的军队。丙午日，进入曲沃。丁未日，在武宫的神庙里朝见群臣。戊申日，派人在高梁杀死怀公。《春秋》不记载，也是因为晋国没有前来告知。

吕甥、郤芮怕受到重耳的迫害，准备烧掉公室而杀死晋侯。寺人披请求进见。晋文公派人责备他，而且拒绝接见，说："蒲城那一次战役，国君命令你一夜之后到达，你马上就到了。后来我跟随狄人的君主在渭水边上打猎，你为惠公来杀我，惠公命令你三夜之后到达，你第二夜就到了。虽然有君主的命令，为什么那么快呢？那截砍下来的袖管还在，你还是走吧！"回答说："我以为您回来做了国君，有些事情都已经知道了，如果还不知道，又将要赶上灾难。执行国君的命令必须没有二心，这是古代的制度。替君主除恶，只是看自己的力量如何。蒲人或狄人，对于我来说有什么关系呢？现在您即位了，难道就没有像蒲人和狄人反对献公和惠公一样反对您的人了吗？齐桓公把射钩的事放在一边，却使管仲做了相。您如果不像齐桓公那样做，而是不忘斩袪之事，我会自己走的，哪里需

要您命令呢？准备走的人很多,难道仅仅我这个受过刑的人吗?"晋侯接见了寺人披,寺人披将祸乱告诉了晋侯。三月,晋侯偷偷地在王城会见秦伯。三十日,公室发生火灾。瑕甥、郤芮没有抓住晋侯,于是就到了黄河边上,秦伯把他们骗去杀掉了。

晋侯迎夫人嬴氏回来。秦伯送给晋国卫士三千人,都是得力的仆人。

起初,晋侯的小臣头须,是看守财物的,晋侯逃亡在外的时候,他偷了财物逃走,这些财物全都用来设法让晋侯回国。等到晋侯回国即位,头须请求进见,晋侯借口正在洗头拒绝了他。头须对晋侯的仆人说:"洗头时头向下,心就倒过来了,心倒过来了,那么想法也就相反了。我不能见到他是合乎情理的。留在国内的是国家的守卫,奔走在外的是背着马络头马缰绳的仆役,这也都是可以的,何必认为留在国内的人是有罪的呢?作为国君如果仇视普通人,那么害怕的人就很多了。"仆人把这些话告诉晋侯,晋侯马上接见了他。

狄人把季隗送回晋国,请示晋侯如何处理伯儵和叔刘。文公把女儿嫁给赵衰,生了原同、屏括、楼婴。赵姬请求迎接赵盾和他的母亲回来,赵衰拒绝。赵姬说:"得到了新宠就忘记了旧好,怎么能差遣别人?一定要迎接他们回来!"坚决请求,赵衰答应了。赵盾和他的母亲回到晋国,赵姬认为赵盾很有才能,便坚决向晋侯请求,把他作为嫡子,而让她自己的三个儿子居于赵盾之下。让叔隗作为嫡妻,而自己居于叔隗之下。

晋侯赏赐跟随他逃亡的人,介之推没有要求禄位,也没有轮到他。介之推说:"献公的儿子九个,只有文公在世了。惠公、怀公没有亲近的人,国内外都厌弃他。上天不灭亡晋国,一定会有君主。主持晋国祭祀的人,不是文公还会是谁呢?实在是上天安排他在这个位子上,而他们几位却以为是自己的力量,这不是欺骗吗?偷了别人的财物,尚且叫作强盗,何况贪天之功却以为是自己的力量呢?下面的人把罪恶当作正义,上面的人对奸诈给以赏赐;上下互相蒙骗,和他们相处很困难了。"他的母亲说:"何不也去请求禄位,因为没有禄位而死了又怨恨谁呢?"介之推回答说:"谴责他们却又效法他们,罪又更大了!而且口出怨言,不能吃他们的俸禄了。"他的母亲说:"也让他们知道你的想法,怎么样?"介之推回答说:"言语,是身体的文饰。身体都要隐藏了,哪里用得着文饰它呢?如果说出来,那是求取显达了。"他的母亲说:"你能做到像这样吗?我和你一起隐居。"于是隐居一直到死。晋侯到处寻找他没有找到,就把绵上这个地方作为他的封田,说:"用这样的方式记载我的过错,并且表彰品德高尚的人。"

郑国军队进入滑国的时候,滑国人听从命令。等郑国军队回国后,又去亲附卫国。郑国的公子士、泄堵俞弥率领军队攻打滑国。天子派伯服、游孙伯到郑国去替滑国求情。郑伯怨恨周惠王回到成周却不给功臣厉公爵位,又怨恨周襄王替滑国说话。所以不听天子的命令,拘捕了伯服和游孙伯。天子发怒,准备率领狄国人攻打郑国。

富辰进谏说:"不行。我听说:最好的办法是用德行安抚百姓,其次是亲近亲属,把这种感情推及到其他的人。从前周公伤痛管叔、蔡叔不得善终,所以把伯叔兄弟及子侄都分封土地,使他们建立国家,作为周的屏障。管、蔡、郕、霍、鲁、卫、毛、聃、郜、雍、曹、滕、毕、原、酆、郇,都是文王的儿子。邗、晋、应、韩,是武王的儿子。凡、蒋、邢、茅、胙、祭,是周的后代。召穆公念及周德衰微,所以集合了宗族在成周作诗,说:'常棣的花儿,花朵艳丽茂盛,现在的人们,没有比兄弟更厚的亲情。'诗的第四章说:'兄弟在墙内争吵,在墙外就共同抵御敌人。'像这样,那么兄弟之间虽然有小小的怨忿,也不会废弃美好的亲情。现在天子不忍耐小小的怨忿而抛弃对郑国的亲情,将把它怎么办呢? 奖赏有功的人、亲爱自己的亲人、亲昵自己的近臣、尊敬贤能的人,这是德行中最大的德行。接近耳聋的人、跟从昏昧的人、亲近冥顽的人、使用奸诈的人,这是邪恶中最大的邪恶。抛弃德行,崇尚邪恶,这是祸患中最大的祸患。郑国有辅助周平王东迁和使周惠王回国的功劳,又有作为周厉王的儿子、周宣王的弟弟这样的亲情,郑国国君舍弃宠臣而任用三良,在众多的姬姓国中是最为亲近的,四种德行都具备了。耳朵不能听到五声的唱和就是聋,眼睛不能辨别五色的花纹就是昏昧,心里不能效法德义的准则就是冥顽,嘴里不说忠信的言语就是奸诈。狄人就都效法这些,四种邪恶都具备了。周室具有美德的时候,还说'恩亲没有比兄弟更厚的',所以分封土地,建立诸侯国家。当他笼络天下的时候,还害怕有外敌的侵犯。抵御侵犯的办法,没有比亲近自己的亲人更好的了,所以用亲戚作为周的屏障,召穆公也是这样说的。现在周德已经衰微,反而又改变周公、召公的做法,而跟从各种邪恶,大概不可以吧? 百姓还没有忘记祸乱,您又挑起它,怎么对得起文王、武王建立的功业呢?"

周王不听,派遣颓叔、桃子出动狄军。夏,狄人攻打郑国,占取了栎。天子感谢狄人,准备把狄女作为王后。富辰进谏说:"不行。我听说:'报答的人已经厌倦了,施恩的人还没有满足。'狄人本来就贪婪,您又引发他们的这种贪心。女人的德行没有尽头,妇女的怨恨没有终结,狄人必定成为祸患。"天子又不听。

起初,甘昭公受到惠后的宠爱,惠后准备立他为国君,没有来得及就死了。昭公逃亡到齐国,天子让他回来。昭公又同隗氏私通。天子废了隗氏。颓叔、桃子说:"实在是我们指使狄人这样做的,狄人将怨恨我们。"于是侍奉太叔凭借狄人的军队攻打周天子。周天子的侍卫人员准备抵御他们,周天子说:"这样做先王后将会说我什么? 宁可让诸侯对付他们。"周天子于是离开京都,到达坎欲,京城里的人又把周天子接回去。

秋,颓叔、桃子侍奉太叔凭借狄人的军队攻打京城,把周室的军队打得大败,俘虏了周公忌父、原伯、毛伯、富辰。天子逃亡到郑国,居住在氾。太叔和隗氏住在温。

郑国的子华的弟弟子臧逃亡到宋国,喜欢收集鹬鸟的毛冠。郑伯听说了就很厌恶他。派杀手诱骗他。八月,杀手把他杀死在陈国和宋国交界的地方。

君子说:"衣服不合适,这是自己的灾祸。《诗》说:'那个人,同他的服饰不相称。'子臧的服饰,不相称啊!《诗》说'自己给自己留下忧愁',这就是说的子臧了。《夏书》说:'大地普生万物,上天施与周全。'这就是相称了。"

宋国和楚国讲和，宋成公到楚国去。回国的时候，进入郑国。郑伯准备用酒宴招待他，向皇武子询问礼仪。皇武子回答说："宋国，是先朝的后裔。在周室是待他当作客人的，天子祭祀的时候，要送给他祭肉；有丧事的时候，天子要答谢宋国的吊唁。用丰厚的酒宴招待他是可以的。"郑伯听从他的意见，用酒宴招待宋成公，超过常礼，这是合于礼的。

冬，天子派人前来告知发生的祸难，说："我缺少德行，得罪了母亲宠爱的儿子带，现在住在郑国的氾这个地方，谨告知叔父。"臧文仲回答说："天子在外面蒙受尘土，哪里敢不赶紧去问候？"天子派遣简师父告知晋国，派左鄢父告知秦国。

天子不说离开国都，《春秋》记载说"天王出居于郑"，这是说是躲避同母弟弟造成的祸难。天子穿着凶服、降低名分，这是合于礼的。

郑伯与孔将钼、石甲父、侯宣多到氾地问候天子的官员，检查供应天子使用的器用。然后处理自己的政事，这是合于礼的。

卫国人准备攻打邢国，礼至说："不做他们的官，国家是不能得到的。我请求让我们的兄弟去邢国做官。"于是前往，在邢国做了官。

僖公二十五年

【原文】

二十有五年：春，王正月丙午，卫侯燬灭邢。

夏，四月癸酉，卫侯燬卒。

宋荡伯姬来逆妇。

宋杀其大夫。

秋，楚人围陈，纳顿子于顿。

葬卫文公。

冬，十有二月癸亥，公会卫子、莒庆，盟于洮。

二十五年春，卫人伐邢。二礼从国子巡城，掖以赴外，杀之。"正月丙午，卫侯燬灭邢。"同姓也，故名。礼至为铭曰："余掖杀国子，莫余敢止。"

秦伯师于河上，将纳王。狐偃言于晋侯曰："求诸侯，莫如勤王。诸侯信之，且大义也。继文之业而信宣于诸侯，今为可矣。"使卜偃卜之，曰："吉！遇黄帝战于阪泉之兆。"公曰："吾不堪也！"对曰："周礼未改。今之王，古之帝也。"公曰："筮之。"筮之，遇"大有 ䷍"之"睽 ䷥"，曰："吉！遇'公用享于天子'之卦（也）。战克而王飨，吉孰大焉？且是卦也，天为泽以当日，天子降心以逆公，不亦可乎？'大有'去'睽'而复，亦其所也。"晋侯辞秦师而下。三月甲辰，次于阳樊，右师围温，左师逆王。夏四月丁巳，王入于王城，取大叔

于温,杀之于隰城。

戊午,晋侯朝王。王飨醴,命之宥。请隧,弗许,曰:"王章也。未有代德而有二王,亦叔父之所恶也。"与之阳樊、温、原、攒茅之田,晋于是始(起)〔启〕南阳。

阳樊不服。围之。苍葛呼曰:"德以柔中国,刑以威四夷,宜吾不敢服也。此谁非王之亲姻,其俘之也?"乃出其民。

秋,秦、晋伐鄀。楚斗克、屈御寇以申、息之师戍商密。秦人过析,(隈)入〔隈〕而系舆人,以围商密,昏而傅焉。宵,坎血加书,伪与子仪、子边盟者。商密人惧,曰:"秦取析矣,戍人反矣!"乃降秦师。〔秦师〕囚申公子仪、息公子边以归。楚令尹子玉追秦师,弗及。遂围陈,纳顿子于顿。

冬,晋侯围原,命三日之粮。原不降,命去之。谍出,曰:"原将降矣。"军吏曰:"请待之。"公曰:"信,国之宝也,民之所庇也。得原失信,何以庇之?所亡滋多。"退一舍而原降,迁原伯贯于冀。赵衰为原大夫,狐溱为温大夫。〔晋侯问原守于寺人勃鞮。对曰:"昔赵衰以壶飧从,径馁而弗食。"故使处原。〕

卫人平莒于我。十二月,盟于洮,修卫文公之好,且及莒平也。

(晋侯问原守于寺人勃鞮。对曰:"昔赵衰以壶飧从,径馁而弗食。"故使处原。)

【译文】

二十五年春,周历正月二十日,卫侯燬灭亡邢国。夏四月十九日,卫侯燬死。宋国的荡伯姬前来为她的儿子迎妻。宋国杀了它的大夫。秋,楚国人包围了陈国,使顿子回到顿国。安葬卫文公。冬十二月十二日,僖公会见卫子、莒庆,在洮结盟。

二十五年春,卫国人攻打邢国,礼氏兄弟跟着国子在城墙上巡视,兄弟俩挟持国子的胳膊来到城外,杀了他。正月二十日,卫侯燬灭亡邢国。因为卫国和邢国同姓,所以《春秋》记载名字。礼至作铭文说:"我挟持杀死了国子,没有谁敢阻止我。"

秦伯驻军在黄河边上,准备送周天子回京城。狐偃对晋侯说:"要求得诸侯的拥护,没有什么比为王事尽力更有效的了。能使诸侯相信我们,而且符合大义。继续晋文侯的事业,同时信誉宣扬在诸侯之中,现在做可以了。"让卜偃占卜这件事,卜偃说:"吉利,得到了黄帝在阪泉作战前占得的兆文。"晋侯说:"我当不起啊!"卜偃回答说:"周室的礼制没有改变,现在的王,就是古代的帝。"晋侯说:"占筮!"又占筮,得到了大有☲☰变为睽☲☱,说:"吉利。得到'公被天子设宴招待'的卦象。战胜以后天子设宴招待,还有比这更吉利的吗?而且这一卦,天变成水泽承受太阳的照耀,天子降低自己的身份来迎接您,不是很好吗?大有变为睽然后回到大有,也就是天子回到自己的位置上。"晋侯辞别秦军,顺河而下。三月十九日,驻扎在阳樊,右翼部队包围温,左翼部队迎接周天子。夏四月三日,天子进入王城。在温抓住太叔,在隰城杀了他。

四日,晋侯朝见天子。天子用甜酒招待晋侯,又让晋侯向自己敬酒。晋侯请求死后

能在墓前挖地下通道,周天子不答应,说:"这是天子的葬礼。还没有取代周室的德行,却有两个天子,这也是你所厌恶的。"赐给晋侯阳樊、温、原、欑茅等地。晋国在这时才开辟了南阳的疆土。

阳樊这个地方的人不肯臣服,郑国便包围了阳樊。苍葛叫喊着说:"用德行安抚中原国家,用刑罚威服其他各族,我们不敢臣服是应该的。这个地方的人,谁不是天子的亲戚,怎么能俘虏他们呢?"于是郑国让阳樊的百姓离去。

秋,秦国、晋国攻打都国。楚国的斗克、屈御寇率领申、息两地的军队戍守商密。秦国人经过析,从丹水的弯曲处进入,然后把自己的人众当作析地的俘虏捆缚起来,来包围商密,黄昏的时候接近商密。夜间,在地上挖了个坎,然后在坎上杀牲,用血盟誓,再在坎上放上盟书,这盟书是秦国人假造的同子仪、子边结盟的盟书。商密人感到恐惧,说:"秦国人已占取了析! 戍守商密的人已经叛变了!"于是商密的人投降秦国的军队。秦国的军队囚禁了申公子仪、息公子边回去。楚国的令尹子玉追击秦师,没有赶上。接着包围陈国,使顿子回到顿国。

冬,晋侯包围原,只命令带三天的粮食。三天过后,原仍不投降,晋侯命令离开原。间谍从围城中出来,说:"原将要投降了。"军队中的官员说:"请等待他们投降。"晋侯说:"信用,是国家的宝贝,百姓依靠的东西。得到了原,却失去了信用,怎么依靠它呢? 这样丢失的东西就更多了。"撤退三十里然后原投降。晋侯把原伯贯迁到冀。赵衰为原的守官,狐溱为温的守官。

卫国人使莒国同我国讲和,十二月,在洮结盟,这是为了重修鲁僖公同卫文公的友好关系,并且为了同莒国讲和。

晋侯向寺人勃鞮询问原的守官的人选,他回答说:"过去赵衰带着壶飧跟从您逃亡,有时他一个人走小路,饿了却不吃。"所以让赵衰居住在原。

僖公二十六年

【原文】

二十有六年:春,王正月己未,公会莒子、卫宁速,盟于向。

齐人侵我西鄙。公追齐师,至酅,(不)〔弗〕及。

夏,齐人伐我北鄙。

卫人伐齐。

公子遂如楚乞师。

秋,楚人灭夔,以夔子归。

冬,楚人伐宋,围缗。公以楚师伐齐,取穀。

公至自伐齐。

二十六年春,王正月,公会莒兹丕公、宁庄子,"盟于向",寻洮之盟也。"齐师侵我西鄙",讨是二盟也。夏,齐孝公伐我北鄙,卫人伐齐,洮之盟故也。

公使展喜犒师,使受命于展禽。齐侯未入竟,展喜从之,曰:"寡君闻君亲举玉趾,将辱于敝邑,使下臣犒执事。"齐侯曰:"鲁人恐乎?"对曰:"小人恐矣,君子则否。"齐侯曰:"室如县罄,野无青草,何恃而不恐?"对曰:"恃先王之命。昔周公、大公,股肱周室,夹辅成王。成王劳之,而赐之盟,曰:'世世子孙,无相害也!'载在盟府,大师职之。桓公是以纠合诸侯,而谋其不协,弥缝其阙,而匡救其灾,昭旧职也。及君即位,诸侯之望曰:'其率桓之功!'我敝邑用不敢保聚,曰:'岂其嗣世九年,而弃命废职?其若先君何?君必不然。'恃此以不恐。"齐侯乃还。

东门襄仲、臧文仲如楚乞师。臧孙见子玉而道之伐齐、宋,以其不臣也。

夔子不祀祝融与鬻熊,楚人让之。对曰:"我先王熊挚有疾,鬼神弗赦而自窜于夔,吾是以失楚,又何祀焉?"秋,楚成得臣、斗宜申帅师灭夔,以夔子归。

宋以其善于晋侯也,叛楚即晋。冬,楚令尹子玉、司马子西帅师伐宋,围缗。

"公以楚师伐齐,取穀。"凡师能左右之曰"以"。寘桓公子雍于穀,易牙奉之以为鲁援。楚申公叔侯成之。桓公之子七人,为七大夫于楚。

【译文】

二十六年春,周历正月九日,僖公会见莒子、卫国的宁速,在向结盟。齐国人侵犯我国西部边境,僖公追击齐国的军队,没有追上。夏,齐国人攻打我国北部边境。卫国人攻打齐国。公子遂到楚国去请求救援的军队。秋,楚国人灭亡了夔,带着夔子回来。冬,楚国人攻打宋国,包围缗。僖公同楚国的军队一起攻打齐国,占取了谷。僖公攻打齐国回来。

二十六年春,周历正月,僖公会见莒兹丕公、宁庄子,在向结盟,这是为了重温洮的盟约。齐国的军队侵犯我国西部边境,这是为了讨伐洮和向两地的盟约。夏,齐孝公攻打我国北部边境,卫国人攻打齐国,这是因为洮的盟约的缘故。

僖公派展喜犒劳齐国的军队,让他在展禽那里接受命令。齐侯还没有进入国境,展喜就迎上去,说:"我们国家的君主听说您亲自移步,将屈尊来到我国,派我来犒劳您。"齐侯说:"鲁国人害怕吗?"展喜回答说:"小人害怕了,君子却不害怕。"齐侯说:"房子像悬挂的中空的罄,野地没有青草,仗恃什么而不惊恐?"展喜回答说:"仗恃着先王的命令。从前周公、太公捍卫周王室,在左右辅佐成王。成王慰劳他们,并且赐给他们盟约,说:'世世代代、子子孙孙不要互相侵害!'这盟约放在盟府里,由太史掌管它。齐桓公因此联合诸侯,解决了他们的不和谐,弥合了他们的裂痕,救援他们的灾难,这正是昭明太公的职责。到了您即位的时候,诸侯期望着说:'将会继承桓公的事业!'我们国家因此不敢聚

合兵力保卫城池,说:'难道他继承君位九年,就丢弃先王的命令、废除太公的职责吗？将怎样向他的先君交代？您一定不会这样。'仗恃着这一点而不惊恐。"齐侯于是回国。

东门襄仲、臧文仲到楚国去请求援兵,臧孙进见子玉并且引导他攻打齐国、宋国,因为齐宋两国不肯臣服于楚国。

夔子不祭祀祝融和鬻熊,楚国人责备他。夔子回答说:"我们的先王熊挚有病,鬼神不能赦免,才自己窜逃到了楚国,我们因此失掉了楚国,又为什么要祭祀他们?"秋,楚国的成得臣、斗宜申率领军队灭亡夔国,带着夔子回国。

宋国因为同晋侯友善,就背叛楚国而亲近晋国。冬,楚国的令尹子玉、司马子西率领军队攻打宋国,包围了缗。

僖公率领楚国的军队攻打齐国,占取了谷。凡是军队,能随意指挥它就叫"以"。把齐桓公的儿子雍安排在谷,易牙侍奉他,把他作为鲁国的后援。楚国的申公叔侯成守谷。齐桓公的儿子七人,在楚国都做了大夫。

僖公二十七年

【原文】

二十有七年:春,杞子来朝。

夏六月庚寅,齐侯昭卒。

秋,八月乙未,葬齐孝公。

乙巳,公子遂帅师入杞。

冬,楚人、陈侯、蔡侯、郑伯、许男围宋。

十有二月甲戌,公会诸侯,盟于宋。

二十七年春,杞桓公来朝。用夷礼,故曰"子"。公卑杞,杞不共也。

夏,齐孝公卒。有齐怨,不废丧纪,礼也。

秋,入杞,责无礼也。

楚子将围宋,使子文治兵于睽,终朝而毕,不戮一人。子玉复治兵于蒍,终日而毕,鞭七人,贯三人耳。国老皆贺子文,子文饮之酒。蒍贾尚幼,后至不贺。子文问之,对曰:"不知所贺。子之传政于子玉,曰:'以靖国也。'靖诸内而败诸外,所获几何?子玉之败,子之举也。举以败国,将何贺焉?子玉刚而无礼,不可以治民;过三百乘,其不能以入矣。苟入而贺,何后之有?"

冬,楚子及诸侯围宋。宋公孙固如晋告急。先轸曰:"报施救患,取威定霸,于是乎在矣!"狐偃曰:"楚始得曹,而新昏于卫。若伐曹、卫,楚必救之,则齐、宋免矣。"

于是乎蒐于被庐,作三军,谋元帅。赵衰曰:"郤縠可。臣亟闻其言矣,说礼、乐而敦

1458

《诗》《书》。《诗》《书》，义之府也；礼、乐，德之则也。德、义，利之本也。《夏书》曰：'赋纳以言，明试以功，车服以庸。'君其试之！"乃使郤縠将中军，郤溱佐之。使狐偃将上军，让于狐毛而佐之；命赵衰为卿，让于栾枝、先轸。使栾枝将下军，先轸佐之。荀林父御戎，魏犫为右。

晋侯始入而教其民，二年，欲用之。子犯曰："民未知义，未安其居。"于是乎出定襄王，入务利民，民怀生矣。将用之，子犯曰："民未知信，未宣其用。"于是乎伐原以示之信。民易资者，不求丰焉，明徵其辞。公曰："可矣乎？"子犯曰："民未知礼，未生其共。"于是乎大蒐以示之礼，作执秩以正其官。民听不惑，而后用之。出谷戍，释宋围，一战而霸，文之教也。

【译文】

二十七年春，杞子前来朝见。夏六月十八日，齐侯昭死。秋八月二十四日，安葬齐孝公。九月四日，公子遂率领军队进入杞国。冬，楚国人、陈侯、蔡侯、郑伯、许男包围宋国。十二月五日，僖公会见诸侯，在宋国结盟。

二十七年春，齐桓公前来朝见。因为杞国用的是夷人的礼节，所以《春秋》称"子"。僖公看不起齐桓公，认为齐桓公不恭敬。

夏，齐孝公死，虽然鲁国对齐国有怨恨，但是不废除丧事的礼节，这是合于礼的。

秋，鲁国的军队进入杞国，这是为了责备齐桓公的无礼。

楚子将要围攻宋国，派子文在睽训练军队，从早晨到中午就结束了，没有惩罚一个人。子玉又在蒍训练军队，从昼到夜才结束，鞭打了七个人，用箭刺穿了三个人的耳朵。国老都祝贺子文荐举得人，子文请大家饮酒。蒍贾还年幼，最后到场，不祝贺。子文问他原因，蒍贾回答说："不知道祝贺什么。您把政事传给子玉，说：'用他安定国家。'在国内安定了，在国外却失败了，得到的有多少？子玉的失败，是您荐举的结果。荐举人却使国家遭到失败，要祝贺什么呢？子玉刚愎而没有礼节，不能用他来治理百姓。如果让他指挥超过三百辆兵车的军队作战，将不能安全地回国。如果他安全回国了，然后祝贺，能算晚了吗？"

冬，楚子和诸侯包围宋国，宋国的公孙固到晋国告急。先轸说："报答宋国的恩惠，平息宋国的祸患，获取在诸侯中的威信，稳定晋国的霸业，就在这一次了。"狐偃说："楚国刚刚得到了曹国，并且同卫国新结为姻亲，如果攻打曹国和卫国，楚国必定救援它们，那么齐国和宋国就免于祸难了。"于是在被庐检阅军队，建立上中下三军，谋求元帅的人选。赵衰说："郤縠可以。我多次听到他谈话，喜好礼、乐，崇尚《诗》《书》。《诗》《书》，是义理的府库；礼、乐，是道德的准则。德、义，是利国利民的根本。《夏书》说：'普遍听取他的意见，明察他的办事能力，用车马服饰奖赏他的功绩。'您试用他看看。"于是让郤縠率领中军，郤溱辅佐他。让狐偃率领上军，狐偃辞让给狐毛而自己辅佐他。命令赵衰为卿，赵衰

辞让给栾枝、先轸,让栾枝率领下军,先轸辅佐他。荀林父给晋侯驾御兵车,魏犨作为车右。

晋侯刚刚回国即位,就教化他的百姓,第二年,就想用百姓去征战。子犯说:"百姓还不懂得义理,还不能安居乐业。"于是在外面稳定周襄王的王位,在国内务求对百姓有利,百姓眷恋农业生产了。晋侯又要用百姓去征战。子犯说:"百姓还不懂得讲信用,不明了您的措施的用意。"于是通过攻打原向百姓昭示诚信的作用。结果百姓用来交易买卖的东西,不求高价谋利,可以明确证明价格的真实性。文公说:"可以动用民众了吗?"子犯说:"百姓还不懂得礼节,没有养成彼此尊敬的习惯。"于是举行大规模的阅兵仪式来向百姓演示礼仪,开始设置执秩这样的官员,来使官吏的设置走向正规。结果百姓听从命令而不迷惑,然后用百姓去征战。后来迫使楚国撤除驻守谷的军队,解除了楚国对宋国的围困,经过一次战争就成了霸主,这是晋文公施行教化的结果。

僖公二十八年

【原文】

二十有八年:春,晋侯侵曹。晋侯伐卫。

公子买戍卫,不卒戍,刺之。

楚人救卫。

三月丙午,晋侯入曹,执曹伯。畀宋人。

夏四月己巳,晋侯、齐师、宋师、秦师及楚人战于城濮,楚师败绩。

楚杀其大夫得臣。卫侯出奔楚。

五月癸丑,公会晋侯、齐侯、宋公、蔡侯、郑伯、卫子、莒子,盟于践土。

陈侯如会。

公朝于王所。

六月,卫侯郑自楚复归于卫。卫元咺出奔晋。

陈侯款卒。

秋,杞伯姬来。

公子遂如齐。

冬,公会晋侯、齐侯、宋公、蔡侯、郑伯、陈子、莒子、邾(人)〔子〕、秦人于温。

天王狩于河阳。

壬申,公朝于王所。

晋人执卫侯,归之于京师。卫元咺自晋复归于卫。

诸侯遂围许。

曹伯襄复归于曹，遂会诸侯围许。

二十八年春，晋侯将伐曹，假道于卫。卫人弗许。还，自〔南〕河（南）济，侵曹伐卫。正月戊申，取五鹿。二月，晋郤縠卒。原轸将中军，胥臣佐下军，上德也。晋侯、齐侯盟于敛盂。卫侯请盟，晋人弗许。卫侯欲与楚，国人不欲，故出其君以说于晋。卫侯出居于襄牛。

公子买戍卫，楚人救卫，不克。公惧于晋，杀子丛以说焉。谓楚人曰："不卒戍也。"

晋侯围曹，门焉，多死。曹人尸诸城上，晋侯患之。听舆人之谋（曰）"称'舍于墓'"，师迁焉，曹人凶惧，为其所得者，棺而出之。因其凶也而攻之，三月丙午，入曹，数之以其不用僖负羁而乘轩者三百人也。且曰："献状！"

令无入僖负羁之宫，而免其族，报施也。魏犨、颠颉怒曰："劳之不图，报于何有？"爇僖负羁氏。魏犨伤于胸。公欲杀之而爱其材，使问，且视之，病，将杀之。魏犨束胸见使者曰："以君之灵，不有宁也。"距跃三百，曲踊三百，乃舍之，杀颠颉以徇于师，立舟之侨以为戎右。

宋人使门尹般如晋师告急。公曰："宋人告急，舍之则绝，告楚，不许。我欲战矣，齐、秦未可，若之何？"先轸曰："使宋舍我而赂齐、秦，藉之告楚。我执曹君，而

晋文公焚绵山以求介子推出山

分曹、卫之田以赐宋人。楚爱曹、卫，必不许也。喜赂怒顽，能无战乎？"公说，执曹伯，分曹、卫之田以畀宋人。

楚子入居于申，使申叔去縠，使子玉去宋，曰："无从晋师！晋侯在外十九年矣，而果得晋国。险阻艰难，备尝之矣；民之情伪，尽知之矣。天假之年，而除其害。天之所置，其可废乎？《军志》曰：'允当则归。'又曰：'知难而退。'又曰：'有德者不可敌。'此三志者，晋之谓矣。"

子玉使伯棼请战，曰："非敢必有功也，愿以间执谗慝之口！"王怒，少与之师，唯西广、东宫与若敖之六卒实从之。

子玉使宛春告于晋师曰："请复卫侯而封曹，臣亦释宋之围。"子犯曰："子玉无礼哉！

君取一,臣取二,不可失矣!"先轸曰:"子与之。定人之谓礼。楚一言而定三国,我一言而亡之,我则无礼,何以战乎?不许楚言,是弃宋也,救而弃之,谓诸侯何?楚有三施,我有三怨。怨雠已多,将何以战?不如私许复曹、卫以携之,执宛春以怒楚,既战而后图之。"公说。乃拘宛春于卫,且私许复曹、卫,曹、卫告绝于楚。

子玉怒,从晋师。晋师退。军吏曰:"以君辟臣,辱也。且楚师老矣,何故退?"子犯曰:"师直为壮,曲为老,岂在久(矣)〔乎〕?微楚之惠不及此,退三舍辟之,所以报也。背惠食言,以亢其仇,我曲楚直,其众素饱,不可谓老。我退而楚还,我将何求?若其不还,君退臣犯,曲在彼矣。"退三舍。楚众欲止,子玉不可。

夏,四月戊辰,晋侯、宋公、齐国归父、崔夭、秦小子憖次于城濮。楚师背酅而舍,晋侯患之。听舆人之诵曰:"原田每每,舍其旧而新是谋。"公疑焉。子犯曰:"战也!战而捷,必得诸侯;若其不捷,表里山河,必无害也。"公曰:"若楚惠何?"栾贞子曰:"汉阳诸姬,楚实尽之。思小惠而忘大耻,不如战也!"晋侯梦与楚子搏,楚子伏己而盬其脑,是以惧。子犯曰:"吉。我得天,楚伏其罪。吾且柔之矣!"

子玉使门勃请战,曰:"请与君之士戏。君冯轼而观之,得臣与寓目焉。"晋侯使栾枝对曰:"寡君闻命矣。楚君之惠,未之敢忘,是以在此。为大夫退,其敢当君乎?既不获命矣,敢烦大夫谓二三子:'戒尔车乘,敬尔君事,诘朝将见。'"

晋车七百乘,韅、靷、鞅、靽。晋侯登有莘之虚以观师,曰:"少长有礼,其可用也!"遂伐其木,以益其兵。

己巳,晋师陈于莘北,胥臣以下军之佐当陈、蔡。子玉以若敖之六卒将中军,曰:"今日必无晋矣!"子西将左,子上将右。胥臣蒙马以虎皮,先犯陈、蔡。陈、蔡奔,楚右师溃,狐毛设二旆而退之。栾枝使舆曳柴而伪遁,楚师驰之,原轸、郤溱以中军公族横击之。狐毛、狐偃以上军夹攻子西,楚左师溃。楚师败绩。子玉收其卒而止,故不败。

晋师三日馆,穀,及癸酉而还。甲午,至于衡雍,作王宫于践土。

乡役之三月,郑伯如楚致其师。为楚师既败而惧,使子人九行成于晋。晋栾枝入盟郑伯。五月丙午,晋侯及郑伯盟于衡雍。

丁未,献楚俘于王:驷介百乘,徒兵千。郑伯傅王,用平礼也。己酉,王享醴,命晋侯宥。王命尹氏及王子虎、内史叔兴父,策命晋侯为侯伯,赐之大辂之服、戎辂之服,彤弓一,彤矢百,玈弓矢千,秬鬯一卣,虎贲三百人。曰:"王谓叔父:'敬服王命,以绥四国,纠逖王慝。'"晋侯三辞,从命,曰:"重耳敢再拜稽首,奉扬天子之丕显休命。"受策以出。出入三觐。

卫侯闻楚师败,惧,出奔楚,遂适陈,使元咺奉叔武以受盟。癸亥,王子虎盟诸侯于王庭,要言曰:"皆奖王室,无相害也。有渝此盟,明神殛之,俾队其师,无克祚国,及(其)〔而〕玄孙,无有老幼。"君子谓是盟也信,谓晋于是役也,能以德攻。

初,楚子玉自为琼弁玉缨,未之服也。先战,梦河神谓己曰:"畀余!余赐女孟诸之

糜。"弗致也。大心与子西使荣黄谏,弗听。荣季曰:"死而利国,犹或为之,况琼玉乎!是粪土也,而可以济师,将何爱焉?"弗听。出,告二子曰:"非神败令尹,令尹其不勤民,实自败也。"

既败,王使谓之曰:"大夫若入,其若申、息之老何?"子西、孙伯曰:"得臣将死,二臣止之,曰:'君其将以为戮。'"及连谷而死。晋侯闻之,而后喜可知也,曰:"莫余毒也已!蒍吕臣实为令尹,奉己而已,不在民矣。"

或诉元咺于卫侯曰:"立叔武矣。"其子角从公,公使杀之。咺不废命,奉夷叔以入守。六月,晋人复卫侯。宁武子与卫人盟于宛濮,曰:"天祸卫国,君臣不协,以及此忧也。今天诱其衷,使皆降心以相从也。不有居者,谁守社稷?不有行者,谁扞牧圉?不协之故,用昭乞盟于尔大神以诱天衷。自今日以往,既盟之后,行者无保其力,居者无惧其罪。有渝此盟,以相及也。明神先君,是纠是殛!"国人闻此盟也,而后不贰。

卫侯先期入。宁子先,长牂守门以为使也,与之乘而入。公子歂犬、华仲前驱。叔孙将沐,闻君至,喜,捉发走出;前驱射而杀之。公知其无罪也,枕之股而哭之。歂犬走出,公使杀之。元咺出奔晋。

城濮之战,晋中军风于泽,亡大旆之左旃。祁瞒奸命,司马杀之以徇于诸侯,使茅茷代之。师还,壬午济河。舟之侨先归,士会摄右,秋七月丙申振旅,恺以入于晋,献俘授馘,饮至,大赏;徵会讨贰;杀舟之侨以徇于国:民于是大服。

君子谓文公其能刑矣,三罪而民服。《诗》云:"惠此中国,以绥四方。"不失赏、刑之谓也。

冬,会于温,讨不服也。

卫侯与元咺讼,宁武子为辅,鍼庄子为坐,士荣为大士。卫侯不胜,杀士荣,刖鍼庄子,谓宁俞忠而免之。"执卫侯,归之于京师",寘诸深室。宁子职纳橐饘焉。元咺归于卫,立公子瑕。

是会也,晋侯召王,以诸侯见,且使王狩。仲尼曰:"以臣召君,不可以训。"故书曰"天王狩于河阳",言非其地也,且明德也。

壬申,公朝于王所。

丁丑,诸侯围许。

晋侯有疾,曹伯之竖侯獳货筮史,使曰——以曹为解:"齐桓公为会而封异姓,今君为会而灭同姓。曹叔振铎,文之昭也;先君唐叔,武之穆也。且合诸侯而灭兄弟,非礼也;与卫偕命,而不与偕复,非信也;同罪异罚,非刑也。礼以行义,信以守礼,刑以正邪:舍此三者,君将若之何?"公说,复曹伯,遂会诸侯于许。

晋侯作三行以御狄:荀林父将中行,屠击将右行,先蔑将左行。

【译文】

二十八年春,晋侯侵袭曹国,晋侯攻打卫国。公子买戍守卫国,没有戍守到最后,僖

公杀了他。楚国人救援卫国。三月八日,晋侯进入曹国,抓住了曹伯。分给宋国人土地。夏四月二日,晋侯、齐国的军队、宋国的军队、秦国的军队同楚国人在城濮作战,楚国的军队大败。楚国杀了他的大夫得臣。卫侯逃亡到楚国。五月十六日,僖公会见晋侯、齐侯、宋公、蔡侯、郑伯、卫子、莒子,在践土结盟。陈侯到会。僖公在天子的住所朝见天子。六月,卫侯郑从楚国回到卫国。陈侯款死。秋,杞伯姬前来。公子遂到齐国去。冬,僖公在温会见晋侯、齐侯、宋公、蔡侯、郑伯、陈子、莒子、邾子、秦国人。天子在河阳狩猎。十月七日,僖公在天子的住所朝见天子。晋国人抓住了卫侯,把他送到京师。卫国的元咺从晋国回到卫国。诸侯于是包围许国。曹伯襄回到曹国,接着会同诸侯包围许国。

二十八年春,晋侯将攻打曹国,向卫国借路,卫国人不允许。晋军回来,从卫国的南面渡过黄河,侵袭曹国,攻打卫国。正月九日,占取五鹿。二月,晋国的郤縠死。原轸率领中军,胥臣辅佐下军,这是崇尚先轸的德行。晋侯、齐侯在敛盂结盟。卫侯请求结盟,晋国人不答应。卫侯想亲近楚国,但国都的人不同意,所以把国君从国都赶出去,以此讨好晋国,卫侯逃到襄牛住了下来。

公子买成守卫国,楚国人救援卫国,不能战胜晋军。僖公害怕晋国,杀了子丛来讨好晋国。对楚国人说:"因为公子买没有完成成守的任务。"

晋侯包围曹国,攻打城门,伤亡很多。曹国人把楚国人的尸体放在城墙上,晋侯很忧虑。听从众人的计策,说"把军队驻扎在曹人的墓地上"。晋侯把军队迁到曹人的墓地上,曹国人恐惧,把得到的晋军尸体装进棺木送出来,晋国趁着他们恐慌的时候攻打他们。三月十日,进入曹国。晋侯斥责曹共公,因为他不任用僖负羁,而乘坐轩车的人却有三百人之多。并且说:"交出这些乘坐轩车的人的功劳状!"

命令不要进入僖负羁的住宅,并且赦免僖负羁的族人。这是为了报答他的恩惠。魏犫、颠颉发怒说:"我们从亡的功劳都不考虑,对于僖负羁又有什么值得报答的?"便烧了僖负羁的住宅。魏犫的胸部受了伤。晋侯想杀掉他,却又爱惜他这个人才。派人慰问他,并且视察他的病情。如果伤势很严重,就准备杀掉他。魏犫把胸部的伤口包扎好,出来见使者,说:"托国君的福,我不是很安宁吗?"勉力直跳三次,横跳三次。晋侯于是赦免了他,杀了颠颉在军中示众,任命舟之侨为车右。

宋国人派门尹般到晋军中告急。晋侯说:"宋国人告急,如果舍弃他们不管,两国的关系就会断绝,请求楚国撤军,楚国又不答应。我准备同楚国交战了,但齐国、秦国又不会同意,怎么办呢?"先轸说:"让宋国撇开我们而送给齐国、秦国财物,利用齐、秦两国出面请求楚国撤军。我们抓住曹国的君主,分一部分曹国、卫国的田土给宋国人。楚舍不得曹国、卫国的田土,一定不会答应。齐、秦两国因得到宋国的财物而高兴,因楚国的顽抗而愤怒,能不参战吗?"晋侯很高兴,便抓住了曹伯,分曹国、卫国的田土给宋国人。

楚子回兵住在申,命令申叔撤出谷这个地方,让子玉撤出宋国,说:"不要同晋军交战!晋侯流亡在外十九年了,终于得到了晋国,艰难险阻,都尝过了;百姓的想法,他全都

了解了。上天赐给他高寿,除掉国家的祸害,这是上天安排的,怎么能废掉他呢?《军志》说:'适可而止。'又说:'知难而退。'又说:'有德的人是不能抵挡的。'这三条记载,就是说的晋国目前的情况了。"

子玉派伯棼向楚王请求出战,说:"并不是我们一定要建立功勋,而是希望通过这一次来防止、堵塞住那些说别人坏话的人的口。"楚王听了很生气,稍稍给他增添了一点兵力,只有西广、东宫两支军队和若敖的六百兵卒听他指挥。

子玉派宛春告诉晋国的军队说:"请恢复卫侯的君位,分封曹国,我也解除对宋国的包围。"子犯说:"子玉没有礼貌啊!我们的国君只达到一个目的,而子玉作为臣子却要达到两个目的,不能失掉这个进攻他的机会。"先轸说:"您还是答应他。安定别人的国家叫作礼。楚国一句话就安定三个国家,我说一句话就可能灭亡了它们,那就是我们无礼了,还凭什么作战? 不答应楚国的要求,是背弃宋国,为了救它却又背弃了它,对诸侯怎样交代呢? 楚国为三个国家施舍了恩惠,而我们却同三个国家结下了怨恨,怨仇太多,将靠什么去作战? 不如私下里答应恢复曹国、卫国来离间它们同楚国的关系,抓住宛春来激怒楚国,交战以后再考虑别的问题。"晋侯很高兴,于是在卫国扣留了宛春,并且私下里答应恢复曹国、卫国的疆土,曹、卫两国宣告同楚国断绝关系。

子玉发怒,缠着晋国的军队不放。晋国的军队撤退。晋国的军官说:"以国君的身份躲避臣子,这是耻辱;而且楚国的军队已经疲惫了,为什么要撤退呢?"子犯说:"军队理直,士气就旺盛,理亏,士气就低落,难道在于时间的长短吗? 如果没有楚王的恩惠,晋国就不会有今天,撤退九十里避开楚国的军队,这是为了报答楚国的恩惠。背弃别人的恩惠而不实践自己的诺言,来庇护楚国的仇敌,这是我们理亏,楚国理直;楚国的士兵向来士气饱满,不能说他们疲惫了。如果我们撤退而楚军回国,我们还要求什么呢? 如果他们不回去,做君主的退让了,做臣子的却进犯,那么理亏的一方就在他们了。"晋军撤退九十里,楚国的士兵想停止前进,子玉不同意。

夏四月一日,晋侯、宋公、齐国的国归父、崔夭、秦小子愁驻扎在城濮。楚国的军队背靠鄐地驻扎,晋侯很忧虑。听到众人朗诵说:"田野里青草绿油油,谋耕新田舍其旧。"晋侯犹豫不定。子犯说:"打吧! 战而胜,一定可以得到诸侯的拥护。如果不胜,晋国外有黄河,内有太行,必定不会有什么危害。"晋侯说:"对楚国的恩惠怎么办呢?"栾枝说:"汉水以北的各姬姓国,楚国尽数吞并了它们。思念小的恩惠而忘记大的耻辱,不如一战。"晋侯梦见同楚子搏斗,楚子伏在自己身上吸饮自己的脑汁,因此害怕。子犯说:"吉利,我们得到了上天的帮助,楚国伏首认罪,我们将要安抚楚国了。"

子玉派斗勃向晋侯挑战,说:"请求同您的士兵角力,您扶着车前的横木观看,我也陪您看看。"晋侯派栾枝回答说:"我们的国君听到您的命令了。楚国君主的恩惠,我们不敢忘记,因此才退避到这里。为了大夫尚且撤退三十里,怎么敢抵挡楚国国君呢? 既然不能获得允许,就烦劳大夫转告你的手下:'准备好你们的战车,恭敬你们国君交付的任务,

明日早晨再见面。'"晋国有战车七百辆，辚轫鞅鞯，都已齐备。晋侯登上有莘的废墟来检阅军队，说："年少的年长的都有礼貌，可以作战了。"于是砍伐树木，以增添兵器。

四月二日，晋国的军队在莘北摆开阵势，胥臣以下军副将的身份抵挡陈国、蔡国的军队。子玉以若敖的六百士卒为主力率领中军，说："今天一定要灭亡晋国了。"子西率领左军，子上率领右军。晋国的胥臣用虎皮蒙上战马，首先冲击陈国、蔡国的军队。陈国、蔡国的军队逃跑，楚国的右军崩溃了。狐毛设置两队前军击退他们。栾枝让战车拖着柴草假装逃跑，楚国的军队追击过来，原轸、郤溱率领中军主力拦腰截击楚军。狐毛、狐偃率领上军攻打子西，楚国的左军溃败。楚国的军队大败。子玉收住他的士卒停止攻击，所以中军没有溃败。

晋国的军队在楚营里住了三天，吃了三天，四月六日回国。二十七日，到达衡雍，在践土为周襄王建造行宫。

城濮之役的前三月，郑伯曾经到楚国去把郑国的军队交给楚国使用。现在因为楚军已经战败而恐惧，派子人九到晋国求和。晋国的栾枝进入郑国同郑伯结盟。五月九日，晋侯同郑伯在衡雍结盟。

十日，把楚国的俘虏献给周襄王：四马披甲所驾的战车一百辆，步兵一千。郑伯担任周襄王的赞礼，用周平王接待晋文侯的仪式接待晋文公。十二日，周襄王用甜酒招待晋文公。襄王命令文公为襄王劝酒。襄王命令尹氏、王子虎和内史叔兴父策命晋文公为诸侯的领袖，赐给他乘坐大辂时穿的服装，乘坐兵车时穿的服装，红色的弓一张、红色的箭一百支、黑色的弓一千张、黑色的箭一千支、黑黍酿造的香酒一卣、勇士三百人。说："襄王命令你：'恭敬地服从周王的命令，安抚四方诸侯，为周王检举、清除邪恶。'"晋侯辞让了三次，听从命令，说："重耳再拜稽首，接受和发扬天子伟大、光明、美善的圣命。"晋侯接受了策命出来，前后三次朝见天子。

卫侯听说楚国的军队失败，很害怕，逃亡到楚国，接着又逃到陈国，派元咺辅佐叔武来接受晋国和诸侯的盟约。五月二十六日，王子虎在王庭会盟诸侯，约言说："都要扶助王室，不要互相侵害！有违背这个盟约的，神灵将会惩罚他：让他的军队覆灭，国运不会久长，祸及他的玄孙，无论老幼都会受到惩罚。"君子说这次盟约是有信用的，说晋国在这次战役中，能凭借德行进行攻伐。

当初，楚国的子玉自己制作了琼弁、玉缨，没有使用。战斗之前，梦见黄河之神对自己说："给我，我赐给你宋国的地盘。"子玉没有把琼弁、玉缨送给河神。大心和子西让荣黄进谏，子玉不听。荣季说："如果个人死去却有利于国，尚且应该去死，何况是琼玉呢？这是粪土一类的东西啊！如果可以用它帮助军队，又有什么爱惜的呢？"子玉不听。荣季出来，告诉大心和子西说："不是河神要令尹失败，令尹不肯为百姓辛劳，实在是自取灭亡。"子玉失败之后，楚王派人对他说："你如果回国，对申、息两地的父老怎样交代？"子西、孙伯说："得臣准备自杀，我们两人制止他说：'君王将会杀掉你的。'"到了连谷，子玉

就自杀了。晋侯听到这个消息后非常高兴是可以理解的,说:"没有谁会危害我们了!苪吕臣做令尹,只保全自己而已,心思不在百姓身上。"

有人在卫侯面前诬告元咺说:"要立叔武做国君了。"元咺的儿子元角跟随卫侯逃亡,卫侯派人杀了他。但元咺仍不废弃卫侯临走时的成命,侍奉叔武回国摄政。六月,晋国人允许卫侯回国。宁武子与卫国人在宛濮结盟,说:"上天降祸卫国,君臣不和谐,因此遭到这样的忧患。现在上天诱导我们的内心,使我们都能放弃成见来互相听从。没有留守的人,谁来守护社稷?没有随国君出行的人,谁来保卫国君携带的财产?由于不和谐的缘故,因而乞求在尊神面前明白宣誓,以求天意保佑。从今以后,在已经订立盟约之后,随从逃亡的人不要仗恃自己的功劳,留守的人不要害怕自己有罪。如有违背这个盟约的,祸难将会降临到他的头上。明神先君,将会检举、惩罚。"卫国的人听到了这个盟约,从此没有二心。

卫侯提前回国,宁武子又在卫侯之前,长牂把守城门,以为宁武子是国君的使者,和他同乘一辆车进城。公子歂犬、华仲为先行人员,叔武准备洗头,听说国君到了,非常高兴,握着头发跑出来,先行人员把他射死了。卫侯知道他没有罪,把头枕在他的大腿上哭泣。歂犬逃跑,卫侯派人杀死了他,元咺逃亡到晋国。

在城濮的战役中,晋国的中军在沼泽遇上大风,丢失了前军的左旗。祁瞒违反了军令,司马杀了他,拿他的尸体在诸侯中示众,让茅茷代替祁瞒的职务。六月十六日,渡过黄河。舟之侨先回国了,由士会代行车右的职务。秋七月某日,班师,高奏凯歌回到晋国。在宗庙中献上俘虏和敌人的左耳,犒劳三军,奖赏有功将士,征召诸侯会盟,讨伐三心二意的国家。杀了舟之侨在国都示众,百姓从此十分顺服。

君子评论文公能够严明刑罚,杀三个罪人而百姓顺服。《诗》说:"施惠于这些中原国家,来安抚四方诸侯。"说的就是没有失去公正的赏赐和刑罚。

冬,诸侯在温会见,为了讨伐不顺服的国家。

卫侯同元咺争讼,宁武子辅佐卫侯,铖庄子做卫侯的代理人,士荣做卫侯的辩护人。卫侯没有取胜,晋侯杀了士荣,砍掉了铖庄子的脚,认为宁武子忠诚而赦免了他。扣留卫侯,把他带到京师,安置在幽深的房子里。宁武子负责给卫侯送衣食。元咺回到卫国,立公子瑕为国君。

在这次盟会上,晋侯召请周王,带领诸侯进见周王,并且让周王打猎。仲尼说:"以臣的身份召请君主,不能把它作为规范。"所以《春秋》写道"天王狩于河阳",是说这不是周天子狩猎的地方,而且为了显明晋侯的功德。

十月七日,鲁僖公到周天子的住所朝见。

十一月十二日,诸侯包围许国。

晋侯有病。曹伯的小臣侯獳贿赂晋国卜筮官,要他说晋侯生病的原因是由于灭亡了曹国:"齐桓公主持会盟为异姓封国,现在您主持会盟却灭亡同姓的国家,曹国的叔振铎,

是文王的儿子,晋国的先君唐叔,是武王的儿子。而且会合诸侯而灭掉兄弟之国,这是不合于礼仪的;曹国同卫国一起得到您允许复国的命令,却不能和卫国同时恢复国家,这是不讲信用的;罪过相同而惩罚不同,这是不合于刑法的。礼是用来推行道义的,信用是用来保护礼仪的,刑罚是用来纠正邪恶的。抛弃这三项,您准备怎么办呢?"晋侯很高兴,恢复了曹伯的君位。接着在许国会盟诸侯。

晋侯设置左、中、右三行来抵御戎狄。荀林父率领中行,屠击率领右行,先蔑率领左行。

僖公二十九年

【原文】

二十有九年:春,介葛卢来。

公至自围许。

夏,六月,会王人、晋人、宋人、齐人、陈人、蔡人、秦人,盟于翟泉。

秋,大雨雹。

冬,介葛卢来。

二十九年春,〔介〕葛卢来朝,舍于昌衍之上。公在会,馈之刍、米,礼也。

夏,公会王子虎、晋狐偃、宋公孙固、齐国归父、陈辕涛涂、秦小子憗,盟于翟泉,寻践土之盟,且谋伐郑也。卿不书,罪之也。在礼卿不会公侯,会伯子男可也。

秋,大雨雹,为灾也。

冬,介葛卢来,以未见公故,复来朝。礼之,加燕好。

介葛卢闻牛鸣,曰:"是生三牺,皆用之矣。——其音云。"问之,而信。

【译文】

二十九年春,介葛卢前来朝见。僖公包围许国回来。夏六月,会见周王室的人、晋国人、宋国人、齐国人、陈国人、蔡国人、秦国人在翟泉结盟。秋,下很大的冰雹。冬,介葛卢前来朝见。

二十九年春,介葛卢前来朝见,住在昌衍山上。僖公正参加盟会,赠给他草料和粮食,这是合于礼的。

夏,僖公在翟泉会见周王室的王子虎、晋国的狐偃、宋国的公孙固、齐国的国归父、陈国的辕涛涂、秦国的小子憗,重温践土的盟约,并且商量攻打郑国。《春秋》不记载参加盟会的卿的名字,是遣责他们。按照礼制规定,卿不能会见公、侯,会见伯、子、男是可以的。

秋,下很大的冰雹,造成了灾害。

冬,介葛卢前来,因为前次没有见到僖公的缘故,所以再次前来朝见。对他加以礼遇,再加上燕礼和上等货礼。

介葛卢听到牛的鸣叫声,说:"这牛生了三头祭祀用的牛,都用来祭祀了,听它的声音是这样的。"询问别人,果然是真的。

僖公三十年

【原文】

三十年:春,王正月。

夏,狄侵齐。

秋,卫杀其大夫元咺及公子瑕。卫侯郑归于卫。

晋人、秦人围郑。

介人侵萧。

冬,天王使宰周公来聘。

公子遂如京师,遂如晋。

三十年春,晋人侵郑,以观其可攻与否。狄间晋之有郑虞也,夏,狄侵齐。

晋侯使医衍酖卫侯。宁俞货医,使薄其酖,不死。公为之请,纳玉于王与晋侯,皆十瑴。王许之。秋,乃释卫侯。

卫侯使赂周歂、冶廑曰:"苟能纳我,吾使尔为卿。"周、冶杀元咺及子适、子仪。公入,祀先君。周、冶既服,将命。周歂先入,及门,遇疾而死。冶廑辞卿。

九月甲午,晋侯、秦伯围郑,以其无礼于晋,且贰于楚也。晋军函陵,秦军汜南。

佚之狐言于郑伯曰:"国危矣!若使烛之武见秦君,师必退。"公从之。辞曰:"臣之壮也,犹不如人;今老矣,无能为也已。"公曰:"吾不能早用子,今急而求子,是寡人之过也。然郑亡,子亦有不利焉!"许之。夜,缒而出,见秦伯,曰:"秦、晋围郑,郑既知亡矣。若亡郑而有益于君,敢以烦执事。越国以鄙远,君知其难也;焉用亡郑以(倍)〔陪〕邻?邻之厚,君之薄也。若舍郑以为东道主,行李之往来,共其乏困,君亦无所害。且君尝为晋君赐矣,许君焦、瑕,朝济而夕设版焉,君之所知也。夫晋,何厌之有?既东封郑,又欲肆其西封;(若)不阙秦,(将)焉取之?阙秦以利晋,惟君图之。"秦伯说,与郑人盟,使杞子、逢孙、杨孙戍之,乃还。

子犯请击之。公曰:"不可。微夫人〔之〕力不及此。因人之力而敝之,不仁;失其所与,不知;以乱易整,不武。吾其还也。"亦去之。

初,郑公子兰出奔晋,从于晋侯伐郑,请无与围郑。许之。使待命于东。郑石甲父、侯宣多逆以为大子,以求成于晋,晋人许之。

冬，王使周公阅来聘，飨有昌歜、白黑、形盐。辞曰："国君，文足昭也，武可畏也，则有备物之飨，以象其德；荐五味，羞嘉穀，盐虎形，以献其功。吾何以堪之？"

东门襄仲将聘于周，遂初聘于晋。

【译文】

三十年春，周历正月。夏，狄人侵袭齐国。秋，卫国杀了它的大夫元咺和公子瑕。卫侯郑回到卫国。晋国人、秦国人包围郑国。介国人侵犯萧国。冬，周天子派宰周公前来聘问。公子遂到京师去，接着到晋国去。

三十年春，晋国人侵袭郑国，以此观察郑国是否可以攻打。狄人趁着晋国要对付郑国的时候，在这年夏天侵犯齐国。

晋侯派叫衍的医生毒死卫侯，宁俞贿赂医生，让他少放毒药，结果卫侯没有被毒死。鲁僖公替卫侯请求，送玉给周天子和晋侯，都是十对，周天子答应了。秋，就释放了卫侯。

卫侯使人送给周歂、冶廑财物说："如能送我回去当国君，我让你们做卿。"周歂、冶廑便杀了元咺和子适、子仪。卫侯回国祭祀先君，周歂、冶廑已经穿好礼服，准备接受卿命。周歂先进去，走到门口，发病而死。冶廑辞去卿位。

九月十日，晋侯、秦伯包围郑国，因为郑国对晋国无礼，而且两属于楚国。晋国的军队驻扎在函陵，秦国的军队驻扎在氾南。

佚之狐对郑伯说："国家危急了！如果派烛之武去见秦国国君，秦国的军队一定会撤退。"郑伯听从他的建议。烛之武却推辞说："我年轻时，尚且不如别人；现在老了，不能做什么事情了。"郑伯说："我不能及早用您，现在事情危急了才来求您，这是我的过错。然而郑国灭亡了，对您也不利啊！"烛之武答应了。晚上用绳子缚住身子坠下城墙。见了秦伯说："秦晋两国军队包围郑国，郑国已经知道要灭亡了。如果灭亡了郑国对您有好处，那就麻烦您继续进攻。但是中间隔着晋国而把遥远的郑国作为您的边邑，您知道这是很困难的，何必用灭亡郑国的办法来增加邻国的土地呢？邻国的土地丰厚了，就等于您的土地减少了。如果保留郑国作为您的东道主，您的使者来往的时候，就能供应他们的食宿，对您也没有损害。而且您曾经对晋君赐予恩惠，答应把焦、瑕两地给您，可是他早晨渡河回国，晚上就修筑防御工事，这是您知道的。晋国哪里会有满足的时候？等到他在东边把郑国作为他的疆界以后，又会放肆向西边扩展，如果不损害秦国，又到哪里去取得土地呢？损害秦国却有利于晋国，您还是考虑考虑这件事吧。"秦伯很高兴，与郑国人结盟，派杞子、逢孙、杨孙戍守郑国，就撤军回国。

子犯请求攻击秦军，晋侯说："不行，如果没有这个人的力量就到不了今天。依靠了别人的力量却伤害他，这是不仁；失掉了亲近的国家，这是不智；用分裂代替团结，这是不武。我们还是回去吧。"晋侯也撤离了郑国。

当初，郑国的公子兰逃亡到晋国，跟着晋侯攻打郑国，请求不参与包围郑国的行动。

晋侯答应了，让他在晋国的东面等待命令。郑国的石甲父、侯宣多把他接回去立为太子，来同晋国求和，晋国人答应了。

冬，周天子派周公阅前来聘问，宴享他的食品有菖蒲菹、稻米糕、黍米糕、虎形盐块。周公辞谢说："国君，文可以昭显四方，武可以令人畏惧，就有物品齐备的宴享，来象征他的德行；献上五味的菖蒲菹、上等粮食做成的糕点，还有外形似虎的盐，来象征他的功业，我怎么担当得起呢？"

东门襄仲将要到周室聘问，于是顺便到晋国做第一次聘问。

僖公三十一年

【原文】

三十有一年：春，取济西田。

公子遂如晋。

夏四月，四卜郊，不从，乃免牲。犹三望。

秋，七月。

冬，杞伯姬来求妇。

狄围卫。十有二月，卫迁于帝丘。

三十一年春，取济西田，分曹地也。使臧文仲往，宿于重馆。重馆人告曰："晋新得诸侯，必亲其共。不速行，将无及也！"从之。分曹地，自洮以南，东傅于济，尽曹地也。

襄仲如晋，拜曹田也。

夏四月，四卜郊，不从，乃免牲，非礼也。"犹三望"，亦非礼也。礼不卜常祀，而卜其牲、日。牛卜日曰牲。牲成而卜郊，上怠慢也。望，郊之细也。不郊，亦无望可也。

秋，晋蒐于清原，作五军以御狄。赵衰为卿。

冬，狄围卫，卫迁于帝丘，卜曰三百年。

卫成公梦康叔曰："相夺予享。"公命祀相，宁武子不可，曰："鬼神非其族类，不歆其祀。杞、鄫何事？相之不享于此久矣，非卫之罪也。不可以间成王、周公之命祀。请改祀命。"

郑洩驾恶公子瑕，郑伯亦恶之，故公子瑕出奔楚。

【译文】

三十一年春，取得济水以西的田地。公子遂到晋国去。夏四月，四次占卜郊祭，不吉利，于是不杀牲，但仍进行了三次望祭。秋七月。冬，杞伯姬前来为儿子求取妻室。狄人包围卫国。十二月，卫国迁到帝丘。

三十一年春,取得济水以西的田地,这是分割的曹国的土地。派遣臧文仲前往,住在重这个地方的旅馆里。旅馆里的人告诉臧文仲说:"晋国新近得到诸侯的拥护,一定亲近恭敬他的人,不快点去,将会赶不上。"臧文仲听从了这个意见。分割曹国的土地,自洮水以南,东边靠着济水,都是曹国的土地。

襄仲到晋国去,拜谢取得曹国的土地。

夏四月,四次占卜郊祭,不吉利,于是不杀牲,这是不合于礼的。仍然进行三次望祭,这也是不合于礼的。按礼不占卜常规的祭祀,而今却既卜牲又卜日。牛在卜得吉日后便叫牲,已经成了牲却还要占卜郊祭的日期,这是在上的人怠慢了祭祀。望祭,是郊祭的细节。既然不进行郊祭,那么不举行望祭也是可以的。

秋,晋国在清原检阅部队,建立五个军来抵御狄人。赵衰为卿。

冬,狄人包围卫国,卫国迁到帝丘。占卜说可以立国三百年。

卫成公梦见康叔说:"相夺走了我的祭品。"卫成公命令祭祀相。宁武子不同意,说:"鬼神如果不是他的同族祭祀,就不会享用那种祭品。杞国、鄫国做什么去了?相在杞国和鄫国不享用祭祀已经很久了,这不是卫国的过错,不可冒犯成王、周公规定的祭祀,请您改变祭祀相的命令。"

郑国的泄驾厌恶公子瑕,郑伯也厌恶他,所以公子瑕逃亡到楚国。

僖公三十二年

【原文】

三十有二年:春,王正月。

夏,四月己丑,郑伯捷卒。

卫人侵狄。秋,卫人及狄盟。

冬,十有二月己卯,晋侯重耳卒。

三十二年春,楚斗章请平于晋,晋阳处父报之。晋、楚始通。

夏,狄有乱。卫人侵狄,狄请平焉。秋,卫人及狄盟。

冬,晋文公卒。庚辰,将殡于曲沃。出绛,柩有声如牛。卜偃使大夫拜,曰:"君命大事:将有西师过轶我,击之,必大捷焉。"

杞子自郑使告于秦,曰:"郑人使我掌其北门之管,若潜师以来,国可得也。"穆公访诸蹇叔。蹇叔曰:"劳师以袭远,非所闻也。师劳力竭,远主备之,无乃不可乎?师之所为,郑必知之。勤而无所,必有悖心。且行千里,其谁不知?"公辞焉。召孟明、西乞、白乙,使出师于东门之外。蹇叔哭之曰:"孟子!吾见师之出,而不见其入也!"公使谓之曰:"尔何知?中寿,尔墓之木拱矣。"蹇叔之子与师,哭而送之,曰:"晋人御师必于殽,殽有二陵焉:

其南陵,夏后皋之墓也;其北陵,文王之所辟风雨也。必死是间,余收尔骨焉!"秦师遂东。

【译文】

三十二年春,周历正月。夏四月十五日,郑伯捷死。卫国人侵犯狄人。秋,卫国人与狄人盟。冬十二月九日,晋侯重耳死。

三十二年春,楚国的斗章到晋国请求讲和,晋国的阳处父到楚国回聘。晋国、楚国从这时起才有外交使者的往来。

夏,狄国发生动乱。卫国人侵犯狄国,狄国请求讲和。秋,卫国人同狄人结盟。

冬,晋文公卒。十二月十日,准备停丧在曲沃。出了绛城,棺材里发出像牛叫的声音。卜偃让大夫下拜,说:"国君有大事命令我们:将有西方的部队经过我们的国境,攻击他们,必定能大获全胜。"

杞子从郑国派人告诉秦穆公说:"郑国人让我掌管北门的钥匙,如果悄悄派兵前来,就可以占取郑国了。"秦穆公就这件事征求蹇叔的意见。蹇叔说:"辛苦地调动军队去袭击远方的国家,没有听说过这样做的。军队疲劳,气力枯竭,远方的国家早有了防备,大概不行吧? 我军的行动,郑国一定知道。辛苦劳累却没有所得,士兵就会产生叛逆之心。而且行程千里,哪一个不知道呢?"穆公拒绝了蹇叔的意见。召集孟明、西乞、白乙,使他们率领军队从东门外出发。蹇叔为他们哭泣,说:"孟子,我看见军队出去,却看不到军队回来了。"穆公派人对蹇叔说:"你知道什么! 如果只活到中寿,现在你的坟墓上的树木都有两手合抱那么粗了。"蹇叔的儿子也参加了这支部队,蹇叔哭着送他说:"晋国人必定在崤山抵御秦国的军队。崤有两座大山:南面的山头,是夏后皋的坟墓;北面的山头,是文王躲避风雨的地方,你一定会死在那里,我在那里收拾你的尸骨吧。"秦国的军队于是向东进发。

僖公三十三年

【原文】

三十有三年:春,王二月,秦人入滑。

齐侯使国归父来聘。

夏,四月辛巳,晋人及姜戎败秦师于殽。

癸巳,葬晋文公。

狄侵齐。

公伐邾,取訾娄。

秋,公子遂帅师伐邾。

晋人败狄于箕。

冬，十月，公如齐。

十有二月，公至自齐。

乙巳，公薨于小寝。

陨霜不杀草。李梅实。

晋人、陈人、郑人伐许。

三十三年春，(晋)秦师过周北门。左右免胄而下，超乘者三百乘。王孙满尚幼，观之，言于王曰："秦师轻而无礼，必败。轻则寡谋，无礼则脱。入险而脱，又不能谋，能无败乎？"

及滑，郑商人弦高将市于周，遇之，以乘韦先，牛十二，犒师，曰："寡君闻吾子将步师出于敝邑，敢犒从者。不腆敝邑，为从者之淹，居则具一日之积，行则备一夕之卫。"且使遽告于郑。

郑穆公使视客馆，则束载、厉兵、秣马矣。使皇武子辞焉，曰："吾子淹久于敝邑，唯是脯资饩牵竭矣。为吾子之将行也，郑之有原圃，犹秦之有具囿也。吾子取其麋鹿，以闲敝邑，若何？"杞子奔齐，逢孙、扬孙奔宋。

孟明曰："郑有备矣，不可冀也。攻之不克，围之不继，吾其还也。"灭滑而还。

齐国庄子来聘，自郊劳至于赠贿，礼成而加之以敏。臧文仲言于公曰："国子为政，齐犹有礼，君其朝焉！臣闻之：服于有礼，社稷之卫也。"

晋原轸曰："秦违蹇叔，而以贪勤民，天奉我也。奉不可失，敌不可纵。纵敌，患生；违天，不祥。必伐秦师！"栾枝曰："未报秦施，而伐其师，其为死君乎？"先轸曰："秦不哀吾丧，而伐吾同姓，秦则无礼，何施之为？吾闻之：'一日纵敌，数世之患也。'谋及子孙，可谓死君乎！"遂发命，遽兴姜戎。子墨衰绖，梁弘御戎，莱驹为右。夏四月辛巳，败秦师于殽，获百里孟明视、西乞术、白乙丙以归。遂墨以葬文公，晋于是始墨。

文嬴请三帅，曰："彼实构吾二君，寡君若得而食之不厌，君何辱讨焉？使归就戮于秦，以逞寡君之志，若何？"公许之。

先轸朝，问秦囚。公曰："夫人请之，吾舍之矣。"先轸怒曰："武夫力而拘诸原，妇人暂而免诸国，堕军实而长寇雠，亡无日矣！"不顾而唾。

公使阳处父追之。及诸河，则在舟中矣。释左骖，以公命赠孟明。孟明稽首曰："君之惠，不以累臣衅鼓，使归就戮于秦；寡君之以为戮，死且不朽。若从君惠而免之，三年将拜君赐！"

秦伯素服郊次，乡师而哭，曰："孤违蹇叔，以辱二三子，孤之罪也。"不替孟明。〔曰：〕"孤之过也，大夫何罪？且吾不以一眚掩大德。"

"狄侵齐"，因晋丧也。

公伐邾，取訾娄，以报升陉之役。邾人不设备。秋，襄仲复伐邾。

狄伐晋，及箕。八月戊子，晋侯败狄于箕。郄缺获白狄子。

先轸曰：“匹夫逞志于君而无讨，敢不自讨乎？”免胄入狄师，死焉。狄人归其元，面如生。

初，臼季使过冀；见冀缺耨，其妻馌之，敬，相待如宾。与之归，言诸文公曰：“敬，德之聚也。能敬必有德。德以治民，君请用之！臣闻之：出门如宾，承事如祭，仁之则也。”公曰：“其父有罪，可乎？”对曰：“舜之罪也殛鲧，其举也兴禹。管敬仲，桓之贼也，实相以济。《康诰》曰：‘父不慈，子不祗，兄不友，弟不共，不相及也。’《诗》曰：‘采葑采菲，无以下体。’君取节焉可也。”文公以为下军大夫。反自箕，襄公以三命命先且居将中军，以再命命先茅之县赏胥臣，曰：“举郄缺，子之功也。”以一命命郄缺为卿，复与之冀，亦未有军行。

冬，公如齐，朝，且吊有狄师也。反，薨于小寝，即安也。

晋、陈、郑伐许，讨其贰于楚也。

楚令尹子上侵陈、蔡。陈、蔡成，遂伐郑，将纳公子瑕。门于桔柣之门，瑕覆于周氏之汪，外仆髡屯禽之以献。文夫人敛而葬之郐城之下。

晋阳处父侵蔡，楚子上救之，与晋师夹泜而军。阳子患之，使谓子上曰：“吾闻之：‘文不犯顺，武不违敌。’子若欲战，则吾退舍，子济而陈，迟速唯命。不然，纾我。老师费财，亦无益也。”乃驾以待。子上欲涉，大孙伯曰：“不可！晋人无信，半涉而薄我，悔败何及？不如纾之。”乃退舍。阳子宣言曰：“楚师遁矣！”遂归。楚师亦归。大子商臣谮子上曰：“受晋赂而辟之，楚之耻也。罪莫大焉！”王杀子上。

葬僖公。缓作主，非礼也。凡君薨，卒哭而祔，祔而作主，特祀于主，燕、尝、禘于庙。

【译文】

三十三年春。周历二月，秦国人进入滑国。齐侯派国归父前来聘问。夏四月十三日，晋国人同姜戎在崤击败秦国的军队。二十五日，安葬晋文公。狄人侵犯齐国。僖公攻打邾国，占取了訾娄。秋，公子遂率领军队攻打邾国。晋国人在箕击败狄人。冬十月，僖公到齐国去。十二月，僖公从齐国回来。十一日，僖公死在小寝。降霜但没有杀死草。李树、梅树结出果实。晋国人、陈国人、郑国人攻打许国。

三十三年春，秦国的军队经过周王室的北门，车上左右的士兵脱掉头盔下车步行，然而却又跟着一跃上车，三百辆兵车都是如此。王孙满还年幼，看到了这种情形，对周襄王说：“秦国的军队轻狂而没有礼貌，一定会失败。轻狂就缺少谋略，没有礼貌就会粗心大意。进入险地却粗心大意，又不能谋划，能不失败吗？”

到了滑国，郑国的商人弦高准备到周城去做生意，遇上了秦军。先送上四张熟牛皮，跟着送上十二头牛，犒劳秦国的军队，说：“我们的国君听说你们要行军经过我们的国土，冒昧地慰劳您的部下，我们国家虽不富足，但因为你们在外日久，如要住下来，我们就为你们准备好每日的给养，如果你们要走，我们就为你们准备一夜的守卫。”并且派传车向

郑国报告。

郑穆公派人视察客馆,原来郑国人已经捆束行装、磨利兵刃、喂饱马匹了。郑穆公派皇武子下逐客令,说:"你们长久留在我们国家,只是我们的肉、粮、牲畜都用光了,为了你们将要远行,郑国有原圃,就好像秦国有具囿一样,你们自己去猎取些麋鹿,让我们安闲安闲,怎么样?"杞子逃跑到齐国,逢孙、扬逃跑到宋国。

郑穆公

孟明说:"郑国有防备了,不能希冀了。攻它攻不下,包围它援兵又跟不上,我们还是回去吧。"灭亡滑国然后回国。

齐国的国庄子前来聘问。从郊劳一直到赠贿,行礼合于礼仪,处事谨慎恰当。臧文仲对僖公说:"国子执政,齐国尚有礼仪,您还是朝见齐君吧!我听说:对有礼之邦敬服,是国家的保障。"

晋国的原轸说:"秦国违背蹇叔的意见,因为贪于得郑而辛苦百姓,这是上天赐给我们的机会。天赐不可失掉,敌人不可放纵。放纵敌人,忧患就会产生,违背天意就会不吉祥。一定要攻打秦国的军队!"栾枝说:"没有报答秦国的恩惠,却攻打它的军队,这难道是心里装着先君的遗命吗?"先轸说:"秦国不哀悼我国的丧事却攻打我们的同姓国,这是秦国无礼,还谈得上什么恩惠?我听说:'一日放纵敌人,就会有数世的忧患。'考虑到子孙后代,这可以对先君交代了吧?"于是发布出兵命令,急速调动姜戎参战。晋襄公穿上染黑的孝服,梁弘为他驾车,莱驹作为车右。夏四月十三日,在崤山击败秦国的军队,俘虏了百里孟明视、西乞术、白乙丙回国。于是穿着黑色丧服安葬晋文公,晋国从此开始改用黑色丧服。

文嬴为三帅请求,说:"他们确实挑拨了我们两国君主的关系,秦君如能得到他们就是吃了他们的肉,也不满足,您何必屈尊去惩罚他们呢?让他们回去让秦君杀掉他们,来满足秦君的心愿,怎么样?"晋襄公同意了。

先轸上朝,问起秦国的俘虏。晋襄公说:"夫人替他们请求,我放了他们。"先轸发怒说:"将士们拼力在战场上抓住了他们,而夫人却一下子就从国内把他们放走了,毁掉了战争的胜利果实,却助长了敌人的势力,国家灭亡没有多久了!"不管襄公在面前就吐了一口口水。

襄公派阳处父去追赶他们,追到了黄河,他们已经在船上了。阳处父解下左边的骖马,用襄公的名义赠给孟明。孟明叩头说:"托晋君恩惠,不把我们这些囚臣杀了涂鼓,放我们回去让秦君杀我们,我们的国君把我们杀了,那是死而不朽。如果托晋君的恩惠得赦免,三年之后将拜谢晋君的恩赐。"

秦穆公穿着白色的丧服在郊外等候,对着军队哭泣,说:"我违背蹇叔的意见,因此使

二三子受到侮辱，这是我的过错。”秦穆公没有撤掉孟明的职务。说：“是我的过错，大夫有什么罪呢？况且我不会因为一点小过失就抹杀你们大的功德。”

狄人侵犯齐国，这是因为晋国有丧事。

僖公攻打邾国。占取了訾娄，这是为了报复升陉的战役。邾国人没有设防。秋，襄仲再次攻打邾国。

狄人攻打晋国，到达箕。八月二十二日，晋侯在箕击败狄人。郤缺俘获了白狄子。

先轸说：“匹夫在国君面前放任自己的心志却没有受到惩罚，敢不自己惩罚自己吗？”脱掉头盔冲入狄国的军队，死在那里，狄国人送回他的头，面部颜色好像活着一样。

当初，臼季出使经过冀，看到冀缺锄草，他的妻子给他送饭到田里，很恭敬，彼此相待如宾。臼季便同冀缺一起回来，把他们的事情对文公说：“恭敬，是德行的集中表现，能够恭敬就必定有德行，德行是用来治理百姓的，请您任用他！我听说：出门遇见人如同对待宾客，接受任务就好像参加祭祀一样，这是仁的准则。”文公说：“他的父亲有罪，可以吗？”臼季回答说：“舜惩办罪人，把鲧流放到荒远的地方，他举拔人才，却用了鲧的儿子禹。管仲，是齐桓公的敌人，举他为相却取得了成功。《康诰》说：‘父亲不慈爱，儿子不诚敬，哥哥不友爱，弟弟不恭顺。’《诗》说：‘采萝卜，采蔓菁，不要吃了叶子丢了根。’您选取他的长处就可以了。”文公让郤缺担任下军大夫。从箕回来，襄公以三命命先且居率领中军，以再命命先茅的食邑赏给胥臣，说：“荐举郤缺，是你的功劳。”以一命命郤缺为卿，重新赐给他冀，但在军队中还没有职务。

冬，僖公到齐国去朝见，并且对狄军的侵袭表示慰问。回来，死在小寝，这是追求安逸的缘故。

晋国、陈国、郑国攻打许国，讨伐他们两属于楚。

楚国的令尹子上侵犯陈国、蔡国。陈国、蔡国同楚国讲和，于是攻打郑国，准备把公子瑕送回卫国即位，攻打郑国的桔秩之门，公子瑕的车子翻在郑国的内池里，外面的仆人髡屯捉住了他把他献给郑文公。文公夫人收殓然后安葬在郐城下面。

晋国的阳处父侵犯蔡国，楚国的子上救援蔡国，同晋国的军队夹着泜水而扎营。阳处父很忧虑，派人对子上说：“我听说：‘有文德的人不会侵犯顺理的事，有武德的人不肯躲避仇敌。’您如果想作战，那么我撤退三十里，你渡过黄河再摆开阵势，早打晚打都听你的，不然，就放我渡过河去。军队相持太久，耗费资财，也没有好处。”于是驾着战车等待。子上想过河，大孙伯说：“不行。晋国人没有信用，当我们渡过一半时迫近攻击我们，后悔战败哪里还来得及？不如放他们过河。”于是撤退三十里。阳子宣布说：“楚国的军队逃跑了。”于是回国。楚国的军队也回国了。太子商臣诬陷子上说：“接受了晋国的礼物而躲避他们，这是楚国的耻辱。没有比这更大的罪了。”楚王杀了子上。

安葬僖公。没有及时制作神主，这是不合于礼的。凡是君主死了，停止号哭以后就附祭于先祖，附祭以后就制作神主，单独向神主祭祀。在宗庙举行烝祭、尝祭、禘祭等常规祭祀。

文公

文公元年

【原文】

元年：春，王正月，公即位。

二月癸亥，日有食之。

天王使叔服来会葬。

夏，四月丁巳，葬我君僖公。

天王使毛伯来锡公命。

晋侯伐卫。

叔孙得臣如京师。

卫人伐晋。

秋，公孙敖会晋侯于戚。

冬，十月丁未，楚世子商臣弑其君颊。

公孙敖如齐。

元年春，王使内史叔服来会葬。公孙敖闻其能相人也，见其二子焉。叔服曰："穀也食子，难也收子。穀也丰下，必有后于鲁国。"

于是闰三月，非礼也。先王之正时也，履端于始，举正于中，归余于终。履端于始，序则不愆。举正于中，民则不惑。归余于终，事则不悖。

夏，四月丁巳，葬僖公。

王使毛伯卫来赐公命。叔孙得臣如周拜。

晋文公之季年，诸侯朝晋。卫成公不朝，使孔达侵郑，伐绵、訾及匡。晋襄公既祥，使告于诸侯而伐卫。及南阳，先且居曰："效尤，祸也。请君朝王，臣从师。"晋侯朝王于温，先且居、胥臣伐卫。五月辛酉朔，晋师围戚。六月戊戌，取之，获孙昭子。

卫人使告于陈。陈共公曰："更伐之，我辞之。"卫孔达帅师伐晋。君子以为古——古者越国而谋。

秋，晋侯疆戚田，故公孙敖会之。

初，楚子将以商臣为大子，访诸令尹子上。子上曰："君之齿未也，而又多爱。黜乃乱也。楚国之举，恒在少者。且是人也，蜂目而豺声，忍人也，不可立也！"弗听。

既，又欲立王子职而黜大子商臣。商臣闻之而未察，告其师潘崇曰："若之何而察之?"潘崇曰："享江芈而勿敬也。"从之。江芈怒，曰："呼，役夫！宜君王之欲杀女而立职也！"告潘崇，曰："信矣。"潘崇曰："能事诸乎?"曰："不能！""能行乎?"曰："不能！""能行大事乎?"曰："能！"

冬十月，以宫甲围成王。王请食熊蹯而死，弗听。丁未，王缢。谥之曰"灵"，不瞑；曰"成"，乃瞑。穆王立，以其为大子之室与潘崇，使为大师，且掌环列之尹。

穆伯如齐，始聘焉，礼也。凡君即位，卿出并聘，践修旧好，要结外援，好事邻国，以卫社稷，忠、信、卑让之道也。忠，德之正也。信，德之固也。卑让，德之基也。

殽之役，晋人既归秦帅，秦大夫及左右皆言于秦伯曰："是败也，孟明之罪也，必杀之！"秦伯曰："是孤之罪也。周芮良夫之诗曰：'大风有隧，贪人败类。听言则对，诵言如醉。匪用其良，覆俾我悖。'是贪故也，孤之谓也。孤实贪以祸夫子，夫子何罪?"复使为政。

【译文】

文公元年春，周历正月，鲁文公即位。二月初一，发生了日食。周天子派叔服前来参加葬礼。四月二十六日，安葬僖公。周天子派毛伯来赐给文公以策命的荣宠。晋侯讨伐卫国。叔孙得臣到京城去。卫国人攻打晋国。秋天，鲁公孙敖在卫国戚地会见了晋襄公。冬十月十八日，楚太子商臣杀了楚国君頵。公孙敖出使齐国。

元年春，周天子派内史叔服前来参加葬礼。公孙敖听说他能给人相面，就让自己的两个儿子出来见他。叔服说："谷将来可以祭祀供养您，难将来可以安葬您。谷的下颌生得丰满，将来必定在鲁国有后人。"

在这时候闰三月，这是不合礼制的。先王端正时令，年历的推算是以正月朔日开始的，把气候的正节放在每个月的中旬，把多余的日数归总在一年的末尾作为闰月。年历的推算以正月朔日开始，四时的次序就不会错乱；把正节放在每月的中旬，人们就不会迷惑；把剩余的日子归并到最后，一年的行事就不会混乱。

夏天，四月二十六日，安葬僖公。

周王派遣毛伯卫来策命给文公。叔孙得臣成周拜谢。

晋文公的晚年，各诸侯都来朝见晋国，卫成公不去朝见，反而派卫将孔达率军侵略郑国，攻打绵、訾和匡地。晋襄公在举行小祥祭祀以后，派人通告诸侯而讨伐卫国。军队来到南阳，晋将先且居说："效法错误，这是祸患。请君王您去朝觐周天子，由下臣带领军队去攻打卫国。"于是，晋襄公就去到温地朝见周天子，先且居、胥臣领兵进攻卫国。五月初一，晋国军队包围了戚地。六月初八，晋军攻下了戚地，俘获了孙昭子。

卫国人派人告诉陈国，向陈国求援。陈共公说："转过去进攻他们，我再去跟他们谈判。"卫国的孔达就领兵进攻晋国。君子认为这样做是很合乎古礼的，因为古代在国难期间有到远方求救的事例。

秋天，晋襄公把戚地划入了晋国版图，所以鲁大夫公孙敖也参加了。

起初，楚成王准备立商臣为太子，征询令尹子上的意见。子上说："君王的年纪还不大，而且又有很多内宠，如果立了商臣以后又改变主意而加以废除，那就是祸乱。按照楚国传统，策立太子常常选择年轻的，而且商臣这个人，两眼突出像胡蜂一样，声音像豺狼，是一个残忍的人，不能立为太子。"楚王没有听从。

立了以后不久，楚成王又想立王子职而废除太子商臣。商臣听到这个消息但还没有弄确切，便告诉他老师潘崇说："怎样才能把这事弄确切呢？"潘崇说："你设宴招待你姑母江芈而故意对她表示不尊敬。"商臣听从了他老师的意见，并按照去做。结果江芈发怒说："啊！你这个奴才！难怪君王要杀掉你而立职做太子，确实有道理。"商臣告诉潘崇说："事情是真的。"潘崇说："你能臣事公子职吗？"商臣说："不能。""能逃亡外国吗？"商臣说："不能。""能够办大事吗？"商臣说："能。"

冬十月，商臣率领宫中的警卫军包围成王。成王请求吃了熊掌以后去死，商臣不答应。十八日，楚成王上吊自尽。给他上谥号称为"灵"，尸体不闭眼睛；谥为"成"，才闭上眼睛。穆王即位，把他做太子时的房屋财产给了潘崇，让他做太师，并且做掌管宫中警卫军的长官。

穆伯到齐国去，开始聘问，这是合于礼的。凡是国君即位，卿就要出去到各国访问，为的是继续加强相互的友好关系，争取各诸侯国的支持，善待邻近的国家，借以巩固自己的国家，这是合乎忠、信、卑让的原则的。忠诚是品德的正路，信义是品德的骨干，卑让是品德的基础。

秦晋殽之战时，晋国放回了秦国主将，秦国大夫及左右侍臣对秦伯说："这次战败是孟明的罪，一定要杀死他。"秦伯说："这是我的罪过。周朝芮良夫的诗说：'旋风迅急万物摧，贪人逞欲善人危。听人说话喜答对，诵读诗书打瞌睡。贤良不用遭摒弃，使我行为背道义。'这是由于贪婪的缘故，说的就是我啊。我实际很贪婪因而使那一位受祸，那一位有什么罪呢？"重新让孟明执政。

文公二年

【原文】

二年：春，王二月甲子，晋侯及秦师战于彭衙。秦师败绩。

丁丑，作僖公主。

三月乙巳，及晋处父盟。

夏，六月，公孙敖会宋公、陈侯、郑伯、晋士縠，盟于垂陇。

自十有二月不雨,至于秋七月。

八月丁卯,大事于大庙,跻僖公。

冬,晋人、宋人、陈人、郑人伐秦。

公子遂如齐纳币。

二年春,秦孟明视帅师伐晋,以报殽之役。二月,晋侯御之。先且居将中军,赵衰佐之。王官无地御戎,狐鞫居为右。甲子,及秦师战于彭衙,秦师败绩。晋人谓秦"拜赐之师"。

战于殽也,晋梁弘御戎,莱驹为右。战之明日,晋襄公缚秦囚,使莱驹以戈斩之。囚呼,莱驹失戈,狼瞫取戈以斩囚,禽之以从公乘。遂以为右。箕之役,先轸黜之而立续简伯。狼瞫怒。其友曰:"盍死之?"瞫曰:"吾未获死所。"其友曰:"吾与女为难。"瞫曰:"《周志》有之:'勇则害上,不登于明堂。'死而不义,非勇也。共用之谓勇。吾以勇求右;无勇而黜,亦其所也。谓上不我知,黜而宜,乃知我矣。子姑待之。"及彭衙,既陈,以其属驰秦师,死焉。晋师从之,大败秦师。君子谓狼瞫于是乎君子。《诗》曰:"君子如怒,乱庶遄沮。"又曰:"王赫斯怒,爰整其旅。"怒不作乱而以从师,可谓君子矣!

秦伯犹用孟明。孟明增修国政,重施于民。赵成子言于诸大夫曰:"秦师又至,将必辟之。惧而增德,不可当也。《诗》曰:'毋念尔祖,聿修厥德。'孟明念之矣。念德不怠,其可敌乎?"

"丁丑,作僖公主。"书,不时也。

晋人以公不朝来讨。公如晋。夏四月己巳,晋人使阳处父盟公以耻之。书曰"及晋处父盟",以厌之也。适晋不书,讳之也。

公未至,六月,穆伯会诸侯及晋司空士縠"盟于垂陇",晋讨卫故也。书"士縠",堪其事也。

陈侯为卫请成于晋,执孔达以说。

秋八月丁卯,"大事于大庙,跻僖公",逆祀也。于是夏父弗忌为宗伯,尊僖公。且明见曰:"吾见新鬼大,故鬼小。先大后小,顺也。跻圣贤,明也。明、顺,礼也。"

君子以为失礼。礼无不顺。祀,国之大事也;而逆之,可谓礼乎?子虽齐圣,不先父食,久矣。故禹不先鲧,汤不先契,文、武不先不窋。宋祖帝乙,郑祖厉王,犹上祖也。是以《鲁颂》曰:"春秋匪解,享祀不忒:皇皇后帝,皇祖后稷。"君子曰礼,谓其后稷亲而先帝也。《诗》曰:"问我诸姑,遂及伯姊。"君子曰礼,谓其姊亲而先姑也。

仲尼曰:"臧文仲,其不仁者三,不知者三。下展禽,废六关,妾织蒲,三不仁也。作虚器,纵逆祀,祀爰居,三不知也。"

冬,晋先且居、宋公子成、陈辕远、郑公子归生伐秦,取汪及彭衙而还,以报彭衙之役。卿不书,为穆公故,尊秦也,谓之崇德。

襄仲如齐纳币,礼也。凡君即位,好舅甥,修昏姻,娶元妃以奉粢盛,孝也。孝,礼之

始也。

【译文】

二年春，周历二月七日，晋侯与秦国的军队在彭衙交战，秦国军队大败。二十日作僖公的牌位。三月十九日，文公与晋处父结盟。夏六月，公孙敖与宋公、陈侯、郑伯及晋国的士毅相会，并于垂陇结盟。从去年十二月到今年秋七月一直没有下雨。八月十三日。在周公庙里举行祭典，安放僖公的牌位到上面。冬天，晋国人、宋国人、陈国人、郑国人一起攻伐秦国。公子遂到齐国去送订婚聘礼。

二年春，秦将孟明视率兵攻打晋国，以报复殽地这次战役。二月，晋襄公率军抵抗，先且居率领中军，赵衰担任副将辅助他。王官无地为先且居驾车，狐鞫居作为车右。二月七日，晋秦两军在彭衙开战，结果秦军大败。晋国人戏称秦军为"拜谢恩赐的部队"。

以前在殽地作战的时候，晋国的梁弘为晋襄公驾御战车，莱驹作为车右。开战的第二天，晋襄公捆绑了秦国的俘虏，派莱驹用戈杀秦俘，俘虏大叫一声，莱驹吓得将戈掉在地上。这时，狼瞫拿起戈来砍了俘虏的脑袋，抓起莱驹追上了晋襄公的战车，于是晋襄公就让他作为车右。在箕地的战役中，先轸废黜狼瞫，而以续简伯作为车右。狼瞫发怒。他的朋友说："你为什么不去死呢？"狼瞫说："我还没有找到死的地方。"他的朋友说："我跟你一起发难造反，杀掉先轸。"狼瞫说："《周志》有这样的话：'勇敢而杀害长上的人，死后不能进入明堂。'死而不合于道义，这不是勇敢。为国家所用叫作勇敢。我因勇敢而担任车右，如今被认为不勇敢而免职，说来也是应该的。如果说上面的人不了解我，废黜得恰当，就是了解我了。您姑且等着吧。"到彭衙之战时，两军已摆好阵势，狼瞫就率领他的部下冲进秦军中壮烈牺牲。晋军跟着冲上去，把秦军打得大败。君子认为狼瞫由于这样可以算得君子了。《诗》说："君子如果发怒，动乱差不多可以消灭。"又说："文王勃然震怒，于是就整顿军队。"发怒不去作乱，反而上去打仗，可以算是君子了。

秦穆公还是任用孟明。孟明进一步修明政事，给百姓以优厚的好处。赵成子对大夫们说："如果秦军再一次前来，我们一定要避开它。由于畏惧而更加修明德行，这是不可抵挡的。《诗·大雅》说：'时时念着你的祖先，不断修明你的德行。'孟明念念不忘这首诗，想到德行而努力不懈，难道可以抵挡吗？"

二十日，制作僖公的牌位。《春秋》所以记载这事，是由于制作不及时。

晋国人由于鲁文公不到晋国朝见而前来攻打，文公就去了晋国。夏四月十三日，晋国派阳处父和文公结盟以羞辱他。《春秋》记载说"及晋处父盟"，这是表示对晋国憎恶的意思。到晋国去的事《春秋》没有记载，这是出于隐讳。

文公还未回到鲁国，六月，穆伯在垂陇和诸侯以及晋国司空士毅结盟，这是由于晋国攻打卫国的缘故。《春秋》记载称"士毅"，是由于认为他能够胜任参与会盟这件事。

陈侯为卫国向晋国求和，逮捕孔达，以作为跟晋国说和的条件。

秋八月十三日,鲁国在太庙中举行祭典,把鲁僖公的牌位安放在闵公之上,这是不合礼的祭祀。当时夏父无忌担任宗伯官,他很尊崇僖公,而且宣布他所见到的说:"我见到新鬼大,旧鬼小,大的在前面,小的在后面,这是顺序,把圣贤供在上面,这是明智。明智、顺序,这是合于礼的。"

君子认为这样做是失礼。礼没有不合顺序的。祭祀是国家的大事,不按顺序,难道可以说合于礼吗?儿子虽然聪明圣哲,但不能在父亲之先享受祭品,这是由来已久的规定。所以禹不能在鲧之前,汤不能在契之前,文王、武王不能在窑之前。宋国以帝乙为祖宗,郑国以厉王为祖宗,这都是尊重祖先的表现。所以《鲁颂》说:"一年四季祭祀不懈怠,没有差错,致祭于伟大的天帝,又致祭于伟大的祖先后稷。"君子说这合于礼,是说后稷虽然亲近但却先称天帝。《诗》说:"问候我的姑母们,于是又问候到各位姐姐。"君子说这合于礼,是说姐姐虽然亲近然而却先称姑母。

孔子说:"臧文仲,他有不仁爱的事情三件,不聪明的事情三件。使展禽这样的贤人居于下位,设立六个关口向行人收税,小老婆织席贩卖,与民争利,这是三件不仁爱的事。他花费钱财养了一个大乌龟,纵容那种不合礼的祭祀,祭祀海鸟爰居,这是三件不聪明的事。"

冬,晋国先且居、宋国公子成、陈国辕远、郑国公子归生,共同率兵攻打秦国,攻下秦地汪和彭衙然后回国,以报复上次在彭衙的战役。《春秋》上没有记载各国卿的名字,这是为了穆公的缘故。尊重秦国,叫作崇奉德行。

襄仲到齐国致献玉帛财礼,这是合乎礼的。凡是国君即位,巩固舅甥国家间的友好关系,修结婚姻,迎娶长妃以便一起主持祭祀,这是合符孝道的。孝道,是礼的开端。

文公三年

【原文】

三年:春,王正月,叔孙得臣会晋人、宋人、陈人、卫人、郑人伐沈,沈溃。

夏,五月,王子虎卒。

秦人伐晋。

秋,楚人围江。

雨螽于宋。

冬,公如晋。十有二月己巳,公及晋侯盟。

晋阳处父帅师伐楚以救江。

三年春,庄叔会诸侯之师伐沈,以其服于楚也。"沈溃",凡民逃其上曰溃,在上曰逃。

卫侯如陈,拜晋成也。

夏四月乙亥，王叔文公卒。来赴，吊如同盟，礼也。

秦伯伐晋，济河焚舟，取王官及郊。晋人不出。遂自茅津济，封殽尸而还。遂霸西戎，用孟明也。

君子是以知秦穆（公）之为君也，举人之周也，与人之壹也；孟明之臣也，其不解也，能惧思也；子桑之忠也，其知人也，能举善也。《诗》曰："于以采蘩？于沼于沚。于以用之？公侯之事。"秦穆有焉。"夙夜匪解，以事一人。"孟明有焉。"诒厥孙谋，以燕翼子。"子桑有焉。

"秋，雨螽于宋"，队而死也。

楚师围江，晋先仆伐楚以救江。冬，晋以江故告于周，王叔恒公、晋阳处父伐楚以救江。门于方城，遇息公子朱而还。

晋人惧其无礼于公也，请改盟。公如晋，及晋侯盟。晋侯飨公，赋《菁菁者莪》。庄叔以公降、拜，曰："小国受命于大国，敢不慎仪？君贶之以大礼，何乐如之？抑小国之乐，大国之惠也。"晋侯降，辞。登，成拜。公赋《嘉乐》。

【译文】

三年春，周历正月，叔孙得臣与晋人、宋人、陈人、卫人、郑人一起攻打沈国。沈国溃败。夏五月，王子虎死。秦国人攻伐晋国。秋天，楚国人围攻江国。宋国降落蝗虫。冬天，鲁文公到晋国去。十二月己巳，文公与晋侯结盟。晋国阳处父率领部队讨伐楚国以援救江国。

三年春，庄叔会合诸侯的军队攻打沈国，因为它投靠楚国。沈国百姓溃散，凡是百姓逃避他们上层人物叫作"溃"，上层人物逃走叫作"逃"。

卫侯到陈国去，这是为了答谢陈国所促成的卫、晋两国的和议的缘故。

夏四月二十四日，王叔文公死，发来了讣告，用同盟国的礼数去吊唁他，这是合于礼的。

秦伯攻打晋国，渡过黄河后烧掉船只，攻取了晋的王官和郊地，晋军不出战，于是秦军就从茅津渡过黄河，埋葬完前次殽之战的尸骨才回国，秦伯就此成了西戎的霸主，这都是由于任用了孟明。

君子因此而知道秦穆公作为国君，提拔人才考虑全面，任用人才专一不疑；孟明作为臣子，能够努力不懈，戒惧多思；子桑忠心耿耿，他了解别人，能够推举好人。《诗》说："到哪里去采白蒿？到池塘里，到小洲上。在哪里使用它？在公侯的典礼上。"秦穆公就是这样的。"从早到晚不松懈，以侍奉天子一个人。"孟明做到了这些。"留给子孙好计谋，子孙安定受庇护。"子桑就是这样的。

秋天，宋国境内落下很多蝗虫，蝗虫落到地上就死了。

楚国的军队包围江国，晋国的先仆攻打楚国以救援江国。冬天，晋国把楚国侵略江

国的事上奏周天子，王叔桓公、晋国的阳处父去攻打楚国以救援江国。晋、周联军攻打楚国方城的门，碰见楚将公子朱就班师回国了。

晋国人害怕曾经对文公无礼，请求改定盟约。文公到了晋国，和晋侯结盟。晋侯设享礼招待文公，赋《菁菁者莪》这首诗。庄叔就让文公走下台阶拜谢，说："小国接受大国的命令，怎敢对礼仪不谨慎？君王赐我们以隆重的礼数，还有什么比这更高兴的呢？小国的高兴，是大国的恩惠。"晋侯也走下台阶辞让，再登上台阶，完成拜礼。文公赋《嘉乐》这首诗。

文公四年

【原文】

四年：春，公至自晋。

夏，逆妇姜于齐。

狄侵齐。

秋，楚人灭江。

晋侯伐秦。

卫侯使宁俞来聘。

冬，十有一月壬寅，夫人风氏薨。

四年春，晋人归孔达于卫，以为卫之良也，故免之。

夏，卫侯如晋，拜。曹伯如晋，会正。

逆妇姜于齐，卿不行，非礼也。君子是以知出姜之不允于鲁也，曰："贵聘而贱逆之，君而卑之，立而废之，弃信而坏其主，在国必乱，在家必亡。不允，宜哉！《诗》曰：'畏天之威，于时保之。'敬主之谓也。"

秋，晋侯伐秦，围邧、新城，以报王官之役。

楚人灭江，秦伯为之降服，出次，不举，过数。大夫谏，公曰："同盟灭，虽不能救，敢不矜乎？吾自惧也。"君子曰："《诗》云：'惟彼二国，其政不获。惟此四国，爰究爰度。'其秦穆之谓矣！"

卫宁武子来聘。公与之宴，为赋《湛露》及《彤弓》。不辞，又不答赋。使行人私焉，对曰："臣以为肄业及之也。昔诸侯朝正于王，王宴乐之，于是乎赋《湛露》，则天子当阳，诸侯用命也。诸侯敌王所忾而献其功，王于是乎赐之彤弓一、彤矢百、旅弓矢千，以觉报宴。今陪臣来继旧好，君辱贶之，其敢干大礼以自取戾？"

冬，成风薨。

【译文】

四年春,文公从晋国回到鲁国。夏天,从齐国娶来了齐姜。狄人侵略齐国。秋天,楚国人灭了江国。晋侯攻伐秦国。卫侯派宁俞来聘问。冬十一月一日,夫人风氏死。

四年春,晋人把孔达释放回卫国。因为晋国人认为他是卫国的优秀人才,所以赦免了他。

夏,卫侯到晋国答谢释放孔达。曹伯到晋国商谈纳贡的事情。

到齐国迎娶姜氏,没有派卿去,这是不合礼的。君子因此知道出姜最终是不会被鲁国承认的。说:"派身份高的公子遂去下聘礼,如今却派身份低微的去迎娶,身份是小君而轻待她,立为夫人而废弃她,背弃信用而损害内主的身份,这样的事发生在国家中国家就会动乱,发生在家族中家族必然灭亡。出姜最终不被鲁国承认而归回娘家不是很应该的吗?《诗》说:'畏惧上天的威灵,因此就能保全福禄。'说的是要恭敬国主。"

秋,晋侯攻打秦国,包围邧地、新城,以报复王官那次战役。

楚国灭了江国,秦伯为此而穿了素服,出居别室,撤去半盛膳食与歌乐,其行为超过了应有的礼数。大夫劝谏。秦伯说:"同盟国被灭亡,虽然没能够去救援,又怎敢不哀怜呢?我是自己警惕呀。"君子说:"《诗》说:'夏殷那两个国家哟,政治不得人心。于是这四方的诸侯,探究其中的原因。'这说的就是秦穆公啊。"

卫国的宁武子前来聘问,文公和他一起饮宴,为他诵《湛露》和《彤弓》两首诗。宁武子没有辞谢,又没有诵诗回答。文公派行人私下探问。宁武子回答说:"下臣以为是练习吟诵而刚好诵到这些诗。从前诸侯在正月朝见天子,天子设宴奏乐,在这时吟诵《湛露》这首诗,那就表示天子对着太阳(南面而治),诸侯效劳听命。诸侯征讨天子的敌人而献功时,天子因而赐给他们红色的弓一把、红色的箭一百枝、黑色的弓、箭一千,以此表明这是对有功之人的报答宴会。现在陪臣只不过是前来继续过去的友好,承君王赐宴,岂敢触犯大礼而自取罪过?"

冬,成风死。

文公五年

【原文】

五年:春,王正月,王使荣叔归含且赗。

三月辛亥,葬我小君成风。王使召伯来会葬。

夏,公孙敖如晋。

秦人入鄀。

秋，楚人灭六。

冬，十月甲申，许男业卒。

五年春，王使荣叔来含且赗，召昭公来会葬，礼也。

初，郤叛楚即秦，又贰于楚。夏，秦人入郤。

六人叛楚即东夷。秋，楚成大心、仲归帅师灭六。冬，楚公子燮灭蓼。臧文仲闻六与蓼灭，曰："皋陶、庭坚不祀忽诸。德之不建，民之无援，哀哉！"

晋阳处父聘于卫，反过宁。宁嬴从之，及温而还。其妻问之，嬴曰："以刚。《商书》曰：'沈渐刚克，高明柔克。'夫子壹之，其不没乎？天为刚德，犹不干时，况在人乎？且华而不实，怨之所聚也。犯而聚怨，不可以定身。余惧不获其利而离其难，是以去之。"

晋赵成子、栾贞子、霍伯、臼季皆卒。

【译文】

五年春，周历正月，周王派荣叔为我小君成风送来口含之物，并赠送了助葬物品。三月十二日，安葬我国小君成风。周王派召伯来参加葬礼。夏，公孙敖到晋国去。秦国人进入郤国。秋，楚国人灭掉六国。冬十月十八日，许男业死。

五年春，周天子派荣叔前来致送含玉及其他助葬物品，召昭公前来参加葬礼，这是合于礼的。

起初，郤国背叛楚国而亲近秦国，后来又和楚国勾结。夏天，秦军进入郤国。

六国人背叛楚国而亲近东夷，秋天，楚国的成大心、仲归领兵灭亡了六国。冬天，楚国公子燮灭亡蓼国。臧文仲听到六国和蓼国灭亡的消息说："皋陶、庭诸一下子就没有人祭祀了。德行不建立，百姓没有救援，这真可悲。"

晋国的阳处父到卫国聘问，回国时路过宁地。宁嬴跟着他，到温地之后就回去了。他的妻子问阳处父是怎样的人。宁嬴说："阳处父个性太刚强了。《商书》说：'柔弱深沉的人要用刚强来克服，高亢明爽的人要用柔弱来克服。'那个人只具有刚强的个性，恐怕不会有善终。天为纯阳，属于刚强的德性，尚且不触犯四时的运行规律，何况是人呢？而且华而不实，就会聚集怨恨。触犯别人而聚集怨恨，不能够安定自身。我害怕不能得到什么利益反而遭到祸难，所以才离开他。"

晋国的赵成子、栾贞子、霍伯、臼季都死去了。

文公六年

【原文】

六年：春，葬许僖公。

夏，季孙行父如陈。

秋，季孙行父如晋。

八月乙亥，晋侯骊卒。

冬，十月，公子遂如晋。葬晋襄公。

晋杀其大夫阳处父。

晋狐射姑出奔狄。

闰月不告月，犹朝于庙。

六年春，晋蒐于夷，舍二军。使狐射姑将中军，赵盾佐之。阳处父至自温，改蒐于董，易中军。阳子，成季之属也，故党于赵氏，且谓赵盾能，曰："使能，国之利也。"是以上之。宣子于是乎始为国政，制事典，正法罪，辟狱刑，董逋逃，由质要，治旧洿，本秩礼，续常职，出滞淹。既成，以授大傅阳子与大师贾佗，使行诸晋国，以为常法。

臧文仲以陈、卫之睦也，欲求好于陈。夏，季文子聘于陈，且娶焉。

秦伯任好卒，以子车氏之三子奄息、仲行、铖虎为殉。皆秦之良也，国人哀之，为之赋《黄鸟》。

君子曰："秦穆之不为盟主也，宜哉！死而弃民。先王违世，犹诒之法。而况夺之善人乎！《诗》曰：'人之云亡，邦国殄瘁。'无善人之谓。若之何夺之！古之王者知命之不长，是以并建圣哲，树之风声，分之采物，著之话言，为之律度，陈之艺极，引之表仪，予之法制，告之训典，教之防利，委之常秩，道之（以）礼则，使无失其土宜，众隶赖之，而后即命。圣王同之。今纵无法以遗后嗣，而又收其良以死，难以在上矣！"君子是以知秦之不复东征也。

秋，季文子将聘于晋，使求遭丧之礼以行。其人曰："将焉用之？"文子曰："'备豫不虞'，古之善教也。求而无之，实难。过求何害？"

八月乙亥，晋襄公卒。灵公少，晋人以难故，欲立长君。赵孟曰："立公子雍：好善而长，先君爱之，且近于秦。秦，旧好也。置善则固，事长则顺，立爱则孝，结旧则安。为难故，故欲立长君。有此四德者，难必抒矣！"贾季曰："不如立公子乐。辰嬴嬖于二君，立其子，民必安之。"赵孟曰："辰嬴贱，班在九人，其子何震之有？且为二君嬖，淫也。为先君子，不能求大而出在小国，辟也。母淫子辟，无威；陈小而远，无援：将何安焉？杜祁以君故，让偪姞而上之；以狄故，让季隗而己次之：故班在四，先君是以爱其子而仕诸秦，为亚卿焉。秦大而近，足以为援；母义子爱，足以威民：立之不亦可乎？"使先蔑、士会如秦，逆公子雍。贾季亦使召公子乐于陈，赵孟使杀诸郫。

贾季怨阳子之易其班也，而知其无援于晋也，九月，贾季使续鞫居杀阳处父。书曰"晋杀其大夫"，侵官也。

冬十月，襄仲如晋。葬襄公。

十一月丙寅，晋杀续简伯。贾季奔狄。宣子使臾骈送其帑。夷之蒐，贾季戮臾骈；臾

骊之人欲尽杀贾氏以报焉。臾骈曰："不可。吾闻《前志》有之曰：'敌惠敌怨，不在后嗣。'忠之道也。夫子礼于贾季，我以其宠报私怨，无乃不可乎？介人之宠，非勇也。损怨益仇，非知也。以私害公，非忠也。释此三者，何以事夫子？"尽具其帑与其器用财贿，亲帅扞之，送致诸竟。

闰月不告朔，非礼也。闰以正时，时以作事，事以厚生，生民之道于是乎在矣。不告闰朔，弃时政也，何以为民？

【译文】

六年春，安葬许僖公。夏，季孙行父到陈国去。秋，季孙行父到晋国去。八月十四日，晋侯欢死。冬十月，公子遂到晋国去。安葬晋襄公。晋国杀了晋大夫阳处父。晋国狐射姑出逃到狄国。闰月没有举行告朔仪式，但还是举行了朝庙的仪式。

六年春，晋国在夷地阅兵，撤销了两个军。让狐射姑率领中军，赵盾辅助他。阳处父从温地回来，改在董地阅兵，并改换了中军主将。阳子原是成季的下属，所以偏向赵氏，而且认为赵盾有才能。说："任用有才能的人，这是国家的利益。"所以使赵盾居于上位。赵宣子从这时开始掌握国家政权，制定典章制度，修定法律，彰明刑狱条例，追究逃亡，使用券契，清除政治上的积弊，恢复被破坏了的等级，重建已经废弃了的官职，举拔被埋没的人才。政令法规完成以后，交给太傅阳子和太师贾佗，要他们在晋国推行，作为基本的制度。

臧文仲因陈、卫两国和睦，就想与陈国建立友好关系。夏，季文子到陈国聘问，并且娶了妻子。

秦伯任好死，用子车氏的三个儿子奄息、仲行、针虎三人殉葬，他们都是秦国的优秀人物。国都的人哀痛他们，为他们赋了《黄鸟》这首诗。

君子说："秦穆公没有当上盟主是应该的啊！他死了以后还要残害臣民。以前的君主离开人世，还留下了法则，为何反而夺去百姓的好人呢？《诗》说：'贤人死亡，国家就困乏损伤。'这说的就是原本好人就不多，为什么竟要夺走他们？古代的君王知道自己的生命不能永久，所以就任命很多贤明之臣，给他们树立风气教化，分给他们旗帜服装，把对他们有益的话著录于典册，为他们制定法度，对他们公布准则，设立榜样作为他们的引导，给予他们法律条规，告诉他们先王的经典遗训。教导他们防止过多谋求私利，委任他们一定的职务，用礼的规则引导他们，使他们不违背因地制宜的原则，让大家都信赖他们，然后才离开人世。圣明的君王都是这样的。现今秦君既没有留下好的法则给后继的人，却又收取他们的突出人物来殉葬，这就难于处在上位了。"君子因此知道秦国不可能再向东征伐了。

秋，季文子将到晋国去聘问，让人代他求得如果碰到丧事应该行什么样的礼数以后才动身。随从的人说："问这个有什么用？"文子说："预备意外的事情发生，这是古代的好

教训。如果临时需要而我们却没有这方面的准备,就会处于困难的境地。所以,多准备一些又有什么坏处呢。"

八月十四日,晋襄公死。灵公年幼,晋国人由于祸难的缘故,想立年长的国君。赵孟说:"立公子雍。他喜爱善良的品德而且年长,先君宠爱他,而且为秦国所亲近。秦国,是晋国老朋友。立一个善良的人就稳固,侍奉年长的就顺理成章,立先君所爱的人就合于孝道,结交老朋友就安定。为了祸难的缘故,所以要立年长的国君。有了固、顺、孝、安这四项条件,祸难就一定可以缓解了。"贾季说:"不如立公子乐。他的母亲辰嬴曾受到两位先君的宠幸,立她的儿子为君,百姓必然安定。"赵孟说:"辰嬴身份低贱,在文公夫人中,位次在第九,她的儿子还会有什么威严? 况且她受到两位先君的宠爱,这是淫荡。作为先君的儿子,不能求得大国而出居小国,这是邪僻行为。母亲淫荡,儿子邪僻,就谈不上威严;陈国小而且远,有事无法援助,这又有什么安定可言? 杜祁由于国君的缘故,才让逼姞排在她的上面。又由于狄国的缘故,让季隗居上位,而自己排在她下面。所以位居第四。先君因此喜爱她的儿子,叫他到秦国做亚卿。秦国大而且近,足以作为援助;母亲具有道义,儿子受到喜欢,足可威服百姓。立他,不也是很好吗?"派先蔑、士会到秦国迎接公子雍。贾季也派人到陈国召回公子乐,赵孟派人在郫地杀了公子乐。

贾季怨恨阳处父改变他的地位,而且知道他在晋国没有背景,九月,贾季派续鞫居杀死阳处父。《春秋》记载说"晋杀其大夫",这是由于阳处父随便侵夺官职的缘故。

冬十月,襄仲到晋国参加襄公的葬礼。

十一月某日,晋国杀了续简伯。贾季逃亡到狄国,宣子派臾骈把他的妻子儿女送去。在夷地阅兵的时候,贾季曾经侮辱臾骈,臾骈手下的人想杀死贾氏的全家来报仇。臾骈说:"不行。我听《前志》上有这样的话:'不论跟敌人有恩惠或有怨恨,这都与他们子孙无关。这就是忠诚的道德。赵盾对贾季很有礼貌,我因为受到他宠信而报自己的私怨,恐怕不可以吧! 利用人家对你的宠信,这不是勇敢。虽然出了怨气却增加了仇恨,这不是明智的做法。为了私事而妨碍公事,这不是忠的行为。舍弃了勇、智、忠这三点又用什么来侍奉夫子呢?"于是就把贾季的妻子儿女以及他们的器用财货全部准备齐全,亲自率兵护卫,送到边境上。

闰月不举行告朔的仪式,这是不符合礼的。闰是用来校正四时的误差的。四时是人们据以安排农事的。农事是给人们提供丰富的生活物资的,养活老百姓的方法就在这里。不举行闰月告朔的仪式,这就是丢弃了施政的时令,又怎么能够治理人民呢?

文公七年

【原文】

七年:春,公伐邾。

三月甲戌,取须句。遂城郚。

夏,四月,宋公王臣卒。宋人杀其大夫。

戊子,晋人及秦人战于令狐。

晋先蔑奔秦。

狄侵我西鄙。

秋,八月,公会诸侯、晋大夫,盟于扈。

冬,徐伐莒。

公孙敖如莒莅盟。

七年春,公伐邾,间晋难也。三月甲戌,取须句,实文公子焉,非礼也。

夏四月,宋成公卒。于是公子成为右师,公孙友为左师,乐豫为司马,鳞矔为司徒,公子荡为司城,华御事为司寇。

昭公将去群公子,乐豫曰:“不可！公族,公室之枝叶也;若去之,则本根无所庇荫矣。葛藟犹能庇其本根,故君子以为比,况国君乎？ 此谚所谓‘庇焉而纵寻斧焉’者也,必不可！ 君其图之。亲之以德,皆股肱也,谁敢携贰？ 若之何去之？”不听。

穆、襄之族率国人以攻公,杀公孙固、公孙郑于公宫。六卿和公室,乐豫舍司马以让公子卬。昭公即位而葬。书曰“宋人杀其大夫”,不称名,众也,且言非其罪也。

秦康公送公子雍于晋,曰:“文公之入也无卫,故有吕、郤之难。”乃多与之徒卫。

穆嬴日抱大子以啼于朝,曰:“先君何罪？ 其嗣亦何罪？ 舍適嗣不立而外求君,将焉寘此？”出朝,则抱以适赵氏,顿首于宣子,曰:“先君奉此子也而属诸子,曰:‘此子也才,吾受子之赐;不才,吾唯子之怨。’今君虽终,言犹在耳,而弃之,若何？”宣子与诸大夫皆患穆嬴,且畏偪,乃背先蔑而立灵公,以御秦师。

箕郑居守。赵盾将中军,先克佐之。荀林父佐上军。先蔑将下军,先都佐之。步招御戎,戎津为右。及堇阴,宣子曰:“我若受秦,秦则宾也;不受,寇也。既不受矣,而复缓师,秦将生心。先人有夺人之心,军之善谋也。逐寇如追逃,军之善政也。”训卒利兵,秣马蓐食,潜师夜起。戊子,败秦师于令狐,至于刳首。

己丑,先蔑奔秦,士会从之。

先蔑之使也,荀林父止之,曰:“夫人、大子犹在,而外求君,此必不行。子以疾辞,若何？ 不然,将及。摄卿以往可也,何必子？ 同官为寮;吾尝同寮,敢不尽心乎？”弗听。为赋《板》之三章,又弗听。及亡,荀伯尽送其帑及其器用财贿于秦,曰:“为同寮故也。”

士会在秦三年,不见士伯。其人曰:“能亡人于国,不能见于此,焉用之？”士季曰:“吾与之同罪,非义之也,将何见焉？”及归,遂不见。

狄侵我西鄙,公使告于晋。赵宣子因使贾季问酆舒,且让之。酆舒问于贾季曰:“赵衰、赵盾孰贤？”对曰:“赵衰,冬日之日也。赵盾,夏日之日也。”

秋八月,齐侯,宋公,卫侯、〔陈侯、〕郑伯、许男、曹伯会晋赵盾,盟于扈,晋侯立故也。

公后至，故不书所会。凡会诸侯，不书所会，后也。后至，不书其国，辟不敏也。

穆伯娶于莒，曰戴己，生文伯。其娣声己生惠叔。戴己卒，又聘于莒，莒人以声己辞，则为襄仲聘焉。

冬，徐伐莒。莒人来请盟，穆伯如莒莅盟，且为仲逆。及鄢陵，登城见之，美，自为娶之。仲请攻之，公将许之，叔仲惠伯谏曰："臣闻之：'兵作于内为乱，于外为寇。寇犹及人，乱自及也。'今臣作乱而君不禁，以启寇雠，若之何？"公止之。惠伯成之，使仲舍之，公孙敖反之，复为兄弟如初。从之。

晋郤缺言于赵宣子曰："日卫不睦，故取其地。今已睦矣，可以归之。叛而不讨，何以示威？服而不柔，何以示怀？非威非怀，何以示德？无德，何以主盟？子为正卿，以主诸侯，而不务德，将若之何？《夏书》曰：'戒之用休，董之用威，劝之以《九歌》，勿使坏。'九功之德皆可歌也，谓之《九歌》。六府、三事，谓之九功。水、火、金、木、土、谷谓之六府，正德、利用、厚生谓之三事。义而行之，谓之德、礼。无礼不乐，所由叛也。若吾子之德莫可歌也，其谁来之？盍使睦者歌吾子乎？"宣子说之。

【译文】

七年春，文公讨伐邾国。三月十七日攻取了须句国。于是修筑郚地城池。夏四月，宋公王臣死。宋国人杀宋国大夫。四月一日，晋国人与秦国人在令狐交战。晋国先蔑出奔到秦国。狄国人侵略我国的西边边境。秋八月，鲁文公会合各诸侯及晋国大夫在扈地结盟。冬，徐国攻伐莒国。公孙敖到莒国参加会盟。

七年春，鲁文公攻打邾国，这是利用晋国国内有难的空子。三月十七日，鲁国占领了须句，把邾文公的儿子安置在这里，这是不合于礼的。

夏四月，宋成公死。在这时公子成做右师，公孙友做左师，乐豫做司马，鳞矔做司徒，公子荡做司城，华御事做司寇。

宋昭公想铲除群公子，乐豫说："不行。公族是公室的枝叶，如果去掉它，那么树干树根就没有枝叶遮蔽了。葛藟还能遮蔽它的躯干和根子，所以君子以它做比喻，何况是国君呢？这就是俗话所说的'树荫遮蔽了却又放肆使用斧子'，一定不可以。君王要好好考虑。如果用德行去亲近他们，那他们都是左右辅佐大臣，有谁敢怀二心？为什么要杀他们呢？"昭公不听。

穆公、襄公的族人率领国内的人们攻打昭公，在宫里杀死了公孙固和公孙郑，六卿和公室讲和，乐豫放弃了司马的官职给昭公的弟弟公子卬。昭公即位以后才为宋成公举行葬礼。《春秋》记载说"宋人杀其大夫"，不记载名字，这是由于人多而且他们无罪。

秦康公送公子雍到晋国，说："晋文公回国时没有兵力保护，所以有吕、郤发动的祸难。"于是就多给他步兵卫士。

穆嬴天天抱着太子在朝廷上啼哭，说："先君有什么罪过？他的继承人又有什么罪？

丢开嫡长子不立,反而到外面去求国君,你们准备怎么安置这个小孩?"出了朝廷,就抱着孩子到赵家,向赵盾叩头,说:"先君捧着这个孩子嘱托给您,说:'这个孩子如果成才,我就是受了您的赐予;如果不成才,那我就只怨你。'现在先君虽死,但话还在耳朵里,就放弃不管,这事可怎么办?"赵盾和大夫们都怕穆嬴,而且害怕威逼,就背弃了先蔑所迎的公子雍而立了灵公,并发兵抵御秦国军队。

箕郑留守。赵盾率领中军,先克辅助他;荀林父辅助上军,先蔑率领下军,先都辅佐他。步招为赵盾驾车,戎津作为车右。到达堇阴。赵盾说:"我们如果接受秦国护送的公子雍,那秦军就是宾客;不接受,他们就是敌人。我们已经不接受了,却又迟迟不进军,秦国就会动别的念头。比敌人先有夺取人的决心,这是作战的好谋略。追逐敌人好像追赶逃犯一样,这是作战的好战术。"于是就教训士兵,磨快武器,喂饱战马,让部队吃饱,在夜里偷偷出发。四月初一,在令狐打败秦军,一直追到刳首。

四月初二,先蔑逃亡到秦国,士会跟着他。

先蔑出使秦国的时候,荀林父曾劝阻他说:"夫人和太子还在,反而到外边去求国君,这事一定是行不通的。你借口生病而辞谢不去,怎么样?不这样的话,您将遇上祸患。派一个代理卿前去就可以了,为什么一定您去呢?在一起做官叫'寮',我曾经和您同寮,怎敢不替您尽心呢?"先蔑没有听从,荀林父为他赋《板》这首诗的第三章,又不听从。等到他逃亡出国,荀林父把他的妻子儿女和器用财货全部送到秦国,说:"这是因为我们是同寮的缘故。"

士会在秦国三年,没有去见先蔑。有人说:"能和别人一起逃亡到这个国家,而不愿在这里相见,何必这样?"士会说:"我和他罪过相同,并不是认为他的行为符合道义才跟他来的,又有什么必要见面呢?"一直到回国,始终没有去见士蔑。

狄人侵略我国西部边境,文公派使者向晋国报告。赵宣子派贾季去问酆舒,并且责备他。酆舒问贾季说:"赵衰、赵盾哪一个贤明?"贾季回答说:"赵衰是冬天的太阳,赵盾是夏天的太阳。"

秋八月,齐侯、宋公、卫侯、郑伯、许男、曹伯和晋国的赵盾在扈地结盟,这是由于晋侯即位的缘故。文公晚到,所以《春秋》不记载与会的国家。凡是和诸侯聚会结盟,如果不记载与会的国家,就是因为晚到的缘故。晚到,不记载这些国家,这是为了避免弄出错误。

穆伯在莒国娶妻,名叫戴己,生了文伯;她的妹妹声己生了惠叔。戴己死了以后,穆伯又到莒国行聘。莒国人用声己在的理由辞谢。于是就为襄仲行聘。

冬,徐国攻打莒国,莒国人前来请求结盟,穆伯到莒国参加盟会,顺便为襄仲迎娶莒女。到达鄢陵,登城见到莒女,很美丽,就自己娶了她。襄仲请求攻打穆伯,文公准备同意。叔仲惠伯劝谏说:"臣听说:'战争发生在国内叫作乱,发生在外部叫作寇。寇还能够杀伤别人,乱就是自己伤自己了。'现在臣下作乱而国君不加禁止,如果因此而引起外部敌人的进攻，怎么办？"文公就阻止了襄仲的进攻。惠伯给他们调解，要襄仲舍弃莒女不娶，公孙敖把莒女送回莒国，重新作为兄弟就像以前一样，襄仲和公孙敖听从了。

晋国的郤缺对赵宣子说："过去卫国对我们不友好，所以才占取它的土地，现在已经友好了，可以归还它的土地了。背叛了不加讨伐，用什么显示声威？顺服了不加安抚，用什么显示关怀？既不显示声威又不显示关怀，用什么显示德行？没有德行，用什么主持盟会？您作为正卿，主持诸侯事务而不致力于德行，这将怎么办？《夏书》说：'用美好的事情告诫他，用威严督察他，用《九歌》劝勉他，不要让他学坏。'有关九功的德行都可以歌唱，叫作《九歌》，六府、三事叫作九功。水、火、金、木、土、谷，叫作六府；端正德行，利于使用，富裕生民，叫作三事。把这些都看成是合于道义的而加以推行，就叫作德、礼。没有礼不会快乐。这是叛变产生的原因。像您的德行没有可以歌唱的，那又有谁肯来归服？何不叫那些对我们友好的人歌颂您呢？"赵宣子很高兴。

文公八年

【原文】

八年：春，王正月。

夏，四月。

秋，八月戊申，天王崩。

冬，十月壬午，公子遂会晋赵盾，盟于衡雍。

乙酉，公子遂会雒戎，盟于暴。

公孙敖如京师，不至而复。丙戌，奔莒。

螽。

宋人杀其大夫司马。宋司城来奔。

八年春，晋侯使解扬归匡、戚之田于卫，且复致公壻池之封，自申至于虎牢之竟。

夏，秦人伐晋，取武城，以报令狐之役。

秋，襄王崩。

晋人以扈之盟来讨。

冬，襄仲会晋赵孟，盟于衡雍，报扈之盟也。遂会伊、雒之戎。书曰"公子遂"，珍之也。

穆伯如周吊丧，不至，以币奔莒，从己氏焉。

宋襄夫人，襄王之姊也，昭公不礼焉。夫人因戴氏之族，以杀襄公之孙孔叔、公孙钟离及大司马公子卬，皆昭公之党也。司马握节以死，故书以官。司城荡意诸来奔，效节于府人而出。公以其官逆之，皆复之。亦书以官，皆贵之也。

夷之蒐，晋侯将登箕郑父、先都，而使士縠、梁益耳将中军。先克曰："狐、赵之勋，不可废也。"从之。先克夺蒯得田于董阴，故箕郑父、先都、士縠、梁益耳、蒯得作乱。

【译文】

八年春，周历正月。夏四月。秋八月二十八日，周襄王死。冬十月三日，公子遂与晋国赵盾相会并在衡雍结盟。六日，公子遂与雒戎相会并在暴地结盟。公孙敖到京都去，未到京都就回来了。七日，便出奔莒国。发生虫灾。宋人杀了宋国大夫司马。宋国司城逃奔来鲁国。

八年春，晋侯派解扬把匡地、戚地的土田归还给卫国，而且又将公婿池划定的疆界，从申地到虎牢边境的这块原属于郑国的土地也归还给郑国。

夏，秦军攻伐晋国，占取了武城，以报复令狐的那次战役。

秋，周襄王死。

晋国人由于扈地那次结盟文公晚到而前来攻打。

冬，襄仲和晋国的赵孟相会，并于衡雍订立盟约。这是补偿扈地那次结盟的缘故。并且还和伊、雒的戎人会见。《春秋》称他为公子遂，这是表示对他的重视。

穆伯去成周吊丧，没有到成周，带着吊丧物品逃亡到莒国，跟随己氏去了。

宋襄公夫人，是周襄王的姐姐，宋昭公对她不加礼遇。宋襄夫人依靠戴氏的族人杀了襄公的孙子孔叔、公孙钟离和大司马公子卬。他们都是宋昭公的党羽。司马手里拿着符节而死，所以《春秋》记载他的官职而不写名字。司城荡意诸逃亡前来，把符节交给府人就出走。文公按照他原来的官职接待他，并且都恢复了他们原来的官职。《春秋》也记载他的官职，这都是表示尊重他。

以前在夷地阅兵的时候，晋侯准备提升箕郑父和先都的官职，而让士縠、梁宜耳率领中军。先克说："狐偃、赵衰两人的功勋不能废弃。"晋侯听从了。先克在董阴夺取了蒯得的田地，所以，箕郑父、先都、士縠、梁益耳、蒯得发动叛乱。

文公九年

【原文】

九年：春，毛伯来求金。

夫人姜氏如齐。

二月，叔孙得臣如京师。辛丑，葬襄王。

晋人杀其大夫先都。

三月，夫人姜氏至自齐。

晋人杀其大夫士縠及箕郑父。

楚人伐郑。

公子遂会晋人、宋人、卫人、许人，救郑。

夏，狄侵齐。

秋，八月，曹伯襄卒。

九月癸酉，地震。

冬，楚子使椒来聘。

秦人来归僖公、成风之襚。

葬曹共公。

九年春，王正月己酉，使贼杀先克。乙丑，晋人杀先都、梁益耳。

毛伯卫来求金，非礼也。不书王命，未葬也。

二月，庄叔如周。葬襄王。

三月甲戌，晋人杀箕郑父、士縠、蒯得。

范山言于楚子曰："晋君少，不在诸侯，北方可图也。"楚子师于狼渊以伐郑。囚公子坚、公子龙及乐耳。郑及楚平。

公子遂会晋赵盾、宋华耦、卫孔达、许大夫救郑，不及楚师。卿不书，缓也，以惩不恪。

夏，楚侵陈，克壶丘，以其服于晋也。

秋，楚公子朱自东夷伐陈。陈人败之，获公子茷。陈惧，乃及楚平。

冬，楚子越椒来聘，执币傲。叔仲惠伯曰："是必灭若敖氏之宗。傲其先君，神弗福也。"

秦人来归僖公、成风之襚，礼也。诸侯相吊贺也，虽不当事，苟有礼焉，书也，以无忘旧好。

【译文】

九年春，毛伯来鲁国求取助葬的钱财。夫人姜氏到齐国去。二月，叔孙得臣到京都去。二十四日，安葬周襄王。晋国人杀了晋大夫先都。三月，夫人姜氏从齐国回来。晋国人杀晋大夫士縠及箕郑父。楚国人讨伐郑国。公子遂与晋人、宋人、卫人、许人相会来救郑国。夏，狄国侵略齐国。秋八月，曹伯襄去世。九月癸酉日，发生地震。冬，楚子派椒来鲁聘问。秦国人来赠送僖公和僖公母亲成风的丧衣。安葬曹共公。

九年春，周历正月初二，先都一伙派人杀先克。十八日，晋人杀了先都、梁益耳。

周卿士毛伯卫到鲁国来求取助丧的钱币，这是不合于礼的。《春秋》没有记载说这是天子的命令，是由于周襄王还没有安葬。

二月，庄叔去成周参加襄王的葬礼。

三月二十八日，晋人杀死了箕郑父、士縠、蒯得。

范山对楚王说："晋国国君年纪很轻，心意不在于称霸诸侯，北方是可以打主意的。"楚王发兵狼渊征讨郑国，囚禁了郑国的公子坚、公子尨和乐耳。郑国和楚国讲和。

公子遂会合晋国赵盾、宋国华耦、卫国孔达、许国大夫救援郑国，没有碰上楚军。《春秋》没有记载卿的名字，是由于他们出兵迟缓，以此惩戒他们办事不严肃认真。

秋，楚国公子朱从东夷进攻陈国，陈国军队打败了他，俘虏了公子茷。陈国害怕楚国报复，就和楚国讲和。

冬，楚国子越椒前来聘问，拿着见面礼物显出一脸的傲慢。叔仲惠伯说："这个人必然会使若敖氏的宗族灭亡。对他的先君表示傲慢，神灵不会降福给他的。"

秦国人前来向死去的僖公和成风赠送丧衣，这是合于礼的。诸侯之间互相吊丧贺喜，虽然不及时，只要是符合礼的，《春秋》都要加以记载，以表示不忘记过去的友好。

文公十年

【原文】

十年：春，王三月辛卯，臧孙辰卒。

夏，秦伐晋。

楚杀其大夫宜申。

自正月不雨，至于秋七月。

及苏子盟于女栗。

冬，狄侵宋。

楚子、蔡侯次于厥貉。

十年春，晋人伐秦，取少梁。

夏，秦伯伐晋，取北徵。

初，楚范巫矞似谓成王与子玉、子西曰："三君皆将强死。"城濮之役，王思之，故使止子玉曰："毋死！"不及。止子西，子西缢而县绝，王使适至，遂止之，使为商公。沿汉溯江，将入郢。王在渚宫；下，见之。惧而辞曰："臣免于死，又有谗言谓臣将逃。臣归死于司败也。"王使为工尹。又与子家谋弑穆王。穆王闻之，五月，杀斗宜申及仲归。

秋七月，及苏子盟于女栗，顷王立故也。陈侯、郑伯会楚子于息。冬，遂及蔡侯次于厥貉，将以伐宋。

宋华御事曰："楚欲弱我也，先为之弱乎？何必使诱我？我实不能，民何罪？"乃逆楚子，劳，且听命。遂道以田孟诸。宋公为右盂，郑伯为左盂。期思公复遂为右司马，子朱及文之无畏为左司马，命夙驾载燧。宋公违命，无畏抶其仆以徇。

或谓子舟曰："国君不可戮也！"子舟曰："当官而行，何强之有？《诗》曰：'刚亦不吐，

柔亦不茹。'‘毋纵诡随，以谨罔极。’是亦非辟强也。敢爱死以乱官乎？"

厥貉之会，麇子逃归。

【译文】

十年春，周历三月二十一日，臧孙辰死。夏，秦国攻伐晋国。楚国杀了楚大夫斗宜申。自正月直到秋七月没有下雨。与苏子在女栗结盟。冬，狄国侵略宋国。楚王、蔡侯率军驻扎在厥貉。

十年春，晋国人攻打秦国，攻取了少梁。

夏，秦伯攻打晋国，攻取了北征。

起初，楚国范地的巫人矞似预言成王和子玉、子西说："这三位都不得善终。"城濮那次战役，楚王想到这个预言，所以派人制止子玉说："不要自杀。"但没有来得及去制止子西，子西正好上吊而绳子断了。楚王的使者恰好到来，于是就阻止了他，让他做了商公。子西沿汉水而下，然后溯江而上，将要进入郢都。楚王正在渚宫，走下来接见他。子西害怕，就辩解说："臣幸免一死，但又有诬陷之辞，说下臣打算逃走，因此下臣回来请刑官把臣处死。"楚王让他做了工尹，他又和子家策划杀死穆王。穆王听到以后，在五月里杀了他和仲归。

秋七月，文公和苏子在女栗结盟，这是由于周顷王即位的缘故。陈侯、郑伯在息地会见楚王。冬，就和蔡侯一起领兵驻扎在厥貉，打算攻打宋国。

宋国的华御事说："楚国是想要使我们臣服，我们是不是先主动表示臣服？何必要他们教导我们？我们确实没有能耐，老百姓有什么罪，要让他们受牵累？"于是就迎接楚王，向他们表示慰劳，同时听候命令。于是就引导楚王在孟诸打猎。宋公做猎阵的右翼，郑伯做猎阵的左翼。期思公复遂担任右司马，子朱和文之无畏担任左司马，下令在车上装着取火工具清早出发。宋公不听命令，无畏鞭打宋公的仆人并在全军示众。

有人对文之无畏说："国君是不能侮辱的。"文之无畏说："按照我的职责办事，有什么强横？《诗》说：'硬的不吐出来，软的不吞下去。'又说：'不要放纵狡诈的人，使放荡的行为得以检点。'这也是不避强横的意思。我岂敢舍不得一死而放弃职责呢？"

在厥貉会见的时候，麇子逃回。

文公十一年

【原文】

十有一年：春，楚子伐麇。

夏，叔（仲）彭生会晋郤缺于承匡。

秋,曹伯来朝。

公子遂如宋。

狄侵齐。

冬,十月甲午,叔孙得臣败狄于鹹。

十一年春,楚子伐麇。成大心败麇师于防渚。潘崇复伐麇,至于锡穴。

夏,叔仲惠伯会晋郤缺于承匡,谋诸侯之从于楚者。

秋,曹文公来朝,即位而来见也。

襄仲聘于宋,且言司城荡意诸而复之。因贺楚师之不害也。

鄋瞒侵齐,遂伐我。公卜使叔孙得臣追之,吉。侯叔夏御庄叔,绵房甥为右,富父终甥驷乘。冬十月甲午,败狄于鹹,获长狄侨如。富父终甥捣其喉以戈,杀之,埋其首于子驹之门。以命宣伯。

初,宋武公之世,鄋瞒伐宋。司徒皇父帅师御之。耏班御皇父充石,公子穀甥为右,司寇牛父驷乘,以败狄于长丘,获长狄缘斯。皇父之二子死焉。宋公于是以门赏耏班,使食其征,谓之耏门。

晋之灭潞也,获侨如之弟焚如。齐(襄)〔惠〕公之二年,鄋瞒伐齐;齐王子成父获其弟荣如,埋其首于周首之北门。卫人获其季弟简如。鄋瞒于是遂亡。

郕大子朱儒自安于夫钟,国人弗徇。

【译文】

十一年春,楚子攻伐麇国。夏,叔彭生在承匡与晋郤缺相会。秋,曹伯来鲁国朝见。公子遂到宋国。狄国侵略齐国。冬十月三日,叔孙得臣在鹹地打败狄国军队。

十一年春,楚子攻打麇国。成大心在防渚打败麇军。潘崇又攻打麇国,一直打到锡穴。

夏,叔仲惠伯在承筐会见晋郤缺,商量如何对付那些跟从楚国的诸侯。

秋,曹文公前来朝见,这是由于即位而来朝见的。

襄仲在宋国聘问,同时又为司城荡意诸说话而让他回国,并且为去年楚军侵略宋国但没造成任何危害而向宋国道贺。

鄋瞒侵略齐国,接着又侵略我鲁国。文公为派叔孙得臣追赶敌人这事占卜,吉利。侯叔夏为庄叔驾车,绵房孙作为车右,富父终甥作为驷乘。冬十月初三,在鹹地打败敌人,俘虏了长孙侨如。富父终甥用戈抵住他的咽喉,杀死了他,把他的脑袋埋在子驹之门的下边。并用侨如作为他儿子宣伯的名。

以前,在宋武公时代,鄋瞒进攻宋国,司徒皇父领兵抵御。耏班为皇父充石驾车,公子谷生作为车右,司寇牛父作为驷乘,在长丘打败狄人,俘虏了长狄缘斯。皇父与这两位战死。宋公因此就把这座城门赏给耏班,让他征收城门税,称这城门叫耏门。

晋国灭亡潞国的时候,俘虏了侨如的弟弟焚如。齐襄公二年,鄋瞒攻打齐国,齐国的王子成父俘虏了侨如的弟弟荣如,把他的脑袋埋在周首的北门下边。卫国人俘虏了侨如的弟弟简如。鄋瞒从此就灭亡了。

鄋国的太子朱儒自己安居在夫钟,国内的人们不肯对他顺服。

文公十二年

【原文】

十有二年:春,王正月,郕伯来奔。

杞伯来朝。

二月庚子,子叔姬卒。

夏,楚人围巢。

秋,滕子来朝。

秦伯使术来聘。

冬,十有二月戊午,晋人、秦人战于河曲。

季孙行父帅师城诸及郓。

十二年春,郕伯卒。郕人立君。大子以夫钟与郕邦来奔。公以诸侯逆之,非礼也。故书曰"郕伯来奔"。不书地,尊诸侯也。

杞桓公来朝,始朝公也,且请绝叔姬而无绝昏,公许之。

二月,"叔姬卒"。不言"杞",绝也。书"叔姬",言非女也。

楚令尹大孙伯卒,成嘉为令尹。群舒叛楚。夏,子孔执舒子平及宗子,遂围巢。

秋,滕昭公来朝,亦始朝公也。

秦伯使西乞术来聘,且言将伐晋。襄仲辞玉,曰:"君不忘先君之好,照临鲁国,镇抚其社稷,重之以大器,寡君敢辞玉!"对曰:"不腆敝器,不足辞也。"主人三辞,宾(客)〔答〕曰:"寡君愿徼福于周公、鲁公以事君。不腆先君之敝器,使下臣致诸执事以为瑞节,要结好命,所以藉寡君之命,结二国之好,是以敢致之!"襄仲曰:"不有君子,其能国乎?国无陋矣。"厚贿之。

秦为令狐之役故,冬,秦伯伐晋,取羁马。晋人御之——赵盾将中军,荀林父佐之。郤缺将上军,臾骈佐之。栾盾将下军,胥甲佐之。范无恤御戎。——以从秦师于河曲。臾骈曰:"秦不能久,请深垒固军以待之。"从之。

秦人欲战。秦伯谓士会曰:"若何而战?"对曰:"赵氏新出其属曰臾骈,必实为此谋,将以老我师也。赵有侧室曰穿,晋君之婿也,有宠而弱,不在军事;好勇而狂,且恶臾骈之佐上军也。若使轻者肆焉,其可。"

秦伯以璧祈战于河。

十二月戊午，秦军掩晋上军。赵穿追之，不及；反，怒曰："裹粮坐甲，固敌是求。敌至不击，将何俟焉？"军吏曰："将有待也。"穿曰："我不知谋，将独出。"乃以其属出。宣子曰："秦获穿也，获一卿矣。秦以胜归，我何以报？"乃皆出战，交绥。

秦行人夜戒晋师曰："两君之士皆未憖也，明日请相见也。"臾骈曰："使者目动而言肆，惧我也，将遁矣。薄诸河，必败之！"胥甲、赵穿当军门呼曰："死伤未收而弃之，不惠也。不待期而薄人于险，无勇也。"乃止。秦师夜遁。复侵晋，入瑕。

城诸及郓，书，时也。

【译文】

十二年春，周历正月，郕伯出走来到鲁国。杞柏来鲁朝见。二月十一日，子叔姬死。夏，楚国人围困巢国。秋，滕子来鲁朝见，秦伯派术来聘问。冬十二月四日，晋人、秦人在河曲交战。季孙行父率领军队修筑诸和郓两地城池。

十二年春，郕伯死，郕国人立了国君。太子率领夫钟和成邽两城作为奉献而逃亡前来。鲁文公把他作为诸侯迎接，这是不符合礼的。所以《春秋》记载说："郕伯来奔。"不记载所献的土地，这是为了尊重诸侯。

齐桓公前来朝见，这是他第一次朝见文公。同时又请求与叔姬断绝关系而不断绝两国的婚姻关系，文公答应了。

二月，叔姬死。《春秋》不记载"杞"字，就是因为她跟杞国断绝了关系。写上"叔姬"是说她已经不是未嫁的女子了。

楚国的令尹大孙伯死，成嘉做了令尹。各舒国都背叛了楚国。夏，子孔逮捕了苏子平和宗子，然后又包围巢地。

秋，滕召公前来朝见，他也是第一次朝见文公。

秦伯派西乞术前来鲁国聘问，并且说打算攻打晋国。襄仲不肯接受玉，说："贵国国君没有忘记和先君的友好关系，光临鲁国，镇定安抚我们这个国家，赠给大玉器这样厚重的礼物，寡君不敢接受玉。"西乞术回答说："不丰厚的一点普通器物，不值得辞谢。"主人辞谢三次，客人回答说："寡君愿祈求贵国先主周公、鲁公的福佑来侍奉贵国君主，所以才用敝国先君一点不丰厚的普通器物，派下臣送于执事之前，以作为祥瑞的信物，相结友好。这玉是用来表达寡君的命令，缔结两国友好的，所以才敢于致送。"襄仲说："如果没有君子，难道能治理国家吗？秦国不是鄙陋的。"于是就赠给西乞术厚重的礼物。

秦国由于令狐战役战败的缘故，冬，秦伯攻打晋国，占取了羁马。晋国发兵抵抗秦军——赵盾率领中军，荀林父作为辅佐。郤缺率领上军，臾骈作为辅佐。栾盾率领下军，胥甲作为辅佐。范无恤为赵盾驾御战车，在河曲迎战秦国军队。臾骈说："秦兵不能久留，请高筑军垒巩固军营等待他们。"赵盾听从了他的意见。

秦军想要交战。秦伯对士会说："怎样才能交战？"士会回答说："赵氏新近提拔他的一个部下名叫臾骈，一定是他出的这个主意，打算使我军久驻在外而疲乏。赵氏有一个旁支的子弟叫穿，是晋国国君的女婿，受到宠信而年少，不懂得作战，喜欢逞勇而又狂妄，又对臾骈作为上军辅佐忌恨在心。如果派出轻便部队去袭击，也许是可以的。"

秦伯把玉璧投在黄河里向河神祈求战争胜利。

十二月初四日，秦军袭击晋国的上军。赵穿追赶秦军，没有追上。回来后愤怒地说："带着粮食，披着甲胄，本来就是要寻求敌人。敌人来了不去攻击，又还等什么呢？"军吏回答说："将要有所等待啊。"赵穿说："我不懂得计谋，我打算自己出去。"于是就带领他的部下出战。赵盾说："秦国若是俘获赵穿，就是俘获了一个卿。那样，秦国就以胜利而回去，我们回去用什么向国家交代？"于是全部出战，双方刚一接触就彼此退兵了。

秦国的使者夜里告诉晋国军队说："我们两国国君的将士都没有什么损失，明天请求再相见。"臾骈说："使者眼珠晃动说明内心不安，但言语却放纵，这是害怕我们，打算逃走了。把他们逼到黄河边上，一定会打败他们。"胥甲、赵穿挡住营门大喊说："死伤的人还没有收拾而丢开他们不管，这是不仁慈；不等到约定的日期而把人逼到险境，这是没有勇气。"于是就停止出击。秦军夜里逃走。后来又攻打晋国，进入瑕地。

在诸地和郓地筑城。《春秋》记载这件事，是由于合于时令。

文公十三年

【原文】

十有三年：春，王正月。

夏，五月壬午，陈侯朔卒。

邾子蘧蒢卒。

自正月不雨，至于秋七月。

大室屋坏。

冬，公如晋。

卫侯会公于沓。

狄侵卫。

十有二月己丑，公及晋侯盟。公还自晋。

郑伯会公于棐。

十三年春，晋侯使詹嘉处瑕，以守桃林之塞。

晋人患秦之用士会也，夏，六卿相见于诸浮。赵宣子曰："随会在秦，贾季在狄，难日至矣，若之何？"中行桓子曰："请复贾季，能外事，且由旧勋。"郤成子曰："贾季乱，且罪

大,不如随会,能贱而有耻,柔而不犯;其知足使也;且无罪。"

乃使魏寿馀伪以魏叛者以诱士会。执其帑于晋,使夜逸。请自归于秦,秦伯许之。履士会之足于朝。秦伯师于河西,魏人在东,寿馀曰:"请东人之能与夫二三有司言者,吾与之先。"使士会。士会辞曰:"晋人,虎狼也。若背其言,臣死,妻子为戮,无益于君,不可悔也。"秦伯曰:"若背其言,所不归尔帑者,有如河!"乃行。绕朝赠之以策,曰:"子无谓秦无人,吾谋适不用也。"既济,魏人噪而还。秦人归其帑。其处者为刘氏。

邾文公卜迁于绎。史曰:"利于民而不利于君。"邾子曰:"苟利于民,孤之利也。天生民而树之君,以利之也。民既利矣,孤必与焉。"左右曰:"命可长也,君何弗为?"邾子曰:"命在养民。死之短长,时也。民苟利矣,迁也!吉莫如之!"遂迁于绎。五月,邾文公卒。君子曰:"知命!"

秋七月,大室之屋坏。书,不共也。

冬,公如晋;朝,且寻盟。卫侯会公于沓,请平于晋。公还,郑伯会公于棐,亦请平于晋。公皆成之。

郑伯与公宴于棐,子家赋《鸿雁》。季文子曰:"寡君未免于此。"文子赋《四月》。子家赋《载驰》之四章。文子赋《采薇》之四章。郑伯拜,公答拜。

【译文】

十三年春,周历正月。夏五月壬午日,陈侯朔死。邾子蘧蒢死。从正月直到秋七月没有下雨。周公之庙的屋子坏了。冬,文公到晋国。卫侯在沓地会见文公。狄国侵略卫国。十二月己丑日,文公与晋侯盟会。文公从晋国返回,郑伯在棐地会见文公。

十三年春,晋侯派詹嘉住在瑕地,以防守桃林这个要塞。

晋国人担心秦国任用士会,夏,六卿在诸浮见面。赵宣子说:"士会在秦国,贾季在狄国,祸患每天都可能发生,怎么办?"中行桓子说:"请让贾季回来,他能处理外交事务,而且他父亲狐偃是文公的功臣。"郤成子说:"贾季作乱,且罪行重大,不如让士会回来。士会能做到卑贱而知道耻辱,柔弱而不受侵犯,他的智谋足以使用,而且没有罪。"

于是就让魏寿余假装率领魏地的人叛变,以诱骗士会。把魏寿余妻子儿女逮捕在晋国,让他夜里逃走。魏寿余请求把魏地归入秦国,秦伯答应了。魏寿余在朝廷上踩一下士会的脚。秦伯驻军在河西,魏地人在河东。魏寿余说:"请派一位东边的而且能跟魏地几位官员说话的人,我跟他一起先去。"秦伯派遣士会。士会推辞说:"晋国人,是老虎豺狼。如果他们违背诺言,那我就会被杀死,而在秦国的妻子也将被杀戮,这对君没有好处,而且后悔不及。"秦伯说:"如果晋国违背了诺言,我不送还你的妻子儿女的话,有河神作证!"于是士会就走了。绕朝把马鞭送给他,说:"您别说秦国没有人,只是我的计谋不被采用罢了。"士会等渡过黄河以后,魏人吵吵嚷嚷回去。秦国送还了他的妻子儿女。他的亲族中留在秦国的后来都改为刘氏。

邾文公占卜迁到绎地去的吉凶。史官说："对百姓有利而对国君不利。"邾子说："如果对百姓有利，也就是对我有利。上天生育百姓而为他们设置君王，就是用来使他们得利的。百姓已经得利了，孤也就必然在其中了。"左右的人说："寿命可以延长，君王为什么不做呢？"邾子说："活着就是为了抚养百姓，死的时间的早晚，那是命运的问题。百姓如果有利，那就迁居，没有比它更吉利的了！"于是就迁到绎地。五月，邾文公死。君子说："邾文公知道天命。"

秋七月，大庙的屋子坏了。《春秋》把这事记下来，是因为要表示鲁国官员的不恭敬。

冬，文公到晋国朝见，同时重温过去的友好关系。卫侯在沓地会见文公，请求文公为晋、卫两国调停达成合议。文公回国时，郑伯在棐地会见文公，也请求和晋国讲和。文公都帮助他们和晋国达成和议。

郑伯和文公在棐地饮宴时，子家赋了《鸿雁》这首诗。季文子说："寡君也不能免除这种忧患。"就赋了《四月》这首诗。子家又赋了《载驰》这首诗的第四章。季文子赋了《采薇》这首诗的第四章。郑伯拜谢，文公也答拜。

文公十四年

【原文】

十有四年：春，王正月，公至自晋。

邾人伐我南鄙。叔彭生帅师伐邾。

夏，五月乙亥，齐侯潘卒。

六月，公会宋公、陈侯、卫侯、郑伯、许男、曹伯、晋赵盾。癸酉，同盟于新城。

秋，七月，有星孛入于北斗。

公至自会。

晋人纳捷菑于邾，弗克纳。

九月甲申，公孙敖卒于齐。

齐公子商人弑其君舍。

宋子哀来奔。

冬，单伯如齐。

齐人执单伯。

齐人执子叔姬。

十四年春，顷王崩。周公阅与王孙苏争政，故不赴。凡崩、薨，不赴则不书；祸、福，不告亦不书：惩不敬也。

邾文公之卒也，公使吊焉，不敬。邾人来讨，伐我南鄙，故惠伯伐邾。

子叔姬〔妃〕齐昭公，生舍。叔姬无宠，舍无威。公子商人骤施于国，而多聚士；尽其家，贷于公有司以继之。夏五月，昭公卒，舍即位。

邾文公元妃齐姜生定公，二妃晋姬生捷菑。文公卒，邾人立定公。捷菑奔晋。

"六月，同盟于新城"，从于楚者服，且谋邾也。

秋七月乙卯夜，齐商人（弑）〔杀〕舍而让元。元曰："尔求之久矣！我能事尔。尔不可使多蓄憾，将免我乎？尔为之！"

有星孛入于北斗。周内史叔服曰："不出七年，宋、齐、晋之君皆将死乱。"

晋赵盾以诸侯之师八百乘纳捷菑于邾。邾人辞曰："齐出貜且长。"宣子曰："辞顺，而弗从，不祥。"乃还。

周公将与王孙苏讼于晋。王叛王孙苏，而使尹氏与聃启讼周公于晋。赵宣子平王室而复之。

楚庄王立。子孔、潘崇将袭群舒，使公子燮与子仪守，而伐舒蓼。二子作乱，城郢，而使贼杀子孔，不克而还。八月，二子以楚子出。将如商密，庐戢梨及叔麇诱之，遂杀斗克及公子燮。

初，斗克囚于秦。秦有殽之败，而使归求成；成而不得志。公子燮求令尹而不得。故二子作乱。

穆伯之从己氏也，鲁人立文伯。穆伯生二子于莒而求复。文伯以为请，襄仲使无朝。听命，复而不出，三年而尽室以复适莒。文伯疾，而请曰："穀之子弱，请立难也。"许之。文伯卒，立惠叔。穆伯请重赂以求复。惠叔以为请，许之，将来。九月，卒于齐，告丧。请葬，弗许。

宋高哀为萧封人，以为卿；不义宋公而出，遂来奔。书曰"宋子哀来奔"，贵之也。

齐人定懿公，使来告难，故书以"九月"。齐公子元不顺懿公之为政也，终不曰"公"，曰"夫己氏"。

襄仲使告于王，请以王宠求昭姬于齐，曰："杀其子，焉用其母？请受而罪之。"冬，单伯如齐请子叔姬，齐人执之；又执子叔姬。

楚庄王

【译文】

十四年春，周历正月，文公从晋国回来。邾人攻伐我国南部边境，叔彭生率领军队攻伐邾国。夏五月某日，齐侯潘死。六月，鲁文公与宋公、陈侯、卫侯、郑伯、许男、曹伯、晋国赵盾会盟。癸酉日，他们同盟于新城。秋七月，有彗星光芒四射地进入北斗。文公参加会盟回来。晋国人把捷菑送回邾国，邾国不接受。九月十日，公孙敖死在齐国。齐国公子商人杀了齐国君舍。宋国子哀出奔来鲁国。冬，单伯到齐国。齐国人拘捕单伯。齐国人拘捕子叔姬。

十四年春，周顷王死。周公阅和王孙苏争夺政权，所以没有发来讣告。凡是天子崩，诸侯薨，没有发来讣告，《春秋》就不加记载。吉凶祸福的事没有通知鲁国，那也不记载。这是为了惩戒不恭敬。

邾文公死的时候，鲁文公派遣使者前去吊丧而不够恭敬。邾国人前来讨伐，攻打我国南部边境，所以，惠伯进攻邾国。

子叔姬嫁给齐昭公，生了舍。叔姬不受宠爱，舍没有威望，公子商人却经常在国内施舍财物，蓄养许多门客，把家产都用光了，又向掌管公室财物的官员借贷继续施舍。夏五月，昭公死，舍即位。

邾文公的第一夫人齐姜，生了定公；第二夫人晋姬，生了捷菑。文公死，邾国人立定公为君。捷菑逃亡到晋国。

六月，文公和宋公、陈侯、卫侯、郑伯、许男、曹伯、晋国赵盾一起在新城会盟，以前附从楚国的陈、郑、宋等国，从此都改而听从晋国的号令，并且共商护送公子捷菑回邾国的事。

秋七月某日，夜里，齐国的商人杀了舍，让位给元。元说："你谋求这个位子已经很久了。我能够侍奉你。不可让你多积怨恨，你会让我免于被杀吗？你去做国君吧！"

有彗星进入北斗。周内史叔服说："过不了七年，宋国、齐国、晋国的国君都将在叛乱中死去。"

晋国的赵盾率领诸侯的军队八百辆战车护送邾公子捷菑回国即位。邾国的人辞谢说："齐女生的貜且年长。"赵宣子说："言辞合于情理而不听从，不吉祥。"于是就回去了。

周公准备和王孙苏到晋国争讼，周天子违背了帮助王孙苏的诺言，而让尹氏和聘启在晋国为周公争讼。赵宣子调和了王室之间的纠纷而使他们恢复了原来的职位。

楚庄王即位，子孔、潘崇打算袭击各舒国，派公子燮和子仪留守，就进攻舒蓼。这两个人发动叛乱。加筑郢都城墙，又派人去杀死子孔，但没有成功而回。八月，这两个人挟持了楚庄王离开郢都，打算去商密，庐戢梨和叔麇设计引诱他们，于是就杀死了子仪和公子燮。

起初，子仪囚禁在秦国，秦国在殽地战败，派他回国求和。和议成功以后，子仪的愿望没有得到满足。公子燮要求做令尹也没有到手，所以两个人就发动叛乱。

穆伯到莒国跟随己氏的时候，鲁国人立了文伯做继承人。穆伯在莒国生了两个儿子，要求回国。文伯代他在朝廷上向大家请求。襄仲让他不得上朝参与政事。穆伯回来以后没有外出过。过了三年又全部搬走了家里的财物再次到莒国去。文伯生病，请求说："我的儿子年纪太小，请立我弟弟难吧。"大家同意了。文伯死了后，就立了惠叔。穆

伯让惠叔给大家送重礼再次请求回国。惠叔代他请求,得到允许。穆伯打算回来,九月,死在齐国。向鲁国报丧,请求归葬,没有得到允许。

宋国的高哀在萧地做封人,让他做卿,他认为宋公不讲道义而离去,于是就逃亡到鲁国,《春秋》记载说"宋子哀来奔",这是表示尊重他。

齐国人稳定了懿公的地位,才派人前来报告祸难,所以《春秋》把商人杀舍这件事记为"九月"。齐国的公子元不服懿公执政,始终不称他叫"公",而称之为"那个人。"

襄仲派人报告周天子,请求以周王的恩宠在齐国求取子叔姬,说:"杀了她的儿子,哪里还用得着他的母亲? 请把叔姬送到鲁国定罪。"冬,单伯到齐国请求送回子叔姬,齐国人把他拘捕了起来,又拘捕子叔姬。

文公十五年

【原文】

十有五年:春,季孙行父如晋。

三月,宋司马华孙来盟。

夏,曹伯来朝。

齐人归公孙敖之丧。

六月辛丑朔,日有食之。鼓、用牲于社。

单伯至自齐。

晋郤缺帅师伐蔡。戊申,入蔡。

秋,齐人侵我西鄙。

季孙行父如晋。

冬,十有一月,诸侯盟于扈。

十有二月,齐人来归子叔姬。

齐侯侵我西鄙,遂伐曹,入其郛。

十五年春,季文子如晋,为单伯与子叔姬故也。

三月,宋华耦来盟。其官皆从之。书曰"宋司马华孙",贵之也。公与之宴,辞曰:"君之先臣督,得罪于宋殇公,名在诸侯之策。臣承其祀,其敢辱君? 请承命于亚旅。"鲁人以为敏。

夏,曹伯来朝,礼也。诸侯五年再相朝,以修王命,古之制也。

齐人或为孟氏谋,曰:"鲁,尔亲也。饰棺置诸堂阜,鲁必取之。"从之。卞人以告。惠叔犹毁以为请,立于朝以待命。许之。取而殡之,齐人送之。书曰:"齐人归公孙敖之丧。"为孟氏,且国故也。

葬视共仲。声己不视，帷堂而哭。襄仲欲勿哭，惠伯曰："丧，亲之终也。虽不能始，善终可也。史佚有言曰：'兄弟致美。'救乏，贺善，吊灾，祭敬，丧哀，情虽不同，毋绝其爱，亲之道也。子无失道，何怨于人？"襄仲说，帅兄弟以哭之。

他年，其二子来。孟献子爱之，闻于国。或谮之曰："将杀子！"献子以告季文子。二子曰："夫子以爱我闻，我以将杀子闻，不亦远于礼乎？远礼不如死！"一人门于句鼆，一人门于戾丘，皆死。

"六月辛丑朔，日有食之。""鼓、用牲于社"，非礼也。日有食之：天子不举，伐鼓于社；诸侯用币于社，伐鼓于朝。以昭事神、训民、事君，示有等威，古之道也。

齐人许单伯请而赦之，使来致命。书曰"单伯至自齐"，贵之也。

新城之盟，蔡人不与。晋郤缺以上军、下军伐蔡，曰："君弱，不可以怠。"戊申入蔡，以城下之盟而还。凡胜国，曰"灭之"；获大城焉，曰"入之"。

秋，齐人侵我西鄙。故季文子告于晋。

冬十一月，晋侯、宋公、卫侯、蔡侯、〔陈侯、〕郑伯、许男、曹伯盟于扈，寻新城之盟，且谋伐齐也。齐人赂晋侯，故不克而还。于是有齐难，是以公不会。书曰"诸侯盟于扈"，无能为故也。凡诸侯会，公不与，不书，讳君恶也；与而不书，后也。

"齐人来归子叔姬"，王故也。

"齐侯侵我西鄙"，谓诸侯不能也。"遂伐曹，入其郛"，讨其来朝也。季文子曰："齐侯其不免乎？己则无礼，而讨于有礼者，曰：'女何故行礼？'礼以顺天，天之道也。己则反天，而又以讨人，难以免矣。《诗》曰：'胡不相畏？不畏于天？'君子之不虐幼贱，畏于天也。在《周颂》曰：'畏天之威，于时保之。'不畏于天，将何能保？以乱取国，奉礼以守，犹惧不终；多行无礼，弗能在矣！"

【译文】

鲁文公十五年春天，季文子前往晋国。三月，宋国的华耦来鲁国结盟。夏天，曹文公来鲁国朝见。齐国人把公孙敖的灵柩送回了鲁国。六月一日，鲁国发生了日食。于是人们击鼓，宰杀牛羊祭祀社神。单伯从齐国回到了鲁国。晋国的郤缺率兵攻打蔡国。六月初八，攻入蔡国。秋天，齐国人入侵鲁国西部边境，因此季文子前往晋国告急。冬天，十一月，诸侯们在扈地结盟。十二月，齐国人把子叔姬送回了鲁国。齐懿公再次入侵鲁国西部边境。随后又攻打曹国，攻入曹国国都的外城。

十五年春，季文子去鲁国，为了单伯和子叔姬的缘故。

三月，宋国的华耦前来盟会，他的官属也都跟他一起来。《春秋》写"宋司马华孙"，这是表示尊重他。文公和他饮宴。华耦辞谢说："君王的先臣华督得罪了宋殇公，他的名字被写在诸侯的史册上。下臣继承他的祭祀，岂敢使君王蒙受耻辱？请在亚旅那里接受命令。"鲁国人认为华耦聪明敏捷。

夏,曹伯前来朝见,这是合于礼的。诸侯每五年互相朝见两次,以重温天子的命令,这是古代的制度。

齐国有人为孟氏策划说:"鲁国,是你的亲属国,把公孙敖的饰棺放在堂阜,鲁国必定会取去的。"孟氏听从了。卞邑大夫把这件事作了报告。惠叔一直很哀伤,容颜消瘦,请求取回饰棺,站在朝廷上等待命令。鲁国答应了这项请求。于是取回了饰棺停放。齐国人也来送丧。《春秋》记载说:"齐人归公孙敖之丧。"这是为了孟氏,同时又为了国家的缘故。

公孙敖的葬礼按照安葬共仲的葬礼来进行。声己不肯去看棺材,只在堂上隔着幔帐哭。襄仲也不想去哭丧。惠伯说:"丧事,是对待亲人的终结。虽不能有一个好的开始,有一个好的终结是可以的。史佚有这样的话说:'兄弟之间要各自尽自己的美德。'救济困乏、祝贺喜庆、吊唁灾祸、祭祀恭敬、丧事悲哀,这些情况虽各不相同,但都旨在不断绝彼此之间的友爱,这就是敦睦亲人的原则。只要你不失去这种爱亲之道,又何必怨恨别人呢?"襄仲听了这话很高兴,就领着兄弟们一起去哭丧。

后来,穆伯在莒国的两个儿子回来了,孟献子喜欢他们的事全国都知道,有人对孟献子说:"这两个人打算杀害你。"孟献子把这话告诉季文子。这两个人辩说道:"那个人以爱我们闻名,我们以打算杀他而闻名,这不是远远不符合礼吗?不符合礼还不如一死。"一个在句鼆守门,一个在戾丘守门,都战死了。

六月初一日,日食。人们击鼓,用牺牲在土地神庙里祭祀,这是不合于礼的。日食,天子减膳撤乐,在土地神庙里击鼓。诸侯用玉帛在土地神庙里祭祀,在朝廷上击鼓,以表明侍奉神灵、教训百姓、侍奉国君,表示威仪有一定的等级,这是古代的制度。

齐国人答应了单伯要子叔姬回国的请求,同时也赦免了单伯,并派他前来传送这项命令。《春秋》记载说"单伯至自齐",这是表示尊重他。

在新城盟会时,蔡国人不参加。晋国的郤缺率领上军、下军攻打蔡国,说:"国君年少,不能因此懈怠。"六月初八日,进入蔡国,在蔡国首都门下订立盟约之后回国。凡是战胜一个国家,叫作"灭之",得到大城,叫作"入之"。

秋,齐军侵犯我国西部边境,所以季文子向晋国报告。

冬十一月,晋侯、宋公、卫侯、蔡侯、郑伯、许男、曹伯在扈地结盟,重温新城盟会的旧好,同时谋划攻打齐国。齐国人贿赂晋侯,所以没有战胜就回来了。在这时发生了齐国进攻我国的祸难,所以文公没有参加盟会。《春秋》记载说"诸侯盟于扈",这是由于没有能救援我国的缘故,凡是诸侯会见,如果鲁国君主不参加,就不加记载,这是为了避讳国君的过失。参加了而不加记载,这是由于晚到。

齐国人前来送回子叔姬,这是为了周天子的缘故。

齐侯侵犯我国西部边境,他认为诸侯拿他没办法。并因此而攻打曹国,进入了曹国的外城,这是讨伐它曾经前来朝见鲁国。季文子说:"齐侯恐怕难以免除祸难吧!自己本

来就不合于礼，反而讨伐有礼的国家，说：'你为什么要行礼?'礼是用来顺服上天的，这是上天的常道。自己就违反上天，反而讨伐别人，这就难免要遭受祸难了。《诗》说：'为什么不互相畏惧，是因为不畏惧上天。'君子不虐待幼小和卑贱，这是由于畏惧上天。在《周颂》里说：'畏惧上天的威灵，就能保有福禄。'不畏惧上天，又能保得住什么? 用动乱取得国家，奉行礼来保持君位，还害怕不得善终；多做不合礼的事情，这是不能有好结果的。"

文公十六年

【原文】

十有六年：春，季孙行父会齐侯于阳穀。齐侯弗及盟。

夏，五月，公四不视朔。

六月戊辰，公子遂及齐侯盟于郪丘。

秋，八月辛未，夫人姜氏薨。

毁泉台。

楚人、秦人、巴人灭庸。

冬，十有一月，宋人弑其君杵臼。

十六年春，王正月，及齐平。公有疾，使季文子会齐侯于阳穀。请盟，齐侯不肯，曰："请俟君间。"

夏五月，公四不视朔，疾也。公使襄仲纳赂于齐侯，故盟于郪丘。

有蛇自泉宫出，入于国，如先君之数。

秋八月辛未，声姜薨。毁泉台。

楚大饥，戎伐其西南，至于阜山，师于大林。又伐其东南，至于阳丘，以侵訾枝。庸人帅群蛮以叛楚。麇人率百濮聚于选，将伐楚。于是申、息之北门不启。

楚人谋徙于阪高。蒍贾曰："不可！我能往，寇亦能往，不如伐庸。夫麇与百濮谓我饥不能师，故伐我也；若我出师，必惧而归。百濮离居，将各走其邑，谁暇谋人?"乃出师。旬有五日，百濮乃罢。

自庐以往，振廪同食。次于句澨。使庐戢梨侵庸，及庸方城。庸人逐之，囚子扬窗。三宿而逸，曰："庸师众，群蛮聚焉。不如复大师，且起王卒，合而后进。"师叔曰："不可。姑又与之遇以骄之。彼骄我怒，而后可克：先君蚡冒所以服陉隰也。"又与之遇，七遇皆北，唯裨、儵、鱼人实逐之。庸人曰："楚不足与战矣。"遂不设备。

楚子乘驲，会师于临品。分为二队：子越自石溪，子贝自仞，以伐庸。秦人、巴人从楚师。群蛮从楚子盟，遂灭庸。

宋公子鲍礼于国人。宋饥，竭其粟而贷之。年自七十以上，无不馈诒也，时加羞珍

异。无日不数于六卿之门。国之材人，无不事也。亲自桓以下，无不恤也。

公子鲍美而艳。襄夫人欲通之，而不可；（夫人）〔乃〕助之施。昭公无道，国人奉公子鲍以因夫人。

于是华元为右师，公孙友为左师，华耦为司马，鳞鳠为司徒，荡意诸为司城，公子朝为司寇。初，司城荡卒；公孙寿辞司城，请使意诸为之。既而告人曰："君无道。吾官近，惧及焉。弃官则族无所庇。子，身之贰也，姑纾死焉。虽亡子，犹不亡族。"

既，夫人将使公田孟诸而杀之。公知之，尽以宝行。荡意诸曰："盍适诸侯？"公曰："不能其大夫，至于君祖母以及国人，诸侯谁纳我？且既为人君，而又为人臣，不如死！"尽以其宝赐左右（以）〔而〕使行。

夫人使谓司城去公。对曰："臣之而逃其难，若后君何？"

冬十一月甲寅，宋昭公将田孟诸。未至，夫人王姬使帅甸攻而杀之。荡意诸死之。书曰："宋人弑其君杵臼。"君无道也。

文公即位，使母弟须为司城。华耦卒，而使荡虺为司马。

【译文】

十六年春，季孙行父在阳谷与齐侯盟会，齐侯没有参加会盟。夏五月，文公有四次没有在朔日听政。六月四日，公子遂和齐侯在郪丘盟会。秋八月八日，僖公夫人姜氏死。捣毁泉台。楚人、秦人、巴人灭掉庸国。冬十一月，宋人杀了他们的君主杵臼。

十六年春，周历正月，鲁国和齐国讲和。文公有病，派季文子和齐侯在阳谷会见。季文子请求盟誓，齐侯不肯，说："请等贵国国君病好了再行盟誓。"

夏五月，文公已有四次没有在朔日听政了，这是由于生病的缘故。文公派襄仲向齐侯馈送财礼，所以就在郪丘结盟。

有蛇从泉宫出来，进入国都，和先君的数字一样多，有十七条。

秋八月初八日，声姜死，因此就把泉台拆毁了。

楚国发生大饥荒，戎人攻打楚国西南部，到达阜山，军队驻扎在大林。又进攻楚国的东南部，到达阳丘，以进攻訾枝。庸国人率领群蛮背叛楚国，麇国人率领百濮聚集在选地，打算攻打楚国。在这时候，申地、息地的北门不再打开。

楚国人商量迁到阪高去。蒍贾说："不行。我们能去，敌人也能去，不如攻打庸国，麇和百濮，认为我们遭受饥荒而不能出兵，所以来攻打我们。如果我们出兵，他们必然害怕而回去。百濮分散各地居住，将各自奔回自己的地方，谁还有空来打别人的主意？"于是就出兵。过了十五天，百濮就罢兵回去了。

从庐地出发以后，每到一地就打开粮仓让将士一起食用。军队驻扎在句澨。派庐戢梨进攻庸国，到达庸国的方城。庸国人反攻楚军，囚禁了子扬窗。过了三个晚上，子扬窗逃回来了，说："庸国的军队人数众多，所有蛮族都聚集在那里，不如再发大兵，而且出动国君的直属部队，会集各路兵马以后再进攻。"师叔说："不行。姑且再跟他们周旋以使他们骄傲。他们骄傲，我们奋发，然后就可以战胜，先君蚡冒就是用这样的方法使陉隰归服的。"楚军又和他们接战，七次接战都败走，蛮人中只有裨、儵、鱼人追赶楚军。庸国人说："楚军不堪一击。"就不再设防。

楚王乘坐驿站的传车，在临品和前敌部队会师，把军队分成两队，子越从石溪出发，子贝从仞地出发以进攻庸国。秦军、巴军跟随着楚军。各蛮族部落与楚王结盟，于是就灭了庸国。

宋国的公子鲍对国人加以礼待，宋国发生饥荒，他把粮食全部拿出来施舍。凡是年纪在七十岁以上的，没有不馈送的，还按时令加送珍贵食品。没有一天不是多次进出于六卿的大门。对国内有才能的人，没有不加侍奉的，亲属中从桓公的子孙以下，没有不加以抚恤的。

公子鲍长得漂亮艳丽，襄夫人想和他私通，公子鲍不肯，于是襄夫人就帮助他施舍。宋昭公无道，国内的人们都侍奉公子鲍来依附襄夫人。

在这时华元担任右师，公子友担任左师，华耦担任司马，鳞鱹担任司徒，荡意诸担任司城，公子朝担任司寇。起初，司城荡死了，公子寿辞去司城的官职，请求让儿子荡意诸担任。后来告诉别人说："国君无道，我的官接近君主，害怕祸难落到头上。如果丢弃这个官职，那家族就没有庇护。儿子是我身子的副本，姑且由他代替我让我晚点死。这样虽然丧失了儿子但还不至于丧失家族。"

不久以后，夫人打算让宋昭公在孟诸打猎而趁机杀死他。宋公知道以后，就带上全部财宝而出行。荡意诸说："何不到诸侯那里去？"宋公说："不能与自己的大夫以至君祖母及国人们相亲善，诸侯谁肯接纳我？而且已经做了国君，现在又做人家的臣子，那不如死。"把他的财宝全部赐给左右侍从而让他们离开。

襄夫人派人告诉司城离开宋公。他回答说："做他的臣下而躲开他的祸难，怎么能侍奉以后的国君？"

冬十一月二十二日，宋昭公准备在孟诸打猎，还未到达，夫人王姬派帅甸进攻并杀死了他。荡意诸为此而死去。《春秋》记载说："宋人弑其君杵臼。"这是由于国君无道的缘故。

宋文公即位，派同母弟须做了司城。华耦死，派荡虺做了司马。

文公十七年

【原文】

十有七年：春，晋人、卫人、陈人、郑人伐宋。

夏,四月癸亥,葬我小君声姜。

齐侯伐我(西)〔北〕鄙。六月癸未,公及齐侯盟于穀。

诸侯会于扈。

秋,公至自穀。冬,公子遂如齐。

十七年春,晋荀林父、卫孔达、陈公孙宁、郑石楚伐宋,讨曰:"何故弑君?"犹立文公而还。卿不书,失其所也。

夏四月癸亥,葬声姜。有齐难,是以缓。

齐侯伐我北鄙,襄仲请盟。六月,盟于穀。

晋侯蒐于黄父,遂复合诸侯于扈,平宋也。公不与会,齐难故也。书曰"诸侯",无功也。

于是晋侯不见郑伯,以为贰于楚也。郑子家使执讯而与之书,以告赵宣子,曰:"寡君即位三年,召蔡侯而与之事君。九月,蔡侯入于敝邑以行。敝邑以侯宣多之难,寡君是以不得与蔡侯偕。十一月,克减侯宣多,而随蔡侯以朝于执事。十二月六月,归生佐寡君之嫡夷,以请陈侯于楚,而朝诸君。十四年七月,寡君又朝以蒇陈事。十五年五月,陈侯自敝邑往朝于君。往年正月,烛之武往,朝夷也。八月,寡君又往朝。以陈、蔡之密迩于楚,而不敢贰焉,则敝邑之故也。虽敝邑之事君,何以不免?在位之中,一朝于襄,而再见于君。夷与孤之二三臣相及于绛。虽我小国,则蔑以过之矣。今大国曰:'尔未逞吾志。'敝邑有亡,无以加焉。

"古人有言曰:'畏首畏尾,身其余几?'又曰:'鹿死不择音。'小国之事大国也,德则其人也;不德则其鹿也,铤而走险,急何能择?命之罔极,亦知亡矣。将悉敝赋以待于鯈,唯执事命之。

"文公二年六月壬申,朝于齐。四年二月壬戌,为齐侵蔡,亦获成于楚。居大国之间,而从于强令,岂其罪也?大国若弗图,无所逃命!"

晋巩朔行成于郑,赵穿、公婿池为质焉。

秋,周甘歜败戎于邧垂,乘其饮酒也。

冬十月,郑大子夷、石楚为质于晋。

襄仲如齐,拜穀之盟。复曰:"臣闻齐人将食鲁之麦。以臣观之,将不能。齐君之语偷。臧文仲有言曰:'民主偷,必死。'"

【译文】

十七年春,晋人、卫人、陈人、郑人攻伐宋国。夏四月四日,安葬我国小君声姜。齐侯侵伐我国西部边疆。六月二十五日,文公和齐侯在谷地盟誓。诸侯在扈地相会。秋,文公从谷地回来。冬,公子遂到齐国去。

十七年春,晋国荀林父、卫国孔达、陈国公孙宁、郑国石楚攻打宋国,讨伐说:"为什么

杀死你们国君?"最后还是立了宋文公而回国。《春秋》没有记载卿的名字,这是由于他们处置失当。

夏四月初四日,安葬声姜。由于有齐国侵犯的祸难,所以推迟了。

齐侯攻打我国北部边境,襄仲请求结盟。六月,在谷地结盟。

晋侯在黄父阅兵,就因此再次在扈地会合诸侯,为的是平定宋国的乱事。文公没有参加会合,是因为当时齐国正侵略鲁国的缘故。《春秋》记载说"诸侯"而没有记载名字,这是讥讽他们并没有取得成功。

当时晋侯不肯和郑伯相见,认为他和楚国有勾结。郑国的子家派执讯去晋国并且给他一封信,以告诉赵宣子说:"寡君即位三年,召请蔡侯并和他一起侍奉贵国国君。九月,蔡侯到了我郑国准备前行,我国由于发生侯宣多的祸难,寡君因此没能和蔡侯同行。十一月,平定了侯宣多的祸难,就随蔡侯一道朝觐执事。十二年六月,归生辅佐寡君的嫡子夷,到楚国请求陈侯一起朝见贵国国君。十四年七月,寡君又来贵国朝见,以完成关于陈国的事情。十五年五月,陈侯从我国前去朝见贵国国君。去年正月,烛之武前去贵国,这是为了让夷前往朝见贵国国君。八月,寡君又前去朝见。就拿陈、蔡两国这样紧紧挨着楚国而不敢对晋国三心二意,那都是由于有敝国的缘故。虽然敝国如此侍奉贵国国君,但为什么却不能免于祸患呢?寡君在位期间,一次朝见贵国先君襄公,两次朝见贵国国君。夷和孤的几个臣下先后到绛城来。虽说郑国是个小国,但却再没有比敝国对贵国更好的了。现在大国说:'你们没能让我快意。'那敝国只有灭亡,再没有什么增加的了。

"古人有话说:'怕头怕尾,身子还剩多少?'又说:'鹿死的时候的哀叫是不会选择声音的。'小国侍奉大国,如果大国以德相待,那我们就是那种恭顺而不多考虑自己的人;如果不是以德相待,那我们就是那种死不择音的鹿了,突怒狂奔,直赴险地,急迫的时候哪能有什么选择?贵国的命令没有个止尽,我们也知道要灭亡了,只好准备全部派出敝国的士兵在儵地等待着,只等执事对他们发布命令。

"文公二年六月二十日,我们到齐国朝见。四年二月某日,为齐国攻打蔡国,也和楚国取得媾和。处于齐、楚两个大国之间而屈从于强横的命令,难道是我们的罪过吗?大国若不体谅,我们是没有地方可以逃避你们的命令的。"

晋国的巩朔到郑国讲和,赵穿、公壻池作为人质。

秋,周朝的甘歜在邧垂打败戎人,是乘他们喝酒不备的机会。

冬十月,郑国的太子夷、石楚到晋国作人质。

襄仲到齐国去,拜谢谷地的结盟。回来报告说:"下臣听说齐国人打算去吃鲁国的麦子。但以下臣看来,恐怕做不到。齐国国君的话毫无远虑。臧文仲有话说:'百姓的主人毫无远虑,必然很快就死。'"

文公十八年

【原文】

十有八年：春，王二月丁丑，公薨于台下。

秦伯罃卒。

夏，五月戊戌，齐人弑其君商人。

六月癸酉，葬我君文公。

秋，公子遂、叔孙得臣如齐。

冬，十月，子卒。

夫人姜氏归于齐。

季孙行父如齐。

莒弑其君庶其。

十八年春，齐侯戒师期而有疾。医曰："不及秋，将死。"公闻之，卜，曰："尚无及期！"惠伯令龟，卜楚丘占之，曰："齐侯不及期，非疾也。君亦不闻。令龟有咎。"二月丁丑，公薨。

齐懿公之为公子也，与邴歜之父争田，弗胜。及即位，乃掘而刖之，而使歜仆。纳阎职之妻，而使职骖乘。夏五月，公游于申池。二人浴于池。歜以扑抶职，职怒。歜曰："人夺女妻而不怒，一抶女庸何伤？"职曰："与刖其父而弗能病者何如？"乃谋，弑懿公，纳诸竹中。归，舍爵而行。齐人立公子元。

六月，葬文公。

秋，襄仲、庄叔如齐。惠公立故，且拜葬也。

文公二妃。敬嬴生宣公。敬嬴嬖，而私事襄仲，宣公长而属诸襄仲。襄仲欲立之，叔仲不可。仲见于齐侯而请之。齐侯新立而欲亲鲁，许之。冬十月，仲杀恶及视而立宣公。书曰"子卒"，讳之也。

仲以君命召惠伯。其宰公冉务人止之，曰："入必死。"叔仲曰："死君命可也。"公冉务人曰："若君命，可死。非君命，何听？"弗听，乃入。杀而埋之马矢之中。公冉务人奉其帑以奔蔡，既而复叔仲氏。

夫人姜氏归于齐，大归也。将行，哭而过市，曰："天乎！仲为不道，杀嫡立庶。"市人皆哭。鲁人谓之"哀姜"。

莒纪公（子）生大子仆，又生季佗；爱季佗而黜仆，且多行无礼于国。仆因国人以弑纪公，以其宝玉来奔，纳诸宣公。公命与之邑，曰："今日必授！"季文子使司寇出诸竟，曰："今日必达！"公问其故。季文子使大史克对曰：先大夫臧文仲教行父事君之礼，行父奉以

周旋,弗敢失队,曰:"见有礼于其君者,事之如孝子之养父母也;见无礼于其君者,诛之如鹰鹯之逐鸟雀也。"先君周公制《周礼》曰:"则以观德,德以处事,事以度功,功以食民。"作《誓命》曰:"毁则为贼,掩贼不藏。窃贿为盗,盗器为奸。主藏之名,赖奸之用,为大凶德,有常无赦。在'九刑'不忘!"

行父还观莒仆,莫可则也。孝敬忠信为吉德,盗贼藏奸为凶德。夫莒仆:则其孝敬,则弑君父矣;则其忠信,则窃宝玉矣。其人则盗贼也,其器则奸兆也。保而利之,则主藏也。以训则昏,民无则焉。不度于善而皆在于凶德,是以去之。

昔高阳氏有才子八人,苍舒、隤敳、梼戛、大临、尨降、庭坚、仲容、叔达;齐,圣,广,渊,明,允,笃,诚,天下之民谓之"八恺"。高辛氏有才子八人,伯奋、仲堪、叔献、季仲、伯虎、仲熊、叔豹、季狸;忠,肃,共,懿,宣,慈,惠,和,天下之民谓之"八元"。此十六族也,世济其美,不陨其名。以至于尧,尧不能举。舜臣尧,举八恺,使主后土,以揆百事,莫不时序,地平天成;举八元,使布五教于四方,父义、母慈、兄友、弟共、子孝,内平外成。

昔帝鸿氏有不才子,掩义隐贼,好行凶德;丑类恶物,顽嚚不友,是与比周,天下之民谓之"浑敦"。少暤氏有不才子,毁信废忠,崇饰恶言,靖谮庸回,服谗蒐慝,以诬盛德,天下之民谓之"穷奇"。颛顼氏有不才子,不可教训,不知话言;告之则顽,舍之则嚚;傲很明德,以乱天常:天下之民谓之"梼杌"。此三族也,世济其凶,增其恶名。以至于尧,尧不能去。缙云氏有不才子,贪于饮食,冒于货贿;侵欲崇侈,不可盈厌;聚敛积实,不知纪极;不分孤寡,不恤穷匮:天下之民以比三凶,谓之"饕餮"。舜臣尧,宾于四门,流四凶族——浑敦、穷奇、梼杌、饕餮,投诸四裔,以御魑魅。

是以尧崩而天下如一,同心戴舜以为天子,以其举十六相、去四凶也。故《虞书》数舜之功,曰"慎徽五典,五典克从",无违教也;曰"纳于百揆,百揆时序",无废事也;曰"宾于四门,四门穆穆",无凶人也。

舜有大功二十而为天子,今行父虽未获一吉人,去一凶矣。于舜之功,二十之一也,庶几免于戾乎!

宋武氏之族道昭公子,将奉司城须以作乱。十二月,宋公杀母弟须及昭公子,使戴、庄、桓之族攻武氏于司马子伯之馆,遂出武、穆之族。使公孙师为司城。公子朝卒,使乐吕为司寇,以靖国人。

【译文】

十八年春,周历二月二十三日,文公死于台下。秦伯罃死。夏五月十五日,齐国人杀了他们的国君商人。六月二十一日,安葬我国国君文公。秋,公子遂、叔孙得臣到齐国去。冬十月,文公儿子恶死。夫人姜氏从齐国回来。季孙行父到齐国去。莒国杀了它的国君庶其。

十八年春,齐侯发布了出兵日期的命令,就得了病。医生说:"不到秋天就要死去。"

鲁文公听到了,占卜,说:"希望他不到发兵的日期就死!"惠伯就用文公这样的话令告龟甲。卜楚丘占卜,说:"齐侯不到发兵日期就会死,但不是因为疾病。国君也听不到齐侯的死讯。令告龟甲一定要显示某种迹兆就会有灾祸。"二月二十三日,文公死。

齐懿公做公子的时候,和邴歜的父亲争夺田地,没有胜利。等到即位以后,就掘出尸体而砍去它的脚。而又让邴歜为他驾车。夺取了阎职的妻子而又让阎职做骖乘。夏五月,懿公在申池游玩。邴歜、阎职两个人在池子里洗澡,邴歜用马鞭抽打阎职。阎职发怒。邴歜说:"别人夺了你的妻子你不生气,打你一下又有什么损伤呢?"阎职说:"比砍了他父亲的脚而不敢怨恨的人怎么样?"于是两人就策划杀了懿公,把尸体放在竹林里。回去以后,摆好酒杯痛饮一番然后出走。齐国人立了公子元为国君。

六月,安葬文公。

秋,襄仲、庄叔去齐国,这是由于齐惠公即位的缘故,并且也为了拜谢齐国前来参加葬礼。

文公有两个妃子,敬嬴生了宣公。敬嬴受到宠爱,而私下结交襄仲。宣公年长,敬嬴把他嘱托给襄仲。襄仲要立他为国君,仲叔不同意。襄仲就去进见齐侯而请求。齐侯新近即位,想亲近鲁国,也就同意了襄仲的请求。冬十月,襄仲杀死了太子恶和他的弟弟视,而立宣公为国君。《春秋》记载说"子卒",这是为了隐讳真相。

襄仲用国君的名义召见惠伯,惠伯的家臣长官公冉务人劝止他,说:"去了肯定死。"叔仲说:"死于国君的命令是可以的。"公冉务人说:"如果是国君的命令,可以死;不是国君的命令,为什么要听从?"惠伯不听,就进去了。被杀死后埋在马粪里面。公冉务人侍奉惠伯的妻子儿女逃亡到蔡国,不久又重新立了叔仲氏。

夫人姜氏归回鲁国,这是永远回到娘家不再到夫家了。她哭着经过集市,说:"天哪,襄仲无道,杀死嫡子而立了庶子。"集市上的人都跟着哭泣。鲁国人称她为哀姜。

莒纪公生了太子仆,又生了季佗,喜爱季佗而废黜了太子仆,而且在国内做了许多不合于礼的事情。太子仆依靠国内的人们杀死了纪公,拿了他的宝玉前来逃亡,把宝玉献给宣公。宣公命令给他城邑,说:"今天一定得给!"季文子让司寇把他赶出国境,说:"今天一定要把他赶出国境。"宣公询问这样做的原因。季文子让太史克回答说:"先大夫臧文仲教导行父侍奉国君礼数,行父拿它作为处事的准则,不敢违背。先大夫说:'见到对他的国君有礼的人,就侍奉他,如同孝子侍奉父母一样;见到对他的国君无礼的人就诛灭他,如同鹰鹯追逐鸟雀一样。'先君周公制定《周礼》说:'礼仪准则用来观察德行,德行用来处置事情,事情用来衡量功劳,功劳用来取食于民。'又制作《誓命》说:'毁弃礼仪就是贼,隐匿奸贼就是窝藏,偷窃财物就是盗,偷盗国宝就是奸。有窝藏的名声,利用奸人的宝器,这是很大的凶德,对此有规定的刑罚不可赦免,这些都记录在九刑之中,不能忘记。"

行父仔细观察莒仆,没有一样是可以用礼则衡量的。孝敬、忠信是吉德,盗贼、藏奸

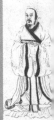

是凶德。那个莒仆，衡量他的孝敬，那他却是个杀国君父亲的；衡量他的忠信，那他又是个偷窃宝玉的。他这个人，就是盗贼；他拿来的器物，就是赃证。如果保护这样的人而贪图他的器物，那就是窝赃。以此来教育百姓就会造成昏乱，老百姓就无所取法了。上面这些都不属于好的范围，而都属于凶德，所以才把他赶走。

以前高阳氏有才能的儿子八个：苍舒、隤敳、梼戭、大临、尨降、庭坚、仲容、叔达，他们敏捷、通达、宽宏、深远、明察、公允、厚道、诚实，天下的百姓称他们八恺。高辛氏有才能的儿子八人：伯奋、仲堪、叔献、季仲、伯虎、仲熊、叔豹、季狸，他们忠诚、恭敬、勤谨、端美、周密、慈祥、仁爱、宽和，天下的百姓称他们为八元。这十六个家族，世世代代继承他们的美德，没有丧失前世的名声，一直到尧的时代。但是尧没有举拔他们。舜做了尧的臣子以后，举拔八恺，让他们主持管理土地的官职，以处理各种事物，没有一样不是处理得既及时又有条理。大地和上天都平静无事。又举拔八元，让他们在四方之国宣扬五种教化，父亲有道义，母亲慈爱，哥哥友爱，弟弟恭敬，儿子孝顺，里里外外都平静无事。

以前帝鸿氏有个顽劣的儿子，掩蔽道义，包庇奸贼，喜欢干属于凶德的事情，把坏东西视为同类，那些愚昧奸诈、不友好的人，也就和他混在一起。天下的百姓称他叫浑敦。少暤氏有一个顽劣的儿子，败坏信用、废弃忠诚，专说花言巧语，惯听谗言，任用奸邪，造谣中伤，掩盖罪恶，以诬陷有盛德的人，天下百姓称他为穷奇。颛顼氏有个顽劣的儿子，没办法教训，不知道什么是好话。开导他，他愚顽不化；不管他，他又刁恶奸诈；倨傲违逆美好德行，以搅乱上天的常道，天下的百姓称他为梼杌。这三个家族，世世代代继承他们的凶恶，增加了他们的坏名声，一直到尧的时代，尧也不能铲除他们。缙云氏有一个顽劣的儿子，贪图吃喝，贪求财货，恣意奢侈，不能满足；聚财积谷，没有限度。不分给孤儿寡母，不周济贫穷困乏的人，天下的百姓把他比做三凶，称他为饕餮。舜做了尧的臣下以后，在四方城门接待宾客，流放四个凶恶的家族。把浑敦、穷奇、梼杌、饕餮赶到四边荒远的地方。让他们去抵御妖怪。

所以，尧以后天下如同一个人一样，同心拥戴舜做天子，是因为他举拔了十六相而去掉四凶的缘故。所以《虞书》数列舜的功业，说"谨慎地弘扬五典，五典都能顺从"。这是说没有错误的教导。"放在处理各种事物的岗位上，各种事情都能处理顺当。"这是说没有荒废的事情。说"在四方的城门接待宾客，四门的宾客都恭敬肃穆"。这是说没有凶顽的人物。

舜有大功二十件而做了天子。现在行父虽没有得到一个好人，但已赶走了一个凶人。这和舜的功业相比，是他的二十分之一，差不多可以免于罪过了吧！

宋国武氏的族人领着昭公的儿子，打算侍奉司城须以发动叛乱。十二月，宋公杀了同母弟须和昭公的儿子，让戴公、庄公、桓公的族人在司马子伯的客馆里攻打武氏，于是就把武公、穆公的族人赶出国去，派遣公孙师做司城。公子朝死，派乐吕做司寇，以安定国内的人们。

宣公

宣公元年

【原文】

元年:春,王正月,公即位。

公子遂如齐逆女。三月,遂以夫人妇姜至自齐。

夏,季孙行父如齐。

晋放其大夫胥甲父于卫。

公会齐侯于平州。

公子遂如齐。

六月,齐人取济西田。

秋,邾子来朝。

楚子、郑人侵陈,遂侵宋。晋赵盾帅师救陈。宋公、陈侯、卫侯、曹伯会晋师于棐林,伐郑。

冬,晋赵穿帅师侵崇。

晋人、宋人伐郑。

元年春,王正月,公子遂如齐逆女,尊君命也。三月,遂以夫人妇姜至自齐,尊夫人也。

夏,季文子如齐,纳赂以请会。

晋人讨不用命者,放胥甲父于卫而立胥克。先辛奔齐。

会于平州,以定公位。

东门襄仲如齐拜成。

"六月,齐人取济西之田",为立公故,以赂齐也。

宋人之弑昭公也,晋荀林父以诸侯之师伐宋。宋及晋平,宋文公受盟于晋。又会诸侯于扈,将为鲁讨齐,皆取赂而还。

郑穆公曰:"晋不足与也。"遂受盟于楚。陈共公之卒,楚人不礼焉。陈灵公受盟于晋。

秋,楚子侵陈,遂侵宋。晋赵盾帅师救陈、宋,会于棐林,以伐郑也。楚蒍贾救郑,遇于北林,囚晋解扬。晋人乃还。

公子遂

晋欲求成于秦。赵穿曰："我侵崇。秦急崇,必救之;吾以求成焉。"冬,赵穿侵崇。秦弗与成。

晋人伐郑,以报北林之役。

于是晋侯侈;赵宣子为政,骤谏而不入。故不竞于楚。

【译文】

元年春天,周历正月,宣公即位。公子遂到齐国去迎接齐女。三月,遂带着夫人妇姜从齐国回到鲁国。夏天,季孙行父到齐国去。晋国把大夫胥甲父放逐到卫国,宣公在平州会见了齐侯。公子遂去到齐国。六月,齐国人得到了济水以西的土地。秋天,邾子来到鲁国朝见宣公。楚王、郑国人侵犯陈国,又侵犯宋国。晋国赵盾率领军队救援陈国。宋公、陈侯、卫侯、曹伯在棐林与晋国军队会合,攻打郑国。冬天,晋国赵穿率领军队侵犯崇国。晋国人、宋国人攻打郑国。

元年春天,周历正月,公子遂到齐国去迎接齐女,是由于尊重国君的命令。三月,遂带着夫人妇姜从齐国回国,是由于尊重夫人。

夏天,季文子到齐国,进献财礼来请求参加盟会。

晋国人惩罚不肯卖命的人,放逐胥甲父到卫国,而立胥克。先辛逃到齐国。

(宣公与齐侯)在平州会盟,以此来确定宣公的合法君位。

东门襄仲到齐国答谢会盟的成功。

六月,齐国人得到了济水以西的土地,这是为了确立宣公的合法君位,而以此答谢齐国。

宋国人杀死了昭公,晋国的荀林父率领诸侯的军队讨伐宋国,宋国和晋国讲和,宋文公在晋国接受了盟约。又在扈地会合诸侯,将要为鲁国讨伐齐国。两次都得到了财礼便班师回国。

郑穆公说:"晋国不值得与它交往。"就在楚国接受盟约。陈共公死了,楚国不行诸侯国之间互相吊丧的礼仪。陈灵公在晋国接受盟约。

秋天,楚王侵袭陈国,又乘机侵袭宋国。晋国赵盾率领军队救援陈国、宋国。宋公、陈侯、卫侯、曹伯与晋军在棐林会合,攻打郑国。楚国芴贾救援郑国,与晋军在北林相遇,俘虏了晋国的解扬。晋军就回国了。

晋国想要与秦国修好讲和。赵穿说："我们侵袭崇国，秦国为崇国担忧，一定救援崇国。我们以此与秦国求和。"冬天，赵穿侵袭崇国。秦国不与晋国讲和。

晋军攻打郑国，来报复北林的那次战役。

这时晋侯奢侈，赵宣子执政，屡次劝谏都不听，所以不能与楚国相争。

宣公二年

【原文】

二年：春，王二月壬子，宋华元帅师及郑公子归生（帅师）战于大棘。宋师败绩。获宋华元。

秦师伐晋。

夏，晋人、宋人、卫人、陈人侵郑。

秋，九月乙丑，晋赵盾弑其君夷皋。

冬，十月乙亥，天王崩。

二年春，郑公子归生（受）命于楚，伐宋。宋华元、乐吕御之。二月壬子，战于大棘，宋师败绩。囚华元，获乐吕，及甲车四百六十乘，俘二百五十人，馘百（人）。

狂狡辂郑人，郑人入于井。倒戟而出之，获狂狡。君子曰："失礼违命，宜其为禽也。戎，昭果毅以听之之谓礼。杀敌为果，致果为毅。易之，戮也。"

将战，华元杀羊食士，其御羊斟不与。及战，曰："畴昔之羊，子为政。今日之事，我为政。"与入郑师，故败。君子谓羊斟非人也，以其私憾败国殄民，于是刑孰大焉！《诗》所谓"人之无良"者，其羊斟之谓乎，残民以逞！

宋人以兵车百乘、文马百驷以赎华元于郑。半入，华元逃归。立于门外，告而入。见叔牂，曰："子之马然也？"对曰："非马也，其人也。"既合而来奔。

宋城，华元为植，巡功。城者讴曰："睅其目，皤其腹，弃甲而复。于思于思，弃甲复来！"使其骖乘谓之曰："牛则有皮，犀兕尚多，弃甲则那？"役人曰："从其有皮，丹漆若何？"华元曰："去之！夫其口众我寡。"

"秦师伐晋"，以报崇也。遂围焦。夏，晋赵盾救焦，遂自阴地，及诸侯之师侵郑，以报大棘之役。

楚斗椒救郑，曰："能欲诸侯而恶其难乎？"遂次于郑以待晋师。赵盾曰："彼宗竞于楚，殆将毙矣。姑益其疾。"乃去之。

晋灵公不君。厚敛以彫墙。从台上弹人而观其辟丸也。宰夫胹熊蹯不（熟）〔孰〕，杀之，寘诸畚，使妇人载以过朝。赵盾、士季见其手，问其故，而患之。将谏，士季曰："谏而不入，则莫之继也。会请先，不入，则子继之。"三进及溜，而后视之，曰："吾知所过矣，

将改之。"稽首而对曰:"人谁无过?过而能改,善莫大焉。《诗》曰:'靡不有初,鲜克有终。'夫如是,则能补过者鲜矣。君能有终,则社稷之固也,岂惟群臣赖之?又曰:'衮职有阙,惟仲山甫补之。'能补过也。君能补过,衮不废矣。"

犹不改。宣子骤谏。公患之,使鉏麑贼之。晨往,寝门辟矣。盛服将朝,尚早,坐而假寐。麑退,叹而言曰:"不忘恭敬,民之主也。贼民之主,不忠;弃君之命,不信。有一于此,不如死也!"触槐而死。

秋九月,晋侯饮赵盾酒,伏甲,将攻之。其右提弥明知之,趋登,曰:"臣侍君宴,过三爵,非礼也。"遂(扶)〔跐〕以下。公嗾夫獒焉,明搏而杀之。盾曰:"弃人用犬,虽猛何为?"斗且出。提弥明死之。

初,宣子田于首山,舍于翳桑。见灵辄饿,问其病。曰:"不食三日矣。"食之,舍其半。问之。曰:"宦三年矣,未知母之存否。今近焉,请以遗之。"使尽之,而为之箪食与肉,真诸囊以与之。既而与为公介,倒戟以御公徒而免之。问何故,对曰:"翳桑之饿人也。"问其名居,不告而退。遂自亡也。

乙丑,赵穿(攻)〔杀〕灵公于桃园。宣子未出山而复。太史书曰:"赵盾弑其君。"以示于朝。宣子曰:"不然。"对曰:"子为正卿,亡不越竟,反不讨贼,非子而谁?"宣子曰:"乌呼!诗曰:'我之怀矣,自诒伊慼。'其我之谓矣!"孔子曰:"董狐,古之良史也,书法不隐。赵宣子,古之良大夫也,为法受恶;惜也!越竟乃免。"

宣子使赵穿逆公子黑臀于周而立之。壬申,朝于武宫。

初,丽姬之乱,诅无畜群公子,自是晋无公族。及成公即位,乃宦卿之適(子)而为之田,以为公族;又宦其馀子,亦为馀子;其庶子为公行。晋于是有公族、馀子、公行。

赵盾请以括为公族,曰:"君姬氏之爱子也。微君姬氏,则臣狄人也。"公许之。冬,赵盾为旄车之族,使屏季以其故族为公族大夫。

【译文】

宣公二年春天,周历二月壬子,宋国的华元和郑国的公子归生各率兵在大棘作战。宋军大败,宋国的华元被俘获。秦军讨伐晋国。夏天,晋国人、宋国人、卫国人和陈国人入侵郑国。秋天九月二十六日,晋国的赵盾谋杀了他的国君夷皋。冬天十月六日,周匡王去世。

二年春天,郑国的公子归生受楚国的命令攻打楚国。宋国的华元、乐吕奉命抵御。二月壬子,在大棘交战,宋军大败。郑国生擒了华元,得到了乐吕的尸首,缴获兵车四百六十辆,俘虏二百五十人,割了死俘的一百只耳朵。

狂狡迎战郑国人,有个郑国人躲到井里。狂狡把戟柄给他想拉他出来,那个人出来后反而俘获了狂狡。君子说:"违背作战规律和命令,活该他被擒获。战争,显示果敢坚毅而听从命令叫作礼。杀死敌人就是果敢,达到果敢就是坚毅。反之,就要被杀。"

当宋、郑两军准备交战时,华元杀羊犒劳士兵,却不给他的驾车人羊斟吃。等到战斗开始,羊斟说:"前天的羊,是你做主,今天的战斗,可由我做主。"于是羊斟载着华元驰入郑军,所以战败。君子认为羊斟不是人,因个人私仇,而使国家战败百姓受害,还有比这更大的罪行吗?《诗》所说的"没有良好品行的人",大概说的就是羊斟吧!以残害百姓来发泄自己的私愤。

宋国人用一百辆兵车和四百匹毛色漂亮的马向郑国赎取华元。赎物送去一半,华元逃回来了,他站在都门外,通报身份后进了城。见到羊斟,说:"你的马不听使唤才闯入敌阵的吗?"羊斟回答说:"不是马的缘故,而是人。"说完就逃奔到了鲁国。

宋国修筑城池,华元为负责人,巡视工程。筑城人歌唱道:"瞪着大眼睛,挺着大肚皮,丢盔弃甲而回。胡须长满腮,丢盔弃甲跑回来。"华元派他的陪乘回答说:"有牛就有皮,犀牛还有很多,丢盔弃甲又有什么关系?"筑城的人说:"即使有牛皮,又到哪里找丹漆?"华元说:"离开他们,他们人多口众,我们人少。"

秦军讨伐晋国,以报崇地一战之仇,于是包围了晋国的焦地。夏天,晋国赵盾援救焦地,便从阴地出发,与诸侯的军队入侵郑国,以报大棘一战之仇。

楚国的斗椒救援郑国,说:"岂能又想称霸诸侯,而又置他们的危难于不顾呢?"于是楚军驻扎在郑国,等待晋军。赵盾说:"斗椒他们的若敖氏族在楚国一直很强盛。大概就要垮台了。姑且加剧他们自以为是的毛病吧。"于是率军离开了郑国。

晋灵公不守为君之道,横征暴敛,用来装饰宫墙,从台上用弹弓击人而观看他们躲避弹丸。厨师没把熊掌煮烂,便杀了他,把他放在畚箕里,让宫女顶在头上从朝廷走过。赵盾、士季看见了尸体的手,询问缘故,以此为忧,准备入宫进谏。士季说:"如果我们俩人一同进谏,不被采纳,就没有人再继续进谏了。让我先谏,君王不接受,你再接着进谏。"士季一连行礼三次,直到屋檐下,灵公才抬头看他。说:"我知道自己所犯的错误了,打算改正。"士季叩头回答说:"一个人谁无过错?犯了错误能改正,没有比这更好的事情了。《诗》说:'做事往往容易有一个好的开头,而难得有一个好的结尾。'如果像这样,那么能改正过错的人就很少了。君王若能有始有终,那就是国家的保障了,难道仅仅是我们臣子依靠它。又说:'天子的礼服有了破损,仲山甫把它补好。'这是说仲山甫能弥补天子的过错。君王能弥补过错,君位就不会废弃了。"

晋灵公还是不改正。赵盾屡次劝谏,灵公厌恶他,便派钼麑去刺杀他。钼麑早晨潜入赵宅,赵盾的卧房门已经开了,赵盾穿戴整齐准备上朝,时间还早,正坐着打瞌睡。钼麑退了出来,感叹地说:"不忘恭敬,他是百姓的主人。刺杀百姓的主人,就是不忠;而违背国君的命令,就是不信。只要具备了这两条中的一条,都不如死了的好。"便撞在槐树上死了。

秋天九月,晋灵公请赵盾喝酒,埋伏甲士准备袭杀他。他的车右提弥明察觉了这个阴谋,快步登上殿堂说:"臣子侍奉君主饮酒,超过三杯,就不合礼仪。"说完便扶赵盾下

殿。灵公嗾使猛狗扑向他们，提弥明与狗搏斗，杀死了它。赵盾说："不用人而用狗，狗虽凶猛，又有什么用呢？"二人边与甲士搏斗边向外退出，提弥明在搏斗中死去。

当初，赵盾在首阳山打猎，在翳桑住宿。看见灵辄饿得厉害，问他有什么病。灵辄说："三天没吃东西了。"赵盾给他食物吃，灵辄留下一半。问他这是为什么，他说："为人奴仆三年了，不知母亲还在不在人世，现在快到家了，请允许我把这一半送给她。"赵盾叫他把食物吃完，又准备了一篮饭和肉，装在袋子里送给他。不久灵辄参加禁卫军做了灵公的甲士，这次灵辄掉过兵器来抵御灵公的甲士，才使赵盾免于祸难。赵盾问他什么缘故。灵辄回答说："我就是翳桑那个挨饿的人。"赵盾问他的姓名和住址，他不通报就走了，自己逃亡去了。

九月二十六日，赵穿在桃园击杀了晋灵公。此时赵盾逃亡还没走出晋国国境，听说这一消息后就回来了。太史董狐记载这件事为"赵盾弑其君"，并拿到朝廷上让众人看。赵盾说："不是这样的。"董狐回答说："你是正卿，逃亡还未出国境，回来后又不惩罚杀死国君的凶手，那么凶手不是你又是谁呢？"赵盾感叹说："天啊！《诗》说：'因为我眷恋祖国，反而给自己带来灾祸。'这大概就是说的我吧！"孔子对此评论说："董狐是古代优秀的史官，他不隐讳事实，秉笔直书。赵盾是古代一位优秀的大夫，他因为史官的法度而蒙受恶名，真是可惜，如果他当时走出了国境，这个恶名就可以避免了。"

赵盾派赵穿从周王朝迎接公子黑臀回国，立为国君。十月三日，公子黑臀到晋武公的庙中拜祭。

当初，骊姬乱政时，曾在家庙内诅咒，不许收留公子们，从此晋国没有了公族这一官职。到成公即位后，就把这一官职授给卿的嫡子，并分给他们田地，让他们做公族大夫。又把余子的官职授给卿的其他嫡出之子，把公行之职授给卿的庶出之子。晋国从此又有了公族、余子、公行之职。

赵盾请求让赵括担任公族，说："赵括是赵姬的爱子。如果没有赵姬，那么我早就成了狄人了。"成公同意了赵盾的请求。冬天，赵盾成为掌管旄车的余子，让赵括统率他的旧族成为公族大夫。

宣公三年

【原文】

三年：春，王正月，郊牛之口伤，改卜牛；牛死，乃不郊。犹三望。

葬匡王。

楚子伐陆浑之戎。

夏，楚人侵郑。

秋,赤狄侵齐。

宋师围曹。

冬,十月丙戌,郑伯兰卒。

葬郑穆公。

三年春,不郊,而望,皆非礼也。望,郊之属也。不郊,亦无望可也。

晋侯伐郑,及郔。郑及晋平,士会入盟。

楚子伐陆浑之戎,遂至于雒,观兵于周疆。定王使王孙满劳楚子。楚子问鼎之大小、轻重焉。对曰:"在德不在鼎。昔夏之方有德也,远方图物,贡金九牧,铸鼎象物,百物而为之备,使民知神、奸。故民入川泽、山林,(不逢)〔禁御〕不若。螭魅罔两,莫能逢之。用能协于上下,以承天休。桀有昏德,鼎迁于商,载祀六百。商纣暴虐,鼎迁于周。德之休明,虽小,重也。其奸回昏乱,虽大,轻也。天祚明德,有所厎止。成王定鼎于郏鄏,卜世三十,卜年七百,天所命也。周德虽衰,天命未改。鼎之轻重,未可问也。"

"夏,楚人侵郑",郑即晋故也。

宋文公即位三年,杀母弟须及昭公子,武氏之谋也。使戴、桓之族攻武氏于司马子伯之馆,尽逐武、穆之族。武、穆之族以曹师伐宋。秋,宋师围曹,报武氏之乱也。

冬,郑穆公卒。

初,郑文公有贱妾曰燕姞,梦天使与己兰,曰:"余为伯鯈。余,而祖也。以是为而子。以兰有国香,人服媚之如是。"既而文公见之,与之兰而御之。辞曰:"妾不才,幸而有子。将不信,敢徵兰乎?"公曰:"诺!"生穆公,各之曰"兰"。

文公报郑子之妃曰陈妫,生子华、子臧。子臧得罪而出。诱子华而杀之南里,使盗杀子臧于陈、宋之间。又娶于江,生公子士。朝于楚,楚人酖之,及叶而死。又娶于苏,生子瑕、子俞弥。俞弥早卒。泄驾恶瑕,文公亦恶之,故不立也。公逐群公子。公子兰奔晋,从晋文公伐郑。

石癸曰:"吾闻姬、姞耦,其子孙必蕃。姞,吉人也,后稷之元妃也。今公子兰,姞甥也;天或启之,必将为君,其后必蕃。先纳之可以亢宠。"与孔将鉏、侯宣多纳之,盟于大宫而立之,以与晋平。

穆公有疾,曰:"兰死,吾其死乎! 吾所以生也。"刈兰而卒。

【译文】

鲁宣公三年春天,周历正月,准备举行郊祭。用于祭礼的牛,口受了伤,于是另择牛再卜问吉凶。另择之牛又死了,于是取消了郊祭。但还是举行了祭东海、泰山与淮水的望祭。安葬周匡王。楚庄王讨伐陆浑戎人。夏天,楚国人入侵郑国。秋天,赤狄侵犯齐国。宋军包围了曹国。冬天十月二十三日,郑穆公去世。安葬郑穆公。

鲁宣公三年春天,没有举行郊祭却举行了望祭,这都不合乎礼法。望祭是郊祭的一

种。既然不举行郊祭，也就不可以举行望祭。

晋成公攻打郑国，到达郔地。郑国和晋国讲和，晋国的士会到郑国订立盟约。

楚庄王攻打陆浑戎人，于是到达洛水，在周王朝疆域内陈兵示威。周定王派王孙满慰劳楚庄王。楚庄王问起九鼎的大小和轻重。王孙满回答说："得天下在于德而不在于鼎。从前当夏朝实行德政的时候，远方的方国把当地的器物绘制成图，献给朝廷，九州的长官进贡青铜，夏王铸造了九座鼎并把各种图像铸在鼎上，各种事物都具备在上面了，让百姓认识各种鬼神妖怪。所以百姓进入川泽山林，不会遇到不利的事情。山魑石怪也不可能碰到，因此能上下协力同心，享受上天的福佑。夏桀昏庸，九鼎移到商朝，达六百年之久。商纣王暴虐无道，九鼎又移到了周朝。如果德政美好，鼎虽然小，也是很重的。如果奸邪昏乱，即使鼎大，也是轻的。上天赐福给有德之君，也是有限度的。成王把九鼎安置在郏鄏，占卜的结果是传世三十代，享国七百年，这是上天的旨意。周王朝的德行虽然衰亡，但天的旨意还未改变，九鼎的轻重，是不能问的。"

夏天，楚国人攻打郑国，这是因为郑国与晋国重归于好的缘故。

宋文公即位后第三年，杀了同母弟弟公子须和昭公的儿子，公子须和昭公的儿子发动叛乱，这都是武氏的策划。文公派遣戴氏、桓氏的族人到司马子伯的客馆里攻打武氏，把武氏、穆氏的族人全部驱逐出国。武氏、穆氏家族后来领着曹国军队攻打宋国。秋天，宋军包围了曹国，这是报复曹国支持武氏之乱的行为。

冬天，郑穆公去世。

当初，郑文公有一个地位卑贱的小老婆叫燕姞，她梦见天使送给她兰草，说："我是伯鯈，是你的祖先，你把兰草作为你的儿子。因为兰草最香，佩带着它，人们就会像爱它一样地爱你。"不久文公见到燕姞，给她兰草并让她侍寝。燕姞对文公说："妾地位低下，侥幸怀了孩子。如果别人不相信，能请您以兰草作为信物吗？"文公说："好。"燕姞生了穆公，就取名叫兰。

文公与叔父子仪的妃子陈妫奸淫，生了子华、子臧。子臧因犯罪而逃出了郑国。文公在南里诱杀了子华，指使盗匪在陈、宋两国交界处杀死了子臧。文公又从江国娶妻，生了公子士。公子士到楚国朝见，楚国人用毒酒毒害他，他走到叶地就死了。文公又从苏国娶妻，生了子瑕、子俞弥。子俞弥死得早。泄驾厌恶子瑕，文公也讨厌他，所以未立他为太子。文公驱逐公子们，公子兰逃亡到了晋国，曾跟随晋文公攻打郑国。

石癸说："我听说姬、姞两姓婚配，他们的子孙一定繁衍众多。姞，就是吉利之人，后稷的嫡妻就是姞姓。如今公子兰是姞姓的外甥，上天某一天开导他，他必将成为国君，他的后代一定繁衍，如果先把他接回来立为国君，我们就可以保持宠幸地位。"于是石癸就和孔将钮、侯宣多把公子兰接回国，在祖庙里盟誓后立他为国君，并以此与晋国讲和。

穆公有病，说："如果兰草死了，我大概也要死了，它是我生命的保障。"割掉了兰草，郑穆公就去世了。

宣公四年

【原文】

四年:春,王正月,公及齐侯平莒及郯。莒人不肯。公伐莒,取向。

秦伯稻卒。

夏,六月乙酉,郑公子归生弑其君夷。

赤狄侵齐。

秋,公如齐。公至自齐。

冬,楚子伐郑。

四年春,公及齐侯平莒及郯。莒人不肯。公伐莒,取向,非礼也。平国以礼不以乱。伐而不治,乱也。以乱平乱,何治之有? 无治,何以行礼?

楚人献鼋于郑灵公。公子宋与子家将见。子公之食指动,以示子家,曰:"他日我如此,必尝异味。"及入,宰夫将解鼋。相视而笑。公问之,子家以告。及食大夫鼋,召子公而弗与也。子公怒,染指于鼎,尝之而出。公怒,欲杀子公。

子公与子家谋先。子家曰:"畜老犹惮杀之,而况君乎?"反谮子家。子家惧而从之。夏,弑灵公。书曰"郑公子归生弑其君夷",权不足也。君子曰:"仁而不武,无能达也。"凡弑君:称君,君无道也;称臣,臣之罪也。

郑人立子良。辞曰:"以贤则去疾不足,以顺则公子坚长。"乃立襄公。

襄公将去穆氏而舍子良,子良不可,曰:"穆氏宜存,则固愿也。若将亡之,则亦皆亡,去疾何为?"乃舍之,皆为大夫。

初,楚司马子良生子越椒。子文曰:"必杀之! 是子也,熊虎之状而豺狼之声;弗杀,必灭若敖氏矣。谚曰:'狼子野心。'是乃狼也,其可畜乎!"子良不可。子文以为大戚;及将死,聚其族,曰:"椒也知政,乃速行矣,无及于难!"且泣曰:"鬼犹求食,若敖氏之鬼不其馁而!"

及令尹子文卒,斗般为令尹,子越为司马。蒍贾为工正,谮子扬而杀之。子越为令尹,己为司马。子越又恶之,乃以若敖氏之族圉伯嬴于轑阳而杀之。遂处烝野,将攻王。王以三王之子为质焉,弗受。

师于漳澨。秋七月戊戌,楚子与若敖氏战于皋浒。伯棼射王,汰輈,及鼓跗,著于丁宁;又射,汰輈,以贯笠毂。师惧,退。王使巡师曰:"吾先君文王克息,获三矢焉。伯棼窃其二,尽于是矣。"鼓而进之,遂灭若敖氏。

初,若敖娶于䢵,生斗伯比。若敖卒,从其母畜于䢵。淫于䢵子之女,生子文焉。䢵夫人使弃诸梦中,虎乳之。䢵子田,见之,惧而归。夫人以告,遂使收之。楚人谓乳穀,谓

虎於菟,故命之曰斗穀於菟。以其女妻伯比。实为令尹子文。

其孙箴尹克黄使于齐。还,及宋,闻乱。其人曰:"不可以入矣!"箴尹曰:"弃君之命,独谁受之? 君,天也;天可逃乎?"遂归,复命,而自拘于司败。王思子文之治楚国也,曰:"子文无后,何以劝善?"使复其所,改命曰"生"。

冬,楚子伐郑,郑未服也。

【译文】

宣公四年春天,周历正月,宣公和齐惠公出面调停让莒国和郯国和好,莒国人不同意。宣公率军攻打莒国,夺取了向地。秦共公去世。夏天六月二十六日,郑国的公子归生杀了他的国君灵公。赤狄侵犯齐国。秋天,宣公去齐国。宣公从齐国回国后到祖庙祭告。冬天,楚庄王攻打郑国。

鲁宣公四年春天,宣公与齐惠公出面调停莒国和郯国的矛盾,莒国人不同意。宣公便率军讨伐莒国,夺取了向地,这是不合礼法的。平息两国之间的矛盾,应依据礼法,而不应凭借战乱,讨伐而引起不安定,这就是战乱。以战乱平息战乱,还有什么安定? 没有安定,凭什么来实行礼法?

楚国人献给郑灵公一只鼋。公子宋和子家准备进宫朝见,公子宋的食指自己动了一下,把它给子家看,说:"以往我发生这种情况,一定能品尝到奇异美味。"当二人进宫后,只见厨师正准备切割鼋肉,二人相视而笑。灵公问他们为什么笑,子家就把进宫前发生的事告诉他。等到让大夫们吃鼋的时候,灵公把公子宋召来而偏不给他吃。公子宋很愤怒,把手指伸到鼎锅里蘸了一下,尝了鼋味就出宫了。灵公对此也很气愤,想杀掉公子宋。

公子宋与子家谋划先下手。子家说:"畜牲老了,人们还不忍心杀它们,何况是国君呢?"公子宋反过来在灵公面前诬陷子家,子家因为害怕,只好听从公子宋。夏天,二人杀了郑灵公。《春秋》记载说"郑国公子归生杀了他的国君灵公",这是由于公子归生权力不足的缘故。君子说:"只有仁爱而没有勇武,是不可能达到仁爱之道的。"凡是杀了国君,如果只写国君的名字,说明国君无道;如果写了臣子的名字,说明是臣子的罪过。

郑国人要立子良为国君,子良推辞说:"以贤能而论,那么我去疾是不够的,以长幼顺序而论,那么公子坚比我年长。"于是立了公子坚,即襄公。

襄公准备驱逐他的兄弟们,而赦免子良一人。子良认为不可,说:"穆公的后代应该留下来,这是我本来的愿望。如果要使他们逃亡国外,那么也应该都逃亡,我为什么单独留下?"襄公于是赦免了所有的兄弟,让他们都做了大夫。

当初,楚国的司马子良生了子越椒。他的哥哥令尹子文说:"一定要杀掉他。这个孩子样子像熊虎,而声音像豺狼,不杀掉,一定会导致若敖氏家族的灭亡。谚语说:'豺狼的儿子具有野心。'这个孩子就是一条狼,难道可以养着他吗?"子良不同意杀掉。子文对此

十分忧虑。到子文临死之时，他把族人召集在一起说："如果子越椒掌握了政权，你们就赶快逃离楚国，以免遭到灾难。"又哭着说："鬼如果也需要求食，那么若敖氏的鬼神，不是要挨饿了吗？"

等到令尹子文去世，他的儿子斗般做了令尹，子越椒做了司马，蒍贾做了工正。蒍贾为了讨好子越椒而在楚王面前诬陷斗般，并杀害了他。于是子越椒任令尹，蒍贾自己做了司马。不久，子越椒又讨厌蒍贾，就率领若敖氏族人把蒍贾囚禁在辕阳并杀了他，于是子越椒驻扎烝野，准备攻打楚王。楚王以文王、成王、穆王的子孙为人质送给他，不接受。于是楚王在漳澨发兵。秋天七月九日，楚庄王和若敖氏在皋浒作战。子越椒用箭射王，箭矢飞过车辕，穿过鼓架，射中了铜钲。又射一箭，飞过车辕，穿透了车盖上木毂。楚王的军队十分害怕，往后退却。楚王派人在军中巡视，对士兵们说："我们的先君文王战胜息国时，缴获了三支利箭，子越椒偷去了其中的两支，这两支箭在这里被他用完了。"击鼓而进军，于是消灭了若敖氏。

当初，若敖从䢵国娶妻，生了斗伯比。若敖去世后，斗伯比跟着母亲生活在䢵国，与䢵国国君的女儿私通，生下了子文。䢵夫人派人把子文扔到云梦泽中，有一只老虎给他喂奶。䢵子打猎，看到了这一情景，恐惧而归，夫人把实情告诉了他，䢵子就让人收养了他。楚国人称奶为"穀"，称虎为"於菟"，因此给子文起名"斗穀於菟"。䢵子把他的女儿嫁给斗伯比为妻。斗穀於菟就是令尹子文。

子文的孙子箴尹克黄出使齐国，回国经过宋国时，听到了子越椒叛乱被杀的消息。随从说："不能回国了。"克黄说："背弃国君的使命，还有谁肯收留我呢？国君就是天，天难道可以逃避吗？"于是回到楚国，汇报出使情况，然后主动到司法官那里受囚禁。楚庄王想到子文治理楚国的功绩，说："如果让子文没有后代，还凭什么来劝人为善呢？"于是让克黄官复原职，更改他的名字为"生"。

冬天，楚庄王攻打郑国，因为郑国还没有顺服。

宣公五年

【原文】

五年：春，公如齐。

夏，公至自齐。

秋，九月，齐高固来逆叔姬。

叔孙得臣卒。

冬，齐高固及子叔姬来。

楚人伐郑。

五年春,公如齐。高固使齐侯止公,请叔姬焉。

夏,公至自齐。书,过也。

秋九月,齐高固来逆女,自为也。故书曰"逆叔姬",(即)〔卿〕自逆也。

冬"来",反马也。

楚子伐郑。陈及楚平。晋荀林父救郑,伐陈。

【译文】

宣公五年春天,宣公前往齐国。夏天,宣公从齐国回来。秋天九月,齐国的高固前来迎娶叔姬。叔孙得臣去世。冬天,齐国高固带着妻子叔姬前来鲁国。楚国人讨伐郑国。

鲁宣公五年春天,宣公前往齐国,高固让齐惠公挽留宣公,目的是迫使宣公答应将女儿叔姬嫁给他。

夏天,宣公从齐国回来,《春秋》记载这件事,是批评宣公的过错。

秋天九月,齐国的高固前来迎娶宣公女儿,这是自己为自己。所以《春秋》记载为"逆叔姬",意思是卿大夫自己为自己迎娶妻子。

冬天,高固和叔姬回到鲁国,这是行"反马"之礼。

楚庄王攻打郑国。陈国和楚国讲和。晋国的荀林父发兵救援郑国,又攻打陈国。

宣公六年

【原文】

六年:春,晋赵盾、卫孙免侵陈。

夏,四月。

秋,八月,螽。

冬,十月。

六年春,晋、卫侵陈,陈即楚故也。

夏,定王使子服求后于齐。

秋,赤狄伐晋,围怀,及邢丘。晋侯欲伐之,中行桓子曰:"使疾其民,以盈其贯,将可殪也。《周书》曰'殪戎殷',此类之谓也。"

冬,召桓公逆王后于齐。

楚人伐郑,取成而还。

郑公子曼、满与王子伯廖语:欲为卿。伯廖告人曰:"无德而贪,其在《周易》'丰☲'之'离☲',弗过之矣。"间一岁,郑人杀之。

【译文】

宣公六年春天,晋国赵盾和卫国孙免侵犯陈国。夏天四月。秋天八月,患虫灾。冬天十月。

鲁宣公六年春天,晋国和卫国攻打陈国,这是因为陈国亲近楚国的缘故。

夏天,周定王派子服到齐国请求娶齐女为王后。

秋天,赤狄攻打晋国。包围了怀地和邢丘。晋成公想反攻他们。中行桓子说:"让他危害他的百姓,以至恶贯满盈,到时就可以灭绝了。《周书》说'灭绝大国殷',说的就是这个意思。"

冬天,召桓公到齐国迎接王后。

楚国人攻打郑国,得到郑国求和才回国。

郑国公子曼满对王子伯廖说,他想做卿。伯廖告诉别人,并说:"没有德行而又贪婪,那正好应在《周易》由丰卦变成离卦这一卦象上,不过三年,他必然灭亡。"隔了一年,郑国人杀了公子曼满。

宣公七年

【原文】

七年:春,卫侯使孙良夫来盟。

夏,公会齐侯伐莱。

秋,公至自伐莱。

大旱。

冬,公会晋侯、宋公、卫侯、郑伯、曹伯于黑壤。

七年春,卫孙桓子来盟。始通,且谋会晋也。

"夏,公会齐侯伐莱",不与谋也。凡师出,与谋曰"及",不与谋曰"会"。

赤狄侵晋,取向阴之禾。

郑及晋平,公子宋之谋也,故相郑伯以会。冬,盟于黑壤。王叔桓公临之,以谋不睦。

晋侯之立也,公不朝焉,又不使大夫聘。晋人止公于会,盟于黄父。公不与盟,以赂免。故黑壤之盟不书,讳之也。

【译文】

鲁宣公七年春天,卫成公派遣孙良夫来鲁国结盟。夏天,宣公会合齐惠公讨伐莱国。秋天,宣公从讨伐莱国的战场回国。久旱不雨。冬天,宣公在晋国的黑壤会见晋成公、宋

文公、卫成公、郑襄公和曹文公。

鲁宣公七年春天，卫国的孙桓子来鲁国结盟，两国开始通好，并且商量和晋国会盟之事。

夏天，宣公会合齐惠公攻打莱国，鲁国事先没有参与策划。凡是出兵，参与策划叫作"及"，没有参与策划叫作"会"。

赤狄侵犯晋国，抢掠了晋国向阴一地的谷子。

郑国和晋国讲和，这是公子宋的主意，所以公子宋作为郑襄公的礼仪官参与盟会。冬天，在黑壤举行了会盟。周王朝的王叔桓公到会监临，以便商讨对付诸侯之间可能出现的不和睦的事件。

晋成公即位时，宣公没有前去朝见，又没派大夫去聘问，所以晋国人在会上囚禁了他。在黄父结盟时，宣公没有参加，在送了财礼之后才得以回国。所以《春秋》不记载黑壤之盟，是由于隐讳耻辱的缘故。

宣公八年

【原文】

八年：春，公至自会。

夏，六月，公子遂如齐，至黄乃复。

辛巳，有事于大庙——仲遂卒于垂。壬午，犹绎。万入，去籥。

戊子，夫人嬴氏薨。

晋师、白狄伐秦。

楚人灭舒蓼。

秋，七月甲子，日有食之，既。

冬，十月己丑，葬我小君敬嬴。雨，不克葬。庚寅，日中而克葬。

城平阳。

楚师伐陈。

八年春，白狄及晋平。夏，会晋伐秦。晋人获秦谍，杀诸绛市，六日而苏。

"有事于大庙"，襄仲卒而绎，非礼也。

楚为众舒叛故，伐舒蓼，灭之。楚子疆之，及滑汭，盟吴、越而还。

晋胥克有蛊疾，郤缺为政。秋，废胥克，使赵朔佐下军。

冬，葬敬嬴。旱，无麻，始用葛茀。"雨，不克葬"，礼也。礼：卜葬先远日，辟不怀也。

城平阳，书，时也。

陈及晋平。楚师伐陈，取成而还。

【译文】

宣公八年春天,宣公从会盟地回国。夏天六月,公子遂前往齐国聘问,到达齐国黄地后便因病返回。十六日,在太庙举行禘祭——公子遂死在齐国的垂地。十七日,又祭。祭祀时跳万舞,因卿佐之丧不应作乐,所以用来节舞的籥管并不发声。二十三日,夫人嬴氏去世。晋军和白狄进攻秦国。楚国人灭亡了舒蓼。秋天七月甲子,发生了日全食。冬天十月二十六日,安葬我国小君敬嬴。下雨,不能安葬。二十七日,太阳正中时才得以安葬。鲁国在平阳筑城。楚军进攻陈国。

宣公八年春天,白狄和晋国讲和。夏天,白狄联合晋国攻打秦国。晋国人抓获了秦国的一个间谍,在绛城的街市杀掉了他,但六天后又死而复生了。

鲁国在太庙举行禘祭,襄仲去世后连续祭祀了两天,这是不合礼法的。

楚国因为舒姓诸国背叛的缘故而讨伐舒蓼,并灭掉了它。楚庄王重新划定他的疆界,直达滑水的弯曲处,又与吴国、越国结盟后才回国。

晋国的胥克患了蛊疾,郤缺代替他执政。秋天,免了胥克的职务,派赵朔出任下军副帅。

冬天,安葬敬嬴。因大旱,没有麻,从此开始用葛代替麻做牵引棺材的绳索。下雨,不能安葬,但这是合乎礼法的。根据礼法,卜占安葬日期,先从远日开始,这是为了避免不怀念死者的嫌疑。

鲁国在平阳筑城。《春秋》之所以记载此事,是因其合乎时宜。

陈国和晋国讲和。楚军便攻打陈国,直到陈国求和后才回国。

宣公九年

【原文】

九年:春,王正月,公如齐。

公至自齐。

夏,仲孙蔑如京师。

齐侯伐莱。

秋,取根牟。

八月,滕子卒。

九月,晋侯、宋公、卫侯、郑伯、曹伯会于扈。

晋荀林父帅师伐陈。

辛酉,晋侯黑臀卒于扈。

冬,十月癸酉,卫侯郑卒。

宋人围滕。

楚子伐郑。晋郤缺帅师救郑。

陈杀其大夫泄冶。

九年春,王使来徵聘。夏,孟献子聘于周,王以为有礼,厚贿之。

秋,取根牟,言易也。

滕昭公卒。

会于扈,讨不睦也。陈侯不会,晋荀林父以诸侯之师伐陈。晋侯卒于扈,乃还。

冬,宋人围滕,因其丧也。

陈灵公与孔宁、仪行父通于夏姬,皆衷其衵服以戏于朝。泄冶谏曰:"公卿宣淫,民无效焉。且闻不令。君其纳之!"公曰:"吾能改矣。"公告二子,二子请杀之。公弗禁,遂杀泄冶。孔子曰:"《诗》云:'民之多辟,无自立辟。'其泄冶之谓乎!"

楚子为厉之役故,伐郑。

晋郤缺救郑。郑伯败楚师于柳棼。国人皆喜,唯子良忧曰:"是国之灾也。吾死无日矣!"

【译文】

九年春天,周历正月,宣公前往齐国,又从齐国回国。夏天,孟献子前往王都。齐惠公讨伐莱国。秋天,鲁国占取了根牟。八月,滕昭公去世。九月,晋成公、宋文公、卫成公、郑襄公、曹文公在扈地会见。晋国的荀林父率领军队攻打陈国。辛酉,晋成公黑臀在扈地去世。冬天十月十五日,卫成公郑去世。宋人包围了滕国。楚庄王攻打郑国。晋国郤缺率兵援救郑国。陈国杀掉了大夫泄冶。

宣公九年春天,周王使者来鲁国,示意鲁国派使者前往周王朝聘问。夏天,孟献子到周王朝聘问,周王认为他有礼貌,便重赏了他。

秋天,鲁国占取了根牟国。《春秋》记载"取根牟",说明很容易。

滕昭公去世。

晋成公等在扈地会见,是为了研究如何讨伐不顺服晋国的国家。陈灵公没有参加会见。晋国的荀林父便率领诸侯联军攻打陈国。晋成公在扈地去世,于是就撤军回国了。

冬天,宋国人趁滕国忙于办理滕昭公的丧事之机包围了滕国。

陈灵公和孔宁、仪行父与夏姬通奸,都穿着夏姬的内衣在朝廷上嬉戏取乐。泄冶劝谏说:"公卿宣扬淫乱,百姓将无所效法,而且这样名声不好,您就把那内衣收起来吧!"陈灵公说:"我能改正错误。"灵公把这件事告诉了孔宁和仪行父,这两个人请求杀掉泄冶,灵公不加禁止,于是杀掉了泄冶。孔子说:"《诗》说:'如果百姓邪恶不善,就不要自立法度,否则将危及自身。'这大概就是说的泄冶吧!"

楚庄王因为厉地之战的缘故攻打郑国。

晋国郤缺援救郑国。郑襄公在柳棼打败了楚军。郑国人都高兴,只有子良感到忧虑,他说:"这次胜利很可能导致国家的灾难,我离死已经为期不远了。"

宣公十年

【原文】

十年:春,公如齐。

公至自齐。

齐人归我济西田。

夏,四月丙辰,日有食之。

己巳,齐侯元卒。

齐崔氏出奔卫。

公如齐。

五月,公至自齐。

癸巳,陈夏征舒弑其君平国。

六月,宋师伐滕。

公孙归父如齐。葬齐惠公。

晋人、宋人、卫人、曹人伐郑。

秋,天王使王季子来聘。

公孙归父帅师伐邾,取绎。

大水。

季孙行父如齐。

冬,公孙归父如齐。齐侯使国佐来聘。

饥。

楚子伐郑。

十年春,公如齐。齐侯以我服故,归济西之田。

夏,齐惠公卒。崔杼有宠于惠公;高、国畏其偪也,公卒而逐之。奔卫。书曰"崔氏",非其罪也;且告以族,不以名。凡诸侯之大夫违,告于诸侯曰:"某氏之守臣某失守宗庙,敢告。"所有玉帛之使者,则告;不然,则否。

公如齐奔丧。

陈灵公与孔宁、仪行父饮酒于夏氏。公谓行父曰:"徵舒似女。"对曰:"亦似君。"徵舒病之。公出,自其厩射而杀之。二子奔楚。

滕人恃晋而不事宋。六月,宋师伐滕。

郑及楚平。诸侯之师伐郑,取成而还。

秋,刘康公来报聘。

师伐邾,取绎。

季文子初聘于齐。

冬,子家如齐,伐邾故也。

国武子来报聘。

楚子伐郑。晋士会救郑,逐楚师于颍北。诸侯之师戍郑。

郑子家卒。郑人讨幽公之乱,斫子家之棺而逐其族。改葬幽公,谥之曰"灵"。

【译文】

宣公十年春天,宣公前往齐国。宣公从齐国回国。齐国人把济水以西的田地归还给了鲁国。夏天四月丙辰,发生了日食。十四日,齐惠公去世。齐国的崔杼带着族人出逃到卫国。宣公又前往齐国,五月,从齐国回国。八日,陈国的夏征舒杀掉了陈灵公。六月,宋军攻打滕国。公孙归父前往齐国,参加齐惠公的葬礼。晋国人、宋国人、卫国人和曹国人攻打郑国。秋天,周定王派王季子前来鲁国聘问。公孙归父率领军队攻打邾国,占取了绎地。鲁国发大水。季孙行父前往齐国。冬天,公孙归父去齐国。齐顷公派遣国武子前来聘问。鲁国发生了饥荒。楚庄王出兵攻打郑国。

宣公十年春天,宣公前去齐国。齐惠公因为我国顺从了他,所以归还了我国的济西之田。

夏天,齐惠公去世。崔杼在惠公生前很受宠信,高氏、国氏两族害怕他对自己构成的威胁,齐惠公去世后便把他赶出了齐国。崔杼逃亡到卫国。《春秋》记载为"崔氏",表明不是崔杼的罪过,而且在把此事通报诸侯时也只称其族而不称其名。凡是诸侯的大夫离开本国,通报诸侯说:"某氏的守臣某,不能继续奉祀宗庙,特此通告。"凡是有友好往来关系的国家就通报,否则就不予通报。

宣公前往齐国奔丧。

陈灵公和孔宁、仪行父在夏征舒家喝酒。灵公对仪行父说:"征舒长得像你。"仪行父说:"也像您。"夏征舒很愤怒。当灵公出来时,夏征舒从他的马棚里用箭射死了他。孔宁和仪行父逃亡到楚国去了。

滕国人依仗晋国的势力而不侍奉宋国。六月,宋军攻打滕国。

郑国和楚国讲和。诸侯联军讨伐郑国,直到郑国求和才撤军。

秋天,刘康公代表周天子前来鲁国,以回报孟献子的聘问。

鲁国军队攻打邾国,占取了绎地。

季文子在齐顷公即位后首次到齐国聘问。

冬天，子家前往齐国访问，是为了解释伐邾一事。

齐国的国佐前来回访。

楚庄王出兵攻打郑国。晋国的士会救援郑国，在颍水以北赶走了楚军。诸侯军队便驻守在郑国。

郑国的子家去世了。郑国人为了声讨子家杀害幽公的暴行，劈开了子家的棺材，并且把他的族人赶出了郑国。郑国人重新安葬了幽公，把他的谥号改为"灵"。

宣公十一年

【原文】

十有一年：春，王正月。

夏，楚子、陈侯、郑伯盟于辰陵。

公孙归父会齐人伐莒。

秋，晋侯会狄于攒函。

冬，十月，楚人杀陈夏徵舒。

丁亥，楚子入陈。

纳公孙宁、仪行父于陈。

十一年春，楚子伐郑，及栎。子良曰："晋、楚不务德而兵争，与其来者可也。晋、楚无信，我焉得有信！"乃从楚。夏，楚"盟于辰陵"，陈、郑服也。

楚左尹子重侵宋，王待诸郔。

令尹蒍艾猎城沂，使封人虑事，以授司徒。量功命日，分财用，平板榦，称畚筑，程土物，议远迩，略基趾，具餱粮，度有司。事三旬而成，不愆于素。

晋郤成子求成于众狄。众狄疾赤狄之役，遂服于晋。"秋，会于攒函"，众狄服也。

是行也，诸大夫欲召狄。郤成子曰："吾闻之：非德，莫如勤；非勤，何以求人？能勤，有继。其从之也！《诗》曰：'文王既勤止。'文王犹勤，况寡德乎？"

冬，楚子为陈夏氏乱故，伐陈；谓陈人："无动！将讨于少西氏。"遂入陈，杀夏徵舒，辕诸栗门。因县陈。陈侯在晋。

申叔时使于齐，反，复命而退。王使让之，曰："夏徵舒为不道，弑其君，寡人以诸侯讨而戮之。诸侯、县公皆庆寡人。女独不庆寡人，何故？"对曰："犹可辞乎？"王曰："可哉！"曰："夏徵舒弑其君，其罪大矣。讨而戮之，君之义也。抑人亦有言曰：'牵牛以蹊人之田，而夺之牛。'牵牛以蹊者，信有罪矣；而夺之牛，罚已重矣。诸侯之从也，曰讨有罪也。今县陈，贪其富也。以讨召诸侯，而以贪归之，无乃不可乎？"王曰："善哉！吾未之闻也。反之，可乎？"对曰："〔可哉！〕吾侪小人所谓取诸其怀而与之也。"乃复封陈；乡取一人焉以

归,谓之夏州。故书曰:"楚子入陈。纳公孙宁、仪行父于陈。"书有礼也。

厉之役,郑伯逃归,自是楚未得志焉。郑既受盟于辰陵,又徼事于晋。

【译文】

宣公十一年春天,周历正月。夏天,楚庄王、陈成公、郑襄公在辰陵会盟。鲁国的公孙归父会合齐国人攻打莒国。秋天,晋景公与狄人在欑函会见。冬天十月,楚国人杀掉了陈国的夏征舒。十一日,楚庄王攻入陈国。送公孙宁、仪行父回到陈国。

鲁宣公十一年春天,楚庄王攻打郑国,直达栎地。郑国的子良说:"晋国和楚国不致力于德行而靠武力争夺诸侯,我们顺从打进来的国家就行了。晋国和楚国不讲信用,我们怎能守信用?"于是顺从了楚国。夏天,楚国在辰陵举行盟会,这是因为陈国、郑国已顺服。

楚国左尹子重率兵进攻宋国,楚庄王留在郔地相机策应。

楚国令尹蒍艾猎在沂地筑城,派筑城负责人考虑工程计划,然后呈报给司徒。他又计算工程量和工时,分配材料和用具,取平夹板和支柱,合理规定土方和器材的数量,研究取料的远近,巡察城池的基址,准备粮食,审查监工人员。筑城工程三十天完成,没有超过预定的日期。

晋国的郤成子向各部族的狄人谋求友好。各处的狄人也都痛恨赤狄对他们的奴役,于是顺服了晋国。秋天,在欑函会盟,从此狄人顺服晋国。

这次欑函会盟前,各位大夫主张召狄人前来。郤成子说:"我听说,如果没有德行,不如用勤劳来弥补,如果不勤劳,那凭什么要求别人顺服自己呢?能勤劳就会有好的结果,还是让我们到狄人那里去吧!《诗》说:'文王很勤劳。'文王尚且如此勤劳,何况我们这些缺少德行的人呢?"

冬天,楚庄王由于陈国夏氏之乱的缘故,讨伐陈国。庄王对陈国人说:"不要惊慌害怕,我们将只讨伐少西氏。"于是攻入陈国,杀了夏征舒,把他车裂在栗门,随之把陈国作为楚国的一个县。当时陈侯正在晋国。

楚国的申叔时出使到齐国,回国,向楚庄王汇报出使情况后便退下去了。庄王派人责备他说:"夏征舒做了大逆不道之事,杀了自己的国君,我率领诸侯讨伐并杀了他,诸侯县公都祝贺我,而唯独你不向我道贺,这是什么缘故?"申叔时回答说:"我还可以申辩理由吗?"庄王说:"可以!"申叔时说:"夏征舒杀害他的国君,他的罪恶的确很大,讨伐并杀掉他,这是君王应该做的。不过别人也可以有闲话可说:'甲牵牛从乙的田里走过,而乙就抢走了甲的牛。'甲牵牛从田里走,确实不对,而乙抢走甲的牛,惩罚也太重了。诸侯跟从您攻打陈国,说是讨伐有罪之人。而现在把陈国划为楚国的一个县,这是贪图陈国的财富。以讨伐有罪为名召集诸侯,最后却以贪财结束,恐怕不行吧?"庄王说:"好啊!你的这些话我从来没听见过。现在把陈国返还给他们,可以吗?"申叔时回答说:"可以!这

就是我们这类小人所说的'从别人怀中取走,再还给别人'啊!"于是庄王再重新封立了陈国,从每乡带回一人,把他们集中在一个地区,这个地区就称为夏州。因此《春秋》记载说:"楚子入陈,纳公孙宁、仪行父于陈。"这是表明楚庄王的这一行动合于礼法。

厉地之战,郑襄公逃回国内。从此楚国一直没有得志。郑国已在辰陵接受了楚国的盟约,但又请求侍奉晋国。

宣公十二年

【原文】

十有二年:春,葬陈灵公。

楚子围郑。

夏,六月乙卯,晋荀林父帅师及楚子战于邲。晋师败绩。

秋,七月。

冬,十有二月戊寅,楚子灭萧。

晋人、宋人、卫人、曹人同盟于清丘。

宋师伐陈。卫人救陈。

十二年春,楚子围郑。旬有七日,郑人卜行成,不吉;卜临于大宫且巷出车,吉。国人大临,守陴者皆哭。楚子退师。郑人修城,进复围之三月,克之。入自皇门,至于逵路。郑伯肉袒牵羊以逆,曰:"孤不天,不能事君,使君怀怒以及敝邑,孤之罪也。敢不唯命是听?其俘诸江南以实海滨,亦唯命;其翦以赐诸侯,使臣妾之,亦唯命。若惠顾前好,徼福于厉、宣、桓、武,不泯其社稷,使改事君,夷于九县:君之惠也,孤之愿也,非所敢望也!敢布腹心,君实图之!"左右曰:"不可许也,得国无赦!"王曰:"其君能下人,必能信用其民矣,庸可几乎?"退三十里而许之平。潘尪入盟。子良出质。

夏六月,晋师救郑。荀林父将中军,先縠佐之。士会将上军,郤克佐之。赵朔将下军,栾书佐之。赵括、赵婴齐为中军大夫,巩朔、韩穿为上军大夫,荀首、赵同为下军大夫,韩厥为司马。

及河,闻郑既及楚平,桓子欲还,曰:"无及于郑而勤民,焉用之?楚归而动,不后。"

随武子曰:"善!会闻用师,观衅而动。德、刑、政、事、典、礼:不易,不可敌也,不为是征。楚(军)〔君〕讨郑,怒其贰而哀其卑,叛而伐之,服而舍之,德刑成矣。伐叛,刑也;柔服,德也:二者立矣。昔岁入陈,今兹入郑,民不罢劳,君无怨讟,政有经矣。荆尸而举,商农工贾不败其业而卒乘辑睦,事不奸矣。蒍敖为宰,择楚国之令典。军行:右辕,左追蓐,前茅虑无,中权,后劲。百官象物而动,军政不戒而备,能用典矣。其君之举也:内姓选于亲,外姓选于旧;举不失德,赏不失劳。老有加惠,旅有施舍;君子小人,物有服章;贵有常

尊,贱有等威:礼不逆矣。德立,刑行;政成、事时;典从、礼顺:若之何敌之?见可而进,知难而退,军之善政也。兼弱攻昧,武之善经也。子姑整军而经武乎!犹有弱而昧者,何必楚?仲虺有言曰:'取乱侮亡',兼弱也。《汋》曰:'於铄王师,遵养时晦。'耆昧也。《武》曰:'无竞惟烈'。抚弱耆昧以务烈所,可也。"

彘子曰:"不可!晋所以霸,师武臣力也。今失诸侯,不可谓力;有敌而不从,不可谓武。由我失霸,不如死!且成师以出,闻敌强而退,非大也。命(有)〔以〕军(师)〔帅〕,而卒以非夫,唯群子能,我弗为也!"以中军佐济。

知庄子曰:"此师殆哉!《周易》有之,在'师䷆'之'临䷒',曰:'师出以律。否臧,凶。'执事顺成为臧,逆为否;众散为弱,川壅为泽,有律以如己也:故曰律否臧,且律竭也。盈而以竭,夭且不整,所以凶也。不行谓之'临'。有帅而不从,临孰甚焉!此之谓矣。果遇,必败,彘子尸之。虽免而归,必有大咎!"

韩献子谓桓子曰:"彘子以偏师陷,子罪大矣!子为元帅,师不用命,谁之罪也?失属亡师,为罪已重,不如进也。事之不捷,恶有所分。与其专罪,六人同之不犹愈乎?"师遂济。

楚子北,师次于郔。沈尹将中军,子重将左,子反将右,将饮马于河而归。闻晋师既济,王欲还。嬖人伍参欲战。令尹孙叔敖弗欲,曰:"昔岁入陈,今兹入郑,不无事矣。战而不捷,参之肉其足食乎!"参曰:"若事之捷,孙叔为无谋矣。不捷,参之肉将在晋军,可得食乎?"令尹南辕反旆,伍参言于王曰:"晋之从政者新,未能行令。其佐先縠刚愎不仁,未肯用命。其三帅者专行不获。听而无上,众谁适从?此行也,晋师必败!且君而逃臣,若社稷何?"王病之,告令尹:改乘辕而北之,次于管以待之。

晋师在敖、鄗之间,郑皇(成)〔戌〕使如晋师,曰:"郑之从楚,社稷之故也,未有贰心。楚师骤胜而骄,其师老矣而不设备。子击之,郑师为承,楚师必败!"彘子曰:"败楚,服郑,于此在矣。必许之!"栾武子曰:"楚自克庸以来,其君无日不讨国人而训之于民生之不易、祸至之无日、戒惧之不可以怠,在军无日不讨军实而申儆之于胜之不可保、纣之百克而卒无后,训之以若敖、蚡冒筚路蓝缕以启山林,箴之曰'民生在勤,勤则不匮':不可谓'骄'。先大夫子犯有言曰:'师直为壮,曲为老。'我则不德,而徼怨于楚。我曲楚直,不可谓'老'。其君之戎分为二广,广有一卒,卒偏之两。右广初驾,数及日中;左则受之,以至于昏。内官序当其夜,以待不虞。不可谓'无备'。子良,郑之良也。师叔,楚之崇也。师叔入盟,子良在楚,楚、郑亲矣。来劝我战,我克则来,不克遂往:以我卜也。郑不可从!"赵括、赵同曰:"率师以来,唯敌是求。克敌,得属,又何俟?必从彘子!"知季曰:"原、屏,咎之徒也。"赵庄子曰:"栾伯善哉?实其言,必长晋国!"

楚少宰如晋师,曰:"寡君少遭闵凶,不能文。闻二先君之出入此行也,将郑是训定,岂敢求罪于晋?二三子无淹久!"随季对曰:"昔平王命我先君文侯曰:'与郑夹辅周室,毋废王命!'今郑不率,寡君使群臣问诸郑,岂敢辱候人?敢拜君命之辱!"彘子以为谄,使赵

括从而更之，曰："行人失辞。寡君使群臣迁大国之迹于郑，曰：'无辟敌！'群臣无所逃命！"

楚子又使求成于晋，晋人许之，盟有日矣。楚许伯御乐伯，摄叔为右，以致晋师。许伯曰："吾闻：致师者御靡旌摩垒而还。"乐伯曰："吾闻：致师者左射以菆，代御执辔，御下两马，掉鞅而还。"摄叔曰："吾闻：致师者右入垒，折馘、执俘而还。"皆行其所闻而复。晋人逐之，左右角之。乐伯左射马而右射人，角不能进；矢一而已。麋兴于前，射麋丽龟。晋鲍癸当其后，使摄叔奉麋献焉，曰："以岁之非时，献禽之未至，敢膳诸从者。"鲍癸止之，曰："其左善射，其右有辞，君子也！"既免。

晋魏锜求公族未得而怒，欲败晋师。请致师，弗许。请使，许之。遂往，请战而还。楚潘党逐之。及荧泽，见六麋，射一麋以顾献，曰："子有军事，兽人无乃不给于鲜？敢献于从者。"叔党命去之。

赵旃求卿未得，且怒于失楚之致师者，请挑战。弗许。请召盟，许之；与魏锜皆命而往。郤献子曰："二憾往矣。弗备，必败。"栾子曰："郑人劝战，弗敢从也；楚人求成，弗能好也；师无成命，多备何为？"士季曰："备之善。若二子怒楚，楚人乘我，丧师无日矣。不如备之。楚之无恶，除备而盟，何损于好？若以恶来，有备，不败。且虽诸侯相见，军卫不彻，警也。"栾子不可。

士季使巩朔、韩穿帅七覆于敖前，故上军不败。赵婴齐使其徒先具舟于河，故败而先济。

潘党既逐魏锜。赵旃夜至于楚军，席于军门之外，使其徒入之。楚子为乘广三十乘，分为左右：右广鸡鸣而驾，日中而说；左则受之，日入而说。许偃御右广，养由基为右；彭名御左广，屈荡为右。乙卯，王乘左广以逐赵旃。赵旃弃车而走林；屈荡搏之，得其甲裳。晋人惧二子之怒楚师也，使轵车逆之。潘党望其尘，使骋而告曰："晋师至矣！"楚人亦惧王之入晋军也，遂出陈。孙叔曰："进之！宁我薄人，无人薄我。《诗》云：'元戎十乘，以先启行。'先人也。《军志》曰：'先人有夺人之心。'薄之也。"遂疾进师，车驰，卒奔，乘晋军。

桓子不知所为，鼓于军中，曰："先济者有赏！"中军、下军争舟，舟中之指可掬也。晋师右移，上军未动。

工尹齐将右拒卒以逐下军。楚子使唐狡与蔡鸠居告唐惠侯曰："不榖不德而贪，以遇大敌，不榖之罪也。然楚不克，君之羞也。敢藉君灵以济楚师！"使潘党率游阙四十乘，从唐侯以为左拒，以从上军。

驹伯曰："待诸乎？"随季曰："楚师方壮，若萃于我，吾师必尽。不如收而去之。分谤，生民，不亦可乎？"殿其卒而退，不败。

王见右广，将从之乘。屈荡〔尸〕〔户〕之，曰："君以此始，亦必以终。"自是楚之乘广先左。

晋人或以广队不能进，楚人惎之脱扃。少进，马还，又惎之拔旆投衡，乃出。顾曰："吾不如大国之数奔也。"

赵旃以其良马二济其兄与叔父，以他马反。遇敌不能去，弃车而走林。逢大夫与其二子乘，谓其二子："无顾！"顾，曰："赵傁在后。"怒之，使下，指木曰："尸女于是！"授赵旃绥，以免。明日，以表尸之，皆重获在木下。

楚熊负羁囚知罃。知庄子以其族反之，厨武子御，下军之士多从之。每射抽矢，菆纳诸厨子之房。厨子怒曰："非子之求而蒲之爱，董泽之蒲可胜既乎？"知季曰："不以人子，吾子其可得乎？吾不可以苟射故也。"射连尹襄老，获之，遂载其尸；射公子穀臣，囚之。以二者还。

及昏，楚师军于邲。晋之馀师不能军，宵济，亦终夜有声。

丙辰，楚重至于邲，遂次于衡雍。潘党曰："君盍筑武军而收晋师以为京观？臣闻克敌必示子孙，以无忘武功。"楚子曰："非尔所知也。夫文，止戈为武。武王克商，作《颂》曰：'载戢干戈，载櫜弓矢。我求懿德，肆于时夏。允王保之！'又作《武》，其卒章曰：'耆定尔功。'其三曰：'铺时绎思，我徂维求定。'其六曰：'绥万邦，（屡）〔娄〕丰年。'夫武，禁暴、戢兵、保大、定功、安民、和众、丰财者也，故使子孙无忘其章。今我使二国暴骨，暴矣；观兵以威诸侯，兵不戢矣；暴而不戢，安能保大？犹有晋在，焉得定功？所违民欲犹多，民何安焉？无德而强争诸侯，何以和众？利人之几而安人之乱以为己荣，何以丰财？武有七德，我无一焉，何以示子孙？其为先君宫，告成事而已；武非吾功也。古者明王伐不敬，取其鲸鲵而封之，以为大戮；于是乎有京观，以惩淫慝。今罪无所，而民皆尽忠以死君命，又可以为京观乎？"祀于河，作先君宫，告成事而还。

是役也，郑石制实入楚师，将以分郑而立公子鱼臣。辛未，郑杀仆叔及子服。君子曰："史佚所谓'毋怙乱'者，谓是类也。《诗》曰：'乱离瘼矣，爰其适归？'归于怙乱者也夫！"

郑伯、许男如楚。

秋，晋师归。桓子请死，晋侯欲许之，士贞子谏曰："不可！城濮之役，晋师三日榖，文公犹有忧色。左右曰：'有喜而忧，如有忧而喜乎？'公曰：'得臣犹在，忧未歇也。困兽犹斗，况国相乎！'及楚杀子玉，公喜而后可知也，曰：'莫余毒也已！'是晋再克而楚再败也，楚是以再世不竞。今天或者大警晋也，而又杀林父以重楚胜，其无乃久不竞乎？林父之事君也，进思尽忠，退思补过，社稷之卫也，若之何杀之？夫其败也，如日月之食焉，何损于明？"晋侯使复其位。

冬，楚子伐萧，宋华椒以蔡人救萧。萧人囚熊相宜僚及公子丙。王曰："勿杀！吾退。"萧人杀之。王怒，遂围萧。萧溃。

申公巫臣曰："师人多寒。"王巡三军，拊而勉之，三军之士皆如挟纩。遂傅于萧。

还无社与司马卯言，号申叔展。叔展曰："有麦麹乎？"曰："无。""有山鞠穷乎？"曰：

1542

"无。""河鱼腹疾奈何？"曰："目于智井而拯之。""若为茅绖，哭井则己。"明日萧溃，申叔视其井，则茅绖存焉，号而出之。

晋原縠、宋华椒、卫孔达、曹人同盟于清丘，曰："恤病，讨贰。"于是卿不书，不实其言也。

宋为盟故，伐陈。卫人救之。孔达曰："先君有约言焉。若大国讨，我则死之。"

【译文】

鲁宣公十二年春天，安葬陈灵公。楚庄王率兵包围了郑国。夏天六月乙卯，晋国的荀林父率军与楚庄王在邲地作战，晋军大败。秋天七月。冬天十二月八日，楚庄王灭亡了萧国。晋国人、宋国人、卫国人、曹国人一起在清丘会盟。宋军进攻陈国。卫国人救援陈国。

鲁宣公十二年春天，楚庄王包围郑国，有十七天了。郑国人为求和占卜，但不吉利，再为在太庙号哭而且出车于街巷以示不屈占卜，吉利。于是都城的人都到太庙大哭，守城将士也都大哭。楚庄王见此，下令退兵。郑国人修复了城墙，楚庄王进军再次包围了郑国都城，历时三个月才攻破。楚军从皇门入城，直达城中大道。郑襄公光着上身牵着羊出来迎接楚庄王，说："我没有承奉天意，侍奉您，使您满怀愤怒来到我国，这是我的罪过，怎敢不听从您的命令呢？如果把我俘虏到江南，流放到海滨，也听凭您安排；如果灭亡郑国，把郑国的土地分赐给诸侯，让郑国的男女成为别国的奴婢，也只听凭您的吩咐。如果承蒙君王念及两国过去的友好关系，托周厉王、周宣王、郑桓公、郑武公的福，而不至于亡国的话，那么让郑国重新侍奉君王，将郑国等同于楚国各县，这就是君王的恩惠了，也是我的愿望，但这又不是我所敢奢望的。谨陈述我的心里话，请您考虑。"庄王的手下人说："不能答应他，得到了一个国家就不能再赦免它。"庄王说："郑国的国君能屈己居人之下，一定能得到他的百姓的信任，郑国还是有希望的吧！"于是退兵三十里，同意郑国求和的请求。楚国的潘尪入城结盟，郑国的子良出国到楚国做人质。

夏天六月，晋军救援郑国。荀林父率领中军，先縠辅佐他；士会率领上军，郤克辅佐他；赵朔率领下军，栾书辅佐他。赵括、赵婴齐任中军大夫，巩朔、韩穿任上军大夫，荀首、赵同任下军大夫，韩厥任司马。

晋军抵达黄河时，听说郑国已和楚国讲和。荀林父想撤军回国，他说："没有赶上救郑国而劳民与楚军对峙，哪里用得着呢？楚军撤回后再出兵攻打郑国，也不算迟。"

士会说："好。我听说用兵之道，就是要善于观察敌人的间隙然后行动。如果一个国家的德行、刑法、政令、事务、典章、礼仪没有违背常道，便不能与之为敌，也不宜攻打它。楚国国君讨伐郑国，愤恨郑国的三心二意而又哀怜他们的奴颜卑下。背叛时就讨伐它，顺服时便宽恕他，这样德行和刑罚就具备了。讨伐背叛，就是刑罚；安抚顺服，便是德行。二者都树立起来了。楚国去年攻入陈国。今年又攻入郑国，百姓并不疲劳，对国君也没

有怨言,政令是合乎常道的。楚军列成荆尸之陈而后发兵,商贩、农民、工匠、店主都不废弃自己的行业,而且步兵与车兵也很和睦,各司其职,互不相犯。蒍敖担任令尹,选择楚国好的法典。军队行动,右军跟随主将车辕而行,左军搜寻粮草,前军举着旌旗侦察敌情以防意外,中军权衡作战方案,后军以精兵殿后。各级军官根据象征自己的旌旗的指挥而行动,军中政事不须等待命令就已准备就绪,这是因为能运用典章制度。他们的君王选拔人才,在同姓中选拔亲近的人,异姓中选拔历代旧臣后裔;选拔不遗漏有德行的人,赏赐不遗漏有功劳的人;老人加恩,羁旅之人也有施舍;君子和小人,服饰各有规定;对尊贵的人有一定的表示尊敬的礼仪,对低贱的人也有等级的威仪,这样礼法就不至于违反。德行树立,刑法实行,政治修明,国事合乎时宜,典章得到执行,礼仪顺应时代,这样的国家怎么能够抵挡呢?见机而进,知难而退,这是用兵的好策略;兼并弱小攻打昏庸之国,这是军事上正确的战略方针。您姑且整顿军队、筹划军事装备吧!还有的是弱小而又政治黑暗的国家,为什么一定要攻打楚国呢?仲虺说过:'夺取动乱之国,欺侮行将灭亡之国。'说的就是兼并弱小。《诗·汋》中说:'啊!天子的军队真威风,率领他们占取昏暗的国家。'说的就是进攻昏暗之国。《诗·武》中说:'没有谁比武王的功业更强盛。'安抚弱小而攻打昏暗之国,从而致力于武王的伟业,是可以的。"

先縠说:"不行。晋国之所以能称霸诸侯,是由于军队勇敢、臣子尽力。现在眼看会失去诸侯,不能说是尽力;有了敌人而不去迎战,不能说是勇敢。从我们身上失去晋国的霸主地位,还不如死了好。况且兴兵出战,听说敌人强大就退却,这不是大丈夫。受命担任军队统帅,却以有辱大丈夫的结果而告终,只有诸位能做到,我是不干的。"于是率领中军副帅所属部队渡过了黄河。

知庄子说:"这支军队危险了。《周易》有这样的卦象,从师卦变为临卦,爻辞说:军队出击要以法制号令约束,不然,就有危险。'行事顺其道而有所成就是臧,反之就叫否。士兵离散就是柔弱,流水壅塞就成了沼泽。有法制号令指挥军队就如同指挥自己一样,所以叫作律。如果行事不善,法制号令就形同虚设。从充满到枯竭,阻塞而不整齐,所以就是凶象了。水不流动为'临',有统帅而不服从,还有比这更严重的'临'吗?说的就是这个道理。果真和楚军相遇,肯定失败,彘子要承担罪责。即使他侥幸不死而逃回,也一定有大灾祸。"

韩献子对荀林父说:"彘子率领他那一部分军队如果陷入楚军,您的罪过就大了。您为元帅,军队不听从命令,这是谁的罪过呢?失掉了属国,又损失了军队,这个罪责已很大了,不如进军。即使失败了,也可由大家来分担责任,与其您一个人承担罪过,不如六个人共同承担,这样不是更好吗?"于是晋军就渡过了黄河。

楚庄王率军北上,驻扎在郔地。沈尹率领中军,子重率领左军,子反率领右军,准备在黄河饮马后便回国。听说晋军已经渡过了黄河,庄王想撤军回国,宠臣伍参想与晋军开战。令尹孙叔敖不想作战,他说:"去年我们攻入陈国,今年又攻入郑国,不能说没有战

事。如果开战而不能取得胜利,你伍参的肉恐怕不够让人吃吧?"伍参说:"如果作战胜利了,你孙叔敖就是没有谋略之人。不能取胜,我伍参之肉将落在晋军之手,你们怎么能吃得到呢?"令尹把车辕调转南方,军旗也指向南方,准备回国。伍参对楚庄王说:"晋国执政的人荀林父上台不久,命令还不能通行无阻,他的中军副帅先縠刚愎自用,残暴不仁,不肯听从他的命令,他的三个将帅想专权又办不到,想听从又没有具有绝对权威的上司,军队听从谁的呢?这次交战,晋军必定失败。况且您作为国君,如果逃避晋国的臣子,又把国家的荣辱置于何地呢?"楚庄王很忧虑,于是命令令尹调转车辕,向北进军,驻扎在管地,等待晋军。

晋军此时驻扎在敖山、鄗山之间。郑国的皇戌出使来到晋军中,说:"郑国屈从楚国,是为了挽救国家的缘故,对晋国并没有二心。楚军屡次获胜因而骄傲轻敌,军队士气已衰落,而且又不设防,你们如果攻击他们,郑军作为后继,楚军必定失败。"先縠说:"打败楚国、降服郑国,就在此一举了,一定答应他。"栾书说:"楚国自从战胜庸国以来,他们的国君没有一天不用'百姓生活还很艰难、战祸随时会降临、不可以放松警惕和戒备'的话来教育和训诫国人。在军队中,没有一天不用'不可能保持永久的胜利,商纣王曾经百战百胜,但最后却亡国取辱'的历史来教育和再三告诫军队官兵,用楚国先君若敖和蚡冒当初乘柴车、穿破敝衣服开辟山林,艰苦创业的事迹来教育他们。并告诫他们说:'百姓的生存在于勤劳,勤劳就不缺乏。'这不能说他们骄傲。先大夫子犯说过:'师出有名就气壮,理曲就气衰。'我们的行为不合德行,又与楚国结怨,我们理屈而楚国理直,因此不能说楚军已士气衰落。楚国国王的车队分为左右两部,称两广,每广有三十辆战车,称一卒,每卒又分左右两偏。右广先行驾车守卫,直到中午,再由左广接替,直到黄昏。左右近臣轮流值夜班,以防意外。这不能说他们没有防备。子良是郑国的杰出人才,师叔是楚国人崇敬的人物。师叔到郑国结盟,子良作为人质住在楚国,楚国和郑国关系是密切的。郑国派人来劝我们出战,我们胜了,他们就来归服,不胜,他们就又去投奔楚国,这是在以我们的胜负来占卜啊,郑国的建议不能听从。"赵括、赵同说:"率军前来,就是寻找敌人作战。战胜敌人降服属国,还等待什么呢?一定要采纳先縠的建议。"荀首说:"赵同和赵括的主意,是一条取祸之道。"赵朔说:"栾书说得好啊!如果照他说的去做,一定能使晋国长存不衰。"

楚国的少宰来到晋军,说:"我国国君自幼遭到忧患,因此他不善辞令。听说我国两位先君成王和穆王曾出入这条道路,是为了教训和安定郑国,哪里敢得罪晋国呢?你们几位不要在此久留。"士会回答说:"从前周王平命令我国先君文侯说:'与郑国一起辅佐周王室,不要背弃天子的命令。'现在郑国不遵循天子命令,我国国君派群臣前来质问郑国,又怎么敢劳驾您前来呢?谨此拜谢您贵国国君的命令。"先縠认为这是讨好楚国,派赵括去更正,说:"刚才外交官的话不恰当。我国国君派群臣来把楚国的军队赶出郑国,他说:'不要躲避敌人。'我们群臣不能不执行这一命令。"

　　楚庄王又派人向晋国求和,晋国人答应了,并且确定了结盟的日期。但楚国的许伯为乐伯驾车,摄叔为车右,向晋军挑战。许伯说:"我听说向敌人挑战,战车疾驰以致旌旗靡倒,迅速迫近敌人营垒然后返回。"乐伯说:"我听说向敌人挑战,由车左用利箭射击敌人,代替驾车人执掌马缰绳,驾车人下车整理马匹和马脖子上的皮带,然后从容而回。"摄叔也说:"我听说向敌人挑战,车右要攻入敌人营垒,杀死敌人,割取左耳,生擒俘虏而回。"这三个人都按他们听说的去做了然后回营。晋国人追赶他们,从左右夹攻。乐伯射左边的马,射右边的人,使夹攻的晋兵不能前进。他的箭仅仅只剩下一支了。有一只麋鹿出现在前方,乐伯用这支箭射中了它的背部。这时晋国的鲍癸正在后面追赶,乐伯让摄叔把麋鹿献给他,说:"因为还不到时令,应当奉献的禽兽还没有出现,谨以此作为您的随从的食肴吧。"鲍癸让部队停止追赶,说:"他们的车左善于射箭,车右善于辞令,都是君子啊。"这三人都免遭俘获。

　　晋国的魏锜请求公族大夫的职位,没有得到,因而恼怒,想让晋军失败。他请求前去挑战,不批准。请求出使到楚军,批准了他。于是他前往楚军,请战后返回。楚国的潘党追击他,到达荣泽,魏锜看见六只麋鹿,射杀了一只而回车献给潘党,说:"您有作战任务在身,兽人之官恐怕不能供给你新鲜野味,谨把这只麋鹿献给您的随从。"潘党命令部下不再追赶魏锜。赵旃求卿的职位,没有得到,而且对逃走了楚国的挑战者十分生气,于是请求前往楚军挑战,未被批准。又请求去召请楚军前来结盟,得到了同意。赵旃和魏锜都受命前往楚军。郤克说:"这两个心怀不满的人去了,如果我们不加以防备,必定要失败。"先縠说:"郑国人劝我们和楚军作战,不敢听从;楚国人向我们求和,又不和他们结好。军队没有一个固定的战略目的,多加防备又有什么用呢?"士会说:"有所防备为好。如果赵旃、魏锜二人激怒了楚国,楚国人乘机袭击我们,我们很快就会全军覆没。不如防备他们。如果楚国没有恶意,到时再解除防备,缔结盟约,对两国和好有什么损害呢?如果楚国怀恶意而来,我们有所防备,也不至于失败。再说即使诸侯会见,守卫部队也不加撤除,就是以防万一。"先縠还是不同意设防。

　　士会派巩朔、韩穿率领七支伏兵埋伏在敖山之前,所以上军才没有失败。赵婴齐派他的部下事先在黄河边准备了船只,所以在战败后首先渡过黄河。

　　潘党赶走了魏锜,赵旃又在晚上来到楚军,他在军门之外铺席而坐,派他的部下进入军门。楚庄王组建他的车队以三十乘为一广,分左右两广。右广在凌晨鸡叫时驾车值勤,中午卸车休息;左广中午接班,太阳落山时卸车休息。许偃为右广的指挥车驾车,养由基担任车右。彭名为左广的指挥车驾车,屈荡担任车右。乙卯这一天,庄王乘坐左广的指挥车追赶赵旃。赵旃丢下车队逃跑到树林中。屈荡和他搏斗,扯下了他的甲衣。晋国人害怕这两个人会惹恼楚军,便派一辆兵车去接应他们。潘党从远处看到这辆兵车扬起的尘土,便派人驾车报告楚军首领:"晋军到了。"楚国人也害怕楚庄王落入晋军之手,便列阵迎战。孙叔敖说:"进军!宁可我们逼近敌人,不可让敌人逼近我们。《诗》说:

'战车十辆,用来在前面冲锋开道。'意思就是要抢在敌人前面。《军志》说:'抢在敌人前面就可以夺去敌人的斗志。'意思就是要主动逼近敌人。"于是就迅速进军,战车奔驰,士兵奔跑,乘势掩杀晋军。

荀林父不知所措,只得在军中击鼓传令说:"先渡过黄河的人有奖赏。"中军和下军为船只争斗,许多人落入水中,先上船的人把攀住船舷的人的手指砍断,船里的断指多得可以捧起来。晋军向右边转移,上军没有动。

楚国的工尹齐率领右边方阵士兵追击晋国下军。楚庄王派唐狡和蔡鸠居向唐惠侯报告说:"我没有德行而又贪心,以致遇到大敌,这是我的罪过。但如果楚国不能取胜,也是您的耻辱,谨借重您的威灵来帮助楚军获胜。"于是派潘党率领机动战车四十辆,跟从唐惠侯作为左边的方阵,追击晋军的上军。

驹伯说:"抵御敌人吗?"士会说:"楚军现在士气正旺,如果集中兵力对付我们,我军必定全军覆没,不如收兵撤退。这样既可以分担战败的指责,又可以保全士兵的生命,不也可以吗?"于是士会作为上军的后卫走在最后,撤退下去,才没有打败仗。

楚庄王见到右广的指挥车,就准备上去乘坐。屈户阻止他,说:"君王既然是以乘坐左广开始作战的,也应该乘坐它来结束这场战争。"从此,楚国乘广以左广为尊。

晋国人有几辆兵车陷到坑里不能前进,楚国人教他们抽掉车前的横木,兵车稍微向前动了一下,马仍盘旋不前。楚国人又教他们拔掉大旗,扔掉车轭,兵车才从坑中拉出。晋国人回过头来说:"我们比不上你们楚国经常逃奔,很有经验。"

赵旃用他的两匹好马帮助他的哥哥和叔父逃跑,用别的马驾车返回,遇到敌人不能逃脱,便扔下战车逃入树林。逢大夫和他的两个儿子正驾车赶路,他让两个儿子不要回头。可儿子回头说:"赵老头在后面。"逢大夫很生气,让两个儿子下车,指着一棵树木说:"我在这里收你们的尸首。"然后把登车的绳子交给赵旃,赵旃才得以逃脱。第二天,逢大夫按标记去收尸。两个儿子的尸体果然叠压在那棵树下。

楚国的熊负羁俘获了知䓨,知䓨的父亲荀首率领他的部属返回来追赶,魏锜为他驾车,下军的士兵多半都跟随着他。荀首每次射箭,抽箭出来,如果是利箭,就放入魏锜的箭袋。魏锜生气地说:"你这不是想救儿子,而是爱惜你的箭,董泽那里的蒲柳可以制无数支箭,能用得尽吗?"荀首说:"如果抓不到别人的儿子,能救回我的儿子吗?这就是我不随便使用利箭的缘故啊。"射击连尹襄老,得到了他的尸体,装在车上;射击公子谷臣,俘获了他,最后带着这两个人回去。

到了黄昏时分,楚军在邲地驻扎,晋国剩余的部队已溃不成军,连夜渡黄河,整夜都有人马喧嚣的声音。

丙辰这一天,楚军的辎重到达邲地,于是军队在衡雍驻扎。潘党说:"您何不将晋军尸体收集起来埋掉,在上面筑土堆作为京观呢?我听说战胜敌人后一定要把战功展示给子孙,让他们不忘记祖先的武功。"楚庄王说:"这不是你能懂的。从文字构造上讲,止戈

二字会合起来就是武字。周武王灭亡商朝后,作《周颂》说:'收缴兵器,包藏弓箭。我追求美德,并把这一愿望体现在夏乐之中,以求成就王业保有天下。'又作《武》篇,诗的最后一章说:'巩固你的功业。'诗的第三章说:'发扬文王的美德,我前去讨伐纣王只是为了安定天下。'诗的第六章说:'安定万邦,常有丰年。'所谓武功,就是禁除残暴、消灭战争、保有天下、巩固功业、安定百姓、调和诸国、丰富财物。因此让子孙不要忘记祖先的丰功伟业。现在我让两国士兵暴尸荒野,这是残暴;炫耀武力威胁诸侯,战争便没有停止;既残暴而又没有消除战争,怎么能保有天下? 晋国还仍然存在,怎么能够巩固功业? 违背百姓愿望的事情还很多,百姓怎么能安定? 没有德行而仅凭强大的武力争霸诸侯,又怎么能使各国友好相处,乘人之危而为自己谋利,以别国的动乱求得自己的安定,并以此为荣,怎么能丰富财物? 武功有七种德行,我们一种也不具备,又拿什么向子孙展示? 还是为祖先建造一座神庙,报告取得了胜利就是了,我这点战功还算不得武功。古代圣明的君王讨伐不听王命的国家,杀掉首恶分子并将其埋葬,作为一次大杀戮,在这时才有京观,以惩戒历代罪恶之人。现在晋国的罪恶无法确定,而士兵又都是为了执行国君的命令而尽忠,又怎么能建造京观呢?"于是在黄河边举行了祭祀,建造了祖庙,向先君报告这次战争的胜利后便回国了。

这次战役,实际上是郑国的石制把楚军引进来的,他打算分割郑国为两部分,一部分给楚国,并立公子鱼臣为郑国国君。七月二十九日,郑国人杀了公子鱼臣和石制。君子评论说:"史佚所说的'不要乘人之乱来利己',说的就是这种人。《诗》说:'战乱让百姓疾苦,哪里是他们的归宿呢? 这是归罪于那些凭借动乱来利己的人啊!'"

郑襄公和许昭公到了楚国。

秋天,晋军回国,荀林父请求以死抵罪,晋景公想同意他的请求。士贞子劝谏说:"不能这样。城濮之战,晋军已吃了三天楚国的粮食,文公仍然面带忧虑。左右近臣问道:'有了喜事您却忧虑,如果有了忧事您反而会高兴吗?'文公说:'只要得臣还存在,我的忧虑就不会完。被围困的野兽尚且还要挣扎一下,何况得臣这个一国之相呢?'等到楚国杀掉了得臣,文公的高兴劲就可想而知了。他说:'再没有人来威胁我了。'这是晋国取得了第二次胜利,楚国又一次失败,楚国因此在成王、穆王两代都没有强大起来。现在也许是上天严厉地警告晋国,使晋国打了败仗,如果又杀掉荀林父,让楚国再胜利一次,那岂不是要让晋国从此一蹶不振吗? 荀林父侍奉国君,上朝想着为君尽忠,退朝想着弥补自己的过错,他是国家的保卫者,怎么能杀他呢? 他这次失败,如同日月之蚀,又哪里会损害日月的光明?"于是晋景公让荀林父官复原位。

冬天,楚庄王攻打萧国,宋国的华椒率领蔡国人救援萧国。萧国人俘虏了熊相宜和公子丙。楚庄王说:"不要杀他们,我退兵。"但萧国人还是杀掉了他们。庄王愤怒了,于是包围了萧国。萧国溃败了。

申公巫臣说:"士兵们很寒冷。"庄王巡视三军,抚慰勉励士兵。三军将士好像身裹丝

絮,十分温暖。于是楚军逼近萧城。

萧国大夫还无社告诉楚国大夫司马卯,让他把楚国大夫申叔展喊来。申叔展问:"你有麦曲吗?"还无社说:"没有。""有山鞠穷吗?"还无社说:"没有。""如果得了风湿病怎么办?"还无社回答:"你如果看到枯井,就可以从里面救我出来。"申叔展说:"你做一根草绳放在井边,如有人在井上哭那么这就是我。"第二天,萧军溃败。申叔展看见一眼枯井,草绳正放在井边,于是他大哭,把还无社救了出来。

晋国的原縠、宋国的华椒、卫国的孔达以及曹国人在清丘会盟,说:"帮助有灾难的国家,讨伐怀有二心的国家。"《春秋》没有记载上述各国卿的名字,是因为他们没有履行盟约。

宋国因为盟约的缘故,讨伐陈国。卫国人救援陈国。孔达说:"先君卫成公曾与陈共公有过盟约。如果大国来攻打我们,我就为此而死。"

宣公十三年

【原文】

十有三年:春,齐师伐莒。

夏,楚子伐宋。

秋,螽。

冬,晋杀其大夫先縠。

十三年春,"齐师伐莒",莒恃晋而不事齐故也。

"夏,楚子伐宋",以其救萧也。君子曰:"清丘之盟,惟宋可以免焉。"

秋,赤狄伐晋,及清,先縠召之也。

冬,晋人讨邲之败与清之师,归罪于先縠而杀之,尽灭其族。君子曰:"'恶之来也,己则取之。'其先縠之谓乎!"

清丘之盟,晋以卫之救陈也,讨焉。使人弗去,曰:"罪无所归,将加而师。"孔达曰:"苟利社稷,请以我说,罪我之由。我则为政,而亢大国之讨,将以谁任?我则死之!"

【译文】

宣公十三年春天,齐军攻打莒国。夏天,楚庄王攻打宋国。秋天,鲁国发生虫灾。冬天,晋国杀掉了大夫先縠。

鲁宣公十三年春天,齐军攻打莒国,这是因为莒国依仗晋国而不肯侍奉齐国的缘故。

夏天,楚庄王攻打宋国,因为宋国救援过萧国。君子认为:"清丘的盟会,只有宋国可以免于不守诺言的指责。"

秋天，赤狄攻打晋国，直达清原，这是先縠勾引他们来的。

冬天，晋国人追究邲地战败和赤狄入侵清原的原因，这都是先縠的罪行，于是杀了他，并杀掉了他的全部族人。君子说："灾祸降临，是自己招来的，大概说的就是先縠吧！"

根据清丘盟约，晋国因卫国救援了陈国而追究卫国的责任。晋国的使者不肯离去，说："如不查处救援陈国的主谋，我国将派兵攻打你们。"孔达说："如果对国家有利，就请把我交出去向他们做交代，因为罪过在于我。我作为执政者，现在大国来追究，我能把罪责推诿给谁呢？我愿意为此而死。"

宣公十四年

【原文】

十有四年：春，卫杀其大夫孔达。夏，五月壬申，曹伯寿卒。

晋侯伐郑。

秋，九月，楚子围宋。

葬曹文公。

冬，公孙归父会齐侯于穀。

十四年春，孔达缢而死，卫人以说于晋而免。遂告于诸侯曰："寡君有不令之臣达，构我敝邑于大国，既伏其罪矣，敢告！"卫人以为成劳，复室其子，使复其位。

夏，晋侯伐郑，为邲故也。告于诸侯，蒐焉而还。中行桓子之谋也，曰："示之以整，使谋而来。"郑人惧，使子张代子良于楚。郑伯如楚，谋晋故也。郑以子良为有礼，故召之。

楚子使申舟聘于齐，曰："无假道于宋。"亦使公子冯聘于晋，不假道于郑。申舟以孟诸之役恶宋，曰："郑昭、宋聋，晋使不害，我则必死。"王曰："杀女，我伐之。"见犀而行。及宋，宋人止之。华元曰："过我而不假道，鄙我也。鄙我，亡也。杀其使者，必伐我；伐我，亦亡也。亡，一也。"乃杀之。楚子闻之，投袂而起，屦及于窒皇，剑及于寝门之外，车及于蒲胥之市。

秋，九月，楚子围宋。

冬，公孙归父会齐侯于穀，见晏桓子，与之言鲁、乐。桓子告高宣子曰："子家其亡乎？怀于鲁矣。怀必贪，贪必谋人。谋人，人亦谋己。一国谋之，何以不亡！"

孟献子言于公曰："臣闻小国之免于大国也，聘而献物，于是有庭实旅百；朝而献功，于是有容貌采章，嘉淑而有加货：谋其不免也。诛而荐贿，则无及也。今楚在宋，君其图之！"公说。

【译文】

鲁宣公十四年春天，卫国杀掉了大夫孔达。夏天五月十一日，曹文公去世。晋景公

攻打郑国。秋天九月,楚庄王发兵包围了宋国。安葬曹文公。冬天,公孙归父在谷地与齐侯会见。

鲁宣公十四年春天,孔达自缢而死。卫国人以此向晋国人交代,才免于被攻打。于是卫国向诸侯通报说:"我国国君有一个不善的臣子孔达,使我国和大国之间不和,现在已经伏罪了。谨此通告。"卫国人认为孔达过去有功劳,于是便把公室的女子嫁给他儿子为妻,并让他的儿子接任了他的官位。

夏天,晋景公攻打郑国,是为了邲地之战的缘故。晋景公通报各诸侯国,检阅部队后就回国了。这是荀林父的计谋。他说:"向郑国展示严整的军容,让他们自己主动前来归附。"郑国人果然害怕了,派子张到楚国代替子良作为人质。郑襄公到了楚国,是为了谋划对付晋国。郑国认为子良有礼,所以召他回国。

楚庄王派遣申舟到齐国访问,说"你不要向宋国请求借道。"又派公子冯到晋国访问,也让他不要向郑国借道。申舟因为孟诸之役得罪了宋国,因此他对庄王说:"郑国人明理而宋国人昏聩,派往晋国的使者没有危险,而我必然被宋国杀掉。"庄王说:"如果杀你,我就攻打他们。"申舟将儿子申犀引见给庄王后就出发了。到了宋国,宋国人拦住了他。华元说:"路过我国却不向我国借道,这是把我国当作了他们的边地。把我国当作他们的边地,实际上就是以为我们亡了国。如果杀了他们的使者,他们必然讨伐我们,讨伐我们也不过就是亡国。亡国是一样的。"于是就杀了申舟。楚庄王听说了这一消息,挥袖而起,侍卫追到前庭才把鞋子送上,追到寝宫门外才把佩剑送上,追到蒲胥街市上才让他坐上车。

秋天九月,庄王发兵包围了宋国。

冬天,公孙归父在谷地和齐顷公会见,见到了晏桓子,晏桓子和他谈到了鲁国,他非常高兴。桓子告诉高固说:"公孙归父可能要逃跑,因为他还怀念鲁国。怀念就会产生贪心,有贪心就必定要算计别人。他算计别人,别人也算计他。如果全国的人都算计他,他怎么能不逃跑呢?"

孟献子对鲁宣公说:"我听说小国之所以不被大国问罪,是因为经常前往大国访问并进献礼物,于是大国才有堆满庭院的财物;小国朝见大国,并献上功劳成果,因此大国也就有了各种华美珍贵的装饰品和附加的礼物。这都是为了谋求免除难以免除的灾难。如果等到大国责难问罪时再去进献礼物,那就来不及了。现在楚庄王正在宋国,您还是要考虑一下送礼的事。"鲁宣公听了很高兴。

宣公十五年

【原文】

十有五年:春,公孙归父会楚子于宋。

夏，五月，宋人及楚人平。

六月癸卯，晋师灭赤狄潞氏，以潞子婴儿归。

秦人伐晋。

王札子杀召伯、毛伯。

秋，螽。

仲孙蔑会齐高固于无娄。

初税亩。

冬，蝝生。

饥。

十五年春，公孙归父会楚子于宋。

宋人使乐婴齐告急于晋，晋侯欲救之。伯宗曰："不可，古人有言曰：'虽鞭之长，不及马腹。'天方授楚，未可与争。虽晋之强，能违天乎？谚曰：'高下在心。'川泽纳污，山薮藏疾，瑾瑜匿瑕，国君含垢，天之道也。君其待之。"乃止。

使解扬如宋，使无降楚，曰："晋师悉起，将至矣。"郑人囚而献诸楚。楚子厚赂之，使反其言，不许，三而许之。登诸楼车，使呼宋人而告之，遂致其君命。楚子将杀之，使与之言曰："尔既许不榖，而反之，何故？非我无信，女则弃之，速即尔刑！"对曰："臣闻之：君能制命为义，臣能承命为信，信载义而行之为利。谋不失利，以卫社稷，民之主也。义无二信，信无二命。君之赂臣，不知命也。受命以出，有死无陨，又可赂乎？臣之许君，以成命也。死而成命，臣之禄也。寡君有信臣，下臣获考死，又何求？"楚子舍之以归。

夏五月，楚师将去宋，申犀稽首于王之马前，曰："毋畏知死，而不敢废王命，王弃言焉！"王不能答。申叔时仆，曰："筑室反耕者，宋必听命。"从之。

宋人惧，使华元夜入楚师，登子反之床，起之，曰："寡君使元以病告，曰：'敝邑易子而食，析骸以爨。虽然，城下之盟，有以国毙，不能从也。去我三十里，唯命是听。'"子反惧，与之盟而告王。退三十里，宋及楚平。华元为质。盟曰："我无尔诈，尔无我虞！"

潞子婴儿之夫人，晋景公之姊也。酆舒为政而杀之，又伤潞子之目。晋侯将伐之，诸大夫皆曰："不可！酆舒有三俊才，不如待后之人。"伯宗曰："必伐之！狄有五罪，俊才虽多，何补焉？不祀，一也；耆酒，二也；弃仲章而夺黎氏地，三也；虐我伯姬，四也；伤其君目，五也。怙其俊才，而不以茂德，滋益罪也。后之人或者将敬奉德义以事神人，而申固其命，若之何待之？不讨有罪，曰'将待后，后有辞而讨焉'，毋乃不可乎？夫恃才与众，亡之道也。商纣由之，故灭。天反时为灾，地反物为妖，民反德为乱。乱则妖灾生。故文反正为乏。尽在狄矣！"晋侯从之。六月癸卯，晋荀林父败赤狄于曲梁；辛亥，灭潞。酆舒奔卫，卫人归诸晋，晋人杀之。

王孙苏与召氏、毛氏争政，使王子捷杀召戴公及毛伯卫，卒立召襄。

秋七月，秦桓公伐晋，次于辅氏。壬午，晋侯治兵于稷，以略狄土，立黎侯而还。及

雒,魏颗败秦师于辅氏,获杜回——秦之力人也。

初,魏武子有嬖妾,无子。武子疾,命颗曰:"必嫁是!"疾病,则曰:"必以为殉!"及卒,颗嫁之,曰:"疾病则乱。吾从其治也。"及辅氏之役,颗见老人结草以亢杜回。杜回踬而颠,故获之。夜梦之曰:"余,而所嫁妇人之父也。尔用先人之治命,余是以报。"

晋侯赏桓子狄臣千室,亦赏士伯以瓜衍之县,曰:"吾获狄土,子之功也。微子,吾丧伯氏矣。"羊舌职说是赏也,曰:"《周书》所谓'庸庸祗祗'者,谓此物也夫!士伯庸中行伯,君信之,亦庸士伯,此之谓明德矣。文王所以造周,不是过也。故《诗》曰'陈锡载周',能施也。率是道也,其何不济!"

晋侯使赵同献狄俘于周,不敬。刘康公曰:"不及十年,原叔必有大咎。天夺之魄矣!"

初税亩,非礼也。谷出不过藉,以丰财也。

冬,蝝生。饥。幸之也。

【译文】

宣公十五年春天,公孙归父在宋国与楚庄王会见。夏天五月,宋国人和楚国人讲和。六月十八日,晋军消灭了赤狄的潞氏部落,把潞子婴儿俘虏回国。秦国人攻打晋国。王札子杀了召伯、毛伯。秋天,发虫灾。仲孙蔑在无娄与齐国的高固会见。鲁国开始按田亩征税。冬天,鲁国蝗虫成灾。造成了饥荒。

鲁宣公十五年春天,公孙归父在宋国会见了楚庄王。

宋国人派乐婴齐向晋国告急,晋景公打算救援宋国。伯宗说:"不行。古人有句话说:'马鞭虽长,也达不到马肚子。'上天正保佑楚国,不能与它争强。虽然晋国也强大,但能违背天意吗?俗话说:'是屈是伸,自己心里有数。'川流水泽总要容纳污垢,山林草野总要隐藏毒虫猛兽,美玉也难免有瑕疵,因此,国君忍受耻辱,这也是上天的常理。您就等待一下吧!"于是晋景公停止了出兵。

晋国派解扬前往宋国,让他们不要投降楚国,并告诉他们:"晋军已全部出发,马上就到了。"但当解扬路过郑国时,郑国人抓住了他并把他送给了楚国人。楚庄王送给他许多财物,让他按相反的意思去说,解扬不同意,庄王劝说了三次他终于答应了。于是让解扬登上瞭望车,让他向宋国人喊话,于是他趁机把晋景公的话告诉了宋国人。楚庄王准备杀掉解扬,派人对他说:"你既已答应我却又食言。这是为什么?不是我不讲信用,而是你违背诺言。马上接受你应得的刑罚吧!"解扬回答说:"我听说,国君能制定发布命令为义,臣子能接受贯彻君王的命令为信,用臣子的信去表现君王的义,就是国家的利益。谋划不损害利益,以此保卫国家,这才是百姓的主人。君王的义不能用两种信,臣子的信不能受两种命。君王以财物收买我,就是不懂得这个道理。臣子受命出使国外,宁可死也不能背弃君命,又怎么能被财物收买呢?我假装答应您,是为了完成我的使命。我死了

但完成了使命,这是我的福分。我国国君有我这样守信的臣子,我死得其所,还有什么更值得追求的呢?"于是楚庄王放他回国。

夏天五月,楚军准备离开宋国。申犀跪在庄王的马前行叩头之礼,说:"我父亲虽然明知必死无疑也不敢违背君王的命令,但您没有履行诺言。"庄王不能回答。申叔时正为庄王驾车,他说:"如果在此建造营房,让逃跑的种田人回来种田,宋国必定会屈服。"庄王采纳了这一建议。

宋国人果然害怕了,派华元夜间来到楚军,他登上子反的床,叫醒子反,说:"我国国君派我来通报我们的困难,他说:'都城的人已经在交换儿子,杀了吃掉,把骨头劈了当柴烧。即使如此,也不能接受城下之盟,纵使亡国,也不能屈从。如果贵军后撤三十里,我国就一切听从贵国的命令。'"子反害怕了,与华元私下订立了盟约,并报告了庄王。于是楚军后退三十里。宋国和楚国讲和,华元到楚国作人质。两国盟誓说:"从今以后,我不欺骗你,你也不要欺骗我。"

潞子婴儿的妻子是晋景公的姐姐。酆舒执政时把她杀了,并且又伤害了潞子的眼睛。晋景公准备讨伐酆舒。大夫们都说:"不行。酆舒有三种突出的才能,不如等他后面的人上台了再说。"伯宗说:"一定要讨伐他。狄人有五大罪行,虽然有很多突出的才干,但又有什么用呢?不祭祖先,这是第一罪。嗜酒成性,这是第二罪。废弃贤臣仲章并且侵占黎氏的土地,这是第三罪。杀害我国的伯姬,这是第四罪。伤害了他的君王的眼睛,这是第五罪。酆舒依仗自己的突出才能,而不用美德,这就更加重了他的罪过。他的后任也许能重视德行仁义,来侍奉神灵安定人民,使国家的命运得到巩固,但到那时又怎么对付它?现在不讨伐有罪之人,却说'等待以后,以后有理由再去讨伐它',这恐怕不行吧?依仗才能和人多,这是亡国之道。商纣王正是这样做的,所以灭亡了。天违反时令就是灾祸,地违反物性就是妖异,民众违反道德就是动乱。国家动乱就有妖异和灾祸产生。所以在文字构造上,把'正'字反过来写就是'乏'。这些现象,在狄人那里都发生了。"晋景公听从了他的话。六月十八日,晋国的荀林父在曲梁打败了赤狄。六月二十六日,灭亡了潞国。酆舒逃亡到卫国,卫国人把他送回了晋国,晋国人杀了他。

王孙苏与召戴公、毛伯卫争夺执政之权,派王子捷杀了召戴公和毛伯卫,最后立了召戴公之子召襄。

秋天七月,秦桓公攻打晋国,驻扎在辅氏。七月二十七日,晋景公在稷地举行军事演习,乘机强行占取了狄人的土地,立了黎侯后便回国了。到达洛地时,魏颗在辅氏打败了秦军。俘虏了杜回,杜回是秦国的一个大力士。

当初,魏武子有一个爱妾,她没有儿子。魏武子生病了,对魏颗说:"我死后你一定要让她改嫁。"病危时又说:"一定要让她为我殉葬。"等到魏武子死后,魏颗还是嫁了她,并说:"病重时神志昏乱,我还是按照父亲清醒时说的话去办。"辅氏战役开始后,魏颗看到一个老人把草挽成结用来绊拦杜回,结果杜回被绊倒在地,所以魏颗才俘虏了他。晚上

魏颗梦见那位老人对他说:"我就是你嫁出去的那个妇人的父亲。你按照你父亲清醒时的命令去做,我以此来报答你。"

晋景公奖给荀林父狄人奴隶一千户,同时也奖给士伯瓜衍之县。他说:"我得到狄人的土地,这是你的功劳。没有你士伯当年的劝谏,我早就失去荀林父了。"羊舌职对晋景公的这种奖赏非常高兴,他说:"《周书》所说的'使用可用的人,尊敬可敬的人',说的就是这一类吧!士伯认为荀林父可以重用,君王相信了他,也认为士伯可用,这可以说是昭明德行了。文王创立周朝,也没有超过这种尊贤荐能的美德。因此《诗》说:'广赐天下,创建周朝。'就是说文王能施恩给天下百姓。遵循这个道理,那还有什么不能成功的呢?"

晋景公派赵同把狄人俘虏进献给周王室,赵同不恭敬。刘康公说:"等不到十年,赵同一定有大祸,因为上天已经夺去了他的魂魄。"

鲁国开始按田亩征税,这不符合礼法。过去的井田制所征收的粮食不超过藉法的规定,这是用来增加财物的办法。

冬天,鲁国发生了虫灾,造成了饥荒。《春秋》之所以记载这件事,是庆幸没有造成严重灾害。

宣公十六年

【原文】

十有六年:春,王正月,晋人灭赤狄甲氏及留吁。

夏,成周宣榭火。

秋,郯伯姬来归。

冬,大有年。

十六年春,晋士会帅师灭赤狄甲氏及留吁、铎辰。

三月,献狄俘。晋侯请于王,戊申,以黼冕命士会将中军,且为大傅。于是晋国之盗逃奔于秦,羊舌职曰:"吾闻之:'禹称善人,不善人远,'此之谓也夫。《诗》曰:'战战兢兢,如临深渊,如履薄冰,'善人在上也。善人在上,则国无幸民。谚曰:'民之多幸,国之不幸也。'是无善人之谓也。"

夏,成周宣榭火,人火之也。凡火,人火曰"火",天火曰"灾"。

秋,郯伯姬来归,出也。

为毛、召之难故,王室复乱,王孙苏奔晋。晋人复之。

冬,晋侯使士会平王室。定王享之,原襄公相礼。殽烝,武子私问其故。王闻之,召

鲁宣公

武子曰："季氏，而弗闻乎？王享有体荐，宴有折俎；公当享，卿当宴：王室之礼也。"武子归而讲求典礼，以修晋国之法。

【译文】

鲁宣公十六年春天，周历正月，晋国人灭亡了赤狄中的甲氏和留吁部落。夏天，成周的宣榭失火。秋天，郯伯姬回到鲁国。冬天，五谷丰收。

鲁宣公十六年春天，晋国的士会率领军队灭亡了赤狄中的甲氏、留吁和铎辰三个部落。

三月，晋国向周王室献上俘虏的赤狄人。晋景公向周定王请求准许士会升职，二十七日，赐给士会卿大夫的礼服，任命他为中军将领，并兼任太傅。在这时，晋国的盗贼逃跑到秦国。羊舌职说："我听说，大禹举拔贤人，不贤之人就远远离开他。说的就是这种情况吧。《诗》说：'战战兢兢，好像面临万丈深渊，好像走在薄冰之上。'这是因为贤人在位的缘故，贤人在位，国家就没有抱着侥幸心理去犯罪的人。俗话说：'民众都抱侥幸心理，就是国家的不幸。'这是说的没有贤人的情况。"

夏天，周王室的宣榭失火，这是人为的火灾。凡是火灾，人为的叫"火"，天然的称"灾"。

秋天，郯伯姬回到鲁国，她是被郯国休弃赶回娘家来的。

由于毛伯卫、召戴公动乱的缘故，周王室又一次发生了动乱。王孙苏逃到晋国，晋国人让他重新恢复了官职。

冬天，晋景公派士会前往平定了周王室之乱，定王设宴款待他，原襄公主持仪式。宴席上有连肉带骨的食物。士会悄悄地问旁边的人这是什么缘故。定王听到后，就召见士会说："士会，你没听说过吗？天子设享，要用半个牛，设宴，要上煮熟肢解了的带骨肉。对诸侯用享礼，对卿要用宴礼，这是周王室的礼仪。"士会回国后，开始讲究礼仪，进一步完善晋国的法度。

宣公十七年

【原文】

十有七年：春，王正月庚子，许男锡我卒。

丁未，蔡侯申卒。

夏，葬许昭公。葬蔡文公。

六月癸卯，日有食之。

己未，公会晋侯、卫侯、曹伯、邾子，同盟于断道。

秋,公至自会。

冬,十有一月壬午,公弟叔肸卒。

十七年春,晋侯使郤克徵会于齐。齐顷公帷妇人,使观之。郤子登,妇人笑于房。献子怒,出而誓曰:"所不此报,无能涉河!"献子先归,使栾京庐待命于齐,曰:"不得齐事,无复命矣。"

郤子至,请伐齐,晋侯弗许。请以其私属,又弗许。

齐侯使高固、晏弱、蔡朝、南郭偃会。及敛盂,高固逃归。夏,会于断道,讨贰也。盟于卷楚,辞齐人。晋人执晏弱于野王,执蔡朝于原,执南郭偃于温。

苗贲皇使,见晏桓子。归,言于晋侯曰:"夫晏子何罪?昔者诸侯事吾先君,皆如不逮。举言群臣不信,诸侯皆有贰志;齐君恐不得礼,故不出,而使四子来。左右或沮之,曰:'君不出,必执吾使。'故高子及敛盂而逃。夫三子者曰:'若绝君好,宁归死焉!'为是犯难而来。吾若善逆彼,以怀来者;吾又执之,以信齐沮,吾不既过矣乎?过而不改,而又久之以成其悔,何利之有焉?使反者得辞,而害来者,以惧诸侯,将焉用之?"晋人缓之,逸。

秋八月,晋师还。

范武子将老,召文子曰:"燮乎!吾闻之:喜怒以类者鲜,易者实多。《诗》曰:'君子如怒,乱庶遄沮。君子如祉,乱庶遄已。'君子之喜怒,以己乱也;弗已者,必益之。郤子其或者欲已乱于齐乎?不然,余惧其益之也。余将老,使郤子逞其志,庶有豸乎!尔从二三子,唯敬!"乃请老。郤献子为政。

冬,公弟叔肸卒,公母弟也。凡大子之母弟,公在曰"公子",不在曰"弟"。凡称"弟",皆母弟也。

【译文】

鲁宣公十七年春天,周历正月二十四日,许昭公去世。二月二日,蔡文公去世。夏天,安葬许昭公。安葬蔡文公。六月癸卯这天,发生了日食。六月十五日,鲁宣公会见晋景公、卫穆公、曹宣公和邾子,一同在晋国的断道会盟。秋天,鲁宣公从会盟地回国。冬天十一月十一日,鲁宣公的弟弟叔肸去世。

鲁宣公十七年春天,晋景公派郤克到齐国召请齐顷公参加诸侯盟会。齐顷公用帐帷围着他母亲,让她偷看郤克。郤克是个跛子,上台阶时,齐顷公的母亲在厢房里笑出声来。郤克很气愤,出宫后发誓说:"假如不报此恨,决不再渡过黄河。"郤克先期回国,让栾京庐留在齐国等候答复,并对他说:"如果不能完成齐国的事情,你就不要回国复命了。"

郤克回到晋国,请求攻打齐国,晋景公不同意;请求率领他的家族兵丁攻打齐国,也没有同意。

齐顷公派遣高固、晏弱、蔡朝、南郭偃参加盟会。走到敛盂时,高固逃了回去。夏天,

诸侯们在断道会盟，这是为了研究如何讨伐怀有二心的国家。接着又在卷楚会盟，但拒绝齐国人参加。晋国人在野王抓住了晏弱，在原地抓住了蔡朝，在温地抓住了南郭偃。

苗贲皇出使国外，在野王见到晏弱被抓。回国后对晋景公说："晏弱有什么罪？从前诸侯侍奉我们国君时，都只怕落在其他国家后面，现在诸侯各国都说我国群臣不讲信用，所以诸侯都有二心。齐国国君害怕得不到礼遇，所以不出国，而让四个臣子来。左右随从有人阻止，说：'国君不去，晋国肯定抓住我国的使者。'所以高固走到敛盂就逃回国去了。这三个人说：'宁可死，也不能断绝君王与诸侯的友好关系。'他们为这个冒着危险而来。我们应当友好地欢迎他们，从而怀柔前来的诸侯，现在我们不但没有这样做，反而囚禁了他们，以证实齐国人阻止齐君的话是正确的，我们不是已经犯错误了吗？犯了错误不改正，还把他们长期关押，让他们感到后悔，这又有什么好处呢？这样做只能使中途逃跑回去的高固得到借口，恐吓前来我国的人，使诸侯害怕我们，这有什么用？"于是晋国人放松了对齐国使者的看管，晏弱逃出去了。

秋天八月，晋军回国。

士会准备告老退休，把儿子文子喊来说："士燮啊！我听说，喜怒合于礼法的人是很少的，相反的人却很多。《诗》说：'君子如果愤怒，祸乱可能被迅速遏止；君子如果高兴，祸乱也许迅速结束。'君子的喜或怒，都是为了消除祸乱。不能消除祸乱的人，就必定会加剧祸乱。郤克他也许能消除齐国的祸乱。如果不是这样，我担心他会加剧齐国的祸乱。我准备告老退休，让郤克满足他的心愿，祸乱也许可以解除。你跟从这几位大夫只能恭敬从事。"于是士会请求告老辞官，郤克从此执政。

冬天，鲁宣公的弟弟叔肸去世。叔肸是宣公的同母兄弟，凡是太子的同母弟，国君健在就称公子，国君不在称弟。凡是称弟，都是同母兄弟。

宣公十八年

【原文】

十有八年：春，晋侯、卫世子臧伐齐。

公伐杞。

夏，四月。

秋，七月，邾人戕鄫子于鄫。

甲戌，楚子旅卒。

公孙归父如晋。

冬，十月壬戌，公薨于路寝。

归父还自晋，至笙，遂奔齐。

十八年春,晋侯、卫大子臧伐齐,至于阳穀。齐侯会晋侯,盟于缯;以公子强为质于晋。晋师还。蔡朝、南郭偃逃归。

夏,公使如楚乞师,欲以伐齐。

秋,邾人戕鄫子于鄫。凡自〔内〕虐其君曰"弑",自外曰"戕"。

楚庄王卒,楚师不出。既而用晋师,楚于是乎有蜀之役。

公孙归父以襄仲之立公也,有宠;欲去三桓以张公室。与公谋,而聘于晋,欲以晋人去之。

冬,公薨。季文子言于朝曰:"使我杀適立庶以失大援者,仲也夫!"臧宣叔怒曰:"当其时不能治也,后之人何罪?子欲去之,许请去之!"遂逐东门氏。

子家还,及笙,坛帷,复命于介。既复命,袒,括髮,即位哭,三踊而出,遂奔齐。书曰归父还自晋,善之也。

【译文】

宣公十八年春天,晋景公、卫国太子臧攻打齐国。宣公攻打杞国。夏天四月。秋天七月,邾国人在鄫国杀了鄫子。七日,楚庄王去世。公孙归父前往晋国聘问。冬天十月二十六日,宣公死在他的正室里。公孙归父从晋国回国。到达笙地时听说了宣公去世的消息,就逃到齐国去了。

鲁宣公十八年春天,晋景公和卫国太子臧攻打齐国,军队到达阳谷。齐顷公和晋景公会见,并在缯地结盟,让公子强作为人质去到晋国。晋军撤退回国,蔡朝和南郭偃也逃回齐国。

夏天,宣公的使者到楚国请求楚国出兵,想联合攻打齐国。

秋天,邾国人在鄫国杀害了鄫子。凡是本国人杀了自己的国君叫作弑,别国人杀了本国国君叫作戕。

楚庄王去世了,所以楚军没有出国攻打齐国。不久鲁国又请求晋国出兵,楚国因此后来发动了蜀地的战役。

公孙归父因为他父亲拥立了宣公,受到宣公宠信,他想铲除专权已久的季孙氏、孟孙氏和叔孙氏,以便扩大公室的权力。他和宣公谋划,前往晋国聘问,想凭借晋国人的力量来铲除三桓。

冬天,宣公去世。季文子在朝廷上说:"使我国蒙受杀死嫡子而立庶子的罪名,从而丧失了强大诸侯援助的人,就是襄仲啊!"臧宣叔气愤地说:"当时没有追究襄仲的罪责,他的后代有什么罪?如果您想去掉他,就让我去除掉他。"于是把襄仲的家族东门氏全部驱逐出了鲁国。

公孙归父从晋国回国,走到笙地时,听说了宣公去世和家族被逐的消息后,就筑了一座祭坛,用帐帷围住,向他的副手复命。然后脱去上衣,用麻束起头发,在自己应立的位

子上哭悼宣公，连连顿足，然后出来，逃到齐国去了。《春秋》记载为"归父从晋国回国"，是表示对他的赞赏。

成公

成公元年

【原文】

元年：春，王正月，公即位。

二月辛酉，葬我君宣公。

无冰。

三月，作丘甲。

夏，臧孙许及晋侯盟于赤棘。

秋，王师败绩于茅戎。

冬，十月。

元年春，晋侯使瑕嘉平戎于王，单襄公如晋拜成。刘康公徼戎，将遂伐之；叔服曰："背盟而欺大国，此必败！背盟不祥。欺大国，不义。神人弗助，将何以胜？"不听，遂伐茅戎。三月癸未，败绩于徐吾氏。

为齐难故，作丘甲。

闻齐将出楚师，夏，盟于赤棘。

秋，王人来告败。

冬，臧宣叔令修赋、缮完、具守备，曰："齐、楚结好，我新与晋盟。晋、楚争盟，齐师必至。虽晋人伐齐，楚必救之，是齐、楚同我也。知难而有备，乃可以逞。"

【译文】

鲁成公元年春天，周历正月，成公即位。二月二十七日，安葬我国国君宣公。没有冰可取。三月，实行丘甲制度。夏天，臧孙许与晋景公在赤棘结盟。秋天，周王室军队被茅戎打败。冬天十月。

鲁成公元年春天，晋景公派瑕嘉到周王室调停王室和戎人之间的矛盾，单襄公到晋国对此表示感谢。刘康公想利用戎人不备之机，准备攻打戎人。叔服说："这样既违背了与戎人的盟约，又欺骗了晋国，一定失败。违背盟约不吉祥，欺骗大国不义，神和人都不会帮助你，你又凭什么取胜呢？"刘康公不听劝告，便攻打茅戎。三月十九日，在徐吾氏被

打得大败。

鲁国为了防备齐国入侵的缘故,实行丘甲制度。

鲁国听说齐国准备同楚军一道来犯,于是夏天和晋国在赤棘结盟。

秋天,周王室派人来通报周王军队被茅戎打败的消息。

冬天,臧宣叔下令改革军赋制度,修整武器装备,加固城郭,完备防御工作。他说:"齐国和楚国友好,我国最近与晋国结盟,晋国和楚国争夺盟主地位,齐军也必然前来。虽说晋国人攻打齐国,楚必然会救援它,这实际上是齐国和楚国联合进攻我国。了解这些困难并有充分准备,才可以使战祸得到解除。"

成公二年

【原文】

二年:春,齐侯伐我北鄙。

夏,四月丙戌,卫孙良夫帅师及齐师战于新筑,卫师败绩。

六月癸酉,季孙行父、臧孙许、叔孙侨如、公孙婴齐帅师会晋郤克、卫孙良夫、曹公子首及齐侯战于鞌,齐师败绩。

秋,七月,齐侯使国佐如师。己酉,及国佐盟于袁娄。

八月壬午,宋公鲍卒。

庚寅,卫侯速卒。

取汶阳田。

冬,楚师、郑师侵卫。

十有一月,公会楚公子婴齐于蜀。

丙申,公及楚人、秦人、宋人、陈人、卫人、郑人、齐人、曹人、邾人、薛人、鄫人盟于蜀。

二年春,齐侯伐我北鄙,围龙。顷公之嬖人卢蒲就魁门焉。龙人囚之。齐侯曰:"勿杀!吾与而盟,无入而封。"弗听,杀而膊诸城上。齐侯亲鼓,士陵城。三日,取龙。遂南侵,及巢丘。

卫侯使孙良夫、石稷、宁相、向禽将侵齐。与齐师遇,石子欲还。孙子曰:"不可!以师伐人,遇其师而还,将谓君何?若知不能,则如无出。今既遇矣,不如战也!"

夏,有……

石成子曰:"师败矣。子不少须,众惧尽。子丧师徒,何以复命?"皆不对。又曰:"子,国卿也。陨子,辱矣。子以众退,我此乃止。"且告车来甚众。齐师乃止,次于鞫居。新筑人仲叔于奚救孙桓子,桓子是以免。

既,卫人赏之以邑。辞,请曲县、繁缨以朝。许之。

仲尼闻之，曰："惜也！不如多与之邑。惟器与名，不可以假人：君之所司也。名以出信，信以守器，器以藏礼，礼以行义，义以生利，利以平民：政之大节也。若以假人，与人政也。政亡则国家从之，弗可止也已。"

孙桓子还于新筑，不入，遂如晋乞师。臧宣叔亦如晋乞师。皆主郤献子。晋侯许之七百乘。郤子曰："此城濮之赋也。有先君之明与先大夫之肃，故捷。克于先大夫，无能为役；请八百乘。"许之。郤克将中军，士燮（将）〔佐〕上军，栾书将下军，韩厥为司马，以救鲁、卫。臧宣叔逆晋师，且道之。季文子帅师会之。

及卫地，韩献子将斩人，郤献子驰，将救之。至，则既斩之矣。郤子使速以徇，告其仆曰："吾以分谤也。"

师从齐师于莘。六月壬申，师至于靡笄之下。齐侯使请战，曰："子以君师辱于敝邑，不腆敝赋，诘朝请见。"对曰："晋与鲁、卫，兄弟也；来告曰：'大国朝夕释憾于敝邑之地。'寡君不忍，使群臣请于大国，无令舆师淹于君地。能进不能退，君无所辱命。"齐侯曰："大夫之许，寡人之愿也。若其不许，亦将见也。"

齐高固入晋师，桀石以投人，禽之；而乘其车，系桑本焉，以徇齐垒，曰："欲勇者，贾余馀勇！"

癸酉，师陈于鞌。

邴夏御齐侯，逢丑父为右。晋解张御郤克，郑丘缓为右。

齐侯曰："余姑翦灭此而朝食！"不介马而驰之。

郤克伤于矢，流血及屦，未绝鼓音，曰："余病矣！"张侯曰："自始合，而矢贯余手及肘，余折以御，左轮朱殷。岂敢言病？吾子忍之！"缓曰："自始合，苟有险，余必下推车。子岂识之？然子病矣！"张侯曰："师之耳目，在吾旗鼓，进退从之。此车一人殿之，可以集事。若之何其以病败君之大事也？擐甲执兵，固即死也。病未及死，吾子勉之！"左并辔，右援枹而鼓。马逸不能止，师从之。齐师败绩。逐之，三周华不注。

韩厥梦子舆谓己曰："（且）〔旦〕辟左右！"故中御而从齐侯。邴夏曰："射其御者，君子也。"公曰："谓之君子而射之，非礼也。"射其左，越于车下；射其右，毙于车中。綦毋张丧车，从韩厥，曰："请寓乘。"从左右，皆肘之，使立于后。韩厥俛定其右。逢丑父与公易位。将及华泉，骖絓于木而止。丑父寝于辕中，蛇出于其下，以肱击之，伤，而匿之，故不能推车而及。韩厥执絷马前，再拜稽首，奉觞加璧以进，曰："寡君使群臣为鲁、卫请，曰：'无令舆师陷入君地。'下臣不幸，属当戎行，无所逃隐，且惧奔辟而忝两君。臣辱戎士，敢告不敏，摄官承乏。"丑父使公下，如华泉取饮。郑周父御佐车，宛茷为右，载齐侯以免。

韩厥献丑父，郤献子将戮之。呼曰："自今无有代其君任患者，有一于此，将为戮乎？"郤子曰："人不难以死免其君，我戮之不祥。赦之，以劝事君者。"乃免之。

齐侯免，求丑父，三入三出。每出，齐师以帅退。入于狄卒，狄卒皆抽戈楯冒之。以入于卫师，卫师免之。遂自徐关入，齐侯见保者，曰："勉之！齐师败矣！"辟女子，女子曰：

"君免乎?"曰:"免矣!"曰:"锐司徒免乎?"曰:"免矣。"曰:"苟君与吾父免矣,可若何!"乃奔。齐侯以为有礼。既而问之,辟司徒之妻也。予之石窌。

晋师从齐师,入自丘舆,击马陉。

齐侯使宾媚人赂以纪甗、玉磬与地,"不可,则听客之所为"。宾媚人致赂。晋人不可,曰:"必以萧同叔子为质,而使齐之封内尽东其亩!"对曰:"萧同叔子非他,寡君之母也。若以匹敌,则亦晋君之母也。吾子布大命于诸侯,而曰必质其母以为信,其若王命何?且是以不孝令也。《诗》曰:'孝子不匮,永锡尔类。'若以不孝令于诸侯,其无乃非德类也夫!先王疆理天下,物土之宜而布其利,故《诗》曰:'我疆我理,南东其亩。'今吾子疆理诸侯,而曰'尽东其亩'而已,唯吾子戎车是利,无顾土宜,其无乃非先王之命也乎!反先王则不义,何以为盟主?其晋实有阙!四王之王也,树德而济同欲焉。五伯之霸也,勤而抚之,以役王命。今吾子求合诸侯,以逞无疆之欲。《诗》曰:'布政优优,百禄是遒。'子实不优,而弃百禄,诸侯何害焉?不然,寡君之命使臣,则有辞矣,曰:'子以君师辱于敝邑。不腆敝赋,以犒从者。畏君之震,师徒桡败。吾子惠徼齐国之福,不泯其社稷,使继旧好;唯是先君之敝器、土地不敢爱。子又不许,请收合馀烬,背城借一。敝邑之幸,亦云从也。况其不幸,敢不唯命是听!'"鲁、卫谏曰:"齐疾我矣!其死亡者,皆亲昵也。子若不许,雠我必甚。唯子则又何求?子得其国宝,我亦得地,而纾于难,其荣多矣。齐、晋亦唯天所授,岂必晋?"晋人许之,对曰:"群臣帅赋舆以为鲁、卫请,若苟有以借口而复于寡君,君之惠也,敢不唯命是听?"

禽郑自师逆公。

秋七月,晋师及齐国佐盟于爰娄。使齐人归我汶阳之田。公会晋师于上鄍,赐三帅先路三命之服,司马、司空、舆帅、候正、亚旅皆受一命之服。

八月,宋文公卒。始厚葬,用蜃、炭,益车、马。始用殉,重器备。椁有四阿,棺有翰、桧。

君子谓华元、乐举于是乎不臣。臣,治烦去惑者也,是以伏死而争。今二子者,君生则纵其惑,死又益其侈,是弃君于恶也,何臣之为?

九月,卫穆公卒。晋(二)〔三〕子自役吊焉,哭于大门之外。卫人逆之,妇人哭于门内。送亦如之。遂常以葬。

楚之讨陈夏氏也,庄王欲纳夏姬。申公巫臣曰:"不可!君召诸侯,以讨罪也。今纳夏姬,贪其色也。贪色为淫,淫为大罚。《周书》曰:'明德慎罚',文王所以造周也。明德,务崇之之谓也;慎罚,务去之之谓也。若兴诸侯以取大罚,非慎之也。君其图之!"王乃止。

子反欲取之,巫臣曰:"是不祥人也!是夭子蛮,杀御叔,弑灵侯,戮夏南,出孔、仪,丧陈国,何不祥如是!人生实难,其有不获死乎?天下多美妇人,何必是?"子反乃止。

王以予连尹襄老。襄老死于邲,不获其尸。其子黑要烝焉。巫臣使道焉,曰:"归,吾

聘女。"又使自郑召之，曰："尸可得也，必来逆之！"姬以告王。王问诸屈巫，对曰："其信。知䓨之父，成公之嬖也，而中行伯之季弟也，新佐中军，而善郑皇戌，甚爱此子。其必因郑而归王子与襄老之尸以求之。郑人惧于邲之役而欲求媚于晋，其必许之。"王遣夏姬归。将行，谓送者曰："不得尸，吾不反矣。"巫臣聘诸郑，郑伯许之。

及共王即位，将为阳桥之役，使屈巫聘于齐，且告师期。巫臣尽室以行。申侯跪从其父，将适郢，遇之，曰："异哉！夫子有三军之惧，而又有《桑中》之喜，宜将窃妻以逃者也。"及郑，使介反币；而以夏姬行，将奔齐。齐师新败，曰："吾不处不胜之国。"遂奔晋，而因郤至以臣于晋。晋人使为邢大夫。

子反请以重币锢之。王曰："止！其自为谋也，则过矣；其为吾先君谋也，则忠。忠，社稷之固也，所盖多矣。且彼若能利国家，虽重币，晋将可乎？若无益于晋，晋将弃之，何劳锢焉！"

晋师归，范文子后入。武子曰："无为吾望尔也乎？"对曰："师有功，国人喜以逆之；先入，必属耳目焉：是代帅受名也，故不敢。"武子曰："吾知免矣！"

郤伯见，公曰："子之力也夫！"对曰："君之训也，二三子之力也。臣何力之有焉？"范叔见，劳之如郤伯；对曰："庚所命也，克之制也。燮何力之有焉？"栾伯见，公亦如之；对曰："燮之诏也，士用命也。书何力之有焉？"

宣公使求好于楚。庄王卒，宣公薨，不克作好。公即位，受盟于晋，会晋伐齐。卫人不行使于楚，而亦受盟于晋，从于伐齐。故楚令尹子重为阳桥之役以救齐。将起师，子重曰："君弱，群臣不如先大夫，师众而后可。《诗》曰：'济济多士，文王以宁。'夫文王犹用众，况吾侪乎？且先君庄王属之曰：'无德以及远方，莫如惠恤其民而善用之。'"乃大户，已责，逮鳏，救乏，赦罪。悉师，王卒尽行。彭名御戎，蔡景公为左，许灵公为右。二君弱，皆强冠之。

冬，楚师侵卫；遂侵我，师于蜀。使臧孙往，辞曰："楚远而久，固将退矣。无功而受名，臣不敢。"楚侵及阳桥，孟孙请往，赂之以执斫、执针、织纴，皆百人，公衡为质，以请盟。楚人许平。

十一月，公及楚公子婴齐、蔡侯、许男、秦右大夫说、宋华元、陈公孙宁、卫孙良夫、郑公子去疾及齐国之大夫盟于蜀。卿不书，匮盟也。于是乎畏晋而窃与楚盟，故曰"匮盟"。蔡侯、许男不书，乘楚车也，谓之失位。

君子曰："位其不可不慎也乎！蔡、许之君一失其位，不得列于诸侯，况其下乎？《诗》曰：'不解于位，民之攸墍。'其是之谓矣。"

楚师及宋，公衡逃归。臧宣叔曰："衡父不忍数年之不宴，以弃鲁国，国将若之何？谁居？后之人必有任是夫！国弃矣！"

是行也，晋辟楚，畏其众也。君子曰："众之不可〔以〕已也。大夫为政犹以众克，况明君而善用其众乎？《大誓》所谓商兆民离、周十人同者，众也。"

晋侯使巩朔献齐捷于周。王弗见，使单襄公辞焉，曰："蛮夷戎狄不式王命，淫湎毁常；王命伐之，则有献捷，王亲受而劳之，所以惩不敬、劝有功也。兄弟甥舅侵败王略，王命伐之，告事而已，不献其功，所以敬亲昵、禁淫慝也。今叔父克遂，有功于齐，而不使命卿镇抚王室，所使来抚余一人；而巩伯实来，未有职司于王室，又奸先王之礼；余虽欲于巩伯，其敢废旧典以忝叔父？夫齐，甥舅之国也，而大师之后也，宁不亦淫从其欲以怒叔父，抑岂不可谏诲？"士庄伯不能对。王使委于三吏，礼之如侯伯克敌使大夫告庆之礼，降于卿礼一等。王以巩伯宴，而私贿之。使相告之曰："非礼也，勿籍！"

【译文】

成公二年春天，齐顷公发兵攻打我国北部边境。夏天四月二十九日，卫国的孙良夫率军与齐军在新筑作战，卫军大败。六月十七日，鲁国的季孙行父、臧孙许、叔孙侨如、公孙婴齐率军会合晋国的郤克、卫国的孙良夫、曹国的公子首与齐顷公率领的齐军在鞌地作战，齐军大败。秋天七月，齐顷公派国佐到齐军。二十三日，晋国与齐国国佐在袁娄会盟。八月二十七日，宋文公去世。九月五日，卫穆公去世。在晋国的支持下，鲁国从齐国取回了汶阳的土地。冬天，楚军和郑军入侵卫国。十一月，成公在蜀地会见了楚国的公子婴齐。十二日，成公与楚国人、秦国人、宋国人、陈国人、卫国人、郑国人、齐国人、曹国人、邾国人、薛国人、鄫国人在蜀地会盟。

鲁成公二年春天，齐顷公攻打我鲁国的北部边境，包围了龙地。顷公的宠臣卢蒲就魁攻打城门，龙地人俘获了他。齐顷公说："不要杀他！我和你们结盟，撤出你们的边境。"龙地人不听，杀了卢蒲就魁，并把尸体吊在城上示众。齐顷公亲自击鼓督战，士兵攻上了城墙。经过三天的战斗，夺取了龙地。于是齐国南下入侵，直达巢丘。

卫穆公派遣孙良夫、石稷、宁相、向禽将侵犯齐国，与齐军相遇。石稷想撤军，孙良夫说："不行。我们率领军队是来攻打齐国人的，现在遇到齐军却要撤退，怎么向国君交代？如果早知不能与齐军作战，那还不如不出兵。现在既然已经和齐军相遇，不如一战。"

夏天，有……

石稷说："我军已经失败了。如果你不稍作停留来顶住敌人的进攻，恐怕要全军覆没。你丧失了军队，怎么向国君交代？"大家都不回答。石稷又说："你是国家的卿，损失了你，是国家的耻辱。你领着军队撤退，我留在这里阻击齐军。"并且通告全军说救援的兵车来了很多。这样齐军才停止了进攻，在鞌居驻扎下来。新筑大夫仲叔于奚前来救援孙良夫，孙良夫因此免遭被俘。

事后不久，卫国人奖给仲叔于奚一块封地，他推辞了。他请求得到诸侯才能享受的三面悬挂的乐器和诸侯才能使用的繁缨装饰马匹，朝见国君，卫穆公同意了他的请求。

孔子听说这件事后说："可惜啊！不如多赏给他封地。只有器物和爵号不能轻易赐给别人，这是君主所掌握的东西。爵位名号用来体现威信，威信用来保有器物，器物用来

体现礼法,礼法用来推行道义,道义用来谋求利益,利益用来治理百姓,这是治理国家的关键。如果把它赐给别人,就等于把政权交给别人。政权丧失,那么国家也就会随之丧失,到时就无法挽回了。"

孙良夫回到新筑,没有进城,就前往晋国请求出兵。鲁国的臧宣叔也来到晋国请求出兵。他们都找到郤克。晋景公答应派出七百辆战车。郤克说:"这只是城濮之战时的兵力。那次战役,因为有先君文公的明德和先大夫的才思敏捷,所以才能取得胜利。我和先大夫们相比,还不足以做他们的仆人。"郤克请求派出八百辆战车,晋景公同意了。于是郤克率领中军,士燮为上军副师,栾书率领下军,韩厥担任司马,前往救援鲁、卫二国。臧宣叔迎接晋军,同时为他们做向导。鲁国的季文子率领军队与晋军会合。

军队到达卫国时,韩厥将要杀掉违犯军法之人,郤克飞车前往营救。等他赶到时犯人已经被杀了。于是郤克派人迅速在全军示众。他告诉他的御者说:"我这样做是为了分担别人对韩厥的指责。"

晋、鲁、卫联军在莘地跟踪追上了齐军。六月十六日,联军攻到了齐国的靡笄山下。齐顷公派人请战,说:"您率领你们国君的军队,来到敝国,虽然我军已疲惫不堪,但也准备和贵军在明天早晨相会。"郤克回答说:"晋国与鲁、卫二国,是兄弟国家,他们来告诉我们说:'齐国经常到我们国家来发泄愤怒。'我国国君不忍心让他们如此受欺负,便派我们前来贵国请求你们不要欺人太甚,他不让我们在贵国久留。我军只有前进,不能后退,我们不会让贵国国君失望。"齐顷公说:"您同意决战,这是我的愿望;即使您不同意,也一定要和你们决战。"

齐军的高固闯入晋军,举起一块巨石砸向晋国士兵,擒获了晋军士兵并坐上他的战车,把一棵桑树连根拔起系在车后,回到齐军示众,说:"想要勇气的人可以来买我剩余的勇气。"

十七日,两军在齐国鞌地摆开阵势。

邴夏为齐顷公驾驭战车,逢丑父为车右。晋国的解张为郤克驾车,郑丘缓为车右。

齐顷公说:"我暂且把这些人都消灭了再吃早饭吧。"于是马不披甲就奔向晋军。

郤克被箭射伤,鲜血一直流到鞋上,但还是不停地擂鼓,他说:"我受伤了!"解张说:"从开始交战,箭就射伤了我的手和肘,我把箭折断继续驾车,左边的车轮都被血染红了,我又怎么敢说受伤了呢? 您就再坚持一下吧!"郑丘缓说:"从开始交战,只要遇到危险,我必定下去推车,您哪里知道? 但您确实受伤了!"解张说:"军队的耳目,全听凭我们的旗子和战鼓,进攻退却都听从它们。这辆战车只要有一个人镇守,就可以成功,怎么能因为受伤而影响了国君的大事呢? 军人身披铠甲、手持兵器,本来就抱定了去死的决心。受伤了但还没有死,您还是振作精神奋力作战吧!"说完,解张用左手抓住缰绳,用右手拿起鼓槌击鼓,马狂奔不止,军队也跟着冲了上去。结果齐军大败。晋军追逐齐军,绕着华不注山追了三圈。

　　韩厥头天夜里梦见他父亲对自己说："早晨交战时避开战车的左右两侧！"因此韩厥居于车中代御者驾车追击齐顷公。邴夏说："射击那辆车的驾车人，他像个君子。"齐顷公说："认为他是君子却又射杀他，这不合礼法。"于是射击车左，车左坠到车下。射击车右，车右倒毙在车中。綦毋张丢了自己的战车，追着韩厥，说："请让我搭乘您的车。"綦毋张上车后站在车左侧或车右侧，韩厥都用肘部推开了他，让他站立在自己身后。韩厥俯身放好车右的尸体。这时齐臣逢丑父和齐顷公迅速互换了位置。当他们快到华泉时，骖马被树木挂住了，车子停了下来。头天夜里，逢丑父在棚车中睡觉，一条蛇从下面爬上来，他用胳膊打蛇，被蛇咬伤了，但他隐瞒了这件事，所以现在他不能推车，以致被韩厥追上了。韩厥手拿着拴马足的绳索走到齐顷公马前，行稽首之礼，捧着酒杯和玉璧献给齐顷公，并说："我国国君派我们群臣前来为鲁国、卫国求情，他说：'不要让晋军进入齐国境地。'在下不幸，正好和您的兵车在战车行道上相遇，我没有逃避的地方。况且也害怕因逃避而让两国国君蒙受耻辱。在下勉强充当一名兵士，谨向您报告我的无能，虽然因缺乏人手由我代替这一职务，但我也必须履行我的职责。"逢丑父让齐顷公下车，到华泉去取水，让他乘机逃跑。郑周父驾驭副车，宛茷为车右，载着齐顷公离去，才使齐顷公免于被俘。

　　韩厥献上逢丑父，郤克准备杀掉他。逢丑父大声喊叫说："自古至今还没有代替他的国君受难的人，现在有一个在这里，他将被杀掉吗？"郤子说："一个人不怕用死来使国君免于祸患，我杀掉他不吉利，赦免了他，以此勉励侍奉国君的人。"于是就赦免了逢丑父。

　　齐顷公免于被俘，他为了营救逢丑父，三次冲入敌军，又三次杀出重围。每次冲出时，齐军都紧紧地簇拥着他往后撤。当他冲入晋国友军狄人军中时，狄人士兵都拿着戈和盾保护他。他因而顺利进入卫国军队，卫军也没有伤害他。于是齐顷公从徐关进入齐国。齐顷公看见守城者，说："你们要尽力防范！齐军已经战败了。"齐顷公的前卫驱赶一个女子，让她避开。这个女子问："国君幸免于难了吗？"前卫回答说："幸免了。"女子又问："锐司徒幸免于难了吗？"回答说："幸免了。"女子说："如果国君和我父亲幸免于难了，我还能怎么样呢？"于是就跑开了。齐顷公认为这个女子懂礼法。事后查询，才知道她是辟司徒的妻子。于是齐顷公把石窌这个地方奖给了她。

　　晋军追击齐军，从丘舆进入齐国，接着攻打马陉。

　　齐顷公派宾媚人把纪国的甗器、玉磬和土地作为礼物送给晋国。但又交代他说："如果晋国不同意，就随他们的便。"宾媚人进献礼物，晋人果然不同意，并说："必须以萧同叔子作为人质，并且让齐国境内的田垅都改为东西走向。"宾媚人回答说："萧同叔子不是别人，她是我国国君的母亲。如果以平等地位而论，那么我国国君的母亲也等于是晋国国君的母亲。您向诸侯发布重大命令，却说'必须把他们的母亲作为人质才能相信'。那您又怎么对待周王的命令呢？况且这是命令诸侯做不孝的事啊。《诗》说：'孝子的孝心无穷尽，永远赐给你的同类。'如果您用不孝来号令诸侯，这大概不符合道德的准则吧？

先王划分疆界,考察土地,因地制宜,而广施其利。所以《诗》说:'划分疆界,治理土地,田垅走向或南北向,或东西向。'现在您划分和治理诸侯的土地,却只说'一律让田垅东西向',这实际上是只考虑您战车行进的方便,而不顾田地是否适宜,这恐怕不是先王的命令吧? 违背先王的命令就是不义,又怎么能成为诸侯的盟主呢? 晋国的确有过错。四王统治天下,树立德行,满足诸侯的共同愿望。五伯称霸诸侯,勤勉图强,安抚诸侯,共同为王命效力。现在您想领导诸侯,来满足自己无止境的欲望。《诗》说:'施行统治政策宽松,福禄就会集于一身。'您施行的政策确实不够宽松,失去了许多福禄,这对诸侯又有什么害处呢? 如果您不同意讲和,那么我们国君还让我有话可说:'您率领你们国君的军队光临我国,我们以疲弱的兵力和您的士兵作战。因畏惧贵国国君的威力,我军失败了。如果您能为齐国求福,不灭亡我国,使我们能继续保持友好关系,那么先君留下的宝器和土地,我们将不敢怜惜。但您又不同意。我们只好收集残余部队,在我国城下决一死战。如果我国侥幸取胜,也仍然听从贵国的命令,何况不幸又战败呢,岂敢不唯命是听?"鲁国、卫国也劝告郤克说:"齐国已经非常仇恨我们了,那些战死的人,都是齐侯的宗族。您如果不答应讲和,他们会更加仇恨我们。您还想得到什么呢? 您得到齐国的国宝,我们得到土地,而且又使祸难得到缓解,这荣耀也够多了。齐国、晋国都是上天保佑的国家,难道上天必定只保佑晋国永远不败吗?"晋国人最终同意了齐国讲和的请求,答复说:"我们诸位大臣率兵前来,是为了替鲁、卫两国请命,假如有理由回去向国君复命,这就是我国国君的恩惠了。我们哪里敢不答应你们的要求呢?"

鲁国的禽郑从军中前往迎接成公。

秋天七月,晋军和齐国的宾媚人在爰娄结盟。使齐国人把汶阳的土地归还鲁国。成公在上鄍会见晋军,赐给郤克、士燮、栾书三位将帅先路礼车和三命礼服,司马、司空、舆师、侯正、亚旅等官也都获得了一命礼服。

八月,宋文公去世,开始采取厚葬,用蜃灰和木炭,增加了随葬的车马,并开始用活人殉葬。陪葬器物也大大增多,外棺做成四坡形,棺木上有翰桧装饰。

君子认为:"华元和乐举,在这件事上没有履行臣子的职责。臣子的职责就是为国君解除烦恼和惑乱,因此有的臣子不惜生命而冒死进谏。现在这两个人,国君生前,他们放纵他作恶,国君死了,他们又为他奢侈无度,这是把国君推向邪恶的深渊,这是什么臣子?"

九月,卫穆公去世,晋国的郤克、士燮、栾书三人在作战回国途中前往吊唁,只是在大门外哭泣。卫国人也在门外接待他们。妇女们在大门里面哭。送他们出来时也是这样。于是此后以此礼为常,直到安葬。

楚国攻打陈国夏氏之后,庄王想纳夏姬为妃。申公巫臣说:"不行。君王召集诸侯,本来是为了讨伐罪人。现在纳夏姬为妃,是贪恋她的美色。贪恋美色就是淫乱,淫乱就要受到重罚。《周书》说:'要宣扬德行,小心刑罚。'这正是周文王能够缔造周王朝的根

本原因。宣扬德行,就是说要努力提倡;小心刑罚,就是说要尽量不用它。如果兴师动众而来,却得到极大的惩罚,这就不是很小心了。您还是认真考虑一下!"庄王于是打消了这个念头。

子反也想娶夏姬,巫臣说:"这是个不吉利的女人。她使子蛮早亡,使御叔和陈灵公被杀,夏征舒被诛,孔宁、仪行父也因她而逃亡国外,陈国因她而亡,还有谁比她更不吉利呢?人生在世的确不容易,您如果娶了夏姬,恐怕也不会有好结果吧!天下有许多漂亮女人,何必一定要娶她呢?"于是子反也打消了这个念头。

庄王最后把夏姬送给了连尹襄老,结果襄老在邲之战中死了,没有找到他的尸体。襄老的儿子黑要和夏姬乱伦私通。巫臣派人向夏姬示意,说:"你回郑国去,我要娶你。"又派人去郑国,让郑国召她回去,说:"襄老的尸体能够找到,你必须亲自来迎接。"夏姬将此事告诉了庄王,庄王便向屈巫征求意见。巫臣说:"这话大概可信。知罃的父亲荀首,是成公的宠臣,又是荀林父的小弟弟,他最近做了中军副帅,和郑国的皇戌关系很好,又非常喜欢知罃。他必然想通过郑国而归还王子和襄老的尸体,而换取知罃。郑国人对邲地之战至今心有余悸,想讨好晋国,他们一定会答应。"于是庄王打发夏姬回郑国。将要动身时,夏姬对送行的人说:"如果得不到襄老的尸体,我就不回来了。"巫臣向郑国请求娶夏姬为妻,郑襄公同意了他的请求。

等到楚共公即位,准备发动阳桥之战时,派屈巫前往齐国聘问,并且通报他们出兵的日期。巫臣动身时带走了全部家产。申侯跪跟随父亲准备到郢都去,遇到了巫臣,他说:"奇怪!这个人既有军事使命在身的戒惧,又有桑中约会的喜悦,大概要偷偷带着妻子逃跑吧。"果然,巫臣从齐国返回到达郑国后,便让副使带着齐国赠送的礼物返回楚国,而他自己则带着夏姬逃走了。准备逃到齐国,齐军刚刚打了败仗,他说:"我不呆在战败之国。"于是逃到了晋国,通过郤至的关系,在晋国做了臣子。晋国任命他为邢地大夫。

子反请求以重金收买晋国,让晋国永不起用巫臣。楚共王说:"不可!他为自己打算,无疑是错误的。但他为先君出谋划策,却是忠诚的。忠诚,是国家赖以巩固的保证,它对国家的作用太大了。况且他如果能有利于晋国,即使送去重礼,晋国就会同意我们的要求吗?如果他对晋国没有用处,晋国自然会废弃他,又哪里用得着送重礼去请求晋国永不起用他呢?"

晋军班师回国,士燮最后进入国都。他父亲士会说:"你不知道我盼望你吗?"士燮说:"军队得胜回来,国人高兴地迎接他们,如果先回来,一定特别引人注目,这是代替主帅享受这份荣誉,所以不敢先回来。"士会说:"你如此谦让有礼,我知道我们家族能免于祸患了。"

郤克进见晋景公。景公说:"这次大胜得力于你啊!"郤克回答说:"这完全是国君的教训有方和几位将领的功劳,我有什么功劳呢?"士燮进见景公,景公用同样的话慰问他,士燮回答说:"这次胜利,是听从荀庚的命令,接受郤克统帅的结果,我有什么功劳呢?"栾

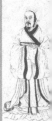

书进见景公,景公也是像这样慰问他,他回答说:"这次胜利,得力于士燮的指挥和士兵的奋不顾身,我有什么功劳呢?"

当初鲁宣公派使者到楚国请求结好时,正好楚庄王去世,不久鲁宣公也去世了,因此两国没能建立友好关系。鲁成公即位后,在晋国接受了盟约,并会同晋国攻打了齐国。卫国人不派使者前往楚国聘问,而且也接受了晋国的盟约,跟随晋国一起攻打齐国。所以楚国令尹子重发动了阳桥之战来救援齐国。部队准备出发时,子重说:"现在国君年幼。我们这些臣子也不如先大夫,只有军队很多才可出兵。《诗》说:'拥有众多的人才,文王才能平定天下。'周文王都要依靠众多的兵士,何况我们这类人呢? 再说先君庄王临终时嘱托我们说:'假如没有足够的德行推及到远方,就不如好好地爱护百姓,并合理地使用他们。'"于是大规模地清理户口,免除百姓的债务,关怀孤寡老人,救济穷人,赦免罪犯。调动全国的军队,楚共王的侍卫军也全部出动。彭名驾驭战车,蔡景公为车左,许灵公为车右。蔡、许两位国君虽然还年幼,也都勉强行了冠礼。

冬天,楚军入侵卫国,随后又入侵我鲁国,军队驻扎在蜀地。鲁国派臧宣叔前往楚军谈判,臧宣叔推辞说:"楚军远距离作战而且时间已很久,本来就要退兵了。没有功劳而接受荣誉,下臣不敢。"楚军进攻到达阳桥,孟孙请求前往谈判,以木工、缝工、织工各一百人作为礼物,并让公衡作为人质,请求讲和。楚国人同意讲和。

十一月,成公和楚公子婴齐、蔡景公、许灵公、秦国右大夫说、宋国的华元、陈国的公孙宁、卫国的孙良夫、郑国的公子去疾以及齐国的大夫在蜀地订立了盟约。《春秋》没有记载卿的名字,表示此次结盟缺乏诚意。在这时因害怕晋国而只能偷偷地与楚国结盟,所以叫作"匮盟"。没有记载蔡景公和许灵公,是因为他们乘坐了楚国的车辆,这表明他们丧失了作为国君的地位。

君子说:"国君的地位不能不谨慎对待啊! 蔡、许两国国君,一旦失去了作为国君的地位,便不能与诸侯并列,更何况在他们之下的人呢?《诗》说:'君王不懈怠,百姓就能得到休息。'大概说的就是这种情况了。"

楚军到达宋国时,公衡就逃回来了。臧宣叔说:"公衡不能忍受几年的艰苦生活,而置鲁国于不顾,国家将怎么办呢? 谁能解除这一祸患呢? 后代子孙必然受此祸患啊! 国家被抛弃了。"

这次军事行动中,晋军避开楚军,是因为害怕楚军兵力强大。君子认为:"大众是不能放弃的。子重这样的大夫执政,还能以人多势众战胜敌军,何况是善于使用大众的贤明之君呢?《大誓》所说的'商朝亿万人离心离德,周朝十个人同心同德',就是说要依靠众人。"

晋景公派巩朔把齐国俘虏进献给周王室。周天子不肯接见,派单襄公推辞,并说:"蛮夷戎狄不服从天子命令,沉湎酒色,败坏法度,天子命令讨伐他们,如果取得胜利,才有向王室进献俘虏的规定,天子亲自接受并且慰劳有功者,这是为了惩罚不遵主命之人,

奖励有功之人。同姓兄弟国家或异姓甥舅国家,如果互相侵犯,败坏天子的法度,天子命令讨伐他们,如果取得胜利,也只是派人来通报一下胜利的消息而已,不需进献俘虏,这是为了尊敬亲近,禁止邪恶。现在叔父能够成功,在对齐作战中建立了功勋,但却没有派一位天子任命的卿来问候王室,所派来问候我的使者,只是巩朔,而在周王室所任命的卿中并没有他,并且把齐国的俘虏献给王室,也违背了先王的礼法。我虽然喜爱巩朔,难道敢废弃先王的典章制度而羞辱叔父?齐国和周王室是甥舅关系,又是姜太公的后代,难道是齐国放纵私欲激怒了叔父,还是齐国已经不可劝谏教诲了呢?”巩朔不能回答。周天子把接待任务交给三公,让他们按侯伯战胜敌国派大夫向王室告捷的礼节接待巩朔,这比接待卿的礼节低了一等。周天子与巩朔宴饮,私下送给他礼物。又派赞礼者告诉他说:“这种接待不合礼法,不要记在史书上。”

成公三年

【原文】

三年:春,王正月,公会晋侯、宋公、卫侯、曹伯伐郑。

辛亥,葬卫穆公。

二月,公至自伐郑。

甲子,新宫灾。三日哭。

乙亥,葬宋文公。

夏,公如晋。

郑公子去疾帅师伐许。

公至自晋。

秋,叔孙侨如帅师围棘。

大雩。

晋郤克、卫孙良夫伐廧咎如。

冬,十有一月,晋侯使荀庚来聘。

卫侯使孙良夫来聘。

丙午,及荀庚盟。丁未,及孙良夫盟。

郑伐许。

三年春,诸侯伐郑,次于伯牛,讨邲之役也。遂东侵郑。郑公子偃帅师御之,使东鄙覆诸鄤,败诸丘舆。皇戌如楚献捷。

夏,公如晋,拜汶阳之田。

许恃楚而不事郑。郑子良伐许。

晋人归楚公子穀臣与连尹襄老之尸于楚，以求知罃。于是荀首佐中军矣，故楚人许之。王送知罃，曰："子其怨我乎？"对曰："二国治戎，臣不才，不胜其任，以为俘馘。执事不以衅鼓，使归即戮，君之惠也。臣实不才，又谁敢怨？"王曰："然则德我乎？"对曰："二国图其社稷，而求纾其民，各惩其忿以相宥也，两释累囚，以成其好。二国有好，臣不与及，其谁敢德？"王曰："子归，何以报我？"对曰："臣不任受怨，君亦不任受德，无怨无德，不知所报。"王曰："虽然，必告不穀！"对曰："以君之灵，累臣得归骨于晋，寡君之以为戮，死且不朽。若从君之惠而免之，以赐君之外臣首，首其请于寡君，而以戮于宗，亦死且不朽。若不获命，而使嗣宗职，次及于事，而帅偏师以修封疆，虽遇执事，其弗敢违。其竭力致死，无有二心，以尽臣礼，所以报也。"王曰："晋未可与争。"重为之礼而归之。

秋，叔孙乔如围棘，取汶阳之田。棘不服，故围之。

晋郤克、卫孙良夫伐廧咎如，讨赤狄之馀焉。廧咎如溃，上失民也。

冬十一月，晋侯使荀庚来聘，且寻盟。卫侯使孙良夫来聘，且寻盟。公问诸臧宣叔曰："中行伯之于晋也，其位在三。孙子之于卫也，位为上卿。将谁先？"对曰："次国之上卿当大国之中，中当其下，下当其上大夫。小国之上卿当大国之下卿，中当其上大夫，下当其下大夫。上下如是，古之制也。卫在晋，不得为次国。晋为盟主，其将先之。"丙午盟晋，丁未盟卫，礼也。

十二月甲戌，晋作六军。韩厥、赵括、巩朔、韩穿、荀骓、赵旃皆为卿，赏鞌之功也。

齐侯朝于晋，将授玉，郤克趋进，曰："此行也，君为妇人之笑辱也，寡君未之敢任。"

晋侯享齐侯。齐侯视韩厥。韩厥曰："君知厥也乎？"齐侯曰："服改矣。"韩厥登，举爵，曰："臣之不敢爱死，为两君之在此堂也！"

荀罃之在楚也，郑贾人有将真诸褚中以出。既谋之，未行，而楚人归之。贾人如晋，荀罃善视之，如实出己。贾人曰："吾无其功，敢有其实乎？吾小人，不可以厚诬君子。"遂适齐。

【译文】

鲁成公三年春天，周王正月，成公会合晋景公、宋共公、卫定公、曹宣公攻打郑国。二十八日，安葬卫穆公。二月，成公从伐郑前线回国。十二日，宣公庙遭火灾，成公和家人哭泣三天。二十三日，安葬宋文公。夏天，成公前往晋国。郑国的公子去疾率军攻打许国。成公从晋国回国。秋天，叔孙侨如率军包围了鲁国的棘地。因干旱，举行求雨祭祀活动。晋国的郤克和卫国的孙良夫讨伐廧咎如。冬天十一月，晋景公派荀庚前来聘问。二十八日，与荀庚盟约。二十九日，与孙良夫盟约。郑国攻打许国。

鲁成公三年春天，诸侯联军攻打郑国，驻扎在伯牛，这是为了报复郑国在邲之战中对晋国的不忠。于是东下进攻郑国。郑国的公子偃率军抵抗，并让东部边境地区军队埋伏在鄤地，在丘舆一举击败了诸侯联军。郑大夫皇戌前往楚国进献战利品。

夏天，成公前往晋国，答谢晋国让齐国归还了汶阳之田。

许国倚仗楚国而不侍奉郑国，郑国的子良发兵攻打许国。

晋国人把公子谷臣和连尹襄老的尸体归还给楚国，以此赎回知罃。此时知罃的父亲荀首任晋军的中军副帅，所以楚国人同意交换。楚共王送别知罃，说："您怨恨我吗？"知罃回答说："两国交战，我没有才能，不能胜任自己的职务，而做了俘虏。您没有杀我，让我回国受刑，这是您的恩惠。我实在无能，又敢怨恨谁呢？"共王又说："那么您感谢我吗？"知罃回答说："两国都是为了谋求本国的利益，以求安定百姓，现在各自克制愤怒，互相谅解，双方释放战俘，重结友好。两国友好，我没有参与谋划，又敢感激谁呢？"共王又说："您回国后，用什么来报答我？"知知罃回答说："我不怨恨您，也不感激您，无怨无德，不知道应该报答什么？"共王说："即便如此，您也一定要把您的想法告诉我。"知罃说："托您的洪福，如果我能把这身骨头带回晋国，即使我国国君将我杀了，我也认为死而不朽。如果承蒙您的恩惠而国君免我一死，把我交给您的外臣荀首处置；即使荀首向国君请求在宗庙将我杀死，我也认为死而不朽。如果国君不同意处死我，而让我继承宗族世袭的职位，并依照次序参与政事，率领一部分军队保卫边境，到那时即使遇到您，也不敢违背命令。我将竭尽全力作战，即使战死，也不敢有二心，以此来尽到臣子的责任。这就是我对您的报答。"共王说："看来不能与晋国争雄。"于是对他重加礼遇，让他回国。

秋天，鲁国的叔孙侨如围攻棘地，占领了汶阳的田地。因为棘地人不肯顺服鲁国，所以才围攻他们。

晋国的郤克、卫国的孙良夫率兵攻打廧咎如，以消灭赤狄的残余势力。廧咎如溃败了，这是因为他们的首领失去了老百姓的拥护。

冬天，十一月，晋景公派荀庚前来鲁国聘问，同时重温过去的盟约。卫定公也派孙良夫前来聘问，同时重温过去的盟约。成公问臧宣叔："荀庚在晋国，位次第三，孙良夫在卫国，处上卿之位，让谁在前呢？"臧宣叔回答说："次国的上卿相当于大国的中卿，中卿相当于大国的下卿，下卿相当于大国的上大夫。小国的上卿只相当于大国的下卿，中卿相当于大国的上大夫，下卿相当于大国的下大夫。上下职位如此，是自古以来的制度。卫国和晋国相比，还算不得次国。晋国为诸侯盟主，应该让晋国在前面。"二十八日，先和晋国结盟，二十九日，再和卫国结盟，这是合乎礼法的。

十二月二十六日，晋国将军队扩充为六军。韩厥、赵括、巩朔、韩穿、荀骓、赵旃都担任卿，这是奖赏他们在鞌之战中的功劳。

齐顷公到晋国朝见，正要举行授玉仪式时，郤克快步上前对齐顷公说："君王此次来访，是为了贵国妇人嘲笑小臣一事来受辱，我们君王可担当不起。"

晋景公设宴款待齐顷公。齐顷公总看着韩厥，韩厥说："您认识我吗？"齐顷公说："衣服变了。"韩厥登阶，举起酒杯说："我当初不敢怕死，拼命地追赶您，就是为了两国国君今

天能在此堂举杯欢宴啊。"

　　知䓨在楚国时,有一个郑国商人准备把他藏在装衣物的口袋里,救他出来。两人已经策划好了,未及行动,楚国人就把知䓨送回晋国了。后来这个商人到了晋国,知䓨很好地招待他,就好像他真的把自己救出来了一样。商人说:"我并没有功劳,怎敢领受他的报答呢? 我是个小人,不能这样欺骗君子。"于是就到齐国去了。

成公四年

【原文】

　　四年:春,宋公使华元来聘。

　　三月壬申,郑伯坚卒。

　　杞伯来朝。

　　夏,四月甲寅,臧孙许卒。

　　公如晋。

　　葬郑襄公。

　　秋,公至自晋。

　　冬,城郓。

　　郑伯伐许。

　　四年春,宋华元来聘,通嗣君也。

　　杞伯来朝,归叔姬故也。

　　夏,公如晋。晋侯见公,不敬。季文子曰:"晋侯必不免。《诗》曰:'敬之敬之! 天惟显思,命不易哉!'夫晋侯之命在诸侯矣,可不敬乎?"

　　秋,公至自晋,欲求成于楚而叛晋。季文子曰:"不可。晋虽无道,未可叛也。国大臣睦而迩于我,诸侯听焉,未可以贰。《史佚之志》有之,曰:'非我族类,其心必异。'楚虽大,非吾族也,其肯字我乎?"公乃止。

　　冬十一月,郑公孙申帅师疆许田,许人败诸展陂。郑伯伐许,取钼任、泠敦之田。

　　晋栾书将中军,荀首佐之,士燮佐上军,以救许伐郑。取(氾)〔泛〕、祭。

　　楚子反救郑。郑伯与许男讼焉,皇戌摄郑伯之辞。子反不能决也,曰:"君若辱在寡君,寡君与其二三臣共听两君之所欲,成其可知也。不然,侧不足以知二国之成。"

　　晋赵婴通于赵庄姬。

【译文】

　　鲁成公四年春天,宋共王派华元前来聘问。三月壬申这天,郑襄公去世。齐桓公前

来朝见。夏天四月八日，臧孙许去世。成公前往晋国。安葬郑襄公。秋天，成公从晋国回国。冬天，在郓地筑城。郑悼公讨伐许国。

鲁成公四年春天，宋国的华元前来聘问，这是为新即位的宋共公谋求和鲁国的友好。

杞伯前来鲁国朝见，是为了休弃叔姬的缘故。

夏天，成公前往晋国。晋景公会见成公时，不礼貌。季文子说："晋景公必定难免祸患。《诗》说：'小心又谨慎，上天是明察的，天命不可能长久不变！'晋景公的命运决定于诸侯，怎么能对诸侯不恭敬呢？"

秋天，成公从晋国回国，准备和楚国结好而背叛晋国。季文子说："不能这样。晋国虽然无道，但也不能背叛它。晋国国力强盛，群臣和睦，而且邻近我国，诸侯又都听从它的命令，所以不能对它有二心。《史佚之志》有这样的话：'不是我们同一个种族，必然不能同心同德。'楚国虽然强大，但不是我们的同族，难道能喜欢我们吗？"成公于是放弃了这个主意。

冬天，十一月，郑国的公孙申率军在许国的土地上划定疆界，许国人在展陂打败了他们。于是郑悼公讨伐许国，夺取了钼任、泠敦的田地。

晋国的栾书率领中军，荀首为副帅，士燮为上军副帅，前往救援许国，讨伐郑国，夺取了郑国的氾、祭二地。

楚国的子反救援郑国，郑悼公和许灵公在子反面前互相指责。皇戌代表郑伯发言，子反不能决断是非。他说："如果二位国君能前去面见我国国君，他和几个大臣一起听取两位国君想要说的，是非曲直大概可以明断。不然，我也无法判断你们两国的是非。"

晋国的赵婴与侄儿赵朔的妻子赵庄姬通奸。

成公五年

【原文】

五年：春，王正月，杞叔姬来归。

仲孙蔑如宋。

夏，叔孙侨如会晋荀首于穀。

梁山崩。

秋，大水。

冬，十有一月己酉，天王崩。

十有二月己丑，公会晋侯、齐侯、宋公、卫侯、郑伯、曹伯、邾子、杞伯，同盟于虫牢。

五年春，原、屏放诸齐。婴曰："我在，故栾氏不作。我亡，吾二昆其忧哉！且人各有能有不能，舍我何害？"弗听。

婴梦天使谓己："祭余！余福女。"使问诸士贞伯，贞伯曰："不识也。"既而告其人曰："神福仁而祸淫。淫而无罚，福也。祭，其得亡乎？"祭之之明日而亡。

孟献子如宋，报华元也。

夏，晋荀首如齐逆女，故宣伯餫诸谷。

梁山崩，晋侯以传召伯宗。伯宗辟重，曰："辟传！"重人曰："待我，不如捷之速也。"问其所，曰："绛人也。"问绛事焉，曰："梁山崩，将召伯宗谋之。"问："将若之何？"曰："山有朽壤而崩，可若何？国主山川，故山崩川竭，君为之不举、降服、乘缦、彻乐、出次；祝币，史辞以礼焉。其如此而已。虽伯宗，若之何？"伯宗请见之，不可。遂以告，而从之。

许灵公愬郑伯于楚。六月，郑悼公如楚，讼，不胜。楚人执皇戌及子国。故郑伯归，使公子偃请成于晋。秋八月，郑伯及晋赵同盟于垂棘。

宋公子围龟为质于楚而归。华元享之，请鼓噪以出，鼓噪以复入，曰："习攻华氏。"宋公杀之。

冬，"同盟于虫牢"，郑服也。

诸侯谋复会，宋公使向为人辞以子灵之难。

十一月己酉，定王崩。

【译文】

鲁成公五年春天，周王正月，杞伯夫人叔姬被休回到鲁国。仲叔蔑前往宋国。夏天，叔孙侨如在齐国谷地和晋国的荀首会见。梁山发生了山崩。秋天，发大水。冬天，十一月十二日，周定王去世。十二月二十三日，成公会见晋景公、齐顷公、宋共公、卫定公、郑悼公、曹宣公、邾子、齐桓公，在虫牢一起结盟。

鲁成公五年春天，赵同、赵括准备将赵婴放逐到齐国。赵婴说："我在晋国，因此栾书等人不敢作乱。如果我不在晋国，两位兄长就将有灾祸。再说任何一个人都有所能、也有所不能，赦免了我对你们又有什么坏处呢？"赵同、赵括不同意。

赵婴梦见上天的使者告诉自己："祭祀我，我保佑你。"赵婴派人请士贞伯解释，贞伯说："我也不知道这是什么意思。"过了一会儿又告诉那个人说："神灵保佑仁人君子，降祸于淫乱之人，淫乱而没有受到惩罚，这就已经是福了。即使祭祀神灵，难道就能无祸吗？"赵婴祭祀了神灵，到第二天就流亡到齐国去了。

鲁国的孟献子前往宋国，这是对去年华元的聘问进行回访。

夏天，晋国的荀首前往齐国为晋景公迎娶齐女，因此鲁国的叔孙侨如在谷地为他们赠送食物。

梁山崩塌，晋景公用驿车召见伯宗。伯宗令一辆载重车给他让路，说："给驿车让路！"押送重车的人说："等我避开让道，不如走捷径来得快。"伯宗问他是哪里人，回答说："晋都绛城人。"又问他绛城的情况，他说："梁山崩塌，国君要召回伯宗研究对策。"伯宗

又问:"应该怎样对待这件事?"回答说:"山因为有腐朽的土质而崩塌,又能有什么办法?
国家以山川为主体,因此一旦有山崩塌河流枯竭的事,国君就应减膳斋戒,穿素服,乘坐
没有彩饰的车子,不奏音乐,离开寝宫外出居住,给神灵献上礼品,由祝史宣读祭文祭祀
山川神灵。如此而已,即使伯宗回去,他又能怎么样呢?"伯宗请他去见晋景公,他不肯
去。于是伯宗把他的话告诉了景公,景公听从了他的意见。

许灵公到楚国控告郑悼公。六月,郑悼公到楚国争辩是非,结果败诉。楚国人于是
囚禁了郑国的皇戌和子国。因此郑悼公回国后,便派公子偃到晋国请求和好。秋天八
月,郑悼公和晋国的赵同在垂流结盟。

宋国的公子围龟在楚国当人质,回到宋国后,华元设宴招待他。但他要求击鼓呼叫
从华元家出来,又击鼓呼叫着再进华元家,并说:"我这是演习攻打华氏。"于是宋共公杀
了他。

冬天,成公和晋景公、齐顷公、宋共公、卫定公、郑悼公、曹宣公、邾子、杞伯在郑国的
虫牢举行盟会,这次盟会是因为郑国归顺晋国而举行的。诸侯国商量再举行一次盟会,
宋共公派向为人前来报告国内发生了子灵事件,表示不能参加盟会。

十一月十二日,周定王去世。

成公六年

【原文】

六年:春,王正月,公至自会。

二月辛巳,立武宫。

取鄟。

卫孙良夫帅师侵宋。

夏,六月,邾子来朝。

公孙婴齐如晋。

壬申,郑伯费卒。

秋,仲孙蔑、叔孙侨如帅师侵宋。

楚公子婴齐帅师伐郑。

冬,季孙行父如晋。

晋栾书帅师救郑。

六年春,郑伯如晋拜成,子游相。授玉于东楹之东。士贞伯曰:"郑伯其死乎! 自弃
也已。视流而行速,不安其位,宜不能久。"

二月,季文子以鞌之功立武宫,非礼也。听于人以救其难,不可以立武。立武由己,

非由人也。

"取邥"，言易也。

三月，晋伯宗、夏阳说、卫孙良夫、宁湘、郑人、伊雒之戎、陆浑、蛮氏侵宋，以其辞会也。师于锴。卫人不保。说欲袭卫，曰："虽不可入，多俘而归，有罪不及死。"伯宗曰："不可！卫唯信晋，故师在其郊而不设备。若袭之，是弃信也。虽多卫俘，而晋无信，何以求诸侯？"乃止。师还，卫人登陴。

晋人谋去故绛，诸大夫皆曰："必居郇、瑕氏之地！沃饶而近盬，国利君乐，不可失也。"韩献子将新中军，且为仆大夫。公揖而入，献子从。公立于寝庭，谓献子曰："何如？"对曰："不可！郇、瑕氏土薄水浅，其恶易觏。易觏则民愁，民愁则垫隘，于是乎有沉溺重膇之疾。不如新田：土厚水深，居之不疾，有汾、浍以流其恶，且民从教，十世之利也。夫山、泽、林、盬，国之宝也。国饶，则民骄佚；近宝，公室乃贫：不可谓乐。"公说，从之。夏四月丁丑，晋迁于新田。

六月，郑悼公卒。

子叔声伯如晋，命伐宋。

秋，孟献子、叔孙宣伯侵宋，晋命也。

楚子重伐郑，郑从晋故也。

冬，季文子如晋，贺迁也。

晋栾书救郑，与楚师遇于绕角。楚师还，晋师遂侵蔡。楚公子申、公子成以申、息之师救蔡，御诸桑隧。赵同、赵括欲战，请于武子，武子将许之。知庄子、范文子、韩献子谏曰："不可。吾来救郑，楚师去我，吾遂至于此，是迁戮也。戮而不已，又怒楚师，战必不克。虽克，不令。成师以出，而败楚之二县，何荣之有焉？若不能败，为辱已甚。不如还也！"乃遂还。

于是军帅之欲战者众。或谓栾武子曰："圣人与众同欲，是以济事。子盍从众？子为大政，将酌于民者也。子之佐十一人，其不欲战者三人而已，欲战者可谓众矣。《商书》曰：'三人占，从二人。'众故也。"武子曰："善钧，从众。夫善，众之主也。三卿为主，可谓众矣。从之，不亦可乎？"

【译文】

成公六年春天，周历正月，成公从会盟地回国。二月十六日，建立了武官。攻取了邥国。卫国的孙良夫率军攻打宋国。夏天六月，邾子前来朝见。公孙婴齐前往晋国。九日，郑悼公去世。秋天，仲孙蔑、叔孙侨如率军攻打宋国。楚国公子婴齐率军攻打郑国。冬天，季孙行父前往晋国。晋国的栾书率军救援郑国。

鲁成公六年春天，郑悼公前往晋国感谢晋国同意和好，子游担任礼相。郑悼公本应在东西两楹之间行授玉之礼，却走到东楹的东边行礼。士贞伯说："郑悼公恐怕快死了

吧！他自己不尊重自己。目光游移不定，走路过快，他在君位上不能安定，大概不长久了。"

二月，季文子因为鞌之战的胜利而建立了武官，这是不合礼法的。依靠别人的力量来解救自己的灾难，不能建立武官。建立武宫必须是由自己的力量取得胜利，而不是由别人。

攻取了邻国，《春秋》这样记载，是说这次行动完成得很容易。

三月，晋国的伯宗、夏阳说、卫国的孙良夫、宁湘、郑国人以及伊雒之戎、陆浑、蛮氏等联合攻打宋国，因为宋国去年拒绝参加虫牢会盟。联军驻扎在卫国的铖地，卫国人没有设防。夏阳说想偷袭卫国，他说："即使不能攻入卫国国都，但多抓些俘虏回去，就是有罪也还不至于被处死。"伯宗说："不能这样。卫国正因为信任晋国，所以我们军队驻扎在他们郊外，他们也不防备。如果偷袭卫国，这是背弃信义。虽然多获了卫国俘虏，但晋国却因此而丧失信义，又怎么能得到诸侯的拥戴？"于是打消了这个念头。晋军开拔返回，卫国人才登上城墙。

晋国人打算将都城迁离故绛。大夫们都说："一定要迁到郇、瑕氏的某个地方，那里土地肥沃，又离盐池很近，对国家有利，君王也快乐，不能放弃这个好地方。"此时韩献子掌管新中军，又兼任仆大夫。晋景公向群臣答礼后退入路门，韩献子跟在他后面。景公站在寝宫的院子里，对韩献子说："怎么样？"韩献子回答说："不行。郇、瑕之地土质贫瘠，又缺少水源，容易积聚肮脏之物。肮脏之物容易积聚，百姓就忧愁，百姓忧愁，身体就会疲弱不堪，因此就会滋生风湿和脚肿的疾病。不如迁往新田，那里土地肥沃，水源丰富，居住在那里不会生病，又有汾水和浍水冲走各种肮脏之物，而且那里的百姓服从教化，这是关系到国家千秋万代的根本利益。大山、沼泽、森林、盐地，是国家的宝藏。国家富饶，百姓就会骄淫，靠近宝藏之地，公室将因此而贫乏，这不能说是君王的快乐。"景公很高兴，听从了韩献子的意见。夏天四月十三日，晋国迁都到新田。

六月，郑悼公去世。

子叔声伯前往晋国。晋国命令鲁国攻打宋国。

秋天，孟献子和叔孙宣伯攻打宋国，这是执行晋国的命令。

楚国的子重攻打郑国，这是因为郑国又归顺晋国的缘故。

冬天，季文子前往晋国，祝贺晋国迁都。

晋国的栾书救援郑国，与楚军在绕角相遇。楚军撤退回国，晋军便攻打蔡国。楚国的公子申、公子成率领申地、息地的军队救援蔡国，在桑隧抵抗晋军。赵同、赵括想出战，向栾书请示，栾书准备同意。荀首、士燮和韩厥劝阻说："不行。我们前来救援郑国，楚军离开了我们，我们才到达这里，这实际上是转移了杀戮对象。杀戮没有结束，又激怒了楚军，这样出战必定失败。即使取胜，也不一定是好事。出动大军，而仅仅击败楚国两个县，又有什么荣耀呢？如果不能击败他们，那么我们蒙受的耻辱就太大了，不如回去吧。"

于是晋军就回国了。

此时，军中将帅主张出战的人很多。有人对栾书说："圣明的人与大众共愿望，因此能够成功。您何不顺从大家的愿望？您为执政大臣，应该考虑民众的意见。您的助手有十一人，不想出战的只有三人。主张出战的人可以说是多数了。《商书》说：'如果有三个人占卜，就听从两个人的。'因为两个人就是多数。"栾书说："如果同样都是善，就听从多数人的意见。善，是大家的主张。现在有三位卿同意这一主张，也可以说是多数了。听从他们的意见，不也可以吗？"

成公七年

【原文】

七年：春，王正月，鼷鼠食郊牛角，改卜牛。鼷鼠又食其角，乃免牛。

吴伐郯。

夏，五月，曹伯来朝。

不郊，犹三望。

秋，楚公子婴齐帅师伐郑。

公会晋侯、齐侯、宋公、卫侯、曹伯、莒子、邾子、杞伯救郑。八月戊辰，同盟于马陵。

公至自会。

吴入州来。

冬，大雩。

卫孙林父出奔晋。

七年春，吴伐郯。郯成。

季文子曰："中国不振旅，蛮夷入伐，而莫之或恤。无吊者也夫！《诗》曰：'不吊昊天，乱靡有定。'其此之谓乎！有上不吊，其谁不受乱？吾亡无日矣！"君子曰："知惧如是，斯不亡矣！"

郑子良相成公以如晋，见，且拜师。

夏，曹宣公来朝。

秋，楚子重伐郑，师于汜。诸侯救郑。郑共仲、侯羽军楚师，囚郧公钟仪，献诸晋。

"八月，同盟于马陵"，寻虫牢之盟，且莒服故也。

晋人以钟仪归，囚诸军府。

楚围宋之役，师还，子重请取于申、吕以为赏田；王许之。申公巫臣曰："不可。此申、吕所以邑也，是以为赋，以御北方。若取之，是无申、吕也，晋、郑必至于汉。"王乃止。子重是以怨巫臣。子反欲取夏姬，巫臣止之，遂取以行。子反亦怨之。及共王即位，子重、

子反杀巫臣之族子阎、子荡及清尹弗忌及襄老之子黑要，而分其室。子重取子阎之室，使沈尹与王子罢分子荡之室，子反取黑要与清尹之室。巫臣自晋遗二子书，曰："尔以谗慝贪婪事君，而多杀不辜，余必使尔罢于奔命以死！"

巫臣请使于吴，晋侯许之。吴子寿梦说之。乃通吴于晋，以两之一卒适吴，舍偏两之一焉。与其射御，教吴乘车，教之战陈，教之叛楚。真其子狐庸焉，使为行人于吴。吴始伐楚、伐巢、伐徐，子重奔命。马陵之会，吴入州来，子重自郑奔命。子重、子反于是乎一岁七奔命。蛮夷属于楚者，吴尽取之，是以始大，通吴于上国。

卫定公恶孙林父。冬，孙林父出奔晋。卫侯如晋，晋反戚焉。

【译文】

鲁成公七年春天，周历正月，鼷鼠咬坏了用来作郊祭的牛的角，于是改用其他牛来卜测吉凶。鼷鼠又咬坏了这头牛的角，于是不再杀牛。吴国攻打郯国。夏天五月，曹宣公前来鲁国朝见。不再举行郊祭，但还是举行了望祭。秋天，楚国的公子婴齐率军攻打郑国。成公会合晋景公、齐顷公、宋共公、卫定公、曹宣公、莒子、邾子、齐桓公救援郑国。八月十一日，一起在马陵会盟。成公从会盟地回国。吴国攻入州来。冬天，大规模地举行祈雨祭祀。卫国的孙林父出逃到了晋国。

鲁成公七年春天，吴国攻打郯国，郯国求和。

季文子说："中原各国不整顿军备，四方蛮夷经常入侵，竟没有人忧虑此事，这是因为没有好的具有权威的人啊！《诗》说：'上天不仁，动乱没有休止。'大概就是说的这种情况吧！即使有了霸主，但他不仁不义，那又有谁能免遭蛮夷入侵呢？我们灭亡指日可待了。"君子认为："能像季文子这样忧国忧民，国家就不会灭亡了。"

郑国的子良作为郑成公的礼相前往晋国，朝见晋景公，同时对晋国去年出兵救郑表示感谢。

夏天，曹宣公前来鲁国朝见。

秋天，楚国的子重攻打郑国，进军到氾地。诸侯各国救援郑国。郑国的共仲、侯羽包围了楚军，囚获了郧公钟仪，把他献给了晋国。

八月，成公同晋景公、齐顷公等诸侯国君在马陵会盟，重申在虫牢的盟约，同时也是为了莒国归顺晋国的缘故。

晋国人把钟仪带回国，囚禁在军用仓库。

楚国围攻宋国那次战役，楚军回国后，令尹子重请求将申地、吕地作为赏田奖给他，楚王同意了他的请求。申公巫臣说："不能这样。申、吕二地所以成为城邑，这是因为国家能从这里征收兵赋，用来抵御北方的入侵。如果子重占有了这两地，也就丧失了申、吕两个城邑。这样，晋国和郑国的势力就会扩张到汉水一带。"于是楚庄王取消了这个决定。子重因此而怨恨巫臣。子反想娶夏姬为妻，巫臣阻止他，而自己却娶了夏姬并逃到

晋国去了。子反也因此而怨恨巫臣。等到楚共王即位,子重、子反杀了巫臣的族人子阎、子荡、清尹弗忌和襄老的儿子黑要,并且瓜分了他们的家产。子重占取了子阎的家产,让沈尹和王子罢分了子荡的家产,子反占有了黑要和清尹的家产。巫臣从晋国写信给子重和子反,说:"你们靠谗言、邪恶和贪婪侍奉国君,又滥杀无辜,我一定要让你们疲于奔命而死。"

巫臣请求出使到吴国,晋景公同意了他。吴王寿梦很赏识他。于是巫臣使吴国和晋国建立了友好关系。巫臣到吴国去时带了三十辆兵车,他留下十五辆给吴国,并送给吴国射手和驾车手。教吴国人驾车,教他们战阵之法,又教唆他们背叛楚国。巫臣安排自己的儿子到吴国做外交使者。于是吴国开始攻打楚国、巢国和徐国。子重为了抵御吴国的进攻,四处奔波。各诸侯国在马陵会盟时,吴国攻入州来。子重从郑国赶去援救。子重、子反在一年内为了抵御吴国,奉命奔波了七次。从前属于楚国的蛮夷,都被吴国占取了,因此吴国开始强大起来,并开始和中原各国交往。

卫定公讨厌孙林父。冬天,孙林父逃亡到晋国。卫定公到晋国,晋国便把孙林父的封地戚邑还给了卫国。

成公八年

【原文】

八年:春,晋侯使韩穿来言汶阳之田,归之于齐。

晋栾书帅师侵蔡。

公孙婴齐如莒。

宋公使华元来聘。

夏,宋公使公孙寿来纳币。

晋杀其大夫赵同、赵括。

秋,七月,天子使召伯来(赐)〔锡〕公命。

冬,十月癸卯,杞叔姬卒。

晋侯使士燮来聘。

叔孙侨如会晋士燮、齐人、邾人伐郯。

卫人来媵。

八年春,晋侯使韩穿来言汶阳之田,归之于齐。季文子饯之,私焉,曰:"大国制义,以为盟主,是以诸侯怀德畏讨,无有贰心。谓汶阳之田,敝邑之旧也;而用师于齐,使归诸敝邑。今有二命曰'归诸齐'。信以行义,义以成命,小国所望而怀也。信不可知,义无所立;四方诸侯,其谁不解体?《诗》曰:'女也不爽,士贰其行。士也罔极,二三其德。'七年

之中,一与一夺,二三孰甚焉?士之二三,犹丧妃耦,而况霸主?霸主将德是以,而二三之,其何以长有诸侯乎?《诗》曰:'犹之未远,是用大简。'行父惧晋之不远犹而失诸侯也,是以敢私言之。"

晋栾书侵蔡,遂侵楚,获申骊。

楚师之还也,晋侵沈,获沈子揖初,从知、范、韩也。君子曰:"从善如流,宜哉!《诗》曰:'恺悌君子,遐不作人?'求善也夫!作人,斯有功绩矣。"

是行也,郑伯将会晋师,门于许东门,大获焉。

声伯如莒,逆也。

宋华元来聘,聘共姬也。

夏,宋公使公孙寿来纳币,礼也。

晋赵庄姬为赵婴之亡故,谮之于晋侯,曰:"原、屏将为乱。"栾、郤为徵。六月,晋讨赵同、赵括。武从姬氏畜于公宫。以其田与祁奚。韩厥言于晋侯曰:"成季之勋、宣孟之忠而无后,为善者其惧矣。三代之令王,皆数百年保天之禄。夫岂无辟王?赖前哲以免也。《周书》曰:'不敢侮鳏寡。'所以明德也。"乃立武,而反其田焉。

秋,召桓公来赐公命。

晋侯使申公巫臣如吴,假道于莒。与渠丘公立于池上,曰:"城已恶。"莒子曰:"辟陋在夷,其孰以我为虞?"对曰:"夫狄焉思启封疆以利社稷者,何国蔑有?唯然,故多大国矣。唯或思或纵也。勇夫重闭,况国乎?"

冬,杞叔姬卒。来归自杞,故书。

晋士燮来聘,言伐郯也。以其事吴故。公赂之,请缓师。文子不可,曰:"君命无贰,失信不立。礼无加货,事无二成。君后诸侯,是寡君不得事君也。燮将复之。"季孙惧,使宣伯帅师会伐郯。

卫人来媵共姬,礼也。凡诸侯嫁女,同姓媵之,异姓则否。

【译文】

鲁成公八年春天,晋景公派韩穿来到鲁国,要求鲁国把取回的汶阳之田重新还给齐国。晋国的栾书率军入侵蔡国。公孙婴齐前往莒国。宋共公派华元前来聘问。夏天,宋共公又派公孙寿来鲁国送彩礼。晋国杀了大夫赵同和赵括。秋天七月,周天子派召伯来鲁国传达赏赐成公的命令。冬天十月二十三日,杞叔姬去世。晋景公派士燮来鲁国聘问,叔孙侨如会合晋国士燮、齐国人、邾国人攻打郯国。卫国人送来一个陪嫁的女子。

鲁成公八年春天,晋景公派韩穿来鲁国谈关于要鲁国把汶阳之田重新还给齐国的事。季文子为韩穿饯行,私下对他说:"大国处事公正而成为盟主,诸侯也因此而怀念它的德行,畏惧它的讨伐,没有二心。说到汶阳之田,本来就是我国的领土,对齐国用兵之后,才迫使齐国归还我国。现在又有不同的命令说:'再归还给齐国。'推行道义要凭信

用,完成命令要靠道义,这是小国所希望的,也会因此而归顺大国。现在信用不可靠,道义没有树立,四方诸侯,谁能不离心涣散?《诗》说:'女人并无过错,是男子的操行不好,男子的心中没有主意,他的行为三心二意。'七年之内,还回来一次又夺回去一次,还有比这更三心二意的吗? 男子变化无常,还会失去配偶,更何况是诸侯霸主呢? 霸主必须凭借德行,如果朝令夕改,那又怎能长久得到诸侯的拥戴呢?《诗》说:'谋略缺乏远见,因此极力劝谏。'行父我担心晋国不能深谋远虑而失去诸侯的拥戴,因此才敢私下对您说这些话。"

晋国的栾书入侵蔡国,接着又侵入楚国,抓获了楚国大夫申骊。

在鲁成公六年,楚、晋两军在绕角相遇,楚军撤退后,晋国趁机入侵沈国,俘虏了沈子揖初。这是栾书采纳了荀首、士燮、韩厥三人计谋的结果。君子认为:"采纳好建议就像流水一样爽快,这是恰当的啊!《诗》说:'谦虚的君子,怎么不起用人才?'说的就是求取贤能之人啊! 善于起用人才,这就有功绩了。"

这次行动,郑悼公会合晋军,经过许国时,便攻打许国国都的东门,收获很大。

鲁国的声伯前往莒国,迎娶妻子。

宋国的华元来鲁国聘问是为宋共公聘定共姬为夫人。

夏天,宋共公派公孙寿前来下彩礼,这是合乎礼法的。

晋国的赵庄姬因为赵婴被迫逃亡的缘故,在晋景公面前诬陷赵同和赵括。说:"赵同和赵括准备叛乱。"栾氏、邰氏作证。六月,晋国诛杀了赵同、赵括。赵武跟着庄姬住在晋景公的宫内。景公把赵氏的田地赏给祁奚。韩厥对晋景公说:"以赵衰的功勋和赵盾的忠心,却没有后代,善良的人恐怕会因此害怕。夏、商、周三代君王,都能够几百年保有江山,难道就没有邪恶的昏君? 只不过靠他们贤明的祖先才得以免除灾祸罢了。《周书》说:'不敢欺侮鳏夫寡妇。'就是为了宣扬德行。"于是晋景公就立赵武为赵氏继承人,并把赵氏的田地都归还给了他。

秋天,召桓公来鲁国传达周天子赐爵成公的命令。

晋景公派申公巫臣前去吴国,向莒国借道。巫臣与莒君渠丘公站在城上,说:"城墙太破旧了。"渠丘公说:"我国偏远狭小,又在蛮夷之地,谁还会打我们的主意呢?"巫臣说:"狡猾的人总是想着扩展疆土以有利于自己的国家,哪个国家没有这种人? 正因为这样,所以有很多大国。小国中有的考虑防卫才得以幸存,有的放纵不设防便亡国。一个勇敢的人还要把门窗层层关闭,更何况是一个国家呢?"

冬天,杞叔姬去世。因为她是从杞国回到鲁国的,所以《春秋》才加以记载。

晋国的士燮来鲁国聘问,提到要攻打郯国,因为郯国侍奉吴国。成公送给士燮礼物,请求让鲁国暂缓出兵。士燮不同意,他说:"国君的命令不能随意更改,失去信用就难以自立。我接受的礼物不能另外增加,马上出兵或暂缓出兵只能有一种选择。如果您在其他诸侯之后出兵,那么我们国君就不能再侍奉您了。我将如实向我们国君汇报。"季孙对

此感到害怕,于是派宣伯率兵会同晋国讨伐郯国。

卫国人送来了一个女子作为共姬的陪嫁,这是合乎礼法的。凡是诸侯嫁女,如果是同姓国家就要送一个女子作为陪嫁,异姓国家就不必这样。

成公九年

【原文】

九年:春,王正月,杞伯来逆叔姬之丧以归。

公会晋侯、齐侯、宋公、卫侯、郑伯、曹伯、莒子、杞伯,同盟于蒲。

公至自会。

二月,伯姬归于宋。

夏,季孙行父如宋致女。

晋人来媵。

秋,七月丙子,齐侯无野卒。

晋人执郑伯。

晋栾书帅师伐郑。

冬,十有一月,葬齐顷公。

楚公子婴齐帅师伐莒。庚申,莒溃。

楚人入郓。

秦人、白狄伐晋。

郑人围许。

城中城。

九年春,齐桓公来逆叔姬之丧,请之也。杞叔姬卒,为杞故也。逆叔姬,为我也。

为归汶阳之田故,诸侯贰于晋。晋人惧,会于蒲,以寻马陵之盟。季文子谓范文子曰:"德则不竞,寻盟何为?"范文子曰:"勤以抚之,宽以待之,坚(疆)〔强〕以御之,明神以要之,柔服而伐贰,德之次也。"

是行也,将始会吴,吴人不至。

二月,伯姬归于宋。

楚人以重赂求郑,郑伯会楚公子成于邓。

夏,季文子如宋致女。复命,公享之。赋《韩奕》之五章。穆姜出于房,再拜,曰:"大夫勤辱,不忘先君以及嗣君,施及未亡人,先君犹有望也。敢拜大夫之重勤!"又赋《绿衣》之卒章而入。

晋人来媵,礼也。

秋，郑伯如晋。晋人讨其贰于楚也，执诸铜鞮。

栾书伐郑，郑人使伯蠲行成。晋人杀之，非礼也。兵交，使在其间可也。

楚子重侵陈以救郑。

晋侯观于军府，见钟仪。问之曰："南冠而絷者，谁也？"有司对曰："郑人所献楚囚也。"使税之，召而吊之。再拜稽首。问其族，对曰："泠人也。"公曰："能乐乎？"对曰："先人之职官也，敢有二事？"使与之琴。操南音。公曰："君王何如？"对曰："非小人之所得知也。"固问之，对曰："其为太子也，师、保奉之，以朝于婴齐而夕于侧也。不知其他。"

公语范文子。文子曰："楚囚，君子也：言称先职，不背本也；乐操土风，不忘旧也；称大子，抑无私也；名其二卿，尊君也。不背本，仁也；不忘旧，信也；无私，忠也；尊君，敏也。仁以接事，信以守之，忠以成之，敏以行之。事虽大，必济。君盍归之，使合晋楚之成？"公从之，重为之礼，使归求成。

冬，十一月，楚子重自陈伐莒，围渠丘。渠丘城恶，众溃，奔莒。戊申，楚入渠丘。莒人囚楚公子平，楚人曰："勿杀！吾归而俘。"莒人杀之。楚师围莒。莒城亦恶，庚申，莒溃。楚遂入郓，莒无备故也。

君子曰："恃陋而不备，罪之大者也。备豫不虞，善之大者也。莒恃其陋而不修城郭，浃辰之间而楚克其三都，无备也夫！《诗》曰：'虽有丝、麻，无弃菅、蒯；虽有姬、姜，无弃蕉萃。凡百君子，莫不代匮。'言备之不可以已也。

秦人、白狄伐晋，诸侯贰故也。

郑人围许，示晋不急君也。是则公孙申谋之，曰："我出师以围许，为将改立君者，而纾晋使，晋必归君。"

城中城，书，时也。

十二月，楚子使公子辰如晋，报钟仪之使，请修好结成。

【译文】

鲁成公九年春天，周历正月，齐桓公前来鲁国迎接叔姬的灵柩回国。成公会合晋景公、齐顷公、宋共公、卫定公、郑成公、曹宣公、莒子、齐桓公，一起在蒲地会盟。成公从会盟地回国。二月，伯姬嫁到宋国。夏天，季孙行父到宋国去探望伯姬。晋国人送来一个女子作为陪嫁。秋天，七月丙子这天，齐顷公无野去世。晋国人囚禁了郑成公。晋国的栾书率军攻打郑国。冬天，十一月，安葬齐顷公。楚国的公子婴齐率军攻打莒国。十七日，莒国溃败，楚国人进入郓城。秦国人和白狄联合攻打晋国。郑国人包围了许国。鲁国在都城内又建造了一座城。

鲁成公九年春天，齐桓公来鲁国接回叔姬的灵柩，这是应鲁国的要求。杞叔姬的死，是因为被杞国遗弃的缘故。杞国迎回叔姬的尸体，也是为了考虑和我国的关系。

由于晋国要鲁国把汶阳之田归还给齐国的缘故，诸侯国都对晋国有了二心。晋国人

害怕了,于是在蒲地与诸侯会盟,以求重提原来在马陵的盟约。季文子对士燮说:"德行已经衰落,重提旧盟干什么?"士燮说:"勤勉地安抚诸侯,宽厚地对待诸侯,坚强地领导诸侯,用会盟来约束诸侯,怀柔顺服的,讨伐三心二意的,这也毕竟是次一等的德行。"

这次会盟,准备开始和吴国会见,但吴国人没有来参加。

二月,伯姬嫁到宋国。

楚国人用重礼请求和郑国和好,于是郑成公在邓地与楚国的公子成会盟。

夏天,季文子到宋国去探望伯姬,回国后向成公复命,成公设宴招待他。季文子吟诵了《韩奕》一诗的第五章,穆姜从后屋里走出来,两次下拜,说:"大夫辛勤,您不忘先君的恩德,并把这种忠诚延续到当今君王和我身上。先君当初就对您有这样的希望。再次拜谢您加倍的辛勤。"又吟诵了《绿衣》一诗的最后一章才进去。

晋国人来鲁国送了一个女子作为陪嫁,这是礼节。

秋天,郑成公前往晋国。晋国人为了惩罚他背叛晋国、投靠楚国,把他囚禁在铜鞮。

栾书讨伐郑国,郑国人派伯蠲求和,晋国人杀了他,这是不合礼法的。两国交兵,使者可以在敌对双方之间来往。

楚国的子重入侵陈国,以此来救援郑国。

晋景公视察军用仓库,看到了钟仪,便问随行的官吏说:"那个戴着南方帽子而被捆绑的人,是谁呢?"官吏回答说:"是郑国人献来的楚国俘虏。"景公让人给钟仪松绑,召见并且慰问了他。钟仪两次行叩头礼,表示感谢。景公问他的家世,钟仪回答说:"世代都是乐官。"景公问:"你能演奏乐曲吗?"钟仪回答说:"祖先以此为职官,我还能干其他的事吗?"景公便让人给他琴,他演奏的是南方曲调。景公又问:"你国君王怎么样?"钟仪回答说:"这不是我做下官的能知道的事。"景公再三问他,他才回答说:"他做太子的时候,太师、太保侍奉着他,他每天早晨请教令尹子重,晚上请教司马子反。其他的事我就不知道了。"

景公把这话告诉了范文子,范文子说:"这个楚国俘虏,是一个君子。他说话时先提到祖先的官职,这是不忘本;奏乐时弹奏家乡曲调,这是不忘旧;提到楚君做太子时的事,这是没有私心;直呼两位卿的名字,这是尊重国君您。不忘本,就是仁;不忘旧,就是信;无私心,就是忠;尊重君王,就是敏。仁爱地处理事务,诚实地恪守它,忠心地完成它,灵敏地执行它,即使事情再大,也一定能成功。您何不放他回去,让他成就晋、楚两国的友好呢?"景公听从了范文子的建议,对钟仪重加礼遇,让他回国为晋、楚两国求和。

冬天,十一月,楚国的子重从陈国出兵攻打莒国,包围了渠丘。渠丘城墙很破旧,守军溃败,逃到了莒城。五日,楚军进入渠丘。莒国人俘虏了楚国的公子平。楚国人说:"不要杀他!我们归还你们的俘虏。"莒国人还是杀了公子平。于是楚军包围了莒城。莒城的城墙也破旧不堪,十七日,莒城守军溃败。楚军便进入了郓城。莒国这次大败,是由于没有防备的缘故。

君子认为："凭着城墙破旧而干脆不设防，这是罪中的大罪；预防意外，则是善中的大善。莒国借口自己的城墙破旧，不修治城郭，因此在十二天之内，楚国连下三城，这是没有防备的结果啊！《诗》说：'虽然有了丝麻，也不要将菅、蒯这类粗恶的东西扔掉。虽然有了美貌的姬妾，也不要将憔悴丑陋的妻子抛弃。凡是君子，也没有不顾此失彼的。'说的就是不能不防患于未然。"

秦国人和白狄攻打晋国，这是利用诸侯国对晋国怀有二心的机会采取的行动。

郑国人包围了许国，示意晋国，他们并不想急着救出郑成公。这是公孙申出的主意，他说："我们出军围攻许国，给晋国造成我们要改立国君的假象，也暂不派使者去晋国谈判，这样晋国一定会送国君回来。"

鲁国在都城内又建造了一座城。《春秋》记载了这件事，是因为修城合乎时宜。

十二月，楚共王派公子辰前往晋国，回报晋国放钟仪回国并为两国修好之举，请求重修旧好，订立盟约。

成公十年

【原文】

十年：春，卫侯之弟黑背帅师侵郑。

夏，四月，五卜郊，不从，乃不郊。

五月，公会晋侯、齐侯、宋公、卫侯、曹伯伐郑。

齐人来媵。

丙午，晋侯獳卒。

秋，七月，公如晋。

（冬，十月。）

十年春，晋侯使籴茷如楚，报大宰子商之使也。

卫子叔黑背侵郑，晋命也。

郑公子班闻叔申之谋。三月，子如立公子繻。夏四月，郑人杀繻，立髡顽。子如奔许。

栾武子曰："郑人立君，我执一人焉，何益？不如伐郑而归其君，以求成焉。"晋侯有疾，五月，晋立大子州（蒲）〔满〕以为君，而会诸侯伐郑。郑子罕赂以襄钟，子然盟于修泽，子驷为质。辛巳，郑伯归。

晋侯梦大厉被髪及地，搏膺而踊曰："杀余孙，不义！余得请于帝矣！"坏大门及寝门而入。公惧，入于室。又坏户。公觉，召桑田巫。巫言如梦，公曰："何如？"曰："不食新矣。"

公疾病，求医于秦。秦伯使医缓为之。未至，公梦疾为二竖子，曰："彼良医也。惧伤我，焉逃之？"其一曰："居肓之上、膏之下，若我何？"医至，曰："疾不可为也。在肓之上、膏之下，攻之不可，达之不及。药不至焉，不可为也！"公曰："良医也！"厚为之礼而归之。

六月丙午，晋侯欲麦，使甸人献麦，馈人为之。召桑田巫，示而杀之。将食，张；如厕，陷而卒。小臣有晨梦负公以登天，及日中，负晋侯出诸厕，遂以为殉。

郑伯讨立君者，戊申，杀叔申、叔禽。君子曰："忠为令德，非其人犹不可；况不令乎？"

秋，公如晋。晋人止公，使送葬。于是籴茷未反。

冬，葬晋景公。公送葬，诸侯莫在。鲁人辱之，故不书，讳之也。

【译文】

鲁成公十年春天，卫定公的弟弟黑背率军入侵郑国。夏天，四月，五次为郊祭占卜，都不顺利，于是就不举行郊祭。五月，成公会合晋景公、齐灵公、宋共公、卫定公、曹宣公攻打郑国。齐国人送来了一个女子作为陪嫁。六月六日，晋景公獳去世。秋天，七月，成公前往晋国。冬天，十月。

鲁成公十年春天，晋景公派籴茷去楚国，这是回报楚国太宰子商对晋国的访问。

卫国子叔黑背侵袭郑国，这是执行晋国的命令。

郑国的公子班听说了叔申的计谋。三月，公子班便立公子繻为国君。夏天，四月，郑国人杀了公子繻，另立髡顽为国君。公子班逃到许国。

栾书说："郑国人立了国君，我们在这里囚禁郑成公，又有什么用呢？不如攻打郑国，把他们的国君送回去，以谋求两国和好。"晋景公有病。五月，晋国立太子州蒲为国君，会合诸侯攻打郑国。郑国的子罕为了求和，把郑襄公庙里的钟送给了晋国。子然在脩泽与晋国和诸侯们会盟，子驷到晋国做人质。十一日，郑成公回国。

晋景公梦见一个恶鬼，头发披散到地上，捶胸跳着说："你杀了我的孙子，不义。我得到上帝的允许要为子孙报仇了。"于是捣毁宫门和寝门走了进来。景公害怕，躲到内室。又捣坏了内室的门。景公惊醒了，召请桑田的巫师。巫师占卜的结果和景公梦到的一样。景公问："怎么样？"巫师回答："您吃不到今年的麦子了。"

景公的病更重了，于是派人到秦国求医。秦桓公派一个叫缓的医生来给景公治病。医生还未到达，景公又梦见他的病变成了两个小孩，一个说："缓是一个名医，害怕他伤害我们，我们逃到哪里去呢？"另一个说："我们躲到肓的上面，膏的下面，他能把我们怎么样？"医缓到了，看了景公的病后说："病已无法治好了。它在肓之上，膏之下，用砭石攻它不行，用针疗又达不到，用药也不起作用，没法治了。"景公说："的确是个好医生。"于是赏给他很多礼物，让他回国了。

六月六日，景公想尝新麦，就让管理土地的人献上麦子，厨师做好了麦饭。景公召来了那个桑田的巫师，把做好的新麦饭让他看，然后杀了他。景公正要进食时，忽然肚子发

胀，就去上厕所，掉到粪坑里淹死了。有一个宦官早晨梦见自己背着景公上了天，等到中午，果然从厕所里背出了景公。于是晋国就让他为景公殉葬。

郑成公惩治另立新国君的人，六月八日，杀了叔申和叔禽。君子认为："忠诚是美德，但效忠的对象不是那种人还不行，更何况他本身就缺乏美德。"

秋天，鲁成公到晋国访问，晋国人强迫成公留下，让他为景公送葬。在这时晋国派往楚国的来茷还没有回来。

冬天，安葬晋景公。成公送葬，其他诸侯都没有参加。鲁国人以此为耻辱，所以《春秋》没有记载，这是因为忌讳这件事。

成公十一年

【原文】

十有一年：春，王三月，公至自晋。

晋侯使郤犨来聘。己丑，及郤犨盟。

夏，季孙行父如晋。

秋，叔孙侨如如齐。

冬，十月。

十一年春，王三月，公至自晋。晋人以公为贰于楚，故止公。公请受盟，而后使归。

郤犨来聘，且莅盟。

声伯之母不聘。穆姜曰："吾不以妾为姒。"生声伯而出之。嫁于齐管于奚，生二子而寡，以归声伯。声伯以其外弟为大夫，而嫁其外妹于施孝叔。郤犨来聘，求妇于声伯。声伯夺施氏妇以与之。妇人曰："鸟兽犹不失俪，子将若何？"曰："吾不能死亡。"妇人遂行。生二子于郤氏。郤氏亡，晋人归之施氏。施氏逆诸河，沈其二子。妇人怒，曰："己不能庇其伉俪而亡之，又不能字人之孤而杀之，将何以终？"遂誓施氏。

夏，季文子如晋报聘，且莅盟也。

周公楚恶惠、襄之偏也，且与伯与争政，不胜，怒而出。及阳樊，王使刘子复之，盟于鄄而入。三日，复出奔晋。

秋，宣伯聘于齐，以修前好。

晋郤至与周争鄇田，王命刘康公、单襄公讼诸晋。郤至曰："温，吾故也，故不敢失。"刘子、单子曰："昔周克商，使诸侯抚封。苏忿生以温为司寇，与檀伯达封于河。苏氏即狄，又不能于狄而奔卫。襄王劳文公而赐之温，狐氏、阳氏先处之，而后及子。若治其故，则王官之邑也，子安得之？"晋侯使郤至勿敢争。

宋华元善于令尹子重，又善于栾武子。闻楚人既许晋来茷成，而使归复命矣。冬，华

元如楚,遂如晋,合晋、楚之成。

秦、晋为成,将会于令狐。晋侯先至焉。秦伯不肯涉河,次于王城,使史颗盟晋侯于河东。晋郤犨盟秦伯于河西。范文子曰:"是盟也何益?齐盟,所以质信也。会所,信之始也。始之不从,其何质乎?"秦伯归而背晋成。

【译文】

鲁成公十一年春,周历三月,成公从晋国回国。晋历公派郤犨来聘问,二十四日,与郤犨会盟。夏天,季孙行父前往晋国。秋天,叔孙侨如前去齐国。冬天,十月。

鲁成公十一年春天,周历三月,成公从晋国回国。晋国人认为成公暗中投靠楚国,所以强留下他。成公请求接受盟约,然后才让他回国。

郤犨前来鲁国聘问,同时也监视两国盟约的执行情况。

声伯的母亲未行聘礼就嫁给了声伯的父亲,穆姜说:"我不能让一个妾做我的嫂子。"声伯的母亲生下声伯后便被遗弃了,嫁给了齐国的管于奚。生了两个孩子后又守寡了,最后回到了声伯的身边。声伯让他的异父弟弟做了大夫,把异父妹妹嫁给了施孝叔。郤犨来鲁国聘问时,请求声伯给他物色一个妻子。声伯把异父妹妹从施孝叔手里夺回来给了郤犨。妇人对施孝叔说:"鸟兽都不愿失去配偶,你将怎么办呢?"施孝叔回答说:"我不能死,也不愿逃亡。"于是妇人就跟郤犨走了。后来为郤氏生了两个孩子。郤氏被灭族后,晋国人又把她送回给施孝叔。

季文子

施孝叔在黄河边上迎接她,却将她的两个孩子丢到河里淹死了。妇人愤怒地说:"你自己既不能保护自己的妻子而令她远去他国,又不能爱护别人的孤儿而杀死了他们,靠什么得以善终?"于是妇人发誓不再做施孝叔的妻子。

夏天,季文子到晋国对郤犨的访问进行回访,并且监视两国盟约的执行情况。

周公楚讨厌周惠王、周襄王后人的逼迫,又与伯舆争夺权力,由于没有得胜,就气愤地跑到了阳樊。周王派刘子请他回来,他与刘子在郫地结盟后就回来了。过了三天,又逃亡到了晋国。

秋天,宣伯到齐国聘问,为了重修两国以前的友好关系。

晋国的郤至和周王室争夺鄇田。周王命令刘康公、单襄公到晋国争辩是非。郤至说:"温地,是我的旧地,所以不敢放弃。"刘康公和单襄公说:"从前周朝灭亡商朝,让诸侯都据有封地,苏忿生被封在温地,并做了司寇,他和檀伯达都被封在黄河边。后来苏氏后

人投靠了狄人，在狄人那里待不下去，又逃到了卫国。周襄公慰劳晋文公而把温地赏赐给了他。狐氏和阳氏两族人都曾先后被封在温地，最后才封给你们郤氏。如果要探根寻源，那么温地是周王属官的封邑，您又怎能得到它呢？"晋厉公让郤至不要再争。

宋国的华元和楚国的令尹子重关系很好，和晋国的栾书也很要好。他听说楚国人已经同意了晋国籴茷的和议，并让他回国复命。于是在冬天，华元先到楚国，接着又到晋国，促成了晋国和楚国的和好。

秦、晋两国议和，准备在令狐会见。晋厉公先到达，秦桓公不肯渡过黄河，驻扎在河西的王城，派史颗到河东与晋厉公会盟。晋国的郤犨在河西与秦桓公会盟。士燮说："这种结盟有什么用？斋戒会盟，是为了表示信用。会盟的地点，是信用的开始。在会盟地点上就不讲信用，难道这种结盟可以信任吗？"秦桓公回国后果然背叛了和晋国的盟约。

成公十二年

【原文】

十有二年：春，周公出奔晋。

夏，公会晋侯、卫侯于琐泽。

秋，晋人败狄于交刚。

冬，十月。

十二年春，王使以周公之难来告。书曰"周公出奔晋"，凡自周无出，周公自出故也。

宋华元克合晋、楚之成。夏五月，晋士燮会楚公子罢、许偃。癸亥，盟于宋西门之外，曰："凡晋、楚无相加戎，好恶同之。同恤灾危，备救凶患。若有害楚，则晋伐之；在晋，楚亦如之。交贽往来，道路无壅；谋其不协，而讨不庭。有渝此盟，明神殛之，俾队其师，无克胙国！"郑伯如晋听成，会于琐泽，成故也。

狄人间宋之盟，以侵晋而不设备。秋，晋人败狄于交刚。

晋郤至如楚聘，且莅盟。楚子享之，子反相。为地室而县焉；郤至将登，金奏作于下，惊而走出。子反曰："日云莫矣，寡君须矣，吾子其入也！"宾曰："君不忘先君之好，施及下臣，贶之以大礼，重之以备乐，如天之福。两君相见，何以代此？下臣不敢！"子反曰："如天之福，两君相见，无亦唯是一矢以相加遗，焉用乐？寡君须矣，吾子其入也！"宾曰："若让之以一矢，祸之大者，其何福之为？世之治也：诸侯闲于天子之事，则相朝也，于是乎有享宴之礼。享以训共俭，宴以示慈惠。共俭以行礼，而慈惠以布政。政以礼成，民是以息。百官承事，朝而不夕，此公侯之所以扞城其民也。故《诗》曰：'赳赳武夫，公侯干城。'及其乱也：诸侯贪冒，侵欲不忌，争寻常以尽其民；略其武夫，以为己腹心、股肱、爪牙，故《诗》曰：'赳赳武夫，公侯腹心。'天下有道，则公侯能为民干城，而制其腹心；乱则

反之。今吾子之言,乱之道也,不可以为法。然吾子主也,至敢不从?"遂入,卒事。归以语范文子,文子曰:"无礼必食言,吾死无日矣夫!"

冬,楚公子罢如晋聘,且莅盟。十二月,晋侯及楚公子罢盟于赤棘。

【译文】

十二年春天,周公逃亡到了晋国。夏天,鲁成公在琐泽会见了晋厉公和卫定公。秋天,晋国人在交刚打败了狄人。冬天十月。

鲁成公十二年春天,周天子的使者前来通报周公出逃一事。《春秋》记载说:"周公出奔晋。"凡是从周王室逃出不能称作"出",对周公称"出",是因为他自己出逃的缘故。

宋国的华元促成了晋、楚两国的和谈。夏天五月,晋国的士燮会见了楚国的公子罢和许偃。四日,在宋国的西门外结盟,盟辞说:"今后晋、楚两国不再互相以武力相加,同心协力,共同拯救危难,援救灾荒祸患。如果有人危害楚国,那么晋国就出兵讨伐;对晋国,楚国也是这样。两国使者往来,道路不得设置障碍,有不同意见可共同协商,有背叛两国者就共同讨伐。谁背叛这一盟约,神灵就会诛杀他,并使他的军队毁灭,不能保佑国家。"郑成公也到晋国接受和约,并与诸侯在琐泽会见,这都是晋、楚两国和好了的缘故。

狄人乘晋、楚两国在宋国结盟的机会发兵攻打晋国,但自己却不设防备。秋天,晋国人在交刚打败了狄人。

晋国的郤至到楚国访问,并且监督楚国履行盟约。楚共王设宴款待他,子反做相礼人,在地下室悬挂乐器奏乐。郤至正要登堂,地下室里奏起了乐曲,他吓得连忙跑了出来。子反说:"时间不早了,我们国君正在等候您,您就快进去吧!"郤至说:"贵国国君不忘和我国先君的友谊,并将这种友好推及到下臣身上,用隆重的礼仪和全套的音乐来欢迎我。如果上天赐福,我们两国的国君相见,将用什么礼节来代替这个呢?下臣我实在不敢当。"子反说:"如果上天降福,我们两国国君相见,也只能是在战场上,以一支箭相赠,哪里用得着音乐?我们国君还等着您,您就进去吧!"郤至说:"如果在战场上以箭互赠,那就是祸中的大祸,还有什么福可赐?天下大治的时代,诸侯在完成了天子使命的闲暇里,就互相朝见,在这时就产生了享、宴的礼仪。享礼用来教导恭敬节俭,宴礼用来表示慈爱恩惠。恭敬节俭用来推行礼仪,而慈爱恩惠用来布施政事。政事凭借礼仪来完成,百姓因此安居乐业。百官处理政事,都是在早晨而不是在晚上,这是公侯用来保护他们百姓的办法。所以《诗》说:'雄健的武士,是公侯的护卫者。'到了社会动乱不安的时代,诸侯就贪婪无比,侵略的欲望达到了无所顾忌的地步,争夺尺寸之地而使百姓遭殃,网罗武士作为自己的心腹、死党和爪牙。所以《诗》又说:'雄健的武士,是公侯的心腹。'如果天下有道,那么公侯就能成为百姓的保护者,而控制他们的心腹。如果是动乱时代,情况就恰恰相反。刚才您说的话,就是乱世之道,不能作为行为的法则。但您是主人,我又怎敢不服从呢?"于是就进去了。办完事之后,郤至回到了晋国,把上述情况告诉了士

燮。士燮说:"没有礼法,说话必定不算数,我们离战死疆场的日子不远了啊!"

冬天,楚国的公子罢到晋国访问,并且监督晋国履行盟约。十二月,晋厉公和楚国的公子罢在赤棘会盟。

成公十三年

【原文】

十有三年:春,晋侯使郤锜来乞师。

三月,公如京师。

夏,五月,公自京师,遂会晋侯、齐侯、宋公、卫侯、郑伯、曹伯、邾人、滕人伐秦。

曹伯卢卒于师。

秋,七月,公至自伐秦。

冬,葬曹宣公。

十三年春,晋侯使郤锜来乞师,将事不敬。孟献子曰:"郤氏其亡乎! 礼,身之干也。敬,身之基也。郤子无基。且先君之嗣卿也,受命以求师,将社稷是卫;而惰,弃君命也,不亡何为?"

三月,公如京师。宣伯欲赐,请先使;王以行人之礼礼焉。孟献子从,王以为介而重贿之。公及诸侯朝王,遂从刘康公、成肃公会晋侯伐秦。

成子受脤于社,不敬。刘子曰:"吾闻之:民受天地之中以生,所谓命也。是以有动作礼义威仪之则以定命也。能者养(之)以〔之〕福,不能者败以取祸。是故君子勤礼,小人尽力。勤礼莫如致敬,尽力莫如敦笃。敬在养神,笃在守业。国之大事,在祀与戎。祀有执膰,戎有受脤,神之大节也。今成子惰,弃其命矣,其不反乎?"

夏四月戊午,晋侯使吕相绝秦,曰:"昔逮我献公及穆公相好,勠力同心,申之以盟誓,重之以昏姻。天祸晋国,文公如齐,惠公如秦。无禄,献公即世。穆公不忘旧德,俾我惠公用能奉祀于晋。又不能成大勋,而为韩之师。亦悔于厥心,用集我文公。是穆之成也。

"文公躬擐甲胄,跋履山川,逾越险阻,征东之诸侯,虞、夏、商、周之胤而朝诸秦,则亦既报旧德矣。郑人怒君之疆场,我文公帅诸侯及秦围郑。秦大夫不询于我寡君,擅及郑盟。诸侯疾之,将致命于秦。文公恐惧,绥静诸侯,秦师克还无害,则是我有大造于西也。

"无禄,文公即世。穆为不吊,蔑死我君,寡我襄公,迭我殽地,奸绝我好,伐我保城,殄灭我费滑,散离我兄弟,挠乱我同盟,倾覆我国家。我襄公未忘君之旧勋,而惧社稷之陨,是以有殽之师。犹愿赦罪于穆公。穆公弗听,而即楚谋我。天诱其衷,成王陨命,穆公是以不克逞志于我。

"穆、襄即世,康、灵即位。康公,我之自出,又欲阙翦我公室、倾覆我社稷,帅我蟊贼,

以来荡摇我边疆，我是以有令狐之役。康犹不悛，入我河曲，伐我涑川，俘我王官，翦我羁马，我以是有河曲之战。东道之不通，则是康公绝我好也。

"及君之嗣也，我君景公引领西望，曰：'庶抚我乎！'君亦不惠称盟，利吾有狄难，入我河县，焚我箕、郜，芟夷我农功，虔刘我边〔陲〕〔垂〕，我是以有辅氏之聚。君亦悔祸之延，而欲徼福于先君献、穆，使伯车来命我景公曰：'吾与女同好弃恶，复修旧德，以追念前勋。'言誓未就，景公即世，我寡君是以有令狐之会。

君又不祥，背弃盟誓。白狄及君同州，君之仇雠，而我〔之〕昏姻也。君来赐命曰：'吾与女伐狄。'寡君不敢顾昏姻，畏君之威，而受命于吏。君有二心于狄，曰：'晋将伐女。'狄应且憎，是用告我。楚人恶君之二三其德也，亦来告我曰：'秦背令狐之盟，而来求盟于我'昭告昊天上帝、秦三公、楚三王，曰："余虽与晋出入，余唯利是视。"不榖恶其无成德，则用宣之，以惩不壹。'诸侯备闻此言，斯是用痛心疾首，暱就寡人。

"寡人帅以听命，唯好是求。君若惠顾诸侯、矜哀寡人，而赐之盟，则寡人之愿也，其承宁诸侯以退，岂敢徼乱？君若不施大惠，寡人不佞，其不能〔以〕诸侯退矣！敢尽布之执事，俾执事实图利之。"

秦桓公既与晋厉公为令狐之盟，而又召狄与楚，欲道以伐晋，诸侯是以睦于晋。

晋栾书将中军，荀庚佐之；士燮将上军，郤锜佐之；韩厥将下军，荀罃佐之；赵旃将新军，郤至佐之。郤毅御戎，栾铖为右。孟献子曰："晋师乘和，师必有大功。"五月丁亥，晋师以诸侯之师及秦师战于麻隧，秦师败绩。获秦成差及不更女父。

曹宣公卒于师。师遂济泾，及侯丽而还。迓晋侯于新楚。

成肃公卒于瑕。

六月丁卯夜，郑公子班自訾求入于大宫，不能；杀子印、子羽，反军于市。己巳，子驷帅国人盟于大宫，遂从而尽焚之，杀子如、子駹、孙叔、孙知。

曹人使公子负刍守，使公子欣时逆曹伯之丧。秋，负刍杀其大子而自立也，诸侯乃请讨之。晋人以其役之劳，请俟他年。

冬，葬曹宣公。既葬，子臧将亡，国人皆将从之。成公乃惧，告罪，且请焉。乃反，而致其邑。

【译文】

鲁成公十三年春天，晋厉公派郤锜来鲁国请求出兵。三月，成公到京城朝见周天子。夏天五月，成公从京城回到鲁国，就会合晋厉公、齐灵公、宋共公、卫定公、郑成公、曹宣公、邾国人和滕国人攻打秦国。曹宣公在军中去世。秋天七月，成公从攻打秦国的战场回国。冬天，安葬曹宣公。

鲁成公十三年春天，晋厉公派郤锜来鲁国请求出兵，态度不够恭敬。孟献子说："郤氏恐怕要灭亡了吧！礼仪，就好像是人的躯干；恭敬，就好像是人的根基。郤子已丧失了

根基。况且他作为先君的嗣卿，受命前来请求出兵，是为了保卫国家，却如此懈怠，这是忘记了国君的命令，他怎能不灭亡呢？"

二月，成公到京城朝见天子。宣伯想得到赏赐，请求先行出发。周简王只用对普通外交人员的礼节接待他。孟献子跟随成公一起到了京城，周简王认为他是成公的副手，就重加赏赐。成公和诸侯朝见了周简王，就随同刘康公、成肃公会同晋厉公攻打秦国。

成肃公在举行祭祀、分发社肉时，不够恭敬。刘康公说："我听说，百姓得到天地的中和之气而降生，这就是天命。因此有了动作、礼义、威仪的法则，用来安定一个人的命运。贤能的人遵循这些法则而得到福佑，无能的人败坏这些法则就招致祸患。因此君子勤礼法，小人竭尽体力。勤于礼没有比恭敬再好的了，尽力没有比敦厚笃实再好的了。恭敬在于供奉神明，笃实在于安分守业。国家的大事，就是祭祀和战争。祭祀有分享祭肉之礼，战争有分发社肉之礼，这都是侍奉神明的重大礼节。现在成肃公懈怠无礼，是抛弃了天命，恐怕回不来了吧！"

夏天四月五日，晋厉公派吕相去秦国断绝和秦国的外交关系，他说："过去从我们献公和你们穆公就开始友好，合力同心，立下了盟誓，并建立了婚姻关系。后来上天降灾给晋国，晋文公到了齐国，晋惠公到了秦国。不幸献公又去世了。秦穆公不忘旧德，使我们惠公能继承晋国君位。但秦国没有能为两国的友好建立更大的功勋，而发动了韩地之战。后来你们对此也有所后悔，于是又成就我们文公登上君位，这都是秦穆公的功劳。

"文公身披甲胄，跋山涉水，历尽险阻，征服了东方的诸侯，使虞、夏、商、周的后代都来朝见秦国，那么这也算是报答了秦国过去的恩德了。郑国人侵犯贵国边境，我们文公又率领诸侯和秦军围攻郑国。秦国大夫没有征求我们国君的意见，就擅自和郑国订立了和约。诸侯们都因此而憎恨秦国，准备与秦国拼一死战。我们文公为贵国担忧，又安抚诸侯，才使秦军能够平安回国，未受伤害，这也是我们对秦国的大功劳了吧。

"不幸文公去世，你们穆公却不来吊唁，蔑视我国已去世的君王，并且欺凌我们襄公，侵犯我国的殽地，断绝和我国的友好关系，攻打我国城堡，灭亡了我们的滑国，离间我们兄弟国家，扰乱我们同盟国的关系，企图颠覆我们国家。我们襄公虽没有忘记过去贵国国君对我们的功劳，但担忧国家被灭亡，因此才向殽地发兵。即使如此，我国还是愿意向穆公赔罪。但穆公不听，而投靠楚国来对付我国。上天有灵，使楚成王被害，穆公对我国的阴谋才因此没有得逞。

"穆公、襄公去世，秦康公和晋灵公即位。康公本是我晋国的外甥，却也想损害我国公室，颠覆我们国家，还利用我国的内奸，来扰乱我国边疆，因此我国与贵国发生了令狐之战。康公仍不悔改，又侵犯我国河曲，攻打涑川，劫我王官，灭我羁马，因此我国和贵国才有河曲一战。秦、晋两国断绝友好往来，是康公拒绝和我们友好的缘故。

"等到您继位之后，我们国君景公翘首西望说：'秦国大概会安抚我们了吧！'但您也不愿赐恩和我们结盟，还利用我们遭到狄人入侵的机会，侵入我国河曲，焚烧我国箕、郜

二地,抢掠我国的庄稼,在我国边疆大肆杀戮。因此我们才有辅氏之战。您也为战祸蔓延感到后悔,而想向先君献公、穆公祈求福佑,派伯车来,对我们景公说:'我和你同修旧好,捐弃前嫌,来追念先君的功勋。'盟约还没有订立,景公就去世了,我国厉公因此参加了在令狐举行的会盟。

"但您又无诚意,背弃了盟约。白狄和您同在一州,他们是您的仇人,却是我国的姻亲。您传令说:'我和你一起攻打白狄。'我们国君不敢顾及婚姻关系,畏惧您的威严,只好下令攻打白狄。可您却对白狄有另外的念头,对他们说:'晋国将要攻打你们。'白狄表面上接受您的好意,实际上却憎恨您的这种做法,因此将此事告诉了我们。楚国人也讨厌您的这种反复无常,前来告诉我们说:'秦国背弃了令狐之盟,而来请求和我国结盟,对皇天上帝、秦三公和楚三王发誓说:"我们虽然和晋国来往,但只是图谋自己的利益。"楚王讨厌他们反复无常,因此公之于众,来惩罚他们不专一。诸侯们都听说了这些话,因此都痛心疾首,而更加亲近我们。

"现在我们国君率领诸侯前来听候您的命令,只是为了谋求友好。您如果顾念诸侯,怜悯我们,赐恩与我们结盟,那么这将是我们的愿望。我们将安抚诸侯而退兵,哪里敢谋求战乱呢?您如果不肯施大恩,那么我们不才,也就不能率领诸侯退兵了。谨把该说的都坦率地告诉您了。请您权衡利弊。"

秦桓公和晋厉公订立了令狐之盟,又召来狄人和楚国人,要带着他们攻打晋国,因为这件事,诸侯们反而和晋国更团结了。

晋国的栾书率领中军,荀庚为副帅;士燮率领上军,郤锜为副帅;韩厥率领下军。荀罃为副帅;赵旃率领新军,郤至为副帅;郤毅驾御战车,栾𬭩担任车右。孟献子说:"晋国的将士上下一心,军队一定能建立大功。"五月四日,晋军率领诸侯的军队与秦军在麻隧作战。秦军大败,晋军俘获了秦国的成差和女父。

曹宣公在军中去世。晋军于是渡过泾水,直达侯丽才退兵。军队在新楚迎接厉公。

成肃公在晋国的瑕地去世。

六月十五日晚上,郑国的公子班想从訾地进入郑国的太庙,没能如愿,就杀了子印和子羽,然后又率军返回城内驻扎。十七日,子驷率领国人在太庙盟誓,随后就追杀公子班,全部焚烧了他驻扎的地方,并杀了公子班、子驱、孙叔、孙知。

曹国人派公子负刍留守国内,派公子欣时去迎接曹宣公的灵柩。秋天,公子负刍杀了太子而自立为国君。诸侯于是请求讨伐他。晋国人因为他在对秦作战中的功劳,请求等到下一年再讨伐。

冬天,安葬曹宣公。安葬完曹宣公之后,公子欣时准备逃亡,曹国人都要跟从他。成公负刍于是害怕了,他承认了自己的罪过,并请求公子欣时留下。公子欣时于是回到宫内,并把自己的封邑送给了成公。

成公十四年

【原文】

十有四年:春,王正月,莒子朱卒。

夏,卫孙林父自晋归于卫。

秋,叔孙侨如如齐逆女。

郑公子喜帅师伐许。

九月,侨如以夫人妇姜氏至自齐。

冬,十月庚寅,卫侯臧卒。

秦伯卒。

十四年春,卫侯如晋。晋侯强见孙林父焉,定公不可。夏,卫侯既归,晋侯使郤犫送孙林父而见之。卫侯欲辞,定姜曰:"不可!是先君宗卿之嗣也,大国又以为请;不许,将亡。虽恶之,不犹愈于亡乎?君其忍之!安民而宥宗卿,不亦可乎?"卫侯见而复之。

卫侯飨苦成叔,宁惠子相。苦成叔傲。宁子曰:"苦成〔叔〕家其亡乎!古之为享食也,以观威仪,省祸福也,故《诗》曰:'兕觥其觩,旨酒思柔。彼交匪傲,万福来求。'今夫子傲,取祸之道也。"

秋,宣伯如齐逆女。称族,尊君命也。

八月,郑子罕伐许,败焉。戊戌,郑伯复伐许。庚子,入其郛。许人平以叔申之封。

九月,侨如以夫人妇姜氏至自齐。舍族,尊夫人也。故君子曰:"《春秋》之称,微而显,志而晦,婉而成章,尽而不汙,惩恶而劝善。非圣人,谁能修之?"

卫侯有疾,使孔成子、宁惠子立敬姒之子衎以为大子。冬十月,卫定公卒。夫人姜氏既哭而息,见大子之不哀也,不内酳饮,叹曰:"是夫也,将不唯卫国之败,其必始于未亡人。乌呼!天祸卫国也夫!吾不获鱄也使主社稷。"大夫闻之,无不耸惧。孙文子自是不敢舍其重器于卫,尽寘诸戚,而甚善晋大夫。

【译文】

鲁成公十四年春天,周历正月,莒子朱去世。夏天,卫国的孙林父从晋国回到卫国。秋天,叔孙侨如到齐国为成公迎娶齐女。郑国的公子喜率军攻打许国。九月。侨如带着夫人姜氏从齐国回到鲁国。冬天,十月十六日,卫定公臧去世。秦桓公去世。

鲁成公十四年春天,卫定公到晋国访问,晋厉公强行要卫定公接见从卫国逃到晋国的孙林父,卫定公不同意。夏天,卫定公已经回国,晋厉公又派郤犫送孙林父回卫国拜见定公。定公想拒绝,定公夫人说:"不能这样做。孙林父是先君同宗之卿的后代,而且又有大国来请求，不答应，将要亡国。虽然讨厌他，不还是比亡国强吗？您就忍耐一下吧！您这样做既安定了百姓，又宽宥了宗卿，不也是可以的吗？"卫定公于是接见了孙林父，并且恢复了他的职位和封地。

卫定公设宴款待郤犨，宁惠子主持接待。郤犨表现傲慢。宁惠子说："郤犨家族快要灭亡了吧！古代的设宴款待之礼，就是为了观察一个人的威仪，检查他的祸福命运。所以《诗》说：'牛角酒杯，美酒柔和，不骄不傲，万福就到。'现在那个人很傲慢，这是自取灾祸之道。"

秋天，宣伯到齐国为鲁成公迎娶齐女。《春秋》之所以称呼宣伯的族名"叔孙"，是为了尊重国君的命令。

八月，郑国的子罕攻打许国，被打败了。二十三日，郑成公再次发兵攻打许国。二十五日，攻入许国国都外城。许国人以叔申的封地为条件向郑国求和。

九月，宣伯带着夫人姜氏从齐国回到鲁国。这次《春秋》不称他的族名"叔孙"，是为了尊重夫人。所以君子认为："《春秋》的记述，细微而含义显明，记载史实含义深远，委婉而顺理成章，记述全面但又不歪曲事实，因此能惩戒邪恶，勉励行善。如果不是圣人，谁能够编写它？"

卫定公有病，让孔成子、宁惠子拥立他的姜敬姒的儿子衎为太子。冬天，十月，卫定公去世。夫人姜氏哭着哭着就停了下来，她看见太子并不哀伤，于是气得连水也不喝了。她叹息说："这个人啊，不但会使卫国败亡，而且还必定从我身上开始。呜呼！这是上天要降祸给卫国啊！我没有得到鱄来让他主持国家。"大夫听到了这番话，无不恐惧。孙林父从此不敢把贵重宝物放在卫国都城，全部放到他的封邑戚地去了，同时和晋国大夫们的关系也搞得很好。

成公十五年

【原文】

十有五年：春，王二月，葬卫定公。

三月乙巳，仲婴齐卒。

癸丑，公会晋侯、卫侯、郑伯、曹伯、宋世子成、齐国佐、邾人，同盟于戚。

晋侯执曹伯归于京师。

公至自会。

夏，六月，宋公固卒。

楚子伐郑。

秋，八月庚辰，葬宋共公。

宋华元出奔晋。宋华元自晋归于宋。

宋杀其大夫山。

宋鱼石出奔楚。

冬，十有一月，叔孙侨如会晋士燮、齐高无咎、宋华元、卫孙林父、郑公子鳏、邾人，会吴于钟离。

许迁于叶。

十五年春，会于戚，讨曹成公也。执而归诸京师。书曰"晋侯执曹伯"，不及其民也。凡君不道于其民，诸侯讨而执之，则曰"某人执某侯"，不然则否。

诸侯将见子臧于王而立之。子臧辞，曰："前《志》有之，曰：'圣达节，次守节，下失节。'为君非吾节也。虽不能圣，敢失守乎？"遂逃，奔宋。

夏，六月，宋共公卒。

楚将北师，子囊曰："新与晋盟而背之，无乃不可乎？"子反曰："敌利则进，何盟之有？"申叔时老矣，在申，闻之，曰："子反必不免！信以守礼，礼以庇身。信、礼之亡，欲免，得乎？"

楚子侵郑，及暴隧。遂侵卫，及首止。郑子罕侵楚，取新石。

栾武子欲报楚，韩献子曰："无庸。使重其罪，民将叛之。无民，孰战？"

秋八月，葬宋共公。于是华元为右师，鱼石为左师，荡泽为司马，华喜为司徒，公孙师为司城，向为人为大司寇，鳞朱为少司寇，向带为太宰，鱼府为少宰。荡泽弱公室，杀公子肥。华元曰："我为右师。君臣之训，师所司也。今公室卑而不能正，吾罪大矣！不能治官，敢赖宠乎？"乃出，奔晋。

二华，戴族也。司城，庄族也。六官者，皆桓族也。鱼石将止华元，鱼府曰："右师反，必讨，是无桓氏也。"鱼石曰："右师苟获反，虽许之讨，必不敢。且多大功，国人与之；不反，惧桓氏之无祀于宋也。右师讨，犹有戌在。桓氏虽亡，必偏。"鱼石自止华元于河上。请讨，许之，乃反。使华喜、公孙师帅国人攻荡氏，杀子山。书曰"宋杀〔其〕大夫山"，言背其族也。

鱼石、向为人、鳞朱、向带、鱼府出舍于睢上。华元使止之，不可。冬，十月，华元自止之，不可，乃反。鱼府曰："今不从，不得入矣。右师视速而言疾，有异志焉。若不我纳，今将驰矣！"登丘而望之，则驰。骋而从之，则决睢澨，闭门登陴矣。左师、二司寇、二宰遂出奔楚。华元使向戌为左师，老佐为司马，乐裔为司寇，以靖国人。

晋三郤害伯宗，谮而杀之，及栾弗忌。伯州犁奔楚。韩献子曰："郤氏其不免乎！善人，天地之纪也；而骤绝之，不亡何待？"

初，伯宗每朝，其妻必戒之曰："'盗憎主人，民恶其上。'子好直言，必及于难！"

十一月，会吴于钟离，始通吴也。

许灵公畏偪于郑，请迁于楚。辛丑，楚公子申迁许于叶。

【译文】

　　鲁成公十五年春天,周历二月,安葬卫定公。三月三日,仲婴齐去世。十一日,成公会合晋厉公、卫献公、郑成公、曹成公、宋国的太子成、齐国的国佐、邾人在戚地结盟。晋厉公抓住曹成公送到了京师。成公从会盟地回国。夏天,六月,宋共公固去世。楚共王攻打郑国。秋天,八月十日,安葬宋共公。宋国的华元逃亡到晋国。宋国的华元从晋国回到宋国。宋国杀掉了大夫山。宋国的鱼石逃亡到楚国。冬天,十一月,叔孙侨如会合晋国的士燮、齐国的高无咎、宋国的华元、卫国的孙林父、郑公子鰌、邾人在钟离和吴国举行了会谈。许国迁到了叶城。

　　鲁成公十五年春天,成公和诸侯们在戚地会盟,是为了讨伐曹成公。在盟会上抓住曹成公,然后把他送到了京师。《春秋》记载说:"晋侯执曹伯。"表示只惩罚曹成公,并不连累曹国的老百姓。凡是国君对老百姓不行仁道,诸侯讨伐并抓住他,就叫作"某人执某侯",不然,就不这样记载。

　　诸侯准备要子臧去朝见周天子,然后立他为国君。子臧推辞说:"《前志》上有这样的话:'圣人能通达节操,次一等的能保持节操,下等的失去节操。'出任国君,不符合我的节操。我虽然不能成为圣人,但敢失去节操吗?"于是就逃到宋国去了。

　　夏天,六月,宋共公去世。

　　楚国打算出兵侵略北方。子囊说:"刚和晋国结盟就背叛它,恐怕不行吧?"子反说:"敌情对我有利就进兵,管它盟约不盟约?"申叔此时已经告老退休了,住在申地,听说了这件事,说:"子反一定难免灾祸。信用是用来保持礼仪的,礼仪是用来保护自己的,信用和礼仪都丢了,想免除灾祸,能吗?"

　　楚共王入侵郑国,攻到了暴隧,于是又入侵卫国,攻到了首止。郑国的子罕就攻打楚国,攻占了新石。

　　栾书想报复楚国。韩献子说:"用不着,让他们加重自己的罪过,老百姓就将背叛他们。失去了老百姓,靠什么作战?"

　　秋天八月,安葬宋共公。此时华元担任右师,鱼石担任左师,荡泽担任司马,华喜担任司徒,公孙师担任司城,向为人担任大司寇,鳞朱担任少司寇,向带担任太宰,鱼府担任少宰。荡泽削弱公室,杀了公子肥。华元说:"我担任右师,君臣之礼,应是我负责的事。如今公室衰弱而我又不能拨乱反正,我的罪过可就大了。不能尽职,还敢得到宠信以利己吗?"于是就逃亡到晋国去了。

　　华元和华喜,都是宋戴公的后人;司城公孙师,是宋庄公的后人;其他六个大臣,都是宋桓公的后人。鱼石准备劝阻华元,鱼府说:"右师如果返回,一定要讨伐荡泽,这样会导致我们桓族灭亡。"鱼石说:"右师如果能够回来,即使准许他讨伐罪人,他也肯定不敢。况且他有大功,国人都听从他,如果不让他回来,我担心桓公之族在宋国没有人祭祀了。

右师即使讨伐,也还有向戌在,桓公之族虽然灭亡,也只是一部分。"鱼石自已赶到黄河阻止华元出国。华元请求讨伐荡泽,鱼石同意了,于是华元就回来了。让华喜、公孙师率领国人攻打荡泽,杀了荡泽。《春秋》记载说"宋杀大夫山",是说荡泽背叛了他的族人。

鱼石、向为人、鳞朱、向带、鱼府离开国都住到睢水边上,华元派人劝阻他们,他们不听。冬天,十月,华元亲自去劝告他们,仍不听。华元就回去了。鱼府说:"现在不听从华元的劝告,以后就不能回去了。华元目光锐利,言语快捷,可能有别的想法。如果他不是真心接我们回去,现在应该已经走了。"于是登上土丘远望,华元果然已驱车而去。他们驱车跟随其后,到了国都,华元已决开睢水堤防,关上城门登上城墙了。左师、两个司寇和两个宰就逃亡到了楚国。华元派向戌担任左师,老佐担任司马,乐裔担任司寇,以安定百姓。

晋国的郤锜、郤犨、郤至迫害伯宗,诬陷并杀害了他,同时杀了栾弗忌。伯州犁逃亡到楚国。韩献子说:"郤氏恐怕难逃灾祸了吧! 好人,是天地的纲纪,而郤氏屡次想灭绝他们,还能不灭亡吗?"

当初,伯宗每次上朝,他的妻子必定告诫他说:"'盗贼憎恨主人,百姓厌恶统治者。'你喜欢直言不忌,一定会遭难。"

十一月,在钟离会见吴国使者,这是中原各国首次和吴国往来。

许灵公害怕郑国的欺凌,请求迁到楚国。三日,楚国的公子申把许国迁到了楚国的叶城。

成公十六年

【原文】

十看六年:春,王正月,雨,木冰。

夏,四月辛未,滕子卒。

郑公子喜帅师侵宋。

六月丙寅朔,日有食之。

晋侯使栾黡来乞师。

甲午晦,晋侯及楚子、郑伯战于鄢陵。楚子、郑师败绩。

楚杀其大夫公子侧。

秋,公会晋侯、齐侯、卫侯、宋华元、邾人于沙随,不见公。

公至自会。

公会尹子、晋侯、齐国佐、邾人伐郑。

曹伯归自京师。

九月,晋人执季孙行父,舍之于苕丘。

冬,十月乙亥,叔孙侨如出奔齐。

十有二月乙丑,季孙行父及晋郤犨盟于扈。

公至自会。

乙酉,刺公子偃。

十六年春,楚子自武城使公子成以汝阴之田求成于郑。郑叛晋,子驷从楚子盟于武城。

夏,四月,滕文公卒。

郑子罕伐宋。宋将钼、乐惧败诸汋陂;退舍于夫渠,不儆。郑人覆之,败诸汋陵,获将钼、乐惧,宋恃胜也。

卫侯伐郑,至于鸣雁,为晋故也。

晋侯将伐郑。范文子曰:"若逞吾愿,诸侯皆叛,晋可以逞。若惟郑叛,晋国之忧可立俟也。"栾武子曰:"不可以当吾世而失诸侯,必伐郑!"乃兴师。栾书将中军,士燮佐之。郤锜将上军,荀偃佐之。韩厥将下军。郤至佐新军。荀罃居守。

郤犨如卫,遂如齐,皆乞师焉。栾黡来乞师,孟献子曰:"〔晋〕有胜矣。"

戊寅,晋师起。郑人闻有晋师,使告于楚,姚句耳与往。

楚子救郑,司马将中军,令尹将左,右尹子辛将右。过申,子反入见申叔时,曰:"师其何如?"对曰:"德、刑、详、义、礼、信,战之器也。德以施惠,刑以正邪,详以事神,义以建利,礼以顺时,信以守物。民生厚而德正,用利而事节,时顺而物成,上下和睦,周旋不逆,求无不具,各知其极。故《诗》曰:'立我烝民,莫匪尔极。'是以神降之福,时无灾害,民生敦庞,和同以听,莫不尽力以从上命,致死以补其阙。此战之所由克也。今楚内弃其民而外绝其好,渎齐盟而食话言,奸时以动而疲民以逞。民不知信,进退罪也。人恤所(底)〔厎〕,其谁致死?子其勉之,吾不复见子矣!"

姚句耳先归。子驷问焉,对曰:"其行速,过险而不整。速则失志。不整,丧列。志失列丧,将何以战?楚惧不可用也。"

五月,晋师济河。闻楚师将至,范文子欲反,曰:"我(伪)〔为〕逃楚,可以纾忧。夫合诸侯,非吾所能也,以遗能者。我若群臣辑睦以事君,多矣。"武子曰:"不可!"

六月,晋、楚遇于鄢陵。范文子不欲战,郤至曰:"韩之战,惠公不振旅;箕之役,先轸不反命;邲之师,荀伯不复从。皆晋之耻也!子亦见先君之事矣,今我辟楚,又益耻也!"文子曰:"吾先君之亟战也,有故。秦、狄、齐、楚皆强,不尽力,子孙将弱。今三强服矣,敌,楚而已。唯圣人能外内无患。自非圣人,外宁必有内忧。盍释楚以为外惧乎?"

甲午,晦,楚晨压晋军而陈。军吏患之。范匄趋进,曰:"塞井夷灶,陈于军中而疏行首。晋、楚惟天所授,何患焉?"文子执戈逐之,曰:"国之存亡,天也,童子何知焉?"栾书曰:"楚师轻窕,固垒而待之,三日必退。退而击之,必获胜焉。"郤至曰:"楚有六间,不可

失也；其二卿相恶，王卒以旧，郑陈而不整，蛮军而不陈，陈不违晦，在陈而嚣，合而加嚣，各顾其后，莫有斗心。旧不必良，以犯天忌，我必克之！"

楚子登巢车，以望晋军，子重使大宰伯州犁侍于王后。王曰："骋而左右何也？"曰："召军吏也。""皆聚于中军矣。"曰："合谋也。""张幕矣。"曰："虔卜于先君也。""彻幕矣。"曰："将发命也。""甚嚣，且尘上矣！"曰："将塞井夷灶而为行也。""皆乘矣，左右执兵而下矣。"曰："听誓也。""战乎？"曰："未可知也。""乘而左右皆下矣。"曰："战祷也。"伯州犁以公卒告王。

苗贲皇在晋侯之侧，亦以王卒告。皆曰："国士在，且厚，不可当也。"苗贲皇言于晋侯曰："楚之良，在其中军王族而已。请分良以击其左、右，而三军萃于王卒，必大败之。"公筮之，史曰："吉。其卦遇‘复䷗’，曰：‘南国蹙，射其元王，中厥目。’国蹙王伤，不败何待？"公从之。

有淖于前，乃皆左右相违于淖。步毅御晋厉公，栾鍼为右。彭名御楚共王，潘党为右。石首御郑成公，唐苟为右。

栾、范以其族夹公行，陷于淖。栾书将载晋侯，鍼曰："书退！国有大任，焉得专之？且侵官，冒也；失官，慢也；离局，奸也。有三罪焉，不可犯也。"乃掀公以出于淖。

癸巳，潘尪之党与养由基蹲甲而射之，彻七札焉。以示王，曰："君有二臣如此，何忧于战！"王怒曰："大辱国！诘朝，尔射死艺！"吕锜梦射月，中之，退入于泥。占之，曰："姬姓，日也；异姓，月也，必楚王也。射而中之，退入于泥，亦必死矣！"及战，射共王，中目。王召养由基，与之两矢，使射吕锜，中项，伏弢。以一矢复命。

郤至三遇楚子之卒，见楚子，必下，免胄而趋风。楚子使工尹襄问之以弓，曰："方事之殷也，有韎韦之跗注，君子也。识见不穀而趋，无乃伤乎？"郤至见客，免胄承命，曰："君之外臣至，从寡君之戎事。以君之灵，间蒙甲胄，不敢拜命，敢告不宁君命之辱。为事之故，敢肃使者！"三肃使者而退。

晋韩厥从郑伯，其御杜溷罗曰："速从之！其御屡顾，不在马，可及也。"韩厥曰："不可以再辱国君。"乃止。郤至从郑伯，其右茀翰胡曰："谍辂之，余从之乘，而俘以下。"郤至曰："伤国君有刑。"亦止。

石首曰："卫懿公唯不去其旗，是以败于荥。"乃内旌于弢中。唐苟谓石首曰："子在君侧，败者壹大。我不如子。子以君免，我请止。"乃死。

楚师薄于险。叔山冉谓养由基："虽君有命，为国故，子必射！"乃射。再发，尽殪。叔山冉搏人以投，中车，折轼。晋师乃止。囚楚公子茷。

栾鍼见子重之旌，请曰："楚人谓夫旌子重之麾也，彼其子重也。日臣之使于楚也，子重问晋国之勇，臣对曰：‘好以众整。’曰：‘又何如？’臣对曰：好以暇。’今两国治戎，行人不使，不可谓整。临事而食言，不可谓暇。请摄饮焉。"公许之。使行人执榼承饮，造于子重，曰："寡君乏使，使鍼御持矛，是以不得犒从者，使某摄饮。"子重曰："夫子尝与吾言于

楚，必是故也。不亦识乎？"受而饮之，免使者而复鼓。

旦而战，见星未已。子反命军吏："察夷伤，补卒乘，缮甲兵，展车马，鸡鸣而食，唯命是听。"晋人患之。苗贲皇徇曰："蒐乘补卒，秣马利兵，修陈固列，蓐食申祷，明日复战！"乃逸楚囚。王闻之，召子反谋。榖阳竖献饮于子反，子反醉而不能见。王曰："天败楚也夫！余不可以待。"乃宵遁。

晋人楚军，三日榖。范文子立于戎马之前，曰："君幼，诸臣不佞，何以及此？君其戒之！《周书》曰：'惟命不于常。'有德之谓。"

楚师还，及瑕，王使谓子反曰："先大夫之覆师徒者，君不在。子无以为过，不榖之罪也。"子反再拜稽首，曰："君赐臣死，死且不朽。臣之卒实奔，臣之罪也！"子重使谓子反曰："初陨师徒者，而亦闻之矣。盍图之？"对曰："虽微先大夫有之，大夫命侧，侧敢不义？侧亡君师，敢忘其死！"王使止之，弗及而卒。

战之日，齐国佐、高无咎至于师，卫侯出于卫，公出于坏隤。

宣伯通于穆姜，欲去季、孟而取其室。将行，穆姜送公，而使逐二子。公以晋难告，曰："请反而听命。"姜怒——公子偃、公子鉏趋过——指之曰："女不可，是皆君也。"公待于坏隤，申宫、儆备、设守而后行，是以后。使孟献子守于公宫。

秋，会于沙随，谋伐郑也。

宣伯使告郤犫曰："鲁侯待于坏隤，以待胜者。"郤犫将新军，且为公族大夫，以主东诸侯。取货于宣伯而诉公于晋侯，晋侯不见公。

曹人请于晋曰："自我先君宣公即世，国人曰：'若之何？'忧犹未弭，而又讨我寡君，以亡曹国社稷之镇公子，是大泯曹也。先君无乃有罪乎？若有罪，则君列诸会矣。君唯不遗德刑以伯诸侯，岂独遗诸敝邑？取私布之！"

七月，公会尹武公及诸侯伐郑。将行，姜又命公如初。公又申守而行。诸侯之师次于郑西。我师次于督扬，不敢过郑。子叔声伯使叔孙豹请逆于晋师，为食于郑郊。师逆以至。声伯四日不食以待之，食使者而后食。

诸侯迁于制田。知武子佐下军，以诸侯之师侵陈；至于鸣鹿，遂侵蔡。未反，诸侯迁于颍上。戊午，郑子罕宵军之，宋、齐、卫皆失军。

曹人复请于晋。晋侯谓子臧："反！吾归而君。"子臧反，曹伯归。子臧尽致其邑与卿而不出。

宣伯使告郤犫曰："鲁之有季、孟，犹晋之有栾、范也，政令于是乎成。今其谋曰：'晋政多门，不可从也。宁事齐、楚，有亡而已，蔑从晋矣！'若欲得志于鲁，请止行父而杀之，我毙蔑也，而事晋蔑有贰矣。鲁不贰，小国必睦。不然，归必叛矣。"

九月，晋人执季文子于苕丘。公还，待于郓，使子叔声伯请季孙于晋。郤犫曰："苟去仲孙蔑而止季孙行父，吾与子国，亲于公室。"对曰："侨如之情，子必闻之矣。若去蔑与行父，是大弃鲁国而罪寡君也。若犹不弃，而惠徼周公之福，使寡君得事晋君；则夫二人者

鲁国社稷之臣也,若朝亡之,鲁必夕亡。以鲁之密迩仇雠,亡而为雠,治之何及?"郤犨曰:"吾为子请邑。"对曰:"婴齐,鲁之常隶也,敢介大国以求厚焉?承寡君之命以请;若得所请,吾子之赐多矣!又何求?"

范文子谓栾武子曰:"季孙于鲁,相二君矣。妾不衣帛,马不食粟,可不谓忠乎?信谗慝而弃忠良,若诸侯何?子叔婴齐奉君命无私,谋国家不贰,图其身不忘其君。若虚其请,是弃善人也。子其图之!"乃许鲁平,赦季孙。

冬十月,出叔孙侨如而盟之。侨如奔齐。

十二月,季孙及郤犨盟于扈。归,刺公子偃。召叔孙豹于齐而立之。

齐声孟子通侨如,使立于高、国之间。侨如曰:"不可以再罪。"奔卫,亦间于卿。

晋侯使郤至献楚捷于周。与单襄公语,骤称其伐。单子语诸大夫曰:"温季其亡乎!位于七人之下,而求掩其上;怨之所聚,乱之本也。多怨而阶乱,何以在位?《夏书》曰:'怨岂在明?不见是图。'将慎其细也。今而明之,其可乎?"

【译文】

鲁成公十六年春天,周历正月,下雨,树木上凝聚了一层白霜。夏天,四月五日,滕文公去世。郑国的公子喜率领军队入侵宋国。六月初一,发生了日食。晋厉公派栾黡前来请求鲁国出兵。二十九日,晋厉公与楚共公和郑成公在鄢陵作战。楚共公和郑军大败。楚国杀了公子侧。秋天,鲁成公在沙随和晋厉公、齐灵公、卫献公、宋国的华元、邾人举行会谈,晋厉公因故不会见成公。成公从会谈地回国。成公会见尹子,晋厉公和齐国的国佐、邾人一起攻打郑国。曹成公从京师回国。九月,晋国人抓住了季孙行父,囚禁在苕丘。冬天,十月十二日,叔孙侨如逃亡到了齐国。十二月三日,季孙行父与晋国的郤犨在扈地会盟。成公从会盟地回国。二十三日,暗杀了公子偃。

鲁成公十六年春天,楚共王从武城派公子成用汝阴的土地向郑国求和。郑国又背叛了晋国,子驷跟随楚共公在武城订立了盟约。

夏天,四月,滕文公去世。

郑国的子罕攻打了宋国,宋国的将钼、乐惧二人在汋陂打败了子罕。宋国军队撤退后,驻扎在夫渠,但没有加强戒备,郑国人用伏兵突然袭击,在汋陵打败了宋军,俘虏了将钼和乐惧。这是因为宋军获胜后轻敌的缘故。

卫献公攻打郑国,一直攻到鸣雁,这是为了晋国才出兵的。

晋厉公准备攻打郑国,士燮说:"如果要满足我国的愿望,必须要等到诸侯都背叛了我们,晋国的愿望才能得到满足。如果只有郑国背叛,就出兵讨伐,晋国的灾祸就指日可待了。"栾书说:"不能在我们执政期间失去诸侯,一定要攻打郑国。"于是兴兵。栾书率领中军,士燮辅佐他;郤锜率领上军,荀偃辅佐他;韩厥率下军,郤至为新军副帅,荀罃留守国内。

郤犨到卫国,又到齐国,都是请求出兵相助。栾黡来鲁国请求出兵。孟献子说:"晋国能取胜。"

十二日,晋军出动。郑国人听说有晋军入侵,便派人通报楚国,姚句耳随使者一同前往。

楚共王援救郑国。任命司马子反率中军,令尹子重率左军,右尹子辛率右军。楚军途经申地时,子反拜见申叔时,说:"这次出兵,您以为如何?"申叔时回答说:"德行、刑法、祭祀、道义、礼法、信用,这是战争的六种条件。德行用来施恩,刑法用来正邪,祭祀用来敬神,道义用来创利,礼法用来顺时,信用用来保物。百姓生活富足,德行就会端正;一切为百姓谋利,办事就合乎法度;顺应时令,万物就有所成就。这样就能上下和睦,处事没有矛盾,需求无不满足,每人都知道行为的准则。所以《诗》说:'安置我的百姓,没有人不以你为准则。'因此神灵就降福给他们,四时无灾害,百姓生活富足,团结一致听从政令,没有人不尽力为君王效命,牺牲生命前赴后继,这就是作战取胜的原因。现在楚国在国内抛弃了百姓,对外又断绝了和其他国家的友好关系,亵渎神圣的盟约,食言无信,违反时令而兴兵,劳民伤财以满足自己的野心。百姓不知道信用,前进后退都是犯罪。人们都担心自己的命运结局,那还有谁愿意去拼死作战呢?您尽力去做吧!我再也见不到您了。"

姚句耳先回到郑国,子驷问他情况怎么样?姚句耳回答说:"楚军行军迅速,经过险要地带时军容不整,行军太快就可能缺乏周密考虑,军容不整,就会导致队列混乱。考虑不周,队列混乱,又凭什么去作战?楚国恐怕不能依靠了。"

五月,晋军渡过黄河。听说楚军将要到,士燮想退兵,他说:"我们假装逃避楚军,可以缓解晋国的忧患。大会诸侯,不是我们所能做到的,还是留给有能力的人吧。如果我们群臣团结一致侍奉国君,就足够了。"栾书说:"不能退兵。"

六月,晋、楚两军在鄢陵相遇。士燮还是不想作战。郤至说:"韩地之战,我们惠公未能扬威而归;箕地之战,先轸阵亡;邲地用兵,荀伯一战即败。这都是晋国的耻辱。您也看见了先君的成败。现在我们再逃避楚国,又会增加晋国的耻辱。"士燮说:"我们先君屡次作战,是有原因的。当时秦、狄、齐、楚都很强大,如果不尽力争斗,那么子孙就会被进一步削弱。现在秦、狄、齐三国已经屈服,能和我们相匹敌的只有一个楚国而已。只有圣人才能做到内外无忧患。如果不是圣人,外部安宁就必定有内忧,我们何不放过楚国,仍然对外有所戒惧呢?"

六月三十晦日,楚军清晨逼近晋军摆开阵势。晋国军官十分担心。范匄快步向前,说:"赶快填井平灶,摆开军阵,放宽队列距离。晋国和楚国都是上天赐福的国家,有什么担忧的呢?"他父亲士燮拿着戈追赶他,说:"国家的存亡,完全在于上天的意志,小孩子知道什么?"栾书说:"楚军轻佻,我们加固壁垒严阵以待,他们三天之后必定退走。一旦他们退走,我们趁机追击,一定能获胜。"郤至说:"楚军有六个空子可钻,不能失去机会。他

们的两个卿子反和子重互相仇恨，楚王的亲兵用的都是旧家子弟，郑国列阵不整齐，蛮人军队没列阵势，列阵作战不忌讳月末的晦日，士兵在阵中喧闹不止，合阵后更加喧闹，各军互相观望后顾，没有斗志。旧家子弟未必精良，晦日出兵犯了上天所忌。我们一定能战胜他们。"

楚共王登上巢车观望晋军，子重让太宰伯州犁站在楚王身后。共王说："晋军的兵车有的向左有的向右奔驰，这是为什么？"伯州犁回答说："这是召集军官。"共王说："都集中到了中军了。"伯州犁说："这是在研究战略。"共王说："张开了帷帐。"伯州犁说："这是他们在向先君祈祷和占卜。"共王说："又拆除了帷帐。"伯州犁说："这是准备发布命令。"共王说："那里十分喧闹，而且尘土飞扬。"伯州犁说："这是在填井平灶准备采取行动了。"共王说："都上了兵车，但将帅和车右又拿着武器下来了。"伯州犁说："这是要听取命令。"共王问："就要作战了吗？"伯州犁回答说："还不能知道。"共王说："将帅和车右上了兵车，但又下来了。"伯州犁说："这是在做战前祈祷。"伯州犁还把晋厉公亲兵的情况一一告诉给共王。

这时苗贲皇也站在晋厉公的身旁，也把楚王亲兵的情况告诉给晋厉公。厉公左右的人都说："有伯州犁在楚国，而且他们阵容强大，是不可抵挡的。"苗贲皇对晋厉公说："楚军的精良，只是集中在中军王族而已。请用我们的精锐部队攻击晋军的左右军，而三军集中攻击楚王的亲兵，一定能大败楚军。"厉公为此事占筮，太史说："吉利。占卦得到的是复卦，卦辞说：'南方之国日益缩小，用箭射它的君王，射中他的眼睛。'国家衰弱，君王受伤，还有什么不失败？"于是厉公听从了苗贲皇的建议。

有一片泥沼地出现在晋军前面，于是都左右绕行避开泥沼地。步毅为晋厉公驾车，栾铖为车右。彭名为楚共王驾车，潘党为车右。石首为郑成公驾车，唐苟为车右。

栾书、士燮带领他们的族人护卫晋厉公前进。厉公的战车陷到了泥沼里，栾书准备要厉公乘坐自己的战车。栾铖说："栾书您退下！国家有大事，怎能由您一人独揽？而且这样做侵犯了别人的职权，就是冒犯；放弃自己的职责，就是怠慢；离开自己的部属，这是扰乱。有这三个罪名，切不能犯。"于是就把厉公的战车掀了上来。

五月二十九日，潘尪的儿子潘党和养由基把铠甲放在远处，用箭射它，穿透了七层。他们拿给楚王看，并说："君王有我们两个神射手，作战时有什么可怕的呢？"共王大怒说："不知羞。明天早晨你们这样射箭，一定死在你们自己的箭术上。"吕锜夜里梦见用箭射月，射中了它，可自己却退到了泥坑里。他为这事占卜，卜辞说："姬姓为日，异姓为月，这月亮一定是代表楚共王。射中了他，但自己退入泥坑，也一定会死。"等到战斗开始后，果然射中了共王的眼睛。共王叫来养由基，给他两支箭，让他射吕锜，射中了他的脖子，吕锜倒在弓袋上死了。养由基拿着剩下的一支箭向共王复命。

郤至三次碰到楚王的亲兵，每次见到楚王，他都一定下车，脱下头盔，向前快步走。楚共王派工尹襄送给他一张弓表示问候，并且说："现在战斗正激烈，这位身穿赤黄色铠

甲的人,是一位君子吧。见到我就快步前进,恐怕是受伤了吧?"郤至见到工尹襄,脱下头盔接受共王的问候,说:"君王的外臣郤至,跟随我国国君作战,靠君王的神灵,得以披甲戴胄,不敢拜受君王的问候。谨向君王报告,我并没有受伤,承蒙君王问候,实不敢当。由于军务在身,谨向使者肃拜。"然后对使者肃拜三次才退下去。

晋国的韩厥追赶郑成公,他的御者杜溷罗说:"赶快追上去!他们的御者屡次回头,注意力没有放在赶马上,可以追上。"韩厥说:"我从前羞辱过齐顷公一次,不能再羞辱郑成公了。"于是停止了追赶。郤至追击郑成公,他的车右茀翰胡说:"派一支轻兵从小道迎击,我从后面追上他的车,把他抓下来。"郤至说:"伤害国君要受到刑罚。"于是也停止了追赶。

石首说:"卫懿公与狄人作战时只因为他没有丢掉旗子,因此在荥泽失败了。"于是石首就把旌旗收入弓袋里。唐苟对石首说:"你留在国君身边,失败者应一心保护国君。我不如您,您带着国君逃走,我留下来抵挡敌人。"结果唐苟战死了。

楚军被晋军逼迫到险要地带,叔山冉对养由基说:"虽然国君有命令,让您不得随便射箭,但为了国家的利益,您一定要射箭!"于是养由基就射箭。他两发两中,那两个人都死了。叔山冉抓住一个俘虏扔向晋军,击中了战车,折断了车前扶手的横木。晋军因此而停止了追击。晋军俘虏了公子茷。

栾针看见子重的旗子,对晋厉公说:"楚国俘虏说那面旗子,是子重的指挥旗,那车上的人可能就是子重了。往日我出使楚国,子重问晋国的勇武怎么样。我回答他说:'喜欢军容整肃。'又问:'还有什么?'我回答说:'喜欢从容不迫。'现在两国交兵,外交使节不相往来,不能说是军容整肃;遇到战事而不履行过去说的话,不能说是从容不迫。请君派人替我给子重敬酒。"厉公同意了他的请求,派使者端着酒,前去送给子重。使者说:"我们国君缺少使者,让栾针担任车右,因此他不能前来犒劳阁下,派我来代他向您敬酒。"子重说:"栾针在楚国时曾和我说过你们晋国喜欢整肃和从容不迫,一定是为这句话的缘故才给我送这杯酒,他的记性真好!"于是子重接过酒一饮而尽,让使者回去后又再次击鼓。

从早晨开始作战,一直战到星星出来还没停止。子反命令军官了解伤亡情况,补充步兵和车兵,修整铠甲兵器,摆列战车马匹,鸡叫时就吃饭,只等主帅的命令。晋国人很担忧。苗贲皇通告全军说:"检阅战车,补充士兵,喂饱战马,磨砺武器,整顿军阵,巩固行列,在住地吃饭,再祷告一次,明天再战。"于是故意让楚国俘虏逃跑。楚共王听说这一情况后,召见子反商量对策。子反的侍从进酒给子反喝,子反喝醉了,不能去见共王。共王说:"上天要让楚国失败啊!我不能坐以待毙。"于是连夜逃走了。

晋军进入楚军阵地,连续三天都吃楚军的粮食。士燮站在厉公的车马前,说:"我国国君年轻,群臣没有才能,凭什么取得这么大的胜利呢?国君您要以此为戒啊!《周书》中说:'天命不会一成不变。'就是说只有有德的人才能享有天命。"

楚军回国,走到瑕地时,共王派人对子反说:"当年先大夫子玉使楚军覆灭,因为国君

不在军中，所以责任由子玉承担。这次战败，你不要以为是自己的过错，这都是我的罪过。"子反连行了两次叩头礼，说："即使国君赐我一死，死了也觉得光荣。我的部下率先逃跑，这是我的罪过。"子重派人对子反说："当初使军队覆灭的子玉，你也听说了。何不自己早做决断？"子反回答说："即使没有子玉兵败自杀一事，您让我去死，我岂敢贪生而做不义之人呢？我使君王的军队惨遭失败，怎敢忘记以死谢罪呢？"共王派人拦阻他，还没赶到他就自杀了。

作战的那天，齐国的国佐、高无咎来到军中。卫献公从卫国前来参战，鲁成公也从坏隤率军赶来。

宣伯和成公的母亲穆姜私通，他想杀掉季文子和孟献子，从而占取他们的财产。成公准备出发去晋国，穆姜为他送行，要他驱逐季文子和孟献子。成公把晋国要求鲁国联合攻打郑国的事情告诉了她并说："等我回来再听从您的命令。"穆姜很生气。这时成公的庶弟公子偃和公子鉏从旁边路过，于是穆姜指着他们说："你不同意驱逐季文子和孟献子，这两个人随时都可以代你做国君。"成公在坏隤等待前往晋国，同时下令加强宫中警戒，设置了守卫之后才到晋国去，因此他去晚了。他让孟献子留守宫中。

秋天，鲁成公和晋厉公、齐灵公、卫献公、宋国的华元、邾人在沙随举行会谈，谋划攻打郑国。

宣伯派人告诉郤犫说："鲁成公在鄢陵之战时呆在坏隤迟迟不动，以静观晋、楚两国的胜负。"这时郤犫为新军主帅，并担任公族大夫，主管东方诸侯外交事宜。他接受了宣伯的贿赂，在晋厉公面前毁谤成公，因此晋厉公拒绝会见成公。

曹国人向晋国请求说："自从我们先君宣公去世，国人都说：'忧患没完没了，这可怎么办？'而去年贵国又讨伐我们国君，使我国主持国政的公子子臧逃往国外，这是彻底灭亡曹国啊。先君难道有罪吗？如果真有罪，却为何又让他参加了鲁宣公十七年的断道盟会？国君您从来不失德行和赏罚，所以能称霸诸侯。难道唯独对曹国赏罚不公？谨向君王申述这一点。"

七月，鲁成公会合尹武公和诸侯攻打郑国。将要出发时，穆姜又命令成公驱逐季文子和孟献子。成公又一次设置了宫中守卫后才离开。诸侯的军队驻扎在郑国西部，鲁军驻扎在郑国东部的督扬，不敢经过郑国国都。子叔声伯派叔孙豹请求晋军前来迎接鲁军，并在郑都郊外为晋军准备了饭食。晋军为迎接鲁军而来到了郑郊。声伯四天没有吃饭，一直等到晋军来到，让晋国使者吃了饭之后才进食。

诸侯军队转移到制田。荀䓨为下军副帅，率领诸侯军队入侵陈国，直达鸣鹿。随后又入侵蔡国。没有返回，又转移到颍水边。二十四日，郑国的子罕夜间突袭诸侯联军，宋国、齐国、卫国的军队都溃败了。

曹国人再次请求晋国。晋厉公对子臧说："你回去吧，我让你们国君回国。"子臧回到曹国，曹成公也回国了。子臧把自己的封邑和卿位全都还给了曹成公，从此不再做官。

宣伯派人告诉郤犨说："鲁国有季文子和孟献子，就像你们晋国有栾书、士燮一样，政令都由他们制定。现在他们谋划说：'晋国政出多门，无法听从。宁可侍奉齐国和楚国，顶多是亡国而已，但决不跟从晋国了。'如果你们想得到鲁国的拥戴，就请在晋国杀掉季文子，我在国内杀掉孟献子，然后鲁国侍奉晋国，就没有二心了。鲁国没有二心，其他小国也一定归顺晋国。不然，季文子回国后必定要背叛晋国。"

九月，晋国人在苕丘拘留了季文子。成公回到国内，在郓地等候季文子，并派子叔声伯到晋国为季文子请求。郤犨说："假如您能去掉孟献子和季文子，我就把鲁国的政权交给您。我们和您的关系比和鲁国公室还要亲近。"声伯回答说："宣伯和穆姜的私情，您一定也听说了。如果去掉孟献子和季文子，就是彻底抛弃鲁国和对我国国君的惩罚。如果您还不准备抛弃鲁国，而托周公之福，让我们国君继续侍奉晋国国君的话，那么这两个人，就是鲁国的安邦治国之臣。如果早晨处死他们，鲁国必定晚上就灭亡。凭鲁国紧靠贵国的敌国齐国和楚国，你们如果想灭亡鲁国，它就必然会成为贵国的仇敌，到时候想补救还来得及吗？"郤犨说："我为您请求封邑。"声伯说："我是鲁国的一个普通臣子，哪里敢倚仗大国求取厚禄呢？我奉国君之命前来请求，如果得到批准，那么您给我的赏赐就够多了，还敢要求别的东西吗？"

士燮对栾书说："季孙行父在鲁国，先后辅佐了宣公和成公两个君王。他的妾不穿丝绸，马不吃粮食，能说他不是忠心耿耿吗？听信谗言邪恶而抛弃忠良，怎么向诸侯交代？声伯奉君之命而无私心杂念，为国家谋利忠心不二，即使为自己考虑也不忘记他的国君。如果不同意他的请求，这就是抛弃好人。请您认真考虑一下！"于是晋国同意和鲁国讲和，赦免了季文子。

冬天十月，鲁国驱逐了宣伯，群臣都参加了盟誓。宣伯逃亡到齐国。

十二月，季文子和郤犨在扈地结盟。季文子回国后暗杀了公子偃，把叔孙豹从齐国召回来立为叔孙氏的继承人。

齐灵公的母亲声孟子和宣伯私通，使宣伯的地位和高氏、国氏相等。宣伯说："我不能犯两次同样的罪过了。"于是逃亡到卫国，地位也在各卿之间。

晋厉公

晋厉公派郤至到周王室进献在对楚作战中所获的俘虏，他和单襄公谈话时，多次夸耀自己的战功。单襄公事后对大夫们说："郤至恐怕要灭亡了啊！他的地位在七人之下，却想超过他上面的七个人。怨恨聚积，这就是祸乱的根源。招致很多怨恨，而自造祸乱的阶梯，又怎么能保持官位？《夏书》说：'对于怨恨难道只应警惕那些明显的，还应考

虑那些看不见的因素。'这就是说要谨慎地对待那些细微的问题。现在郤至却在明显地招致怨恨，难道行吗？"

成公十七年

【原文】

十有七年：春，卫北宫括帅师侵郑。

夏，公会尹子、单子、晋侯、齐侯、宋公、卫侯、曹伯、邾人伐郑。

六月乙酉，同盟于柯陵。

秋，公至自会。

齐高无咎出奔莒。

九月辛丑，用郊。

晋侯使荀罃来乞师。

冬，公会单子、晋侯、宋公、卫侯、曹伯、齐人、邾人伐郑。

十有一月，公至自伐郑。

壬申，公孙婴齐卒于狸脤。

十有二月丁巳朔，日有食之。

邾子貜且卒。

晋杀其大夫郤锜、郤犨、郤至。

楚人灭舒庸。

十七年春，王正月，郑子驷侵晋虚、滑。卫北宫括救晋，侵郑，至于高氏。

夏五月，郑大子髡顽、侯孺为质于楚，楚公子成、公子寅戍郑。公会尹武公、单襄公及诸侯伐郑，自戏童至于曲洧。

晋范文子反自鄢陵，使其祝宗祈死，曰："君骄侈而克敌，是天益其疾也，难将作矣。爱我者惟祝我，使我速死，无及于难，范氏之福也。"六月戊辰，士燮卒。

乙酉，同盟于柯陵，寻戚之盟也。

楚子重救郑，师于首止。诸侯还。

齐庆克通于声孟子，与妇人蒙衣乘辇而入于闳。鲍牵见之，以告国武子。武子召庆克而谓之。庆克久不出，而告夫人曰："国子谪我。"夫人怒。

国子相灵公以会，高、鲍处守。及还，将至，闭门而索客。孟子诉之曰："高、鲍将不纳君而立公子角，国子知之。"秋七月壬寅，刖鲍牵而逐高无咎。无咎奔莒。高弱以卢叛。齐人来召鲍国而立之。

初，鲍国去鲍氏而来为施孝叔臣。施氏卜宰，匡句须吉。施氏之宰有百室之邑。与匽句须邑,使为宰,以让鲍国而致邑焉。施孝叔曰:"子实吉。"对曰:"能与忠良,吉孰大焉!"鲍国相施氏忠,故齐人取以为鲍氏后。

仲尼曰:"鲍庄子之知不如葵,葵犹能卫其足。"

冬,诸侯伐郑。十月庚午,围郑。楚公子申救郑,师于汝上。十一月,诸侯还。

初,声伯梦涉洹,或与己琼瑰,食之;泣而为琼瑰盈其怀,从而歌之曰:"济洹之水,赠我以琼瑰。归乎归乎,琼瑰盈吾怀乎!"惧,不敢占也,还自郑。壬申,至于狸脤而占之,曰:"余恐死,故不敢占也。今众繁而从余三年矣,无伤也。"言之,之莫而卒。

齐侯使崔杼为大夫,使庆克佐之,帅师围卢。国佐从诸侯围郑,以难请而归;遂如卢师杀庆克,以穀叛。齐侯与之盟于徐关而复之。十二月,卢降。使国胜告难于晋,待命于清。

晋厉公侈,多外嬖。反自鄢陵,欲尽去群大夫,而立其左右。胥童以胥克之废也,怨郤氏,而嬖于厉公。郤锜夺夷阳五田,五亦嬖于厉公。郤犨与长鱼矫争田,执而梏之,与其父母妻子同一辕。既、矫亦嬖于厉公。

栾书怨郤至,以其不从己而败楚师也,欲废之,使楚公子茷告公曰:"此战也,郤至实召寡君,以东师之未至也,与军帅之不具也,曰:'此必败,吾因奉孙周以事君。'"公告栾书,书曰:"其有焉!不然,岂其死之不恤而受敌使乎?君盍尝使诸周而察之?"郤至聘于周。栾书使孙周见之。公使觇之,信;遂怨郤至。

厉公田,与妇人先杀而饮酒,后使大夫杀。郤至奉豕,寺人孟将夺之,郤至射而杀之。公曰:"季子欺余!"

厉公将作难,胥童曰:"必先三郤,族大多怨。去大族,不逼。敌多怨,有庸。"公曰:"然!"郤氏闻之。郤锜欲攻公,曰:"虽死,君必危。"郤至曰:"人所以立,信、知、勇也。信,不叛君;知,不害民;勇,不作乱。失兹三者,其谁与我?死而多怨,将安用之?君实有臣而杀之,其谓君何?我之有罪,吾死后矣。若杀不辜,将失其民;欲安,得乎?待命而已。受君之禄,是以聚党。有党而争命,罪孰大焉?"

壬午,胥童、夷羊五帅甲八百,将攻郤氏。长鱼矫请无用众,公使清沸魋助之。抽戈结衽,而(伪)〔为〕讼者。三郤将谋于榭,矫以戈杀驹伯、苦成叔于其位。温季曰:"逃威也。"遂趋。矫及诸其车,以戈杀之。皆尸诸朝。

胥童以甲劫栾书、中行偃于朝。矫曰:"不杀二子,忧必及君!"公曰:"一朝而尸三卿,余不忍益也!"对曰:"人将忍君。臣闻乱在外为奸,在内为轨。御奸以德,御轨以刑。不施而杀,不可谓德;臣逼而不讨,不可谓刑。德刑不立,奸轨并至,臣请行!"遂出,奔狄。公使辞于二子,曰:"寡人有讨于郤氏,郤氏既伏其辜矣。大夫无辱,其复职位!"皆再拜稽首,曰:"君讨有罪,而免臣于死,君之惠也。二臣虽死,敢忘君德?"乃皆归。公使胥童为卿。

公游于匠丽氏,栾书、中行偃遂执公焉。召士匄,士匄辞。召韩厥,韩厥辞,曰:"昔吾

畜于赵氏。孟姬之谗，吾能违兵。古人有言曰：'杀老牛，莫之敢尸。'而况君乎？二三子不能事君，焉用厥也？"

舒庸人以楚师之败也，道吴人围巢，伐驾，围厘、虺，遂恃吴而不设备。楚公子橐师袭舒庸，灭之。

闰月乙卯晦，栾书、中行偃杀胥童。民不与郤氏，胥童道君为乱，故皆书曰"晋杀其大夫"。

【译文】

鲁成公十七年春天，卫国的北宫括率领军队攻打郑国。夏天，成公会合尹武公、单襄公、晋厉公、齐灵公、宋平公、卫献公、曹成公、邾国人讨伐郑国。六月二十六日，成公和尹武公、单襄公等在柯陵举行盟会。秋天，成公从柯陵回国。齐国的高无咎逃亡到莒国。九月十三日，举行郊祭。晋厉公派荀䓨前来鲁国请求出兵。冬天，成公又会合单襄子、晋厉公、宋平公、卫献公、曹成公、齐国人、邾国人讨伐郑国。十一月，成公从伐郑前线回国。壬申这天，公孙婴齐在狸脤去世。十二月朔日，发生了日食。邾子貜且去世。晋国杀掉了大夫郤锜、郤犨、郤至。楚国人灭掉了舒庸。

鲁成公十七年春天，周历正月，郑国的子驷入侵晋国的虚地和滑地。卫国的北宫括救援晋国，攻打郑国，直达高氏一地。

夏天，五月，郑国的太子髡顽、侯獳去楚国作为人质，楚国的公子成、公子寅去郑国戍守。鲁成公会合尹武公、单襄公和诸侯攻打郑国，从戏童直到曲洧。

晋国的士燮从鄢陵回国后，让他的祝宗为他祷告，希望自己早点死去。他说："国君骄横奢侈却能战胜敌人，这是上天在加重他的罪过，灾难就要发生了。爱我的人只要诅咒我，让我快死，以免遇到祸乱，这就是我们范氏家族的福气了。"六月九日，士燮去世。

六月二十六日，成公和尹武公、单襄公、晋厉公等在柯陵举行会盟，这是为了重温鲁成公十五年在戚地的盟约。

楚国的子重发兵援救郑国，军队驻扎在首止。诸侯联军撤退回国了。

齐国的庆克与齐灵公之母声孟子私通，有一次他男扮女装和一个妇人同乘一辆车子进入宫中巷门。鲍牵看见了，就告诉了国武子，国武子就找来庆克并责备了他。庆克因此而很久不出门，他告诉声孟子说："国武子责备了我。"声孟子为此很恼怒。

国武子陪灵公一同前去与诸侯会盟，高无咎和鲍牵留守都城。等到国武子和灵公回到国都时，城门却被关闭了，并且要检查行人。声孟子向灵公告状说："高、鲍准备不让你进城，另立公子角为国君，国武子也知道这个阴谋。"秋天，七月十三日，灵公下令砍去了鲍牵的双脚，把高无咎驱逐出齐国。高无咎逃亡到了莒国，他的儿子高弱率领高氏封邑卢地的人举行了叛乱。齐国人把鲍牵的弟弟鲍国从鲁国召回立为大夫。

当初，鲍国离开鲍氏族人来到鲁国做了施孝叔的家臣。施氏占卜，挑选家族总管，结

果是匡句须吉利。施氏的总管，享有一百户人家的封邑。于是施氏给了匡句须封邑，让他担任总管，但他却把这一职位让给了鲍国，并把封邑也给了他。施孝叔说："占卜的结果是你吉利。"匡句须回答说："能够把这一职位送给一个忠诚善良的人，还有比这更吉利的事吗？"果然，鲍国辅佐施氏家族忠心耿耿，因此齐国人挑选他做鲍氏家族的继承人。

孔子说："鲍牵还不如葵菜聪明，葵菜还能保护自己的脚。"

冬天，诸侯联合讨伐郑国。十月十二日，包围了郑国。楚国的公子申援救郑国，军队驻扎在汝水边。十一月，诸侯联军撤退回国。

当初，声伯梦见徒步涉过洹水，有人给自己一块美玉，他吃了它，哭泣时泪水却变成了美玉，装满了怀抱。他跟着那个人唱道："渡过洹水，有人赠给我美玉。回去吧！回去吧！美玉装满了我的怀抱！"醒来后他很害怕，不敢占卜问吉凶。从郑国回来，走到狸脤时占卜，他说："我害怕死，所以不敢占卜。现在有很多人跟从我，而且已经有三年了，再不会有伤害了。"他说完这话，到黄昏时就死了。

齐灵公让崔杼担任大夫，让庆克辅佐他，率兵围攻卢地。国佐正随诸侯一道围攻郑国，听到这个消息后，便以国内发生了动乱为由请求回国。于是到了围攻卢地的军队中，杀了庆克，率领谷地的人叛乱了。齐灵公被迫和他在徐关盟誓，并恢复了他的官职。十二月，卢地投降。齐国便派国胜到晋国去报告这一动乱的情况，并让他在清地等候命令。

晋厉公很奢侈，有很多宠臣。他从鄢陵回国以后，想去掉所有的大夫，而另立他左右的宠信之人。胥童因为父亲胥克被郤缺罢免，而怨恨郤氏，但很受厉公宠信。郤犨夺去了夷阳五的田地，夷阳五也受到厉公的宠信。郤犨与长鱼矫争夺田地，把长鱼矫抓住后囚禁了起来，把他和他父母妻子和小孩捆在同一辆车上。不久，长鱼矫也受到厉公的宠信。

栾书怨恨郤至，是因为至不听从自己的主张却打败了楚军，就想罢免他。于是指使楚公子茷告诉厉公说："这次战役，实际上是郤至召请我们国君来的。因为东方各诸侯军队还没有来到，晋军的将帅也还没有到位，他说：'这次战役晋国必然失败，我将因此而拥立孙周来侍奉君王。'"厉公把这番话告诉了栾书，栾书说："有这回事。不然，他怎么毫不怕死，去接见敌国的使者呢？君王何不试着派他出使周王室而进一步考察他呢？"于是郤至到周王室聘问，栾书又让孙周和他见面。厉公派人监视郤至，就相信了公子茷和栾书的话，于是就开始怨恨郤至。

晋厉公外出打猎，和女人一起先射猎接着又喝酒，再让大夫射猎。郤至献给厉公一头野猪，宦官孟张抢夺了过去，郤至一箭将他射死了。厉公说："郤至这是欺负我。"

厉公准备对群大夫发难。胥童说："一定要首先去掉三郤，因为他们家族势力大，怨恨他们的人很多。铲除了这个大族，公室就不会再受到逼迫；讨伐树敌很多的人，容易成功。"厉公说："对。"郤氏家族听说了这件事，郤锜要攻打厉公，他说："即使我们死了，国君也必然面临危险。"郤至说："一个人所以立身处世，就在于有信用、智慧和勇气。讲究

信用就不会背叛国君,有智慧就不能残害百姓,有勇气也不能发动祸乱。失去这三点,还有谁来亲近我们? 同样是死,何必又招致更多的怨恨,这样做又有什么用? 国君拥有臣子而杀了他们,又能对他怎么样? 我如果真有罪,那我就死得太晚了。如果国君滥杀无辜,他就将失去百姓,想要安定君位,能吗? 我们还是听候命令吧。我们享受国君的俸禄,因此才能蓄养家兵。有了家兵就去和国君抗争,还有比这更大的罪行吗?"

二十六日,胥童、夷阳五率领甲士八百人,准备攻打郤氏。长鱼矫请求不用兴师动众,厉公派清沸魋协助他。长鱼矫和清沸魋抽出戈来,把两人的衣襟连结在一起,伪装成打架的样子。三郤准备在台榭上为他们调解,长鱼矫便用戈把郤锜和郤犨杀死在座位上。郤至说:"我要逃避无罪被杀。"于是就逃走了。长鱼矫在他车上追上了他,用戈杀了他。三郤的尸体都被陈列在朝廷示众。

胥童率领甲士在朝廷上劫持了栾书和荀偃。长鱼矫说:"如果不杀掉这两个人,祸患一定会降临到国君身上。"晋厉公说:"一个早晨就杀了三位卿,我不忍心再多杀了。"长鱼矫回答说:"栾书和荀偃将会容忍你国君。我听说在外作乱是奸,在内作乱是轨。防御奸用德,防御轨用刑。不施恩而杀人,不能叫德行;臣子逼迫国君而不加讨伐,不能叫刑罚。德行和刑罚不能树立,奸和轨就会同时到来。我请求离开晋国。"于是就逃亡到狄人那里去了。厉公派人对栾书和荀偃解释说:"我讨伐郤氏。郤氏已经伏法。你们不要为此事感到受辱,我恢复你们的职位。"栾书和荀偃两次叩头拜谢说:"国君讨伐有罪之人,而赦免我们的死罪,这是国君的恩惠。我们二人即使死了,敢忘记国君您的大德?"于是两人都回去了。厉公让胥童做卿。

晋厉公到宠臣匠丽氏家里游玩,栾书和荀偃趁机抓住了厉公。他们召士匄杀厉公,士匄拒绝了,召韩厥,韩厥也拒绝了。韩厥说:"过去我被赵家收养提拔,孟姬陷害赵氏,我不肯出兵攻打赵氏。古人有句话说:'宰杀老牛没有人敢做主。'况且是对待国君呢? 你们几个既然不愿意侍奉国君,又哪里用得着我韩厥呢?"

舒庸人利用楚军战败的机会,领着吴国人包围了巢地,攻打驾地,接着又包围了厘、虺二地。于是就依仗吴国而不加强防备。楚国的公子橐师率军偷袭舒庸,灭亡了它。

闰月的最后一天,栾书和荀偃杀了胥童。老百姓不拥护郤氏,而胥童又趁机引诱国君制造动乱,所以《春秋》都记载为"晋杀其大夫"。

成公十八年

【原文】

十有八年:春,王正月,晋杀其大夫胥童。

庚申,晋弑其君州(蒲)〔满〕。

齐杀其大夫国佐。

公如晋。

夏,楚子、郑伯伐宋。宋鱼石复入于彭城。

公至自晋。

晋侯使士匄来聘。

秋,杞伯来朝。

八月,邾子来朝。

筑鹿囿。

己丑,公薨于路寝。

冬,楚人、郑人侵宋。

晋侯使士鲂来乞师。

十有二月,仲孙蔑会晋侯、宋公、卫侯、邾子、齐崔杼,同盟于虚杅。

丁未,葬我君成公。

十八年春,王正月庚申,晋栾书、中行偃使程滑弑厉公,葬之于翼东门之外,以车一乘。使荀罃、士鲂逆周子于京师而立之,生十四年矣。

大夫逆于清原。周子曰:"孤始愿不及此。虽及此,岂非天乎! 抑人之求君,使出命也。立而不从,将安用君? 二三子用我今日,否亦今日。共而从君,神之所福也!"对曰:"群臣之愿也。敢不唯命是听!"庚午,盟而入,馆于伯子同氏。辛巳,朝于武宫。逐不臣者七人。周子有兄而无慧,不能辨菽麦,故不可立。

齐为庆氏之难故,甲申晦,齐侯使士华免以戈杀国佐于内宫之朝。师逃于夫人之宫。书曰"齐杀其大夫国佐",弃命、专杀,以榖叛故也。使清人杀国胜。国弱来奔。王湫奔莱。庆封为大夫,庆佐为司寇。既,齐侯反国弱,使嗣国氏,礼也。

二月乙酉朔,晋(侯)悼公即位于朝。始命百官,施舍,已责,逮鳏寡,振废滞,匡乏困,救灾患,禁淫慝,薄赋敛,宥罪戾,节器用,时用民,欲无犯时。使魏相、士鲂、魏颉、赵武为卿。荀家、荀会、栾黡、韩无忌为公族大夫,使训卿之子弟共俭孝弟。使士渥浊为大傅,使修范武子之法。右行辛为司空,使修士蒍之法。弁纠御戎,校正属焉,使训诸御知义。荀宾为右,司士属焉,使训勇力之士时使。卿无共御,立军尉以摄之。祁奚为中军尉,羊舌职佐之;魏绛为司马,张老为候奄。铎遏寇为上军尉,籍偃为之司马,使训卒乘亲以听命。程郑为乘马御,六驺属焉,使训群驺知礼。凡六官之长,皆民誉也。举不失职,官不易方,爵不逾德,师不陵正,旅不逼师:民无谤言,所以复霸也。

公如晋,朝嗣君也。

夏六月,郑伯侵宋。及曹门外,遂会楚子伐宋,取朝郏。楚子辛、郑皇辰侵城郜,取幽丘。同伐彭城,纳宋鱼石、向为人、鳞朱、向带、鱼府焉,以三百乘戍之,而还。书曰"复入"。凡去其国,国逆而立之,曰"入";复其位,曰"复归";诸侯纳之,曰"归";以恶曰"复

人"。

宋人患之，西钼吾曰："何也！若楚人与吾同恶，以德于我，吾固事之也，不敢贰矣。大国无厌，鄙我犹憾；不然而收吾憎，使赞其政，以间吾衅，亦吾患也。今将崇诸侯之奸而披其地，以塞夷庚，逞奸而携服，毒诸侯而惧吴、晋，吾庸多矣，非吾忧也。且事晋何为？晋必恤之。"

公至自晋。晋范宣子来聘，且拜朝也。君子谓"晋于是乎有礼"。

秋，齐桓公来朝，劳公，且问晋故。公以晋君语之。杞伯于是骤朝于晋而请为昏。

七月，宋老佐、华喜围彭城，老佐卒焉。

八月，邾宣公来朝。即位而来见也。

筑鹿宥。书，不时也。

己丑，公薨于路寝。言道也。

冬十一月，楚子重救彭城，伐宋。宋华元如晋告急。韩献子为政，曰："欲求得人，必先勤之。成霸安疆，自宋始矣。"晋侯师于台谷以救宋，遇楚师于靡角之谷。楚师还。

晋士鲂来乞师。季文子问师数于臧武仲，对曰："伐郑之役，知伯实来，下军之佐也。今彘季亦佐下军，如伐郑可也。事大国，无失班爵而加敬焉，礼也。"从之。

十二月，孟献子会于虚杆，谋救宋也。宋人辞诸侯而请师以围彭城。

孟献子请于诸侯，而先归会葬。"丁未，葬我君成公"，书，顺也。

【译文】

鲁成公十八年春天，周历正月，晋国杀掉了大夫胥童。五日，晋杀了他们的国君州满。齐国杀了大夫国佐。成公前往晋国。夏天，楚共王和郑成公入侵宋国。宋国的鱼石被武力强行送回宋国彭城。成公从晋国回国。晋悼公派士匄前来鲁国访问。秋天，齐桓公来朝见。八月，邾宣公来朝见。鲁国在鹿地修建园林。七日，鲁成公在寝宫内去世。冬天，楚国人、郑国人攻打宋国。晋悼公派士鲂前来鲁国请求出兵。十二月，孟献子会见晋悼公、宋平公、卫献公、邾子、齐国的崔杼，一同在虚杆举行盟会。二十六日，安葬我国国君成公。

鲁成公十八年春天，周历正月五日，晋国的栾书和荀偃指使程滑杀了晋厉公，然后把他埋在翼地的东门之外，下葬时仅用了一辆车。派荀罃、士鲂到京城迎接孙周回国立为国君，此时孙周才十四岁。

晋国大夫们到清原迎接。孙周说："我当初并没有做国君的愿望，现在虽然到了这一步，难道不是上天的意志吗？然而人们要求有一个国君，只是为了让他发布命令，拥立以后又不听从他的命令，那么要国君又有什么用？你们几个考虑好，要立我在今天，不想立我也在今天。恭敬地听从国君的命令，就是神灵赐予的福气。"群臣回答说："这正是我们的愿望，不敢不听从国君的命令。"十五日，悼公与群臣盟誓后进入国都，住在伯子同家。

二十六日，朝拜了武宫，驱逐了不肯称臣的人七个。孙周有一个哥哥，但是一个白痴，不能分辨豆子和麦子，所以不能立他做国君。

齐国因为发生了国佐杀了庆克这件事的缘故，正月的最后一天，齐灵公派华免在内宫中用戈杀了国佐。众人都逃跑到夫人的宫中。《春秋》记载说："齐杀其大夫国佐。"是因为他违背了国君的命令，专权杀死了庆克，又率领谷地的人发动了叛乱。齐灵公又让清地的人杀了国胜。国胜的弟弟国弱逃亡到鲁国，国佐的党羽王湫逃亡到莱地。于是庆封做了大夫，庆佐担任司寇。不久，齐灵公又让国弱回国，让他做国氏的继承人，这是合乎礼法的。

二月一日，晋悼公在朝廷即国君位，开始任命百官。并采取了下列施政措施：施恩惠给百姓，免除百姓的债务，鳏夫寡妇也不例外。起用被废黜和滞居下位的旧贵族，救济贫困，帮助有灾患的人，禁止邪恶，减轻税负，赦免罪犯，节省开支，有限度地使用民力，使用百姓不违背农时，任命魏相、士鲂、魏颉、赵武为卿；荀家、荀会、栾黡、韩无忌为公族大夫，让他们教育卿的子弟懂得恭敬、节俭、孝顺、友爱。任命士渥浊为太傅，让他修订士会制定的兵法。任命右行辛为司空，让他修订士蒍制定的法令。由弁纠驾驭战车，掌马之官归他管辖，让他教育驾车人懂得礼义。荀宾为车右，所有的车右都归他管辖，让他教育勇士们随时效力。各军主帅副帅都没有固定的驾车人，设立军尉统管此事。祁奚担任中军尉，羊舌职辅佐他；魏绛担任司马，张老担任候奄。铎遏寇担任上军尉，籍偃为他的司马，让他教育步兵和车兵团结一致听从命令。程郑为国君的乘马御，六驺都归他管辖，让他教育六驺懂得礼仪。凡是各部门的长官，都是百姓赞誉的人。选拔的人都称职，官吏都遵守现有的制度，授予爵位不超出他的德行，师不欺凌正，旅不逼迫师，百姓没有责备朝廷的话，因此晋国能够再一次称霸诸侯。

成公前往晋国，是为了朝见新即位的晋悼公。

夏天，六月，郑成公入侵宋国，攻到了都城的曹门之外。接着又会合楚共王一同攻打宋国，夺取了朝郏。楚国的子辛、郑皇辰攻打城郜，夺取了幽丘。又一同攻打彭城，把三年前逃往楚国的宋臣鱼石、向为人、鳞朱、向带、鱼府送回宋国，用三百辆战车留守，然后就回国了。因此《春秋》记载鱼石等"复人"。凡是离开自己的国家，本国迎接他回来并立他叫"入"，恢复他的职位叫"复归"，诸侯把他送回来叫"归"，以武力送回就叫"复人"。

宋国人对鱼石等的"复人"和楚国留下三百辆战车很担忧。西钮吾说："为什么要担忧？如果楚国人和我们同样憎恨鱼石等人，对我们以德相待，我们本来就应该侍奉他们，不敢有二心了。但大国贪得无厌，把我国当作他们的边邑还不满足。他们不是和我们同仇敌忾，而是收留我们憎恶的人，并企图让他们回国掌权执政，伺机钻我们的空子，这也是我们的祸患。现在他们尊崇诸侯的奸邪之人，分给他们土地，阻塞各国之间的通道。让奸邪之人快意而使顺服之人离心，损害诸侯而使吴、晋等国害怕，这对我国来说，好处就多了，并不是我们的忧患。况且我们侍奉晋国又是为什么？晋国一定会来援救我

们的。"

鲁成公从晋国回国。晋国的范宣子前来鲁国回访，并且答谢成公对晋悼公的朝见。君子认为晋国在这件事情上合乎礼法。

秋天，齐桓公前来朝见，慰劳成公，同时打听晋国的有关情况。成公把晋悼公的情况告诉了他，于是杞桓公马上到晋国朝见并请求通婚。

七月，宋国的老佐、华喜包围了彭城，老佐在此时去世了。

八月，邾宣公前来朝见，这是他即位后的例行朝见。

鲁国在鹿地修建园林，《春秋》之所以记载此事，表明此时修建园林不合时令。

七日，成公在寝宫内去世，这就是说合乎正常情况。

冬天，十一月，楚国的子重救援彭城，攻打宋国，宋国的华元到晋国告急。韩献子主持晋国的政务，他说："想得到诸侯的拥护，必须先为他们办事。晋国成就霸业，安定疆土，应该从救援宋国开始。"于是晋悼公发兵到台谷以救援宋国，在靡角之谷遇到楚军，楚军就回国了。

晋国的士鲂前来鲁国请求出兵。季文子问臧武仲应派出兵员的数量，臧武仲回答说："上次攻打郑国的战役，荀罃来请求出兵，他当时是下军的副帅。现在士鲂也是下军的副帅，派出和上次攻打郑国时的人数就可以了。侍奉大国，不违失使者的爵位次序，而对他们恭敬有礼，这是合于礼法的。"季文子听从了臧武仲的意见

十二月，孟献子和晋悼公、宋平公等在虚朾会盟，商议援救宋国的事。宋国人谢绝了诸侯的好意，而只请求军队包围彭城。

孟献子向诸侯们请求，先回国参加成公的葬礼。二十六日，安葬我国国君成公。《春秋》这样记载，表明国内形势稳定顺利。

襄公

襄公元年

【原文】

元年：春，王正月，公即位。

仲孙蔑会晋栾黶、宋华元、卫宁殖、曹人、莒人、邾人、滕人、薛人，围宋彭城。

夏，晋韩厥帅师伐郑。

仲孙蔑会齐崔杼、曹人、邾人、杞人，次于鄫。

秋,楚公子壬夫帅师侵宋。

九月辛酉,天王崩。

郑子来朝。

冬,卫侯使公孙剽来聘。

晋侯使荀䓨来聘。

元年春己亥,"围宋彭城"。非宋地,追书也。于是为宋讨鱼石,故称宋,且不登叛人也,谓之宋志。

彭城降晋,晋人以宋五大夫在彭城者归,寘诸瓠丘。

齐人不会彭城,晋人以为讨。二月,齐大子光为质于晋。

夏五月,晋韩厥、荀偃帅诸侯之师伐郑,入其郛,败其徒兵于洧上。于是东诸侯之师次于鄫,以待晋师。晋师自郑以鄫之师侵楚焦、夷及陈。晋侯、卫侯次于戚,以为之援。

秋,楚子辛救郑,侵宋吕、留。郑子然侵宋,取犬丘。

九月,郑子来朝,礼也。

冬,卫子叔、晋知武子来聘,礼也。凡诸侯即位,小国朝之,大国聘焉,以继好、结信、谋事、补阙,礼之大者也。

【译文】

元年春,周历正月,襄公即位。仲孙蔑会合晋国栾黡、宋国华元、卫国宁殖和曹国人、莒国人、邾国人、滕国人、薛国人包围了宋国的彭城。夏天,晋国韩厥率领军队攻打郑国,仲孙蔑会合齐国崔杼和曹国人、邾国人、杞国人驻扎在鄫。秋天,楚国公子子辛率领军队侵袭宋国。九月十五日,周简王死。郑宣公前来朝见。冬天,卫侯派公孙剽前来访问。晋侯派荀䓨前来访问。

元年春天,正月二十五日,诸侯包围了宋国彭城。彭城已不是宋国的地方了,这是一种追记。此时为了宋国去讨伐鱼石,所以称宋国,而且反对叛逆者,这体现了宋国收复彭城的愿望。

彭城投降晋国,晋国人带着在彭城的五个宋国大夫回去,安置在瓠丘。

齐国人没有在彭城会合,晋国因此讨伐齐国。二月,齐国太子光到晋国做人质。

夏天,五月,晋国的韩厥、荀偃率领诸侯军队攻打郑国,进入它的外城,在洧水边上击败了郑国的步兵。此时东部诸侯的军队驻扎在鄫地,等候晋军。晋军从郑国带领鄫地的军队入侵楚国的焦地、夷地和陈国,晋侯、卫侯驻在戚地,作为诸侯军队的后援。

秋天,楚国子辛救援郑国,入侵宋国的吕地和留地。郑国子然入侵宋国,夺取了犬丘。

九月,郑子来朝见,这合于礼。

冬天，卫国子叔、晋国知武子来聘问，这合于礼。凡诸侯即位，小国前来朝见，大国前来聘问，从而继续发展友好关系，取得信任，商量国事，补正过失，这是礼制中的大事。

襄公二年

【原文】

二年：春，王正月，葬简王。

郑师伐宋。

夏，五月庚寅，夫人姜氏薨。

六月庚辰，郑伯睔卒。

晋师、宋师、卫宁殖侵郑。

秋，七月，仲孙蔑会晋荀罃、宋华元、卫孙林父、曹人、邾人于戚。

己丑，葬我小君齐姜。

叔孙豹如宋。

冬，仲孙蔑会晋荀罃、齐崔杼、宋华元、卫孙林父、曹人、邾人、滕人、薛人、小邾人于戚，遂城虎牢。

楚杀其大夫公子申。

二年春，郑师侵宋，楚令也。

齐侯伐莱。莱人使正舆子赂夙沙卫以索马、牛，皆百匹，齐师乃还。君子是以知齐灵公之为“灵”也。

夏，齐姜薨。初，穆姜使择美槚，以自为榇与颂琴，季文子取以葬。

君子曰："非礼也。礼无所逆。妇，养姑者也。亏姑以成妇，逆莫大焉。《诗》曰：'其惟哲人，告之话言，顺德之行。'季孙于是为不哲矣。且姜氏，君之姑也。《诗》曰：'为酒为醴，烝畀祖妣，以洽百礼，降福孔偕。'"

齐侯使诸姜、宗妇来送葬，召莱子。莱子不会，故晏弱城东阳以偪之。

郑成公疾，子驷请息肩于晋。公曰："楚君以郑故，亲集矢于其目，非异人任，寡人也。若背之，是弃力与言，其谁昵我？免寡人，唯二三子！"

秋七月庚辰，郑伯睔卒。于是子罕当国，子驷为政，子国为司马。晋师侵郑，诸大夫欲从晋。子驷曰："官命未改。"

会于戚，谋郑故也。孟献子曰："请城虎牢以偪郑。"知武子曰："善！鄫之会，吾子闻崔子之言，今不来矣。滕、薛、小邾之不至，皆齐故也。寡君之忧不唯郑。罃将复于寡君，而请于齐。得请而告，吾子之功也。若不得请，事将在齐。吾子之请，诸侯之福也，岂唯寡君赖之！"

穆叔聘于宋，通嗣君也。

冬，复会于戚。齐崔武子及滕、薛、小邾之大夫皆会，知武子之言故也。"遂城虎牢"，郑人乃成。

楚公子申为右司马，多受小国之赂，以偪子重、子辛。楚人杀之，故书曰"楚杀其大夫公子申"。

【译文】

二年春天，周历正月，葬天子简王。郑国军队讨伐宋国。夏天，五月十八日，夫人姜氏去世。六月庚辰，郑成公去世。晋军、宋军和卫国宁殖入侵郑国。秋天，七月，仲孙蔑在卫国戚地与晋国荀罃、宋国华元、卫国孙林父、曹国人和邾国人会见。十八日，安葬我国君夫人齐姜。叔孙豹到宋国去了。冬天，仲孙蔑又在戚地与晋国荀罃、齐国崔杼、宋国华元、卫国孙林父、曹国人、邾国人、滕国人、薛国人和小邾国人会见，于是在虎牢关筑城。楚国杀掉了大夫公子申。

二年春天，郑国军队侵袭宋国，这是楚国的命令。

齐灵公讨伐莱国，莱国人派正舆子以精选的马、牛各一百匹赠送给夙沙卫，齐军就退兵了。君子因此知道了齐灵公所以谥为"灵"的理由。

夏天，齐姜去世。当初，穆姜派人挑选上等的槚木，用来自己做内棺和颂琴，季文子拿来安葬齐姜。

君子说："这不合于礼法。礼法不允许这种上下颠倒的行为。媳妇是奉养婆婆的人。亏损婆婆的利益来成全媳妇，没有比这更严重的颠倒行为了。《诗》说：'只有明智的人，告诉他善言，他就能顺应道德而行动。'季孙在这件事上是不明智的。况且穆姜是国君的祖母。《诗》说：'酿造美酒，献给祖父祖母，合乎所有礼仪，神灵普降福祉。'"

齐灵公派遣嫁给大夫的宗女和同姓大夫的妻子前来送葬。召见莱子，莱子拒绝前往，所以晏弱在东阳筑城，来逼迫莱国。

郑成公生了病，子驷请求和晋国和好，以解除对楚国的负担。郑成公说："楚国国君因为郑国的缘故，亲自率军与晋军作战，以致眼睛受了箭伤，这不是为了别人，而是为了保护我。如果背叛他，这是背弃了别人的功劳和自己的诺言，那将还有谁来亲近我们郑国呢？使我免于过错，只有靠你们几位了。"

秋天七月庚辰，郑成公去世。此时子罕主持国政，子驷处理日常政务，子国任司马。晋军入侵郑国，大夫们想顺从晋国。子驷说："成公的决定没有改变。"

鲁国孟献子和晋国荀罃、宋国华元、卫国孙林父以及曹国人、邾国人在戚地会见，这是为了对付郑国。孟献子说："建议在虎牢筑城来威逼郑国。"知武子说："好！鄫地的会盟，您听到了齐国崔杼的话，现在他们果然不来了。滕国、薛国、小邾国不来参加会见，都是齐国的缘故。我们国君的忧虑不仅仅是郑国。我将向国君报告，向齐国请求。如果请

求得到齐国同意，通知诸侯在虎牢筑城，这是您的功劳。如果请求得不到同意，战事将在齐国发生。您的这一请求，是诸侯的福气，难道只是我国国君仰仗它？"

穆叔到宋国聘问，通报襄公即位的消息。

冬天，再次在戚地会见，齐国的崔杼和滕、薛、小邾等国的大夫都参加了会见。这是知武子一番话的结果。于是在虎牢筑城。郑国人于是求和。

楚国的公子申担任右司马，收受了小国的很多礼物，又威逼子重、子辛。楚国人杀了他，所以《春秋》记载说"楚杀其大夫公子申"。

襄公三年

【原文】

三年：春，楚公子婴齐帅师伐吴。

公如晋。

夏，四月壬戌，公及晋侯盟于长樗。

公至自晋。

六月，公会单子、晋侯、宋公、卫侯、郑伯、莒子、邾子、齐世子光。己未，同盟于鸡泽。

陈侯使袁侨如会。

戊寅，叔孙豹及诸侯之大夫及陈袁侨盟。

秋，公至自会。

冬，晋荀䓨帅师伐许。

三年春，楚子重伐吴，为简之师。克鸠兹，至于衡山，使邓廖帅组甲三百、被练三千以侵吴。吴人要而击之，获邓廖；其能免者，组甲八十、被练三百而已。

子重归，既饮至，三日；吴人伐楚，取驾。驾，良邑也；邓廖，亦楚之良也。君子谓子重于是役也，所获不如所亡。楚人以是咎子重。子重病之，遂遇心疾而卒。

公如晋，始朝也。

夏，盟于长樗。孟献子相，公稽首。知武子曰："天子在而君辱稽首，寡君惧矣！"孟献子曰："以敝邑介在东表，密迩仇雠，寡君将君是望，敢不稽首？"

晋为郑服故，且欲修吴好，将合诸侯。使士匄告于齐曰："寡君使匄以岁之不易，不虞之不戒，寡君愿与一二兄弟相见，以谋不协。请君临之，使匄乞盟。"齐侯欲勿许，而难为不协，乃盟于耏外。

祁奚请老，晋侯问嗣焉。称解狐，其雠也，将立之而卒。又问焉，对曰："午也可。"于是羊舌职死矣，晋侯曰："孰可以代之？"对曰："赤也可。"于是使祁午为中军尉，羊舌赤佐之。

君子谓祁奚于是能举善矣:称其雠,不为谄;立其子,不为比;举其偏,不为党。《商书》曰:"无偏无党,王道荡荡。"其祁奚之谓矣。解狐得举,祁午得位,伯华得官,建一官而三物成,能举善也夫。唯善,故能举其类。《诗》云:"惟其有之,是以似之。"祁奚有焉!

六月,公会单顷公及诸侯。己未,同盟于鸡泽。

晋侯使荀会逆吴子于淮上,吴子不至。

楚子辛为令尹,欲侵于小国,陈成公使袁侨如会求成。晋侯使和组父告于诸侯。秋,"叔孙豹及诸侯之大夫及陈袁侨盟",陈请服也。

晋侯之弟扬干乱行于曲梁,魏绛戮其仆。晋侯怒,谓羊舌赤曰:"合诸侯以为荣也。扬干为戮,何辱如之?必杀魏绛,无失也!"对曰:"绛无贰志,事君不辟难,有罪不逃刑。其将来辞,何辱命焉?"言终,魏绛至,授仆人书,将伏剑。士鲂、张老止之。公读其书,曰:"日君乏使,使臣斯司马。臣闻:'师众,以顺为武。军事,有死无犯为敬。'君合诸侯,臣敢不敬?君师不武,执事不敬,罪莫大焉。臣惧其死,以及扬干,无所逃罪。不能致训,至于用钺;臣之罪重,敢有不从以怒君心?请归死于司寇。"

公跣而出,曰:"寡人之言,亲爱也。吾子之讨,军礼也。寡人有弟,弗能教训,使干大命,寡人之过也。子无重寡人之过,敢以为请!"

晋侯以魏绛为能以刑佐民矣,反役与之礼食,使佐新军。张老为中军司马,士富为候奄。

楚司马公子何忌侵陈,陈叛故也。

许灵公事楚,不会于鸡泽。冬,晋知武子帅师伐许。

【译文】

襄公三年春天,楚国公子婴齐率军讨伐吴国。襄公前往晋国。夏天,四月二十五日,襄公和晋绰公在长樗结盟。襄公从晋国回国。六月,襄公会见单子、晋侯、宋公、卫侯、郑伯、莒子、邾子和齐国太子光。二十三日,同在鸡泽会盟。陈侯派遣袁侨参加会盟。七月十三日,叔孙豹和诸侯国的大夫以及陈国的袁侨会盟。秋天,襄公从会盟地回国。冬天,晋国荀䔭率军讨伐许国。

鲁襄公三年春天,楚国的子重发兵攻打吴国,组建了一支经过严格挑选的军队。楚军攻克了吴国的鸠兹,进逼衡山。派遣邓廖率领三百名车兵和三千名步兵进攻吴国。吴军拦腰截击楚军,俘虏了邓廖。免于被俘被杀的只有八十名车兵和三百名步兵。

子重回国后,在太庙庆功犒赏三天后。吴军进攻楚国,夺取了驾地。驾地是楚国的上等邑地;邓廖也是楚国的杰出将领。因此君子认为:"子重在这次战役中得到的不如失去的多。"楚国人因此责备子重。子重为此而耿耿于怀,不久便患精神病死了。

襄公到晋国去,这是即位后的第一次朝见。

夏天,在长樗结盟。孟献子担任赞礼官。襄公叩头,知武子说:"天子在上,而国君屈

尊行此大礼,我们国君害怕。"孟献子说:"我国远在东方,与齐、楚等敌国邻近,我们国君将完全仰仗贵君,怎能不行此大礼?"

晋国由于郑国已经顺服的缘故,并且也想和吴国建立友好关系,便准备会盟诸侯。派士匄通报齐国说:"我国国君派我前来,是因为近年来各国间纠纷不断,对意外情况缺乏戒备,我国国君希望与几位诸侯兄弟相见,以便商讨解决彼此间的不和,请国君光临这次会盟。特此派我前来请求结盟。"齐侯想不同意,而又怕被说成是与盟国不协同,于是在祊水之滨参加了会盟。

祁奚请求退休,晋悼公问他谁能接替他的职位。祁奚推荐解狐,解狐是他的仇人,正准备任命他时他却死了。又问祁奚,还有谁可以担任此职,祁奚回答说:"祁午可以。"这时候羊舌职死了,晋悼公问:"谁可以代替他?"祁奚说:"羊舌赤可以。"于是悼公任命祁午为中军尉,羊舌赤为他的副手。

君子说:"祁奚在这个问题上能举贤荐能。推荐他的仇人不算谄媚,推举他的儿子不算营私,推举他的副手不算结党。《商书》说:'既不结党又不营私,君王之道光明浩荡。'那大概就是说的祁奚吧。解狐得到举荐,祁午得到重用,羊舌赤得到官位,任命一个官员却成就了三件好事,这是善于举荐贤人的结果。只因为祁奚有德行,所以才能举荐贤能之人。《诗》说:'只因为他有德行,所以被荐者才像他一样。'祁奚就是这样的人。"

六月,襄公会合单顷公和晋悼公、宋平公、卫献公、郑僖公、莒子、邾子、齐国太子光,于二十三日在鸡泽会盟。

晋悼公派荀会到淮水北迎接吴王寿梦,但吴王没来。

楚国子辛任令尹,侵害小国,以满足楚国贪得无厌的欲望。陈成公派袁侨到盟会上请求和好。晋悼公派和组父将此事通报诸侯。秋天,叔孙豹和各诸侯的大夫与陈国袁侨结盟,这是陈国请求归顺的缘故。

晋悼公的弟弟扬干在曲梁扰乱了军队的行列,魏绛杀了扬干的车夫。晋悼公对此十分愤怒,对羊舌赤说:"会合诸侯本来以为是一件荣耀的事,但扬干被惩罚,有什么比这种侮辱更大呢?一定要杀掉魏绛,不要让他逃跑了。"羊舌赤回答说:"魏绛忠心不二,侍奉国君从不逃避任何危难,有了罪过也不会逃避刑罚。他会前来有所解释的,何必劳国君下令呢?"刚说完,魏绛就到了,他呈交给仆人一封奏章后,准备拔剑自杀。士鲂和张老劝阻他。悼公读他的奏章,奏章说:"当初君王缺乏人手,让我担任司马之职。我听说军队服从纪律叫作武,从军杀敌宁死不犯军令叫作敬。国君会合诸侯,我怎能不执行军纪军法呢?国君的军队没有纪律,军官不执行军法,那再没有比这更大的罪过了。我害怕这种死罪,才连累到扬干,实在没有逃避罪责的办法。我不能让下属得到好的训教,以至于动用斧刑。我的罪过很大,怎敢不服从惩罚,来使国君愤怒?请把我交给司法官处死。"

悼公没等穿上鞋就急忙跑出来,说:"我的话是出于对兄弟的亲情。您惩罚扬干,这是执行军法。我有弟弟,却没教育好,使他触犯了军令,这是我的过错。您不要再加重我

的过错了,谨以此作为请求。"

晋悼公认为魏绛善于运用刑罚治理百姓,从鸡泽回国后,在太庙设礼食款待他,任命他为新军副帅。又任命张老为中军司马,士富为候奄。

楚国的司马公子何忌率军入侵陈国,因为陈国背叛了楚国。

许灵公依附楚国,因此不参加在鸡泽的会盟。冬天,晋国知武子率军攻打许国。

襄公四年

【原文】

四年:春,王三月己酉,陈侯午卒。

夏,叔孙豹如晋。

秋,七月戊子,夫人姒氏薨。

葬陈成公。

八月辛亥,葬我小君定姒。

冬,公如晋。

陈人围顿。

四年春,楚师为陈叛故,犹在繁阳。韩献子患之,言于朝曰:"文王帅殷之叛国以事纣,唯知时也。今我易之,难哉!"

三月,陈成公卒。楚人将伐陈,闻丧乃止。陈人不听命。臧武仲闻之,曰:"陈不服于楚,必亡。大国行礼焉而不服,在大犹有咎,而况小乎?"

夏,楚彭名侵陈,陈无礼故也。

穆叔如晋,报知武子之聘也。晋侯享之。金奏《肆夏》之三,不拜。工歌《文王》之三,又不拜。歌《鹿鸣》之三,三拜。

韩献子使行人子员问之,曰:"子以君命辱于敝邑。先君之礼,藉之以乐,以辱吾子。吾子舍其大,而重拜其细,敢问何礼也?"对曰:"三《夏》,天子所以享元侯也,使臣弗敢与闻。《文王》,两君相见之乐也,〔使〕臣不敢及。《鹿鸣》,君所以嘉寡君也,敢不拜嘉?《四牡》,君所以劳使臣也,敢不重拜?《皇皇者华》,君教使臣曰:'必谘于周。'臣闻之:'访问于善为咨,咨亲为询,咨礼为度,咨事为诹,咨难为谋。'臣获五善,敢不重拜?"

秋,定姒薨。不殡于庙,无榇,不虞。匠庆谓季文子曰:"子为正卿,而小君之丧不成,不终君也。君长,谁受其咎?"

初,季孙为己树六槚于蒲圃东门之外。匠庆请木,季孙曰:"略。"匠庆用蒲圃之槚,季孙不御。

君子曰:"《志》所谓'多行无礼,必自及也',其是之谓乎!"

冬,公如晋听政。晋侯享公。公请属鄫,晋侯不许。孟献子曰:"以寡君之密迩于仇雠,而愿固事君,无失官命。鄫无赋于司马。为执事朝夕之命敝邑,敝邑褊小,阙而为罪,寡君是以愿借助焉。"晋侯许之。

楚人使顿间陈而侵伐之,故陈人围顿。

无终子嘉父使孟乐如晋,因魏庄子纳虎豹之皮,以请和诸戎。晋侯曰:"戎狄无亲而贪,不如伐之。"魏绛曰:"诸侯新服,陈新来和,将观于我:我德则睦,否则携贰。劳师于戎,而楚伐陈,必弗能救,是弃陈也;诸华必叛。戎,禽兽也。获戎失华,无乃不可乎?《夏训》有之曰:'有穷后羿。'"公曰:"后羿何如?"

对曰:"昔有夏之方衰也,后羿自鉏迁于穷石,因夏民以代夏政。恃其射也,不修民事,而淫于原兽,弃武罗、伯(困)〔因〕、熊髡、龙圉而用寒浞。寒浞,伯明氏之谗子弟也,伯明后寒弃之;夷羿收之,信而使之,以为己相。浞行媚于内而施赂于外,愚弄其民而虞羿于田,树之诈慝以取其国家,外内咸服。羿犹不悛,将归自田,家众杀而亨之。以食其子;其子不忍食诸,死于穷门。靡奔有鬲氏。浞因羿室,生浇及豷。恃其谗慝诈伪而不德于民,使浇用师,灭斟灌及斟寻氏。处浇于过,处豷于戈。靡自有鬲氏收二国之烬,以灭浞而立少康。少康灭浇于过,后杼灭豷于戈,有穷由是遂亡,失人故也。昔周辛甲之为大史也,命百官,官箴王阙。于《虞人之箴》曰:'芒芒禹迹,画为九州,经启九道。民有寝庙,兽有茂草;各有攸处,德用不扰。在帝夷羿,冒于原兽,忘其国恤,而思其麀牡。武不可重,用不恢于夏家。兽臣司原,敢告仆夫!'《虞箴》如是,可不惩乎?"于是晋侯好田,故魏绛及之。

公曰:"然则莫如和戎乎?"对曰:"和戎有五利焉。戎狄荐居,贵货易土,土可贾焉,一也。边鄙不耸,民狎其野,穑人成功,二也。戎狄事晋,四邻振动,诸侯威怀,三也。以德绥戎,师徒不勤,甲兵不顿,四也。鉴于后羿,而用德度,远至迩安,五也。君其图之!"

公说,使魏绛盟诸戎;修民事,田以时。

冬十月,邾人、莒人伐鄫,臧纥救鄫、侵邾,败于狐骀。国人逆丧者皆髽,鲁于是乎始髽。国人诵之曰:"臧之狐裘,败我于狐骀。我君小子,朱儒是使。朱儒朱儒,使我败于邾。"

【译文】

襄公四年春天,周历三月己酉,陈侯午去世。夏天,叔孙豹前往晋国。秋天,七月二十八日,夫人姒氏去世。安葬陈成公。八月二十二日,安葬我国小君定姒。冬天,襄公前往晋国。陈国人包围了顿。

鲁襄公四年春天,楚国军队因为陈国叛变而入侵陈国,还驻扎在繁阳。韩献子为此担忧,在朝廷进言说:"周文王所以率领背叛殷商的诸侯国侍奉纣王,是因为他知道时机还不成熟。现在我们反其道而行之,难啊!"

三月，陈成公去世。楚国人准备讨伐陈国，听到这一消息后便停止了出兵。陈国仍然不肯服从楚国。臧武仲听说了此事，说："陈国不顺服楚国，一定灭亡。大国在陈国国丧期间不攻打，这是遵守礼法，而陈国还不归顺，对大国来说还有灾祸，更何况是小国呢？"

夏天，楚国的彭名率军入侵陈国，因为陈国无礼的缘故。

叔孙豹前往晋国，对荀罃的聘问进行回访，晋悼公设宴款待了他。席间钟鼓演奏了《肆夏》乐曲的三章，但叔孙豹没有起身拜谢。乐工又歌唱了《文王》等三首，他还是没有拜谢。又歌唱了《鹿鸣》等三首，这次他起身连续拜谢了三次。

韩厥派外交官子员问他，说："您奉君主之命光临我国，我们按先君的礼节用音乐来招待您。您对前两次重要的演唱不拜谢，却对第三次演唱连拜三次，请问这是为什么？"叔孙豹回答说："三章《夏》乐，是天子用来招待诸侯首领的，使臣我不敢听；《文王》是两国国君相见时演唱的，使臣我也不敢听；《鹿鸣》是君王用来颂扬我国国君的，我怎敢不拜谢？《四牡》是君王慰劳我的，我怎敢不再次拜谢？《皇皇者华》，是君王教导我一定要向忠信之人请教。我听说：'向善人请教是咨，向亲戚请教是询，询问礼义是度，询问政事是诹，询问祸难是谋。'我由此得到五种善事，又怎敢不三拜呢？"

秋天，襄公的母亲定姒去世。没有在祖庙停放棺材，没有使用内棺，也没有举行虞祭。工匠庆对季文子说："您是正卿，国君生母的丧礼没有按夫人的规格，这就等于是不让国君为他母亲送终。将来国君长大了，谁来承担责任？"

当初，季文子为自己在蒲圃的东门之外种了六棵槚树。工匠庆请求用这些树给定姒做棺木，季文子说："还是马虎一点算了。"工匠庆还是伐用了季文子的槚木，季文子也没有阻止。

君子认为："《志》书中所说的'自己做多了无礼的事，一定有一天别人也对他无礼'，大概说的就是季文子吧！"

冬天，襄公前往晋国听取晋国对鲁国的要求，晋悼公设宴招待他。襄公请求把鄫国附属于鲁国，晋悼公不同意。孟献子说："我们君主距离敌国这么近，还是愿意始终侍奉君，从不违背晋国的命令。鄫国从没有向晋国交纳贡赋，而君的左右官员却整天下令我国交这交那，我国虽然地域狭小，财力有限，但如果不满足贵国的要求就是罪过，因此我们国君希望能得到鄫国以资借助。"晋悼公同意了这一请求。

楚国人让顿国乘陈国的空隙攻打它，因此陈国人包围了顿国。

无终国国君嘉父派孟乐前往晋国，通过魏绛的关系向晋悼公进献了虎豹皮，以此请求晋国与各戎人部落讲和。晋悼公说："戎人不讲亲情而且贪婪，不如攻打他们。"魏绛说："诸侯各国刚刚顺服，陈国也才来向我们求和，正在观望我国，如果我们有德，他们就亲近我们，否则就会怀有二心。兴师动众去讨伐戎国，楚国必定乘机攻打陈国，我们也一定不能救援他们，这实际上是抛弃陈国，中原诸国也一定会背叛我们。戎狄，就像禽兽，

征服戎狄却失去中原各国,恐怕不行吧?《夏训》中有这样的话:'有穷的后羿。'"悼公说:"后羿怎么样?"

魏绛回答说:"从前夏朝正衰败时,后羿从钼地迁到了穷石,利用夏朝的百姓取代了夏朝的政权。他倚仗自己善于射箭,不致力于安抚民众,却沉溺于打猎,抛弃了武罗、伯因、熊髡、尨圉四位贤臣,而起用了寒浞。寒浞,是伯明氏的一个奸邪子弟。寒国君主伯明抛弃了他,后羿收养了他,相信并重用他,让他做了自己的亲信。寒浞在宫内对女人献媚,在外广施钱财,收买民心,让后羿以打猎为乐。他在朝廷内扶植奸诈邪恶之人作为他的党羽,夺取了国家的政权,朝廷内外都归顺他。后羿仍不思悔改,他正准备从打猎的地方回朝廷,就被他的家臣杀了,并被煮熟,让他的儿子吃。他的儿子不忍心吃他的肉,也被杀死在穷门。后羿的臣子靡逃亡到有鬲氏部落。寒浞霸占了后羿的妻妾,

魏绛

生了浇和豷,凭着他的邪恶奸诈,对百姓不施德政。派浇发兵,灭亡了斟灌和斟寻氏部落。让浇驻守过地,让豷驻守戈地。靡在有鬲氏部落,收罗斟灌和斟寻两国的遗民,灭亡了寒浞,然后立了少康。少康在过地灭了浇,后杼则在戈地消灭了豷。有穷从此就灭亡了,这是失去了贤人的缘故。过去周朝的辛甲担任太史,命令百官劝谏天子的过错。在《虞人之箴》中说:"大禹所到的地方辽远广阔,划分为九个州,开辟了很多道路。百姓有房屋和祖庙,禽兽有丰茂的草料,人兽各有所居,互不干扰。后羿作为君王,贪恋打猎,忘记了国家的忧患,一心只想着野兽。田猎不能过分,过分了就不利于夏王朝。兽臣主管田猎,所以我才敢以此报告国君。'《虞箴》这样说,能不引起警惕吗?"这时晋悼公正喜欢打猎,所以魏绛才提到这件事。

晋悼公说:"那么没有比跟戎狄讲和更好的办法了吗?"魏绛回答说:"与戎狄讲和有五点好处:戎狄择水草之地而居,看重财物而轻视土地,他们的土地可以买过来,这是第一点。讲和后边界地区的百姓不再担惊受怕,可以安心耕种,农人可以丰收,这是第二点。戎狄侍奉晋国,四邻的国家必然受震动,诸侯会因为我们的国威而顺服,这是第三点。用德行安抚戎狄,不需动用军队,武器也不会受损失,这是第四点。以后羿的教训为借鉴,推行德政和法度,远方的国家就会前来朝拜,邻近的国家也会安心,这是第五点。请国君您考虑一下!"

晋悼公很高兴,派魏绛和戎狄结盟,治理百姓的事务,打猎不再违背农时。

冬天,十月,邾人、莒人攻打鄫国,臧纥率兵救援鄫国,攻打邾国,在狐骀被打败。鲁国人迎接阵亡将士尸体回国,都以麻束发。鲁国从此开始流行以麻束发的丧葬习俗。鲁

国人讽刺说："臧纥穿着狐皮袄，致使我军在狐骀被打败。我们国君太年幼，竟派一个侏儒去打仗。侏儒！侏儒！使我国败给邾国。"

襄公五年

【原文】

五年：春，公至自晋。

夏，郑伯使公子发来聘。

叔孙豹、鄫世子巫如晋。

仲孙蔑、卫孙林父会吴于善道。

秋，大雩。

楚杀其大夫公子壬夫。

公会晋侯、宋公、陈侯、卫侯、郑伯、曹伯、莒子、邾子、滕子、薛伯、齐世子光、吴人、鄫人于戚。

公至自会。

冬，戍陈。

楚公子贞帅师伐陈。

公会晋侯、宋公、卫侯、郑伯、曹伯、莒子、邾子、滕子、薛伯、齐世子光救陈。

十有二月，公至自救陈。

辛未，季孙行父卒。

五年春，公至自晋。

王使王叔陈生愬戎于晋，晋人执之。士鲂如京师，言王叔之贰于戎也。

夏，郑子国来聘，通嗣君也。

穆叔觌鄫大子于晋，以成属鄫。书曰："叔孙豹、鄫大子巫如晋，"言比诸鲁大夫也。

吴子使寿越如晋，辞不会于鸡泽之故，且请听诸侯之好。晋人将为之合诸侯，使鲁、卫先会吴，且告会期。故孟献子、孙文子会吴于善道。

秋，大雩，旱也。

楚人讨陈叛故，曰："由令尹子辛实侵欲焉。"乃杀之。书曰"楚杀其大夫公子壬夫"，贪也。

君子谓楚共王于是不刑。《诗》曰："周道挺挺，我心扃扃。讲事不令，集人来定。"己则无信，而杀人以逞，不亦难乎？《夏书》曰："成允成功。"

九月丙午，盟于戚，会吴，且命戍陈也。

穆叔以属鄫为不利，使鄫大夫听命于会。

楚子囊为令尹。范宣子曰:"我丧陈矣!楚人讨贰而立子囊,必改行而疾讨陈。陈近于楚,民朝夕急,能无往乎?有陈非吾事也,无之而后可。"

冬,诸侯戍陈。子囊伐陈。十一月甲午,会于城棣以救之。

季文子卒。大夫入殓,公在位。宰庀家器为葬备,无衣帛之妾,无食粟之马,无藏金玉,无重器备。君子是以知季文子之忠于公室也:相三君矣,而无私积,可不谓忠乎?

【译文】

鲁襄公五年春天,襄公从晋国回国。夏天,郑僖公派公子发前来聘问。叔孙豹和鄫国太子巫到晋国。仲孙蔑、卫国孙林父在善道和吴国会谈。秋天,鲁国举行了求雨的祭祀。楚国杀掉了大夫公子壬夫。襄公和晋悼公、宋平公、陈哀公、卫献公、郑僖公、曹成公、莒子、邾子、滕子、薛伯、齐国的太子光、吴国人、鄫国人在戚地举行了盟会。襄公从会盟地回国,冬天,诸侯们发兵戍守陈国。楚国的公子贞率军攻打陈国。襄公会合晋悼公、宋平公、卫献公、郑僖公、曹成公、莒子、邾子、滕子、薛伯、齐国的太子光救援陈国。十二月,襄公从救陈前线回国。二十日,季孙行父去世。

鲁襄公五年春天,襄公从晋国回国。

周天子派王叔陈生到晋国控告戎人,晋国人拘留了他。士鲂到京城,说王叔与戎人勾结。

夏天,郑国的子国来鲁国聘问,是为新即位的郑僖公谋求友好。

穆叔带着鄫国的太子去晋国会见,以期促成鄫国归属鲁国。《春秋》记载说:"叔孙豹、鄫太子巫如晋。"意思是把鄫国太子当作鲁国的大夫一样。

吴王派寿越到晋国,说明没有参加鸡泽盟会的缘故,并且请求与诸侯友好。晋国人为此准备再次会合诸侯,于是派鲁国、卫国先和吴国会谈,并且告诉吴国会谈的日期。因此孟献子和孙文子在善道和吴国举行了会谈。

秋天,举行了大规模的求雨活动,因为天气干旱。

楚国人质问陈国为什么背叛楚国,陈国回答说:"是因为贵国的令尹子辛总想满足他侵害我国的欲望。楚国于是杀了令尹子辛。《春秋》记载说:"楚杀其大夫公子壬夫。"这是说明子辛是因贪婪而被杀的。

君子认为楚共王在这件事上处刑不当。《诗》说:"大道平坦笔直,我的心中洞察分明,处理事情不当,就召集贤人来商定。"自己不讲信用,反而用杀人的办法来满足一时的快意,要想把国家治理好不是很困难吗?《夏书》说:"有了信用,才能成功。"

九月二十三日,襄公会同诸侯在戚地举行了盟会,和吴国会谈,并且决定派兵戍守陈国。

穆叔认为鄫国归属鲁国后对鲁国不利,于是他就让鄫国大夫到会听取盟主的命令。

楚国的子囊担任令尹。晋大夫范宣子说:"我们要失去陈国了。楚国人讨伐了生二

心的陈国之后让子囊任令尹,必然会改变子辛的做法而尽快讨伐陈国。陈国与楚国很近,百姓早晚担心楚国入侵,他们还能不归服楚国吗?保住陈国,不是我们所能做得到的事情,放弃陈国,以后还好办些。"

冬天,诸侯发兵戍守陈国。子囊率兵攻打陈国。十一月十二日,诸侯率军在城棣会合,前往救援陈国。

季文子去世。按惯例大夫入殓,襄公亲自参加。季文子的家臣准备家里的器物作为他的葬具,人们发现季文子的妻妾不穿丝绸,马匹不吃粮食,没有收藏金银玉器,没有双份的器物。君子们因此知道了季文子对公室的忠心耿耿。他先后辅佐了三个国君,却没有私人积蓄,能不说他忠心耿耿吗?

襄公六年

【原文】

六年:春,王三月壬午,杞伯姑容卒。

夏,宋华弱来奔。

秋,葬齐桓公。

滕子来朝。

莒人灭鄫。

冬,叔孙豹如邾。

季孙宿如晋。

十有二月,齐侯灭莱。

六年春,齐桓公卒。始赴以名,同盟故也。

宋华弱与乐辔少相狎,长相优,又相谤也。子荡怒,以弓梏华弱于朝。平公见之,曰:"司武而梏于朝,难以胜矣。"遂逐之。夏,宋华弱来奔。

司城子罕曰:"同罪异罚,非刑也。专戮于朝,罪孰大焉?"亦逐子荡。子荡射子罕之门,曰:"几日而不我从?"子罕善之如初。

秋,滕成公来朝,始朝公也。

莒人灭鄫,鄫恃赂也。

冬,穆叔如邾,聘,且修平。

晋人以鄫故来讨,曰:"何故亡鄫?"季武子如晋见,且听命。

十一月,齐侯灭莱,莱恃谋也。

于郑子国之来聘也,四月,晏弱城东阳,而遂围莱。甲寅,堙之环城,傅于堞。及杞桓公卒之月,乙未,王湫帅师及正舆子、棠人军齐师,齐师大败之。丁未,入莱。莱共公浮柔

奔棠。正舆子、王湫奔莒，莒人杀之。四月，陈无宇献莱宗器于襄宫。晏弱围棠，十一月丙辰而灭之。迁莱于郳。高厚、崔杼定其田。

【译文】

鲁襄公六年春天，周历三月二日，齐桓公姑容去世。夏天，宋国的华弱逃亡到鲁国。秋天，安葬齐桓公。滕子来鲁国朝见。莒国人灭亡了鄫国。冬天，叔孙豹前往邾国。季孙宿前往晋国。十二月，齐灵公灭掉了莱国。

鲁襄公六年春天，齐桓公去世。杞国首次在讣告上书写君主的名字，是由于同盟友好的缘故。

宋国的华弱与乐辔从小就很要好，长大后互相戏谑，又彼此攻击。有一次乐辔发怒，在朝廷上用弓套住华弱的脖子。宋平公看见了，说："统领军事的司马却被人在朝廷上套住了脖子，打仗一定难以取胜。"于是把华弱驱逐出国。夏天，宋国的华弱逃亡到鲁国。

司城子罕说："同样的罪却受到不同的处罚，这是不合刑法的。在朝廷上专横地侮辱别人，还有比这更大的罪吗？"于是也要驱逐乐辔。乐辔用箭射子罕的门，说："几天后你就不是和我一样被赶出国了吗？"子罕只好仍像过去一样对待他。

秋天，滕成公前来鲁国朝见，这是他首次朝见襄公。

莒国人灭亡了鄫国，这是由于鄫国倚仗送了财礼而放松戒备的缘故。

冬天，穆叔到邾国聘问，重修两国之好。

晋国人因为鄫国被灭亡的缘故前来责问鲁国，说："什么原因要让鄫国灭亡？"季武子到晋国会见，并且听候处置。

十一月，齐灵公灭掉了莱国，这是因为莱国倚仗计谋才造成的。

当郑国的子国来鲁国访问时，正是去年四月。齐国的晏弱在东阳筑城，然后就包围了莱国。甲寅日，在莱城四周堆起土山，高至城上的墙垛。到齐桓公去世的那个月，十五日，王湫率军和正舆子、棠人攻打齐军，齐军把他们打得大败。二十七日，齐军进入莱城。莱共公浮柔逃亡到棠地，正舆子和王湫逃亡到莒国，莒国人杀了他们。四月，齐国的陈无宇把莱国宗庙的宝器献到了齐襄公庙里。晏弱包围了棠地，十二月十日，灭掉了它，于是把莱国的百姓迁到了郳地。高厚和崔杼负责分配莱国的土地。

襄公七年

【原文】

七年：春，郯子来朝。

夏，四月，三卜郊；不从，乃免牲。

小邾子来朝。

城费。

秋,季孙宿如卫。

八月,螽。

冬,十月,卫侯使孙林父来聘。壬戌,及孙林父盟。

楚公子贞帅师围陈。

十有二月,公会晋侯、宋公、陈侯、卫侯、曹伯、莒子、邾子于邺。郑伯髡顽如会,未见诸侯;丙戌,卒于鄵。

陈侯逃归。

七年春,郯子来朝,始朝公也。

夏四月,三卜郊;不从,乃免牲。孟献子曰:"吾乃今而后知有卜、筮。夫郊祀后稷,以祈农事也,是故启蛰而郊,郊而后耕。今既耕而卜郊,宜其不从也。"

南遗为费宰。叔仲昭伯为隧正,欲善季氏,而求媚于南遗;谓遗:"请城费,吾多与而役。"故季氏城费。

小邾穆公来朝,亦始朝公也。

秋,季武子如卫,报子叔之聘,且辞缓报:"非贰也。"

冬十月,晋韩献子告老。公族穆子有废疾,将立之,辞曰:"《诗》曰:'岂不夙夜?谓行多露。'又曰:'弗躬弗亲,庶民无信。'无忌不才,让其可乎?请立起也:与田苏游,而曰'好仁'。《诗》曰:'靖共尔位,好是正直。神之听之,介尔景福!'恤民为德,正直为正,正曲为直,参和为仁。如是,则神听之,介福降之。立之,不亦可乎!"

庚戌,使宣子朝,遂老。晋侯谓韩无忌仁,使掌公族大夫。

卫孙文子来聘,且拜武子之言,而寻孙桓子之盟。公登亦登。叔孙穆子相,趋进,曰:"诸侯之会,寡君未尝后卫君。今吾子不后寡君,寡君未知所过。吾子其少安!"孙子无辞,亦无悛容。

穆叔曰:"孙子必亡!为臣而君,过而不悛,亡之本也。《诗》曰:'退食自公,委蛇委蛇。'谓从者也。衡而委蛇,必折。"

楚子囊围陈,会于邺以救之。

郑僖公之为大子也,于成之十六年与子罕适晋,不礼焉。又与子丰适楚,亦不礼焉。及其元年朝于晋,子丰欲愬诸晋而废之,子罕止之。及将会于邺,子驷相,又不礼焉。侍者谏,不听;又谏,杀之。及鄵,子驷使贼夜弑僖公,而以疟疾赴于诸侯。简公生五年,奉而立之。

陈人患楚。庆虎、庆寅谓楚人曰:"吾使公子黄往,而执之。"楚人从之。二庆使告陈侯于会,曰:"楚人执公子黄矣!君若不来,群臣不忍社稷宗庙,惧有二图。"陈侯逃归。

【译文】

鲁襄公七年春天,郯子来鲁国朝见。夏天,四月,鲁国为举行郊祭占卜了三次,不吉利,于是就释放备用的祭牛。小邾国的国君前来鲁国朝见。在费地筑城。秋天,季孙宿到卫国。八月,发生了虫害。冬天,十月,卫国派孙林父来鲁国访问。二十一日,与孙林父会盟。楚国的公子贞率军包围了陈国。十二月,襄公与晋悼公、宋平公、陈哀公、卫献公、曹成公、莒子、邾子在鄬地聚会。郑僖公髡顽到会。没有见到诸侯,丙戌日,在鄬地去世。陈侯逃回国内。

鲁襄公七年春天,郯子前来鲁国朝见,这是他第一次朝见襄公。

夏天,四月,为举行郊祭三次占卜,都不吉利,于是释放备用的祭牛。孟献子说:"我现在才知道占卜和占筮的作用。郊祭,是祭祀后稷,祈求农业丰收。因此在启蛰这一天举行郊祭,郊祭后才开始耕种。如今已经开始耕种,才为郊祭占卜,难怪不吉利。"

南遗担任费邑的县宰。叔孙昭伯担任隧正,他想巴结季氏,于是就讨好南遗,对南遗说:"请季氏在费邑筑城,我多派给你劳力。"因此季氏在费邑筑城。

小邾国穆公来鲁国朝见,也是第一次朝见襄公。

秋天,季武子到卫国,对子叔在襄公元年对鲁国的访问进行回访,并且说明迟迟才回访,并非是对卫国有二心。

冬天,十月,晋国的韩献子告老退休。他的长子穆子有残疾,晋悼公准备立他为卿。穆子推辞说:"《诗》说:'难道我不是早晚都想来?只是途中露水太多。'又说:'如果不是亲理政事,百姓就不信服。'我韩无忌没有才干,让给别人,可不可以呢?请求国君立韩起为卿。韩起与田苏交游,田苏说他好行仁义。《诗》说:'忠于你的职守,起用正直的人。神灵听说了之后,就会赐给你大福。'怜悯百姓就是德,正直无邪就是正,纠正偏邪就是直,将这三者统一为一体就是仁。像这样,神灵就会听到,降给你大福。立韩起为卿,不也是可以的吗?"

九日,让韩起朝见悼公,于是让韩献子告老退休。晋悼公认为韩无忌有仁义之心,就让他掌管公族大夫。

卫国的孙文子来鲁国访问,同时对季武子访卫时的解释进行答谢,之后两国又重温了孙桓子访问鲁国时签订的盟约。会见时孙文子与襄公并肩而行,襄公登上一级台阶,孙文子也登上一级台阶。叔孙穆子担任相礼,他急步上前说:"诸侯会盟时,我们国君没有走在卫国国君之后。现在您不走在我国君之后,我们国君不知道他有什么过错而致使您如此轻视他。您还是稍慢一点吧!"孙文子不解释,但也没有难为情的表情。

穆叔说:"孙文子必然灭亡。身为臣子却摆出国君的架子,犯了过错又不悔改,这是一个人灭亡的根本原因。《诗》说:'从朝廷回家吃饭,神态从容谦恭。'说的就是谦恭顺从的人。专横无礼却还洋洋自得的人必定毁灭。"

楚国的子囊包围了陈国，襄公与诸侯们在郏地会合，然后发兵救援陈国。

郑僖公做太子的时候，在鲁成公十六年和郑国的子罕到晋国，没有礼貌。又和子丰到楚国，也没有礼貌。等到他即位的元年，到晋国朝见时，子丰想向晋国控告他以便废掉他，子罕制止了。等到将要在郏地会见时，子驷担任相礼，僖公还是没有礼貌。侍者劝谏他，他不听，再次劝谏，他就杀了侍者。到了鄵地，子驷派贼人在夜里杀掉了僖公，而以暴病致死不能与会讣告诸侯。简公当年五岁，臣子们立他为国君。

陈国人担忧楚国。庆虎、庆寅对楚国人说："我们让公子黄前往贵国。你们把他抓起来。"楚国人听从了他们的建议。于是庆席、庆寅派人到会盟地告诉陈哀公，说："楚国人抓住了公子黄，您如果不赶回来，群臣们不忍心国家灭亡，恐怕会有别的想法。"于是陈哀公就从盟会上逃回来了。

襄公八年

【原文】

八年：春，王正月，公如晋。

夏，葬郑僖公。

郑人侵蔡，获蔡公子燮。

季孙宿会晋侯、郑伯、齐人、宋人、卫人、邾人于邢丘。

公至自晋。

莒人伐我东鄙。

秋，九月，大雩。

冬，楚公子贞帅师伐郑。

晋侯使士匄来聘。

八年春，公如晋，朝，且听朝聘之数。

郑群公子以僖公之死也，谋子驷。子驷先之。夏四月庚辰，辟杀子狐、子熙、子侯、子丁。孙击、孙恶出奔卫。

庚寅，郑子国、子耳侵蔡，获蔡司马公子燮。郑人皆喜。唯子产不顺，曰："小国无文德而有武功，祸莫大焉。楚人来讨，能勿从乎？从之，晋师必至。晋、楚伐郑，自今郑国不四五年弗得宁矣！"子国怒之，曰："尔何知！国有大命，而有正卿；童子言焉，将为戮矣！"

五月甲辰，会于邢丘；以命朝聘之数，使诸侯之大夫听命。季孙宿、齐高厚、宋向戌、卫宁殖、邾大夫会之。郑伯献捷于会，故亲听命。大夫不书，尊晋侯也。

莒人伐我东鄙，以疆鄫田。

"秋九月，大雩"，旱也。

冬,楚子囊伐郑,讨其侵蔡也。子驷、子国、子耳欲从楚,子孔、子蟜、子展欲待晋。

子驷曰:"《周诗》有之曰:'俟河之清,人寿几何?兆云询多,职竞作罗。'谋之多族,民之多违,事滋无成。民急矣!姑从楚以纾吾民。晋师至,吾又从之。敬共币帛以待来者,小国之道也。牺牲玉帛,待于二竟,以待强者而庇民焉。寇不为害,民不罢病,不亦可乎?"

子展曰:"小所以事大,信也。小国无信,兵乱日至,亡无日矣。五会之信,今将背之;虽楚救我,将安用之?亲我无成,鄙我是欲,不可从也。不如待晋。晋君方明,四军无阙,八卿和睦,必不弃郑。楚师辽远,粮食将尽,必将速归,何患焉!舍之闻之:'杖莫如信。'完守以老楚,杖信以待晋,不亦可乎?"

子驷曰:"《诗》云:'谋夫孔多,是用不集。发言盈庭,谁敢执其咎?如匪行迈谋,是用不得于道。'请从楚,騑也受其咎!"乃及楚平。

使王子伯骈告于晋,曰:"君命敝邑:'修而车赋,儆而师徒,以讨乱略。'蔡人不从,敝邑之人不敢宁处,悉索敝赋以讨于蔡,获司马燮,献于邢丘。今楚来讨,曰:'女何故称兵于蔡?'焚我郊保,冯陵我城郭。敝邑之众,夫妇男女,不皇启处,以相救也。翦焉倾覆,无所控告。民死亡者,非其父兄,即其子弟。夫人愁痛,不知所庇。民知穷困,而受盟于楚。孤也与其二三臣不能禁止,不敢不告!"

知武子使行人子员对之,曰:"君有楚命,亦不使一个行李告于寡君,而即安于楚。君之所欲也,谁敢违君?寡君将帅诸侯以见于城下,唯君图之!"

晋范宣子来聘,且拜公之辱,告将用师于郑。公享之。宣子赋《摽有梅》,季武子曰:"谁敢哉?今譬于草木,寡君在君,君之臭味也。欢以承命,何时之有?"武子赋《角弓》。宾将出,武子赋《彤弓》。宣子曰:"城濮之役,我先君文公献功于衡雍,受彤弓于襄王,以为子孙藏。匄也,先君守官之嗣也,敢不承命?"君子以为知礼。

【译文】

鲁襄公八年春天,周历正月,襄公到晋国。夏天,安葬郑僖公。郑国人入侵蔡国,抓获了蔡国的公子燮。季孙宿在邢丘与晋悼公、郑简公、齐国人、卫国人、邾国人会见。襄公从晋国回国。莒国人攻打我国的东部边境地区。秋天,九月,鲁国举行大规模的求雨活动。冬天,楚国的公子贞率军攻打郑国。晋悼公派士匄来鲁国访问。

鲁襄公八年春天,襄公到晋国朝见,同时请示每年朝聘时需要贡献的财物的数目。

郑国的公子们因僖公的死,谋划去掉子驷。子驷比他们先下手。夏天,四月十二日,以罪名杀掉了子狐、子熙、子侯、子丁。孙击、孙恶出逃到卫国。

二十二日,郑国的子国、子耳入侵蔡国,俘虏了蔡国的司马公子燮。郑国人都很高兴,只有子产一个人没有附和。他说:"一个小国没有文治,却有武功,没有比这更大的祸患了。如果楚国人前来讨伐,能不顺从他们吗?如果顺从了楚国,晋军必然又前来讨伐。

晋国、楚国讨伐郑国，从今以后，郑国至少有四五年不得安宁了。"子国对子产生气地说："你知道什么？国家有重大命令，自然有正卿发布，小孩子胡言乱语，是要被杀的。"

五月七日，季武子和晋悼公、郑简公、齐国人等在邢丘举行了会见。会上晋国确定了各国进贡的财物数目，让诸侯的大夫听取命令。季武子、齐国的高厚、宋国的向戌、卫国的宁殖、邾国的大夫参加了会见。郑简公向主持会见的晋悼公进献郑蔡之战的战利品，所以亲自到会听命。《春秋》没有记载各国大夫的名字，这是表示对晋悼公的尊敬。

莒国人攻打鲁国东部边境，想以此划定鄫国土地的疆界。

秋天，九月，鲁国举行盛大的求雨活动，因为大旱。

冬天，楚国的子囊攻打郑国，是为了讨伐它入侵蔡国。子驷、子国、子耳想顺从楚国，子孔、子蟜、子展打算抵抗楚军以等待晋军的援救。

子驷说："《周诗》中有这样的话：'如果等到黄河水澄清，人的寿命有多长？占卜次数太多，只能是自作罗网。'与很多人谋划，众说纷纭，百姓无所适从，事情就更加难以办成。百姓已万分危急，暂且顺从楚国，以缓解百姓的灾难。晋军到了，我们再投靠他们。恭敬地供给财礼，等待大国到来，这是小国的生存之道。带着祭祀用的牛羊玉帛，等候在我国和晋、楚两国的边境上，以等待他们这些强国来保护我们的百姓。这样敌寇不为害，百姓不因战争而疲顿不堪，不也是可以的吗？"

子展说："小国用来侍奉大国的东西，是信用。如果小国不讲信用，战乱随时都会发生，亡国也就没有几天了。五次会盟与晋国订立的盟约，现在打算背弃它，虽然有楚国救援我们，又能有什么用？楚国亲近我们不会有好结果，想把我国作为他们的边邑，才是他们真正想得到的，不能顺从楚国。不如等待晋军。晋悼公正是贤明的时候，四军完备无缺，八卿和睦，一定不会抛弃郑国。楚军远道而来，粮食将要吃完，肯定要很快回国。有什么可怕的呢？我听说：'依靠别的东西，不如依靠信用。'加强守备，让楚军失去斗志，依靠信用等待晋军，不也可以吗？"

子驷说："《诗》说：'谋划的人太多，因此难以作出决断。发言的人满庭，但又有谁敢于承担责任？就好比一个人一边走路一边和人商量事情，因此一无所得。'请求顺从楚国，我来承担这一责任。"于是郑国就和楚国讲和。

派王子伯骈到晋国报告，说："君王曾命令我国：'修好你们的兵车，告诫你们的官兵，准备讨伐叛乱者。'蔡国人不肯顺从，我国的人也不能安居，招集我国所有的兵力，讨伐蔡国，俘虏了蔡国的司马燮，并献到了邢丘的诸侯盟会上。现在楚国来讨伐我们说：'你们为什么对蔡国用兵？'并且焚烧了我国郊外的城堡，进犯我国的城郭。我国百姓，不论夫妻男女，无暇休息，互相救援。国家将要倾覆灭亡，却无处控告。百姓中死去的，不是他们的父兄，就是他们的子弟。人人忧愁悲伤，不知哪里是护身的地方。百姓知道已经走投无路，只得接受楚国的盟约，我和手下的臣子也不能禁止。这件事我们不敢不报告给贵国。"

荀罃派外交官员对王子伯骈说:"贵国遭到楚国的讨伐,也不派一个使臣来告诉我们国君,就向楚国屈服,这是贵国国君的希望,谁能违抗呢? 我们国君将率领诸侯和你们在城下相见,请贵国国君慎重考虑!"

晋国的范宣子来鲁国访问,答谢襄公在春天对晋国的朝见,同时通报准备对郑国用兵。襄公设宴款待范宣子,宣子在宴席上吟诵了《摽有梅》这首诗。季武子说:"谁敢不及时出兵呢? 现在以草木做比,我们国君对贵国国君来说,就好像是草木散发出来的气味。高兴地接受贵国的命令,哪里会有时间上的早晚?"季武子接着吟诵了《角弓》一诗。客人将要退出宴席时,季武子又吟诵了《彤弓》一诗。范宣子说:"当年城濮之战,我国先君文公曾到衡雍向周天子进献战果,接受了襄王赠给的一把红色的弓,作为子孙的宝藏。我士匄是先君大臣的后代,怎敢不接受您的命令呢?"君子认为宣子懂得礼。

襄公九年

【原文】

九年:春,宋灾。

夏,季孙宿如晋。

五月辛酉,夫人姜氏薨。

秋,八月癸未,葬我小君穆姜。

冬,公会晋侯、宋公、卫侯、曹伯、莒子、邾子、滕子、薛伯、杞伯、小邾子、齐世子光伐郑。十有(二)〔一〕月己亥,同盟于戏。

楚子伐郑。

九年春,宋灾。乐喜为司城以为政,使伯氏司里:火所未至,彻小屋,涂大屋。陈畚挶,具绠缶,备水器;量轻重,蓄水潦,积土涂;巡丈城,缮守备,表火道。使华臣具正徒,令隧正纳郊保,奔火所。使华阅讨右官,官庀其司;向戌讨左,亦如之。使乐遄庀刑器,亦如之。使皇郧命校正出马,工正出车,备甲兵,庀武守。使西钼吾庀府守,令司宫、巷伯儆宫。二师令四乡正敬享,祝宗用马于四墉,祀盘庚于西门之外。

晋侯问于士弱曰:"吾闻之:宋灾,于是乎知有天道。何故?"对曰:"古之火正,或食于心,或食于咮,以出内火。是故咮为鹑火,心为大火。陶唐氏之火正阏伯居商丘,祀大火而火纪时焉。相土因之,故商主大火。商人阅其祸败之衅,必始于火,是以日知其有天道也。"公曰:"可必乎?"对曰:"在道。国乱无象,不可知也。"

夏,季武子如晋,报宣子之聘也。

穆姜薨于东宫。始往而筮之,遇"艮〔☶〕"之八(☶)。史曰:"是谓'艮'之'随☳'。'随',其出也。君必速出!"姜曰:"亡! 是于《周易》曰:'随,元,亨,利,贞,无咎。'元,体

之长也。亨，嘉之会也。利，义之和也。贞，事之干也。体仁足以长人，嘉德足以合礼，利物足以和义，贞固足以干事。然，故不可诬也。是以虽'随'无咎。今我妇人而与于乱，固在下位而有不仁，不可谓元；不靖国家，不可谓亨；作而害身，不可谓利；弃位而姣，不可谓贞。有四德者，'随'而无咎。我皆无之，岂'随'也哉？我则取恶，能无咎乎？必死于此，弗得出矣！"

秦景公使士雅乞师于楚，将以伐晋，楚子许之。子囊曰："不可。当今吾不能与晋争。晋君类能而使之，举不失选，官不易方。其卿让于善，其大夫不失守，其士竞于教，其庶人力于农穑，商工皂隶不知迁业。韩厥老矣，知䓨禀焉以为政。范匄少于中行偃而上之，使佐中军。韩起少于栾黡，而栾黡、士鲂上之，使佐上军。魏绛多功，以赵武为贤而为之佐。君明臣忠，上让下竞。当是时也，晋不可敌，事之而后可。君其图之！"王曰："吾既许之矣。虽不及晋，必将出师。"

秋，楚子师于武城以为秦援。

秦人侵晋。晋饥，弗能报也。

冬十月，诸侯伐郑。庚午，季武子、齐崔杼、宋皇郧从荀罃、士匄门于鄟门，卫北宫括、曹人、邾人从荀偃、韩起门于师之梁，滕人、薛人从栾黡、士鲂门于北门，杞人、郳人从赵武、魏绛斩行栗。甲戌，师于氾，令于诸侯曰："修器备，盛馔粮，归老幼，居疾于虎牢，肆眚，围郑！"

郑人恐，乃行成。中行献子曰："遂围之，以待楚人之救也而与之战。不然，无成。"知武子曰："许之盟而还师，以敝楚人。吾三分四军，与诸侯之锐以逆来者，于我未病，楚不能矣。犹愈于战。暴骨以逞，不可以争。大劳未艾。君子劳心，小人劳力，先王之制也。"诸侯皆不欲战，乃许郑成。

十一月己亥，同盟于戏，郑服也。将盟，郑六卿公子騑、公子发、公子嘉、公孙辄、公孙虿、公孙舍之及其大夫、门子，皆从郑伯。晋士庄子为载书，曰："自今日既盟之后，郑国而不唯晋命是听，而或有异志者，有如此盟！"公子騑趋进，曰："天祸郑国，使介居二大国之间。大国不加德音而乱以要之，使其鬼神不获歆其禋祀，其民人不获享其土利，夫妇辛苦垫隘，无所（底）〔厎〕告。自今日既盟之后，郑国而不唯有礼与强可以庇民者是从，而敢有异志者，亦如之！"荀偃曰："改载书！"公孙舍之曰："昭大神要言焉。若可改也，大国亦可叛也。"知武子谓献子曰："我实不德而要人以盟，岂礼也哉？非礼，何以主盟？姑盟而退，修德息师而来，终必获郑，何必今日？我之不德，民将弃我，岂唯郑？若能休和，远人将至，何恃于郑？"乃盟而还。

晋人不得志于郑，以诸侯复伐之。十二月癸亥，门其三门。闰月戊寅，济于阴阪，侵郑，次于阴口而还。子孔曰："晋师可击也，师老而劳，且有归志。必大克之！"子展曰："不可。"

公送晋侯。晋侯以公宴于河上，问公年。季武子对曰："会于沙随之岁，寡君以生。"

晋侯曰："十二年矣。是谓一终，一星终也。国君十五而生子：冠而生子，礼也。君可以冠矣。大夫盍为冠具？"武子对曰："君冠，必以裸享之礼行之，以金石之乐节之，以先君之祧处之。今寡君在行，未可具也。请及兄弟之国而假备焉。"晋侯曰："诺。"公还及卫，冠于成公之庙，假钟磬焉，礼也。

楚子伐郑。子驷将及楚平，子孔、子蟜曰："与大国盟，口血未干而背之，可乎？"子驷、子展曰："吾盟固云'唯强是从'。今楚师至，晋不我救，则楚强矣。盟誓之言，岂敢背之？且要盟无质，神弗临也。所临唯信。信者言之瑞也，善之主也，是故临之。明神不蠲要盟，背之可也。"乃及楚平。公子罢戎入盟，同盟于中分。

楚庄夫人卒，王未能定郑而归。

晋侯归，谋所以息民。魏绛请施舍，输积聚以贷。自公以下，苟有积者，尽出之。国无滞积，亦无困人；公无禁利，亦无贪民。祈以币更，宾以特牲，器用不作，车服从给。行之期年，国乃有节，三驾而楚不能与争。

【译文】

鲁襄公九年春天，宋国发生了火灾。夏天，季孙宿到晋国。五月二十九日，夫人姜氏去世。秋天八月二十三日，安葬我国小君穆姜。冬天，襄公会合晋悼公、宋平公、卫献公、曹成公、莒子、邾子、滕子、薛伯、杞孝公、小邾子、齐国太子光攻打郑国。十二月十日，在戏地结盟。楚共王讨伐郑国。

鲁襄公九年春天，宋国发生了火灾。乐喜担任司城执掌政权。他派伯氏管理街巷，在火没有烧到的地方拆除小屋，用泥涂封大屋；准备运土工具、汲水的绳子和盛水的器物；根据需求量储蓄用水，堆积泥土；巡视城郭，加强守备，标记火的燃烧趋向。派华臣调集徒役，命令隧正调集郊外的徒卒，赶赴火灾区。派华阅管理右师各官，让他们各尽其职。派向戌管理左师各官，也让他们各尽其职。派乐遄准备刑具，也像华阅一样。派皇郧命令校正备好马匹，工正备好兵车和武器，保护武器仓库。派西锄吾保护国库，他下令司宫、巷伯加强宫中守卫。左右二师命令四乡乡正祭祀神灵，让祝宗用马祭祀四方城池之神，在西门之外祭祀祖先盘庚。

晋悼公问士弱说："我听说，宋国发生了火灾，因此明白了自然规律，这是什么原因？"士弱回答说："古代的火正之官在祭祀火星时，有时用心宿作为陪祭，有时用柳宿作为陪祭，因为火星是在这两个星宿之间运行。所以咮就是鹑火星，心宿就是大火星。陶唐氏的火正阏伯住在商丘，祭祀大火星，而用火星的移动来确定季节。商朝的先祖相土沿袭了这个办法，因此商朝就以大火星作为祭祀的主星。商朝人观察他们祸乱失败的征兆，就一定是从火灾开始，因此过去他们就自以为掌握了自然规律。"晋悼公说："这种规律一定能把握住吗？"士弱回答说："这在于有道或无道。如果一个国家发生了动乱，上天不显示预兆，那就无法知道了。"

夏天,季武子到晋国,回报范宣子对鲁国的访问。

穆姜在东宫去世。当初她搬到东宫时曾占筮,得到艮卦变为八。太史说:"这是说艮卦变为随卦。随表示出走,您一定要尽快搬出去。"穆姜说:"不用了。这卦象在《周易》中的解释是:'随,元、亨、利、贞,没有灾祸。'元,是身体的最高处;亨,表示主宾相会;利,是道义的总和;贞,是事物的根本。以仁为本体就能高于常人,使德行美好就能合乎礼仪,对别人有利就能总括道义,为人忠诚守信就能成就事业。做到这样,是不可欺的,因此即使遇到随卦也不会有灾祸。而现在我作为一个妇人却参与动乱,本来妇人地位低下却有了不仁义的行为,不能说是元;使国家动乱不安,不能说是亨;兴风作浪而害及自身,不能说是利;忘记未亡人的身份却爱好姣美,不能说是贞。具有元、亨、利、贞四德的人,即使遇到随卦也不会有灾祸。我一种也不具有,又怎能符合随卦的卦辞呢?我自取邪恶,能没有灾祸吗?我肯定要死在这里,不能出去了。"

秦景公派士雅到楚国请求出兵,攻打晋国,楚共王同意了这一请求。子囊说:"不能这样。现在我国不能与晋国争雄。晋悼公量才使用人才,选拔人才没有遗漏,任命官员不改变政策。他的卿把职务让给贤能之人,他的大夫恪尽职守,他的士致力于教化,他的百姓尽力耕种,他的工商杂役,安于本业。韩厥告老退休了,荀罃接替他执掌政权。范宣子比中行偃年轻,却位居中行偃之上,让他担任了中军副帅。韩起比栾黡年轻,但栾黡和士鲂却让他位居自己之上,让他担任了上军副帅。魏绛有很多功劳,但他认为赵武贤能而甘愿做他的副手。国君贤明,臣子忠诚,上面谦让,下面尽力。在这时候,晋国不可匹敌,只有侍奉他们才行。请您考虑一下!"共王说:"我已经同意了,即使我们比不上晋国,也一定要出兵。"

秋天,楚共王进兵武城,作为对秦国的支援。

秦国人入侵晋国。晋国正发生饥荒,因此不能回击。

冬天十月,诸侯攻打郑国。十一日,季武子、齐国的崔杼、宋国的皇郧随同荀罃、士匄攻打郑都东门郭门,卫国的北宫括、曹国人、邾国人随同荀偃、韩起攻打郑都西门师之梁,滕国人、薛国人随同栾黡、士鲂攻打北门,杞国人、郳人随同赵武、魏绛砍除了道路边的栗树。十五日,联军驻扎在氾水之滨。晋悼公向诸侯下命令:"整理武器装备,准备干粮,把老幼士卒送回去,让有病的士卒住到虎牢,宽恕那些有过失的人。围攻郑国。"

郑国人害怕了,于是求和。荀偃说:"马上包围郑国,等候楚国人来救,再与他们作战。不这样,就不会有和谈。"知罃说:"同意和郑国结盟然后撤兵,让楚国人再去攻打郑国,使他们疲惫不堪。我们把四个军分成三部分,与诸侯的精锐部队,迎击楚军,对我军来说,不会疲乏,但楚军就不可能了。这种方法比决战更好。暴骨弃尸以图一时痛快,不能用这种方法和敌人争锋。更大的辛劳还在等着我们,君子用智慧取胜,小人靠力气取胜,这是先王的遗训。"于是诸侯都不想作战了,就同意和郑国讲和。

十一月十日,在戏地结盟,这是由于郑国已经顺服了。将要结盟,郑国的六个卿公子

騑、公子发、公子嘉、公孙辄、公孙虿、公孙舍之和他们的大夫、卿的嫡子都跟随郑简公来到盟会上。晋国的士庄子起草了盟书，内容说："从今天盟誓后，郑国如果不绝对服从晋国，或另有二心，就根据此盟约加以制裁。"公子騑快步上前说："上天降祸给郑国，让我们夹在两个大国的中间。但大国没有赐给我们恩德，反而用战乱要挟我们，使我们的神灵得不到祭祀，我们的百姓得不到土地的收益，男女老少辛苦劳作却仍然贫困瘦弱，而且无处诉说。从今天盟誓之后，郑国如果不绝对服从讲究礼义而又能强有力地保护我国百姓的国家，并有二心的话，甘愿受此处罚。"荀偃说："再修改一下盟书。"公孙舍之曰："已经对着神灵盟过誓了，如果还能改动的话，那么大国也可以背叛了。"知䓖对荀偃说："我们缺少德行，却以盟约来要挟人家，难道合乎礼义吗？不合乎礼义，凭什么来主持盟会？暂且结盟后退兵，修养德行，休整军队后再来，最终一定能得到郑国，又何必非在今天？假如我们没有德行，自己的百姓都会离我们而去，难道仅仅是郑国吗？如果能使德行美好，上下和睦，远方的诸侯都将前来归附，又何必只指望郑国呢？"于是和郑国结盟后就退兵了。

晋国人在郑国那里没有达到目的，便率领诸侯再次攻打郑国。十二月五日，攻打郑国的东、西、北三个城门，一连攻打了五天。二十日，在阴阪渡过了洧水，再次攻打郑国，军队驻扎在阴口，后来就回去了。子孔说："晋军可以攻击，军队已经疲惫，士兵归心似箭，一定能大胜他们。"子展说："不行。"

襄公送别晋悼公，晋悼公在黄河边设宴招待襄公。席间悼公问起襄公的年龄，季武子回答说："诸侯们在沙随盟会的那一年，我们国君出生。"晋悼公说："十二年了，这是一终，正好是岁星运行一周的时间。国君十五岁就可以生孩子。举行冠礼之后生孩子，是合乎礼法的。君可以举行冠礼了，大夫何不给君准备举行冠礼的用具？"季武子回答说："君举行冠礼，必须先举行裸享之礼，并且要用金石之乐使之有节度，还要到先君的宗庙中举行。现在我们国君身在路途，无法准备，请求到了兄弟国家后再借用具。"晋悼公说："好。"襄公回国，到了卫国，就在卫成公庙中举行了冠礼，还借用了卫国的钟和磬，这是合乎礼法的。

楚共王讨伐郑国，子驷准备和楚国讲和。子孔、子蟜说："才和晋国盟誓，嘴上的血还没干就背叛了，这样可以吗？"子驷、子展说："我们在盟约中本来就说：'只要是强大的国家我们就服从。'现在楚师来到，晋国却不来救援我们，那么楚国就是强国了。盟誓的话，怎么敢背叛？况且在要挟的情况下订立的盟约本来就没有诚信可言，神灵也不会亲临，只有真诚的盟会神灵才会亲临。诚信，是语言的凭证，是善良的根本，所以神灵才降临。圣明的神灵不会理睬在要挟情况下订立的盟约，背叛它是可以的。"于是和楚国讲和。公子罢戎进入郑都订立盟约，在中分举行了结盟仪式。

楚庄王的夫人去世，共王没有能够安定郑国就回国了。

晋悼公回国后，与大臣商议怎样才能让百姓休养生息。魏绛请求对百姓施舍，输出

积聚的财物借给百姓。从国君以下的所有官员，如果有积蓄的，都全部拿出来。因此国家再没有积压的货物，没有贫困的人。国君没有专门的利益，也没有贪婪的百姓。祈祷时用财货代替牛羊，宴请宾客只用一头雄性牲畜，不再制作新的器具，车马服饰够用就行了。实行了一年，国家就有了法度。后来晋国三次出兵，楚国都不能与它争雄。

襄公十年

【原文】

十年：春，公会晋侯、宋公、卫侯、曹伯、莒子、邾子、滕子、薛伯、杞伯、小邾子、齐世子光，会吴于柤。

夏，五月甲午，遂灭偪阳。

公至自会。

楚公子贞、郑公孙辄帅师伐宋。

晋师伐秦。

秋，莒人伐我东鄙。

公会晋侯、宋公、卫侯、曹伯、莒子、邾子、齐世子光、滕子、薛伯、杞伯、小邾子，伐郑。

冬，盗杀郑公子騑、公子发、公孙辄。

戍郑虎牢。

楚公子贞帅师救郑。

公至自伐郑。

"十年春，会于柤"，会吴子寿梦也。

三月癸丑，齐高厚相大子光，以先会诸侯于钟离，不敬。士庄子曰："高子相大子以会诸侯，将社稷是卫；而皆不敬，弃社稷也，其将不免乎？"

夏四月戊午，会于柤。

晋荀偃、士匄请伐偪阳，而封宋向戍焉。荀罃曰："城小而固，胜之不武，弗胜为笑。"固请。丙寅，围之，弗克。孟氏之臣秦堇父辇重如役，偪阳人启门；诸侯之士门焉。县门发，郰人纥抉之以出门者。狄虒弥建大车之轮，而蒙之以甲以为橹，左执之，右拔戟，以成一队。孟献子曰："《诗》所谓'有力如虎'者也。"主人县布，堇父登之，及堞而绝之，队；则又县之。苏而复上者三。主人辞焉，乃退。带其断以徇于军三日。

诸侯之师久于偪阳，荀偃、士匄请于荀罃曰："水潦将降，惧不能归，请班师。"知伯怒，投之以机，出于其间，曰："女成二事而后告余！余恐乱命，以不女违。女既勤君而兴诸侯，牵帅老夫以至于此，既无武守，而又欲易余罪，曰：'是实班师。不然，克矣。'余赢老也，可重任乎？七日不克，必尔乎取之！"

五月庚寅，荀偃、士匄帅卒攻偪阳，亲受矢石。甲午，灭之。书曰“遂灭偪阳”，言自会也。

以与向戌，向戌辞曰：“君若犹辱镇抚宋国，而以偪阳光启寡君，群臣安矣，其何贶如之！若专赐臣，是臣兴诸侯以自封也，其何罪大焉？敢以死请！”乃予宋公。

宋公享晋侯于楚丘，请以《桑林》，荀罃辞。荀偃、士匄曰：“诸侯宋、鲁，于是观礼。鲁有禘乐，宾、祭用之。宋以《桑林》享君，‘不亦可乎？”舞，师题以旌夏，晋侯惧而退入于房。去旌，卒享而还。及著雍，疾。卜，桑林见。荀偃、士匄欲奔请祷焉，荀罃不可，曰：“我辞礼矣，彼则以之。犹有鬼神，于彼加之。”晋侯有间。以偪阳子归，献于武宫，谓之夷俘。偪阳，妘姓也。使周内史选其族嗣，纳诸霍人，礼也。

师归，孟献子以秦堇父为右。生秦丕兹，事仲尼。

六月，楚子囊、郑子耳伐宋，师于訾毋。庚午围宋，门于桐门。

晋荀罃伐秦，报其侵也。

卫侯救宋，师于襄牛。郑子展曰：“必伐卫！不然，是不与楚也。得罪于晋，又得罪于楚，国将若之何？”子驷曰：“国病矣！”子展曰：“得罪于二大国，必亡。病，不犹愈于亡乎？”诸大夫皆以为然。故郑皇耳帅师侵卫，楚令也。

孙文子卜追之，献兆于定姜。姜氏问繇。曰：“兆如山陵，有夫出征，而丧其雄。”姜氏曰：“征者丧雄，御寇之利也。大夫图之！”卫人追之，孙蒯获郑皇耳于犬丘。

秋七月，楚子囊、郑子耳（伐）〔侵〕我西鄙。还，围萧。八月丙寅，克之。九月，子耳侵宋北鄙。

孟献子曰：“郑其有灾乎！师竞已甚。周犹不堪竞，况郑乎？有灾，其执政之三士乎？”

莒人间诸侯之有事也，故伐我东鄙。

诸侯伐郑。齐崔杼使大子光先至于师，故长于滕。己酉，师于牛首。

初，子驷与尉止有争。将御诸侯之师，而黜其车。尉止获，又与之争。子驷抑尉止曰：“尔车非礼也。”遂弗使献。初，子驷为田洫，司氏、堵氏、侯氏、子师氏皆丧田焉。故五族聚群不逞之人，因公子之徒以作乱。

于是子驷当国，子国为司马，子耳为司空，子孔为司徒。冬十月戊辰，尉止、司臣、侯晋、堵女父、子师仆帅贼以入，晨攻执政于西宫之朝，杀子驷、子国、子耳，劫郑伯以如北宫。子孔知之，故不死。书曰“盗”，言无大夫焉。

子西闻盗，不儆而出，尸而追盗。盗入于北宫。乃归授甲，臣妾多逃，器用多丧。子产闻盗，为门者，庀群司，闭府库，慎闭藏，完守备，成列而后出，兵车十七乘；尸而攻盗于北宫，子蟜帅国人助之；杀尉止、子师仆，盗众尽死。侯晋奔晋，堵女父、司臣、尉翩、司齐奔宋。

子孔当国，为载书，以位序、听政辟。大夫、诸司、门子弗顺。将诛之；子产止之，请为之焚书。子孔不可，曰：“为书以定国。众怒而焚之，是众为政也，国不亦难乎？”子产曰：

"众怒难犯,专欲难成。合二难以安国,危之道也。不如焚书以安众,子得所欲,众亦得安,不亦可乎? 专欲无成,犯众兴祸。子必从之!"乃焚书于仓门之外,众而后定。

诸侯之师城虎牢而戍之。晋师城梧及制,士鲂、魏绛戍之。书曰"戍郑虎牢",非郑地也,言将归焉。郑及晋平。

楚子囊救郑。十一月,诸侯之师还郑而南,至于阳陵。楚师不退。知武子欲退,曰:"今我逃楚,楚必骄。骄则可与战矣。"栾黡曰:"逃楚,晋之耻也。合诸侯以益耻,不如死!我将独进!"师遂进。

己亥,与楚师夹颍而军。子(矫)〔娇〕曰:"诸侯既有成行,必不战矣。从之将退,不从亦退。退,楚必围我。犹将退也,不如从楚,亦以退之。"(霄)〔宵〕涉颍,与楚人盟。栾黡欲伐郑师,荀罃不可,曰:"我实不能御楚,又不能(庀)〔庇〕郑,郑何罪? 不如致怨焉而还。今伐其师,楚必救之。战而不克,为诸侯笑。克不可命,不如还也!"

丁未,诸侯之师还,侵郑北鄙而归。楚人亦还。

王叔陈生与伯舆争政。王右伯舆。王叔陈生怒而出奔,及河;王复之,杀史狡以说焉。不入,遂处之。晋侯使士匄平王室,王叔与伯舆讼焉。王叔之宰与伯舆之大夫瑕禽坐狱于王庭,士匄听之。王叔之宰曰:"筚门闺窦之人而皆陵其上,其难为上矣!"瑕禽曰:"昔平王东迁,吾七姓从王,牲用备具;王赖之,而赐之驺旌之盟,曰:'世世无失职!'若筚门闺窦,其能来东(底)〔厎〕乎? 且王何赖焉? 今自王叔之相也,政以贿成,而刑放于宠,官之师旅不胜其富,吾能无筚门闺窦乎? 唯大国图之! 下而无直,则何谓正矣?"范宣子曰:"天子所右,寡君亦右之;所左,亦左之。"使王叔氏与伯舆合要,王叔氏不能举其契。王叔奔晋。不书,不告也。单靖公为卿士,以相王室。

【译文】

鲁襄公十年的春天,襄公在柤地与晋侯、宋公、卫侯、曹伯、莒子、邾子、滕子、杞伯、小邾子、齐国太子光会见吴国人(共商连吴攘楚之事)。夏天五月初八日,便攻灭了楚国的偪阳。襄公的到来是自从柤地盟会开始的。(六月)楚公子贞(即子囊)、郑国公孙辄(即子耳)带兵攻打宋国,晋国军队则进攻秦国。这年秋天,莒国人则乘机进犯我鲁国东部边境。鲁襄公会合晋侯、宋公、卫侯、曹伯、莒子、邾子、齐国太子光、滕子、薛伯、杞伯、小邾子等国共同进攻郑国。那年冬天,叛乱分子杀害了郑国的公子騑(即子驷)、公子发(即子国)和公孙辄(即子耳)。于是讨伐郑国的军队戍守郑国的虎牢城。楚公子贞(即子囊)带兵救援郑国。襄公是从讨伐郑国的前线上回来的。

鲁襄公十年春,与各国诸侯在柤地盟会,是为了会见吴子寿梦。

三月二十六日,齐国高厚做太子光的相礼,因为在钟离先会见诸侯时,表现得不恭敬,晋国的士庄子便说:"高子作为太子的相礼来会见诸侯,应当捍卫自己的国家,却表现出不恭敬,这是抛弃国家,恐怕将会免不了出祸害吧!"

夏季四月初一，诸侯在柤地相会。

晋国荀偃、士匄请求攻打偪阳，而把它作为宋国左师向戌的封邑。荀罃说："城小而坚固，攻下它不算勇武，攻不下来被人讥笑。"荀偃、士匄坚决请求。初九日，围攻偪阳，不能攻克。孟氏的家臣秦堇父拉了辎重车到达战地。偪阳人打开城门，诸侯的将士攻打城门。悬挂的闸门放下来了，鲁郰邑大夫叔梁纥托举闸门，使攻进城的将士得以出来。狄虒弥立起大车的轮子，蒙上皮甲作为大盾牌，左手拿着它，右手拔戟，领兵自成一队。孟献子说："这就是《诗经》上所说的'像猛虎一样有力气'的人啊。"偪阳守城的人把布悬下来，秦堇父拉着布登城，刚到城墙垛，守城人便将布割断。秦堇父坠落在地，守城人又悬下布来，秦堇父苏醒后又登上去，这样三次，守城人佩服秦堇父的勇力，不再挂布了，这才退兵。秦堇父以割断的布作带子，在军中游行了三天。

诸侯的军队在偪阳时间久了，荀偃、士匄向荀罃请示说："要下大雨涨水了，恐怕到时候不能回去，请您撤兵回去吧。"荀罃发怒，将弩机向他们扔过去，正好从两人中间飞出，说："你们把两件事办成了再来报告我。原先我担心意见不一而乱了军令，才不违背你们的意见（同意攻打偪阳）。你们既已劳驾国君，且发动了诸侯的军队，牵连我老夫也来到这里；既不坚守武攻，又想归罪于我，回去说：'这实在是他撤兵，要不是这样，早就攻下来了。'我衰老了，还能再一次承担罪责吗？七天内攻不下来，一定要你们的脑袋！"

五月初四日，荀偃、士匄率领步兵攻打偪阳，亲身受到箭和石块的攻击，初八日灭亡了偪阳。《春秋》记载说"遂灭偪阳"，说的是从柤地盟会以后开始进攻偪阳的。

把偪阳封给宋大夫向戌，向戌辞谢说："如果还辱蒙您安抚宋国，而用偪阳来扩大寡君的疆土，臣下们就安心了，还有什么恩赐能如此呢？但若专门赐给下臣我，那就是我发动诸侯进攻而为自己谋求封地了，还有什么罪过比这更大的呢？谨敢以死来请求。"于是就将偪阳给了宋平公。

宋平公在楚丘设宴款待晋侯，请求使用《桑林》之乐。荀罃辞谢。荀偃、士匄说："诸侯之中的宋国、鲁国，在那里可以参观礼仪。鲁国有禘乐，在招待贵宾和举行大祭时用它。宋国用《桑林》之乐招待国君，不也是可以的吗？"于是起舞，乐师手举大旌作为乐队的标记领队入场，晋侯害怕得退进了厢房。宋国人去掉大旌，晋侯直至宴会完毕才回国。到达著雍，晋侯病了。占卜，从卜兆中见到桑林之神。荀偃、士匄想奔回宋国请求祈祷，荀罃不同意，说："我们已经辞去这种礼仪了，他们还是用它。如果有鬼神，应该加祸于宋国。"晋侯病愈，带了偪阳子回国，奉献于武官，称他为夷人俘虏。偪阳，是妘姓人的。晋侯派周朝掌管爵禄的内史选择它宗族中的后嗣，让他们住在霍人地方，这是合于礼的。

军队回国，孟献子让秦堇父做车右。秦堇父生了秦丕兹，师事孔子。

六月，楚国的子囊、郑国的子耳攻打宋国，军队驻扎在訾毋。六月十四日，包围宋国，攻打桐门。

晋国的荀罃进攻秦国，这是为了报复秦国人去年的入侵。

卫侯救援宋国，军队驻扎在襄牛。郑国子展说："一定要攻打卫国。不然，就是不亲附楚国。得罪晋国，又得罪楚国，我们的国家将怎么办？"子驷说："我们郑国已困乏了呀！"子展说："得罪两个大国，必定灭亡。困乏，不还比灭亡要强吗？"大夫们都认为子展的话对。因此，郑国的皇耳带兵侵袭卫国，这实际上是楚国的命令。

卫国孙文子为追逐郑国军队占卜，将卜兆献给定姜。定姜问繇辞如何。孙文子回答说："卜兆（龟壳上出现的裂纹）如同山陵，意味着有人出征，会丧失他们的英雄。"定姜说："出征者丧失英雄，对御敌一方有利。大夫们应考虑这个问题！"卫国人追逐郑军，孙蒯在犬丘俘虏了郑大夫皇耳。

秋季七月，楚国子襄、郑国子耳进攻我国西部边境。回国时，包围了宋国萧邑，八月十一日，攻下了萧邑。九月，子耳进犯宋国北部边境。

孟献子说："郑国恐怕有灾殃吧！军队争战太过分了。周天子尚且承受不了经常争战，何况郑国呢！有灾殃的话，恐怕免不了是执政的三位大夫吧！"

莒国人趁着诸侯各国有战事的空隙，攻打我国东部边境。

诸侯攻打郑国，齐国的崔杼让太子光先行到达军中，所以排在滕国前头。七月二十五日，军队驻扎在牛首。

起初，郑国的子驷与尉止有争执，在将要抵御诸侯的军队时，子驷减少了尉止应有的兵车。尉止俘虏了敌人，子驷又与他争功劳。子驷压制尉止说："你的战车太多，不合礼制。"于是就不让他献俘虏。起初，子驷划分田间水沟的地界，司氏、堵氏、侯氏、子师氏都损失了田土。所以（连尉氏一起）五个宗族聚集了一群失意之人，凭借公子的族党发动叛乱。

那时候，子驷掌握国政，子国做司马，子耳做司空，子孔做司徒。冬十月十四日，尉止、司臣、侯晋、堵女父、子师仆等人率领叛乱分子进入，早晨在西宫的朝廷上攻打执政大夫，杀了子驷、子国、子耳，将郑伯劫持到北宫。子孔事先知道这件事，所以没有死。《春秋》记载说"盗"，说的是没有大夫参与作乱。

子西听说发生叛乱，未加戒备就出来了，收了他父亲子驷的尸体就去追赶叛乱分子，叛乱分子进入北宫，子西便回去发放皮甲。但这时家臣和姜婢多已逃走，器物多数也已丢失。子产听说发生了叛乱，便设置守门的人，配备各种官员，封闭财物和兵器的仓库，谨慎地收藏，完善各种防守设备，令兵士排成行列后才出来，有战车十七辆，先收了他父亲的尸体，然后在北宫攻打叛乱分子。子蟜率领国内的人们来帮助子产，杀了尉止、子师仆，这伙叛乱者尽被杀死。侯晋逃奔到晋国。堵女父、司臣、尉翩、司齐逃亡到宋国。

子孔掌握国政，制订盟书：规定官员的职位次序，听取执政的法令。大夫、各部门官吏、卿之嫡子不顺从的，子孔便将予以诛杀。子产劝阻他，请求替他烧掉盟书。子孔不同意，说："制订盟书用来安定国家，众人发怒就烧掉它，这是众人执政，国家不就很艰难了吗？"子产说："众人的愤怒难触犯，专权的欲望难成功，把两件难以做到的事合在一起来

安定国家,这是危险的办法。不如烧掉盟书来安定众人,您得到了所需要的东西,众人也能安定,不也是可以吗?专权的欲望不能成功,触犯众人又将发生祸乱,您一定要听从他们。"于是就在仓门外面烧掉了盟书,众人这才安定下来。

诸侯的军队在虎牢筑城并且戍守它。晋国的军队在梧地和制地筑城,士鲂、魏绛戍守。《春秋》记载说"戍郑虎牢",不是郑国的领土(而这样记载),是说将要归还给郑国了。郑国和晋国媾和。

楚国的子囊救援郑国。十一月,诸侯的军队环绕郑国然后向南开进,到达阳陵,但楚军不退。知武子想要退兵,说:"现在我们避开楚军,楚军必然骄傲,它骄傲,我们就可以和它作战了。"栾黡说:"逃避楚军,这是晋国的耻辱。会合诸侯而来增加耻辱,不如一死!我打算单独前进。"于是军队向前推进。

十六日,和楚军夹着颍水扎营。子蟜说:"诸侯已经完成退兵的准备,必定不会来作战了。我们郑国顺从他们要退兵,不顺从,他们也要退兵。退兵,楚国必定包围我们。同样是要退兵,我们不如顺从楚国,也以此使楚国退兵。"于是夜渡过颍水,与楚国结盟。栾黡想要攻打郑国军队,荀罃不同意,说:"我们实在不能抵御楚军,又不能保护郑国,郑国有什么罪?不如致怨恨于楚国,然后回去。如今若攻打郑军,楚军一定会救援他们,作战而不能取胜,就会被诸侯笑话。取胜不能肯定,不如回去吧。"

二十四日,诸侯的军队撤退回去,攻打了郑国的北部边境然后回国。楚国人也退兵回国。

王叔陈生与伯舆争夺政权。周灵王支持伯舆,王叔陈生怒气冲冲地出逃了。到达黄河时,周灵王让他官复原职,并且杀了史狡以使他高兴。王叔陈生不回来,就住在黄河边上。晋侯派士匄调和周王室的纠纷,王叔与伯舆向他提出诉讼。王叔的家宰和伯舆的大夫瑕禽在周王的朝廷上对讼以争曲直,士匄听取他们的诉讼。王叔的家宰说:"柴门小户之人,却都要凌驾他上面的人,在上面的就也为难了!"瑕禽说:"从前周平王东迁,我们七姓人家跟随天子,牺牲之类祭品全都具备。天子信赖他们,而赐给他们用赤色牛祭神的盟约,并说:'世世代代不要失职。'如果是柴门小户,他们能来到东方住下来吗?而且天子又怎么信赖他们呢?如今自从王叔辅佐天子以后,政事要用贿赂才能办成,而执法大权又寄托在宠臣身上。官吏中的师、旅要员,钱财富足得无法形容,这样我们能不变成柴门小户吗?请大国考虑吧!下面的人不能有理,那么什么叫作公正呢?"士匄说:"天子所支持的,寡君也支持他;天子所不支持的,寡君也不支持他。"于是让王叔和伯舆对证讼辞,王叔拿不出他的诉讼文书。王叔逃奔到晋国。《春秋》没有记载,是因为没有报告我们鲁国的缘故。单靖公做了卿士,辅佐周王室。

襄公十一年

【原文】

十有一年:春,王正月,作三军。

夏,四月,四卜郊;不从,乃不郊。

郑公孙舍之帅师侵宋。

公会晋侯、宋公、卫侯、曹伯、齐世子光、莒子、邾子、滕子、薛伯、杞伯、小邾子,伐郑。

秋,七月己未,同盟于亳城北。

公至自伐郑。

楚子、郑伯伐宋。

公会晋侯、宋公、卫侯、曹伯、齐世子光、莒子、邾子、滕子、薛伯、杞伯、小邾子,伐郑。会于萧鱼。

公至自会。

楚人执郑行人良霄。

冬,秦人伐晋。

十一年春,季武子将作三军,告叔孙穆子曰:“请为三军,各征其军。”穆子曰:“政将及子,子必不能。”武子固请之。穆子曰:“然则盟诸?”乃盟诸僖闳,诅诸五父之衢。

正月,作三军,三分公室而各有其一。三子各毁其乘。季氏使其乘之人,以其役邑入者无征,不入者倍征。孟氏使半为臣,若子若弟。叔孙氏使尽为臣,不然不舍。

郑人患晋、楚之故,诸大夫曰:“不从晋,国几亡。楚弱于晋,晋不吾疾也。晋疾,楚将辟之。何为而使晋师致死于我?楚弗敢敌,而后可固与也。”子展曰:“与宋为恶,诸侯必至,吾从之盟。楚师至,吾又从之,则晋怒甚矣。晋能骤来。楚将不能,吾乃固与晋。”大夫说之。

使疆埸之司恶于宋。宋向戌侵郑,大获。子展曰:“师而伐宋可矣。若我伐宋,诸侯之伐我必疾;吾乃听命焉,且告于楚。楚师至,吾(乃)〔又〕与之盟,而重赂晋师,乃免矣。”

夏,郑子展侵宋。四月,诸侯伐郑。己亥,齐大子光、宋向戌先至于郑,门于东门。其莫,晋荀罃至于西郊,东侵旧许。卫孙林父侵其北鄙。六月,诸侯会于北林,师于向。右还,次于琐。围郑,观兵于南门,西济于济隧。郑人惧,乃行成。

秋七月,同盟于亳。范宣子曰:“不慎,必失诸侯。诸侯道敝而无成,能无贰乎?”乃盟。载书曰:“凡我同盟,毋蕴年,毋壅利,毋保奸,毋留慝,救灾患,恤祸乱,同好恶,奖王室。或间兹命,司慎司盟、名山名川、群神群祀、先王先公、七姓十二国之祖,明神殛之!俾失其民,队命亡氏,踣其国家。”

楚子囊乞旅于秦。秦右大夫詹帅师从楚子,将以伐郑。郑伯逆之。丙子,伐宋。

九月,诸侯悉师以复伐郑。郑人使良霄、大宰石㚟如楚,告将服于晋,曰:“孤以社稷

之故，不能怀君。君若能以玉帛绥晋；不然则武震以摄威之，孤之愿也。"楚人执之。书曰"行人"，言使人也。

诸侯之师观兵于郑东门，郑人使王子伯骈行成。甲戌，晋赵武入盟郑伯。冬十月丁亥，郑子展出盟晋侯。十二月戊寅，会于萧鱼。庚辰，赦郑囚，皆礼而归之；纳斥侯，禁侵掠。晋侯使叔肸告于诸侯，公使臧孙纥对曰："凡我同盟，小国有罪，大国致讨；苟有以藉手，鲜不赦宥：寡君闻命矣。"

郑人赂晋侯以师悝、师触、师蠲；广车、轵车淳十五乘，甲兵备，凡兵车百乘；歌钟二肆，及其镈、磬；女乐二八。

晋侯以乐之半赐魏绛，曰："子教寡人和诸戎狄以正诸华，八年之中九合诸侯，如乐之和，无所不谐。请与子乐之。"辞曰："夫和戎狄，国之福也。八年之中九合诸侯，诸侯无慝，君之灵也，二三子之劳也。臣何力之有焉？抑臣愿君安其乐而思其终也。《诗》曰：'乐只君子，殿天子之邦。乐只君子，福禄攸同。便蕃左右，亦是帅从。'夫乐以安德，义以处之，礼以行之，信以守之，仁以厉之，而后可以殿邦国、同福禄、来远人，所谓乐也。《书》曰：'居安思危。'思则有备，有备无患。敢以此规！"公曰："子之教，敢不承命？抑微子，寡人无以待戎，不能济河。夫赏，国之典也；藏在盟府，不可废也。子其受之！"魏绛于是乎始有金石之乐，礼也。

秦庶长鲍、庶长武帅师伐晋以救郑。鲍先入晋地。士鲂御之，少秦师而弗设备。壬午，武济自辅氏，与鲍交伐晋师。己丑，秦、晋战于栎，晋师败绩，易秦故也。

【译文】

鲁襄公十一年春天，周历正月，鲁国建立上、中、下三军。夏季四月，第四次占卜选定郊祭的日期，卜兆上表示不同意，于是取消了这次郊祭。郑国公孙舍之率领军队侵袭宋国。襄公会合晋侯、宋公、卫侯、曹伯、齐国太子光、莒子、邾子、滕子、薛伯、杞伯、小邾子等诸侯国攻打郑国。秋季七月十日，同郑国一起各国在亳城北订立盟约。襄公从攻打郑国的战争中回国。（九月）楚子、郑伯又进攻宋国。襄公会合晋侯、宋公、卫侯、曹伯、齐国太子光、莒子、邾子、滕子、薛伯、杞伯、小邾子进攻郑国，在萧鱼会战。鲁襄公从会战回国。楚国人捉拿了郑国的行人良霄。冬天，秦国人攻打了晋国。

十一年春，季武子将要组建三军，告诉叔孙穆子说："请组建三个军，我们三家各管一军。"叔孙穆子说："政权将要轮到您执掌了，您必定办不到。"季武子坚决请求，叔孙穆子说："既然这样，那么是不是为此盟誓呢？"于是就在鲁僖公的宗庙门口盟誓，在五父之衢诅咒。

正月，组编了三个军，把公家的军队分作三军，三家各掌握一军。三家都毁了原来的车兵编制，季氏让他私家的车兵人员加入军队，服兵役的邑人免除征税，不服役的加倍征税。孟氏则将私邑兵士的半数编入奴隶兵，尽是些少壮子弟。叔孙氏让他私邑中的士兵

全都编为奴隶兵。不这样，就不编入所分的公室军队里。

郑国人因为担忧晋国和楚国的缘故，大夫们议论说："不顺从晋国，国家几乎灭亡。楚国比晋国弱，而晋国并不急于争夺我国。要是晋国急于争夺，楚国将会避开它。怎么做才能使晋国出死力攻打我国，楚国不敢抵抗，然后我国可以坚定地亲附晋国。"子展说："与宋国作对，诸侯必然到来，我们跟从他们结盟。楚军来了，我们又跟从楚国，这样晋国就会大怒了。晋国能屡次前来，而楚国却不能，我国便可以坚定地亲附晋国了。"大夫们对这个计划感到高兴。

鲁僖公

于是派边境的官吏向宋国挑衅。宋国的向戌攻打郑国，俘获很多。子展说："可以出兵攻打宋国了。如果我们攻打宋国，诸侯攻打我们必定很奋力，我们就听从诸侯的命令，同时报告楚国。楚军到达，我们又和他们结盟，而又重重地贿赂晋军，这样就可以免于战祸了。"

这年夏天，郑国的子展攻打宋国。四月，诸侯攻打郑国。十九日，齐国太子光、宋国向戌先到达郑国，驻扎在东门外。那天晚上，晋国荀罃到达郑国西郊，往东进攻许国的旧地。卫国的孙林父进攻郑国的北部边境。六月，诸侯在北林会合，军队驻扎在郑国的向地，又北行向西环绕驻扎在琐地，包围郑国。诸侯的军队在郑国南门外炫耀武力，又从西边渡过济隧。郑国人害怕了，就向诸侯求和。

秋天的七月，各国同在亳地结盟。范宣子说："若不谨慎，必定失去诸侯。诸侯在路上往来疲敝而没有什么成果，能不三心二意吗？"于是盟誓，盟书上记载说："凡是我们同盟国家，不要囤积粮食，不要垄断利益，不要庇护他国罪人，不要收留坏人，要救济灾荒，安定祸乱，统一好恶，辅助王室。有人触犯这些命令，司慎司盟、名山名川、群神群祀、先王先公、七姓十二国的祖宗，明察的神灵诛杀他，使他失去百姓，丧君灭族，亡国亡家。

楚国的子囊向秦国请求出兵，秦国的右大夫詹率领军队跟随楚王，准备去攻打郑国。郑伯迎接他们。七月二十七日，攻打宋国。

九月，诸侯全部出兵再次攻打郑国。郑国人派良霄、太宰石㚟到楚国，告知准备顺服晋国，曰："我们因为国家的缘故，不能怀念君王了。君王如果能用玉帛安抚晋国，不这样，那就用武力威慑晋国，这都是我们的愿望。"楚国人将他们囚禁，《春秋》记载说"行人"，说的是他们是使者。

诸侯的军队在郑国东门外炫耀武力，郑国人派王子伯骈求和。九月二十六日，晋国的赵武进入郑国与郑伯结盟。冬十月初九，郑国子展出城和晋侯结盟。十二月初一日，在萧鱼会见。初三日，赦免郑国的俘虏，都给以礼遇放回去。撤回巡逻兵，禁止抢掠。晋

侯派叔肸通告诸侯(也都赦免郑国的俘虏)。襄公派臧孙纥回答说:"凡是我们同盟国家,小国有罪,大国就去讨伐,如果小国有借助之功,很少对小国不赦免的。寡君听到命令了。"

郑国人赠送晋侯师悝、师触、师蠲,成对的广车、轺车各十五辆,盔甲武器齐备。共计兵车一百辆,歌钟两列以及与它相配的镈、磬,还有女乐两佾十六人。

晋侯把乐队的一半赐给魏绛,说:"您教寡人同各部落戎狄和好,而且整顿了中原各国。八年之中,九次会合诸侯,好像音乐的和谐,没有什么地方不协调。请与您一起享享乐。"魏绛辞谢说:"同戎狄和好,这是国家的福气。八年之中,九次会合诸侯,诸侯没有不顺从的,这是您君王的威灵,其他几位大夫们的辛劳,我下臣有什么力量? 不过下臣但愿君王既安于这种快乐而又想到它的终了。《诗》上说:'快乐啊君子,镇抚天子的家邦。快乐啊君子,福禄和大家共享。治理好附近的小国,使他们相率服从。'音乐用来稳固德行,用道义来对待它,用礼仪来推行它,用信用来保护它,用仁爱勉励它,然后才可以镇抚邦国、共享福禄、招来远方的人,这就是所说的快乐。《书》说:'处于安乐要想到危险。'想到了就有防备,有了防备就没有祸患。谨敢以此规劝君王。"晋侯说:"您的教导,岂敢不接受! 若是没有您,寡人不能正确对待戎人,不能渡过黄河。奖赏,是国家的典章,藏在盟府中,不可废除。您还是接受吧!"魏绛从此开始有了金石的音乐,是合于礼的。

秦国的庶长鲍、庶长武带兵攻打晋国,用以救援郑国。庶长鲍先侵入晋国领土,士鲂抵御他,认为秦军人少而不加设防。十二月初五日,庶长武从辅氏渡河,与鲍一起夹攻晋军。十二日,秦晋两军在栎地交战,晋军大败,这是因为轻视秦军的缘故。

襄公十二年

【原文】

十有二年:春,王二月,莒人伐我东鄙,围台。

季孙宿帅师救台,遂入郓。

夏,晋侯使士鲂来聘。

秋,九月,吴子乘卒。

冬,楚公子贞帅师侵宋。

公如晋。

十二年春,莒人伐我东鄙,围台。季武子救台,遂入郓,取其钟以为公盘。

夏,晋士鲂来聘,且拜师。

秋,吴子寿梦卒。临于周庙,礼也。凡诸侯之丧,异姓临于外,同姓于宗庙,同宗于祖庙,同族于祢庙。是故鲁为诸姬临于周庙,为刑、凡、蒋、茅、胙、祭临于周公之庙。

冬,楚子囊、秦庶长无地伐宋,师于扬梁,以报晋之取郑也。

灵王求后于齐。齐侯问对于晏桓子,桓子对曰:"先王之礼辞有之。天子求后于诸侯,诸侯对曰:'夫妇所生若而人,妾妇之子若而人。'无女而有姊妹及姑姊妹,则曰:'先守某公之遗女若而人。'"齐侯许昏。王使阴里结之。

公如晋,朝,且拜士鲂之辱,礼也。

秦嬴归于楚。楚司马子庚聘于秦,为夫人宁,礼也。

【译文】

鲁襄公十二年春天的二月,莒国人进犯我东部边境,包围了台城。季孙宿率领军队救援台城,于是进入郓地。夏季,晋侯派士鲂来鲁国聘问。秋天的九月,吴子寿梦去世。冬天,楚公子贞率军侵袭宋国。襄公到达晋国。

鲁襄公十二年春天,莒国人进犯我国东部边境,包围了台城。季武子救援台城,于是进入郓地,掠取了他们的钟改铸为襄公的食盘。

夏天,晋国士鲂来鲁国聘问,并且拜谢鲁国出兵。

秋天,吴子寿梦去世。襄公到周文王庙里哭丧吊唁,这是合于礼的。凡是诸侯的丧事,异姓的在城外哭泣吊唁,同姓的宗庙里,同宗的在祖庙里,同族的在父庙里。由于这个原因,鲁国为了姬姓诸国,到周文王庙里哭泣吊唁。为邢、凡、蒋、茅、胙、祭等各国,则在周公庙里哭泣吊唁。

冬天,楚国子囊、秦国庶长无地攻打宋国。军队驻扎在杨梁,以报复去年晋国取得郑国。

周灵王向齐国求娶王后。齐侯向晏桓子询问答辞,晏桓子回答说:"先王的礼仪辞令有这样的话,天子向诸侯求娶王后,诸侯回答说:'夫人所生的若干人。妃妾所生的若干人。'没有女儿而有姐妹和姑母姊妹,就说:'先君某公的遗女若干人。'"齐侯答应了婚事,周灵王派阴里作了口头约定。

襄公到达晋国,朝见后并且拜谢士鲂的来聘,这是合于礼的。

秦嬴回到楚国。楚国司马子庚到秦国聘问,为了夫人回娘家省亲,这是合于礼的。

襄公十三年

【原文】

十有三年:春,公至自晋。

夏,取邿。

秋,九月庚辰,楚子审卒。

冬,城防。

十三年春,公至自晋。孟献子书劳于庙,礼也。

夏,邾乱,分为三。师救邾,遂取之。凡书"取",言易也;用大师焉曰"灭",弗地曰"入"。

荀罃、士鲂卒。晋侯蒐于绵上以治兵,使士匄将中军,辞曰:"伯游长。昔臣习于知伯,是以佐之,非能贤也。请从伯游。"荀偃将中军,士匄佐之。使韩起将上军,辞以赵武。又使栾黡,辞曰:"臣不如韩起。韩起愿上赵武,君其听之。"使赵武将上军,韩起佐之。栾黡将下军,魏绛佐之。新军无帅,晋侯难其人,使其什吏率其卒乘官属以从于下军,礼也。晋国之民是以大和,诸侯遂睦。

君子曰:"让,礼之主也。范宣子让,其下皆让。栾黡为汰,弗敢违也。晋国以平,数世赖之,刑善也夫!一人刑善,百姓休和,可不务乎?《书》曰:'一人有庆,兆民赖之,其宁惟永',其是之谓乎!周之兴也,其诗曰:'仪刑文王,万邦作孚',言刑善也。及其衰也,其诗曰:'大夫不均,我从事独贤。'言不让也。世之治也,君子尚能而让其下,小人农力以事其上,是以上下有礼而谗慝黜远,由不争也,谓之懿德。及其乱也,君子称其功以加小人,小人伐其技以冯君子,是以上下无礼,乱虐并生,由争善也,谓之昏德。国家之敝,恒必由之。"

楚子疾,告大夫曰:"不穀不德,少主社稷。生十年而丧先君,未及习师保之教训而应受多福,是以不德,而亡师于鄢以辱社稷,为大夫忧,其弘多矣。若以大夫之灵,获保首领以殁于地,唯是春秋窀穸之事,所以从先君于祢庙者,请为'灵'若'厉'。大夫择焉!"莫对。及五命乃许。

秋,楚共王卒。子囊谋谥。大夫曰:"君有命矣。"子囊曰:"君命以共,若之何毁之?赫赫楚国而君临之,抚有蛮夷、奄征南海以属诸夏,而知其过,可不谓共乎?请谥之'共'!"大夫从之。

吴侵楚。养由基奔命,子庚以师继之。养叔曰:"吴乘我丧,谓我不能师也,必易我而不戒。子为三覆以待我,我请诱之。"子庚从之。战于庸浦,大败吴师,获公子党。

君子以吴为不吊。《诗》曰:"不吊昊天,乱靡有定。"

冬,城防。书事,时也。于是将早城,臧武仲请俟毕农事,礼也。

郑良霄、大宰石㚟犹在楚。石㚟言于子囊曰:"先王卜征五年而岁习其祥,祥习则行,不习则增修德而改卜。今楚实不竞,行人何罪?止郑一卿以除其偪,使睦而疾楚,以固于晋,焉用之?使归而废其使,怨其君以疾其大夫,而相牵引也,不犹愈乎?"楚人归之。

【译文】

鲁襄公十三年春天,襄公从晋国回来。夏季,占领了邾国。秋季九月十四日,楚共王去世。冬季,在防地筑城。

鲁襄公十三年春天，襄公从晋国回来，孟献子在宗庙里记载功勋，这是合于礼的。

夏天，邿国发生动乱，一分为三。鲁国出兵救援邿国，就乘机占领了邿国。凡是《春秋》记载说"取"，就是说来得容易。动用了大军叫作"灭"。不占领其土地叫作"入"。

荀罃、士鲂死。晋侯在绵上打猎并用以练兵，派士匄统领中军，他辞谢说："伯游应该居长。过去下臣熟悉知伯，因此我辅佐他，而不是我贤能。请让我跟从伯游。"于是荀偃（伯游）统领中军，士匄辅佐他。派韩起统率上军，他辞让给赵武。又派遣栾黡，他辞谢说："下臣不如韩起。韩起愿意让赵武居上位，君还是听从他吧！"于是就派赵武统领上军，韩起辅佐他。栾黡统率下军，魏绛辅佐他。新军没有统帅，晋侯对此人选问题感到为难，就派新军的十吏率领他的步兵车兵和所属官员，附属于下军，这是合于礼的。晋国的百姓因此很和谐，诸侯于是也亲睦了。

君子说："谦让，是礼的主体。范宣子谦让，他下面的人都谦让。栾黡就是专横，也不敢违背。晋国因此和睦团结，几世都依赖着它。这是取法于善行的缘故啊！一人取法于善行，百姓都美好和谐，岂可不致力于此？《尚书》上说：'一个人有好德行，亿万人依赖它，国家的安宁可以久长。'大概说的就是这个吧。周朝兴起的时候，它的《诗》说：'效法文王，万邦信孚。'说的是取法于善行。等到它衰微的时候，它的《诗》说：'大夫不公平，独我干的事情特别多。'说的是不谦让。天下大治的时候，君子崇尚贤能而对下谦让，小人努力以侍奉他的上面，因此上下有礼，而奸邪废黜远离，这是由于不争夺的缘故，叫作美德。等到天下动乱的时候，君子夸耀他的功劳而凌驾于小人之上，小人夸耀自己的技能而凌驾于君子之上，因此上下无礼，动乱与残暴一起发生，这是由于相争自以为是的缘故，叫作昏德。国家的败坏，常常由于这个原因。"

楚王生病，告诉大夫说："不谷没有德行，年幼的时候就主持国家为君，生下来十年便失去先君，没有来得及学习师保的教训，就承受了君王之位。因此缺少德行而在鄢陵丧失了军队，让国家蒙受耻辱，让大夫担忧，实在太多了。如果托各位大夫的福气，我能得以保全首领而善终于地下，惟有这些祭祀和安葬的事情，得以在祢庙中追随先君，则请求谥为'灵'或者'厉'。大夫们选择吧！"没有谁回答。直到五次命令才答应。

秋天，楚共王死。子囊和大家商议谥号。大夫说："君王已有过命令了。"子囊说："国君是用'恭'来命令的，怎么能毁掉它呢？声威赫赫的楚国，君王在上面治理，安抚着蛮夷，大举征伐南海，让它们从属于中原诸国，而君王又知道了自己的过错，可以不说是恭吗？请谥他为'恭'。"大夫们都听从了子囊的意见。

吴国攻打楚国，养由基作为急行军的前锋去迎敌，子庚带兵跟着上去。养由基说："吴国趁着我国有丧事，认为我们不能出兵，必定会轻视我们而不加戒备。您设置三处伏兵等待我，我去引诱他们。"子庚听从了他的意见。在庸浦作战，大败吴军，俘虏了吴国的公子党。

君子认为吴国是不善的。《诗》说："上天认为你不善，动乱就没有个安定。"

冬天，在防地筑城，《春秋》记载了这件事，是因为它合于时令。当时准备早些时候筑城，臧武仲请求待农活完毕后再动工。这是合于礼的。

郑国的良霄、太宰石㚟还在楚国。石㚟对子囊说："先王为了征伐，连续占卜五年，而年年都重复出现吉兆；重复出现吉兆就可行动出兵，若不重复出现吉兆，就应更加努力修养德行，然后重新开始占卜。如今楚国实在不自强，行人使者有什么罪过？扣留郑国一卿，用以除掉对郑国君臣的威逼，使他们上下和睦而怨恨楚国，从而坚定地顺从晋国，为什么要采用这种办法呢？让他回去而废弃他的使命，他会埋怨他的国君，怨恨他的大夫们，从而互相牵制，这不是更胜一筹吗？"于是楚国人就把良霄放了回去。

襄公十四年

【原文】

十有四年：春，王正月，季孙宿、叔老会晋士匄、齐人、宋人、卫人、郑公孙虿、曹人、莒人、邾人、滕人、薛人、杞人、小邾人，会吴于向。

二月乙未朔，日有食之。

夏，四月，叔孙豹会晋荀偃、齐人、宋人、卫北宫括、郑公孙虿、曹人、莒人、邾人、滕人、薛人、杞人、小邾人，伐秦。

己未，卫侯出奔齐。

莒人侵我东鄙。

秋，楚公子贞帅师伐吴。

冬，季孙宿会晋士匄、宋华阅、卫孙林父、郑公孙虿、莒人、邾人于戚。

十四年春，吴告败于晋。会于向，为吴谋楚故也。范宣子数吴之不德也，以退吴人。执莒公子务娄，以其通楚使也。

将执戎子驹支，范宣子亲数诸朝，曰："来，姜戎氏！昔秦人迫逐乃祖吾离于瓜州，乃祖吾离被苫盖、蒙荆棘以来归我先君。我先君惠公有不腆之田，与女剖分而食之。今诸侯之事我寡君不如昔者，盖言语漏泄，则职女之由。诘朝之事，尔无与焉。与，将执女！"对曰："昔秦人负恃其众，贪于土地，逐我诸戎。惠公蠲其大德，谓我诸戎：'是四岳之裔胄也，毋是翦弃。'赐我南鄙之田，狐狸所居，豺狼所嗥。我诸戎除翦其荆棘，驱其狐狸豺狼，以为先君不侵不叛之臣，至于今不贰。昔文公与秦伐郑，秦人窃与郑盟而舍戍焉，于是乎有殽之师：晋御其上，戎亢其下，秦师不复，我诸戎实然。譬如捕鹿，晋人角之，诸戎掎之，与晋踣之。戎何以不免？自是以来，晋之百役与我诸戎相继于时，以从执政，犹殽志也，岂敢离逷？今官之师旅无乃实有所阙，以携诸侯，而罪我诸戎！我诸戎饮食衣服不与华同，贽币不通，言语不达，何恶之能为？不与于会，亦无瞢焉！"赋《青蝇》而退。宣子辞焉，

使即事于会，成恺悌也。

于是子叔齐子为季武子介以会，自是晋人轻鲁币而益敬其使。

吴子诸樊既除丧，将立季札。季札辞曰："曹宣公之卒也，诸侯与曹人不义曹君，将立子臧。子臧去之，遂弗为也，以成曹君，君子曰'能守节'。君，义嗣也，谁敢奸君？有国非吾节也。札虽不才，愿附于子臧，以无失节。"固立之，弃其室而耕，乃舍之。

夏，诸侯之大夫从晋侯伐秦，以报栎之役也。晋侯待于竟，使六卿帅诸侯之师以进。及泾，不济。叔向见叔孙穆子，穆子赋《匏有苦叶》，叔向退而具舟。鲁人、莒人先济。郑子蟜见卫北宫懿子曰："与人而不固，取恶莫甚焉，若社稷何？"懿子说。二子见诸侯之师而劝之济。济泾而次。秦人毒泾上流，师人多死。郑司马子蟜帅郑师以进，师皆从之。至于棫林，不获成焉，荀偃令曰："鸡鸣而驾，塞井夷灶，唯余马首是瞻！"栾黡曰："晋国之命，未是有也。余马首欲东。"乃归，下军从之。左史谓魏庄子曰："不待中行伯乎？"庄子曰："夫子命从帅，栾伯吾帅也，吾将从之。从帅，所以待夫子也。"伯游曰："吾(今)〔令〕实过，悔之何及，多遗秦禽。"乃命大还。晋人谓之"迁延之役"。

栾鍼曰："此役也，报栎之败也。役又无功，晋之耻也。吾有二位于戎路，敢不耻乎？"与士鞅驰秦师，死焉。士鞅反。栾黡谓士匄曰："余弟不欲往，而子召之。余弟死，而子来，是而子杀余之弟也。弗逐，余亦将杀之。"士鞅奔秦。

于是齐崔杼、宋华阅、仲江会伐秦。不书，惰也。向之会亦如之。卫北宫括不书于向，书于伐秦，摄也。

秦伯问于士鞅曰："晋大夫其谁先亡？"对曰："其栾氏乎！"秦伯曰："以其(汰)〔汏〕乎？"对曰："然。栾黡(汰)〔汏〕虐已甚，犹可以免。其在盈乎？"秦伯曰："何故？"对曰："武子之德在民，如周人之思召公焉，爱其甘棠，况其子乎？栾黡死，盈之善未能及人；武子所施没矣，而黡之怨实章：将于是乎在。"秦伯以为知言，为之请于晋而复之。

卫献公戒孙文子、宁惠子食。皆服而朝。日旰不召，而射鸿于囿。二子从之。不释皮冠而与之言，二子怒。

孙文子如戚，孙蒯入使。公饮之酒，使大师歌《巧言》之卒章，大师辞；师曹请为之。初，公有嬖妾，使师曹诲之琴，师曹鞭之；公怒，鞭师曹三百。故师曹欲歌之以怒孙子，以报公。公使歌之，遂诵之。

蒯惧，告文子。文子曰："君忌我矣。弗先，必死！"并帑于戚而入。见蘧伯玉，曰："君之暴虐，子所知也。大惧社稷之倾覆，将若之何？"对曰："君制其国，臣敢奸之？虽奸之，庸知愈乎？"遂行，从近关出。

公使子蟜、子伯、子皮与孙子盟于丘宫，孙子皆杀之。四月己未，子展奔齐，公如鄄。使子行〔请〕于孙子，孙子又杀之。公出奔齐，孙氏追之，败公徒于河泽，鄄人执之。

初，尹公佗学射于庾公差，庾公差学射于公孙丁。二子追公，公孙丁御公。子鱼曰："射为背师，不射为戮，射为礼乎？"射两軥而还。尹公佗曰："子为师，我则远矣。"乃反之。

公孙丁授公綦而射之，贯臂。

子鲜从公。及竟，公使祝宗告亡，且告无罪。定姜曰："无神，何告？若有，不可诬也。有罪，若何告无？舍大臣而与小臣谋，一罪也；先君有冢卿以为师保，而蔑之，二罪也。余以巾栉事先君，而暴妾使余，三罪也。告亡而已，无告无罪！"

公使厚成叔吊于卫，曰："寡君使瘠，闻君不抚社稷而越在他竟，若之何不吊？以同盟之故，使瘠敢私于执事曰：'有君不吊，有臣不敏；君不赦宥，臣亦不帅职：增淫发泄，其若之何？'"卫人使大叔仪对曰："群臣不佞，得罪于寡君。寡君不以即刑而悼弃之，以为君忧。君不忘先君之好，辱吊群臣，又重恤之。敢拜君命之辱，重拜大贶！"厚孙归复命，语臧武仲曰："卫君其必归乎！有大叔仪以守，有母弟鱄以出，或抚其内，或营其外，能无归乎？"

齐人以郲寄卫侯。及其复也，以郲粮归。

右宰榖从而逃归，卫人将杀之。辞曰："余不说初矣。余狐裘而羔袖。"乃赦之。

卫人立公孙剽，孙林父、宁殖相之，以听命于诸侯。

卫侯在郲，臧纥如齐唁卫侯。〔卫侯〕与之言，虐。退而告其人曰："卫侯其不得入矣。其言，粪土也。亡而不变，何以复国？"子展、子鲜闻之，见臧纥；与之言，道。臧孙说，谓其人曰："卫君必入！夫二子者，或挽之，或推之；欲无入，得乎？"

师归自伐秦，晋侯舍新军，礼也。成国不过半天子之军。周为六军，诸侯之大者三军可也。

于是知朔生盈而死，盈生六年而武子卒。彘裘亦幼。皆未可立也。新军无帅，故舍之。

师旷侍于晋侯。晋侯曰："卫人出其君，不亦甚乎？"对曰："或者其君实甚。良君将赏善而刑淫，养民如子，盖之如天，容之如地；民奉其君，爱之如父母，仰之如日月，敬之如神明，畏之如雷霆：其可出乎？夫君，神之主（也）〔而〕民之望也。若困民之（主）〔生〕，匮神乏祀，百姓绝望，社稷无主，将安用之？弗去何为？天生民而立之君，使司牧之，勿使失性；有君而为之贰，使师保之，勿使过度。是故天子有公，诸侯有卿，卿置侧室，大夫有贰宗，士有朋友，庶人、工、商、皂、隶、牧、圉皆有亲昵，以相辅佐也。善则赏之，过则匡之，患则救之，失则革之。自王以下，各有父兄子弟以补察其政。史为书，瞽为诗，工诵箴谏，大夫规诲，士传言，庶人谤，商旅于市，百工献艺。故《夏书》曰：'遒人以木铎徇于路，官师相规，工执艺事以谏。'正月孟春，于是乎有之，谏失常也。天之爱民甚矣！岂其使一人肆于民上，以从其淫而弃天地之性？必不然矣！"

秋，楚子为庸浦之役故，子囊师于棠以伐吴。吴不出而还，子囊殿，以吴为不能而弗儆。吴人自皋舟之隘要而击之，楚人不能相救。吴人败之，获楚公子宜榖。

王使刘定公赐齐侯命，曰："昔伯舅大公右我先王，股肱周室，师保万民。世胙大师，以表东海。王室之不坏，繄伯舅是赖。今余命女环，兹率舅氏之典，纂乃祖考，无忝乃旧。

敬之哉,无废朕命!"

晋侯问卫故于中行献子。对曰:"不如因而定之。卫有君矣,伐之,未可以得志,而勤诸侯。史佚有言曰:'因重而抚之。'仲虺有言曰:'亡者侮之,乱者取之。推亡,固存,国之道也。'君其定卫以待时乎!"冬,会于戚,谋定卫也。

范宣子假羽、毛于齐而弗归,齐人始贰。

楚子囊还自伐吴,卒。将死,遗言谓子庚:"必城郢!"君子谓子囊忠:君薨不忘增其名,将死不忘卫社稷,可不谓忠乎?忠,民之望也。《诗》曰"行归于周,万民所望",忠也。

【译文】

鲁襄公十四年春天的正月,季孙宿、叔老二卿和晋国士匄、齐人、宋人、卫人、郑匡公孙虿、曹人、莒人、邾人、滕人、薛人、杞人、小邾人在向地会见吴国人。二月初一日,有日食的现象。夏天四月,叔孙豹会合晋国荀偃、齐人、宋人、卫国北宫括、郑国公孙虿、曹人、莒人、邾人、滕人、薛人、杞人、小邾人一起攻打秦国。二十六日,卫侯出逃到齐国。莒国人侵袭我鲁国东部边境。秋天,楚国公子贞(即子囊)领兵进攻吴国。冬天,季孙宿在戚地会见晋国士匄、宋国华阅、卫国孙林父,郑国公孙虿、莒人和邾人。

十四年春,吴国向晋国报告被楚国打败。鲁、晋等各国在向地举行盟会,为的是替吴国谋划攻打楚国的事。范宣子责备吴国不道德,以此拒绝了吴人。拘捕了莒国的公子务娄,因为他的使者和楚国往来。

将要拘捕戎子驹支。范宣子亲自在朝廷上责备他,说:"过来,姜戎氏!过去秦人逼迫你的祖父吾离离开瓜州,你的祖父吾离披着白茅衣、戴着荆草帽前来归附我们先君。我们先君晋惠公只有并不丰厚的土地,也和你祖父平分而吃它用它。如今诸侯侍奉我们寡君不如以前,这是因为说话泄漏了机密,应当是由于你的缘故。明天早晨诸侯盟会,你不要参加了!如果你去参加就把你捉起来。"戎子驹支回答说:"从前秦国人仗着他们人多,贪求土地,驱逐我们各部落戎人。晋惠公显示了他的大德,说我们各部落戎人是尧时四岳的后代,不要丢弃他们。赐给我们南部边境的田土,那是狐狸居住、豺狼嚎叫的地方。我们戎人剪除那里的荆棘,驱逐那里的狐狸豺狼,作为您先君不侵犯不背叛的下臣,直到如今都没有二心。从前晋文公和秦国一起攻打郑国,秦人私自与郑国结盟且安置了戍守的军队,因此就有了殽山之战。那时晋国在上边抵御,戎人在下边抵挡,秦军回不去,实在是我们各部戎人致使他们这样。譬如捕鹿,晋人抓住鹿角,我们戎人拖住鹿脚,与晋国一起把鹿按倒,我们戎人为什么不能免于罪责呢?从这次战役以来,晋国的各次战役,我们各部戎人一次接着一次地按时参加,追随着执事,如同殽山战役一样,心志如一,岂敢违背?现在晋国执政官员,恐怕实在有些过失,而使诸侯渐生离叛之心,却反而归罪我们诸戎!我诸戎饮食衣服与中原华夏不同,财礼不相往来,言语不通,能做什么坏事呢?不让参加盟会,我也没有什么烦闷!"便赋了《青蝇》诗一首,然后退下。范宣子向

他致歉,让他参加了盟会的事务,以表明具备平易且不信谗言的美德。

当时,子叔齐子作为季武子的副手参加盟会,从此晋国人减轻了鲁国的献礼,而更加敬重它的使者。

吴子诸樊已经除去丧服,将要立季札为国君。季札辞谢说:"曹宣公死的时候,诸侯和曹国人都认为曹成公不义,要立子臧为君。子臧离开曹国,于是就没有按原来的想法去做,因而成全了曹成公。君子赞曰'能保持节操'。君王您,是义当继承的人,谁敢冒犯您的君位?据有国家,不是我的节操。我季札虽然没有什么才能,愿意追随子臧,以不失节操。"诸樊坚决要立他为君,季札便抛弃了他的家室财产而去种田,诸樊于是只好放弃了立季札为君的想法。

夏天,诸侯的大夫跟随晋侯攻打秦国,以报复栎地那一战役。晋侯在边境上等待,让六卿率领诸侯的军队前进。到达泾水,诸侯的军队不肯渡河。叔向会见叔孙穆子,穆子赋《匏有苦叶》这首诗。叔向退出以后就准备船只,鲁国人、莒国人先渡河。郑国的子蟜会见卫国北宫懿子说:"亲附别人而不坚定,没有什么比这更令人讨厌的了!把国家怎么办?"懿子很高兴。两个人去见诸侯的军队且劝他们渡河,军队渡过泾水而驻扎下来。秦国人在泾水上游放毒,诸侯军队的人死了很多。郑国的司马子蟜率领郑军前进,其他各国的军队都跟上来,到达棫林,没有得到秦国的屈服媾和。荀偃命令说:"鸡叫套车,填井平灶,你们只看我的马头行事!"栾黡说:"晋国的命令,从没有过这样的。我的马头想要往东。"于是就回国。下军跟随他回去。左史对魏庄子说:"不等中行伯了吗?"魏庄子说:"他老人家命令我们跟从主将。栾伯,是我的主将,我将跟从他。跟从主将,就是合理地对待了他老人家。"荀偃说:"我的命令确实有错误,后悔哪里来得及,多留下人马只能被秦国俘虏。"于是命令全军撤回。晋国人称这次战役为"迁延之役"。

栾鍼说:"这次战役,是为了报复栎之役的失败。发动战役又没有功劳,这是晋国的耻辱。我有兄弟二人在战车上,怎敢不感到耻辱呢?"与士鞅驱马冲进秦军阵营,战死在那里。士鞅返回,栾黡对士匄说:"我的弟弟不想去,你儿子叫他去。我的弟弟战死,你的儿子回来,这是你儿子杀了我弟弟。如果不驱逐他,我也要杀死他。"于是士鞅逃奔到秦国。

当时齐国崔杼、宋国华阅、仲江一起参加攻打秦国,《春秋》没有记载他们的名字,是由于他们临事惰慢。向地的会见也如此。对卫国北宫括在向地的与会不加记载,而将他记载在这次攻打秦国的战役中,这是他积极参与的缘故。

秦伯向士鞅询问说:"晋国的大夫大概谁先灭亡?"士鞅回答说:"恐怕是栾氏吧!"秦伯说:"是由于他的骄横吗?"士鞅回答说:"对。栾黡骄横暴虐已很过分,还可以免于祸难。祸难恐怕要落在栾盈身上吧!"秦伯说:"什么缘故?"士鞅回答说:"栾武子的恩德留在百姓中间,好像周朝人思念召公,就爱护召公的甘棠树,何况他的儿子呢?栾黡死了,栾盈的好处还不能达到人们身上,栾武子所施的恩惠渐渐消失了,而对栾黡的怨恨又很

明显,因而灭亡将会在这时落在栾盈的身上。"秦伯认为这是有见识的话,为他向晋国请求而恢复了他的职位。

卫献公约请孙文子、宁惠子吃饭,两人都穿上朝服在朝廷上等待。天晚了,卫献公还不召见,而在园林里射雁。两人跟随到园林里,卫献公不脱皮帽跟他们说话。两个人火了。

孙文子去戚地,孙蒯入朝请命。卫献公招待孙蒯喝酒,让太师歌唱《巧言》诗的最后一章。太师辞谢,乐人师曹请求唱这一章。当初,卫献公有个宠妾,让师曹教她弹琴,师曹鞭打了她。献公发怒,鞭打了师曹三百下。所以现在师曹想歌唱它,用以激怒孙蒯,报复卫献公。献公让师曹歌唱,师曹就朗诵了这一章。

孙蒯害怕,告诉孙文子。孙文子说:"国君猜忌我们了,不先下手,就必被他杀死。"孙文子把家人集中到戚地,然后进入国都,遇见蘧伯玉,说:"国君的暴虐,您是知道的。我非常害怕国家的颠覆,您打算怎么办?"伯玉回答说:"国君控制他的国家,臣下哪敢冒犯他? 即使冒犯了他(立了新的国君),难道能确知比他强吗?"于是伯玉出走,从最近的关口出的国。

卫献公派子蟜、子伯、子皮与孙文子在丘宫结盟,孙文子把他们全杀了。四月二十六日,子展逃奔到齐国。卫献公到了鄄地,派子行向孙文子请求和解,孙文子又把他杀了。卫献公出逃齐国,孙家的人追杀他们,把献公的亲兵击败在阿泽。鄄地人拘捕了败兵。

当初,尹公佗在庾公差那里学射箭,庾公差又在公孙丁那里学过射箭。(如今)尹公佗和庾公差两人追赶卫献公,公孙丁为卫献公驾车。庾公差说:"射是背弃老师,不射将被诛戮,还是射合于礼吧!"射了车两边夹马颈的曲木而后回去。尹公佗说:"您为了老师,我和他的关系就远了。"于是回过车去追赶。公孙丁把马缰绳递给卫献公然后射尹公佗,一箭射穿了他的臂膀。

子鲜跟随卫献公出逃,到达边境时,献公派祝宗向祖先报告逃亡的事,并且告知自己是无罪的。定姜说:"没有神灵,向谁报告? 如果有,就不能欺骗。有罪,为什么报告没有? 丢弃大臣而与小臣谋划,这是第一条罪。先君有正卿作为师保,而你却轻视他们,这是第二条罪。我用巾栉侍奉先君,而你却待我如同对待婢妾一样残暴,这是第三条罪。你报告逃亡而已,不要报告没有罪过!"

鲁襄公派厚成叔到卫国慰问,说:"寡君派我瘠来,听说君失去了君位,而流亡到别国境内,怎么能不来慰问? 因为同盟的缘故,让瘠谨敢私下对执事说:'有君不善良,有臣不明达,国君不宽恕,臣下也不尽职,积久而发泄出来,将如何办?'"卫人派太叔仪回答说:"群臣不才,得罪了寡君。寡君不把下臣们依法惩办,而是远弃群臣而去,以成为君的忧虑。君不忘记先君的友好,辱您前来慰问下臣们,又再加哀怜。谨敢拜谢君的命令,再拜谢对下臣们的哀怜。"厚成叔回国,复命,告诉臧武仲说:"卫君大概一定会回国吧! 有太叔仪留守,有同母弟鱄随从出国,有的安抚国内,有的经营国外,能不回国吗?"

齐国人将郲地让给卫献公寄居。等到后来卫献公复位的时候,把郲地的粮食也带回国了。

右宰谷先跟从卫献公而后又逃回卫国。卫国人将要杀掉他。他辩解说:"当初跟着献公出逃我并不是乐意的。我穿的是狐皮袄羊皮袖。"于是就赦免了他。

卫国人立公孙剽为国君,孙林父、宁殖辅佐他,以听取诸侯的命令。

卫献公在郲地。臧纥到齐国慰问卫献公。卫献公和他谈话,态度很粗暴。臧纥退出后告诉他的下属说:"卫侯大概不能回国了。他的话好像粪土一样。逃亡在外而不悔改,怎么能够恢复国君的地位呢?"子展、子鲜听说这些话,进见臧纥。与他们说话,很通情达理。臧纥很高兴,对他的下属说:"卫君一定能回国。这两个人,有的拉他,有的推他,想不回国,能行吗?"

军队攻打秦国回来,晋侯撤消新军,这是合于礼的。大国不超过天子军队的一半,周天子建立六军,诸侯中的大国,有三个军就可以了。

当时知朔生了知盈以后便死去,知盈出生以后六年而知武子去世,彘裘也还小,都不能立为卿。新军没有主帅,所以把它撤消了。

师旷陪侍在晋悼公身旁。晋悼公说:"卫国人赶走他们的国君,不也太过分了吗?"师旷回答说:"也许是他们的国君实在太过分了。良好的国君是会奖赏善良而惩罚邪恶,抚养老百姓好像儿女,覆盖他们如同上天,容载他们好像大地。百姓尊奉他们的国君,热爱他好像父母,敬仰他如同日月,敬重他如同神灵,害怕他好像雷霆,难道可以赶出去吗?国君,是祭神的主持者、百姓的希望。如果让百姓的财货困乏,神灵失去祭祀者,百姓绝望,国家没有主人,哪里还用得着他?不赶出去干什么?上天产生了百姓而立他们的国君,让他统治他们,不要让他们失去天性。有了国君又为他设置辅佐,让他们去教导保护他,不让他做事情过分。由于这样天子有公,诸侯有卿,卿设置侧室,大夫有贰宗,士有朋友,庶人、工、商、皂、隶、牧、圉都有亲近的人,用来互相辅佐。善良的就奖赏,有错误就纠正,有患难就救援,有过失就更改。自王以下,各有父兄子弟,来观察补救他的政令得失。太史做出记载,乐师写出诗歌,乐工诵读箴谏,大夫规劝开导,士传话,庶人公开指责,商人在市场上议论,各种工匠呈献技艺。所以《夏书》上说:"遒人摇着木铎在大路上巡行,官师规劝,工匠呈献技艺以作劝谏。正月初春,在这时节有遒人摇动木铎,巡行宣令。这是由于劝谏失去常规的缘故。上天爱护百姓非同一般,难道会让某一个人在百姓头上肆意妄为,来放纵他的邪恶,而丢掉天地的本性?必定不会这样的。"

秋天,楚王因为庸浦那次战役的缘故,让子囊在棠地屯兵以攻打吴国,吴国不出兵应战,楚军就回去了。子囊殿后,认为吴国不行而不加警戒。吴国人从皋舟的险道拦腰截击楚军,楚国人前后不能相救。吴国人击败了楚军,俘虏了楚公子宜谷。

周灵王派刘定公赐给齐侯策命,说:"从前伯舅太公,辅助我先王,是周王室的股肱,万民的师保。世世代代酬谢太师的功劳,让他在东海显扬光大。王室没有败坏,所依靠

的就是伯舅。如今我命令你环，要孜孜不倦地遵循舅氏的常法，继承你的祖先，不要玷辱你的先人。要恭敬啊，不要废弃我的命令！"

晋侯向中行献子询问卫国发生的事情，中行献子回答说："不如根据现状而安定它。卫国已立有国君了，攻打它，不一定能够达到愿望却反而劳动诸侯。史佚有话说过：'顺着他已经定位而安抚他。'仲虺有话说过：'灭亡的可以欺侮，动乱的可以攻取，推翻灭亡的巩固存在的，这是治国的常道。'君王还是安定卫国以等待时机吧！"冬天，诸侯在戚地会见，就是为了商量安定卫国。

范宣子在齐国借了鸟羽和旄牛尾而不归还，齐国人开始有了二心。

楚国的子囊攻打吴国回来，就死了。临死，对子庚遗言说："一定要修筑郢城。"君子认为："子囊忠诚。国君死不忘记谥他为'共'；自己临死不忘保卫国家，能不说忠吗？忠，是百姓的希望。《诗》说：'行为归结到忠信，是万民所期望的。'这就是忠的意思。"

襄公十五年

【原文】

十有五年：春，宋公使向戌来聘。二月己亥，及向戌盟于刘。

刘夏逆王后于齐。

夏，齐侯伐我北鄙，围成。公救成，至遇。

季孙宿、叔孙豹帅师城成郛。

秋，八月丁巳，日有食之。

邾人伐我南鄙。

冬，十一月癸亥，晋侯周卒。

十五年春，宋向戌来聘，且寻盟。见孟献子，尤其室，曰："子有令闻；而美其室，非所望也。"对曰："我在晋，吾兄为之。毁之重劳，且不敢间。"

官师从单靖公逆王后于齐。卿不行，非礼也。

楚公子午为令尹，公子罢戎为右尹，蒍子冯为大司马，公子橐师为右司马，公子成为左司马，屈到为莫敖，公子追舒为箴尹，屈荡为连尹，养由基为宫厩尹，以靖国人。君子谓楚于是乎能官人。官人，国之急也。能官人，则民无觊心。《诗》云："嗟我怀人，寘彼周行。"能官人也。王及公、侯、伯、子、男、甸、采、卫、大夫，各居其列，所谓周行也。

郑尉氏、司氏之乱，其馀盗在宋。郑人以子西、伯有、子产之故，纳赂于宋，以马四十乘与师茷、师慧。三月，公孙黑为质焉。司城子罕以堵女父、尉翩、司齐与之；良司臣而逸之，托诸季武子，武子寘诸卞。郑人醢之三人也。

师慧过宋朝，将私焉。其相曰："朝也。"慧曰："无人焉。"相曰："朝也，何故无人？"慧

曰："必无人焉！若犹有人，岂其以千乘之相易淫乐之朦？必无人焉故也。"子罕闻之，固请而归之。

夏，齐侯围成，贰于晋故也。于是乎城成郭。

秋，邾人伐我南鄙，使告于晋。晋将为会以讨邾、莒，晋侯有疾，乃止。冬，晋悼公卒，遂不克会。

郑公孙夏如晋奔丧，子蟜送葬。

宋人或得玉，献诸子罕。子罕弗受。献玉者曰："以示玉人，玉人以为宝也，故敢献之。"子罕曰："我以不贪为宝，尔以玉为宝。若以与我，皆丧宝也；不若人有其宝。"稽首而告曰："小人怀璧，不可以越乡，纳此以请死也。"子罕真诸其里，使玉人为之攻之，富而后使复其所。

十二月，郑人夺堵狗之妻而归诸范氏。

【译文】

鲁襄公十五年春天，宋公派向戌来鲁国聘问。二月十一日，与向戌在刘地盟会。刘夏到齐国迎接周天子的王后。夏天，齐侯派兵进攻我国北部边境，包围了成邑。襄公救援成，到了遇地。季孙宿、叔孙豹二卿带兵来修筑成邑的外城。秋天的七月初一，有日食。邾人进攻我国南部边境。冬天的十一月九日，晋侯周去世。

鲁襄公十五年春，宋国的向戌前来聘问，并且重温过去的盟好。进见孟献子，责备他的房屋太豪华，说："您有好名声，却把自己的房屋修筑得如此豪华，这不是人们所希望的！"孟献子回答说："我在晋国的时候，我哥哥盖的这房子，毁了它又加重了辛劳，而且我不敢认为我哥哥做的事不对。"

官师跟随单靖公到齐国迎接王后。卿没有去，这是不合于礼的。

楚国公子午做令尹，公子罢戎做右尹，芳子冯做大司马，公子橐师做右司马，公子成做左司马，屈到做莫敖，公子追舒做箴尹，屈荡做连尹，养由基做宫厩尹，以此安定国人。君子认为："楚国在这个时候能恰当地安排官职人选。安排官职人选，这是国家的当务之急。能够恰当地安排人，那么百姓就没有非分的企求之心。《诗》上说：'嗟叹我怀念的贤人，要把他们都安置在官职的行列里。'说的就是能恰当地安排人的官职。天子和公、侯、伯、子、男以及甸、采、卫等各级大夫，各人都应在他为官的行列里，这就是所谓'周行'了。"

郑国尉氏、司氏的那次叛乱，所剩余的叛乱分子躲在宋国。郑国人因为子西、伯有、子产的缘故，向宋国赠送马一百六十匹加上师茷、师慧的贿赂。三月，公孙黑到宋国做人质。宋国的司城子罕把堵女父、尉翩、司齐交给了郑国。认为司臣贤能而放走了他，托付给鲁国的季武子，武子把他安置在卞地。郑国人把这三个人杀了剁成肉酱。

师慧走过宋国朝廷，要在那里小便。扶他的人说："这里是朝廷。"师慧说："没有人在这里呀。"扶他的人说："朝廷，为什么没有人？"师慧说："一定是没有人。若是还有人，难

道会用拥有千辆战车国家的相去交换一个演唱淫乐的盲人？必定是由于没有人的缘故。"司城子罕听了这些话，坚决请求让师慧回归郑国。

夏天，齐侯包围了成邑，是因为对晋国有了二心的缘故。于是鲁国修筑成邑的外城。

秋天，邾国人攻打我国南部边境，我国派人报告晋国。晋国打算举行会见以讨伐邾国、莒国。晋侯生病，事情就停下了。冬天，晋悼公死，就没能举行会见。

郑国的公孙夏到晋国奔丧吊唁，子蟜参加送葬。

宋国有人得到块玉，把它献给子罕，子罕不肯接受。献玉的人说："拿给玉匠看过，玉匠认为是宝物，所以才敢进献。"子罕说："我把不贪婪作为宝物，你把美玉作为宝物，若是你把玉给了我，我们两人都丧失了宝物，不如各人保有自己的宝物。"献玉的人叩头告诉子罕说："小人怀藏玉璧，不能够穿越乡里，把它送给您是用以请求免于一死。"子罕把玉放到自己的乡里，派玉匠为他雕琢，献玉的人卖出玉璧富有了之后，才让他回家。

十二月，郑国人夺取了堵狗的妻子，让她回到娘家范氏去。

襄公十六年

【原文】

十有六年：春，王正月，葬晋悼公。

三月，公会晋侯、宋公、卫侯、郑伯、曹伯、莒子、邾子、薛伯、杞伯、小邾子于（溴）〔溴〕梁。戊寅，大夫盟。

晋人执莒子、邾子以归。

齐侯伐我北鄙。

夏，公至自会。

五月甲子，地震。

叔老会郑伯、晋荀偃、卫宁殖、宋人伐许。

秋，齐侯伐我北鄙，围成。

大雩。

冬，叔孙豹如晋。

十六年春，葬晋悼公。平公即位，羊舌肸为傅，张君臣为中军司马，祁奚、韩襄、栾盈、士鞅为公族大夫，虞丘书为乘马御。改服，修官。烝于曲沃。警守而下，会于（溴）〔溴〕梁，命归侵田。以我故，执邾宣公、莒犁比公，且曰"通齐楚之使"。

晋侯与诸侯宴于温，使诸大夫舞，曰："歌诗必类！"齐高厚之诗不类，荀偃怒，且曰："诸侯有异志矣！"使诸大夫盟高厚，高厚逃归。于是叔孙豹、晋荀偃、宋向戌、卫宁殖、郑公孙虿、小邾之大夫盟曰："同讨不庭！"

许男请迁于晋。诸侯遂迁许，许大夫不可。晋人归诸侯。

郑子蟜闻将伐许，遂相郑伯以从诸侯之师。穆叔从公。齐子帅师会晋荀偃。书曰"会郑伯"，为夷故也。

夏六月，次于棫林。庚寅，伐许，次于函氏。

晋荀偃、栾黡帅师伐楚，以报宋扬梁之役。楚公子格帅师及晋师战于湛阪，楚师败绩。晋师遂侵方城之外，复伐许而还。

秋，齐侯围成，孟孺子速徼之。齐侯曰："是好勇，去之以为之名。"速遂塞海陉而还。

冬，穆叔如晋，聘，且言齐故。晋人曰："以寡君之未禘祀，与民之未息；不然，不敢忘。"穆叔曰："以齐人之朝夕释憾于敝邑之地，是以大请。敝邑之急，朝不及夕，引领西望曰：'庶几乎！'比执事之闲，恐无及也！"见中行献子，赋《圻父》。献子曰："偃知罪矣。敢不从执事以同恤社稷，而使鲁及此！"见范宣子，赋《鸿雁》之卒章。宣子曰："匄在此，敢使鲁无鸠乎？"

【译文】

鲁襄公十六年春天的正月，安葬晋悼公。三月，襄公和晋侯、宋公、卫侯、郑伯、曹伯、莒子、邾子、薛伯、杞伯、小邾子在溴梁会见。三月二十六日，各国大夫盟誓。晋国人拘捕了莒子、邾子并带回国。齐侯进攻我鲁国北部边境。夏天，襄公从盟会地回国。五月十三日，发生了地震。叔老会合郑伯、晋国荀偃、卫国宁殖和宋国人一起讨伐许国。秋天，齐侯进攻我北部边境，包围了成邑。我国举行了求雨的大祭。冬天，叔孙豹出使到了晋国。

鲁襄公十六年春，安葬了晋悼公。晋平公即位，羊舌肸做太傅，张君臣做中军司马，祁奚、韩襄、栾盈、士鞅做公族大夫，虞丘书做乘马御。改穿吉服，选贤任能，在曲沃举行烝祭。晋平公在国都布置好守备之后就带兵沿黄河而下，和诸侯在溴梁相会。命令诸侯退还相互侵占的田地。由于我鲁国的缘故，拘捕了邾宣公、莒国犁比公，而且说他们"和齐、楚两国的使者私下往来"。

晋侯和诸侯在温地宴会，让各位大夫起舞，说："唱诗一定要和舞蹈相配！"齐国高厚的诗不与舞蹈相配。荀偃发怒，并且说："诸侯有不一致的想法了！"让各位大夫与高厚盟誓，高厚逃回齐国。在这种情况下，鲁国叔孙豹、晋国荀偃、宋国向戌、卫国宁殖、郑国公孙虿、小邾国的大夫一起盟誓说："共同讨伐不忠于盟主的人。"

许男向晋国请求迁移。诸侯就让许国迁移，许国大夫不同意，晋国人就让诸侯回国。

郑国子蟜听说将要攻打许国，就辅佐郑伯跟从诸侯的队伍。穆叔跟随着鲁襄公。子叔齐子带兵会见晋国荀偃。《春秋》记载说"会郑伯"，是为了摆平次序的缘故。

夏季六月，军队驻扎在棫林。初九日，攻打许国，驻扎在函氏。

晋国荀偃、栾黡率领军队攻打楚国，报复在宋国杨梁的那次战役。楚国公子格带兵与晋军在湛阪交战，楚军大败。晋军于是进攻楚国方城山的外边，再次攻打许国然后回国。

秋天，齐侯包围我鲁国成邑，孟孺子速拦击齐军。齐侯说："此人喜好勇猛，我们撤离这里以成全他好勇之名。"于是孟孺子速堵塞海陉隘道而回国。

冬天，穆叔到晋国聘问，并且谈论齐国再次侵犯鲁国的事。晋国人说："因为寡君还没有举行禘祭，民众还没有得休息（所以不能救援）。要不是这样，是不敢忘记的。"穆叔说："由于齐国人早晚在敝邑的土地上发泄愤恨，因此才来郑重地请求。敝邑的危急，早晨等不及晚上，人们伸长脖子望着西边说：'大概快来救援了吧！'等到执事得空，恐怕来不及了。"穆叔进见中行献子，赋《圻父》诗一首，献子说："我荀偃知道罪过了，岂敢不跟从执事来共同忧虑社稷，而让鲁国到了这个地步。"进见范宣子，赋《鸿雁》这首诗的最后一章。范宣子说："我士匄在这里，岂敢让鲁国不得安宁？"

襄公十七年

【原文】

十有七年：春，王二月庚午，邾子牼卒。

宋人伐陈。

夏，卫石买帅师伐曹。

秋，齐侯伐我北鄙，围桃。高厚帅师伐我北鄙，围防。

九月，大雩。

宋华臣出奔陈。

冬，邾人伐我南鄙。

十七年春，宋庄朝伐陈，获司徒卬，卑宋也。

卫孙蒯田于曹隧，饮马于重丘，毁其瓶。重丘人闭门而诟之，曰："亲逐而君，尔父为厉。是之不忧，而何以田为？"夏，卫石买、孙蒯伐曹，取重丘。曹人愬于晋。

齐人以其未得志于我故，秋，齐侯伐我北鄙，围桃；高厚围臧纥于防。师自阳关逆臧孙，至于旅松。耶叔纥、臧畴、臧贾帅甲三百，宵犯齐师，送之而复。齐师去之。

齐人获臧坚。齐侯使夙沙卫唁之，且曰："无死！"坚稽首，曰："拜命之辱。抑君赐不终，姑又使其刑臣礼于士！"以杙抉其伤而死。

冬，邾人伐我南鄙，为齐故也。

宋华阅卒。华臣弱皋比之室，使贼杀其宰华吴，贼六人以铍杀诸卢门合左师之后。左师惧，曰："老夫无罪！"贼曰："皋比私有讨于吴。"遂幽其妻，曰："畀余而大璧！"宋公闻之，曰："臣也，不唯其宗室是暴，大乱宋国之政，必逐之！"左师曰："臣也，亦卿也。大臣不顺，国之耻也。不如盖之。"乃舍之。

左师为己短策，苟过华臣之门，必骋。

十一月甲午，国人逐瘈狗。瘈狗入于华臣氏，国人从之。华臣惧，遂奔陈。

宋皇国父为大宰,为平公筑台,妨于农(功)〔收〕。子罕请俟农功之毕,公弗许。筑者讴曰:"泽门之皙,实兴我役。邑中之黔,实慰我心。"子罕闻之,亲执扑以行筑者,而挟其不勉者,曰:"吾侪小人,皆有阖庐以辟燥湿寒暑;今君为一台而不速成,何以为役?"讴者乃止。或问其故,子罕曰:"宋国区区而有诅有祝,祸之本也!"

齐晏桓子卒。晏婴粗缞斩,苴绖、带、杖,菅屦,食鬻,居倚庐,寝苫,枕草。其老曰:"非大夫之礼也。"口:"唯卿为大夫。"

【译文】

鲁襄公十七年春天的二月二十三日,邾子牼死了。宋国人进攻陈国。夏天,卫国石买率领军队进攻曹国。秋天,齐侯侵犯我鲁国的北部边境,包围了桃邑。齐国高厚带兵侵犯我鲁国的北部边境,包围了防邑。九月,举行了求雨的大祭祀。宋国华臣出逃奔往陈国。冬天,邾国人侵犯我南部边境。

鲁襄公十七年春天,宋国的庄朝带兵攻打陈国,俘虏了司徒卬,是由于轻视宋国的缘故。

卫国的孙蒯在曹隧打猎,在重丘饮马,砸了那里的汲水瓶。重丘人关起门来骂他,说:"亲自赶走你的国君,你的父亲又作恶。这些你不担忧,而来打猎干什么?"夏天,卫国石买、孙蒯攻打曹国,夺取了重丘。曹国人向晋国控诉。

齐国人因为他们没有在我国满足愿望的缘故,秋天,齐侯便带兵攻打我北部边境,包围了桃邑。高厚则把臧纥围困在防邑。鲁国军队从阳关去迎接臧纥。到达旅松。耶叔纥、臧畴、臧贾率领甲士三百人,夜袭齐军,把臧纥送到旅松然后回来。于是齐军撤离了鲁国。

齐国人俘虏了臧坚。齐侯派夙沙卫慰问臧坚,并且说:"不要死。"臧坚叩头说:"谨拜谢君王命令的羞辱! 然而君王赐我不死,却又故意派他的刑臣对一个士表示敬意。"于是用尖木桩戳进自己的伤口而死。

冬天,邾国人侵犯我鲁国南部边境,是因为齐国的缘故。

宋国华阅死了,华臣认为皋比家软弱可欺,便派贼人去杀他家的总管华吴。六个贼人用钺把华吴杀死在卢门合左师的屋后。左师害怕,说:"我老头子没有罪。"凶手说:"皋比私自讨伐华吴。"于是幽禁了华吴的妻子,说:"把你的大玉璧给我!"宋平公听说了这件事,说:"华臣,不仅对他的宗室残暴,而且使宋国的政事大乱,一定要驱逐他!"左师说:"华臣,也是卿。大臣不和顺,是国家的耻辱。不如掩盖了这件事。"宋平公就放弃了这件事。

左师为自己把马鞭弄短,如果经过华臣的家门,一定要打马快跑。

十一月二十二日,国人追赶疯狗。疯狗跑进华臣家里,国人跟着追进去。华臣害怕,就逃奔到陈国。

宋国的皇国父做太宰,给宋平公修筑一座台,妨碍了农业收割。子罕请求等待农事

完毕后再筑,平公不允许。筑台的人便唱着歌谣说:"泽门里的白脸皮,征发我们服劳役。城中住的黑皮人,才真体贴我们的心。"子罕听到了,亲自拿着竹鞭,巡行督察筑台的人,鞭打那些不卖力干活的人,说:"我们这一辈小人都有了房屋躲避干湿冷热。如今国君要修筑一座台而不能很快完成,怎么能办事呢?"唱歌谣的就停下不唱了。有人问他什么缘故,子罕说:"宋国那么小,却既有诅咒又有歌颂,这是祸乱的根本。"

齐国晏桓子死,晏婴穿着粗布丧服,头上、腰上都系着粗麻带子,手执竹杖,脚穿草鞋,喝粥,住草棚,睡在草垫子上,头枕着草。他的家臣说:"这不是大夫的礼仪。"晏婴说:"只有卿才是大夫。"

襄公十八年

【原文】

十有八年:春,白狄来。

夏,晋人执卫行人石买。

秋,齐师伐我北鄙。

冬,十月,公会晋侯、宋公、卫侯、郑伯、曹伯、莒子、邾子、滕子、薛伯、杞伯、小邾子,同围齐。曹伯负刍卒于师。

楚公子午帅师伐郑。

十八年春,白狄始来。

夏,晋人执卫行人石买于长子,执孙蒯于纯留,为曹故也。

秋,齐侯伐我北鄙。中行献子将伐齐,梦与厉公讼,弗胜;公以戈击之,首队于前,跪而戴之,奉之以走,见梗阳之巫皋。他日,见诸道,与之言,同。巫曰:"今兹主必死;若有事于东方,则可以逞。"献子许诺。

晋侯伐齐。将济河,献子以朱丝系玉二瑴而祷曰:"齐环怙恃其险,负其众庶,弃好背盟,陵虐神主。曾臣彪将率诸侯以讨焉,其官臣偃实先后之。苟捷有功,无作神羞,官臣偃无敢复济。唯尔有神裁之!"沈玉而济。

冬十月,会于鲁济,寻(溴)〔溴〕梁之言,同伐齐。齐侯御诸平阴,堑防门而守之,广里。夙沙卫曰:"不能战,莫如守险。"弗听。诸侯之士门焉,齐人多死。

范宣子告析文子,曰:"吾知子,敢匿情乎?鲁人、莒人皆请以车千乘自其乡入,既许之矣。若入,君必失国。子盍图之?"子家以告公,公恐。晏婴闻之,曰:"君固无勇,而又闻是,弗能久矣!"

齐侯登巫山以望晋师。晋人使司马斥山泽之险,虽所不至,必旆而疏陈之。使乘车者左实右伪,以旆先,舆曳柴而从之。齐侯见之,畏其众也,乃脱归。

丙寅晦,齐师夜遁。师旷告晋侯曰:"鸟乌之声乐,齐师其遁。"邢伯告中行伯曰:"有

班马之声,齐师其遁。”叔向告晋侯曰:“城上有乌,齐师其遁!”十一月丁卯朔,入平阴,遂从齐师。

夙沙卫连大车以塞隧而殿。殖绰、郭最曰:“子殿国师,齐之辱也。子姑先乎!”乃代之殿。卫杀马于隘以塞道。晋州绰及之,射殖绰,中肩,两矢夹脰,曰:“止,将为三军获。不止,将取其衷!”顾曰:“为私誓。”州绰曰:“有如日!”乃弛弓而自后缚之。其右具丙亦舍兵而缚郭最。皆衿甲面缚,坐于中军之鼓下。

晋人欲逐归者,鲁、卫请攻险。己卯,荀偃、士匄以中军克京兹。乙酉,魏绛、栾盈以下军克邿;赵武、韩起以上军围卢,弗克。十二月戊戌,及秦周,伐雍门之萩。范鞅门于雍门,其御追喜以戈杀犬于门中,孟庄子斩其橁以为公琴。己亥,焚雍门及西郭、南郭。刘难、士弱率诸侯之师焚申池之竹木。壬寅,焚东郭、北郭,范鞅门于扬门;州绰门于东闾,左骖迫,还于(东)门中,以枚数阖。

齐侯驾,将走邮棠。大子与郭荣扣马,曰:“师速而疾,略也;将退矣,君何惧焉?且社稷之主不可以轻,轻则失众。君必待之!”将犯之。大子抽剑断鞅,乃止。

甲辰,东侵及潍,南及沂。

郑子孔欲去诸大夫,将叛晋而起楚师以去之,使告子庚。子庚弗许。楚子闻之,使杨豚尹宜告子庚曰:“国人谓不穀主社稷而不出师,死不从礼。不穀即位,于今五年,师徒不出,人其以不穀为自逸而忘先君之业矣。大夫图之,其若之何?”子庚叹曰:“君王其谓午怀安乎?吾以利社稷也。”见使者,稽首而对曰:“诸侯方睦于晋,臣请尝之。若可,君而继之。不可,收师而退,可以无害,君亦无辱。”

子庚帅师治兵于汾。于是子蟜、伯有、子张从郑伯伐齐,子孔、子展、子西守。二子知子孔之谋,完守入保。子孔不敢会楚师。

楚师伐郑,次于鱼陵。右师城上棘,遂涉颍,次于旃然。蒍子冯、公子格率锐师侵费滑、胥靡、献于、雍梁,右回梅山,侵郑东北,至于虫牢而反。子庚门于纯门,信于城下而还,涉于鱼齿之下。甚雨及之。楚师多冻,役徒几尽。

晋人闻有楚师。师旷曰:“不害。吾骤歌北风,又歌南风。南风不竞,多死声,楚必无功!”董叔曰:“天道多在西北。南师不时,必无功。”叔向曰:“在其君之德也。”

【译文】

鲁襄公十八年春,白狄派人来鲁国。夏天,晋国人拘捕了卫国行人石买。秋天,齐国军队攻打我鲁国北部边境。冬天十月,襄公会合晋侯、宋公、卫侯、郑伯、曹伯、莒子、邾子、滕子、薛伯、杞伯、小邾子同心协力围攻齐国。曹伯负刍死于军中。楚公子午率领军队进攻郑国。

鲁襄公十八年春,白狄第一次来鲁国。

夏天,晋国人在长子拘捕了卫国行人石买,在纯留拘捕了孙蒯,都是因为曹国的缘故。

秋天,齐侯攻打我鲁国北部边境。中行献子将要攻打齐国,梦见自己和晋厉公争辩,没有获胜;晋厉公用戈打他,脑袋掉在身前,跪下来安在脖子上,双手捧着头就跑,见到梗阳的巫皋。过几天,在路上遇见巫皋,中行献子和他谈起梦中的事,竟和巫皋梦见的相同。巫皋说:"今年您必定会死,如果在东方有战事,那是可以满足愿望的。"中行献子答应了。

晋侯攻打齐国,将要渡过黄河。中行献子用红丝线系着两对玉,祷告说:"齐环靠着他的地形险要,仗着人多势众,背弃友好同盟,欺凌虐待百姓。末臣彪将率领诸侯去讨伐他,他的官臣荀偃在前后辅助他。如果得胜有功,不给神灵带来羞耻,官臣偃不敢再次渡河。只希望您神灵加以制裁!"把玉沉入黄河然后渡河。

冬天的十月,诸侯们在鲁国的济水边会见,重温溴梁之盟的誓言,共同讨伐齐国。齐侯在平阴抵御,在防门外挖壕沟据守,挖了一里宽。夙沙卫说:"如果不能作战,没有比扼守险要更好的了。"齐侯不听。诸侯的战士攻打防门,齐国人多数战死。

范宣子告诉析文子说:"我了解您,敢隐瞒实情吗? 鲁国人、莒国人都请求用一千辆战车从他们那里向齐国攻进来,我们已经答应他们了。如果打进来,贵国君主必定丧失国家。您何不打算一下?"析文子把这些话告诉了齐灵公,齐灵公害怕了。晏婴听到了说:"国君本来就没有勇气,却又听到了这些话,不能维持好久了。"

齐侯登上巫山远望晋军。晋国人派司马探测山林河泽的险阻,即使是军队所达不到的地方,也必定竖起大旗而稀疏地布下阵势。让乘战车的左边坐真人而右边为假人,用大旗作前导,战车后面拖着薪柴树枝跟上去。齐侯见到这情景,害怕晋军人多,就离开军队脱身逃回去。

二十九日,齐军夜里逃走。师旷告诉晋侯说:"乌鸦的叫声欢乐,齐军可能逃走了。"邢伯告诉中行献子说:"有马匹别离的悲叫声,齐军可能逃走了。"叔向告诉晋侯说:"平阴城上有乌鸦,齐军可能逃走了。"十一月初一日,晋军进入平阴,于是就追赶齐军。

夙沙卫把大车连接在一起堵塞山中的隘道,然后自己殿后。殖绰、郭最说:"您做国家军队的殿后,这是齐国的耻辱。您姑且先走吧!"便代替夙沙卫做殿后。夙沙卫杀了马匹放在狭路上堵塞道路。晋国的州殖赶到了,用箭射殖绰,射中了肩膀,两枝箭夹着脖子,说:"停下别跑,你还将成为我军的俘虏;不停下来,我要射你两箭中心的脖子。"殖绰回过头来说:"你发誓。"州绰说:"有太阳神为证!"于是就把弓弦卸下来从后面捆绑了殖绰,他的车右具丙也放下武器捆绑了郭最。两个都是不解除盔甲从后面捆绑的,坐在中军的战鼓下边。

晋国人想要追赶逃兵,鲁国、卫国请求攻打固守险要的顽敌。十三日,荀偃、士匄率领中军攻下京兹。十九日,魏绛、栾盈率领下军攻下邿地。赵武、韩起率领上军包围卢地,没有攻下。十二月初二日,到达秦周,砍了雍门的荻木。范鞅攻打雍门,他的御者追喜用戈在门里杀死一条狗。孟庄子砍了那儿的槠木准备做颂琴。初三日,放火烧了雍门和西边、南边的外城。刘难、士弱率领诸侯的军队放火烧了申池附近的竹子树木。初六日,放火烧了东边和北边的外城。范鞅攻打扬门。州绰攻打东间,左边的骖马迫于拥挤

而不能前进，在门内盘旋，连城门上的乳钉都数清楚了。

齐侯驾车，想逃跑到邮棠。太子和郭荣拉住马，说："敌军来得急速而奋勇攻击，是为了掠夺财物。完了将要退兵的，君怕什么呢？而且国家的君主，不可以轻动，轻动就会失去大众。君一定要等着！"齐侯将要突破他俩前去，太子抽出剑来砍断套马的皮带子，这才停下来。

初八日，诸侯的军队向东进攻到了潍水，向南进攻到了沂水。

郑国的子孔想要除掉大夫们，打算背叛晋国而发动楚国军队来除掉他们。派人告知楚令尹子庚，子庚没有应许。楚王听到此事，派扬豚尹宜转告子庚说："国人认为不谷主持国家，而不出兵打仗，死后就不能遵从先君的礼仪。不谷即位，到现在已五年，军队没有出动，别人可能认为不谷是为了自己的安逸，而忘了先君的霸业了。大夫考虑一下，这件事应怎么办？"子庚叹息着说："君王大概是认为午在贪图安逸吧！我这是为了有利于国家呀！"子庚接见使者，叩头然后回答说："诸侯正同晋国和睦，下臣请求试探一下。若是可行，君王就继续出兵。如果不行，收兵退回来，可以没有损害，君王也不会受到羞辱。"

子庚率领军队在汾地练兵。当时子蟜、伯有、子张跟随郑伯攻打齐国，子孔、子展、子西留守。子展、子西二人知道子孔的阴谋，就完善城郭，加强守备，并入城堡固守。子孔不敢和楚军会合。

楚军攻打郑国，驻扎在鱼陵。右翼部队在上棘筑城，就徒步渡过颍水，驻扎在旃然水边。蒍子冯、公子格率领精锐部队攻打费滑、胥靡、献于、雍梁，向右绕过梅山，进攻郑国东北部，到达虫牢然后回师。子庚攻打郑国的纯门，在城下住了两晚然后回去。军队徒步渡过鱼齿山下的滽水，遇到大雨，楚军多数被冻坏，军中服杂役的人几乎死完了。

晋国人听说楚军侵袭郑国，师旷说："没有妨害。我屡次歌唱北方的曲调，又歌唱南方的曲调。南方的曲调不强，多是象征死亡的声音。楚国必定徒劳无功。"董叔说："岁星多在西北，南方的军队不合天时，必定不能成功。"叔向说："成败在于他们国君的德行。"

荀偃

襄公十九年

【原文】

十有九年：春，王正月，诸侯盟于祝柯。晋人执邾子。

公至自伐齐。

取邾田,自漷水。

季孙宿如晋。

葬曹成公。

夏,卫孙林父率师伐齐。

秋,七月辛卯,齐侯环卒。

晋士匄帅师侵齐。至穀,闻齐侯卒,乃还。

八月丙辰,仲孙蔑卒。

齐杀其大夫高厚。

郑杀其大夫公子嘉。

冬,葬齐灵公。

城丁郓。

叔孙豹会晋士匄于柯。

城武城。

十九年春,诸侯还自沂上,盟于督扬,曰:"大毋侵小!"

执邾悼公,以其伐我故。遂次于泗上,疆我田。取邾田,自漷水归之于我。

晋侯先归。公享晋六卿于蒲圃,赐之三命之服。军尉、司马、司空、舆尉、候奄,皆受一命之服。贿荀偃束锦、加璧、乘马,先吴寿梦之鼎。

荀偃瘅疽,生疡于头。济河,及著雍,病,目出。大夫先归者皆反。士匄请见,弗内。请后,曰:"郑甥可。"二月甲寅,卒,而视,不可含。宣子盥而抚之,曰:"事吴敢不如事主!"犹视。栾怀子曰:"其为未卒事于齐故也乎?"乃复抚之,曰:"主苟终,所不嗣事于齐者,有如河!"乃瞑,受含。宣子出,曰:"吾浅之为丈夫也!"

晋栾鲂帅师从卫孙文子伐齐。

季武子如晋拜师,晋侯享之。范宣子为政,赋《黍苗》。季武子兴,再拜稽首,曰:"小国之仰大国也,如百穀之仰膏雨焉。若常膏之,其天下辑睦,岂唯敝邑?"赋《六月》。

季武子以所得于齐之兵,作林钟而铭鲁功焉。臧武仲谓季孙曰:"非礼也!夫铭,天子令德,诸侯言时计功,大夫称伐。今称伐则下等也,计功则借人也,言时则妨民多矣,何以为铭?且夫大伐小,取其所得以作彝器,铭其功烈以示子孙,昭明德而惩无礼也。今将借人之力以救其死,若之何铭之?小国幸于大国,而昭所获焉以怒之,亡之道也。"

齐侯娶于鲁,曰颜懿姬,无子。其姪鬷声姬生光,以为大子。诸子仲子、戎子,戎子嬖。仲子生牙,属诸戎子。戎子请以为大子,许之。仲子曰:"不可!废常,不祥。间诸侯,难。光之立也,列于诸侯矣。今无故而废之,是专黜诸侯,而以难犯不祥也。君必悔之!"公曰:"在我而已。"遂东大子光。使高厚傅牙以为大子,夙沙卫为少傅。

齐侯疾,崔杼微逆光。疾病,而立之。光杀戎子,尸诸朝,非礼也。妇人无刑;虽有刑,不在朝市。夏五月壬辰晦,齐灵公卒。庄公即位,执公子牙于句渎之丘。以夙沙卫易己,卫奔高唐以叛。

晋士匄侵齐,及穀,闻丧而还,礼也。

于四月丁未,郑公孙虿卒,赴于晋大夫。范宣子言于晋侯,以其善于伐秦也。六月,晋侯请于王,王追赐之大路,使以行,礼也。

秋八月,齐崔杼杀高厚于洒蓝而兼其室。书曰"齐杀其大夫",从君于昏也。

郑子孔之为政也专,国人患之,乃讨西宫之难与纯门之师。子孔当罪,以其甲及子革、子良氏之甲守。甲辰,子展、子西率人伐之,杀子孔而分其室。书曰"郑杀其大夫",专也。

子然、子孔,宋子之子也。士子孔,圭妫之子也。圭妫之班亚宋子而相亲也。(士)〔二〕子孔亦相亲也。僖之四年,子然卒。简之元年,士子孔卒。司徒孔实相子革、子良之室,三室如一,故及于难。子革、子良出奔楚。子革为右尹。郑人使子展当国,子西听政,立子产为卿。

齐庆封围高唐,弗克。冬十一月,齐侯围之。见卫在城上,号之,乃下。问守备焉,以无备告。揖之,乃登。闻师将傅,食高唐人。殖绰、工偻会夜缒纳师,醢卫于军。

城西郭,惧齐也。

齐及晋平,盟于大隧。故穆叔会范宣子于柯。穆叔见叔向,赋《载驰》之四章。叔向曰:"肸敢不承命!"穆叔〔归〕,曰:"齐犹未也,不可以不惧。"乃城武城。

卫石共子卒,悼子不哀。孔成子曰:"是谓蹷其本,必不有其宗!"

【译文】

鲁襄公十九年春天的正月,诸侯们在祝柯盟会。晋国人拘捕了邾子。襄公从围攻齐国的前线回来。取得邾国的田地,自漷水为界。季孙宿出使到晋国。安葬了曹成公。夏天,卫国孙林父率领军队攻打齐国。秋天的七月二十八日,齐灵公环死。晋国的士匄带兵进攻齐国,到达谷地,听说齐侯死了,就回去了。八月二十三日,仲孙蔑死。齐国杀了大夫高厚,郑国杀了大夫公子嘉。冬天,安葬齐灵公。我国修筑国都西面的外城。叔孙豹在柯地会见晋国的士匄。我国在武城修筑城池。

鲁襄公十九年春天,诸侯从沂水边上回来,在督扬结盟,盟誓说:"大国不要侵犯小国。"

拘捕了邾悼公,是因为他攻打我国的缘故。于是诸侯的军队驻扎在泗水边上,划定我国领土的疆界。取了邾国的部分田土,从漷水为界以西的都划归我国。

晋侯先回国。襄公在蒲圃设享礼招待晋国的六卿,赐给他们三命的礼服。军尉、司马、司空、舆尉、候奄,都授给一命的礼服。赠给荀偃五匹锦,加上玉璧、四匹马,然后再送给他吴王寿梦的铜鼎。

荀偃长了恶疮,疽生在头部。渡过黄河。到达著雍,荀偃病危,眼珠都鼓出来了。大夫先回去的都赶回来。士匄请求接见,荀偃不让进来。请问立谁为继承人,荀偃说:"郑甥可以。"二月十九日,荀偃死了却睁着眼睛,口闭着不能放进珠玉。士匄盥洗后抚摸着

尸体说:"我们侍奉荀吴,岂敢不像侍奉您!"那尸体还是睁着眼睛。栾怀子说:"是不是为了征伐齐国的事情没有完成的缘故呢?"就又抚摸着尸体说:"您如果死去以后,我们不继续从事于齐国的事,有河神为证!"荀偃的尸体这才闭上眼睛,接受了含玉。士匄出来,说:"作为大丈夫我见识太浅了。"

晋国的栾鲂带兵跟从卫国孙文子攻打齐国。

季武子到晋国拜谢出兵,晋侯设享礼招待他。范宣子执政,赋《黍苗》这首诗。季武子站起来,再拜叩头说:"小国仰望大国,好像各种谷物仰望润泽的雨水一样! 如果经常滋润着,天下将会和睦,岂独是敝邑?"就赋了《六月》这首诗。

季武子将那些在齐国所得的兵器,制作了林钟并在上面铭记鲁国的武功。臧武仲对季孙子说:"这是不合于礼的。铭文,天子用来记载美德,诸侯用来记载举动适时和所建功绩,大夫用来记载征伐。现在记载征伐那是下等的做法,记载功绩却是借助了别人的力量,记载适时则又妨碍百姓太多了,用什么来做这铭文呢? 况且大国攻打小国,拿他们所得的东西来制作彝器,铭记他们的功劳给子孙看,是为了宣扬明德而惩罚无礼。现在是借助别人的力量来拯救自己的死亡,怎么能记载这个呢? 小国侥幸战胜大国,反而宣扬所获得的战利品来激怒敌人,这是亡国之道。"

齐侯在鲁国娶妻,名叫颜懿姬,没有生孩子。她的侄女鬷声姬,生了光,齐侯把他立为太子。姬妾中有仲子、戎子。戎子受到宠爱。仲子生了牙,把他嘱托给戎子。戎子请求立牙为太子,齐侯答应了。仲子说:"不可以。废弃常规,不吉祥;触犯诸侯,难于成功。光立为太子,已经参与盟会进入诸侯之列了。现在无故而废掉他,这是专横而卑视诸侯。而把难成功的事去触犯常规,做不吉利的事。君必定会后悔的。"齐灵公说:"这一切在于我。"于是就把太子光迁移到东部边境。让高厚做牙的太傅,把牙立为太子,夙沙卫做少傅。

齐侯生病,崔杼偷偷地把光接来,在齐侯病危的时候重新立他为太子。太子光杀了戎子,把尸体陈列在朝廷上,这是不合于礼的。对妇女没有专门的刑罚;即使有了死罪,也不能把尸体陈列在朝廷和市集上。夏季五月二十九日,齐灵公死。庄公即位,在句渎之丘拘捕了公子牙。庄公认为夙沙卫出主意废弃自己,夙沙卫逃奔到高唐并据以叛变。

晋国的士匄侵袭齐国到达谷地,听到齐国有丧事就回去了,这是合于礼的。

四月十三日,郑国公孙虿死,向晋国大夫发出讣告。范宣子向晋侯进言,因为他在攻打秦国的战役中有功。六月,晋侯向周天子请求,周天子追赐给他大路,让它跟着枢车行进,这是合于礼的。

秋季八月,齐国崔杼在洒蓝杀了高厚而且兼并了他的家产。《春秋》记载说:"齐杀其大夫",这是因为高厚顺从国君昏聩的缘故。

郑国的子孔执政专权。国人担心这件事,就讨究西宫那次祸难和纯门那次楚军入侵的罪责。子孔应该抵罪,就带领他的甲士和子革、子良家的甲士来守护自己。八月十一日,子展、子西率领国人讨伐他,杀了子孔并瓜分了他们的家财采邑。《春秋》记载说"郑

杀其大夫"，这是因为子孔专权。

子然、子孔，是宋子的儿子。士子孔，是圭妫的儿子。圭妫的位置在宋子之下，但她们互相亲近。两个子孔也互相亲近。郑僖公四年，子然死。郑简公元年，士子孔卒。子孔辅助子革、子良两家，三家像一家一样，所以都遭到祸难。子革、子良逃奔到楚国，子革做了右尹。郑国人让子展掌管国政，子西主持政事，立子产为卿。

齐国庆封带兵包围高唐，没有攻下来。冬十一月，齐侯亲自率领军队包围高唐，看见夙沙卫在城墙上，便大声喊他，他就下来了。齐侯问夙沙卫防守的情况，夙沙卫告诉说没有什么防守。齐侯向夙沙卫作揖，夙沙卫还揖后登上城墙。他听说齐军将要挨着城墙进攻，就让高唐人饱吃一顿。殖绰、工偻会在夜里缒城而下迎接军队进城，把夙沙卫在军中杀死剁成肉酱。

我国在都城外围的西大城修筑城墙，这是由于害怕齐军。

齐国和晋国媾和，在大隧结盟。所以穆叔在柯地会见范宣子。穆叔会见叔向，赋《载驰》这首诗的第四章。叔向说："我羊舌肸岂敢不接受命令！"穆叔回国，说："齐国还没有停止进攻，不可以不害怕。"于是就在武城筑城。

卫国石共子死，悼子并不悲哀。孔成子说："这叫作拔掉了根本，必定不能保有他的宗族。"

襄公二十年

【原文】

二十年：春，王正月辛亥，仲孙速会莒人，盟于向。

夏，六月庚申，公会晋侯、齐侯、宋公、卫侯、郑伯、曹伯、莒子、邾子、滕子、薛伯、杞伯、小邾子，盟于澶渊。

秋，公至自会。

仲孙速帅师伐邾。

蔡杀其大夫公子燮。蔡公子履出奔楚。

陈侯之弟黄出奔楚。

叔老如齐。

冬，十月丙辰朔，日有食之。

季孙宿如宋。

二十年春，及莒平。孟庄子会莒人，盟于向，督扬之盟故也。

夏，盟于澶渊，齐成故也。

邾人骤至，以诸侯之事弗能报也。秋，孟庄子伐邾以报之。

蔡公子燮欲以蔡之晋，蔡人杀之。公子履，其母弟也，故出奔楚。

陈庆虎、庆寅畏公子黄之偪,愬诸楚曰:"与蔡司马同谋。"楚人以为讨,公子黄出奔楚。

初,蔡文侯欲事晋,曰:"先君与于践土之盟。晋不可弃,且兄弟也。"畏楚,不能行而卒。楚人使蔡无常,公子燮求从先君以利蔡,不能而死。书曰"蔡杀其大夫公子燮",言不与民同欲也;"陈侯之弟黄出奔楚",言非其罪也。公子黄将出奔,呼于国曰:"庆氏无道,求专陈国,暴蔑其君而去其亲;五年不灭,是无天也!"

齐子初聘于齐,礼也。

冬,季武子如宋,报向戌之聘也。褚师段逆之以受享,赋《常棣》之七章以卒。宋人重贿之。归复命,公享之,赋《鱼丽》之卒章。公赋《南山有台》,武子去所,曰:"臣不堪也!"

卫宁惠子疾,召悼子曰:"吾得罪于君,悔而无及也。名藏在诸侯之策,曰:'孙林父、宁殖出其君。'君入,则掩之。若能掩之,则吾子也。若不能,犹有鬼神,吾有馁而已,不来食矣!"悼子许诺,惠子遂卒。

【译文】

鲁襄公二十年春的正月二十一日,仲孙速在向邑与莒国人结盟。夏季六月初三日,鲁襄公和晋侯、齐侯、宋公、卫侯、郑伯、曹伯、莒子、邾子、滕子、薛伯、杞伯、小邾子在澶渊结盟。秋天,襄公从澶渊盟会地回国。仲孙速率领军队讨伐邾国。蔡国杀了它的大夫公子燮。蔡国的公子履出逃到楚国。陈哀公的弟弟黄出逃到楚国。叔老出使到齐国。冬季十月初一日,发生日食。季孙宿出使到宋国。

鲁襄公二十年春,我国与莒国媾和。孟庄子会见莒国人,在向邑结盟,这是因为有督扬之盟的缘故。

夏天,襄公与诸侯各国在澶渊结盟,这是为了与齐国媾和。

邾国人屡次来犯,因为诸侯的盟事活动,我国未能出兵报复。秋天,孟庄子攻打邾国以作报复。

蔡国公子燮想要蔡国背楚从晋,蔡国人杀了他。公子履,是公子燮的同母弟弟,所以出逃到楚国。

陈国庆虎、庆寅两位大夫害怕公子黄的逼迫,向楚国进谗说:"公子黄和蔡司马一起策划背楚从晋。"楚国人以此责备陈国。公子黄出逃到楚国(想自己去申说)。

当初,蔡文侯想要侍奉晋国,说:"先君曾参加过践土的盟会,晋国是不能抛弃的,而且都是姬姓兄弟之国。"当时由于害怕楚国,不能行其志愿就死了。楚国人役使蔡国没有什么定准,公子燮要求继承先君的遗志以有利于蔡国,也没有办到就死了。《春秋》记载说"蔡杀其大夫公子燮",是说没有与民众愿望相同。"陈侯之弟黄出奔楚",是说不是他的罪过。公子黄将要逃亡时,在国都里呼喊着说:"庆氏无道,谋求在陈国专权,轻慢他的国君,而且驱逐国君的亲人,五年之内若不灭亡,这就是没有天理了。"

我国大夫齐子第一次到齐国聘问,这是合于礼的。

　　冬天，季武子到宋国，回报当年向戌来鲁国的聘问。褚师段迎接季武子并让他接受宋公的享礼，季武子赋《常棣》这首诗的第七章和最后一章。宋国人重重地赠给他财礼。季武子回国复命，鲁襄公设享礼招待他，他赋《鱼丽》这首诗的最后一章。襄公赋《南山有台》这首诗。季武子离开坐席，说："下臣不敢当。"

　　卫国宁惠子生病，告诫悼子说："我得罪了国君，后悔已来不及了。我的名字记载在诸侯的简册上，说：'孙林父、宁殖驱逐他们的国君。'国君回国就能掩盖这件事。若能掩盖这件事，你就是我的儿子。若不能，假如有鬼神的话，我宁愿挨饿，也不来吃你的祭品。"悼子答应，宁惠子就死了。

襄公二十一年

【原文】

　　二十有一年：春，王正月，公如晋。

　　邾庶其以漆、闾丘来奔。

　　夏，公至自晋。

　　秋，晋栾盈出奔楚。

　　九月庚戌朔，日有食之。

　　冬，十月庚辰朔，日有食之。

　　曹伯来朝。

　　公会晋侯、齐侯、宋公、卫侯、郑伯、曹伯、莒子、邾子于商任。

　　二十一年春，公如晋，拜师及取邾田也。

　　邾庶其以漆、闾丘来奔。季武子以公姑姊妻之，皆有赐于其从者。

　　于是鲁多盗。季孙谓臧武仲曰："子盍诘盗？"武仲曰："不可诘也。纥又不能。"季孙曰："我有四封而诘其盗，何故不可？子为司寇，将盗是务去，若之何不能？"武仲曰："子召外盗而大礼焉，何以止吾盗？子为正卿而来外盗，使纥去之，将何以能？庶其窃邑于邾以来，子以姬氏妻之而与之邑，其从者皆有赐焉。若大盗，礼焉以君之姑姊与其大邑；其次卑牧舆马，其小者衣裳剑带：是赏盗也。赏而去之，其或难焉。纥也闻之：在上位者洒濯其心，壹以待人，轨度其信，可明徵也，而后可以治人。夫上之所为，民之归也。上所不为而民或为之，是以加刑罚焉，而莫敢不惩。若上之所为而民亦为之，乃其所也，又可禁乎？《夏书》曰：'念兹在兹，释兹在兹，名言兹在兹，允出兹在兹，惟帝念功。'将谓由己壹也。信由己壹，而后功可念也。"

　　庶其非卿也，以地来，虽贱必书，重地也。

　　齐侯使庆佐为大夫，复讨公子牙之党，执公子买于句渎之丘。公子鉏来奔。叔孙还奔燕。

夏,楚子庚卒。楚子使䓕子冯为令尹,访于申叔豫。叔豫曰:"国多宠而王弱,国不可为也。"遂以疾辞。方暑,阙地,下冰而床焉;重茧,衣裘,鲜食而寝。楚子使医视之,复曰:"瘠则甚矣,而血气未动。"乃使子南为令尹。

栾桓子娶于范宣子,生怀子。范鞅以其亡也,怨栾氏,故与栾盈为公族大夫而不相能。桓子卒,栾祁与其老州宾通,几亡室矣。怀子患之。祁惧其讨也,愬诸宣子曰:"盈将为乱,以范氏为死桓主而专政矣,曰:'吾父逐鞅也,不怒而以宠报之,又与吾同官而专之;吾父死而益富,死吾父而专于国。有死而已,吾蔑从之矣!'其谋如是。惧害于主,吾不敢不言。"范鞅为之徵:怀子好施,士多归之。宣子畏其多士也,信之。怀子为下卿,宣子使城著而遂逐之。

秋,栾盈出奔楚。宣子杀箕遗、黄渊、嘉父、司空靖、邴豫、董叔、邴师、申书、羊舌虎、叔罴,囚伯华、叔向、籍偃。

人谓叔向曰:"子离于罪,其为不知乎?"叔向曰:"与其死亡若何?《诗》曰:'优哉游哉,聊以卒岁。'知也。"乐王鲋见叔向,曰:"吾为子请。"叔向弗应。出,不拜。其人皆咎叔向。叔向曰:"必祁大夫。"室老闻之,曰:"乐王鲋言于君,无不行。求赦吾子,吾子不许。祁大夫所不能也,而曰'必由之',何也?"叔向曰:"乐王鲋,从君者也,何能行?祁大夫外举不弃雠,内举不失亲,其独遗我乎?《诗》曰:'有觉德行,四国顺之。'夫子,觉者也。"

晋侯问叔向之罪于乐王鲋,对曰:"不弃其亲,其有焉。"于是祁奚老矣,闻之,乘驲而见宣子,曰:"《诗》曰:'惠我无疆,子孙保之。'《书》曰:'圣有谟勋,明徵定保。'夫谋而鲜过、惠训不倦者,叔向有焉。社稷之固也。犹将十世宥之,以劝能者。今壹不免其身,以弃社稷,不亦惑乎?鲧殛而禹兴;伊尹放大甲而相之,卒无怨色;管、蔡为戮,周公右王。若之何其以虎也弃社稷?子为善,谁敢不勉?多杀何为?"宣子说,与之乘,以言诸公而免之。不见叔向而归,叔向亦不告免焉而朝。

初,叔向之母妒叔虎之母美而不使,其子皆谏其母。其母曰:"深山大泽,实生龙蛇。彼美,余惧其生龙蛇以祸女。女,敝族也。国多大宠,不仁人间之,不亦难乎?余何爱焉?"使往视寝。生叔虎,美而有勇力;栾怀子嬖之,故羊舌氏之族及于难。

栾盈过于周,周西鄙掠之。辞于行人曰:"天子陪臣盈,得罪于王之守臣,将逃罪。罪重于郊甸,无所伏窜,敢布其死:昔陪臣书能输力于王室,王施惠焉。其子黡,不能保任其父之劳。大君若不弃书之力,亡臣犹有所逃。若弃书之力而思黡之罪;臣,戮馀也,将归死于尉氏,不敢还矣。敢布四体,唯大君命焉。"王曰:"尤而效之,其又甚焉。"使司徒禁掠栾氏者归所取焉,使候出诸辕辕。

冬,曹武公来朝,始见也。

会于商任,锢栾氏也。齐侯、卫侯不敬。叔向曰:"二君者必不免。会朝,礼之经也。礼,政之舆也。政,身之守也。怠礼,失政。失政,不立,是以乱也。"

知起、中行喜、州绰、邢蒯出奔齐,皆栾氏之党也。乐王鲋谓范宣子曰:"盍反州绰、邢蒯? 勇士也。"宣子曰:"彼栾氏之勇也,余何获焉?"王鲋曰:"子为彼栾氏,乃亦子之勇也。"

齐庄公朝,指殖绰、郭最曰:"是寡人之雄也!"州绰曰:"君以为雄,谁敢不雄? 然臣不敏,平阴之役先二子鸣。"庄公为勇爵,殖绰、郭最欲与焉。州绰曰:"东闾之役,臣左骖迫,还于门中,识其枚数,其可以与于此乎?"公曰:"子为晋君也。"对曰:"臣为隶新。然二子者譬于禽兽,臣食其肉而寝处其皮矣。"

【译文】

鲁襄公二十一年春天的正月,襄公到晋国。邾国庶其带着漆、间丘二邑来投奔鲁国。夏天,襄公从晋国回国。秋天;晋国栾盈出逃到楚国。九月初一日,出现了日食。冬天的十月初一,有日食。曹伯来鲁国朝见。襄公和晋侯、齐侯、宋公、卫侯、郑伯、曹伯、莒子、邾子在商任会见。

鲁襄公二十一年春,襄公到晋国,是为了拜谢晋国出兵和鲁国取得邾国的土地。

邾国的庶其带着漆和间丘二邑来逃奔鲁国。季武子把襄公的姑母嫁给他为妻,对他的随从都有赏赐。

当时鲁国盗贼多。季武子对臧武仲说:"您为什么不禁止盗贼?"臧武仲说:"盗贼不可以禁止,我臧纥又没有能力。"季武子说:"我国有四方的边境,用来禁止那些盗贼,有什么原因不可以? 您作为一个司寇,应努力除掉那些盗贼,为什么说不能?"臧武仲说:"您召来外边的盗贼且给他大的礼遇,以什么来禁止我国内的盗贼? 您做正卿却招来外边的盗贼,叫我臧纥除掉盗贼,我凭什么能办到呢? 庶其从邾国盗窃城邑而来,您把姬氏做他的妻子,而且还给他城邑,他的随从人员都得到赏赐。如果对这样的大盗,用国君的姑母和他的大城邑去礼遇,其次的用皂牧车马,再小的给衣服佩剑带子,那就是奖赏盗贼。奖赏盗贼而又要除盗贼,这恐怕难办呢。纥听说过,在上位的,要洗涤他的心,专一待人,符合法度而使人相信,可以明白地验证,然后才能够治理别人。上头的所作所为,是百姓的归依。上头所不做的而百姓有人做了,因此加以惩罚,那没有谁敢不警戒。如果上头的所作所为,百姓也照样做,那就是势所必然,又能够禁止得了吗?《夏书》说:'想要做的这事在此,喜欢做的这事在此,所称道的这事也在此,诚信地推行的这事也在此,只有天帝才能记下这功劳。'大概说的是由自身专一。诚信由于自身专一,然后功劳才能被记录下来。"

庶其不是卿,带着土地来鲁国,虽然低贱但一定要记载,是为了重视土地。

齐侯让庆佐做大夫,再次讨伐公子牙的亲族,在句渎之丘抓了公子买。公子钼逃奔来鲁国,叔孙还逃奔到燕国。

夏天,楚国子庚死,楚王让蒍子冯做令尹。蒍子冯访问申叔豫,申叔豫说:"国家宠臣

多而君王又年轻,您不可做这令尹。"于是蒍子冯就用有病来推辞。正好当时是酷暑天,挖地,放下冰且安上床。蒍子冯身穿两层棉衣和皮袍,少吃东西而躺在床上。楚王派医生去诊视,回报说:"瘦是瘦极了,但血气正常。"于是楚王就派子南做令尹。

栾桓子娶范宣子的女儿为妻,生了怀子。范鞅因自己曾被迫逃亡,怨恨栾氏,所以和栾盈一起做公族大夫而不能和好相处。栾桓子死,栾祁和他的家臣之长州宾私通,几乎失去了栾氏的全部的家产(被州宾侵占),栾怀子担心这件事。栾祁害怕怀子讨伐,向范宣子进谗说:"栾盈将要作乱,认为范氏弄死了桓子而专权于晋国的政事,说:'我的父亲赶走范鞅,范鞅返国后范宣子不仅不表示愤怒,反而以宠信报答我,又和我担任同样的官职而使他得以专权,我父亲死后而范氏更加富有。弄死我父亲而在国内专权,我只有一死而已!我决不能跟从他们了。'他的谋划就是如此,我怕伤害您,不敢不说。"范鞅为他作证。栾怀子喜好施舍,士多数都归附他。范宣子害怕他多士,相信了栾祁的话。怀子当时做下卿,宣子就派他到著地去筑城而就此驱逐了他。

这年秋天,栾盈出逃到楚国。范宣子杀了箕遗、黄渊、嘉父、司空靖、邴豫、董叔、邴师、申书、羊舌虎、叔罴,囚禁了伯华、叔向、籍偃。

有人对叔向说:"您遭受罪祸,恐怕是不明智吧?"叔向说:"比起死亡如何?《诗》说:'悠闲啊逍遥啊,聊且这样度过岁月。'这正是明智啊。"乐王鲋去见叔向,说:"我为您去请求!"叔向不回答,乐王鲋退出,叔向不拜送。叔向的左右人都责怪他。叔向说:"一定要祁大夫(才行)。"家臣之长听到了这话,说:"乐王鲋对国君说的话没有行不通的,他请求赦免您,您却不答应。这事是祁大夫不能办到的,你却说一定要由他去办,这是为什么?"叔向说:"乐王鲋,是什么都顺从国君的人,怎么能办得到? 祁大夫推举宗族外的人不丢弃仇人,推举宗族内的人不失掉亲人,难道唯独会遗忘了我吗?《诗》说:'有正直的德行,四方的国家都会归顺。'他老人家是正直的人啊。"

晋侯向乐王鲋询问叔向的罪过,乐王鲋回答说:"叔向不抛弃他的亲人,恐怕有同谋作乱的事。"当时祁奚已告老在家,听说这情况,乘坐传车去拜见范宣子,说:"《诗》说:'惠赐我们的没有边际,子孙应永远保住它。'《书》说:'圣哲有谋略的功勋,应当明信而安保之。'谋划而少有过错,教诲别人而不知疲倦的人,叔向是具备的,他是国家的柱石。即使他的十代子孙有过错还应该赦免,以这种方式才能勉励有能力的人。如今叔向一旦自身不免于祸,而丢弃国家死去,不也会使人困惑吗? 鲧被杀戮而禹兴起,伊尹逐放太甲又相太甲,太甲始终没有怨恨的神色。管叔、蔡叔被杀,周公辅助成王。为什么叔向要为了羊舌虎而抛弃国家呢? 您做了好事,谁敢不努力? 多杀人干什么?"范宣子很高兴,和祁奚共乘一辆车,用好言劝谏晋平公而赦免了叔向。祁奚不去见叔向就回家了。叔向也不向祁奚报告获免就去朝见晋侯。

当初,叔向的母亲妒忌叔虎的母亲美丽而不让她陪丈夫睡觉。她的儿子都规劝母亲。叔向的母亲说:"深山大泽之中,确实会生长龙蛇。她美丽,我害怕她生下龙蛇来祸

害你们。你们是衰败的家族。国内很多大臣受宠,坏人又从中挑拨,不也是很难处了吗?我有什么舍不得的啊!"就让叔虎的母亲去陪侍睡觉,生了叔虎,貌美而有勇力,栾怀子宠爱他,所以羊舌氏这一家族遭此祸难。

栾盈经过周朝地界,周朝西部边境的人劫掠他的财物。栾盈对周王室的使者诉说:"天子的陪臣盈,得罪了天子的守臣,打算逃避惩罚。又重新在天子的郊外得罪,没有地方可以隐匿逃窜,谨敢冒死上言:从前陪臣书能为王室效力,天子赐给了恩惠。他的儿子黡,不能保全他父亲的辛劳。天子如果不抛弃书的努力,逃亡在外的陪臣还有可逃之处。若是抛弃书的尽力,而思虑黡的罪过,那么臣本来就是刑戮余生的人,就将回国死在尉氏那里,不敢再回来了。谨敢直言不讳,只听大君的命令了。"周天子说:"别人做错了而去效法,过错就更大了!"于是派司徒禁止那些劫掠栾氏的人,让他们归还所掠取的东西。派候人把栾盈送出辕辕山。

冬天,曹武公前来朝见,这是第一次朝见襄公。

鲁襄公在商任与诸侯盟会,是为了禁锢栾盈。齐侯、卫侯表现得不恭敬。叔向说:"这两位国君必定免不了祸难。会见和朝见,这是礼仪的规范。礼仪,是政事的车子。政事,是身体的寄托。轻慢礼仪就会丧失政事,丧失政事就不能立身,因此就发生祸乱。"

知起、中行喜、州绰、刑蒯出逃到齐国,都是栾氏的党羽。乐王鲋对范宣子说:"何不让州绰、刑蒯回来?他们是勇士啊。"范宣子说:"他们是栾氏的勇士,我能获得什么?"王鲋说:"您若做他们的栾氏,那也就是您的勇士了。"

齐庄公上朝,指着殖绰、郭最说:"这是寡人的雄鸡。"州绰说:"君王认为他们是雄鸡,谁敢不认为是雄鸡?然而臣下不才,在平阴战役中比他们二位先鸣了。"齐庄公设置勇士的爵位,殖绰、郭最想要得到一份。州绰说:"东间那次战役,臣的左骖马被迫在城门里盘旋不前,连门上的乳钉数也记下了,恐怕是在这里有一份吧?"庄公说:"您是为了晋君啊。"州绰回答说:"臣下做仆隶不久,然而这两位,如果用禽兽作比方,臣下已经吃了他们的肉而且睡在他们的皮上了。"

襄公二十二年

【原文】

二十有二年:春,王正月,公至自会。

夏,四月。

秋,七月辛酉,叔老卒。

冬,公会晋侯、齐侯、宋公、卫侯、郑伯、曹伯、莒子、邾子、薛伯、杞伯、小邾子于沙随。

公至自会。

楚杀其大夫公子追舒。

二十二年春,臧武仲如晋。雨,过御叔。御叔在其邑将饮酒,曰:“焉用圣人?我将饮酒,而已雨行,何以圣为?”穆叔闻之,曰:“不可使也而傲使人,国之蠹也。”令倍其赋。

夏,晋人徵朝于郑。郑人使少正公孙侨对曰:“在晋先君悼公九年,我寡君于是即位。即位八月,而我先大夫子驷从寡君以朝于执事。执事不礼于寡君,寡君惧。因是行也,我二年六月朝于楚,晋是以有戏之役。楚人犹竞,而申礼于敝邑。敝邑欲从执事而惧为大尤,曰‘晋其谓我不共有礼’,是以不敢携贰于楚。我四年三月,先大夫子蟜又从寡君以观衅于楚,晋于是乎有萧鱼之役。谓我敝邑迩在晋国,譬诸草木,吾臭味也,而何敢差池?楚亦不竞,寡君尽其土实,重之以宗器,以受齐盟;遂帅群臣随于执事,以会岁终。贰于楚者子侯、石盂,归而讨之。(溴)〔渂〕梁之明年,子蟜老矣,公孙夏从寡君以朝于君,见于尝酎,与执燔焉。间二年,闻君将靖东夏,四月又朝,以听事期。不朝之间,无岁不聘,无役不从。以大国政令之无常,国家罢病,不虞荐至,无日不惕,岂敢忘职?

“大国若安定之,其朝夕在庭,何辱命焉?若不恤其患而以为口实,其无乃不堪任命而翦为仇雠?敝邑是惧,其敢忘君命?委诸执事,执事实重图之!”

秋,栾盈自楚适齐。晏平仲言于齐侯曰:“商任之会,受命于晋。今纳栾氏,将安用之?小所以事大,信也。失信,不立。君其图之!”弗听。退告陈文子曰:“君人执信,臣人执共。忠信笃敬,上下同之,天之道也。君自弃也,弗能久矣!”

九月,郑公孙黑肱有疾,归邑于公,召室老、宗人立段,而使黜官、薄祭:“祭以特羊,殷以少牢,足以共祀。”尽归其馀邑,曰:“吾闻之:生于乱世,贵而能贫,民无求焉,可以后亡。敬共事君与二三子。生在敬戒,不在富也。”己巳,伯张卒。君子曰:“善戒!《诗》曰:‘慎尔侯度,用戒不虞。’郑子张其有焉。”

冬,会于沙随,复锢栾氏也。栾盈犹在齐。晏子曰:“祸将作矣!齐将伐晋,不可以不惧。”

楚观起有宠于令尹子南,未益禄而有马数十乘。楚人患之,王将讨焉。子南之子弃疾为王御士,王每见之,必泣。弃疾曰:“君三泣臣矣,敢问谁之罪也?”王曰:“令尹之不能,尔所知也。国将讨焉,尔其居乎?”对曰:“父戮子居,君焉用之?泄命重刑,臣亦不为。”王遂杀子南于朝,轘观起于四竟。

子南之臣谓弃疾:“请徙子尸于朝。”曰:“君臣有礼,唯二三子。”三日,弃疾请尸,王许之。既葬,其徒曰:“行乎?”曰:“吾与杀吾父,行将焉入?”曰:“然则臣王乎?”曰:“弃父事雠,吾弗忍也!”遂缢而死。

复使薳子冯为令尹,公子齮为司马,屈建为莫敖。有宠于薳子者八人,皆无禄而多马。他日朝,与申叔豫言,弗应而退;从之,入于人中;又从之,遂归。退朝,见之,曰:“子三困我于朝,吾惧,不敢不见。吾过,子姑告我,何疾我也?”对曰:“吾不免是惧,何敢告子!”曰:“何故?”对曰:“昔观起有宠于子南,子南得罪,观起车裂,何故不惧?”自御而归,不能当道。至,谓八人者曰:“吾见申叔,夫子所谓生死而肉骨也。知我者如夫子则可,不

然,请止。"辞八人者,而后王安之。

十二月,郑游眅将归晋,未出竟;遭逆妻者,夺之,以馆于邑。丁巳,其夫攻子明,杀之,以其妻行。子展废良而立大叔,曰:"国卿,君之贰也,民之主也,不可以苟。请舍子明之类。"求亡妻者,使复其所。使游氏勿怨,曰:"无昭恶也。"

【译文】

鲁襄公二十二年春天的正月,襄公从商丘的盟会上回国。夏四月。秋七月十六日,叔老死。冬天,襄公在沙随与晋侯、齐侯、宋公、卫侯、郑伯、曹伯、莒子、邾子、薛伯、杞伯、小邾子等诸侯盟会。襄公从盟会上回国。楚国杀了它的大夫公子追舒。

鲁襄公二十二年春,臧武仲去晋国,天下雨,去探望御叔。御叔在自己的封邑里,正准备饮酒,说:"哪里用得着圣人!我打算喝酒,而他自己冒着雨出行,还要聪明做什么?"穆叔听到这话,说:"自己不配出使,反而对使者傲慢,这是国家的蛀虫。"命令把御叔的赋税增加一倍。

夏天,晋人让郑人前去朝见,郑人派少正子产回答说:"在晋国先君悼公九年,我寡君在这一年即位。即位八个月,我国先大夫子驷跟随寡君来朝见执事,执事对寡君却不加礼遇,寡君恐惧。因为这一趟,我国二年六月就朝见了楚国,晋国因此有了戏地一役。楚国还相当强大,但对敝邑表明了礼仪。敝邑想要跟随执事,却又怕犯下大错,说晋国恐怕会认为我们对有礼仪的国家不恭敬,因此我们不敢对楚国三心二意。我国四年三月,先大夫子蟜又随从寡君到楚国观察情况,晋国因此有了萧鱼之战。我们认为敝邑靠近晋国,晋国譬如草木,我国不过是草木散发出来的气味,怎么敢不一致?楚国也不那么强大了,寡君拿出土地上的全部出产,加上宗庙的礼器,来接受同盟。于是率领群臣跟从执事参加年终在晋国的盟会。敝邑有二心跟楚国的是子侯、石盂,回去以后就讨伐了他们。溴梁之盟的第二年,子蟜已经告老了,公孙夏跟从寡君朝见晋君,在用新酒尝祭时拜见的,参与了祭祀。隔了两年,听说君要安定东方,四月又朝见君,以听取盟会的日期。在没有朝见的时候,我国没有一年不聘问,没有一次战役不跟从。由于大国的政令没有常规标准,国和家族都很困乏,意外的忧患又屡屡发生,没有哪一天不警惕,岂敢忘掉自己的职责?

"大国如果安定敝邑,我们早晚都会在晋国的朝廷上朝见,哪里用得着贵国命令呢?若是不体恤敝邑的忧患,而把它作为借口,那恐怕不能忍受大国的命令,而只会被丢弃为仇敌了。敝邑害怕这样的后果,岂敢忘掉君的命令?这些就委托执事了,执事实在应该慎重地考虑一下。"

秋天,栾盈从楚国来到齐国。晏平仲对齐侯说:"商任的会见,接受了晋国的命令。现在接收栾氏,打算怎么任用他?小国用来侍奉大国的,是信用。失去信用不能立身立国,希望君考虑一下。"齐侯不听。晏平仲退出后告诉陈文子说:"做人君主的应保持信用,做人臣下的应保持恭敬,忠实、信用、诚笃、恭敬,上下共同保持它,这是上天的常道。

国君自己抛弃这些,不能久居其位了。"

九月,郑国公孙黑肱有病,把封邑归还给郑简公。又召集室老、宗人立了段为继承人,而且让他减省家臣、祭祀从简。一般的祭祀用一只羊,盛祭用羊和猪。留下足以供祭祀用的土地,其余的封邑全部归还郑伯。说:"我听说,生在乱世,地位尊贵而能够清贫,不向百姓求取什么,这就可以在别人之后灭亡。恭敬地侍奉国君和各位大夫。生存在于警戒,不在于富有。"二十五日,公孙黑肱死。君子说:"公孙黑肱善于警戒。《诗》说:'谨慎地行使你公侯的法度,以此警戒意外的忧患。'郑国的公孙黑肱大概做到了吧。"

冬天,诸侯在沙随盟会,是为了再次禁锢栾氏。栾盈还在齐国住着,晏子说:"祸乱要发生了!齐国将会攻打晋国,不能不使人害怕。"

楚国的观起受到令尹子南的宠爱,没有增加俸禄却有了能驾几十辆车子的马匹。楚国人担心这件事,楚王准备讨伐他们。子南的儿子弃疾做楚王的御士,楚王每次见到他,一定哭泣。弃疾说:"君王三次向臣下哭泣了,敢问是谁的罪过?"楚王说:"令尹不善,是你所知道的。国家要诛讨他,你能留下不走吗?"弃疾回答说:"父亲被诛戮儿子留下不走,君王哪能还任用他?但泄露命令而加重刑罚,下臣也不会干。"楚王于是把子南杀死在朝廷上,将观起车裂并把尸体在四境示众。

子南的家臣对弃疾说:"请让我们把主人的尸体从朝廷上搬出来。"弃疾说:"君臣之间有规定的礼仪,只看诸位大臣怎么办了。"过了三天,弃疾请求收尸,楚王答应了。安葬完毕,弃疾的手下人说:"出走吧!"弃疾说:"我参与杀我父亲,出走将入哪个国家呢?"手下人说:"既然这样,那么做楚王的臣下吗?"弃疾说:"丢弃父亲侍奉仇人,我是不能忍受的。"于是上吊而死。

楚王再次让薳子冯做令尹,公子𬸚做司马,屈建做莫敖。受到薳子冯宠爱的有八个人,都是没有俸禄而有许多马匹。有一天薳子冯上朝,与申叔豫说话,申叔豫不答应而退走。薳子冯跟从他,申叔豫走进人群中。又跟从他,申叔豫就回家了。薳子冯退朝后进见申叔豫,说:"您在朝廷上三次让我受窘,我害怕,不敢不来见您。我有过错,您姑且告诉我,为什么讨厌我?"申叔豫回答说:"我害怕不能免于罪过,哪里还敢告诉您?"薳子冯说:"什么缘故?"申叔豫回答说:"过去观起受到子南的宠爱,子南被判罪,观起遭车裂。为什么不害怕?"薳子冯自己驾着车子回家,车子都不能走在车道上。到了家,对那八个人说:"我进见申叔,那个人就是所谓能使死人复生、白骨长肉的人。能了解我的人,像申叔一样的就可以留下。不然,请就此罢休。"辞退了这八个人之后,楚王才放了心。

十二月,郑国的游眅将要回到晋国去,还没有出国境,遇上迎娶妻子的人,夺了人家的妻子,就在那个城里住下。有一天,妻子的丈夫攻打游眅,杀了他,带着妻子逃走了。子展废掉良而立太叔,说:"国卿,是国君的副手,百姓的主人,不可以随便。请舍弃游眅之流!"派人寻找丢失妻子的人,让他回自己的故里。要游氏别怨恨他,说:"不要宣扬邪恶了。"

襄公二十三年

【原文】

二十有三年：春，王二月癸酉朔，日有食之。

三月己巳，杞伯匄卒。

夏，邾畀我来奔。

葬杞孝公。

陈杀其大夫庆虎及庆寅。

陈侯之弟黄自楚归于陈。

晋栾盈复入于晋，入于曲沃。

秋，齐侯伐卫，遂伐晋。

八月，叔孙豹帅师救晋，次于雍榆。

己卯，仲孙速卒。

冬，十月乙亥，臧孙纥出奔邾。

晋人杀栾盈。

齐侯袭莒。

二十三年春，杞孝公卒，晋悼夫人丧之。平公不彻乐，非礼也。礼：为邻国，阙。

陈侯如楚。公子黄愬二庆于楚，楚人召之。使庆乐往，杀之。庆氏以陈叛。夏，屈建从陈侯围陈。陈人城，板队而杀人。役人相命：各杀其长。遂杀庆虎、庆寅。楚人纳公子黄。君子谓庆氏不义，不可肆也，故《书》曰“惟命不于常”。

晋将嫁女于吴。齐侯使析归父媵之，以潘载栾盈及其士，纳诸曲沃。栾盈夜见胥午而告之，对曰：“不可！天之所废，谁能兴之？子必不免！吾非爱死也，知不集也。”盈曰：“虽然，因子而死，吾无悔矣。我实不天，子无咎焉。”许诺，伏之。而觞曲沃人，乐作，午言曰：“今也得栾孺子何如？”对曰：“得主而为之死，犹不死也！”皆叹，有泣者。爵行，又言；皆曰：“得主，何贰之有！”盈出，遍拜之。

四月，栾盈帅曲沃之甲，因魏献子以昼入绛。初，栾盈佐魏庄子于下军，献子私焉，故因之。赵氏以原、屏之难怨栾氏。韩、赵方睦。中行氏以伐秦之役怨栾氏，而固与范氏和亲。知悼子少，而听于中行氏。程郑嬖于公。唯魏氏及七舆大夫与之。

乐王鲋侍坐于范宣子。或告曰：“栾氏至矣。”宣子惧。桓子曰：“奉君以走固宫，必无害也。且栾氏多怨，子为政，栾氏自外，子在位，其利多矣。既有利权，又执民柄，将何惧焉！栾氏所得，其唯魏氏乎？而可强取也。夫克乱在权，子无懦矣。”

公有姻丧。王鲋使宣子墨缞冒绖，二妇人辇以如公；奉公以如固宫。

范鞅逆魏舒，则成列既乘，将逆栾氏矣。趋进，曰：“栾氏帅贼以入。鞅之父与二三子

在君所矣,使鞅逆吾子。鞅请骖乘持带。"遂超乘,右抚剑,左援带,命驱之出。仆请,鞅曰:"之公!"宣子逆诸阶,执其手,赂之以曲沃。

初,斐豹隶也,著于丹书。栾氏之力臣曰督戎,国人惧之。斐豹谓宣子曰:"苟焚丹书,我杀督戎。"宣子喜,曰:"而杀之,所不请于君焚丹书者,有如日!"乃出豹而闭之。督戎从之。逾隐而待之。督戎逾入,豹自后击而杀之。

范氏之徒在台后。栾氏乘公门。宣子谓鞅曰:"矢及君屋,死之!"鞅用剑以帅卒,栾氏退;摄车从之。遇栾乐,曰:"乐免之! 死将讼女于天!"乐射之,不中;又注,则乘槐本而覆。或以戟钩之,断肘而死。栾鲂伤。栾盈奔曲沃,晋人围之。

秋,齐侯伐卫。先驱:穀荣御王孙挥,召扬为右。申驱:成秩御莒恒,申鲜虞之傅挚为右。曹开御戎,晏父戎为右。贰广:上之登御邢公,卢蒲癸为右。启:牢成御襄罢师,狼蓬疏为右。胠:商子车御侯朝,桓跳为右。大殿:商子游御夏之御寇,崔如为右;烛庸之越驷乘。

自卫将遂伐晋,晏平仲曰:"君恃勇力以伐盟主,若不济,国之福也;不德而有功,忧必及君。"崔杼谏曰:"不可。臣闻之:小国间大国之败而毁焉,必受其咎。君其图之!"弗听。

陈文子见崔武子,曰:"将如君何?"武子曰:"吾言于君,君弗听也。以为盟主而利其难,群臣若急,君于何有? 子姑止之。"文子退,告其人曰:"崔子将死乎? 谓君甚而又过之,不得其死。过君以义,犹自抑也,况以恶乎?"

齐侯遂伐晋,取朝歌。为二队,入孟门,登大行。张武军于荧庭,戍郫邵,封少水,以报平阴之役,乃还。赵胜帅东阳之师以追之,获晏氂。八月,叔孙豹帅师救晋,次于雍榆,礼也。

季武子无适子。公弥长。而爱悼子,欲立之。访于申丰,曰:"弥与纥,吾皆爱之。欲择才焉而立之。"申丰趋退,归,尽室将行。他日,又访焉。对曰:"其然,将具敝车而行。"乃止。访于臧纥,臧纥曰:"饮我酒,吾为子立之。"季氏饮大夫酒,臧纥为客。既献,臧孙命北面重席,新尊絜之;召悼子,降,逆之。大夫皆起。及旅,而召公钽,使与之齿。季孙失色。

季氏以公钽为马正。愠而不出。闵子马见之,曰:"子无然! 祸福无门,唯人所召。为人子者患不孝,不患无所。敬共父命,何常之有? 若能孝敬,富倍季氏可也。奸回不轨,祸倍下民可也。"公钽然之,敬共朝夕,恪居官次。季孙喜,使饮己酒,而以具往,尽舍旃。故公钽氏富,又出为公左宰。

孟孙恶臧孙,季孙爱之。孟氏之御骓丰点好羯也,曰:"从余言,必为孟孙。"再三云,羯从之。孟庄子疾,丰点谓公钽:"苟立羯,请雠臧氏。"公钽谓季孙曰:"孺子秩,固其所也。若羯立,则季氏信有力于臧氏矣。"弗应。己卯,孟孙卒。公钽奉羯立于户侧。季孙至,入,哭;而出,曰:"秩焉在?"公钽曰:"羯在此矣。"季孙曰:"孺子长。"公钽曰:"何长之有? 唯其才也。且夫子之命也。"遂立羯。秩奔邾。

臧孙入,哭,甚哀,多涕。出,其御曰:"孟孙之恶子也,而哀如是! 季孙若死,其若之

何?"臧孙曰:"季孙之爱我,疾疢也。孟孙之恶我,药石也。美疢不如恶石。夫石犹生我;疢之美,其毒滋多。孟孙死,吾亡无日矣!"

孟氏闭门,告于季孙曰:"臧氏将为乱,不使我葬。"季孙不信。臧孙闻之,戒。冬十月,孟氏将辟,藉除于臧氏。臧孙使正夫助之,除于东门,甲从己而视之。孟氏又告季孙。季孙怒,命攻臧氏。乙亥,臧纥斩鹿门之关以出奔邾。

初,臧宣叔娶于铸,生贾及为而死。继室以其姪,穆姜之姨子也,生纥,长于公宫。姜氏爱之,故立之。臧贾、臧为出在铸。臧武仲自邾使告臧贾,且致大蔡焉,曰:"纥不佞,失守宗祧,敢告不吊。纥之罪,不及不祀。子以大蔡纳请,其可。"贾曰:"是家之祸也,非子之过也。贾闻命矣!"再拜受龟,使为以纳请,遂自为也。臧孙如防,使来告曰:"纥非能害也,知不足也。非敢私请。苟守先祀,无废二勋,敢不辟邑!"乃立臧为。

臧纥致防而奔齐。其人曰:"其盟我乎?"臧孙白:"无辞。"将盟臧氏,季孙召外史掌恶臣,而问盟首焉。对曰:"盟东门氏也,曰:'毋或如东门遂不听公命、杀适立庶!'盟叔孙氏也,曰:'毋或如叔孙侨如欲废国常、荡覆公室!'"季孙曰:"臧孙之罪,皆不及此。"孟椒曰:"盍以其犯门斩关?"季孙用之,乃盟臧氏曰:"(无)〔毋〕或如臧孙纥干国之纪、犯门斩关!"臧孙闻之,曰:"国有人焉,谁居?其孟椒乎!"

晋人克栾盈于曲沃,尽杀栾氏之族党。栾鲂出奔宋。书曰"晋人杀栾盈",不言大夫,言自外也。

齐侯还自晋,不入,遂袭莒。门于且于,伤股而退。明日,将复战,期于寿舒。杞殖、华还载甲,夜入且于之隧,宿于莒郊。明日,先遇莒子于蒲侯氏。莒子重赂之,使无死,曰:"请有盟。"华周对曰:"贪货弃命,亦君所恶也。昏而受命,日未中而弃之,何以事君?"莒子亲鼓之,从而伐之,获杞梁。莒人行成。齐侯归,遇杞梁之妻于郊,使吊之。辞曰:"殖之有罪,何辱命焉?若免于罪,犹有先人之敝庐在,下妾不得与郊吊。"齐侯吊诸其室。

齐侯将为臧纥田;臧孙闻之,见。齐侯与之言伐晋,对曰:"多则多矣,抑君似鼠。夫鼠昼伏夜动,不穴于寝庙,畏人故也。今君闻晋之乱而后作焉,宁将事之,非鼠如何?"乃弗与田。仲尼曰:"知之难也!有臧武仲之知,而不容于鲁国,抑有由也,作不顺而施不恕也。《夏书》曰:'念兹在兹。'顺事、恕施也。"

【译文】

鲁襄公二十三年春天的二月初一日,有日食。三月二十八日,杞伯匄死。夏天,邾国畀我来逃奔我鲁国。安葬杞孝公。陈国杀了它的大夫庆虎和庆寅。陈侯之弟黄从楚国回到陈国。晋国栾盈又进入晋国,来到曲沃。秋天,齐侯攻打卫国,就势又攻打晋国。八月,叔孙豹带兵救援晋国,军队驻扎在雍榆。八月十日,仲孙速卒。冬十月初七,臧孙纥出逃到邾国。晋国人杀了栾盈。齐侯侵袭莒国。

鲁襄公二十三年春,杞孝公死,晋悼夫人为他服丧。晋平公不撤除音乐,这是不合于

礼的。按照礼，应该为邻国的丧事撤除音乐。

陈侯来到楚国。公子黄在楚国控诉二庆，楚国人召见二庆。二庆派庆乐前去，楚人杀了庆乐。庆氏带领陈国人背叛楚国。夏天，屈建跟随陈侯包围陈国。陈国人筑城防守，夹板掉下来，庆氏就杀筑城的人。筑城的人互相传令，各自杀掉他们的头子，于是乘机杀了庆虎、庆寅。楚国人把公子黄送回陈国。君子认为："庆氏的行为不合道义，不能放纵。所以《尚书》说：'天命不能常在。'"

晋国准备把女儿嫁到吴国，齐侯派析归父送随嫁的妾媵给晋国，用篷车载着栾盈和他的士，把他们安置在曲沃。栾盈夜里进见胥午并告诉他一些情况，胥午回答说："不行。上天所要废弃的，谁能把他兴起？您必定不免于死。我不是爱惜一死，是明知事情不会成功。"栾盈说："虽然这样，但依靠您而死，我不后悔。我确实不为上天保佑，您没有过错。"胥午答应了。把栾盈隐藏起来，然后请曲沃人喝酒。音乐演奏起来了，胥午发话说："现在要是得到栾孺子，怎么办？"大家回答说："得到了主人而为他死，虽死犹生。"大家都叹息，还有哭泣的。举杯行酒，胥午又说起来。曲沃人都说："得到了主人，哪里会有二心？"于是栾盈出来，向大家一一拜谢。

四月，栾盈率领曲沃的甲士，依靠魏献子而在白天进入绛地。起初，栾盈在下军中辅佐魏庄子，魏献子和他有私交，所以依靠他。赵氏由于原同、屏括的祸难而怨恨栾氏，韩氏、赵氏刚刚和睦，中行氏因为攻打秦国的那次战役怨恨栾氏，且原来就与范氏和睦。知悼子年纪小，因而听中行氏的话。程郑受到晋平公的宠爱。只有魏氏和七舆大夫亲附栾氏。

乐王鲋侍坐在范宣子旁边。有人报告说："栾氏来了！"范宣子害怕。乐王鲋说："侍奉国君逃跑到固宫，必定没有危害。而且栾氏怨敌很多，您执掌国政，栾氏从外边回来，您处在掌权的地位，有利的条件就多了。既有利有权，又掌握着对百姓的赏罚之权，有什么可害怕的？栾氏所得到的，大概只有魏氏了吧！而且魏氏是可以用强力争取过来的。平定叛乱在于权力，您不要懈怠了。"

晋平公有姻亲的丧事，乐王鲋让范宣子穿上黑色的丧服，（与悼夫人一道）两个妇人乘车到晋平公那里，陪侍着晋平公到固宫。

范鞅迎接魏献子，魏献子的军队已经排成行列、登上战车，准备去迎接栾氏了。范鞅快步走进来，说："栾氏率领叛乱分子进入国都，鞅的父亲和诸位大夫都在国君那里，派鞅来迎接您。鞅请求做您的持带骖乘。"于是范鞅跳上魏献子的战车，右手摸着剑，左手拉着带子，命令驱车离开行列。驾车的人请问去哪里，范鞅说："到国君那里。"范宣子在队前迎接魏献子，拉着他的手，答应把曲沃送给他。

起初，斐豹是个奴隶，用红字写在简牍上。栾氏有个大力士家臣叫督戎，国人都害怕他。斐豹对范宣子说："如果烧掉那红字竹简，我去杀掉督戎。"范宣子很高兴，说："你杀了他，如果不请求国君烧掉这红字竹简，有太阳神作证！"于是将斐豹放出宫，然后关上宫门，督戎跟上他。斐豹跨过矮墙等待着督戎，督戎越墙进来，斐豹从后面猛击而杀死

了他。

范氏的手下人在宫台的后面，栾氏登上晋平公的宫门。范宣子对范鞅说："箭射到国君的屋子，你就得死！"范鞅用剑率领步兵迎战，栾氏败退。范鞅跳上战车追赶，遇上栾乐，说："乐，别打了，我死了将会向上天讼你。"栾乐用箭射他，没射中。又把箭搭上弦，但战车被槐树根撞翻了。有人用戟钩他，把他的胳臂拉断，他就死去了。栾鲂受了伤。栾盈逃到曲沃，晋国人包围了他。

秋天，齐侯攻打卫国。前锋军是：谷荣驾御王孙挥的战车，召扬为车右。次前锋：成秩驾御莒恒的战车，申鲜虞之子傅挚为车右。曹开驾御齐侯的战车，晏父戎为车右。齐侯的副车：上之登驾御邢公的战车，卢蒲癸为车右。左翼军：牢成驾御襄罴师的战车，狼蘧疏为车右。右翼军：商子车驾御侯朝的战车，桓跳为车右。后军：商子游驾御夏之御寇的战车，崔如为车右，烛庸之越等四人共乘一辆车殿后。

齐侯从卫国出发将由此攻打晋国。晏平仲说："君王依仗勇力而攻打盟主，如果不成功，这是国家的福气。没有德行而有功劳，忧患必然到君身上。"崔杼劝谏说："不可以。臣下听说，小国钻大国祸败的空子而加以破坏，必然会受到灾祸。君王还是要考虑一下。"齐侯不听。

陈文子进见崔杼，说："打算把国君怎么办？"崔杼说："我对国君说了，国君不听。把晋国奉为盟主，反而以它的祸难为利。群臣如果急了，哪里还有国君？您姑且不用管了。"陈文子退出，告诉他的手下人说："崔子将要死了吧！指责国君太过分，所作所为又超过国君，不会得到好死。行道义超过国君，还应自己加以抑制，何况是行恶呢？"

齐侯于是就攻打晋国，夺取了朝歌。兵分两路，一路打入孟门，一路登上大行陉。在荧庭扩建军营以显示武力，派兵戍守郫邵，在少水收晋军尸体埋成大坟，以此报复平阴之战，才收兵回去。赵胜带领东阳的晋军追击齐军，俘虏了晏氂。这年八月，叔孙豹率领鲁军救援晋军，驻扎在雍榆，这是合于礼的。

季武子没有嫡子，公弥年长，但季武子喜欢悼子，想立悼子为继承人。找申丰商量说："弥和纥，我都喜欢，想选择有才能的立为继承人。"申丰快步退出，回家，将要全家出走。过了几天，季武子又访问申丰，申丰回答说："如果这样，我就会套上我的车子走了。"季武子才停下了。季武子去访问臧纥，臧纥说："招待我喝酒，我为您立悼子为继承人。"季氏招待大夫们喝酒，臧纥为上宾。向宾客献酒完毕，臧纥命令北面铺上两层席子，换上新酒杯并洗涤干净。召见悼子，臧纥走下台阶迎接他。大夫们都站起来。等到敬酒酬客时才召见公钮，让他和一般客宾并坐同列。季武子惊得变了脸色。

季氏让公钮做马正，公钮怨恨不肯做。闵子马见到公钮，说："您不要这样！祸福无门，只由人自己召来。做儿子的，担心的是不孝，而不担心没有地位。恭敬地对待父亲的命令，事情怎么会固定不变呢？若能孝敬，财富可比季氏增加一倍。若是奸邪而不合法度，祸患可比百姓增加一倍。"公钮认为他的话是对的，就恭敬地早晚问安，谨慎地居官守职。季武子高兴了，让公钮请自己去喝酒，而带着饮宴的器具前往，把器具全都留在公钮家。因此公鉏氏富起来了，又出任做了鲁襄公的左宰。

孟庄子厌恶臧孙，但季武子喜欢他。孟氏的御驺丰点喜欢羯，说："听从我的话，你一定能做孟庄子的继承人。"丰点再三地说，羯就听从了他。孟庄子病了，丰点对公鉏说："如果立了羯，请孟氏和你都把臧氏做仇敌。"公鉏对季武子说："孺子秩本为孟氏的继承人。如果改立羯，那么季氏就确实会比臧氏的势力大。"季武子不答应。八月初十日，孟庄子死了，公鉏侍奉羯立在门旁接受宾客吊唁。季武子来到，进门，哭，出门，说："秩在哪里？"公鉏说："羯在这里了。"季武子说："孺子年长。"公鉏说："有什么年长不年长？只因他有才能。而且是他老人家的命令。"于是就立了羯。孺子秩逃奔到邾国。

臧纥进门，号哭得很悲哀，流了很多泪。出门，他的御者说："孟庄子讨厌您，而您却悲哀成这样。季武子如果死了，您将怎么办？"臧纥说："季武子喜欢我，这是疾病。孟庄子厌恶我，却是药石。没有痛苦的疾病不如使人苦痛的药石。药石还可使我活下去，疾病没有痛苦，它的毒害更多。孟庄子死，我灭亡没有多少日子了。"

孟氏关上门，告诉季武子说："臧氏将会作乱，不让我家安葬。"季武子不相信。臧纥听到了，便作了戒备。冬季十月，孟氏准备开辟墓道，在臧氏那里借用役夫。臧纥派正夫去帮忙，在东门开掘墓道，让甲士跟从自己去视察。孟氏又将情况报告季武子。季武子发怒了，命令攻打臧氏。十月初七日，臧纥砍断鹿门的门闩而出，逃奔到邾国。

起初，臧宣叔在铸国娶了妻，生了臧贾和臧为就死了。又以妻子的侄女为继室，就是穆姜妹妹的女儿，生了臧纥，在鲁君的宫中成长。穆姜喜欢他，所以立他为臧宣叔的继承人。臧贾、臧为便离开家而住在铸国。臧纥从邾国派人告诉臧贾，并且送给了大龟，说："纥不才，不能守祭宗庙，谨向您报告不善。纥的罪过，不至于断绝祭祀。您把这个大龟去进献请求立为后继人，大概是可以的。"臧贾说："这是臧家的祸殃，不是您的过错。贾听到命令了。"再次拜谢，接受了大龟，让臧为去代他进献请求，臧为却为自己请求做继承人。臧纥到了防邑，派人来鲁国报告说："纥并不能伤害别人，是智慧不足的缘故。纥不敢为自己请求。如果保存先人的祭祀，不废弃两位先人的功勋，怎敢不让出封邑。"于是就立了臧为。

臧纥交还防邑而逃亡到齐国。他的随从说："能为我们盟誓吗？"臧纥说："没有盟辞好写。"将为臧氏盟誓，季武子召见掌管恶臣的外史，且询问盟辞首章的写法，外史回答说："为东门氏盟誓，说：'不要有人像东门遂那样，不听国君的命令，杀嫡子立庶子。'为叔孙氏盟誓，说：'不要有人像叔孙侨如那样，想废掉国家的常道，颠覆公室。'"季武子曰："臧纥的罪过，都不至于此。"孟椒说："何不把他打城门砍门闩写进盟辞？"季武子采用了他说的，于是为臧氏盟誓说："不要有人像臧孙纥那样，触犯国家的法纪，打城门砍门闩。"臧纥听到了，说："国内有人才啊！是谁呢？大概是孟椒吧！"

晋国人在曲沃战胜了栾盈，把栾氏的亲族党羽全部杀了。栾鲂逃亡到宋国。《春秋》记载说："晋人杀栾盈。"不说大夫，是说他是从国外进入国内发动叛乱。

齐侯从晋国回来，不进入国都，就袭击莒国，攻打且于的城门，大腿受了伤才退走。

第二天,准备再战,约定军队在寿舒集中。杞殖、华还用战车载着甲士,夜里进入且于的狭道,露宿在莒国的郊外。第二天,先和莒子在蒲侯氏相遇。莒子送给他们重礼,让他们不要战死,说:"请和你们结盟。"华还回答说:"贪图财货背弃命令,这也是君所厌恶的。昨晚才接受命令,今天还不到中午就背弃它,这用什么来侍奉国君?"莒子亲自击鼓,追击齐军,杀了杞梁。莒国人和齐国媾和。

齐侯回国,在郊外遇见杞梁的妻子,便派人向她吊唁。她辞谢说:"杞梁有罪,怎敢辱劳君的命令?如果能够免罪,还有先人的破房子在那儿,下妾不能接受这郊外的吊唁。"齐侯就到她家里吊唁。

齐侯打算封给臧纥土地。臧纥听说了,进见齐侯。齐侯和他说起攻打晋国的事,他回答说:"攻打晋国的战功多是很多了,可是君王却像老鼠。老鼠白天伏在洞穴里,夜间出来活动,不在宗庙里打洞,是由于怕人的缘故。现在君王听到晋国动乱然后起兵,晋国安宁就准备侍奉它,这不是老鼠还是什么?"于是齐侯气得不封给他土地。孔子说:"聪明是难做到的。有了臧武仲的聪明,却不能被鲁国所容纳,是有原因的,因为所作不顺于事理,所为不合于恕道。《夏书》说:'想着这事就心在这事。'这便是顺于事理而合于恕道。"

襄公二十四年

【原文】

二十有四年春,叔孙豹如晋。

仲孙羯帅师伐齐。

夏,楚子伐吴。

秋,七月甲子朔,日有食之,既。

齐崔杼帅师伐莒。

大水。

八月癸巳朔,日有食之。

公会晋侯、宋公、卫侯、郑伯、曹伯、莒子、邾子、滕子、薛伯、杞伯、小邾子于夷仪。

冬,楚子、蔡侯、陈侯、许男伐郑。

公至自会。

陈铖宜咎出奔楚。

叔孙豹如京师。

大饥。

二十四年春,穆叔如晋。范宣子逆之,问焉,曰:"古人有言曰'死而不朽'。何谓

也?"穆叔未对。宣子曰:"昔匄之祖,自虞以上为陶唐氏,在夏为御龙氏,在商为豕韦氏,在周为唐杜氏,晋主夏盟为范氏,其是之谓乎!"穆叔曰:"以豹所闻,此之谓世禄,非不朽也。鲁有先大夫曰臧文仲,既没,其言立,其是之谓乎!豹闻之:'大上有立德,其次有立功,其次有立言。'虽久不废,此之谓三不朽。若夫保姓受氏以守宗祊,世不绝祀,无国无之。禄之大者,不可谓不朽。"

范宣子为政,诸侯之币重,郑人病之。二月,郑伯如晋,子产寓书于子西,以告宣子,曰:"子为晋国,四邻诸侯不闻令德,而闻重币,侨也惑之。

"侨闻君子长国家者,非无贿之患,而无令名之难。夫诸侯之贿聚于公室,则诸侯贰。若吾子赖之,则晋国贰。诸侯贰,则晋国坏;晋国贰,则子之家坏。何没没也!将焉用贿?

"夫令名,德之舆也。德,国家之基也。有基无坏,无亦是务乎!有德则乐,乐则能久。《诗》云:'乐只君子,邦家之基。'有令德也夫!'上帝临女,无贰尔心',有令名也夫!恕思以明德,则令名载而行之,是以远至迩安。

"毋宁使人谓子'子实生我',而谓'子浚我以生'乎?象有齿以焚其身,贿也。"

宣子说,乃轻币。

是行也,郑伯朝晋,为重币故,且请伐陈也。郑伯稽首,宣子辞。子西相,曰:"以陈国之介恃大国而陵虐于敝邑,寡君是以〔请〕请罪焉,敢不稽首?"

孟孝伯侵齐,晋故也。

夏,楚子为舟师以伐吴,不为军政,无功而还。

齐侯既伐晋而惧,将欲见楚子。楚子使薳启(彊)〔疆〕如齐聘,且请期。齐社,蒐军实,使客观之。陈文子曰:"齐将有寇。吾闻之:兵不戢,必取其族。"

秋,齐侯闻将有晋师,使陈无宇从薳启(彊)〔疆〕如楚,辞,且乞师。崔杼帅师送之,遂伐莒,侵介根。

会于夷仪,将以伐齐。水,不克。

冬,楚子伐郑以救齐,门于东门,次于棘泽,诸侯还救郑。

晋侯使张骼、辅跞致楚师,求御于郑。郑人卜:宛射犬吉。子大叔戒之曰:"大国之人,不可与也。"对曰:"无有众寡,其上一也。"大叔曰:"不然。部娄无松柏。"二子在幄,坐射犬于外;既食而后食之。使御广车而行,己皆乘乘车。将及楚师,而后从之乘,皆踞转而鼓琴。近,不告而驰之。皆取胄于櫜而胄,入垒,皆下,搏人以投,收禽挟囚。弗待而出。皆超乘,抽弓而射。既免,复踞转而鼓琴,曰:"公孙!同乘,兄弟也,(故)〔胡〕再不谋?"对曰:"曩者志入而已,今则怵也。"皆笑,曰:"公孙之亟也!"

楚子自棘泽还,使薳启(疆)〔疆〕帅师送陈无宇。

吴人为楚舟师之役故,召舒鸠人。舒鸠人叛楚。楚子师于荒浦,使沈尹寿与师祁犁让之。舒鸠子敬逆二子而告"无之",且请受盟。二子复命,王欲伐之。薳子曰:"不可。彼告不叛,且请受盟;而又伐之,伐无罪也。姑归息民,以待其卒。卒而不贰,吾又何求?

若犹叛我,无辞,有庸。"乃还。

陈人复讨庆氏之党,铖宜咎出奔楚。

齐人城郏。穆叔如周聘,且贺城。王嘉其有礼也,赐之大路。

晋侯璧程郑,使佐下军。郑行人公孙挥如晋聘;程郑问焉,曰:"敢问降阶何由?"子羽不能对,归以语然明。然明曰:"是将死矣,不然将亡。贵而知惧,惧而思降,乃得其阶。下人而已,又何问焉?且夫既登而求降阶者,知人也,不在程郑。其有亡衅乎?不然,其有惑疾,将死而忧也。"

【译文】

鲁襄公二十四年春,叔孙豹出使到晋国。仲孙羯率领鲁军侵袭齐国。夏天,楚子带兵攻打吴国。秋天七月初一日,有日食,是日全食。齐国的崔杼带兵攻打莒国。发大水。八月初一日,有日食。襄公在夷仪与晋侯、宋公、卫侯、郑伯、曹伯、莒子、邾子、滕子、薛伯、杞伯、小邾子盟会。冬天,楚子、蔡侯、陈侯、许男攻打郑国。襄公从盟会地回到鲁国。陈国的铖宜咎出逃到楚国。叔孙豹到达周朝的京城。大饥荒。

鲁襄公二十四年春,穆叔出使到晋国。范宣子迎接他,问穆叔,说:"古人有话说'死而不朽',这说的是什么?"穆叔没有回答。范宣子说:"从前匄的祖先,从虞舜以上是陶唐氏,在夏代是御龙氏,在商代是豕韦氏,在周代是唐杜氏,晋国主持中原的盟会是范氏,所谓不朽大概说的是这个吧!"穆叔说:"据我叔孙豹所听到的,这叫作世禄,不是不朽。鲁国有位先大夫叫臧文仲,死了之后,他的言论不被废弃,所谓不朽大概是这个吧!豹听说,最高的是树立德行,其次是树立功业,再其次是树立言论,虽然人死了很久也不会废弃,这就叫作不朽。像那种保持姓、接受氏,用以守住宗庙,世世不断祭祀,没有哪个国家不是如此。爵禄中最大的,也不能说是不朽。"

范宣子执政,诸侯朝见晋国的贡品很重,郑国人很担心这件事。这年二月,郑伯去晋国。子产寄信给子西,让他告诉范宣子说:"您治理晋国,四邻的诸侯听不到美德,而听到的是繁重的贡品,侨对此感到迷惑。

"侨听说君子治理国家的,不是担心没有财货,而是担心没有好名声。诸侯的财货聚集在晋国公室,诸侯内部就会产生二心。若是您把这些财货利己,则晋国内部又会产生二心。诸侯之间生二心,则晋国受损害。晋国内部生二心,则您的家族受损害。为什么那么糊涂啊!还哪里用得着财货?

"好名声,是装载德行的车子。德行,是国家的基础。有基础才不易毁坏,您不也是致力于这个吗!有了好德行就快乐,快乐就能长久。《诗经》说:'快乐啊君子,是国家的基础。'这就是有美德吧!'上帝在监视你,你不能有二心。'这就是有好名声吧!对人宽宥以发扬德行,则可以载着好名声而行事,因此而使远方人来到,近处人安心。

"您是宁可让人对您说'您确实养活了我'还是说'您榨取我来养活你自己'呢?象有象牙而毁坏了自己,是因为象牙值钱的缘故。"

范宣子很高兴，就减轻了贡品。

这一趟，郑伯朝见晋国，是为了贡品太重的缘故，同时请求攻打陈国。郑伯叩头，范宣子辞谢。子西相礼，说："由于陈国依仗大国，而欺凌侵害敝邑，寡君因此请求向陈国问罪。岂敢不叩首？"

孟孝伯入侵齐国，这是为了晋国的缘故。

夏天，楚王出动水军攻打吴国，对军队不进行教育，没有成功就回去了。

齐侯进攻晋国之后又害怕，打算会见楚王。楚王派苪启疆到齐国聘问，并且请问会见的日期。齐军在祭祀土地，举行检阅，让客人观看。陈文子说："齐国将会有敌人侵犯。我听说，武力不收敛，必然危害自己。"

秋天，齐侯听说晋国要发兵，派陈无宇随从苪启疆去楚国，说明将有战事不能会见，同时请求楚国出兵。崔杼带兵送他们，于是乘机攻打莒国，侵袭介根。

鲁襄公和诸侯们在夷仪会见，准备攻打齐国，发生了水灾，没有实现。

这年冬天，楚王攻打郑国以救援齐国，攻打郑都的东门，驻扎在棘泽。诸侯回军救援郑国。

晋侯派张骼、辅跞向楚军单车挑战，向郑国求取驾驶战车的人。郑国人为派遣宛射犬占卜，吉利。子太叔告诫宛射犬说："对大国的人，不可和他们平行抗礼。"宛射犬回答说："不论兵多兵少，御者的地位在车左车右之上各国是一样的。"太叔说："不是这样，小土山上没有大松柏。"张骼、辅跞二人在帐篷里，让射犬坐在帐篷外，二人吃完饭才让射犬吃。让射犬驾驶广车前进，自己却坐着平时的车。将要到达楚军营垒，然后张、辅二人才登上射犬的战车，蹲在车后边的横木上弹琴。车子挨近楚营，射犬不告诉二人就突驰而进。二人都从袋子里拿出头盔戴上，进入营垒，都下车，把楚兵提起来扔过去，把俘虏捆住或挟在腋下。射犬不等待二人就驱车出去。这两人都跳上车，抽出弓箭来射向追兵，既已脱险，二人又蹲在车后的横木上弹琴，说："公孙，同坐一辆战车，就是兄弟，为什么两次都不商量一下？"射犬回答说："前一次是一心想着冲进敌营，这一次是心里害怕了。"张、辅二人笑起来了，说："公孙的性子真急啊！"

楚王从棘泽回来，派苪启疆带兵护送陈无宇。

吴国人为了楚国舟师之役的缘故，召集舒鸠人，舒鸠人背叛楚国。楚王的军队来到荒浦，派沈尹寿和师祁犁责备他们。舒鸠国的国君恭恭敬敬地迎接这两个人，告诉他们没有那回事，并请求接受盟约。沈、师二人向楚王复命，楚王想攻打舒鸠。苪子说："不行。舒鸠告诉我们不背叛，且请求接受盟约，而我们又攻打它，这是攻打无罪的国家。姑且回去使百姓休养生息，等待它的结果。结果没有二心，我们又有什么可求呢？如果还是背叛我国，他们就无话可说而我们就可以获得成功了。"楚王于是撤军回国。

陈国人再次讨伐庆氏的亲族，铖宜咎逃亡到楚国。

齐国人在郏地筑城。穆叔到周王室聘问，并且祝贺筑城竣工。周王嘉奖穆叔办事合

于礼仪,赐给他大路。

晋侯宠幸程郑,命他为下军副帅。郑国的行人公孙挥到晋国聘问。程郑请问他,说:"敢问怎样才能降级?"公孙挥不能回答。回国后对然明说了此事,然明说:"这个人将要死了。否则,可能会逃亡,地位高贵而知道害怕,害怕而想到要降级,就可以得到适合他的官位,不过在别人下面而已,又问什么? 而且既已登上高位而要求降级的,是明智的人,而不是程郑这种人。他是不是有逃亡的迹象呢? 不然的话,大概是有疑心病,要死了而为自己担忧。"

襄公二十五年

【原文】

二十有五年:春,齐崔杼帅师伐我北鄙。

夏,五月乙亥,齐崔杼弑其君光。

公会晋侯、宋公、卫侯、郑伯、曹伯、莒子、邾子、滕子、薛伯、杞柏、小邾子于夷仪。

六月壬子,郑公孙舍之帅师入陈。

秋,(八)〔七〕月己巳,诸侯同盟于重丘。

公至自会。

卫侯入于夷仪。

楚屈建帅师灭舒鸠。

冬,郑公孙夏帅师伐陈。

十有二月,吴子遏伐楚,门于巢,卒。

二十五年春,齐崔杼帅师伐我北鄙,以报孝伯之师也。公患之,使告于晋。孟公绰曰:"崔子将有大志,不在病我,必速归。何患焉? 其来也不寇,使民不严,异于他日。"齐师徒归。

齐棠公之妻,东郭偃之姊也。东郭偃臣崔武子。棠公死,偃御武子以吊焉。见棠姜而美之,使偃取之。偃曰:"男女辨姓。今君出自丁,臣出自桓,不可。"武子筮之,遇"困☷"之"大过☷"。史皆曰:"吉!"示陈文子,文子曰:"夫从风,风陨妻,不可娶也。且其繇曰:'困于石,据于蒺藜。入于其宫,不见其妻。凶。''困于石',往不济也;'据于蒺藜',所恃伤也。'入于其宫,不见其妻,凶',无所归也。"崔子曰:"嫠也何害? 先夫当之矣。"遂取之。

庄公通焉,骤如崔氏,以崔子之冠赐人。侍者曰:"不可。"公曰:"不为崔子,其无冠乎?"崔子因是,又以其间伐晋也,曰:"晋必将报。"欲(弑)〔杀〕公以说于晋,而不获间。公鞭侍人贾举而又近之,乃为崔子间公。

夏五月,莒为且于之役故,莒子朝于齐。甲戌,飨诸北郭。崔子称疾不视事。

乙亥，公问崔子，遂从姜氏。姜入于室，与崔子自侧户出。公拊楹而歌。侍人贾举止众从者，而入闭门。甲兴，公登台而请，弗许；请盟，弗许；请自刃于庙，弗许。皆曰："君之臣杼疾病，不能听命。近于公宫，陪臣干掫有淫者，不知二命。"公逾墙，又射之；中股，反队；遂弑之。

贾举、州绰、邴师、公孙敖、封具、铎父、襄伊、偻堙皆死。祝佗父祭于高唐，至，复命，不说弁而死于崔氏。申蒯侍渔者，退谓其宰曰："尔以帑免，我将死。"其宰曰："免，是反之子义也。"与之皆死。崔氏杀鬷蔑于平阴。

晏子立于崔氏之门外，其人曰："死乎？"曰："独吾君也乎哉，吾死也？"曰："行乎？"曰："吾罪也乎哉，吾亡也？"曰："归乎？"曰："君死，安归？ 君民者，岂以陵民？社稷是主；臣君者，岂为其口实？ 社稷是养。故君为社稷死，则死之；为社稷亡，则亡之；若为己死，而为己亡，非其私昵，谁敢任之？ 且人有君而弑之，吾焉得死之，而焉得亡之？ 将庸何归？"门启而入，枕尸股而哭，兴，三踊而出。人谓崔子："必杀之！"崔子曰："民之望也。舍之得民。"

卢蒲葵奔晋，王何奔莒。

叔孙宣伯之在齐也，叔孙还纳其女于灵公。嬖，生景公。丁丑，崔杼立而相之，庆封为左相。盟国人于大宫，曰："所不与崔、庆者，"晏子仰天叹曰："婴所不唯忠于君、利社稷者是与，有如上帝！"乃歃。辛巳，公与大夫及莒子盟。大史书曰："崔杼弑其君。"崔子杀之。其弟嗣书而死者，二人；其弟又书，乃舍之。南史氏闻大史尽死，执简以往，闻既书矣，乃还。

晏子

闾丘婴以帷（縳）〔缚〕其妻而载之，与申鲜虞乘而出。鲜虞推而下之，曰："君昏不能匡，危不能救，死不能死，而知匿其昵，其谁纳之？"行及弇中，将舍，婴曰："崔、庆其追我。"鲜虞曰："一与一，谁能惧我？"遂舍，枕辔而寝，食马而食。驾而行，出弇中，谓婴曰："速驱之！崔、庆之众，不可当也。"遂来奔。

崔氏侧庄公于北郭。丁亥，葬诸士孙之里：四翣，不跸，下车七乘，不以兵甲。

晋侯济自泮，会于夷仪，伐齐，以报朝歌之役。齐人以庄公说，使隰锄请成，庆封如师；男女以班；赂晋侯以宗器、乐器，自六正、五吏、三十帅、三军之大夫、百官之正长师旅及处守者皆有赂。晋侯许之，使叔向告于诸侯。公使子服惠伯对曰："君舍有罪以靖小国，君之惠也。寡君闻命矣。"

晋侯使魏舒、宛没逆卫侯，将使卫与之夷仪。崔子止其帑，以求五鹿。

初，陈侯会楚子伐郑。当陈隧者，井堙木刊，郑人怨之。六月，郑子展、子产帅车七百乘伐陈，宵突陈城，遂入之。

陈侯扶其大子偃师奔墓，遇司马桓子，曰："载余！"曰："将巡城！"遇贾获载其母妻，下之，而授公车。公曰："舍而母。"辞曰："不祥。"与其妻扶其母以奔墓，亦免。

子展命师无入公宫，与子产亲御诸门。陈侯使司马桓子赂以宗器。陈侯免，拥社，使其众男女别而縲，以待于朝。子展执絷而见，再拜稽首，承饮而进献。子美入，数俘而出。祝祓社，司徒致民，司马致节，司空致地，乃还。

秋七月己巳，同盟于重丘，齐成故也。

赵文子为政，令薄诸侯之币而重其礼。穆叔见之。谓穆叔曰："自今以往，兵其少弭矣。齐崔、庆新得政，将求善于诸侯。武也知楚令尹。若敬行其礼，道之以文辞，以靖诸侯，兵可以弭。"

楚薳子冯卒，屈建为令尹，屈荡为莫敖。舒鸠人卒叛楚，令尹子木伐之；及离城，吴人救之。子木遽以右师先，子强、息桓、子捷、子骈、子孟帅左师以退。吴人居其间七日。子强曰："久将垫隘，隘乃禽也，不如速战。请以其私卒诱之。简师陈以待我：我克，则进；奔则亦视之。乃可以免。不然，必为吴禽。"从之。五人以其私卒先击吴师，吴师奔；登山以望，见楚师不继，复逐之，傅诸其军。简师会之，吴师大败。遂围舒鸠，舒鸠溃。八月，楚灭舒鸠。

卫献公入于夷仪。

郑子产献捷于晋，戎服将事。晋人问陈之罪，对曰："昔虞阏父为周陶正，以服事我先王。我先王赖其利器用也，与其神明之后也，庸以元女大姬配胡公而封诸陈，以备三恪。则我周之自出，至于今是赖。桓公之乱，蔡人欲立其出；我先君庄公奉五父而立之，蔡人杀之；我又与蔡人奉戴厉公。至于庄、宣，皆我之自立。夏氏之乱，成公播荡，又我之自入，君所知也。

"今陈忘周之大德，蔑我大惠，弃我姻亲，介恃楚众，以冯陵我敝邑，不可亿逞，我是以有往年之告。未获成命，则有我东门之役，当陈隧者井堙木刊。敝邑大惧不竞，而耻大姬。天诱其衷，启敝邑心。陈知其罪，授手于我。用敢献功。"

晋人曰："何故侵小？"对曰："先王之命：唯罪所在，各致其辟。且昔天子之地一圻，列国一同，自是以衰。今大国多数圻矣，若无侵小，何以至焉？"晋人曰："何故戎服？"对曰："我先君武、庄，为平、桓卿士。城濮之役，文公布命，曰：'各复旧职。'命我文公戎服辅王，以授楚捷。不敢废王命故也。"士庄伯不能诘，复于赵文子。文子曰："其辞顺。犯顺不祥。"乃受之。

冬十月，子展相郑伯如晋，拜陈之功。子西复伐陈，陈及郑平。

仲尼曰："《志》有之：'言以足志，文以足言。'不言，谁知其志？言之无文，行而不远。晋为伯，郑入陈，非文辞不为功。慎辞哉！"

楚蒍掩为司马，子木使庀赋，数甲兵。甲午，蒍掩书土、田：度山林，鸠薮泽，辨京陵，表淳卤，数疆潦，规偃豬，町原防，牧隰皋，井衍沃。量入修赋，赋车籍马，赋车兵、徒（卒）

〔兵〕、甲楯之数。既成，以授子木，礼也。

十二月，吴子诸樊伐楚，以报舟师之役。门于巢。巢牛臣曰："吴王勇而轻；若启之，将亲门。我获射之，必殪。是君也死，（彊）〔疆〕其少安。"从之。吴子门焉，牛臣隐于短墙以射之。卒。

楚子以灭舒鸠赏子木。辞曰："先大夫艻子之功也。"以与艻掩。

晋程郑卒。子产始知然明，问为政焉。对曰："视民如子。见不仁者诛之，如鹰鹯之逐鸟雀也。"子产喜，以语子大叔，且曰："他日吾见蔑之面而已，今吾见其心矣！"子大叔问政于子产，子产曰："政如农功。日夜思之，思其始而成其终。朝夕而行之，行无越思，如农之有畔，其过鲜矣。"

卫献公自夷仪使与宁喜言，宁喜许之。大叔文子闻之，曰："乌呼！《诗》所谓'我躬不说，皇恤我后'者，宁子可谓不恤其后矣。将可乎哉？殆必不可！君子之行，思其终也，思其复也。《书》曰：'慎始而敬终，终以不困。'《诗》曰：'夙夜匪解，以事一人。'今宁子视君不如弈棋，其何以免乎？奕者举棋不定，不胜其耦；而况置君而弗定乎？必不免矣！九世之卿族，一举而灭之，可哀也哉！"

会于夷仪之岁，齐人城郏。其五月，秦、晋为成。晋韩起如秦莅盟，秦伯车如晋莅盟，成而不结。

【译文】

鲁襄公二十五年春，齐国的崔杼率领军队攻打我鲁国北部边境。夏天的五月十七日，齐国崔杼杀了他的国君齐庄公光。襄公在夷仪和晋侯、宋公、卫侯、郑伯、曹伯、莒子、邾子、滕子、薛伯、杞伯、小邾子会合。六月二十四日，郑国大夫公孙舍子带兵进入陈国。秋天的八月（七月）十二日，诸侯在重丘结盟。襄公是从盟会上回到鲁国的。卫侯进入夷仪。楚令尹屈建带兵灭亡了舒鸠。冬天，郑国的公孙夏带兵进攻陈国。十二月，吴王遏进攻楚国，攻打巢邑的城门，吴王死了。

鲁襄公二十五年春，齐国的崔杼率领军队攻打我国北部边境，为的是报复孝伯的那次出师入侵。襄公担心此事，便派人向晋国报告。孟公绰说："崔子将有大志，不在于困扰我们，一定会很快撤军回国，担心什么？他来的时候不掠夺，使用老百姓不严厉，和以前不一样。"齐军空来一趟就回去了。

齐国棠公的妻子，是东郭偃的姐姐。东郭偃是崔武子的家臣。棠公死了，东郭偃为崔武子驾车去吊丧。崔杼一见棠姜便觉得她很美，让东郭偃为他娶过来。东郭偃说："男女婚配要辨别姓氏，您是丁公的后代，臣是桓公的后代，不可以通婚。"崔武子占筮，得到《困》卦变为《大过》卦。太史都说："吉利。"拿给陈文子看，文子说："丈夫跟从风，风坠落妻子，不可以娶。而且它的繇辞说：'为石头所困，据守在蒺藜中，走进屋，不见妻，凶。'为石头所困，意味着前去而不能成功。据守在蒺藜中，意味着依靠的会使人受伤。走进屋子不见妻，是凶兆，意味着没有归宿。"崔武子说："她是寡妇有什么妨碍？先夫已经承担

过这凶兆了。"于是就娶了她。

齐庄公和棠姜私通，屡次到崔杼家去，拿崔武子的帽子赐给别人。他的侍从说："这不行。"庄公说："不是崔子，难道就没有帽子吗？"崔武子因此怀恨庄公，又因为庄公曾趁晋国有难而攻打过晋国，说："晋国必定要报仇。"崔武子想杀掉庄公来取悦于晋国，而又找不到机会。齐庄公鞭打过侍人贾举，后又亲近他，于是贾举就替崔子寻找机会杀掉齐庄公。

夏天，五月，莒国由于且于战役的缘故，莒子到齐国朝见。十六日，庄公在北城设享礼招待他，崔武子推托有病不上朝办公。

十七日，庄公去问候崔武子，乘机又跟姜氏幽会。姜氏进入内室，和崔武子从侧门出去。齐庄公拍着柱子唱歌。侍人贾举阻止庄公的随从入内，自己走进去，关上大门。甲士们突然出现，庄公登上高台请求饶命，众人不答应。请求结盟，不答应。请求在祖庙里自杀，也不答应。众人都说："君王的臣子崔杼在重病中，不能听取您的命令。这里靠近君王的宫室，陪臣巡夜搜捕淫乱的人，不知道有其他的命令。"庄公跳墙，有人射他，中了大腿，庄公反身坠落在墙里，众人于是就杀死了庄公。

贾举、州绰、邴师、公孙敖、封具、铎父、襄伊、偻堙都被杀死。祝佗父在高唐祭祀，回到国都复命，没脱掉弁帽就在崔武子家里被杀死。申蒯是管理渔业的人，退出来对他的家臣之长说："你带领我的妻子儿女逃跑，我准备一死。"他的家臣之长说："我逃走免死，这违背了您的道义。"就和申蒯一起自杀而死。崔氏又在平阴杀了鬷蔑。

晏子站在崔家的大门外，他的随从说："殉死吗？"晏子说："独是我一个人的国君吗？我殉死？"随从的人说："逃走吗？"晏子说："是我的罪过吗？我逃亡？"随从的人说："回去吗？"晏子说："国君死了，我回到哪里去？作为百姓的国君，难道是用他的地位来凌驾于百姓之上吗？是为主持国家。作为国君的臣下，难道只是为了他的俸禄吗？是为保护国家。所以国君为国而死，则臣下也为他而死；为国而逃亡，则臣下也为他而逃亡。如果国君为自己而死、为自己而逃亡，不是他个人宠爱的人，谁敢承担陪死、陪逃的责任？况且别人有了国君而杀了他，我怎能为他而死，又怎能为他而逃亡呢？可是又能回到哪里去呢？"大门开了，晏子进去，头枕着尸体的大腿上号哭，然后站起来，往上跳了三下才出去。有人对崔杼说："一定要杀了他！"崔杼说："他是百姓仰望的人，放了他，能得民心。"

卢蒲癸逃亡到晋国，王何逃亡到莒国。

叔孙宣伯在齐国的时候，叔孙还把叔孙宣伯的女儿嫁给齐灵公。受到宠爱，生了景公。五月十九日，崔杼立他为国君并辅佐他，庆封做左相。与国人在太公的宗庙里结盟，说："有不亲附崔氏、庆氏的。"晏子仰天长叹说："婴如果不亲附忠君、利国的人，有天帝为证！"于是就歃血。五月二十三日，齐景公与大夫以及莒子结盟。太史记载说："崔杼弑其君。"崔杼杀了太史。太史的弟弟继续这样写而被杀的，已有两个人。太史还有弟弟又这样写，崔杼就不杀了。南史氏听说太史都死了，拿着竹简前去。听说已经如实记载了，这才回去。

　　闾丘婴用车子的帷幕把他的妻子包捆起来，装上车，与申鲜虞一起乘车出逃。鲜虞把闾丘婴的妻子推下车，说："国君昏庸不能纠正，危难不能救援，死了不能同死，只知道把自己亲爱的人藏匿起来，有谁会接纳我们？"走到弅中狭道，准备住下来。闾丘婴说："崔氏、庆氏恐怕在追我们。"鲜虞说："一对一，谁能让我们害怕？"他们就住下来，头枕着马缰睡觉，先喂马再自己吃饭。套上马继续赶路，走出了弅中狭道，对闾丘婴说："快些赶马，崔氏、庆氏人多，是不能抵挡的。"于是逃奔来我鲁国。

　　崔杼没把庄公的棺椁殡于庙就放在城北郭外。五月二十九日，把庄公葬在士孙之里，用四翣之礼，不清路开道，送葬的车子只有七辆，不用甲兵。

　　晋侯渡过泮水，和诸侯在夷仪会合，攻打齐国，以报复朝歌那次战役。齐国人想用杀庄公之事讨得晋国欢喜，派隰钅且请求媾和。庆封来到军中，将男女奴隶分开排列捆绑着。把宗庙里的祭器、乐器送给晋侯。从六卿、五吏、三十师帅、三军大夫、各部门的主管官员、师旅属官和留守官员等，都赠送了财礼。晋侯答应齐国媾和。派叔向通告诸侯。鲁襄公派子服惠伯回答说："君王宽恕有罪者，以安定小国，是君王的恩惠。寡君听到命令了。"

　　晋侯派魏舒、宛没迎接卫献公，准备让卫国把夷仪给卫献公居住。崔杼扣留了卫献公的妻子和儿女，以此来谋求五鹿这块地方。

　　起初，陈侯会合楚王攻打郑国，陈军经过的路上，水井被填塞，树木被砍伐，郑国人怨恨他们。六月，郑国的子展、子产率领七百辆战车攻打陈国，夜间突然袭击陈国都城，于是就攻进了城。

　　陈侯扶着他的太子偃师逃到坟地去，遇上司马桓子，说："你的车载上我！"司马桓子说："我正要巡视城池。"遇上贾获，车上载着他的母亲和妻子，便让母亲和妻子下车而把车子交给陈侯。陈侯说："安置好你的母亲。"贾获辞谢说："妇女和您同坐一车不吉祥。"于是与妻子一起扶着母亲逃奔到坟地，也免于祸难。

　　子展命令军队不要进入陈侯的宫室，与子产亲自监守着宫门。陈侯派司马桓子将宗庙的祭器赠送给他们。陈侯穿上丧服，抱着土地神的神主，让他手下的那些男男女女分别排列、捆绑，在朝廷上等待。子展手拿缰绳进见陈侯，再拜叩头，捧着酒杯向陈侯进献。子产进去，数了一下俘虏的人数就出来了。郑国人向土地神祝告除灾去邪，司徒归还民众，司马归还兵符，司空归还土地，就撤兵回国了。

　　秋七月十二日，诸侯在重丘结盟，这是由于跟齐国媾和的缘故。

　　晋国赵文子执政，命令减轻诸侯的贡物而重视礼仪。穆叔进见他。赵文子对穆叔说："从今以后，战争恐怕可以稍稍消除了！齐国的崔氏、庆氏新近当政，要向诸侯谋求友好。我赵武与楚国的令尹有交情。如果恭敬地推行礼仪，用辞令加以引导，来安定诸侯，战争可以消除。"

　　楚国的远子冯死，屈建做令尹，屈荡为莫敖。舒鸠人终于背叛楚国，令尹屈建攻打

它,到达离城,吴国人救援舒鸠。屈建急忙让右翼部队先行,子强、息桓、子捷、子骈、子盂率领左翼部队后退。吴国人处在左右两军之间七天。子强说:"时间拖久了就会疲弱,疲弱了就会被俘,不如快打。我请求带领家兵去引诱敌人,你们选择精兵,摆开阵势等待我。我们得胜就前进,败逃就看形势办,这样就可以免于被俘。不这样,必定被吴军俘虏。"大家听从了他的话。五个人率领他们的家兵先攻击吴军。吴军败逃,登山远望,看到楚军没有后继,就又回头追赶,迫近楚军。精选过的楚军与家兵会合作战,使吴军大败。于是楚军包围了舒鸠,舒鸠溃败。八月,楚国灭了舒鸠。

卫献公进入夷仪。

郑国的子产向晋国奉献战利品,穿着军服处理事情。晋国人质问陈国的罪过,子产回答说:"从前虞阏父做周朝的陶正,侍奉我们先王。我们先王嘉奖他能制作器物为王所用,又是虞舜的后代,武王就把大女儿太姬许配给胡公,并封他在陈地,以使黄帝、尧、舜的后代都得到封地。所以陈国是我们周朝的后代,到今天还依靠周朝。陈桓公死后的那次动乱,蔡国人想立蔡女所生的公子为君。我们先君庄公侍奉五父并立他为君,蔡国人杀了他。我们又和蔡国人奉事拥戴厉公,一直到陈庄公、陈宣公,都是我们郑国所立。夏氏的祸乱,陈成公流离失所,又是我们让他回国的,这些都是君王所知道的。

"现在陈国忘记了周朝的大德,丢弃了我们的大恩,抛弃我们这个姻亲,依仗楚国人多,来侵犯敝邑,但并不满足,因此有我国去年请求攻打陈国的报告。没有得到贵国允许的命令,反而有了陈国攻打我国东门的战役。在陈军经过的路上,水井被填塞,树木遭砍伐。敝邑非常害怕敌不住外兵压境而给太姬带来羞耻。上天诱导我们的心,启发敝邑攻打陈国的念头。陈国知道自己的罪过,得到我们的惩罚。因此我们敢于奉献俘虏。"

晋国人说:"为什么侵犯小国?"子产回答说:"先王的命令,只要有罪过,就要分别给予刑罚。况且从前天子的土地方圆一千里,诸侯的土地方圆一百里,自此递降。如今大国的土地多到方圆数千里,如果没有侵占小国,怎么能到这个地步呢?"晋国人说:"为什么穿军服?"子产回答说:"我们先君武公、庄公做平王、桓王的卿士。城濮那一战役,文公发布命令说:'各自恢复原来的职务。'命令我国文公穿着军服辅佐天子,接受楚国俘虏献给天子,现在我穿军服是不敢废弃天子命令的缘故。"士庄伯不能诘责,便向赵文子复命。赵文子说:"他的言辞合于情理,违背了情理不吉祥。"于是就接受了郑国奉献的战利品。

冬天的十月,子展作为郑伯的相礼一起到晋国,拜谢晋国接受郑国奉献的陈国战利品。子西再次攻打陈国,陈国与郑国媾和。

孔子说:"《志》上有这样的话:'语言是用来完成意愿的,文采是用来完成言语的。'不说话,谁知道他的意愿? 说话没有文采,虽行而不能达到远方。晋国成为霸主,郑国进攻陈国,不是善于辞令就不能成功。要谨慎地使用辞令啊!"

楚国的芳掩做司马,令尹子木让他治理赋税,查点计算盔甲兵器。十月初八日,芳掩记录土地情况,测量山林的木材,聚集水泽的出产。区别高地的不同情况,标出盐碱地,

计算水淹地，规划含水地，划分小块耕地，在沼泽草地上放牧，在平衍肥沃的土地上划定井田，计量牧人修订赋税。让百姓交纳车马税，征收战车上士兵的武器、步卒的武器和盔甲盾牌。任务完成之后，把它交付给子木，这是合于礼的。

十二月，吴王诸樊攻打楚国，以报复舟师之役。攻打巢邑的城门。巢牛臣说："吴王勇敢而轻率，如果我们打开城门，他就会亲自进入城门。我乘机射他，必定能射死。这个国君死了，边境上就将稍微安定。"听从了他的意见。吴王进入城门，巢牛臣隐藏在矮墙后用箭射他，吴王死。

楚王因灭了舒鸠而赏赐子木。子木辞谢说："这是先大夫芴子的功劳。"楚王就把奖赏给了芴掩。

晋国的程郑死，子产才开始了解然明，向他询问怎样施政。然明回答说："看百姓如自己的儿子一样。见到不仁的人说诛戮他，好像鹰鹯追捕鸟雀一样。"子产很高兴，把这些话告诉子太叔，而且说："往日我见到的只是然明的面貌，现在我见到他的心了。"子太叔向子产询问政事。子产说："政事好像农事，要日夜想着它，想到它的开始又想着要取得的好结果。早晚都努力去做，但所做的又不超越所想的，好像农田里有田塍为界一样，那么他的过错就少了。"

卫献公从夷仪派人和宁喜谈复位的事，宁喜答应了。太叔文子听说了，说："唉！《诗》所说'我自身尚且不能被人所容，哪里有闲暇顾念我的后代'的话，宁子可以说是不顾他的后代了。难道可以吗？恐怕是一定不可以的。君子的行动，想到它的结果，想到下次再做。逸书上说：'慎于始而不怠慢终结，结果就不会困窘。'《诗》说：'早晚不敢懈怠，以侍奉一人。'如今宁子看待国君还不如下棋，他怎能免于灾祸呢？下棋的人举棋不定，就不能战胜他的对手。而何况安置国君而不能决定呢？必定不能免于祸难了。九代相传的卿族，一举而被灭亡，可悲啊！"

晋侯在夷仪会见诸侯的那一年，齐国人在郏地筑城。那年的五月，秦国、晋国媾和。晋国韩起到秦国参加结盟，秦国伯东到晋国参加结盟，虽然媾和却不巩固。

襄公二十六年

【原文】

二十有六年：春，王二月辛卯，卫宁喜弑其君剽。

卫孙林父入于戚以叛。

甲午，卫侯衎复归于卫。

夏，晋侯使荀吴来聘。

公会晋人、郑良霄、宋人、曹人于澶渊。

秋，宋公杀其世子痤。

晋人执卫宁喜。

八月壬午，许男宁卒于楚。

冬，楚子、蔡侯、陈侯伐郑。

葬许灵公。

二十六年春，秦伯之弟铖如晋修成。叔向命召行人子员。行人子朱曰："朱也当御。"三云，叔向不应。子朱怒，曰："班爵同，何以黜朱于朝？"抚剑从之。叔向曰："秦、晋不和久矣。今日之事幸而集，晋国赖之；不集，三军暴骨。子员道二国之言无私，子常易之。奸以事君者，吾所能御也！"拂衣从之。人救之。平公曰："晋其庶乎！吾臣之所争者大。"师旷曰："公室惧卑。臣不心竞而力争，不务德而争善，私欲已侈，能无卑乎？"

卫献公使子鲜为复，辞。敬姒强命之，对曰："君无信，臣惧不免。"敬姒曰："虽然，以吾故也。"许诺。初，献公使与宁喜言，宁喜曰："必子鲜在。不然，必败。"故公使子鲜。

子鲜不获命于敬姒，以公命与宁喜言，曰："苟反，政由宁氏，祭则寡人。"宁喜告蘧伯玉，伯玉曰："瑗不得闻君之出，敢闻其入？"遂行，从近关出。告右宰穀，右宰穀曰："不可！获罪于两君，天下谁畜之？"悼子曰："吾受命于先人，不可以贰。"穀曰："我请使焉而观之。"遂见公于夷仪。反，曰："君淹恤在外十二年矣，而无忧色，亦无宽言，犹夫人也。若不已，死无日矣！"悼子曰："子鲜在。"右宰穀曰："子鲜在，何益？多而能亡，于我何为？"悼子曰："虽然，不可以已。"

孙文子在戚，孙嘉聘于齐，孙襄居守。二月庚寅，宁喜、右宰穀伐孙氏，不克；伯国伤。宁子出舍于郊。伯国死，孙氏夜哭。国人召宁子，宁子复攻孙氏，克之。辛卯，杀子叔及大子角。书曰"宁喜弑其君剽"，言罪之在宁氏也。

孙林父以戚如晋。书曰"入于戚以叛"，罪孙氏也。臣之禄，君实有之。义则进，否则奉身而退。专禄以周旋，戮也。

甲午，卫侯入。书曰"复归"，国纳之也。大夫逆于竟者，执其手而与之言。道逆者，自车揖之。逆于门者，颔之而已。

公至，使让大叔文子曰："寡人淹恤在外，二三子皆使寡人朝夕闻卫国之言，吾子独不在寡人。古人有言曰：'非所怨勿怨。'寡人怨矣。"对曰："臣知罪矣。臣不佞，不能负羁绁以从扞牧圉，臣之罪一也。有出者，有居者，臣不能贰，通外内之言以事君，臣之罪二也。有二罪，敢忘其死？"乃行，从近关出。公使止之。

卫人侵戚东鄙。孙氏愬于晋，晋戍茅氏。殖绰伐茅氏，杀晋戍三百人。孙蒯追之，弗敢击。文子曰："厉之不如！"遂从卫师，败之圉。雍鉏获殖绰。复愬于晋。

郑伯赏入陈之功：三月甲寅朔，享子展，赐之先路、三命之服，先八邑；赐子产次路、再命之服，先六邑。子产辞邑，曰："自上以下，(隆)〔降〕杀以两，礼也。臣之位在四，且子展之功也，臣不敢及赏礼。请辞邑！"公固予之，乃受三邑。公孙挥曰："子产其将知政矣。让不失礼。"

晋人为孙氏故，召诸侯，将以讨卫也。夏，中行穆子来聘，召公也。

楚子、秦人侵吴，及雩娄，闻吴有备而还。遂侵郑。五月，至于城麇。郑皇颉戍之，出，与楚师战，败。穿封戌囚皇颉，公子围与之争之，正于伯州犁。伯州犁曰："请问于囚。"乃立囚。伯州犁曰："所争，君子也，其何不知？"上其手，曰："夫子为王子围，寡君之贵介弟也。"下其手，曰："此子为穿封戌，方城外之县尹也。谁获子？"囚曰："颉遇王子弱焉。"戌怒，抽戈逐王子围，弗及。楚人以皇颉归。

印堇父与皇颉戍城麇，楚人囚之，以献于秦。郑人取货于印氏以请之，子大叔为令正，以为请。子产曰："不获。受楚之功而取货于郑，不可谓国，秦不其然。若曰：'拜君之勤郑国！微君之惠，楚师其犹在敝邑之城下。'其可。"弗从。遂行。秦人不予。更币，从子产，而后获之。

六月，公会晋赵武、宋向戌、郑良霄、曹人于澶渊以讨卫，疆戚田。取卫西鄙懿氏六十以与孙氏。"赵武"不书，尊公也。"向戌"不书，后也。郑先宋，不失所也。

于是卫侯会之。晋人执宁喜、北宫遗，使女齐以先归。卫侯如晋，晋人执而囚之于士弱氏。

秋七月，齐侯、郑伯为卫侯故，如晋。晋侯兼享之。晋侯赋《嘉乐》。国景子相齐侯，赋《蓼萧》。子展相郑伯，赋《缁衣》。叔向命晋侯拜二君，曰："寡君敢拜齐君之安我先君之宗祧也，敢拜郑君之不贰也！"

国子使晏平仲私于叔向，曰："晋君宣其明德于诸侯，恤其患而补其阙，正其违而治其烦，所以为盟主也。今为臣执君，若之何？"叔向告赵文子，文子以告晋侯。晋侯言卫侯之罪，使叔向告二君。国子赋《辔之柔矣》，子展赋《将仲子兮》，晋侯乃许归卫侯。

叔向曰："郑七穆，罕氏其后亡者也？子展俭而壹。"

初，宋芮司徒生女子，赤而毛，弃诸堤下。共姬之妾取以入，名之曰弃。长而美。平公入夕，共姬与之食。公见弃也，而视之，尤。姬纳诸御，嬖；生佐，恶而婉。大子痤美而很，合左师畏而恶之。寺人惠墙伊戾为大子内师而无宠。

秋，楚客聘于晋，过宋。大子知之，请野享之，公使往。伊戾请从之，公曰："夫不恶女乎？"对曰："小人之事君子也，恶之不敢远，好之不敢近，敬以待命。敢有贰心乎？纵有共其外，莫共其内，臣请往也。"遣之。至，则坎，用牲，加书，徵之；而骋告公曰："大子将为乱，既与楚客盟矣。"公曰："为我子，又何求？"对曰："欲速。"公使视之，则信有焉。问诸夫人与左师，则皆曰："固闻之。"公囚大子。大子曰："唯佐也能免我。"召而使请，曰："日中不来，吾知死矣。"左师闻之，�而与之语。过期，乃缢而死。佐为大子。公徐闻其无罪也，乃亨伊戾。

左师见夫人之步马者，问之。对曰："君夫人氏也。"左师曰："谁为君夫人？余胡弗知？"圉人归，以告夫人。夫人使馈之锦与马，先之以玉，曰："君之妾弃使某献。"左师改命曰"君夫人"，而后再拜稽首受之。

郑伯归自晋，使子西如晋聘，辞曰："寡君来烦执事，惧不免于戾，使夏谢不敏。"君子曰："善事大国。"

初，楚伍参与蔡（太）〔大〕师子朝友，其子伍举与声子相善也。伍举娶于王子牟。王子牟为申公而亡，楚人曰："伍举实送之。"伍举奔郑，将遂奔晋。声子将如晋，遇之于郑郊；班荆相与食，而言复故。声子曰："子行也，吾必复子。"

及宋向戌将平晋、楚，声子通使于晋，还如楚。令尹子木与之语，问晋故焉，且曰："晋大夫与楚孰贤？"对曰："晋卿不如楚，其大夫则贤，皆卿材也。如杞、梓、皮革，自楚往也。虽楚有材，晋实用之。"子木曰："夫独无族姻乎？"对曰："虽有，而用楚材实多。归生闻之：善为国者，赏不僭而刑不滥。赏僭，则惧及淫人；刑滥，则惧及善人。若不幸而过，宁僭，无滥；与其失善，宁其利淫。无善人，则国从之。《诗》曰：'人之云亡，邦国殄瘁。'无善人之谓也。故《夏书》曰：'与其杀不辜，宁失不经。'惧失善也。《商颂》有之曰：'不僭不滥，不敢怠皇。命于下国，封建厥福。'此汤所以获天福也。

"古之治民者，劝赏而畏刑，恤民不倦。赏以春夏，刑以秋冬。是以将赏为之加膳，加膳则饫赐，此以知其劝赏也；将刑为之不举，不举则彻乐，此以知其畏刑也；凤兴夜寐，朝夕临政，此以知其恤民也。三者，礼之大节也。有礼，无败。今楚多淫刑，其大夫逃死于四方，而为之谋主，以害楚国，不可救疗，所谓不能也。

"子仪之乱，析公奔晋。晋人寘诸戎车之殿，以为谋主。绕角之役，晋将遁矣，析公曰：'楚师轻窕，易震荡也。若多鼓钧声，以夜军之，楚师必遁。'晋人从之。楚师宵溃。晋遂侵蔡，袭沈，获其君，败申、息之师于桑隧，获申丽而还。郑于是不敢南面。楚失华夏，则析公之为也。

"雍子之父兄谮雍子，君与大夫不善是也，雍子奔晋。晋人与之鄐，以为谋主。彭城之役，晋、楚遇于靡角之谷。晋将遁矣，雍子发命于军曰：'归老幼，反孤疾。二人役，归一人。简兵蒐乘，秣马蓐食。师陈焚次，明日将战！'行归者而逸楚囚，楚师宵溃。晋降彭城而归诸宋，以鱼石归。楚失东夷，子辛死之，则雍子之为也。

"子反与子灵争夏姬，而雍害其事，子灵奔晋。晋人与之邢，以为谋主：扞御北狄，通吴于晋；教吴叛楚，教之乘车、射御、驱侵。使其子狐庸为吴行人焉。吴于是伐巢、取驾、克棘、入州来，楚罢于奔命，至今为患，则子灵之为也。若敖之乱，伯贲之子贲皇奔晋。晋人与之苗，以为谋主。鄢陵之役，楚晨压晋军而陈，晋将遁矣，苗贲皇曰：'楚师之良，在其中军王族而已。若塞井夷灶，成陈以当之，栾、范易行以诱之，中行、二郤，必克二穆，吾乃四萃于其王族，必大败之！'晋人从之，楚师大败，王夷师熸，子反死之。郑叛、吴兴，楚失诸侯，则苗贲皇之为也。"

子木曰："是皆然矣。"声子曰："今又有甚于此。椒举娶于申公子牟。子牟得戾而亡。君大夫谓椒举：'女实遣之。'惧而奔郑，引领南望曰：'庶几赦余！'亦弗图也。今在晋矣，晋人将与之县，以比叔向。彼若谋害楚国，岂不为患？"

子木惧，言诸王，益其禄爵而复之。声子使椒鸣逆之。

许灵公如楚，请伐郑，曰："师不兴，孤不归矣！"八月，卒于楚。楚子曰："不伐郑，何以求诸侯？"

冬十月，楚子伐郑。郑人将御之，子产曰："晋、楚将平，诸侯将和，楚王是故昧于一来。不如使逞而归，乃易成也。夫小人之性，衅于勇、啬于祸以足其性而求名焉者，非国家之利也，若何从之？"子展说，不御寇。十二月乙酉，入南里，堕其城。涉于乐氏，门于师之梁。县门发，获九人焉。涉于氾而归，而后葬许灵公。

卫人归卫姬于晋，乃释卫侯。君子是以知平公之失政也。

晋韩宣子聘于周，王使请事。对曰："晋士起将归时事于宰旅，无他事矣。"王闻之，曰："韩氏其昌阜于晋乎！辞不失旧。"

齐人城郏之岁，其夏，齐乌馀以廪丘奔晋。袭卫羊角，取之。遂袭我高鱼：有大雨，自其窦入，介于其库，以登其城，克而取之。又取邑于宋。于是范宣子卒，诸侯弗能治也。及赵文子为政，乃卒治之。文子言于晋侯曰："晋为盟主，诸侯或相侵也，则讨而使归其地。今乌馀之邑皆讨类也，而贪之，是无以为盟主也。请归之！"公曰："诺。孰可使也？"对曰："胥梁带能无用师。"晋侯使往。

【译文】

鲁襄公二十六年春天的二月七日，卫国宁喜杀了他的国君剽。卫国的孙林父进入戚邑以图叛乱。二月初十，卫侯衎回到卫国复位。夏天，晋侯派荀吴来我鲁国聘问。襄公在澶渊与晋人、郑国良霄、宋人、曹人会见。秋天，宋平公杀了他的太子痤。晋国人逮捕了卫国宁喜。八月初一，许灵公死在楚国。冬天，楚王、蔡侯、陈侯攻打郑国。安葬许灵公。

鲁襄公二十六年春，秦伯的弟弟鍼到晋国重温和约，叔向命令召唤行人子贡。行人子朱说："朱是值班的。"说了三次，叔向没有搭理。子朱发怒了，说："职位级别我与子贡相同，为什么在朝廷上贬黜朱？"手握着剑跟上叔向。叔向说："秦晋两国不和睦已经很久了。今天的事情，幸好成功了，晋国靠着它。要是不成功，三军就将死在战场上。子贡沟通两国的话没有私心，您却常常改变原意。用奸邪侍奉国君的人，我是能够抵御的。"抖动着衣跟上去。被别人劝住了。晋平公说："晋国差不多要大治了吧！我的臣下所争执的是大事。"师旷说："公室的地位恐怕要降低，臣下不在心里竞争而用力量争夺，不致力于德行而争执是非，个人的欲望已经扩大，公室的地位能不降低吗？"

卫献公派子鲜为自己谋求复国，子鲜辞谢。敬姒硬性命令他去。子鲜回答说："国君没有信用，臣下害怕不能免于祸难。"敬姒说："尽管如此，为了我的缘故去吧。"子鲜答应了。起初，献公派人和宁喜谈这件事，宁喜说："一定要子鲜在场，不然事情必败。"所以献公派子鲜去。

子鲜没有得到敬姒的命令，就把献公的命令对宁喜说："如果能回国，政事由宁氏主持，祭祀则由寡人主持。"宁喜告诉蘧伯玉，伯玉说："瑗没能听到国君的出走，岂敢听到他的进入？"于是就出走，从近处的关口出了国境。宁喜告诉右宰谷，右宰谷说："不可以。得罪了两个国君，天下谁能容纳你？"宁喜说："我接受了先人的命令，不能有二心。"右宰

谷说："我请求出使到那里去观察一下。"于是就到夷仪进见了献公。回来后说："国君避难在外十二年了，却没有忧愁的脸色，也没有宽容的话，还是那样一个人。如果不停止让他回国的计划，我们离死亡就没有几天了。"宁喜说："有子鲜在。"右宰谷说："子鲜在，有什么益处？至多不过他能自己逃亡，对我们能做什么？"宁喜说："尽管这样，不可以停止了。"

孙文子在戚地，孙嘉在齐国聘问，孙襄留守在都城家里。二月初六日，宁喜、右宰谷攻打孙氏，没有攻下，孙襄受伤。宁喜退出都城住在郊外。孙襄死，孙家夜里号哭。国都的人召唤宁喜，宁喜再次攻打孙氏，攻下来了。初七日，杀了卫侯剽和太子角。《春秋》记载说："宁喜弑其君剽。"是说罪过在宁氏。

孙林父带着戚地去晋国。《春秋》记载说："入于戚以叛。"是说罪过在孙氏。臣下的俸禄，实际是国君所有的。合于道义就前进，不合就保全自身而引退。把俸禄视为私人专有而与人们打交道，其罪应该诛戮。

二月初十日，卫侯进入国都。《春秋》记载说"复归"，是说国人让他回来。大夫在国境上迎接的，拉着他们的手并与他们说话；在大路上迎接的，从车上向他们作揖；在城门口迎接的，向他们点点头罢了。

卫侯到达后，就派人责备太叔文子说："寡人流亡在外，各位大夫都让寡人早晚听到卫国的消息，唯独您不关心寡人。古人有话说：'不是应该怨恨的，就不要怨恨。'寡人怨恨了。"太叔文子回答说："臣下知罪了！臣下没有才能，不能背负马笼头、马缰绳来跟随君王保护财物，这是臣下的第一条罪过。有在国外的，有在国内的，臣不能有二心，传递里外的消息来侍奉君王，这是为臣的第二条罪过。有这两条罪过，怎敢忘记一死？"于是就出走，从最近的关口出国。卫献公派人阻止了他。

卫国人侵袭戚地的东部边境，孙氏向晋国诉说，晋国便派兵戍守茅氏。殖绰攻打茅氏，杀了晋国戍守者三百人。孙蒯追赶殖绰，不敢攻击。孙文子说："你连恶鬼都不如！"孙蒯就追上卫军，在圉地打败了他们。雍钼俘虏了殖绰。孙氏再次向晋国控诉。

郑伯奖赏攻入陈国的功劳。三月初一日，设享礼招待子展，赐给他先路和三命的礼服，然后再赐给他八个城邑。赐给子产次路和再命之服，然后再赐给他六个城邑。子产辞谢城邑，说："从上而下，以二数递减，是合乎礼制的。臣下的官位在第四，且这次是子展的功劳。我不敢接受赏赐的礼仪，请让我辞去城邑。"郑伯坚决要给他，他就接受了三个城邑。公孙挥说："子产大概将要执政了。谦让而不失礼仪。"

晋国人为了孙氏的缘故，召集诸侯，准备用诸侯军讨伐卫国。这年夏天，晋国的中行穆子前来鲁国聘问，是为了召请鲁襄公。

楚王、秦国人进攻吴国，到达雩娄，听说吴国有了防备就退回。于是就侵袭郑国，五月，到达城麇。郑国的皇颉戍守城麇，出城，与楚军交战，战败了。穿封戌俘虏了皇颉，公子围与他争功，让伯州犁评判是非。伯州犁说："请问一问俘虏。"于是就叫俘虏站在前面。伯州犁说："所争夺的就是您，有什么不明白的？"他举起自己的手，说："那位是王子

围，寡君尊贵的大弟弟。"他放下自己的手，说："这个是穿封戌，是方城外的县尹。是谁俘虏了您呀？"俘虏说："颉遇上王子，被他战胜了。"穿封戌大怒，抽出戈来追赶王子围，没有追上。楚国人带着皇颉回国了。

印堇父与皇颉一起戍守城麇，楚国人囚禁了印堇父，把他献给秦国。郑国人在印氏那里取了财货向秦国请求赎回印堇父，子太叔做令正，为他们拟写请求赎人的说辞。子产说："这样是不能得到印堇父的。接受楚国的献俘，却在郑国取财货，这不可说是合于国家的体统，秦国不会那样做。如果说：'拜谢君王帮助了郑国，假如没有君王的恩惠，楚军恐怕还在敝邑的城下。'如此说才行。"子太叔没有听从就动身了，秦国人不给。郑国另派使者拿着财礼，照子产说的去交涉，然后得到了印堇父。

六月，鲁襄公在澶渊会见晋国赵武、宋国向戌、郑国良霄、曹人，以讨伐卫国，划定戚地的疆界。取了卫国西部边境懿氏六十邑给孙氏。《春秋》记载中不写赵武的名字，这是由于尊重襄公。不写向戌，是由于他到会晚了。记郑国在宋国之前，是因为郑国人按期到会。

当时卫侯参加了会见。晋国人拘捕了宁喜、北宫遗，派女齐带他们先回国。卫侯到了晋国，晋国人把他抓了囚禁在士弱氏家中。

秋七月，齐侯、郑伯为了卫侯的缘故到了晋国，晋侯设享礼同时招待他们。晋侯赋《嘉乐》这首诗。国景子做齐侯的相礼，赋《蓼萧》这首诗。子展做郑伯的相礼，赋《缁衣》这首诗。叔向让晋侯下拜两位国君，说："寡君谨敢拜谢齐国国君安定我们先君的宗庙，谨敢拜谢郑国国君没有二心。"

国景子派晏平仲私下对叔向说："晋国国君在诸侯中宣扬他的明德，担忧他们的祸患且补正他们的过失，纠正他们违礼的地方且治理他们的动乱，因此才做了盟主。现在为了臣下而逮捕了国君，怎么办？"叔向告诉赵文子，赵文子把这些话告诉晋侯。晋侯谈了卫侯的罪过，派叔向告诉齐、郑两位国君。国景子赋《辔之柔矣》这首诗，子展赋《将仲子兮》这首诗，晋侯才答应让卫侯回国。

叔向说："郑穆公后代的七个家族，罕氏大概是最后灭亡的，因为子展节俭而专一。"

当初，宋国芮司徒生了个女孩，皮肤红而长着毛，就把她丢在堤下。共姬的侍妾抱进宫来，给她取名为弃。长大了很漂亮。宋平公进宫问母亲晚安，共姬便与平公一起进餐。平公见到了弃，细看，觉得漂亮极了。共姬把她送给平公做侍妾，受到宠爱，生了佐，长得难看，却性情和顺。太子痤貌美却心狠，向戌对他又害怕又讨厌。寺人惠墙伊戾做太子的内师却得不到宠信。

秋天，楚国客人到晋国聘问，路过宋国。太子和楚国客人原已相识，请求在野外设宴招待他。平公让太子去，伊戾请求跟从太子去。平公说："他不讨厌你吗？"伊戾回答说："小人侍奉君子，被讨厌不敢远离，被喜欢不敢亲近。恭敬地等待命令，敢有二心吗？即使有人在外边伺候太子，却没有人在里边伺候。臣下请求前去。"平公说派他去了。到了那里，就挖坑，用牺牲，把盟书放在牺牲上，且验看盟书，然后驰马来报告平公说："太子将

要作乱，已经与楚国客人结盟了。”平公说：“已经是我的继承人了，还谋求什么？”伊戾回答说：“想快点即位。”平公派人去察看，确实有其事。向夫人和左师询问，他们都说：“的确听说过。”平公囚禁了太子。太子说：“只有佐能使我免于祸难。”召请佐并让他向平公请求，说：“到中午不来，我知道应该死了。”左师听到这些，就和佐絮絮叨叨说个没完。过了中午，太子就上吊死了。佐被立为太子。平公慢慢听到太子痤没有罪，就把伊戾烹煮了。

左师向戌看见夫人的遛马人，问他，遛马人回答说：“我是君夫人家的人。”左师说：“谁是君夫人？我怎么不知道？”遛马人回去，把向戌的话报告夫人。夫人派人送给向戌锦和马，用玉作为先行礼品，说：“国君的侍妾弃让某某来奉献。”向戌改口说“君夫人”，然后再拜叩头接受了礼物。

郑伯从晋国回来，派子西到晋国去聘问，致辞说：“寡君来麻烦执事，害怕失敬而不免于罪过，特派夏前来表示歉意。”君子说：“郑国善于侍奉大国。”

起初，楚国伍参和蔡国太师子朝友好，他的儿子伍举和声子也相互友善。伍举娶了王子牟的女儿为妻，王子牟做申公而获罪逃亡，楚国人说：“伍举确实护送了他。”伍举于是逃到郑国，打算趁机再逃到晋国。声子要去晋国，在郑国郊外遇见伍举，于是把草铺在地上一起吃东西，谈到要返回楚国的事。声子说：“您走吧！我一定让您回国。”

等到宋国向戌准备调解晋、楚两国的关系时，声子出使到晋国。回来到了楚国，令尹子木和他谈话，询问晋国的事。并且问：“晋国的大夫和楚国的大夫谁贤能？”声子回答说：“晋国的卿不如楚国，它的大夫却贤能，都是做卿的人才。好像杞木、梓木、皮革，都是从楚国去的。虽然楚国有人才，晋国却实在使用了他们。”子木说：“他们没有同宗和亲戚吗？”声子回答说：“虽然有，但使用的楚国人才实在多。我听说：‘善于治理国家的人，赏赐不过分而刑罚不滥用。’赏赐过分了，就担心奖赏到了坏人；刑罚滥用，就怕处罚了好人。如果是不幸而失当，宁可过分，不要滥用。与其失掉好人，宁可利于坏人。没有好人，国家就跟着灭亡。《诗》说：‘贤人能士都跑光，国家就将遭灾殃。’这说的就是没有好人。所以《夏书》说：‘与其杀害无辜，宁可对罪人不用常法。’这就是怕失掉好人。《商颂》有这样的话说：‘不过分不滥用，不敢懈怠偷闲，向下国发布命令，大大地建树他们的福禄。’这就是商汤所以获得上天赐福的原因。

“古代治理百姓的人，乐于行赏而怕用刑罚，为百姓操心而不知疲倦。在春夏行赏，在秋冬行刑。因此在将要行赏时就为它加膳，加膳后就可以把余下的饭菜赐给下边，从这可以知道他乐于行赏。将要行刑时就为它减膳，减膳就撤去音乐，从这可以知道他怕用刑罚。早起晚睡，早晚都亲临朝廷办理政事，从这可以知道他为百姓操心。这三件事，是礼仪的大节。有礼仪就不会失败。现在楚国多滥用刑罚，它的大夫逃命到四方各国，并且做他们的主要谋士，以危害楚国，至于不可挽救和疗治，这就是所说的楚国人不能使用它的人才。

“子仪的叛乱，析公逃亡到晋国。晋国人把他安置在晋侯战车的后面，让他做主要谋

士。绕角那次战役,晋军就要逃跑了,析公说:'楚军轻佻,容易动摇。如果多击鼓,同时发出声音,在夜里全军进攻,楚军必定逃跑。'晋国人听从了,楚军当夜溃败。晋国于是就进攻蔡国。袭击沈国,俘虏了沈国的国君;在桑隧打败了申国、息国的军队,俘虏了楚国大夫申丽而回国。郑国那时不敢南面从楚,楚国失掉中原,这就是析公之为的结果。

"雍子的父亲和哥哥诬陷雍子,国君和大夫不进行调解、评定是非。雍子逃奔到晋国。晋国人封给他都邑,让他做主要谋士。彭城那次战役,晋、楚两军在靡角之谷相遇。晋军就要逃跑了,雍子向军队发布命令说:'年老的和年幼的都回去,孤儿和有病的都回去,兄弟二人服兵役的回去一个,精选步兵、检阅车兵,喂饱马,就在草垫上吃饭,军队摆开阵势,烧掉帐篷,明天将要决战。'让该回去的走,且故意放走楚国俘虏,楚军那天夜里溃败了。晋军允许彭城投降而归还给宋国,带了鱼石回国。楚国失掉了东方小国。子辛为此而死,这就是雍子做出来的。

"子反和子灵争夺夏姬,妨害了子灵的婚事,子灵逃奔到晋国。晋国人封给他邢邑,让他做主要谋士。抵御北狄,让吴国与晋国通好,教吴国背叛楚国,教他们坐车、射箭、驾车奔驰作战,让他的儿子孤庸做吴国的行人。吴国在那时候攻打巢国,占取驾地,攻下棘邑,进入州来,楚国疲于奔命,到今天还是祸患,这就是子灵干出来的。"

子木说:"这些都是对的。"声子说:"如今又有比这厉害的。椒举娶了申公子牟的女儿,子牟得罪而逃亡,国君和大夫对椒举说:'实在是你让他走的!'椒举害怕而逃到郑国,伸长脖子望着南方说:'或许会赦免我。'但你们也不考虑。现在他在晋国了。晋国人要封给他县邑,把他比作叔向。他若谋划危害楚国,岂不成为祸患?"

子木害怕了,对楚王说了,于是增加椒举的官禄爵位而让他回国复职。声子让椒鸣去迎接椒举。

许灵公到楚国,请求攻打郑国,说:"不发兵,我不回国了!"八月,死在楚国。楚王说:"不攻打郑国,怎能求得诸侯?"

冬十月,楚王攻打郑国,郑国人准备抵御楚军。子产说:"晋、楚两国将要媾和,诸侯将要和睦,楚王因此冒昧地来一趟,不如让他快意而归,就容易媾和了。小人的本性,一有机会就逞勇、贪祸,以满足他的本性而追求虚名,这不符合国家的利益。怎么可以听从?"子展很高兴,就不抵抗敌人。十二月初五日,楚军进入南里,拆毁城墙。徒步从乐氏渡口过河,攻打师之梁城门。内城的闸门放下,俘虏了被关在城门外的九个郑国人。楚军徒步渡过氾水回国,然后安葬许灵公。

卫国人把卫姬送给晋国,晋国这才释放了卫侯。君子因此知道晋平公失去了治国的常道。

晋国韩宣子在周室聘问,周天子派人询问来意。韩宣子回答说:"晋国下士起前来向宰旅奉献贡品,没有别的事情。"周天子听到了,说:"韩氏可能要在晋国昌盛吧!他仍然保持着过去的辞令。"

齐国人在郑地筑城那年,夏天,齐国乌余带着廪丘逃奔到晋国。他袭击卫国的羊角,

占领了这地方。于是就乘机袭击我鲁国的高鱼,下大雨,乌余带兵从城墙的排水洞钻进去,取出高鱼武器库中的甲胄装备了士兵,登上城墙,攻克并占领了高鱼。又攻取了宋国的城邑。这时范宣子死了,诸侯不能惩治乌余。等到晋国赵文子执政,才终于惩治了乌余。赵文子对晋侯说:"晋国做盟主,诸侯有人互相侵占,就要讨伐而使他归还所侵夺的土地。现在乌余的城邑,都属于应该讨伐一类的,而我们却贪图它,这就没有资格做盟主了。请归还给诸侯!"晋侯说:"好。谁可以做使者?"赵文子回答说:"胥梁带能不用兵就办好这事。"晋侯就派胥梁带前去。

襄公二十七年

【原文】

二十有七年:春,齐侯使庆封来聘。

夏,叔孙豹会晋赵武、楚屈建、蔡公孙归生、卫石恶、陈孔奂、郑良霄、许人、曹人于宋。

卫杀其大夫宁喜。

卫侯之弟鲜出奔晋。

秋,七月辛巳,豹及诸侯之大夫盟于宋。

冬,十有二月乙(卯)〔亥〕朔,日有食之。

二十七年春,胥梁带使诸丧邑者具车徒以受地,必周。使乌馀具车徒以受封,乌余以〔其〕众出。使诸侯伪效乌馀之封者,而遂执之,尽获之。皆取其邑而归诸侯,诸侯是以睦于晋。

齐庆封来聘,其车美。孟孙谓叔孙曰:"庆季之车,不亦美乎!"叔孙曰:"豹闻之:'服美不称,必以恶终。'美车何为?"叔孙与庆封食,不敬。为赋《相鼠》,亦不知也。

卫宁喜专,公患之。公孙免馀请杀之,公曰:"微宁子不及此。吾与之言矣。事未可知,祇成恶名。止也!"对曰:"臣杀之。君勿与知。"乃与公孙无地、公孙臣谋,使攻宁氏;弗克,皆死。公曰:"臣也无罪,父子死余矣!"夏,免馀复攻宁氏,杀宁喜及右宰榖,尸诸朝。石恶将会宋之盟,受命而出,衣其尸,枕之股而哭之;欲敛以亡,惧不免,且曰:"受命矣!"乃行。

子鲜曰:"逐我者出,纳我者死:赏罚无章,何以沮劝?君失其信,而国无刑,不亦难乎?且鲜实使之。"遂出奔晋。公使止之,不可。及河,又使止之,止使者而盟于河。托于木门,不乡卫国而坐。木门大夫劝之仕,不可,曰:"仕而废其事,罪也。从之,昭吾所以出也。将谁愬乎?吾不可以立于人之朝矣!"终身不仕。公丧之,如税服,终身。

公与免馀邑六十,辞曰:"唯卿备百邑,臣六十矣。下有上禄,乱也。臣弗敢闻。且宁子唯多邑故死,臣惧死之速及也!"公固与之,受其半。以为少师。公使为卿,辞曰:"大叔仪不贰,能赞大事,君其命之!"乃使文子为卿。

宋向戌善于赵文子，又善于令尹子木，欲弭诸侯之兵以为名。如晋，告赵孟。赵孟谋于诸大夫。韩宣子曰："兵，民之残也，财用之蠹，小国之大灾也。将或弭之，虽曰不可，必将许之。弗许，楚将许之以召诸侯，则我失为盟主矣。"晋人许之。如楚，楚亦许之。如齐，齐人难之。陈文子曰："晋、楚许之，我焉得已？且人曰'弭兵'，而我弗许，则固携吾民矣，将焉用之？"齐人许之。告于秦，秦亦许之。皆告于小国，为会于宋。

五月甲辰，晋赵武至于宋。丙午，郑良霄至。六月丁未朔，宋人享赵文子，叔向为介。司马（置）〔寘〕折俎，礼也。仲尼使举是礼也，以为多文辞。戊申，叔孙豹、齐庆封、陈须无、卫石恶至。甲寅，晋荀盈从赵武至。丙辰，邾悼公至。壬戌，楚公子黑肱先至，成言于晋。丁卯，（宋）〔向〕戌如陈，从子木成言于楚。戊辰，滕成公至。子木谓向戌："请晋、楚之从交相见也。"庚午，向戌复于赵孟。赵孟曰："晋、楚、齐、秦，匹也。晋之不能于齐，犹楚之不能于秦也。楚君若能使秦君辱于敝邑，寡君敢不固请于齐！"壬申，左师复言于子木，子木使驲谒诸王。王曰："释齐、秦，他国请相见也。"秋七月戊寅，左师至。是夜也，赵孟及子晳盟，以齐言。庚辰，子木至自陈。陈孔奂、蔡公孙归生至。曹、许之大夫皆至。以藩为军。晋、楚各处其偏。伯夙谓赵孟曰："楚氛甚恶，惧难。"赵孟曰："吾左还，入于宋，若我何？"

辛巳，将盟于宋西门之外。楚人衷甲。伯州犁曰："合诸侯之师，以为不信，无乃不可乎？夫诸侯望信于楚，是以来服。若不信，是弃其所以服诸侯也。"固请释甲。子木曰："晋、楚无信久矣！事利而已。苟得志焉，焉用有信？"大宰退，告人曰："令尹将死矣，不及三年。求逞志而弃信，志将逞乎？志以发言，言以出信，信以立志，参以定之。信亡，何以及三？"赵孟患楚衷甲，以告叔向。叔向曰："何害也？匹夫一为不信，犹不可，单毙其死。若合诸侯之卿以为不信，必不捷矣！食言者不病，非子之患也。夫以信召人，而以僭济之，必莫之与也，安能害我？且吾因宋以守，病则夫能致死。与宋致死，虽倍楚可也，子何惧焉？又不及是。曰'弭兵'以召诸侯，而称兵以害我；吾庸多矣，非所患也。"

季武子使谓叔孙以公命，曰："视邾、滕。"既而齐人请邾，宋人请滕，皆不与盟。叔孙曰："邾、滕人之私也，我列国也，何故视之？宋、卫吾匹也。"乃盟。故不书其族，言违命也。

晋、楚争先。晋人曰："晋固为诸侯盟主，未有先晋者也。"楚人曰："子言晋、楚匹也，若晋常先，是楚弱也。且晋、楚狎主诸侯之盟也久矣，岂专在晋？"叔向谓赵孟曰："诸侯归晋之德只，非归其尸盟也。子务德，无争先。且诸侯盟，小国固必有尸盟者。楚为晋细，不亦可乎？"乃先楚人。书先晋，晋有信也。

壬午，宋公兼享晋、楚之大夫。赵孟为客，子木与之言，弗能对；使叔向侍言焉，子木亦不能对也。

乙酉，宋公及诸侯之大夫盟于蒙门之外。子木问于赵孟曰："范武子之德何如？"对曰："夫子之家事治，言于晋国无隐情，其祝史陈信于鬼神无愧辞。"子木归，以语王。王曰："尚矣哉！能歆神人，宜其光辅五君以为盟主也！"子木又语王曰："宜晋之伯也：有叔

向以佐其卿。楚无以当之，不可与争。"晋荀〔寅〕〔盈〕遂如楚莅盟。

郑伯享赵孟于垂陇，子展、伯有、子西、子产、子大叔、二子石从。赵孟曰："七子从君以宠武也，请皆赋以卒君贶，武亦以观七子之志。"子展赋《草虫》，赵孟曰："善哉民之主也！抑武也不足以当之。"伯有赋《鹑之贲贲》，赵孟曰："床笫之言不逾阈，况在野乎？非使人之所得闻也。"子西赋《黍苗》之四章，赵孟曰："寡君在，武何能焉？"子产赋《隰桑》，赵孟曰："武请受其卒章。"子大叔赋《野有蔓草》，赵孟曰："吾子之惠也。"印段赋《蟋蟀》，赵孟曰："善哉保家之主也！吾有望矣。"公孙段赋《桑扈》，赵孟曰："'匪交匪敖'，福将焉往？若保是言也，欲辞福禄，得乎？"卒享，文子告叔向曰："伯有将为戮矣。诗以言志。志诬其上而公怨之，以为宾荣，其能久乎？幸而后亡。"叔向曰："然，已侈！所谓不及五稔者，夫子之谓矣。"文子曰："其馀皆数世之主也。子展其后亡者也，在上不忘降。印氏其次也，乐而不荒；乐以安民，不淫以使之，后亡不亦可乎？"

子产

宋左师请赏，曰："请免死之邑。"公与之邑六十，以示子罕。子罕曰："凡诸侯小国，晋、楚所以兵威之，畏而后上下慈，慈和而后能安靖其国家，以事大国，所以存也。无威则骄，骄则乱生，乱生必灭，所以亡也。天生五材，民并用之，废一不可。谁能去兵？兵之设久矣，所以威不轨而昭文德也。圣人以兴，乱人以废。废兴、存亡、昏明之术，皆兵之由也；而子求去之，不亦诬乎？以诬道蔽诸侯，罪莫大焉。纵无大讨，而又求赏，无厌之甚也！"削而投之。

左师辞邑。向氏欲攻司城，左师曰："我将亡，夫子存我，德莫大焉。又可攻乎？"君子曰："'彼己之子，邦之司直'，乐喜之谓乎！'何以恤我，我其收之'，向戌之谓乎！"

齐崔杼生成及强而寡，取东郭姜，生明。东郭姜以孤入，曰棠无咎，与东郭偃相崔氏。崔成有疾而废之，而立明。成请老于崔，崔子许之；偃与无咎弗予，曰："崔，宗邑也，必在宗主。"成与强怒，将杀之，告庆封曰："夫子之身亦子所知也，唯无咎与偃是从，父兄莫得进矣。大恐害夫子，敢以告。"庆封曰："子姑退。吾图之。"告卢蒲嫳。卢蒲嫳曰："彼，君之雠也。天或者将弃彼矣。彼实家乱，子何病焉？崔之薄，庆之厚也。"他日又告。庆封曰："苟利夫子，必去之。难，吾助女。"

九月庚辰，崔成、崔强杀东郭偃、棠无咎于崔氏之朝。崔子怒而出，其众皆逃，求人使驾，不得；使圉人驾，寺人御而出，且曰："崔氏有福，止余犹可。"遂见庆封。庆封曰："崔、庆一也。是何敢然？请为子讨之。"使卢蒲嫳帅甲以攻崔氏。崔氏堞其宫而守之。弗克，使国人助之；遂灭崔氏，杀成与强而尽俘其家，其妻缢。嫳复命于崔子，且御而归之。至则无归矣，乃缢。崔明夜辟诸大墓。辛巳，崔明来奔。庆封当国。

楚薳罢如晋莅盟，晋侯享之。将出，赋《既醉》。叔向曰："薳氏之有后于楚国也，宜哉！承君命，不忘敏。子荡将知政矣。敏以事君，必能养民，政其焉往？"

崔氏之乱，申鲜虞来奔；仆赁于野，以丧庄公。冬，楚人召之。遂如楚为右尹。

十一月乙亥朔，日有食之。辰在申，司历过也，再失闰矣。

【译文】

鲁襄公二十七年春，齐侯派庆封来我鲁国聘问。夏天，叔孙豹在宋国会见晋国赵武、楚国屈建、蔡国公孙归生、卫国石恶、陈国孔奂、郑国良霄、许国人、曹国人。卫国杀了它的大夫宁喜。卫侯的弟弟鱄出逃到晋国。秋天七月初五日，叔孙豹和诸侯国的大夫在宋国结盟。冬十二月初一，有日食。

鲁襄公二十七年春，胥梁带让丢掉城邑的各国准备好车兵和步兵来接受土地，行动必须秘密。让乌余准备车兵和步兵来接受封地，乌余带领他的一伙人出来。胥梁带让诸侯假装是送给乌余封地的，因而就乘机逮捕了乌余，全部俘虏了他的一伙人。把他的城邑都夺回来并归还给诸侯，诸侯因此归向晋国。

齐国庆封前来聘问，他的车子很漂亮。孟孙对叔孙说："庆封的车子，不也很漂亮吗？"叔孙说："我听说：'服饰漂亮和人不相称，必定会得恶果。'漂亮的车子有什么用？"叔孙招待庆封吃饭，庆封表现得不恭敬。叔孙为他赋《相鼠》这首诗，他也不知其意。

卫国宁喜专权，卫献公忧虑这件事。公孙免余请求杀掉他。献公说："假如没有宁子，我不能到这地步，我已经跟他说过了。事情的成败尚未可知，弄不好只成一个坏名声，停止不干了。"公孙免余回答说："我去杀掉他，君不要参与知道这事。"就和公孙无地、公孙臣策划，派他们攻打宁氏，没有攻下来，公孙无地和公孙臣都战死了。卫献公说："臣是没有罪的，父子二人都为我而死了。"这年夏天，公孙免余再次攻打宁氏，杀了宁喜和右宰谷，尸体陈列在朝廷上。石恶将要参加宋国的盟会，接受命令出来，给尸首穿上衣服，头枕在尸体的大腿上号哭。想把尸首入殓之后自己逃亡，又害怕不能免于祸难，姑且说："接受命令了。"于是就出走了。

子鲜说："驱逐我的人逃亡，接纳我的人死亡，赏罚没有章法，用什么止人为恶劝人为善？国君失掉他的信用，国家没有正常的刑罚，不也为难吗？而且鱄实在让宁喜这么做的。"于是就逃亡到晋国。卫献公派人阻止他，没有成功。到达黄河，又派人阻止他。他劝阻使者而对着黄河发誓。子鲜寄居在晋国木门，坐着都不肯面向卫国。木门大夫劝他做官，他不同意，说："做官而废弃自己的职责，就是罪过。要尽自己的职责，就是宣扬我出逃的原因。我将向谁诉说呢？我不能立在别人的朝廷上了。"子鲜一直到死没有出来做官。献公悼念他，为他服丧一直到死。

卫献公给公孙免余六十个城邑，免余辞谢说："只有卿才备一百个城邑，臣下已经有六十个了。在下的人拥有在上人的邑禄，这是祸乱。臣不敢听到。况且宁喜就只因为邑多，所以死了，我害怕死亡会很快来到。"献公坚决要给他，他接受了一半。献公让他做了

少师。献公让他做卿，他辞谢说："太叔仪没有二心，能赞助大事。君王还是任命他吧！"于是就让太叔仪做了卿。

宋国向戌和赵文子友好，又和令尹子木友好，想消除诸侯之间的战争以取得好名声。到晋国，他告诉了赵文子。赵文子和各位大夫商量，韩宣子说："战争，是百姓的祸害，财货的蛀虫，小国的大灾难。有人要消除它，虽说办不到，一定要答应他。不答应，楚国将会答应，用来号令诸侯，那么我国就失掉盟主的地位了。"晋国人答应了向戌。向戌到楚国，楚国也答应了。向戌到齐国，齐国人感到为难。陈文子说："晋国、楚国答应了，我们怎能不答应。而且别人说消除战争，我们却不答应，就的确会使我们的百姓产生二心了！那将怎么使用他们？"齐国人答应了。向戌告诉秦国，秦国也答应了。四国都通告小国，在宋国举行会见。

五月二十七日，晋国赵文子到达宋国。二十九日，郑国良霄到达。六月初一，宋国人设享礼招待赵文子，叔向做赵文子的副手。司马把煮熟的牲畜解成碎块放在礼器中，这是合于礼的。后来孔子看到这次礼仪的记录，认为修饰的辞藻太多。六月初二，叔孙豹、齐国的庆封、陈须无、卫国的石恶到达。初八日，晋国荀盈跟随赵文子之后到达。初十日，邾悼公到达。十六日，楚国公子黑肱先到达，和晋国商定了有关的事项。二十一日，宋国向戌到陈国去，和子木商定有关楚国的条件。二十二日，滕成公到达。子木对向戌说："请跟从晋国和跟从楚国的诸侯互相朝见。"二十四日，向戌向赵文子复命。赵文子说："晋、楚、齐、秦，四个国家是地位相等的。晋国不能指挥齐国，如同楚国不能指挥秦国。楚国国君如若能叫秦国国君辱临敝邑，寡君怎敢不坚决向齐国国君请求？"二十六日，向戌向子木复命。子木派传车谒见楚王请示，楚王说："放下齐国、秦国，其他各国请互相朝见。"秋季七月初二，向戌到达。当天晚上，赵文子和公子黑肱统一了盟书的措辞。初四，子木从陈国到达宋国。陈国孔奂、蔡国公孙归生到达。曹国、许国的大夫都到达了。各国军队用篱笆作为界限。晋国和楚国各自驻扎在篱笆的两边。伯夙对赵文子说："楚国的气氛很不好，怕会发生战争祸难。"赵文子说："我们向左转就进入了宋国，能把我们怎么样？"

七月初五，各国将要在宋国西门外结盟，楚国人在外衣里面穿着皮甲。伯州犁说："会合诸侯的军队，而做不令人信任的事，只怕不可以吧？诸侯盼望而信任楚国，因此前来顺服。如果不被人信任，这就是丢弃了所用来使诸侯顺服的东西了。"伯州犁坚决请求脱掉皮甲。子木说："晋国、楚国不讲信用已经很久了，做对我们有利的事就是了。假如能满足意愿，哪里用得着有信用？"伯州犁退出去，告诉人说："令尹要死了，不会到三年。只求满足意愿而丢弃信用，意愿会满足吗？意愿用以形成语言，语言用以产生信用，信用用以建立意愿，三者参合以彼此确定。信用丢掉了，怎能活到三年？"赵文子担心楚国人衣内穿了皮甲，把这事告诉了叔向。叔向说："有什么危害？一个普通的人一旦做出不守信的事，尚且不行，全都不得好死。若是会合诸侯的卿，做出不守信用的事，就必定不会成功。自食其言的人并不能困乏别人，这不是您的祸患。以信用召集别人，却用虚假去

求成功,必然没有人赞同他,怎能危害我们? 而且我们依靠宋国来防御楚国制造困乏,那就人人都能誓死抗敌。和宋国一起拼死抵抗,即使楚军增加一倍也可以顶住,您有什么可害怕的呢? 而事情又没到这种地步。口说'消除战争'用以召集诸侯,反而发动战争来坑害我们,我们的好处就多了,这不是我们所要担心的。”

季武子派人以襄公之命的名义对叔孙豹说:“把我们看做同邾国、滕国一样。随后不久,齐国人请求把邾国作为自己的属国,宋国人请求把滕国作为自己的属国,邾、滕两国都不参加结盟。”叔孙豹说:“邾国、滕国,是别人的私属。我们是诸侯国,为什么要视如他们? 宋国、卫国,才是和我国对等的。”于是就参加了结盟。因此《春秋》不记载他的族氏,这是说叔孙豹违背了命令的缘故。

晋、楚两国争执歃血盟誓的先后。晋国人说:“晋国本来说是诸侯的盟主,从来没有在晋国之前歃血的。”楚国人说:“您说晋、楚两国地位相等,如果晋国永远在前面,这就是楚国弱于晋国了。而且晋国、楚国交替主持诸侯的盟会已经很久了,难道专门由晋国主持吗?”叔向对赵文子说:“诸侯归服晋国的德行,并不是归服它主持结盟,您致力于德行,不要去争先歃血。况且诸侯会盟,小国本来必定要有主持具体事务的。楚国做晋国的小国,不也是可以的吗?”于是就让楚国人先歃血。《春秋》记载却先记晋国,是因为晋国有信用的缘故。

七月初六,宋平公设享礼同时招待晋、楚两国大夫,赵文子做主宾。子木和他谈话,赵文子不能回答。让叔向在旁边帮着答话,子木也不能回答。

初九日,宋平公和诸侯国的大夫在蒙门外边结盟。子木向赵文子询问说:“范武子的德行怎么样?”赵文子回答说:“这位老人家的家事治理得好,对晋国人来说没有隐瞒的情况。他的祝史以诚信之言陈告鬼神,没有言不由衷的话。”子木回国,把赵文子的话告诉楚王。楚王说:“高尚啊! 能够使神和人都高兴,他光荣地辅佐五世国君做盟主是合适的。”子木又对楚王说:“晋国做诸侯之伯是适合的! 有叔向辅佐他的卿,楚国是无法抵挡它的,不能和他们相争。”晋国的荀盈于是就到楚国去参加结盟。

郑伯在垂陇设享礼招待赵文子,子展、伯有、子西、子产、子太叔、两个子石跟从郑伯。赵文子说:“这七位大夫跟从国君来招待我,是宠爱我啊。请各位都赋诗来完成君主的恩赐,我赵武也借此可以看到七位的志向。”子展赋《草虫》这首诗,赵文子说:“好啊! 是百姓的主人。但武是不足以担当的。”伯有赋《鹑之贲贲》这首诗,赵文子说:“床上的话不出门槛,何况在野外呢? 这不是让人应该听到的。”子西赋《黍苗》的第四章,赵文子说:“有寡君在那儿,武又有什么能力呢?”子产赋《隰桑》这首诗,赵文子说:“武请求接受它的最后一章。”子太叔赋《野有蔓草》这首诗,赵文子说:“这是大夫的恩惠。”印段赋《蟋蟀》这首诗,赵文子说:“好啊! 这是保住家族的大夫,我有希望了。”公孙段赋《桑扈》这首诗,赵文子说:“不骄不傲,福禄将会跑到哪里? 若能保持这些话,想要推辞福禄能行吗?”享礼结束了。赵文子告诉叔向说:“伯有将要被杀了! 诗用来表心意,心意在诬蔑他的国君,而国君怨恨他,以此作为待客的光荣,他能够长久吗? 即使侥幸不被杀,后来也

必定逃亡。"叔向说："是的,他太骄奢! 所谓不到五年,说的就是这个人了。"赵文子说:"其余都是可以传下数世的大夫。子展大概是最后灭亡的,处在上位却不忘记降抑自己。印氏是次于子展的,他欢乐而不荒唐。以安民为乐,不过分役使百姓,灭亡在后,不也是可以的吗?"

宋国的左师请求赏赐,说:"请赐给免死的城邑。"宋平公赐给他六十个邑。他把简册拿给子罕看,子罕说:"凡是诸侯小国,晋国、楚国都用武力威胁它。他们害怕然后上下慈爱和睦,慈爱和睦然后能安定他们的国家,以侍奉大国,这是小国所以生存的原因。没有威胁他们就骄傲,骄傲了就发生祸乱,祸乱发生就必然被消灭,这是小国灭亡的原因。上天生出了金木水火土五种材料,百姓全部使用了它们,废掉一种都不可以,谁能去掉兵器呢? 兵器的设置已经很久了,它是用来威慑越轨和宣扬文德的。圣人由于武力而兴起,作乱的人由于武力而被废弃,废兴存亡、昏明之术,都是武力所造成的。而您谋求去掉它,不也是欺骗吗? 以欺骗之术蒙蔽诸侯,没有比这更大的罪过了。即使没有大的讨伐,而又求取赏赐,这是贪得无厌到极点了!"子罕削掉简册上的字,扔掉它。

左师推辞了城邑不受。向氏想要攻打子罕,左师说:"我将要灭亡,他老人家让我生存,恩德没有比这更大的了,又可以攻打吗?"君子说:"'那位人物,是国家主持正义的人',说的就是子罕吧!'以什么赐给我,我都要接受它',说的就是向戌吧!"

齐国崔杼生了成和强就死了妻子,又娶东郭姜为妻,生了明。东郭姜带了前夫的儿子进门,名叫棠无咎,和东郭偃辅助崔氏。崔成有病而被废掉了,立了崔明为继承人。崔成请求退休到崔地养老,崔杼答应了他。东郭偃和棠无咎不同意给,说:"崔地,是宗庙所在的地方,一定要归于宗主。"崔成和崔强发怒了,要杀掉他们,告诉庆封说:"他老人家的身事也是您所知道的,唯独听从棠无咎和东郭偃的,诸位父兄谁都不能进言。很怕有害于他老人家,谨敢以此向您报告。"庆封说:"您姑且退出去,我考虑一下。"庆封告诉卢蒲嫳。卢蒲嫳说:"他,是国君的仇人。上天或许要抛弃他了。他确实家中生了乱子,您担心什么呢? 崔家的削弱,就是庆家的加强。"过几天崔成和崔强又对庆封说这件事。庆封说:"如果有利于他老人家,一定要去掉他们。有危难,我来帮助你们。"

九月初五,崔成、崔强在崔氏的朝廷上杀了东郭偃、棠无咎。崔杼愤怒地走出,他的手下人都逃了,找人驾车,找不到。让养马的人套上车,寺人驾驶着车子出去。崔杼还说:"崔氏如果有福,祸患只停止在我身上还可以。"于是进见庆封。庆封说:"崔、庆是一家。这些人怎么敢这样? 请让我为您讨伐他们。"派卢蒲嫳率领甲士进攻崔家。崔家修筑他们的宫墙守卫着,没有攻下来。发动国人帮助攻打,于是就灭亡了崔氏,杀了崔成与崔强,并夺取了崔家的全部人口和财货。崔杼的妻子上吊而死。卢蒲嫳向崔杼复命,且驾着车子送他回家。崔杼到家,则无家可归了,就上吊而死。崔明夜间躲藏在墓群里。九月初六,崔明逃奔来鲁国,庆封掌握了齐国政权。

楚国莁罢到晋国参加结盟,晋侯设享礼招待他。莁罢宴毕将要退出时,赋了《既醉》这首诗。叔向说:"莁氏在楚国有后嗣将长享禄位,是应该的啊! 承受国君的命令,不忘

记敏捷应对。子荡将要执政了。用敏捷来侍奉国君，必然能抚养百姓。政权还能跑到哪里去？"

崔氏的叛乱，申鲜虞逃奔来鲁国，在郊外雇佣了仆人，为齐庄公服丧。冬天，楚国人召请申鲜虞，于是他就到楚国做了右尹。

十一月初一，日食。当时斗柄指向申星，由于司历官的过错，缺少了两次闰月。

襄公二十八年

【原文】

二十有八年：春，无冰。

夏，卫石恶出奔晋。

邾子来朝。

秋，八月，大雩。

仲孙羯如晋。

冬，齐庆封来奔。

十有一月，公如楚。

十有二月甲寅，天王崩。

（乙）〔己〕未，楚子昭卒。

二十八年春，无冰。梓慎曰："今兹宋、郑其饥乎？岁在星纪而淫于玄枵，以有时灾，阴不堪阳。蛇乘龙；龙，宋、郑之星也。宋、郑必饥。玄枵，虚中也。枵，耗名也。土虚而民耗，不饥何为？"

夏，齐侯、陈侯、蔡侯、北燕伯、杞伯、胡子、沈子、白狄朝于晋，宋之盟故也。

齐侯将行，庆封曰："我不与盟，何为于晋？"陈文子曰："先事后贿，礼也。小事大，未获事焉，从之如志，礼也。虽不与盟，敢叛晋乎？重丘之盟，未可忘也。子其劝行！"

卫人讨宁氏之党，故石恶出奔晋。卫人立其从子圃以守石氏之祀，礼也。

邾悼公来朝，时事也。

秋八月，大雩，旱也。

蔡侯归自晋，入于郑。郑伯享之，不敬。子产曰："蔡侯其不免乎？日其过此也，君使子展迁劳于东门之外，而傲；吾曰'犹将更之'。今还，受享而惰，乃其心也。君小国，事大国而惰傲以为己心，将得死乎？若不免，必由其子。其为君也，淫而不父。侨闻之：如是者恒有子祸。"

孟孝伯如晋，告将为宋之盟故如楚也。

蔡侯之如晋也，郑伯使游吉如楚。及汉，楚人还之，曰："宋之盟，君实亲辱。今吾子来，寡君谓吾子姑还，吾将使驲奔问诸晋而以告。"子大叔曰："宋之盟，君命将利小国，而

亦使安定其社稷、镇抚其民人，以礼承天之休。此君之宪令，而小国之望也。寡君是故使吉奉其皮币，以岁之不易，聘于下执事。今执事有命曰：'女何与政令之有？必使而君弃而封守，跋涉山川，蒙犯霜露，以逞君心。'小国将君是望，敢不唯命是听？无乃非载盟之言，以阙君德，而执事有不利焉，小国是惧。不然，其何劳之敢惮！"

子大叔归，复命，告子展曰："楚子将死矣。不修其政德，而贪昧于诸侯以逞其愿，欲久，得乎？《周易》有之，在'复䷗'之'颐䷚'，曰：'迷复，凶。'其楚子之谓乎！欲复其愿而弃其本，复归无所，是谓迷复，能无凶乎？君其往也，送葬而归，以快楚心。楚不几十年，未能恤诸侯也，吾乃休吾民矣。"

裨灶曰："今兹周王及楚子皆将死。岁弃其次而旅于明年之次，以害鸟帑，周、楚恶之。"

九月，郑游吉如晋，告将朝于楚以从宋之盟。子产相郑伯以如楚，舍不为坛。外仆言曰："昔先大夫相先君适四国，未尝不为坛。自是至今，亦皆循之。今子草舍，无乃不可乎？"子产曰："大适小，则为坛。小适大，苟舍而已，焉用坛？侨闻之，大适小有五美：宥其罪戾，赦其过失，救其灾患，赏其德刑，教其不及。小国不困，怀服如归，是故作坛以昭其功，宣告后人：无怠于德。小适大有五恶：说其罪戾，请其不足，行其政事，共其职贡，从其时命。不然，则重其币帛以贺其福而吊其凶，皆小国之祸也。焉用作坛以昭其祸？所以告子孙：无昭祸焉可也。"

齐庆封好田而耆酒，与庆舍政，则以其内实迁于卢蒲嫳氏，易内而饮酒。数日，国迁朝焉。使诸亡人得贼者以告而反之，故反卢蒲癸。癸臣子之，有宠，妻之。庆舍之士谓卢蒲癸曰："男女辨姓，子不辟宗，何也？"曰："宗不余辟，余独焉辟之？赋诗断章，余取所求焉。恶识宗？"癸言王何而反之。二人皆嬖，使执寝戈而先后之。

公膳，日双鸡。饔人窃更之以鹜，御者知之，则去其肉而以其洎馈。子雅、子尾怒。庆封告卢蒲嫳，卢蒲嫳曰："譬之如禽兽，吾寝处之矣。"使析归父告晏平仲，平仲曰："婴之众不足用也，知无能谋也。言弗敢出，有盟可也。"子家曰："子之言云，又焉用盟？"告北郭子车，子车曰："人各有以事君，非佐之所能也。"陈文子谓桓子曰："祸将作矣。吾其何得？"对曰："得庆氏之木百车于庄。"文子曰："可慎守也已。"

卢蒲癸、王何卜攻庆氏，示子之兆曰："或卜攻雠，敢献其兆。"子之曰："克，见血。"冬十月，庆封田于莱，陈无宇从。丙辰，文子使召之，请曰："无宇之母疾病，请归。"庆季卜之，示之兆，曰："死。"奉龟而泣，仍使归。庆嗣闻之，曰："祸将作矣！"谓子家："速归！祸必作于尝，归犹可及也。"子家弗听，亦无悛志。子息曰："亡矣！幸而获在吴、越。"陈无宇济水而戕舟发梁。

卢蒲姜谓癸曰："有事而不告我，必不捷矣。"癸告之。姜曰："夫子愎，莫之止，将不出。我请止之。"癸曰："诺。"十一月乙亥，尝于大公之庙，庆舍莅事。卢蒲姜告之，且止之。弗听，曰："谁敢者？"遂如公。麻婴为尸，庆奊为上献。卢蒲癸、王何执寝戈，庆氏以其甲环公宫。陈氏、鲍氏之圉人为优。庆氏之马善惊，士皆释甲束马而饮酒，且观优，至

于鱼里。栾、高、陈、鲍之徒介庆氏之甲。子尾抽桷击扉三，卢蒲癸自后刺子之，王何以戈击之，解其左肩。犹援庙桷，动于甍，以俎、壶投杀人而后死。遂杀庆绳、麻婴。公惧，鲍国曰："群臣为君故也。"陈须无以公归，税服而如内宫。

庆封归，遇告乱者。丁亥，伐西门，弗克。还伐北门，克之；入，伐内宫，弗克。反，陈于岳。请战，弗许，遂来奔。献车于季武子，美泽可以鉴。展庄叔见之，曰："车甚泽，人必瘁，宜其亡也。"叔孙穆子食庆封。庆封氾祭，穆子不说，使工为之诵《茅鸱》，亦不知。既而齐人来让，奔吴。吴句余予之朱方，聚其族焉而居之，富于其旧。子服惠伯谓叔孙曰："天殆富淫人。庆封又富矣！"穆子曰："善人富谓之赏，淫人富谓之殃。天其殃之也，其将聚而歼旃。"

癸巳，天王崩。未来赴，亦未书，礼也。

崔氏之乱，丧群公子，故锄在鲁，叔孙还在燕，贾在句渎之丘。及庆氏亡，皆召之，具其器用而反其邑焉。与晏子邶殿，其鄙六十；弗受。子尾曰："富，人之所欲也。何独弗欲？"对曰："庆氏之邑足欲，故亡。吾邑不足欲也，益之以邶殿，乃足欲；足欲，亡无日矣。在外不得宰吾一邑。不受邶殿，非恶富也，恐失富也。且夫富如布帛之有幅焉，为之制度，使无迁也。夫民生厚而用利，于是乎正德以幅之，使无黜嫚，谓之幅利。利过则为败。吾不敢贪多，所谓幅也。"与北郭佐邑六十，受之。与子雅邑，辞多受少。与子尾邑，受而稍致之；公以为忠，故有宠。

释卢蒲嫳于北竟。求崔杼之尸，将戮之；不得。叔孙穆子曰："必得之！武王有乱（臣）十人，崔杼其有乎？不十人，不足以葬。"既，崔氏之臣曰："与我其拱璧，吾献其柩。"于是得之。十二月（乙）〔己〕亥朔，齐人迁庄公，殡于大寝。以其棺尸崔杼于市，国人犹知之，皆曰："崔子也！"

为宋之盟故，公及宋公、陈侯、郑伯、许男如楚。公过郑，郑伯不在；伯有迂劳于黄崖，不敬。穆叔曰："伯有无戾于郑，郑必有大咎。敬，民之主也；而弃之，何以承守？郑人不讨，必受其辜。济泽之阿，行潦之蘋藻，寘诸宗室，季兰尸之，敬也。敬可弃乎？"

及汉，楚康王卒。公欲反。叔仲昭伯曰："我楚国之为，岂为一人？行也！"子服惠伯曰："君子有远虑，小人从迩。饥寒之不恤，谁遑其后？不如姑归也。"叔孙穆子曰："叔仲子，专之矣。子服子，始学者也。"荣成伯曰："远图者，忠也。"公遂行。

宋向戌曰："我一人之为，非为楚也。饥寒之不恤，谁能恤楚？姑归而息民，待其立君而为之备。"宋公遂反。

楚屈建卒，赵文子丧之如同盟，礼也。

王人来告丧。问崩日，以甲寅告。故书之以征过也。

【译文】

鲁襄公二十八年春天，没有结冰。夏天，卫国石恶出逃到晋国。邾悼公来我鲁国朝见。秋天的八月，举行大雩祭。鲁大夫仲孙羯到了晋国。冬天，齐国庆封逃奔前来鲁国。

十一月,襄公到达楚国。十二月十六日,周天子死。乙未,楚康王昭死。

鲁襄公二十八年春,没有结冰。鲁国大夫梓慎说:"今年宋国、郑国大概要发生饥荒吧? 岁星应当在星纪,但却已超越到了玄枵。这是因为要发生天时不正的灾荒,阴不能胜阳。蛇乘坐在龙的上面,龙是宋国、郑国的星宿,宋国、郑国必定发生饥荒。玄枵,虚宿在中间。枵,是消耗的名称。土地虚而百姓耗,怎么能不发生饥荒?"

夏天,齐侯、陈侯、蔡侯、北燕伯、杞伯、胡子、沈子、白狄到晋国朝见,是为了在宋国那次结盟的缘故。

齐侯准备出行,庆封说:"我们没有参加结盟,为什么要朝见晋国?"陈文子说:"先考虑侍奉大国后考虑财礼,这是合于礼的。小国侍奉大国,如果没有获得侍奉的机会,就要顺从大国的意图,这也合于礼。我们虽然没有参加结盟,怎胆敢背叛晋国呢? 重丘的盟会,是不可忘记的。您还是劝国君出行吧!"

卫国人讨伐宁氏的亲族,所以石恶逃亡到晋国。卫国人立了他的侄儿石圃,以保存石氏的祭祀,这是合于礼的。

邾悼公来我鲁国朝见,这是按时令而来的朝见。

秋季,八月,举行大雩祭,是由于天旱。

蔡侯从晋国回国,路过郑国。郑伯设享礼招待他,他表现得不恭敬。子产说:"蔡侯恐怕不能免于祸难吧! 以前他经过这里的时候,国君派子展到东门外慰劳,但他显得骄傲。我认为他还是会改变的。现在他回来,接受享礼却显得怠惰,这就是他的本性了。作为小国的国君,侍奉大国,反而把怠惰骄傲作为本性,能得到好死吗? 假如不免于祸难,一定是由于他的儿子。他做国君,淫乱而不像做父亲的样子。侨听说,像这样的人,经常会遭到儿子发动的祸乱。"

孟孝伯到晋国,报告为了宋国之盟的缘故将要去楚国。

蔡侯到了晋国的时候,郑伯派游吉到楚国去。到达汉水,楚国人让他回去,说:"在宋国的那次结盟,贵国君王亲自光临。现在大夫前来,寡君说大夫暂且回去,我将派传车奔赴晋国询问以后再告诉您。"游吉说:"在宋国那次结盟,贵国君王的命令要有利于小国,并且也使小国安定它的社稷,镇抚它的百姓,用礼仪承受上天的福禄,这是贵国君王的法令,也是小国的期望。由于年岁艰难,寡君因此派吉奉上财礼,向下级执事聘问。现在执事命令说:'你怎么能参与郑国的政令? 一定要让你们国君丢弃你们的封疆和守备,跋山涉水,冒着霜露,以满足我国君王的心意。'小国还想期望贵国君王赐给恩惠,怎么敢不唯命是听? 但这不符合盟书的话,而使贵国君王的德行有所缺失,也对执事有所不利,小国就害怕这个。不然,还敢害怕劳苦吗?"

游吉回国,复命,告诉子展说:"楚王将要死了。不修明他的政事和德行,反而贪图诸侯的进奉,以满足自己的愿望,想要活得长久,能够办到吗?《周易》记载,得到《复》卦变成《颐》卦,说:'迷了路又返回来,不吉利,'大概说的就是楚王吧! 想要实践他的愿望,却忘掉了原来的路径,想回来又找不着地方,这叫作迷复,能够吉利吗? 君王就去吧,送葬回来,让楚国痛快一下。楚国没有将近十年的时间,不能争夺霸业,我们就可以让百姓休息了。

禅灶说:"今年周天子和楚王都将死去。岁星失去它应在的位置,而运行在明年的位置上,危害了鸟尾星,周朝和楚国要受到灾祸。"

九月,郑国的游吉去晋国,报告说遵照在宋国的盟誓将要去楚国朝见。子产辅佐郑伯到楚国,搭了帐篷而不筑坛。外仆说:"从前先大夫辅佐先君,到四方各国,从没有不筑坛的。从那时到今天,也都相沿不改。现在您不除草就搭起帐篷,恐怕不可以吧?"子产说:"大国去小国,就筑坛;小国到大国,草草地搭起帐篷就行了,哪里用得着筑坛?侨听说,大国去小国有五个好处:宽宥它的罪过,原谅它的错误,救助它的灾难,赞赏它的德行和典范,教导它想不到的地方。小国不困乏,归心和顺服大国好像回家一样,因此筑坛来宣扬它的功德,公开告诉后代的人,对于德业的进修不要怠惰。小国去大国有五个坏处:(向小国)掩饰它的罪过,请求得到它所缺乏的东西,(要求小国)奉行它的政事,供给它贡品,服从它忽然而来的指令。不这样,就得加重小国的财礼,用来祝贺它的喜事和吊唁它的祸事,这些都是小国的灾祸。哪里用得着筑坛来宣扬它的祸患呢?把这些告诉子孙。不要宣扬祸患就行了。"

齐国的庆封喜爱打猎并嗜好喝酒,把政权交给庆舍。他就带着妻妾财物迁移到卢蒲嫳家里,交换妻妾并喝酒。几天以后,官员们就改到这里朝见。庆封让逃亡在外而知道崔氏余党的人,如果把情况报告就允许他们回来,所以让卢蒲癸回来了。卢蒲癸做了庆舍的家臣,受到宠信,庆舍把女儿嫁给了他。庆舍的家臣对卢蒲癸说:"男女结婚要辨别是否同姓,可是您不避讳同宗,为什么?"卢蒲癸说:"同宗不避我,我怎么独独要避开同宗?就像赋诗的断章取义,我取得所需要的就是了,哪里知道什么同宗?"卢蒲癸又对庆舍说起王何而让他回来,两个人都受到庆舍宠信。庆舍让他们拿着寝戈在自己前后护卫。

公家供给卿大夫的伙食,每天有两只鸡,管伙食的人偷偷地换成鸭子。送饭的人知道了,就去掉鸭肉只送上肉汤。子雅、子尾发怒。庆封告诉卢蒲嫳。卢蒲嫳说:"把他们比作禽兽,我睡在他们皮上了。"庆封派析归父告诉晏平仲。晏平仲说:"婴的一帮人不足以使用,智慧也够不上出谋划策。但绝不敢泄露这些话,可以盟誓。"庆封说:"您已经这么说了,又哪里用得着盟誓?"又告诉北郭子车。子车说:"各人有不同的方式侍奉国君,这不是佐所能做的。"陈文子对陈无宇说:"祸难将要发生了,我们能得到什么?"陈无宇回答说:"在庄街上得到庆氏的木料一百车。"陈文子说:"可以谨慎地保住它。"

卢蒲癸、王何为攻打庆氏占卜,把龟兆给庆舍看,说:"有人为攻打仇人而占卜,胆敢奉献他的兆象。"庆舍说:"攻下了,见到血。"冬季十月,庆封在莱地打猎,陈无宇随从。十七日,陈文子派人召唤他回去。陈无宇请求说:"无宇的母亲病重,请求回去。"庆封占卜,把龟兆给陈无宇看,陈无宇说:"这是死的兆象。"捧着龟甲哭泣,于是就让他回去了。庆嗣听到这件事,说:"祸患将要发生了!"他对庆封说:"赶快回去,祸难必定发生在尝祭的

时候,回去还来得及。"庆封不听,也没有悔改的意思。庆嗣说:"他要逃亡了! 能够逃到吴国、越国就是侥幸。"陈无宇渡过河,就破坏了渡船,撤去了桥梁。

卢蒲姜对卢蒲癸说:"有事情而不告诉我,必然不能成功。"卢蒲癸告诉了他。卢蒲姜说:"我父亲性情倔强,没有人劝阻他,他会不出来的,请让我去劝阻他。"卢蒲癸说:"好。"十一月初七日,在太公庙举行尝祭,庆舍将要亲临祭祀。卢蒲姜告诉他有人要发动祸乱,并劝阻他不要去。他不听,说:"谁敢这么干?"于是就到了祭祀的地方。麻婴充当祭尸,庆奥充当上献。卢蒲癸、王何拿着寝戈,庆氏率领他的甲士围住公宫。陈氏、鲍氏的养马人演戏。庆氏的马容易受惊跳跃奔跑,甲士都解甲系马而喝酒,同时看戏,到了鱼里。栾氏、高氏、陈氏、鲍氏的士兵就穿上了庆氏甲士的皮甲。子尾抽出方形椽子在门扇上敲了三下,卢蒲癸从后面刺庆舍,王何用戈击他,砍下了他的左肩。庆舍还能拉着庙宇的椽子,牵动了屋梁,把俎和壶投掷出去,击死了人才死去。卢蒲癸等人就杀死了庆绳、麻婴。齐侯害怕,鲍国曰:"群臣是为了君王的缘故。"陈须无带着齐侯回去,脱下祭服进了内宫。

庆封回来,遇到报告祸乱的人。十一月十九日,攻打西门,没有攻下。回头攻打北门,攻下了。进城,攻打内宫,没有攻下。庆封回军在岳里摆开阵势,请求决战,没有得到允许。于是就逃亡来鲁国,庆封把车子献给季武子,美丽的光泽可以照见人影。展庄叔进见季武子,说:"车很光亮,人必定毁坏,他逃亡是活该了。"叔孙穆子设宴招待庆封,庆封先遍祭诸神。穆子不高兴,让乐师为他诵《茅鸱》这首诗,他也不明白。不久齐国人前来鲁国责问,庆封又逃奔到吴国,吴子句余把朱方赐给了他,他聚集族人住在那里,财富超过他的过去。子服惠伯对叔孙穆子说:"上天大概是要让坏人富有的,庆封又富有起来了。"叔孙穆子说:"好人富有叫作奖赏,坏人富有叫作灾殃。上天大概让他遭殃,将要让他们聚合而一起被消灭吧。"

十一月二十五日,周天子死。没有发来讣告,《春秋》也没有记载,这是合于礼的。

崔氏的祸乱,公子们各自逃亡。所以钳在鲁国,叔孙还在燕国,贾在句渎之丘。到了庆氏逃亡,把他们都召了回来,为他们准备了器物和用品,并返还给他们的封邑。封给晏子邶殿和它沿边上六十个城邑,晏子不接受。子尾说:"富有,是人所想要的,为什么唯独您不想要?"晏子回答说:"庆氏的城邑满足了欲望,所以逃亡。我的城邑不能满足欲望,把邶殿加上,就满足欲望了。满足了欲望,逃亡就没有几天了。逃亡在外边,我连一个城邑也不能主宰。不接受邶殿,不是厌恶富有,而是恐怕失掉富有。而且富有就像布帛一样有一定宽度,给它制定幅度,使它不能改变。百姓,总是想要生活丰厚,器用富饶,因此就要端正道德来加以限制,让它不要不足或过分,这就叫作限制私利。私利过分就要败坏。我不敢贪多,就是所说的限制。"赐给北郭佐六十个城邑,他接受了。赐给子雅城邑,他推辞的多,接受的少。赐给子尾城邑,接受后又全部奉还了。齐侯认为子尾忠诚,所以被宠信。

把卢蒲嫳放逐到北部边境。齐国人寻求崔杼的尸体,打算戮尸,没有找到。叔孙穆

子说："一定能找到的。武王有十个治国能臣，崔杼难道有吗？不到十个人，不足以安葬。"不久之后，崔氏的家臣说："把他的大璧给我，我献出他的棺材。"因此找到了崔杼尸体。十二月初一日，齐国人迁葬庄公，停棺在正寝。把崔杼的棺材装着崔杼的尸体在街市暴露。国内的人们还认得出他，都说："这是崔杼。"

为了在宋国结盟的缘故，鲁襄公和宋公、陈侯、郑伯、许男前往楚国。襄公经过郑国，郑伯不在国内。伯有前往黄崖慰劳，表现得不恭敬。穆叔说："伯有如果在郑国不受诛戮，郑国必定有大灾祸。恭敬，是百姓的主持，却丢弃了它，用什么来继承祖先，保持家业？郑国人不讨伐他，必定要受到他的灾祸。水边的薄土，路旁积水中的浮萍水草，用来作祭品，季兰作为祭尸，这是出于恭敬。恭敬难道可以抛弃吗？"

到达汉水，楚康王死。鲁襄公想要回去，叔仲昭伯说："我们是为了楚国，难道是为了一个人？继续走吧！"子服惠伯说："君子有长远的考虑，小人只顾及眼前。饥寒都顾不上，谁有工夫顾及以后？不如姑且回去吧。"叔孙穆子说："叔仲子可以被专门任用了，子服子是刚学习的人。"荣成伯说："长远打算的人，是忠诚的。"襄公就继续前进。

宋国向戌说："我们是为了一个人，不是为了楚国。饥寒都顾不上，谁能够顾得上楚国？姑且回去让百姓休息，等他们立了国君再戒备他们。"宋公就回去了。

楚国屈建死，赵文子像对待同盟国一样去吊丧，这是合于礼的。

周王室的使者前来报告丧事，问他周天子死去的日子，回答说是十二月十六日。所以《春秋》记载它，用来惩戒过错。

襄公二十九年

【原文】

二十有九年：春，王正月，公在楚。

夏，五月，公至自楚。

庚午，卫侯衎卒。

阍弑吴子馀祭。

仲孙羯会晋荀盈、齐高止、宋华定、卫世叔仪、郑公孙段、曹人、莒人、滕人、薛人、小邾人，城杞。

晋侯使士鞅来聘。

杞子来盟。

吴子使札来聘。

秋，九月，葬卫献公。

齐高止出奔北燕。

冬，仲孙羯如晋。

二十九年春，王正月，公在楚，释不朝正于庙也。楚人使公亲襚，公患之。穆叔曰："被殡而襚，则布币也。"乃使巫以桃、苅先被殡。楚人弗禁，既而悔之。

二月癸卯，齐人葬庄公于北郭。

夏四月，葬楚康王。公及陈侯、郑伯、许男送葬，至于西门之外；诸侯之大夫皆至于墓。

楚郏敖即位，王子围为令尹。郑行人子羽曰："是谓不宜，必代之昌。松柏之下，其草不殖。"

公还，及方城。季武子取卞，使公冶问，玺书追而与之，曰："闻守卞者将叛，臣帅徒以讨之，既得之矣。敢告。"公冶致使而退，及舍而后闻取卞。公曰："欲之而言叛，祗见(疏)〔流〕也。"公谓公冶曰："吾可以入乎？"对曰："君实有国，谁敢违君？"公与公冶冕服，固辞，强之而后受。公欲无入。荣成伯赋《式微》，乃归。五月，公至自楚。

公冶致其邑于季氏，而终不入焉，曰："欺其君，何必使余？"季孙见之，则言季氏如他日；不见，则终不言季氏。及疾，聚其臣，曰："我死，必无以冕服敛，非德赏也。且无使季氏葬我！"

葬灵王，郑上卿有事。子展使印段往，伯有曰："弱，不可。"子展曰："与其莫往，弱不犹愈乎？《诗》云：'王事靡盬，不遑启处。'东西南北，谁敢宁处？坚事晋、楚，以蕃王室也。王事无旷，何常之有？"遂使印段如周。

吴人伐越，获俘焉，以为阍，使守舟。吴子馀祭观舟，阍以刀弑之。

郑子展卒，子皮即位。于是郑饥而未及麦，民病。子皮以子展之命，饩国人粟，户一钟，是以得郑国之民，故罕氏常掌国政，以为上卿。宋司城子罕闻之，曰："邻于善，民之望也。"宋亦饥，请于平公，出公粟以贷，使大夫皆贷。司城氏贷而不书，为大夫之无者贷。宋无饥人。叔向闻之，曰："郑之罕，宋之乐，其后亡者也，二者其皆得国乎！民之归也。施而不德，乐氏加焉，其以宋升降乎！"

晋平公，杞出也，故治杞。六月，知悼子合诸侯之大夫以城杞，孟孝伯会之，郑子大叔与伯石往。子大叔见大叔文子，与之语。文子曰："甚乎，其城杞也！"子大叔曰："若之何哉！晋国不恤周宗之阙而夏肄是屏，其弃诸姬亦可知也已。诸姬是弃，其谁归之？吉也闻之：弃同即异，是谓离德。《诗》曰：'协比其邻，昏姻孔云。'晋不邻矣，其谁云之！"

齐高子容与宋司徒见知伯，女齐相礼。宾出，司马侯言于知伯曰："二子皆将不免。子容专，司徒侈，皆亡家之主也。"知伯曰："何如？"对曰："专则速及，侈将以其力毙，专则人实毙之。将及矣！"

范献子来聘，拜城杞也。公享之，展庄叔执币。射者三耦，公臣不足，取于家臣。家臣展瑕；展(玉)〔王〕父为一耦，公臣公巫召伯、仲颜庄叔为一耦，鄑鼓父、党叔为一耦。

晋侯使司马女叔侯来治杞田，弗尽归也。晋悼夫人愠曰："齐也取货，先君若有知也，不尚取之。"公告叔侯。叔侯曰："虞、虢、焦、滑、霍、扬、韩、魏，皆姬姓也，晋是以大。若非侵小，将何所取？武、献以下，兼国多矣，谁得治之？杞，夏馀也，而即东夷。鲁，周公之后

也,而睦于晋。以杞封鲁犹可,而何有焉?鲁之于晋也,职贡不乏,玩好时至,公卿大夫相继于朝,史不绝书,府无虚月。如是可矣,何必瘠鲁以肥杞?且先君而有知也,毋宁夫人,而焉用老臣?"

杞文公来盟。书曰"子",贱之也。

吴公子札来聘,见叔孙穆子,说之。谓穆子曰:"子其不得死乎?好善而不能择人。吾闻君子务在择人。吾子为鲁宗卿而任其大政,不慎举,何以堪之?祸必及子!"

请观于周乐。使工为之歌《周南》《召南》。曰:"美哉!始基之矣,犹未也,然勤而不怨矣。"为之歌《邶》《鄘》《卫》。曰:"美哉渊乎!忧而不困者也。吾闻卫康叔、武公之德如是,是其《卫风》乎?"为之歌《王》,曰:"美哉!思而不惧,其周之东乎?"为之歌《郑》。曰:"美哉!其细已甚,民弗堪也。是其先亡乎?"为之歌《齐》。曰:"美哉,泱泱乎!大风也哉!表东海者,其大公乎?国未可量也。"为之歌《豳》,曰:"美哉,荡乎!乐而不淫,其周公之东乎?"为之歌《秦》,曰:"此之谓夏声。夫能夏则大。大之至也,其周之旧乎?"为之歌《魏》。曰:"美哉,沨沨乎!大而婉,险而易行,以德辅此,则明主也!"为之歌《唐》,曰:"思深哉!其有陶唐氏之遗民乎!不然,何〔其〕忧之远也?非令德之后,谁能若是?"为之歌《陈》,曰:"国无主,其能久乎?"自《郐》以下,无讥焉!为之歌《小雅》,曰:"美哉!思而不贰,怨而不言,其周德之衰乎?犹有先王之遗民焉!"为之歌《大雅》,曰:"广哉!熙熙乎!曲而有直体,其文王之德乎?"为之歌《颂》,曰:"至矣哉!直而不倨,曲而不屈;迩而不偪,远而不携;迁而不淫,复而不厌;哀而不愁,乐而不荒;用而不匮,广而不宣;施而不费,取而不贪;处而不底,行而不流。五声和,八风平;节有度,守有序。盛德之所同也!"见舞《象箾》《南籥》者,曰:"美哉,犹有憾!"见舞《大武》者,曰:"美哉,周之盛也,其若此乎?"见舞《韶濩》者,曰:"圣人之弘也,而犹有惭德,圣人之难也!"见舞《大夏》者,曰:"美哉,勤而不德!非禹,其谁能修之?"见舞《韶箾》者,曰:"德至矣哉!大矣,如天之无不帱也,如地之无不载也!虽甚盛德,其蔑以加于此矣。观止矣!若有他乐,吾不敢请已。"

其出聘也,通嗣君也。故遂聘于齐,说晏平仲,谓之曰:"子速纳邑与政!无邑无政,乃免于难。齐国之政将有所归。未获所归,难未歇也。"故晏子因陈桓子以纳政与邑,是以免于栾、高之难。

聘于郑,见子产,如旧相识。与之缟带,子产献纻衣焉。谓子产曰:"郑之执政侈,难将至矣。政必及子。子为政,慎之以礼。不然,郑国将败。"

适卫,说蘧瑗、史狗、史鳅、公子荆、公叔发、公子朝,曰:"卫多君子,未有患也。"

自卫如晋,将宿于戚,闻钟声焉,曰:"异哉!吾闻之也:'辩而不德,必加于戮。'夫子获罪于君以在此,惧犹不足,而又何乐?夫子之在此也,犹燕之巢于幕上。君又在殡,而可以乐乎?"遂去之。文子闻之,终身不听琴瑟。

适晋,说赵文子、韩宣子、魏献子,曰:"晋国其萃于三族乎?"说叔向,将行,谓叔向曰:"吾子勉之!君侈而多良,大夫皆富,政将在家。吾子好直,必思自免于难。"

秋九月,齐公孙虿、公孙灶放其大夫高止于北燕。乙未,出。书曰"出奔",罪高止也。高止好以事自为功,且专,故难及之。

冬,孟孝伯如晋,报范叔也。

为高氏之难故,高竖以卢叛。十月庚寅,闾丘婴帅师围卢。高竖曰:"苟使高氏有后,请致邑。"齐人立敬仲之曾孙酀,良敬仲也。十一月乙卯,高竖致卢而出奔晋,晋人城绵而寘旃。

郑伯有使公孙黑如楚,辞曰:"楚、郑方恶,而使余往,是杀余也。"伯有曰:"世行也。"子晳曰:"可则往,难则已,何世之有?"伯有将强使之。子晳怒,将伐伯有氏,大夫和之。十二月己巳,郑大夫盟于伯有氏。裨谌曰:"是盟也,其与几何?《诗》曰:'君子屡盟,乱是用长。'今是长乱之道也,祸未歇也。必三年而后能纾。"然明曰:"政将焉往?"裨谌曰:"善之代不善,天命也。其焉辟子产?举不逾等,则位班也。择善而举,则世隆也。天又除之,夺伯有魄,子西即世,将焉辟之?天祸郑久矣!其必使子产息之,乃犹可以戾。不然,将亡矣!"

【译文】

鲁襄公二十九年春季,周历正月,襄公在楚国。夏季五月,襄公从楚国回到鲁国。六月五日,卫侯衎死。守门人杀死吴子馀祭。仲孙羯会合晋国荀盈、齐国高止、宋国华定、卫国世叔仪、郑国公孙段、曹国人、莒国人、滕国人、薛国人、小邾国人为杞国筑城墙。晋侯派士鞅前来鲁国聘问。杞子前来鲁国结盟。吴子派季札前来鲁国聘问。秋季九月,卫国葬卫献公。齐国高止逃亡到北燕。冬季,仲孙羯到晋国。

鲁襄公二十九年春季,周历正月,"襄公在楚国",这是解释不在岁首祭享宗庙的原因。楚国人让襄公亲自把赠送给楚王的衣服放置到他棺材东部,襄公对这感到忧虑。穆叔说:"先被除棺材的凶邪然后给死者放置衣服,这就等于朝见时陈列皮币。"于是就让巫人用桃棒、笤帚先在棺材上扫除凶邪。楚国人没有禁止,不久之后又感到后悔。

二月初六日,齐国人在外城北部安葬庄公。

夏季四月,安葬楚康王,鲁襄公和陈侯、郑伯、许男送葬,到达楚都西门外边。诸侯的大夫都到了墓地。

楚国的郏敖即位,王子围做令尹。郑国使者子羽说:"这叫作不相宜,令尹必定要代替他而昌盛。松柏的下面,草是不能繁殖的。"

鲁襄公回来,到达方城山。季武子占取卞地,派公冶来问候襄公,用封泥加盖印章把信封好后追上去交给了公冶,信上说:"听到戍守卞邑的人要叛变,下臣率领部下讨伐他,已经得到卞邑了,斗胆报告。"公冶表达了使命就退出去,到达帐篷以后才听到占取了卞邑。襄公说:"想要这块地方而说叛变,只能是疏远我。"

鲁襄公对公冶说:"我可以进入国境吗?"公冶回答说:"君王据有国家,谁敢违背君王?"襄公赐给公冶冕服,公冶坚决辞谢,勉强他,然后才接受。襄公想不进入鲁国,荣城

伯赋《式微》这首诗，襄公这才回国。五月，襄公从楚国回到鲁国。

公冶把他的封邑送还给季氏，而且始终不再进入季孙的家门，说："欺骗他的国君，何必派我去？"季孙召见他，他就像往日一样和季氏说话；未被召见，他就始终不谈季氏。等到公冶病重，聚集他的家臣，说："我死了以后，一定不要用冕服入殓，这不是因为有德赏赐的。并且不要让季氏安葬我。"

安葬周灵王，郑国的上卿子展有事，他派印段前去。伯有说："他年轻，不行。"子展说："与其没有人去，即使年轻不还是要好一些吗？《诗经》说：'王家的事做不完，没有闲暇安居。'东西南北，谁敢安居？坚定地侍奉晋国、楚国，用以捍卫王室。王家的事没有缺失，有什么常规不常规？"于是就派印段前往周王室。

吴国人攻打越国，抓到了俘虏，让他做看门人，派他看守船只。吴子馀祭观看船只，看门人用刀杀死了他。

郑国的子展死了，子皮即位为上卿。这时郑国发生饥荒而还没有到麦收，百姓困乏。子皮用子展遗命，把粮食赠送给国内的人们，每户一钟，因此得到郑国百姓的拥护。所以罕氏经常掌握国政，作为上卿。宋国司城子罕听到这件事，说："接近于善，这是百姓的期望。"宋国也发生饥荒，司城子罕向宋平公请求，拿出公家的粮食借给百姓；让大夫也都出借粮食。司城氏出借粮食而不写借约，又拿出自己的粮食以缺少粮食的大夫的名义借给百姓。宋国没有挨饿的人。叔向听说这件事，说："郑国的罕氏、宋国的乐氏，大约是最后灭亡的啊，两家恐怕都要掌握国政吧！这是因为百姓归向他们的缘故。施惠而不自以为恩德，乐氏就更高一筹了，大概会随着宋国的盛衰而盛衰吧！"

晋平公，是杞女所生的，所以整修杞国的城墙。六月知悼子会合诸侯的大夫来整修杞国城墙，孟孝伯参加了。郑国的子大叔和伯石前去。子大叔见到大叔文子，和他说话。文子说："为杞国筑城墙这件事太过分了！"子大叔说："拿他怎么办啊！晋国不担心周室的衰微，却保护夏朝的残余。它会丢弃姬姓诸国，也就可以想象到了。姬姓诸国都要丢弃，还有谁归向他？吉听说，丢弃同姓而靠近异姓，这叫作离德。《诗经》说：'亲近他的近亲，亲戚就会和他来往友好。'晋国不把同姓看作近亲，还有谁来和他来往友好？"

齐国的高子容和宋国的司徒进见知伯，女齐做相礼。客人出去，女齐对知伯说："这二位都将不免于祸难。子容专权，司徒奢侈，都是使家族灭亡的大夫。"知伯说："怎么呢？"女齐回答说："专权就会很快及于祸难，奢侈将会由于力量强大而致死，专权别人就会致他于死地，他将要及于祸难了。"

范献子来鲁国聘问，拜谢在杞国修筑城墙。襄公设享礼招待他，展庄叔捧着束帛。参加射礼的人是三对，公臣的人选不够，在家臣中选取。家臣：展瑕、展玉父为一对；公臣：公巫召伯、仲颜庄叔为一对，鄅鼓父、党叔为一对。

晋侯派司马女叔侯来鲁国办理让鲁国归还杞国田地的事，但没有全部归还给杞国。晋悼夫人生气地说："女齐办理归还杞国田地的事，先君如果有知，不会支持他这样办的！"晋侯告诉了叔侯，叔侯说："虞国、虢国、焦国、滑国、霍国、扬国、韩国、魏国，都是姬

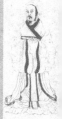

姓,晋国因此强大。如果不是侵占小国,将要从哪里取得呢?武公、献公以来,兼并的国家就多了,哪个国家能够恢复并得以治理?杞国,是夏朝的后代,而接近东夷。鲁国,是周公的后代,并和晋国和睦。把杞国封给鲁国还是可以的,为什么要求鲁国全部归还杞国田地呢?鲁国对于晋国,贡品不缺,玩物按时送到,公卿大夫一个接一个前来朝见,史官没有中断过记载,国库没有一个月不接受贡品。像这样就可以了,何必要削弱鲁国而增强杞国呢?而且先君如果有知,就宁可让夫人去办,哪里用得着我老臣?"

杞文公来鲁国结盟,《春秋》记载他为"子",这是轻视他。

吴国的公子札前来鲁国聘问,见到叔孙穆子,很喜欢他。他对穆子说:"您恐怕不得善终吧!喜欢善良却不能够选择善人。我听说君子应致力于选择善人。您身为鲁国宗卿,承担着国政,不慎重举拔善人,怎么能受得了呢?祸患必然殃及到您。"

公子札请求观看、聆听周朝的舞蹈和音乐。于是让乐工给他歌唱《周南》《召南》。季札说:"美好啊!开始奠定基础了,还没有完成。然而老百姓勤劳而不怨恨了。"给他歌唱《邶风》《鄘风》《卫风》。季札说:"美好啊,深厚啊!忧愁而不困窘。我听说卫康叔、武公的德就像这样,这恐怕是《卫风》吧!"给他歌唱《王风》。季札说:"美好啊!忧思而不害怕,恐怕是周室东迁以后的诗歌吧!"给他歌唱《郑风》。季札说:"美好啊!但是它琐碎得太过分了,百姓不能忍受的,这恐怕是要先灭亡的吧!"给他歌唱《齐风》。季札说:"美好啊!宏大啊,大国之风啊!作为东海一带诸侯表率的,恐怕是太公的国家吧!国家不可限量。"给他歌唱《豳风》。季札说:"美好啊,博大啊!欢乐而不过度,恐怕是周公东征的音乐吧!"给他歌唱《秦风》。季札说:"这就叫作诸夏之声。能发夏声,自然声音宏大,大到极点了,恐怕是周室的旧乐吧!"给他歌唱《魏风》。季札说:"美好啊,轻盈浮动啊!粗犷而又婉转,艰难而容易推行,再用德行来辅助,就是贤明的君主了。"给他歌唱《唐风》。季札说:"思虑深沉啊!恐怕有陶唐氏的遗民吧!不然,为什么忧思得那么深远呢?不是美德者的后代,谁能够像这样啊!"给他歌唱《陈风》。季札说:"国家没有主人,难道能够长久吗?"从《桧风》以下,就没有批评了。给他歌唱《小雅》。季札说:"美好啊!忧愁而没有背叛之心,怨恨而不倾吐,恐怕是周朝德行衰微时的乐章吧!还是有先王的遗民啊。"给他歌唱《大雅》。季札说:"宽广啊,和美啊!抑扬曲折而有刚健劲直的骨力,恐怕是文王的德行吧!"给他歌唱《颂》。季札说:"达到顶点了!刚健而不放肆,曲折而不卑下,紧密而不逼迫,悠远而不游离,多变化而不过火,多反复重叠而不使人厌倦,哀伤而不忧愁,欢乐而不过度,使用而不匮乏,广博而不显露,施舍而不耗损,收取而不贪婪,静止而不停滞,行进而不流荡。五声和谐,八音协调。节拍有一定的尺度,乐器鸣奏按照一定的次序,这都是有盛德的人所共同具有的。"吴公子札看到跳《象箾》《南籥》舞,说:"美好啊!但还有遗憾。"看到跳《大武》舞,说:"美好啊!周朝兴盛的时候,恐怕就像这样吧!"看到跳《韶濩》舞,说:"像圣人那样的伟大,尚且还有缺点,可见当圣人不容易啊!"看到跳《大夏》舞,说:"美好啊!勤劳于民事而不自以为有功,不是禹,还有谁能做得到呢?"看到跳《韶箾》舞,说:"功德到达顶点了,伟大啊!好像上天无不覆盖似的,好

像大地无不装载似的。盛德到达顶点,恐怕不能再比这有所增加了。聆听观赏这种音乐舞蹈达到止境了！如果还有其他的音乐,我不敢再请求了。"

公子札出国聘问,是为了向各国通告吴国继位的国君。因此他就到齐国聘问,喜爱晏平仲,对他说:"您赶快交还封邑和政权。没有封邑没有政权,这才能免于祸难。齐国的政权,将会有所归属,没有得到归属,祸难不会停息。"所以晏子通过陈桓子交还了政权和封邑,因此而免于栾氏、高氏发动的祸难。

公子札到郑国聘问,见到子产,好像老相识。送给子产白绢大带,子产献上麻织的衣服。公子札对子产说:"郑国的执政奢侈,祸难将要到来了,政权必定落到您身上。您执政,要用礼仪来谨慎地处事。否则,郑国将会败坏。"

公子札到卫国,喜爱蘧瑗、史狗、史鳔、公子荆、公叔发、公子朝,公子札说:"卫国的君子很多,不会有祸患。"

公子札从卫国去晋国,准备在卫国的戚地住宿。听到了钟声,公子札说:"奇怪啊！我听说了:'发动变乱而没有德行,必定遭到诛戮。'这一位就在这里得罪国君,害怕还来不及,又有什么可以寻欢作乐的？这一位在这里,就像燕子在帐幕上做巢。国君又正停枢没有安葬,可以寻欢作乐吗?"于是就离开戚地。孙文子听到了公子札这番话,到死不再听音乐。

公子札到晋国,喜爱赵文子、韩宣子、魏献子,说:"晋国的政权大概要聚集在这三家了!"他喜欢叔向,将要离别时,对叔向说:"您努力吧！国君奢侈而优秀的臣下很多,大夫都富有,政权将要归于私家。您喜欢直言,一定要考虑使自己免于祸难。"

秋季,九月,齐国公孙虿、公孙灶放逐他们的大夫高止到北燕。九月初二日,出国。《春秋》记载说"出奔",这是归罪于高止。高止喜欢生事而且自己居功,同时专权,所以祸难到了他身上。

冬季,孟孝伯到晋国,是为了回报范叔的聘问。

为了高氏遭受祸难的缘故,高竖盘踞卢地叛乱。十月二十七日,闾丘婴领兵包围卢地。高竖说:"如果让高氏有后代,我请求把封邑归还给国君。"齐国人立了敬仲的曾孙酅为高氏继承人,这是认为敬仲贤良之故。十一月二十三日,高竖归还卢地逃奔到晋国,晋国人在绵地筑城把他安置在那里。

郑国的伯有派公孙黑去楚国,公孙黑推辞说:"楚国、郑国正在互相憎恨,却让我去,这等于杀死我。"伯有说:"你家世代都是外交官。"公孙黑说:"可以去就去,有危难就不去,有什么世代不世代的?"伯有要强迫他去。公孙黑发怒,准备攻打伯有氏,大夫们给他们和解。十二月初七日,郑国的大夫们在伯有家里结盟。裨谌说:"这次结盟,能管多长时间呢?《诗》说:'君子多次结盟,祸乱因此滋长。'现在这样是滋长祸乱的做法。祸乱不能停歇,一定要三年然后能解除。"然明说:"政权将会落到哪家?"裨谌说:"善良的代替不善良的,这是天命,政权怎么能避开子产？如果不越级举拔别人,那么按班次子产应该位居执政。选择善人而举拔,就为世人所尊重。上天又为子产清除障碍,使伯有丧失

了精神。子西去世了,子产哪能避开执政?上天降祸给郑国很久了,大概一定要让子产平息它,郑国还可以安定。不这样,郑国将要灭亡了。"

襄公三十年

【原文】

三十年:春,王正月,楚子使薳罢来聘。

夏,四月,蔡世子般弑其君固。

五月甲午,宋灾。宋伯姬卒。

天王杀其弟佞夫。

王子瑕奔晋。

秋,七月,叔弓如宋,葬宋共姬。

郑良霄出奔许,自许入于郑。郑人杀良霄。

冬,十月,葬蔡景公。

晋人、齐人、宋人、卫人、郑人、曹人、莒人、邾人、滕人、薛人、杞人、小邾人会于澶渊,宋灾故。

三十年春,王正月,楚子使薳罢来聘,通嗣君也。穆叔问:"王子之为政何如?"对曰:"吾侪小人食而听事,犹惧不给命而不免于戾,焉与知政?"固问焉,不告。穆叔告大夫曰:"楚令尹将有大事,子荡将与焉助之,匿其情矣。"

子产相郑伯以如晋,叔向问郑国之政焉。对曰:"吾得见与否,在此岁也。驷、良方争,未知所成。若有所成,吾得见,乃可知也。"叔向曰:"不既和矣乎?"对曰:"伯有侈而愎,子晳好在人上,莫能相下也。虽其和也,犹相积恶也。恶至无日矣!"

(三)〔二〕月癸未,晋悼夫人食舆人之城杞者。绛县人或年长矣,无子而往,与于食。有与疑年,使之年,曰:"臣小人也,不知纪年。臣生之岁,正月甲子朔,四百有四十五甲子矣,其季于今三之一也。"吏走问诸朝。师旷曰:"鲁叔仲惠伯会郤成子于承匡之岁也。是岁也,狄伐鲁,叔孙庄叔于是乎败狄于咸,获长狄侨如及虺也、豹也,而皆以名其子。七十三年矣。"史赵曰:"亥有二首六身,下二如身,是其日数也。"士文伯曰:"然则二万(二)〔六〕千六百有六旬也。"

赵孟问其县大夫,则其属也。召之,而谢过焉,曰:"武不才,任君之大事,以晋国之多虞,不能由吾子,使吾子辱在泥涂久矣,武之罪也。敢谢不才!"遂仕之,使助为政;辞以老。与之田,使为君复陶,以为绛县师,而废其舆尉。

于是鲁使者在晋,归以语诸大夫。季武子曰:"晋未可媮也。有赵孟以为大夫,有伯瑕以为佐,有史赵、师旷而咨度焉,有叔向、女齐以师保其君:其朝多君子,其庸可媮乎?勉事之而后可。"

夏四月己亥，郑伯及其大夫盟。君子是以知郑难之不已也。

蔡景侯为大子般娶于楚，通焉。大子弑景侯。

初，王儋季卒，其子括将见王，而叹。单公子愆期为灵王御士，过诸廷，闻其叹而言曰："乌乎！必有此夫！"入以告王且曰："必杀之！不感而愿大，视躁而足高，心在他矣。不杀，必害！"王曰："童子何知！"及灵王崩，儋括欲立王子佞夫，佞夫弗知。戊子，儋括围茇，逐成愆；成愆奔平畤。五月癸巳，尹言多、刘毅、单蔑、甘过、巩成杀佞夫。括、瑕、廖奔晋。书曰"天王杀其弟佞夫"，罪在王也。

或叫于宋大庙，曰："嘻嘻，出出！"鸟鸣于亳社，如曰"嘻嘻"。甲午，宋大灾。宋伯姬卒，待姆也。君子谓宋共姬女而不妇，女待人，妇义事也。

六月，郑子产如陈莅盟。归复命，告大夫曰："陈，亡国也，不可与也。聚禾粟，缮城郭，恃此二者而不抚其民。其君弱植，公子侈，大子卑，大夫敖，政多门，以介于大国，能无亡乎？不过十年矣！"

秋七月，叔弓如宋，葬共姬也。

郑伯有耆酒，为窟室，而夜饮酒，击钟焉。朝至未已，朝者曰："公焉在？"其人曰："吾公在壑谷。"皆自朝布路而罢。既而朝，则又将使子晳如楚，归而饮酒。庚子，子晳以驷氏之甲伐而焚之。伯有奔雍梁，醒而后知之；遂奔许。大夫聚谋，子皮曰："《仲虺之志》云：'乱者取之，亡者侮之。'推亡固存，国之利也。罕、驷、丰同生，伯有（汏）〔汰〕侈，故不免。"

人谓子产："就直助强。"子产曰："岂为我徒？国之祸难，谁知所敝？或主强直，难乃不生。姑成吾所。"辛丑，子产敛伯有氏之死者而殡之，不及谋而遂行。印段从之，子皮止之。众曰："人不我顺，何止焉？"子皮曰："夫子礼于死者，况生者乎？"遂自止之。壬寅，子产入。癸卯，子石入。皆受盟于子晳氏。

乙巳，郑伯及其大夫盟于大宫，盟国人于师之梁之外。伯有闻郑人之盟己也，怒；闻子皮之甲不与攻己也，喜，曰："子皮与我矣！"癸丑晨，自墓门之渎入，因马师颉介于襄库，以伐旧北门。驷带率国人以伐之。皆召子产。子产曰："兄弟而及此，吾从天所与。"伯有死于羊肆。子产襚之，枕之股而哭之，敛而殡诸伯有之臣在市侧者，既而葬诸斗城。子驷氏欲攻子产。子皮怒之，曰："礼，国之干也。杀有礼，祸莫大焉！"乃止。

于是游吉如晋还，闻难不入，复命于介。八月甲子，奔晋。驷带追之，及酸枣，与子上（盟）用两珪质于河。使公孙肸入盟大夫。己巳，复归。

书曰"郑人杀良霄"，不称"大夫"，言自外入也。

于子蟜之卒也，将葬，公孙挥与裨灶晨会事焉。过伯有氏，其门上生莠。子羽曰："其莠犹在乎？"于是岁在降娄，降娄中而旦，裨灶指之曰："犹可以终岁。岁不及此次也已。"及其亡也，岁在娵訾之口，其明年乃及降娄。

仆展从伯有，与之皆死。羽颉出奔晋，为任大夫。鸡泽之会，郑乐成奔楚，遂适晋。羽颉因之，与之比而事赵文子，言伐郑之说焉。以宋之盟故，不可。

子皮以公孙钮为马师。

楚公子围杀大司马芳掩而取其室。申无宇曰："王子必不免！善人，国之主也。王子相楚国，将善是封殖；而虐之，是祸国也。且司马，令尹之偏而王之四体也。绝民之主，去身之偏，艾王之体，以祸其国，无不祥大焉，何以得免？"

为宋灾故，诸侯之大夫会以谋归宋财。冬十月，叔孙豹会晋赵武、齐公孙虿、宋向戍、卫北宫佗、郑罕虎及小邾之大夫，会于澶渊。既而无归于宋，故不书其人。君子曰："信其不可不慎乎！澶渊之会，卿不书，不信也。夫诸侯之上卿会而不信，宠名皆弃，不信之不可也如是！《诗》曰：'文王陟降，在帝左右。'信之谓也。又曰：'淑慎尔止，无载尔伪。'不信之谓也。"书曰"某人某人会于澶渊，宋灾故"，尤之也。不书鲁大夫，讳之也。

郑子皮授子产政。辞曰："国小而偪，族大宠多，不可为也。"子皮曰："虎帅以听，谁敢犯子？子善相之！国无小，小能事大，国乃宽。"

子产为政，有事伯石，赂与之邑。子大叔曰："国，皆其国也，奚独赂焉？"子产曰："无欲实难。皆得其欲，以从其事而要其成。非我有成，其在人乎？何爱于邑？邑将焉往？"子大叔曰："若四国何？"子产曰："非相违也，而相从也，四国何尤焉？《郑书》有之曰：'安定国家，必大焉先。'姑先安大，以待其所归。"既，伯石惧而归邑，卒与之。伯有既死，使大史命伯石为卿，辞；大史退，则请命焉；复命之，又辞。如是三，乃受策入拜。子产是以恶其为人也，使次己位。

子产使都鄙有章，上下有服，田有封洫，庐井有伍。大人之忠俭者，从而与之；泰侈者，因而毙之。

丰卷将祭，请田焉。弗许，曰："唯君用鲜，众给而已。"子张怒，退而徵役。子产奔晋，子皮止之而逐丰卷。丰卷奔晋。子产请其田里，三年而复之，反其田里及其入焉。

从政一年，舆人诵之，曰："取我衣冠而褚之，取我田畴而伍之。孰杀子产？吾其与之。"及三年，又诵之，曰："我有子弟，子产诲之。我有田畴，子产殖之。子产而死，谁其嗣之？"

【译文】

鲁襄公三十年春天，周历正月，楚王派遣远罢前来聘问。夏季四月，蔡世子般杀死他的君上固。五月初五日，宋国发生火灾，宋国伯姬死亡。周天子杀死他的弟弟佞夫。王子瑕逃亡到晋国。秋季七月，叔弓到宋国，安葬宋共姬。郑国的良霄出逃到许国，从许国进入到郑国，郑国人杀死良霄。冬季十月，安葬蔡景公。晋国人、齐国人、宋国人、卫国人、郑国人、曹国人、莒国人、邾国人、滕国人、薛国人、杞国人、小邾国人在澶渊聚会，是为了宋国火灾的缘故。

鲁襄公三十年春季，周历正月，楚王派遣远罢来鲁国聘问，是为了通报楚国新君的继位。穆叔问道："王子围执政的情况怎么样？"远罢回答说："我等小人吃饭听使唤，还害怕

不能完成使命而不能免于罪过,哪里能参与政事?"再三地询问莛罢,他还是不说。穆叔告诉大夫说:"楚国的令尹将要兴起大事变,莛罢将参与,他协助令尹隐匿内情了。"

子产辅助郑伯到晋国,叔向询问郑国的政事。子产回答说:"我能否见到,就在这一年了。驷氏、良氏正在争斗,不知道怎么调和。假如有所调和,我能够见到,这就可以知道了。"叔向说:"不是已经和解了吗?"子产回答说:"伯有奢侈而又刚愎自用,子晳喜欢居于别人之上,两个人互不相让。虽然他们和解了,还是积聚了憎恶,争斗的到来不会有几天了。"

二月二十二日,晋悼夫人赐给修筑杞国城墙的役卒吃饭。绛县人中间有一个人年纪很大了,没有儿子而自己去筑城,参加吃饭。有人怀疑他的年龄,让他谈谈他的年龄。他说:"臣是小人,不知道记录年龄。臣生的那一年,是正月初一甲子日,经过四百四十五个甲子日了,最末一个甲子日到今天是三分之一周甲。"官吏先到朝廷询问,师旷说:"这是鲁国的叔仲惠伯在承匡会见郤成子的那一年。这一年,狄人攻打鲁国。叔孙庄叔当时在鹹地打败狄人,俘虏了长狄的侨如和虺、豹,并都用来给他儿子取名。满七十三岁了。"史赵说:"亥字是'二'字头'六'字身,把'二'拿下来当作身子,这就是他的日子数。"士文伯说:"那么是二万六千六百六十天了。"

赵孟问起老人的县大夫,原来就是他的下属。他把老人召来,向他道歉,说:"武没有才能,担任了国君的重要职责,由于晋国多有忧患,没有能任用您,让您辱居草野已经很久了,这是武的罪过。谨由于没有才能向您道歉。"于是让他做官,派他辅助自己执政。老人以年老辞谢。给了他土地,让他为国君主持免除徭役的事务,做绛地县师,而撤销了征发他的舆尉的职务。

这时,鲁国的使者正在晋国,回去把这些事告诉了大夫们。季武子说:"晋国不可以轻视啊。有赵孟做执政大夫,有伯瑕做辅佐,有史赵、师旷可以咨询,有叔向、女齐做国君的师保。晋国朝廷上君子很多,难道可以轻视吗?尽力侍奉他们然后才可以。"

夏季四月某日,郑伯和他的大夫结盟。君子因此知道郑国的祸难没有结束。

蔡景侯为太子般在楚国娶妻,又和儿媳妇私通。太子杀死了景侯。

起初,周灵王的弟弟儋季死,他的儿子儋括将要进见灵王而叹息。单国的公子愆期做灵王侍卫,经过朝廷,听到他的叹息声,就说:"啊!一定是想要占有这里吧!"愆期进去把儋括的情况报告灵王,而且说:"一定得杀了他!他不悲哀而愿望大,目光不定而抬脚高,心在其他地方了。不杀,一定有祸害。"灵王说:"小孩子知道什么!"等到灵王去世,儋括想要立王子佞夫。佞夫不知道。四月二十八日,儋括包围芳邑,赶走了成愆。成愆逃亡到平畤。五月初四日,尹言多、刘毅、单蔑、甘过、巩成杀了佞夫。括、瑕、廖逃亡到晋国。《春秋》记载说"天王杀死他的弟弟佞夫",是由于罪过在周天子。

有人在宋国太庙里大喊,说"谯谯!出出!"鸟在亳社上鸣叫,声音好像在说:"谯谯"。五月初五日,宋国发生大火灾。宋伯姬被火烧死,是因为等待保姆。君子认为:"宋伯姬奉行的是闺女而不是媳妇的守则。闺女应当等待保姆,媳妇就可以根据情况行事。"

六月，郑国的子产到陈国参加结盟，回来，复命。子产告诉大夫们说："陈国，是要灭亡的国家，不能结为友好，他们聚集粮食，修理城郭，依靠这两条，却不安抚他们的百姓。他们的国君根基不固，公子奢侈，太子卑微，大夫骄傲，政事各行其是，凭这种情况处于大国之间，能不灭亡吗？不超过十年了。"

秋季七月，叔弓到宋国，是由于安葬共姬。

郑国的伯有嗜好喝酒，修建了地下室，并在夜里喝酒，击钟奏乐，朝见的人来到，他还没有喝完。朝见的人说："主人在哪里？"他手下的人说："我们的主人在山沟里。"朝见的人都从朝堂分路回去。不久以后朝见郑伯，又要派子晳去楚国，回家以后又喝酒。七月十一日，子晳带领驷氏的甲士攻打伯有并放火烧了他的家。伯有逃亡到雍梁，酒醒以后才明白是怎么回事，于是就逃亡到许国。郑国的大夫们聚在一起商量。子皮说："《仲虺之志》说：'动乱的就攻取它，灭亡的就欺侮它。摧毁灭亡的而巩固存在的，这是国家的利益。'罕氏、驷氏、丰氏是同胞兄弟，伯有骄傲奢侈，所以不免于祸难。"

有人对子产说："要靠拢正直的帮助强大的。"子产说："难道他们是我的同党？国家的祸难，谁知道怎么止息？假如有人主持国政，力量既强大为人又正直，祸难就不会发生。姑且保住我不偏袒的地位吧。"七月十二日，子产收了伯有氏死者的尸体加以殡葬，等不到和大夫们商量就出走。印段跟从着他。子皮不让他走。众人说："人家不顺从我们，为什么不让他走？"子皮说："这位对死去的人有礼，何况对活着的人呢？"于是就亲自劝阻子产。七月十三日，子产进入国都。十四日，印段进入国都。两人都在子晳家里接受了盟约。

十六日，郑伯和他的大夫们在太庙结盟，和国人在师之梁门外结盟。伯有听说郑国人为他而结盟，很生气，听说子皮的甲士没有参与攻打他，很高兴，说："子皮亲附我了。"二十四日，清晨，伯有从墓门的排水洞进城，依靠马师颉用襄库的皮甲装备士兵，带着他们攻打旧北门。驷带率领国人攻打伯有。两家都召请子产相助。子产说："兄弟之间到了这个地步，我服从上天所保佑的一家。"伯有死在卖羊的街市上，子产给伯有的尸体穿上衣服，头枕在伯有的大腿上而为他号哭，收尸并把棺材停放在住在街市旁边的伯有家臣的家里。不久把他埋葬在斗城。子驷氏想要攻打子产，子皮对他们发怒说："礼仪，是国家的支柱。杀有礼的人，没有比这再大的祸患了。"于是就停止了。

这时游吉去晋国回来，听说发生祸难，不进入，让副手回来复命。八月初六日，逃亡到晋国。驷带追赶他，到达酸枣。游吉和驷带结盟，把两块玉圭沉在黄河里表示诚信。他让公孙肸进入国都和大夫结盟。十一日，游吉再次回到郑国。

《春秋》记载说"郑人杀良霄"，不称他为大夫，这是说伯有从国外进来的。

子蟜死了以后，将要安葬他，公孙挥和神灶早晨会商丧事。路过伯有氏，他的门上长了狗尾草。公孙挥说："他的狗尾草还在吗？"当时岁星在降娄，降娄星在天空中部天就亮了。神灶指着降娄星说："还可以等岁星绕日一周，不过活不到岁星再到这个位次就是了。"等到伯有被杀，岁星正在娵訾的口上。下一年，才到达降娄。

仆展跟随伯有,和他一起死去。羽颉逃奔到晋国,做了任邑的大夫。鸡泽的会盟,郑国的乐成逃亡到楚国,于是又到了晋国。羽颉依靠他,和他勾结,侍奉赵文子,提出攻打郑国的建议。由于在宋国盟誓的缘故,赵文子不同意。

子皮让公孙钼做了马师。

楚国的公子围杀了大司马芳掩并占有他的家产。申无宇说:"王子一定不能免于祸难。善人,是国家的栋梁。王子辅佐楚国,应该培养善人,现在反而对他们暴虐,这是危害国家。况且司马,是令尹的辅佐,也是国君的手足。断绝百姓的栋梁,去掉自己的辅佐,斩断国君的肢体,以危害他的国家,没有比这更大的不吉利了! 怎么能够免于祸难呢?"

为了宋国火灾的缘故,诸侯的大夫会见,以商量赠送宋国财货。冬季十月,鲁国的叔孙豹会合晋国的赵武、齐国的公孙虿、宋国的向戌、卫国的北宫佗、郑国的罕虎以及小邾国的大夫,在澶渊会见。会见完了没有赠送给宋国什么东西,所以《春秋》没有记载与会者的姓名。君子说:"信用恐怕不能不谨慎吧! 澶渊的会见,不记载卿的名字,这是由于不守信用的缘故。诸侯的上卿,会见了又不守信用,他们尊贵的姓名都被抛弃了,不守信用是这样的不可以啊!《诗》说:'文王或升或降,都在天帝的左右。'这说的是守信用。又说:'好好地谨慎你的举止,不要表现你的虚伪。'这说的是不守信用。"《春秋》记载说"某人某人会于澶渊,宋灾故",这是责备他们。不记载鲁国的大夫,这是由于替他隐瞒。

郑国的子皮把政权交付给子产,子产推辞说:"国家小而逼近大国,公族庞大而受宠的人众多,我不能治理好。"子皮说:"虎率领公族听从您,谁敢触犯您? 您好好地辅助国政。国家不在于小,小国能够侍奉大国,国家就可以得到宽舒和缓了。"

子产治理政事,有事情需要伯石去办,赠送给他城邑。子太叔说:"国家是大家的国家,为什么独独送给他城邑?"子产说:"要没有欲望实在是难的。都满足他们的欲望,去办他们的事情,并取得成功。这不是我的成功,难道是别人的成功吗? 对城邑有什么吝惜的,它会跑到哪里去呢?"子太叔说:"四方的邻国将会怎么看?"子产说:"这样做不是为了互相违背,而是为了互相顺从,四方的邻国对我们有什么可责怪的呢?《郑书》上有这样的话:'安定国家,一定要优先安定大族。'姑且先安定大族,以等待它的结果。"不久,伯石害怕而交回封邑,最后还是给了他。伯有死了以后,郑伯让太史去命令伯石做卿,伯石推辞。太史退出,伯石又请求太史重新任命。太史再来任命,他又推辞。像这样一连三次,这才接受策书入朝拜谢。子产因此讨厌伯石的为人,就让他居于仅次于自己的地位。

子产让城市和边远地区一切事物都有一定的规章,上下尊卑各有职责,田地有疆界和沟渠,使百姓聚居区五家为一组互相保护。对忠诚俭朴的卿大夫,就听从和亲近他;对骄横奢侈的,就依法惩治他。

丰卷将要祭祀,请求打猎获取祭品。子产不答应,说:"只有国君祭祀才用新杀的动物,一般人只用普遍的祭品就可以了。"丰卷发怒,退出以后就招集兵卒。子产要逃亡到

晋国,子皮阻止他而驱逐了丰卷。丰卷逃亡到晋国。子产请求郑君不要没收他的田地住宅,三年后让丰卷回国,把他的田地住宅和一切收入都还给了他。

子产执政一年,众人歌唱道:"收取我的衣帽来贮藏,收取我的耕地重安排。谁杀死子产,我将给他帮忙!"到了三年,众人又唱道:"我有子弟,子产来教诲;我有田地,子产来栽培,子产如果死去,谁来继位?"

襄公三十一年

【原文】

三十有一年:春,王正月。

夏,六月辛巳,公薨于楚宫。

秋,九月癸巳,子野卒。

己亥,仲孙羯卒。

冬,十月,滕子来会葬。

癸酉,葬我君襄公。

十有一月,莒人弑其君密州。

三十一年春,王正月,穆叔至自会,见孟孝伯,语之曰:"赵孟将死矣。其语偷,不似民主;且年未盈五十,而谆谆焉如八、九十者:弗能久矣。若赵孟死,为政者其韩子乎!吾子盍与季孙言之?可以树善,君子也。晋君将失政矣。若不树焉,使早备鲁;既而政在大夫,韩子懦弱,大夫多贪,求欲无厌,齐、楚未足与也,鲁其惧哉!"孝伯曰:"人生几何,谁能无偷?朝不及夕,将安用树?"穆叔出而告人曰:"孟孙将死矣。吾语诸赵孟之偷也,而又甚焉!"又与季孙语晋故,季孙不从。

及赵文子卒,晋公室卑,政在侈家。韩宣子为政,不能图诸侯。鲁不堪晋求,诲慝弘多,是以有平丘之会。

齐子尾害闾丘婴,欲杀之,使帅师以伐阳州。我问师故。夏五月,子尾杀闾丘婴以说于我师。工偻洒、渻灶、孔虺、贾寅出奔莒。出群公子。

公作楚宫。穆叔曰:"《大誓》云:'民之所欲,天必从之。'君欲楚也夫,故作其宫。若不复适楚,必死是宫也。"六月辛巳,公薨于楚宫。叔仲带窃其拱璧以与御人,纳诸其怀而从取之,由是得罪。

立胡女敬归之子子野,次于季氏。秋九月癸巳,卒,毁也。

己亥,孟孝伯卒。

立敬归之娣齐归之子公子裯。穆叔不欲,曰:"大子死,有母弟则立之,无则立长;年钧择贤,义钧则卜:古之道也。非适嗣,何必娣之子?且是人也,居丧而不哀,在戚而有嘉容,是谓不度。不度之人,鲜不为患。若果立之,必为季氏忧。"武子不听,卒立之。比及

葬，三易衰，衰袳如故衰。于是昭公十九年矣，犹有童心，君子是以知其不能终也。

冬十月，滕成公来会葬，惰而多涕。子服惠伯曰："滕君将死矣。怠于其位而哀已甚，兆于死所矣，能无从乎？"癸酉，葬襄公。

公薨之月，子产相郑伯以如晋，晋侯以我丧故，未之见也。子产使尽坏其馆之垣而纳车马焉。士文伯让之，曰："敝邑以政刑之不修，寇盗充斥，无若诸侯之属辱在寡君者何，是以令吏人完客所馆，高其闱闳，厚其墙垣，以无忧客使。今吾子坏之，虽从者能戒，其若异客何？以敝邑之为盟主，缮完葺墙，以待宾客。若皆毁之，其何以共命？寡君使（句）〔匄〕请命。"对曰："以敝邑褊小，介于大国，诛求无时，是以不敢宁居，悉索敝赋，以来会时事。逢执事之不间，而未得见，又不获闻命，未知见时。不敢输币，亦不敢暴露。其输之，则君之府实也，非荐陈之，不敢输也。其暴露之，则恐燥湿之不时而朽蠹，以重敝邑之罪。侨闻文公之为盟主也，宫室卑庳，无观台榭，以崇大诸侯之馆，馆如公寝；库厩缮修，司空以时平易道路，圬人以时塓馆宫室；诸侯宾至，甸设庭燎，仆人巡宫，车马有所，宾从有代，巾车脂辖，隶人牧圉，各瞻其事；百官之属，各展其物；公不留宾，而亦无废事；忧乐同之，事则巡之，教其不知，而恤其不足。宾至如归，无宁灾患？不畏寇盗，而亦不患燥湿。今铜鞮之宫数里，而诸侯舍于隶人，门不容车，而不可逾越；盗贼公行，而（夭）〔天〕厉不戒。宾见无时，命不可知。若又勿坏，是无所藏币以重罪也。敢请执事，将何所命之？虽君之有鲁丧，亦敝邑之忧也。若获荐币，修垣而行，君之惠也，敢惮勤劳？"

文伯复命，赵文子曰："信。我实不德，而以隶人之垣以赢诸侯，是吾罪也。"使士文伯谢不敏焉。晋侯见郑伯，有加礼，厚其宴好而归之。乃筑诸侯之馆。

叔向曰："辞之不可以已也如是夫！子产有辞，诸侯赖之。若之何其释辞也？《诗》曰：'辞之辑矣，民之协矣；辞之绎矣，民之莫矣。'其知之矣。"

郑子皮使印段如楚，以适晋告，礼也。

莒犁比公生去疾及展舆。既立展舆，又废之。犁比公虐，国人患之。十一月，展舆因国人以攻莒子，弑之，乃立。去疾奔齐，齐出也。展舆，吴出也。书曰"莒人弑其君买朱鉏"，言罪之在也。

吴子使屈狐庸聘于晋，通路也。赵文子问焉，曰："延州来季子其果立乎？巢陨诸樊，阍戕戴吴，天似启之，何如？"对曰："不立。是二王之命也，非启季子也。若天所启，其在今嗣君乎？甚德而度：德不失民，度不失事，民亲而事有序，其天所启也。有吴国者，必此君之子孙实终之。季子守节者也，虽有国，不立。"

十二月，北宫文子相卫襄公以如楚，宋之盟故也。过郑，印段迋劳于棐林，如聘礼而以劳辞。文子入聘，子羽为行人，冯简子与子大叔逆客。事毕而出，言于卫侯曰："郑有礼，其数世之福也。其无大国之讨乎？《诗》云：'谁能执热，逝不以濯？'礼之于政，如热之有濯也。濯以救热，何患之有？"

子产之从政也，择能而使之：冯简子能断大事。子大叔美秀而文。公孙挥能知四国之为，而辨于其大夫之族姓、班位、贵贱、能否，而又善为辞令。裨谌能谋，谋于野则获，谋

于邑则否。郑国将有诸侯之事，子产乃问四国之为于子羽，且使多为辞令；与裨谌乘以适野，使谋可否；而告冯简子，使断之；事成，乃授子大叔使行之，以应对宾客。是以鲜有败事，北宫文子所谓"有礼"也。

郑人游于乡校，以论执政。然明谓子产曰："毁乡校，何如？"子产曰："何为？夫人朝夕退而游焉，以议执政之善否。其所善者，吾则行之；其所恶者，吾则改之，是吾师也，若之何毁之？我闻忠善以损怨，不闻作威以防怨。岂不遽止？然犹防川：大决所犯，伤人必多，吾不克救也；不如小决使道。不如吾闻而药之也。"然明曰："蔑也今而后知吾子之信可事也。小人实不才。若果行此，其郑国实赖之，岂唯二三臣？"仲尼闻是语也，曰："以是观之，人谓子产不仁，吾不信也。"

子皮欲使尹何为邑，子产曰："少，未知可否。"子皮曰："愿。吾爱之，不吾叛也。使夫往而学焉，夫亦愈知治矣。"子产曰："不可！人之爱人，求利之也。今吾子爱人则以政，犹未能操刀而使割也，其伤实多。子之爱人，伤之而已，其谁敢求爱于子？子于郑国，栋也。栋折榱崩，侨将厌焉，敢不尽言？子有美锦，不使人学制焉。大官、大邑，身之所庇也，而使学者制焉，其为美锦不亦多乎？侨闻学而后入政，未闻以政学者也。若果行此，必有所害。譬如田猎，射御贯则能获禽，若未尝登车射御，则败绩厌覆是惧，何暇思获？"子皮曰："善哉！虎不敏。吾闻君子务知大者远者，小人务知小者近者。我小人也。衣服附在吾身，我知而慎之；大官、大邑所以庇身也，我远而慢之。微子之言，吾不知也。他日我曰：子为郑国、我为吾家以庇焉，其可也。'今而后知不足。自今请虽吾家，听子而行。"子产曰："人心之不同，如其面焉。吾岂敢谓子面如吾面乎？抑心所谓危，亦以告也。"子皮以为忠，故委政焉，子产是以能为郑国。

卫侯在楚，北宫文子见令尹围之威仪，言于卫侯曰："令尹（似）〔以〕君矣，将有他志。虽获其志，不能终也。《诗》云：'靡不有初，鲜克有终。'终之实难，令尹其将不免。"公曰："子何以知之？"对曰："《诗》云：'敬慎威仪，惟民之则。'令尹无威仪，民无则焉。民所不则，以在民上，不可以终。"公曰："善哉！何谓威仪？"对曰："有威而可畏谓之威，有仪而可象谓之仪。君有君之威仪，其臣畏而爱之，则而象之，故能有其国家，令闻长世。臣有臣之威仪，其下畏而爱之，故能守其官职，保族宜家。顺是以下皆如是，是以上下能相固也。《卫诗》曰：'威仪棣棣，不可选也。'言君臣、上下、父子、兄弟、内外、大小皆有威仪也。《周诗》曰：'朋友攸摄，摄以威仪。'言朋友之道，必相教训以威仪也。《周书》数文王之德，曰：'大国畏其力，小国怀其德。'言畏而爱之也。《诗》云：'不识不知，顺帝之则。'言则而象之也。纣囚文王七年，诸侯皆从之囚，纣于是乎惧而归之，可谓爱之。文王伐崇，再驾而降为臣，蛮夷帅服，可谓畏之。文王之功，天下诵而歌舞之，可谓则之。文王之行，至今为法，可谓象之。有威仪也！故君子在位可畏，施舍可爱，进退可度，周旋可则，容止可观，作事可法，德行可象，声气可乐，动作有文，言语有章，以临其下，谓之有威仪也。"

【译文】

鲁襄公三十一年春天，周历正月。夏季六月二十八日，襄公死在楚宫里。秋季九月十一日，子野死。九月十七日，仲孙羯死。冬季十月，滕子前来鲁国参加葬礼。十月二十一日，安葬我国国君襄公。十一月，莒国人杀死他的君上密州。

鲁襄公三十一年春季，周历正月，穆叔从澶渊参加会见回来，进见孟孝伯，对他说："赵孟快要死了。他的话毫无远虑，不像百姓的主人。而且年纪不满五十，却絮絮叨叨好像八九十岁的人，不能活得很久了。如果赵孟死去，晋国执政的人恐怕是韩起吧！您何不跟季孙谈谈这件事，可以及早建立友善关系，韩起是个君子。晋国国君将要失去治国权力了，如果不去建立友善关系，让韩起早些为鲁国做点预备工作，不久以后晋国政权落到大夫手里，韩起懦弱，大夫大多贪婪，要求和欲望没有个满足，齐国、楚国却不足以亲附，鲁国恐怕就危险了！"孟孝伯说："人一辈子能有多久？谁能没有点苟且偷安？早晨活着到不了晚上，哪里用得着去建立友好关系？"穆叔出去，告诉别人说："孟孝伯快要死了。我告诉他赵孟苟且偷安，但他又超过赵孟。"穆叔又跟季孙谈晋国的事情，季孙不听从。

等到赵文子死，晋国公室地位下降，政权落在奢豪的家族手里。韩宣子执政，不能谋求晋国做诸侯霸主。鲁国承受不了晋国的需索，谗毁邪恶的小人很多，因此有了平丘之会。

齐国的子尾恐怕闾丘婴害己，想要杀掉他，就派他率兵攻打阳州。我国询问齐国出兵的缘故。夏季五月，子尾杀了闾丘婴，来向我军解释。工偻洒、渻灶、孔虺、贾寅逃亡到莒国。子尾驱逐了公子们。

鲁襄公建造楚国式的宫殿。穆叔说："《大誓》说：'百姓所要求的，上天必然听从。'国君想要楚国了，所以建造楚国式的宫殿。如果不再去楚国，必定死在这座宫殿里。"六月二十八日，襄公死在楚宫里。叔仲带偷了襄公的大璧，给了侍女，放在她的怀里，又跟着拿了过来，因此而得罪。

立了胡国女人敬归的儿子子野，住在季氏那里。秋季九月十一日，子野死，是由于哀痛过度。

九月十七日，孟孝伯死。

立了敬归的妹妹齐归的儿子公子裯为国君，穆叔不愿意，说："太子死了，有同母的弟弟，就立他；没有，就立年长的。年龄相当就选择贤能，贤能相当就占卜，这是古代的常规。死去的子野并不是嫡子，何必非要立他母亲妹妹的儿子？况且这个人，在丧事中却不悲哀，父亲死了反而有喜悦的脸色，这叫作不孝。不孝的人，很少不制造祸患。如果真的立了他，必定造成季氏的忧患。"季武子不听，终于立了他。等到安葬襄公时，他三次更换丧服，丧服的衣襟脏得好像旧丧服。当时昭公十九岁了，还有孩子脾气，君子因此知道他不能善终。

冬季十月，滕成公前来鲁国参加葬礼，表现得不恭敬而眼泪很多。子服惠伯说："滕

国的国君快要死了！在他的吊丧的位上表现懈怠，而悲哀太过分，在葬礼中已有预兆了，能不跟着死吗？"十月二十一日，安葬了襄公。

鲁襄公死去的那个月，子产辅佐郑伯到晋国，晋侯由于我国有丧事，没有会见他们。子产让人把宾馆的围墙全部拆毁了而把车马安放在里边。士文伯责备他，说："敝邑由于政事和刑罚不修明，盗贼到处都是，这对于屈驾来问候寡君的诸侯的臣属说来，是无可奈何的事，因此才派官吏修缮宾客所住的馆舍，大门修得高，围墙筑得厚，不让宾客使者担忧。现在您拆毁了它，虽然您的随从能够戒备，让别国的宾客又怎么办呢？由于敝邑是盟主，修缮围墙，以接待宾客。如果把它都拆毁了，那么将怎么供应宾客的需要呢？寡君派士前来请问拆毁围墙的用意。"子产回答说："由于敝邑狭小，处在大国之间，而大国索要贡物没有一定的时候，因此敝国国君不敢安居，搜索敝邑的全部财富，前来朝见，行聘问之礼。碰上执事没有工夫，没有能够见到，又没有得到命令，不知道进见的日期，我们不敢献上财礼，也不敢让它日晒夜露。如果献上，那么它就是君王府库中的财物，不经过在庭院中陈列的仪式，我们不敢献纳。如果让它日晒夜露，又怕忽而干燥忽而潮湿因而朽坏，加重敝邑的罪过。侨听说文公做盟主的时候，宫室低小，没有供观望的台榭，而把接待诸侯的宾馆修得又高又大。宾馆好像君王的寝宫一样，对宾馆内的仓库、马厩修缮完好，司空按时整修道路，泥瓦工匠按时粉刷宾馆墙壁。诸侯的宾客到来，甸人在庭院中燃起火把，仆人巡视客馆。车马的安置有一定的处所，宾客的随从有人替代，管理车辆的官员给车轴加油，掌管洒扫的和看守牲口的，各自照管分内的事务。百官各人陈列他的礼物。文公不让宾客耽搁，也就没有荒废事情。和宾客同忧共乐，有为难的事就加以安抚，对宾客所不知道的就加以指教，所缺乏的加以周济。宾客来到就好像回到家里一样，岂但没有灾患？不怕抢劫偷盗，也不怕干燥和潮湿。现在铜鞮宫占地数里，而诸侯住在像奴隶住的房子里。大门进不去车子，而又不能翻墙而入。盗贼公然横行，而天灾不能防止。宾客进见没有准确时间，君王接见的命令也不知道什么时候发布。假如还不拆毁围墙，这就没有地方收藏财礼，而要加重我们的罪过了。谨敢请教执事，对我们将有什么指示？虽然君王遇到鲁国的丧事，但这也是敝邑的忧伤。如果能够进献财礼，我们愿把围墙修好了走路，这就是君王的恩惠，怎么敢害怕辛勤劳苦？"

士文伯复命，赵文子说："确实是这样！我们实在德行不好，用容纳奴隶的围墙来接待诸侯，这是我们的罪过啊。"派士文伯去为自己不明事理表示歉意。晋侯接见郑伯，礼仪比常规更加恭敬，宴会和礼物更加丰厚，然后让他回去。于是就建造接待诸侯的宾馆。

叔向说："辞令不能废弃就像这样吧！子产善于辞令，诸侯因为他的辞令而得利，为什么要放弃辞令呢？《诗》说：'辞令和顺，百姓团结；辞令让人高兴，百姓安定。'诗人懂得辞令的作用了。"

郑国的子皮派印段去楚国，先到晋国报告这件事，这是合于礼的。

莒国的犁比公生子去疾和展舆。已经立了展舆为世子，又废了他。犁比公暴虐，国人为此感到担忧。十一月，展舆依靠国人攻打莒犁比公，杀死了他，就自立为国君。去疾

逃亡到齐国,因为他是齐国女子生的。展舆是吴国女子生的。《春秋》记载说"莒人弑其君买朱钮",这是说罪过在莒犁比公。

吴王派屈狐庸到晋国聘问,这是为了沟通两国往来的道路。赵文子询问他,说:"延州来季子终于能够立为国君吗? 巢地死了诸樊,守门人杀了戴吴,上天似乎为季子打开了做国君的大门,怎么样?"屈狐庸回答说:"他不会被立为国君的。这是二位国王的命运不好,不是为季子打开大门。如果上天打开了大门,恐怕是为了现在的国君吧! 他很有德行并且行为合于法度,有德行就不会失掉百姓,合于法度就不会办错事情。百姓亲附而事情有秩序,恐怕是上天为他打开的大门。保有吴国的,最终一定是这位国君的子孙。季子,是保持节操的人。即使把国家给他,他也是不肯做国君的。"

十二月,卫国大夫北宫文子辅佐卫襄公去楚国,这是由于在宋国结盟的缘故。经过郑国,印段到棐林去慰劳他们,按照聘问的礼仪并使用慰劳的辞令。北宫文子进入郑国国都聘问。郑国大夫子羽做行人,冯简子和子太叔迎接客人。北宫文子事情完毕以后出来,对卫侯说:"郑国合于礼仪,这是几代的福气。恐怕不会有大国的讨伐了吧!《诗》说:'天气真苦热,谁能不洗澡。'礼仪对于政事,就像天热得去洗澡。洗澡用来消除炎热,有什么可担心的呢?"

子产参与政事,选择贤能的人使用。冯简子能决断大事;子太叔美秀而有文采;子羽能了解四方诸侯的政令,并辨识各国大夫的家族姓氏、官职爵位、地位贵贱、才能高低,又善于辞令;裨谌能出谋划策,在野外策划就正确,在城里策划就不行。郑国将要有外交上的事情,子产就向子羽询问四方诸侯的政令,并且让他起草各种外交文书;和裨谌一起坐车到野外,让他策划是否可行;再把结果告诉冯简子,让他决断。事情策划完成,就交给子太叔执行,和宾客应对。因此,很少把事情办坏。这就是北宫文子所说的合于礼。

郑国人在乡校里游玩聚会,来议论执政者措施的得失。然明对子产说:"毁了乡校,怎么样?"子产说:"为什么? 人们早晚工作的余暇到那里游玩,来议论执政者措施的好坏。他们认为好的,我就推行它;他们讨厌的,我就改掉它,这是我的老师。为什么要毁掉它? 我听说用忠于为善来减少怨恨,没有听说用摆出权威来防止怨恨。依靠权威难道不能很快制止议论? 但是就像堵住河水一样:溃决大口子,伤人必然很多,我不能挽救。不如把河开个小口子,让河水得到疏导而畅通,不如让我听取这些议论,把它当作治病的药石。"然明说:"蔑从今以后知道您确实是可以侍奉的。小人实在没有才能。如果终于这样做下去,对郑国确实有利,岂独有利于我们这些大臣?"孔子听到这些话,说:"从这里看来,别人说子产不仁,我不相信。"

子皮想让尹何做他的封邑的大夫。子产说:"他年轻,不知道行不行。"子皮说:"他谨慎老实,我喜欢他,他不会背叛我。让他去学习一下,他也就更懂得怎么管理政事了。"子产说:"不行。一个人喜欢另一个人,总是谋求对那个人有利。现在您喜欢一个人却把政事交给他,这好像一个人不会拿刀而让他去割东西,他的伤害一定要多的。您喜欢他,不过伤害他罢了,有谁敢在您这里求得喜欢? 您在郑国是栋梁。栋梁折断,椽子就会崩毁,

侨将会压在底下,怎敢不把话全都说出来? 您有美丽的彩绸,不会让别人用它来学习裁制的。大的官职、大的封邑,是自身的庇护,却让学习的人去裁制。它比美丽的彩绸不是重要得多吗? 侨听说学习以后才参加管理政事,没有听说通过管理政事来学习的。如果终于这样做,一定有害处。譬如打猎,熟习射箭驾车,就能获得猎物,如果过去没有登车射过箭驾过车,那么 心害怕车翻人压,哪里有工夫想到猎获禽兽?"子皮说:"好啊! 虎不聪明。我听说君子致力于了解大的、远的事情,小人致力于了解小的、近的事情。我,是小人啊。衣服穿在我身上,我知道并且慎重对待它;大的官职、大的封邑是用来庇护自身的,我却疏远并且轻视它。如果不是您这番话,我是不知道这些得失的。过去我说:'您治理郑国,我治理我的家族,来庇护我自己,那就可以了。'从今以后我知道不够。从现在我请求,即使是我家族的事情,也要听从您的话去办理。"子产说:"人心不相同,正像人的面孔不相同一样。我怎么敢说您的面孔像我的面孔呢? 不过心里认为危险的,就把它告诉您了。"子皮认为子产忠诚,所以把郑国的政事全都委托给他,子产因此能够治理郑国。

卫侯在楚国,北宫文子见到令尹围的仪表,对卫侯说:"令尹像国君了,将要有别的想法。虽然能够实现他的想法,但是不能善终。《诗》说:'什么都有个开头,但很少能有好的终结。'善终实在很难,令尹恐怕不能免于祸难。"卫侯说:"您怎么知道的?"北宫文子回答说:"《诗》说:'要谨慎自己的威仪,因为它是百姓效法的准则。'令尹没有威仪,百姓就没有效法的准则。百姓不效法的人,而居于百姓之上,就不能善终。"卫侯说:"好啊! 什么叫威仪?"北宫文子回答说:"有威严并能使人害怕叫作威,有仪表并能让人仿效叫作仪。国君有国君的威仪,他的臣子害怕并爱护他,把他作为准则而仿效他,所以能保有他的国家,好名声长久流传于世。臣子有臣子的威仪,他的下面害怕而爱护他,所以能保住他的官职,保护家族,家庭和睦。顺着这个次序以下都像这样,因此上下能够互相巩固。《卫诗》说:'威仪安和,好处不能计算。'这是说君臣、上下、父子、兄弟、内外、大小都有威仪。《周诗》说:'朋友间互相辅助,所用的是威仪。'这是说朋友之道,一定要用威仪互相教导。《周书》列举文王的美德,说:'大国害怕他的力量,小国怀念他的恩德。'这是说害怕他而又爱护他。《诗》说:'无识无知,顺从天帝的准则。'这是说把他作为准则并仿效他。纣囚禁周文王七年,诸侯都跟随他去坐牢,纣王于是害怕而将文王放了回去。可以说是爱护文王了。文王攻打崇国,两次发兵,崇国就降服称臣,蛮夷相继归服,可以说是害怕他。文王的功业,天下赞诵并歌舞它,可以说是以他为准则了。文王的措施,到今天仍作为规范,可以说是仿效他了。这是因为有威仪的缘故。所以君子在官位上可使人害怕,施舍可使人爱他,进退可以作为法度,周旋可以作为准则,仪容举止值得观看,做事情可供学习,德行可以仿效,声音气度可使人高兴;动作有修养,说话有条理,用这些来对待下面。这就叫作有威仪。"

昭公

昭公元年

【原文】

元年:春,王正月,公即位。

叔孙豹会晋赵武、楚公子围、齐国弱、宋向戌、卫齐恶、陈公子招、蔡公孙归生、郑罕虎、许人、曹人于虢。

三月,取郓。

夏,秦伯之弟铖出奔晋。

六月丁巳,邾子华卒。

晋荀吴帅师败狄于大卤。

秋,莒去疾自齐入于莒,莒展(舆)出奔吴。

叔弓帅师疆郓田。

葬邾悼公。

冬,十有一月己酉,楚子麇卒。

〔楚〕公子比出奔晋。

元年春,楚公子围聘于郑,且娶于公孙段氏。伍举为介。将入馆,郑人恶之,使行人子羽与之言,乃馆于外。既聘,将以众逆。子产患之,使子羽辞曰:“以敝邑褊小,不足以容从者,请墠听命。”令尹命大宰伯州犁对曰:“君辱贶寡大夫围,谓围:‘将使丰氏抚有而室。’围布几筵,告于庄、共之庙而来。若野赐之,是委君贶于草莽也,是寡大夫不得列于诸卿也。不宁唯是,又使围蒙其先君,将不得为寡君老,其蔑以复矣。唯大夫图之。”子羽曰:“小国无罪,恃实其罪。将恃大国之安靖己,而无乃包藏祸心以图之。小国失恃,而惩诸侯,使莫不憾者,距违君命,而有所壅塞不行是惧。不然,敝邑,馆人之属也,其敢爱丰氏之祧?”伍举知其有备也,请垂櫜而入。许之。

正月乙未入,逆而出。遂会于虢,寻宋之盟。祁午谓赵文子曰:“宋之盟,楚人得志于晋。今令尹之不信,诸侯之所闻也。子弗戒,惧又如宋。子木之信称于诸侯,犹诈晋而驾焉,况不信之尤者乎!楚重得志于晋,晋之耻也。子相晋国,以为盟主,于今七年矣。再合诸侯,三合大夫,服齐、狄,宁东夏,平秦乱,城淳于,师徒不顿,国家不罢,民无谤讟,诸侯无怨,天无大灾,子之力也!有令名矣,而终之以耻,午也是惧,吾子其不可以不戒!”文子曰:“武受赐矣。然宋之盟,子木有祸人之心,武有仁人之心,是楚所以驾于晋也。今

武犹是心也，楚又行僭，非所害也。武将信以为本，循而行之。譬如农夫，是穮是蓘，虽有饥馑，必有丰年。且吾闻之：'能信不为人下。'吾未能也。《诗》曰：'不僭不贼，鲜不为则。'信也。能为人则者，不为人下矣。吾不能是难，楚不为患！"楚令尹围请"用牲，读旧书加于牲上而已"，晋人许之。

三月甲辰，盟。楚公子围设服离卫。叔孙穆子曰："楚公子美矣君哉！"郑子皮曰："二执戈者前矣！"蔡子家曰："蒲宫有前，不亦可乎？"楚伯州犁曰："此行也，辞而假之寡君。"郑行人挥曰："假不反矣。"伯州犁曰："子姑忧子皙之欲背诞也。"子羽曰："当璧犹在，假而不反，子其无忧乎？"齐国子曰："吾代二子愍矣！"陈公子招曰："不忧何成？二子乐矣。"卫齐子曰："苟或知之，虽忧何害？"宋合左师曰："大国令，小国共。吾知共而已。"晋乐王鲋曰："《小旻》之卒章善矣！吾从之。"

退会，子羽谓子皮曰："叔孙绞而婉，宋左师简而礼，乐王鲋字而敬，子与子家持之，皆保世之主也。齐、卫、陈大夫其不免乎：国子代人忧，子招乐忧，齐子虽忧弗害。夫弗及而忧，与可忧而乐，与忧而弗害，皆取忧之道也，忧必及之。《大誓》曰：'民之所欲，天必从之。'三大夫兆忧，〔忧〕能无至乎？其是之谓矣。"

季武子伐莒，取郓。莒人告于会。楚告于晋曰："寻盟未退而鲁伐莒、渎齐盟，请戮其使！"

乐桓子相赵文子，欲求货于叔孙，而为之请。使请带焉，弗与。梁其踁曰："货以藩身，子何爱焉？"叔孙曰："诸侯之会，卫社稷也。我以货免，鲁必受师，是祸之也，何卫之为？人之有墙，以蔽恶也；墙之隙坏，谁之咎也？卫而恶之，吾又甚焉。虽怨季孙，鲁国何罪？叔出季处，有自来矣，吾又谁怨？然鲋也贿，弗与，不已。"召使者，裂裳帛而与之，曰："带其褊矣。"

赵孟闻之，曰："临患不忘国，忠也；思难不越官，信也；图国忘死，贞也：谋主三者，义也。有是四者，又可戮乎？"乃请诸楚曰："鲁虽有罪，其执事不辟难，畏威而敬命矣。子若免之，以劝左右，可也。若子之群吏处不辟污，出不逃难，其何患之有？患之所生：污而不治，难而不守，所由来也。能是二者，又何患焉？不靖其能，其谁从之？鲁叔孙豹可谓能矣，请免之以靖能者！子会而赦有罪，又赏其贤，诸侯其谁不欣焉望楚而归之，视远如迩？疆埸之邑，一彼一此，何常之有？王伯之令也，引其封疆而树之官，举之表旗而著之制令，过则有刑，犹不可壹，于是乎虞有三苗，夏有观、扈，商有姺、邳，周有徐、奄。自无令王，诸侯逐进，狎主齐盟，其又可壹乎？恤大舍小，足以为盟主，又焉用之？封疆之削，何国蔑有？主齐盟者，谁能辩焉？吴、濮有衅，楚之执事岂其顾盟？莒之疆事，楚勿与知，诸侯无烦，不亦可乎？莒、鲁争郓，为日久矣。苟无大害于其社稷，可无亢也。去烦宥善，莫不竞劝。子其图之！"固请诸楚，楚人许之，乃免叔孙。

令尹享赵孟，赋《大明》之首章。赵孟赋《小宛》之二章。事毕，赵孟谓叔向曰："令尹自以为王矣，何如？"对曰："王弱，令尹强，其可哉！虽可，不终。"赵孟曰："何故？"对曰："强以克弱而安之，强不义也。不义而强，其毙必速。《诗》曰：'赫赫宗周，褒姒灭之。'强

不义也。令尹为王，必求诸侯。晋少懦矣，诸侯将往。若获诸侯，其虐滋甚，民弗堪也，将何以终？夫以强取，不义而克，必以为道。道以淫虐，弗可久已矣！"

夏四月，赵孟、叔孙豹、曹大夫入于郑，郑伯兼享之。子皮戒赵孟，礼终，赵孟赋《瓠叶》。子皮遂戒穆叔，且告之。穆叔曰："赵孟欲一献，子其从之。"子皮曰："敢乎？"穆叔曰："夫人之所欲也，又何不敢？"及享，具五献之笾豆于幕下。赵孟辞，私于子产曰："武请于冢宰矣！"乃用一献。赵孟为客。礼终乃宴。穆叔赋《鹊巢》，赵孟曰："武不堪也！"又赋《采蘩》，曰："小国为蘩，大国省穑而用之，其何实非命？"子皮赋《野有死麕》之卒章，赵孟赋《常棣》，且曰："吾兄弟比以安，尨也可使无吠！"穆叔、子皮及曹大夫兴，拜，举兕爵，曰："小国赖子，知免于戾矣！"饮酒乐，赵孟出，曰："吾不复此矣！"

天王使刘定公劳赵孟于颍，馆于雒汭。刘子曰："美哉禹功，明德远矣！微禹，吾其鱼乎！吾与子弁冕、端委以治民、临诸侯，禹之力也。子盍亦远绩禹功而大庇民乎？"对曰："老夫罪戾是惧，焉能恤远？吾侪偷食，朝不谋夕，何其长也？"刘子归，以语王曰："谚所谓老将知而耄及之者，其赵孟之谓乎！为晋正卿以主诸侯，而侪于隶人，朝不谋夕，弃神、人矣。神怒，民叛，何以能久？赵孟不复年矣。神怒，不歆其祀；民叛，不即其事：祀、事不从，又何以年？"

叔孙归，曾夭御季孙以劳之。且及日中不出。曾夭谓曾阜曰："旦及日中，吾知罪矣。鲁以相忍为国也。忍其外，不忍其内，焉用之？"阜曰："数月于外，一旦于是，庸何伤？贾而欲赢，而恶嚣乎？"阜谓叔孙曰："可以出矣。"叔孙指楹，曰："虽恶是，其可去乎？"乃出见之。

郑徐吾犯之妹美，公孙楚聘之矣，公孙黑又使强委禽焉。犯惧，告子产。子产曰："是国无政，非子之患也。唯所欲与。"犯请于二子，请使女择焉。皆许之。子晳盛饰入，布币而出。子南戎服入，左右射，超乘而出。女自房观之，曰："子晳信美矣。抑子南夫也。夫夫妇妇，所谓顺也。"适子南氏。子晳怒，既而囊甲以见子南，欲杀之而取其妻。子南知之，执戈逐之，及衢，击之以戈。子晳伤而归，告大夫曰："我好见之，不知其有异志也，故伤。"

大夫皆谋之。子产曰："直钧，幼贱有罪，罪在楚也。"乃执子南而数之，曰："国之大节有五，女皆奸之。畏君之威，听其政，尊其贵，事其长，养其亲，五者所以为国也。今君在国，女用兵焉，不畏威也；奸国之纪，不听政也；子晳上大夫，女嬖大夫而弗下之，不尊贵也；幼而不忌，不事长也；兵其从兄，不养亲也。君曰：'余不女忍杀，宥女以远。'勉速行乎，无重而罪！"

五月庚辰，郑放游楚于吴。将行子南，子产咨于大叔。大叔曰："吉不能亢身，焉能亢宗？彼国政也，非私难也。子图郑国，利则行之，又何疑焉？周公杀管叔而蔡蔡叔，夫岂不爱？王室故也。吉若获戾，子将行之，何有于诸游？"

秦后子有宠于桓，如二君于景。其母曰："弗去，惧选！"癸卯，铖适晋，其车千乘。书曰："秦伯之弟铖出奔晋。"罪秦伯也。

后子享晋侯，造舟于河，自雍及绛。归取酬币，终事八反。司马侯问焉，曰："子之车尽于此而已乎？"对曰："此之谓多矣。若能少此，吾何以得见？"女叔齐以告公，且曰："秦公子必归。臣闻君子能知其过，必有令图。令图，天所赞也。"

后子见赵孟。赵孟曰："吾子其曷归？"对曰："铖惧选于寡君，是以在此，将待嗣君。"赵孟曰："秦君何如？"对曰："无道。"赵孟曰："亡乎？"对曰："何为？ 一世无道，国未艾也。国于天地，有与立焉。不数世淫，弗能毙也。"赵孟曰："（天）〔夭〕乎？"对曰："有焉。"赵孟曰："其几何？"对曰："铖闻之：国无道而年谷和熟，天赞之也。鲜不五稔。"赵孟视荫，曰："朝夕不相及，谁能待五？"后子出，而告人曰："赵孟将死矣。主民，翫岁而愒日，其与几何？"

郑为游楚乱故，六月丁巳，郑伯及其大夫盟于公孙段氏。罕虎、公孙侨、公孙段、印段、游吉、驷带私盟于闺门之外，实薰隧。公孙黑强与于盟，使大史书其名，且曰"七子"。子产弗讨。

晋中行穆子败无终及群狄于大原，崇卒也。将战，魏舒曰："彼徒我车，所遇又阨，以什共车，必克。困诸阨，又克。请皆卒，自我始。"乃毁车以为行，五乘为三伍。荀吴之嬖人不肯即卒，斩以徇。为五陈以相离：两于前，伍于后，专为右角，参为左角，偏为前拒，以诱之。翟人笑之。未陈而薄之，大败之。

莒展舆立，而夺群公子秩。公子召去疾于齐。秋，齐公子钮纳去疾，展舆奔吴。

叔弓帅师疆郓田，因莒乱也。于是莒务娄、瞀胡及公子灭明以大庞与常仪靡奔齐。

君子曰："莒展之不立，弃人也夫！人可弃乎？《诗》曰'无竞维人'，善矣。"

晋侯有疾，郑伯使公孙侨如晋聘，且问疾。叔向问焉，曰："寡君之疾病，卜人曰'实沈、台骀为祟'，史莫之知。敢问此何神也？"子产曰：昔高辛氏有二子，伯曰阏伯，季曰实沈，居于旷林，不相能也，日寻干戈以相征讨。后帝不臧，迁阏伯于商丘，主辰，商人是因，故辰为商星；迁实沈于大夏，主参，唐人是因，以服事夏、商，其季世曰唐叔虞。当武王邑姜方震大叔，梦帝谓己：'余命而子曰虞，将与之唐，属诸参，而蕃育其子孙。'及生，有文在其手曰'虞'，遂以命之。及成王灭唐，而封大叔焉，故参为晋星。由是观之，则实沈参神也。

"昔金天氏有裔子曰昧，为玄冥师，生允格、台骀。台骀能业其官，宣汾、洮，障大泽，以处大原。帝用嘉之，封诸汾川，沈、姒、蓐、黄实守其祀。今晋主汾而灭之矣。由是观之，则台骀汾神也。

"抑此二者不及君身。山川之神，则水旱疠疫之灾，于是乎禜之。日月星辰之神，则雪霜风雨之不时，于是乎禜之。若君身，则亦出入、饮食、哀乐之事也，山川、星辰之神又何为焉？

"侨闻之：君子有四时，朝以听政，昼以访问，夕以修令，夜以安身。于是乎节宣其气，勿使有所壅闭湫底以露其体，兹心不爽而昏乱百度。今无乃壹之，则生疾矣。侨又闻之：内官不及同姓，其生不殖。美先尽矣，则相生疾，君子是以恶之。故《志》曰：'买妾不知其姓,则卜之。'违此二者,古之所慎也。男女辨姓,礼之大司也。今君内实有四姬焉,其无乃是也乎? 若由是二者,弗可为也已! 四姬有省犹可,无则必生疾矣。"

叔向曰:"善哉! 肸未之闻也。此皆然矣。"

叔向出,行人挥送之。叔向问郑故焉,且问子晳,对曰:"其与幾何! 无礼而好陵人,怙富而卑其上,弗能久矣。"

晋侯闻子产之言,曰:"博物君子也!"重贿之。

晋侯求医于秦,秦伯使医和视之。曰:"疾不可为也。是谓近女,(室)〔生〕疾如蛊。非鬼非食,惑以丧志。良臣将死,天命不佑。"公曰:"女不可近乎?"对曰:"节之! 先王之乐,所以节百事也,故有五节;迟速本末以相及,中声以降;五降之后,不容弹矣。于是有烦手淫声,慆堙心耳,乃忘平和,君子弗听也。物亦如之,至于烦,乃舍也已,无以生疾。君子之近琴瑟,以仪节也,非以慆心也。天有六气,降生五味,发为五色,徵为五声。淫生六疾。六气曰阴、阳、风、雨、晦、明也,分为四时,序为五节,过则为菑:阴淫寒疾,阳淫热疾,风淫末疾,雨淫腹疾,晦淫惑疾,明淫心疾。女,阳物而晦时,淫则生内热惑蛊之疾。今君不节不时,能无及此乎?"

出,告赵孟。赵孟曰:"谁当良臣?"对曰:"主是谓矣。主相晋国,于今八年,晋国无乱,诸侯无阙,可谓良矣! 和闻之:国之大臣,荣其宠禄,任其(宠)〔大〕节;有菑祸兴,而无改焉,必受其咎。今君至于淫以生疾,将不能图恤社稷,祸孰大焉? 主不能御,吾是以云也。"赵孟曰:"何谓蛊?"对曰:"淫溺惑乱之所生也。于文,皿虫为蛊。穀之飞亦为蛊。在《周易》,女惑男、风落山谓之'蛊'。皆同物也。"赵孟曰:"良医也!"厚其礼而归之。

楚公子围使公子黑肱、伯州犁城犨、栎、郏,郑人惧。子产曰:"不害。令尹将行大事,而先除二子也。祸不及郑,何患焉?"

冬,楚公子围将聘于郑,伍举为介。未出竟,闻王有疾而还,伍举遂聘。十一月己酉,公子围至,入问王疾,缢而弑之,遂杀其二子幕及平夏。右尹子干出奔晋,宫厩尹子晳出奔郑。杀大宰伯州犁于郏。葬王于郏,谓之郏敖。使赴于郑,伍举问应为后之辞焉,对曰:"寡大夫围。"伍举更之曰:"共王之子围为长。"

子干奔晋,从车五乘。叔向使与秦公子同食,皆百人之饩。赵文子曰:"秦公子富。"叔向曰:"(底)〔厎〕禄以德,德钧以年,年同以尊。公子以国。不闻以富。且夫以千乘去其国,强御已甚。《诗》曰:'不侮鳏寡,不畏强御。'秦、楚,匹也。"使后子与子干齿,辞曰:"铖惧选,楚公子不获,是以皆来,亦唯命。且臣与羁齿,无乃不可乎? 史佚有言曰:'非羁,何忌?'"

楚灵王即位,葳罢为令尹,葳启疆为大宰。郑游吉如楚葬郏敖,且聘立君;归,谓子产曰:"具行器矣。楚王(汰)〔汏〕侈而自说其事,必合诸侯。吾往无日矣。"子产曰:"不数年未能也。"

十二月,晋既烝,赵孟适南阳,将会孟子馀。甲辰朔,烝于温;庚戌,卒。郑伯如晋吊,及雍乃复。

【译文】

鲁昭公元年春天，周历正月，昭公登上公位。叔孙豹与晋国赵武、楚国公子围、齐国国弱、宋国向戍、卫国齐恶、陈国公子招、蔡国公孙归生、郑国罕虎、许人、曹人在虢地会见。三月，攻占了莒国的郓城。夏天，秦景公的弟弟鍼逃亡到晋国。六月九日，邾国君主华死了。晋国荀吴领兵在大卤打败狄族人。秋天，莒国的去疾从齐国回到莒国。莒国的展舆逃亡到吴国。叔弓领兵划定郓地田土的疆界。安葬邾悼公。冬十一月初四日，楚王郏敖死了。楚公子比逃亡到晋国。

元年春天，楚国的公子围到郑国聘问，并且到公孙段家迎娶，伍举做副使。将要进入郑都住进宾馆时，郑国人讨厌他们，派行人子羽和他们商量，于是让他们住宿在城外。聘问的礼仪完毕之后，准备率领部下进城迎娶。子产担心这件事，又派子羽辞谢说："由于敝邑狭小，不足以容纳您的随从人员，请让我们就地开辟举行亲迎之礼的场所，听从您的吩咐。"令尹公子围命令太宰伯州犁回答说："承蒙贵君赐给寡大夫公子围恩惠，对公子围说：'将让公孙段把女儿嫁给你做妻子。'公子围摆设供桌，在庄王、共王的神庙中告祭之后才来到郑国。假如现在在郊野外赐给他，那就是把贵君的恩惠抛弃在野草中了！这也是使敝国大夫不能列入诸卿的行列里了！不仅如此，又让我大夫公子围欺骗了他的先君，将不能再做寡君的大臣，恐怕也无法回去了。希望大夫您考虑一下。"子羽说："小国没有罪过，依赖大国而没有戒备才是它的罪过。本打算依赖大国的力量安定自己，却恐怕大国包藏祸心来打小国的主意！怕的是小国失去依赖而使诸侯有了戒惧之心，使它们无不怨恨大国，违抗君命，而君命将因此受到阻碍不能通行！不然的话，敝国只是贵国的宾馆仆人之类，哪里敢吝惜公孙段家的宗庙呢？"伍举知道郑国有了防备，请求倒挂弓袋进城，郑国同意了。

正月十五日，公子围进入郑都，迎娶之后出城。接着在虢地与叔孙豹等会见，这是为了重温宋国盟会的友好。祁午对赵文子说："宋国会盟时，楚国人从晋国那里抢先歃血而很得意。现在令尹不守信用，这是诸侯所知道的。您如果不戒备，恐怕又和在宋国盟会那样。子木的信誉为诸侯所称道，尚且还欺骗晋国且驾凌其上，何况是最不守信用的人呢？如果楚人再次从晋国那儿占得上风，那是晋国的耻辱。您辅佐晋国作为盟主，到现在七年了，两次会合诸侯，三次聚集大夫，征服齐国和狄人，使华夏东部安宁，使秦国造成的动乱平息，在淳于修筑城墙，军队不疲惫，国家不穷乏，老百姓没有怨言，诸侯不生怨恨，上天没有降下大灾，这都是您的功劳！已经有了美好的名声，却要以耻辱结束它，我为您担心害怕的就是这个，您不能不警惕！"赵文子说："我领受您的好意了。然而在宋国的盟会，子木有害人之心，我有爱人之意，这是楚国所以凌驾于晋国之上的原因。现在我还是这样的心，楚国再干不守信用的事，也不是它所能伤害的了。我将以信义为根本，并遵循这条道路前进。就像农夫，只要勤于除草培土，即使发生一时的灾荒，也必获丰收的年成。而且我听说：'能守信义就不会居人之下。'只是我还未能做到。《诗》上说：'不弄

假不为害,很少不能做典范,'这就是坚守信义的缘故。能够做别人典范的,就不会被别人压在下面了。我难在不能做到这一点,楚国不是我所担心的。"楚国令尹公子围请求用牲,只是宣读一下过去宋国盟会时的盟书,把它放到牺牲上就完事。晋国人答应了这个请求。

三月二十五日,晋、楚结盟,楚公子围设置国君的仪仗服饰,安排两个卫兵侍立。叔孙豹说:"楚公子很威风,像个国君啊!"郑国的子皮说:"两个持戈的卫兵站到前面了!"蔡国的子家说:"楚君的蒲宫有一对持戈的卫兵侍立在前,不也可以吗?"楚国的伯州犁说:"这些都是这次来的时候,向我们国君请准而借来的。"郑国的行人子羽说:"借了不会还了。"伯州犁说:"您暂且去担心你们子皙想要违背君命,放荡作乱吧!"子羽说:"公子弃疾还在,借而不还,您难道没有忧虑吗?"齐国的国子说:"我替公子围、伯州犁感到忧虑!"陈国的公子招说:"不忧虑哪能成功? 这两位可高兴啦。"卫国的齐子说:"假如有人预先知道,虽然有忧虑又有什么害处?"宋国的合左师说:"大国发令,小国服从。我知道服从就是了。"晋国的乐王鲋说:"《诗·小旻》的最后一章很好,我服从它的意思。"

盟会退下,子羽对子皮说:"叔孙豹言辞恰切而委婉,宋国左师言语简明而合于礼仪,乐王鲋的话慈爱而恭谨,您与子家的话持平公正,都是可以世代保持爵位的大夫。齐国、卫国和陈国的大夫恐怕不能免除祸难了吧! 国子替人忧虑,子招喜欢忧虑,齐子虽然忧虑但不当做危害。凡忧虑没有到达自身而替人忧虑,以及应该忧虑反而高兴,和虽然忧虑而不当作危害,都是招致忧虑的途径,忧虑一定落到他们身上。《大誓》说:'百姓所要求的,上天一定听从他。'三位大夫开启了忧虑的征兆,忧虑能不到达吗? 凭言语可以了解事情的结果,大概说的就是这种情况。"

鲁国的季武子攻打莒国,占取了郓地,莒国人向盟会控告。楚国对晋国说:"重温旧盟的会还没结束,而鲁国就进攻莒国,亵渎了神圣的盟约,请求杀了它的使者。"

乐王鲋辅佐赵孟,想要向叔孙豹索取财货,便替叔孙豹向赵文子说情。派人向叔孙豹要他的衣带,叔孙豹不给。梁其踁说:"财货是用来保护身体的,您为什么对它这样吝惜呢?"叔孙豹说:"诸侯的会盟,是为了保卫国家的。我用财货来免除祸难,鲁国就必定遭到进攻,这是为它带来祸患,还有什么可保卫的? 人之所以在房子周围修墙壁,是用来遮挡坏人的。墙壁出现裂缝坍坏了,是谁的过错呢? 保卫反而使它受祸害,我的过错又超过了这个。虽然埋怨季武子,但鲁国有什么罪? 叔孙出使在外,季孙居内守国,一向就是这样,我又怨谁? 不过乐王鲋喜欢财物,不给他,不会罢休。"于是召见使者,撕下一条做裙子的帛给他,说:"衣带恐怕太窄小了。"

赵孟听到这事,说:"面对患难而不忘国家,这是忠;想到危难而不避离职守,这是信;为国家打算而舍生忘死,这是贞;谋事能坚守以上三条,这是义。有了这四点,难道可以杀戮吗?"就向楚国替他请求说:"鲁国虽然有罪,它的朝臣不避祸难,慑于贵国的威严而恭敬地听奉命令了。您如果赦免他,就可以劝勉您的左右。如果您的官吏们在朝廷内不躲避烦劳,出使在外不逃避祸难。那还有什么祸患? 祸患之所以产生,就是从有烦劳而

不治事,有祸难而不坚守职责而来的。能做到这两方面,那又担心什么呢?不安抚能做到的人,那谁还会跟从他?叔孙豹可说是能做到的人了,请求赦免他以安抚能做到的人。您参加盟会而赦免有罪的人,又奖赏那些贤能的人,诸侯谁不心悦诚服地向往楚国并归顺它,把遥远看成近在眼前呢?边境上的城邑,一时属这边,一时归那边,哪有什么经常不变?三王五伯施行政令时,划定疆界,并设置边境管理机构,竖起标志,制定章程法令,逾犯法令就有惩罚,还不能统一。在这种情况下,虞舜时代有三苗,夏禹时代有观氏扈氏,商代有姺氏邳氏,周代有徐国奄国。自从没有圣明的君主,诸侯竞相扩张,交替主持结盟,难道又能够统一不变吗?担忧大的祸乱而不计较小的过错,足以做盟主,又哪里用得着管这些?边境被侵削,哪国没有?主持结盟的,谁能治理得了?吴国、百濮两国有隙可乘,楚国的执事难道还顾忌盟约?莒国边境上的事,楚国不要过问,诸侯没有烦劳,不也很好吗?莒、鲁两国争夺郓地,日子很久了,如果对它们的国家没有大的害处,可以不要去庇护。免除烦劳,赦免好人,没有不竞相勉力的。您还是考虑一下这件事!"由于赵孟坚定地向楚国请求,楚国人答应了,就赦免了叔孙豹。

令尹设宴招待赵孟,吟诵《大明》诗的第一章,赵孟吟诵《小宛》诗的第二章。宴会完了之后,赵孟对叔向说:"令尹自以为是王了,怎么样?"叔向回答说:"楚王弱,令尹强,大概可以成功吧!虽然可以成功,但不会善终。"赵孟问:"什么原因?"叔向回答说:"用强大制服弱小并对此心安理得,这种强就是不义。不合道义而强大,它的败亡必然很快。《诗》上说:'显赫的西周,褒姒灭亡了它。'就是因为它强大而不合道义。令尹做了国王,必定会谋求诸侯的支持。晋国渐渐衰弱了,诸侯都会去归顺他。如果获得了诸侯的支持,它的暴虐会更加厉害,老百姓不能忍受,它将凭什么有好结果呢?凭强横夺取王位,不合道义而取胜,就一定会以此为正道。沿着荒淫暴虐的路走下去,不可长久的了!"

夏四月,赵孟、叔孙豹和曹国大夫进入郑国,郑简公准备同时设宴招待他们。子皮向赵孟通报宴享的日期,通报的礼节完成后,赵孟吟诵《瓠叶》这首诗。子皮接着通知叔孙豹,并且把赵孟吟诗的情况告诉了他。叔孙豹说:"赵孟希望献酒一次的宴享,您还是听从他。"子皮说:"我敢吗?"叔孙豹说:"是那个人的愿望,又有什么不敢的?"等到宴享,在东房准备了进酒五次的笾、豆等食具。赵孟辞谢,并私下跟子产说:"我已经向上卿子皮请求过了。"于是改用一献的规格。赵孟做主客,享礼完毕就宴饮。穆叔吟诵《鹊巢》一诗,赵孟说:"我不敢当。"又吟诵《采蘩》,并说:"小国就像蘩,大国节省爱惜地使用它。不管什么命令都会服从。"子皮吟了《野有死麕》的末章,赵孟吟了《常棣》,并说:"我们像兄弟一样亲密而安好,可以使长毛狗不叫。"叔孙豹、子皮以及曹国大夫站起来,行拜礼,举起酒杯说:"我们小国靠着您,知道可免除罪过了。"大家都喝酒喝得很高兴。赵孟走出来说:"我不会再这样喝酒了。"

周天子派刘定公到颍地慰劳赵孟,让他住在洛水边上。刘定公说:"禹的功绩真美好!光明的德行流播广远。要是没有禹,我们大概喂鱼了吧!我和您戴着礼帽,穿着礼服,来治理百姓。与诸侯交往,靠的是禹的力量。您何不也远继禹的功勋而庇护广大的

老百姓呢?"赵孟回答说:"我老头子只害怕犯下罪过,哪能担忧长远的事情? 我们这类人苟且度日,早晨不替晚上打算,哪能考虑长远的事呢?"刘定公回去,把这些报告给周天子,说:"俗话所谓老了会明智些,可是昏乱又到了他身上,说的是赵孟这类人吧! 作为晋国的正卿来主管诸侯事务,却等同于一般仆隶,早晨不替晚上打算,这等于抛弃了神灵和百姓,神灵发怒,百姓叛离,靠什么能长久? 赵孟不能再过年了。神灵发怒,不享用他的祭祀;百姓叛离,不替他从事工作。祭祀和工作都不能进行,又怎么能过得了年?"

叔孙豹会盟归国,曾夭为季孙驾车去慰劳他。从早晨等到中午,叔孙豹不出来。曾夭对曾阜说:"从早等到中午,我们知道自己的罪过了。鲁国以互相忍让治理国家,在国外能忍在国内不能忍,那又有什么用呢?"曾阜说:"叔孙几个月在外辛劳,你们在这里等一个早晨,有什么妨碍呢? 商人如果想赚钱,难道还厌恶喧闹吗?"曾阜对叔孙豹说:"可以出去了。"叔孙豹指着堂上的大柱子说:"即使讨厌这个,难道可以去掉吗?"就出去接见他们。

郑国徐吾犯的妹妹很美丽,子南已经下了聘礼,子皙又派人硬是给她送去彩礼。徐吾犯很害怕,报告子产。子产说:"这是国家政令混乱,不是您的忧患,只要她愿意嫁给谁就把她嫁给谁。"徐吾犯向两位请求,让女儿在两人中选择,他们都答应了。子皙装扮华丽进去,陈放好聘礼然后出来。子南穿着战袍进去,左右开弓,一跃登车而出。姑娘从偏房里观看他们,说:"子皙确实漂亮,不过子南像个男子汉。丈夫要像个男人,妻子要像个女人,这就是所谓顺。"就嫁给了子南。子皙恼怒,不久他就把铠甲穿在里面去见子南,想杀死他而强娶他的妻子。子南知道了,拿起戈追赶子皙,追到十字路口,用戈击打他,子皙负伤而归,告诉大夫们说:"我好意去见他,不料他有别的想法,所以被他打伤。"

大夫们都商议这件事。子产说:"理由相等,年轻低贱的有罪,所以罪在子南。"于是逮捕子南而一一列举他的罪过,说:"国家的大节有五条,你都违犯了。敬畏国家的威严,听从国家的政令,尊重贵人,侍奉长辈,恭养亲属,这五条是用来治理国家的根本。如今君主处在国都,你却在此动用兵器,是不敬畏威严。触犯国家的法纪,是不听从政令。子皙为上大夫,你是下大夫,却不谦让他,是不尊重贵人。年纪小却不恭敬,是不侍奉长辈。用兵器追杀堂兄,是不恭养亲属。国君说了:'我不忍杀你,赦免你把你流放到远方。'尽你的力量,赶快走吧! 不要加重你的罪过!"

五月初二日,郑国流放子南到吴国。将要让子南动身时,子产向太叔征求意见。太叔说:"我连自身都不能保护,哪能保护宗族呢? 他的事属于国政,不是私家的祸难。你替郑国打算,有好处就实行它,又疑虑什么呢? 周公杀管叔,流放蔡叔,难道他不爱这两个兄弟? 是为了王室的缘故啊! 我如果犯法获罪,您也将实行惩罚,对我们游家人又有什么顾虑的呢?"

秦景公的弟弟铖得到桓公的宠信,在景公即位时和景公如同两君并列。他的母亲说:"如果不离开秦国,恐怕会被放逐。"五月二十五日,铖前往晋国,他带去的车有一千辆。《春秋》记载说:"秦景公的弟弟铖逃亡到晋国。"是归罪秦景公。

铖宴享晋平公,在黄河上并舟为桥,每隔十里停放一些车辆,从雍城一直到绛城。回去取酬酒的礼物,到结束宴享时往返了八次。司马侯询问铖说:"您的车子全部在这里了吗?"铖回答说:"这可说很多了!如果能少于这些,我怎么会见到您呢?"司马侯把这些话报告给晋平公,并且说:"秦公子必然返回秦国。我听说君子能知道自己的过错,一定会有好的打算。好的打算,是上天愿意帮助的。"

秦后子进见赵孟。赵孟说:"您什么时候回国?"后子回答说:"我害怕被国君放逐,因此留在这里,将等待继位的国君。"赵孟问:"秦君怎么样?"后子回答说:"没有道义。"赵孟说:"会亡国吗?"后子回答说:"怎么会亡国呢?一代君主无道,国家的命脉没有断绝。国家建立在天地之间,必然有辅助它建立的人。不是连续几代君主荒淫,是不会灭亡的。"赵孟问:"国君会短命吗?"后子回答说:"会的。"赵孟又问:"大约多长时间?"后子回答说:"我听说,国家无道却粮食丰收,是上天在帮助它。少则不过五年。"赵孟一边看着太阳的影子,一边说:"早晨到不了晚上,谁能等待五年?"后子出来,告诉别人说:"赵孟快要死了,主持百姓的大事,既轻抛时光又急不可待,还能活多久呢?"

郑国因为游楚作乱的缘故,六月初九,郑简公和他的大夫们在公孙段家举行盟誓,罕虎、子产、公孙段、印段、游吉、驷带等人也在闺门外私下结盟,实际上在薰隧。公孙黑硬参加了结盟,让太史写上他的名字,而且同其他六人并称"七子"。子产没有声讨他。

晋国的荀吴在太原打败了无终和各部狄人,这是因为他重视步兵的缘故。战斗开始前,魏舒说:"对方是步兵我们是战车,两军相遇的地方又狭窄险要,只要用十人对付一辆车,我们就必定被打败。假如被敌人围困在险要地方,我们又会被战胜。请全部改成步兵,从我开始。"于是丢弃战车改成步兵行列,五辆战车改编成三伍。荀吴的宠臣不肯编入步兵,就将他斩了来示众。编成五种战阵来互相配合,两阵在前,伍阵在后,专阵作为右翼,参阵作为左翼,偏阵作为前锋,以诱惑敌人。狄族人讥笑他们。没等狄族部队摆好战阵就逼近进攻,大胜他们。

莒国的展舆即位后,取消了很多公子的俸禄。公子们到齐国去请去疾。这年秋天,齐国的公子鉏把去疾送回莒国,展舆逃亡到吴国。

鲁国的叔弓领兵划定郓地的田界,是趁莒国发生动乱时进行的。在这时莒国的务娄、瞀胡和公子灭明率领大厖和常仪靡逃亡到齐国。

君子说:"莒国展舆不能立为君主,是丢掉了人才的缘故啊!人才可以丢掉的吗?《诗》上说:'要强大只有得贤人。'说得好啊!"

晋平公有病,郑简公派子产到晋国去聘问,并且探问病情。叔向询问子产说:"寡君的病加重,卜人说:'是实沈、台骀在降祸。'史官不知道他们,请问这是什么神?"子产回答说:"从前帝高辛有两个儿子,长子叫阏伯,小儿子叫实沈,住在旷林,互不认为对方有才能,每天动用武器互相攻打。帝尧认为他们不好,把阏伯迁到商丘,主管用辰星定时节。商朝人沿袭下来,所以辰星又叫商星。把实沈迁到大夏,主管用参星定时节,唐国人沿袭下来,以归服侍奉夏、商两朝,它的末代君主叫唐叔虞。正当武王夫人邑姜怀着太叔时,梦见天帝对自己说：'我给你的儿子取名叫虞，将赐封给他唐国，把他托给参星，而蕃殖养育他的子孙。'到生下来，在他手掌里有纹路像'虞'字，就用来替他取名字，等到成王灭了唐国，就封给了太叔，所以参星是晋国的星宿。由此看来，则实沈就是参星之神了。

"从前金天氏有后代叫昧，做水官的长官，生了允格、台骀。台骀能继承父亲的官业，疏通汾水洮水，为大泽修筑堤防，因而居住在广大的高原平地。帝颛顼因此嘉奖他，把他封在汾川，沈国、姒国、蓐国和黄国奉守着他的祭祀。现在晋国主宰了汾水一带而灭掉了这些国家。由此看来，则台骀就是汾水之神了。但这两位神与贵君的身体无关。山川之神，有时降下水旱瘟疫的灾祸，于是就祭祀他来除灾求福；日月星辰之神，有时降下霜雪风雨失常的灾祸，于是就祭祀他来除灾求福。至于国君的身体好坏，则是属于起居、饮食、哀乐的事，山川星辰之神又能怎样呢？

"我听说，君子有四段时间：早晨用来处理政事，白天用来咨询访问，晚上用来研究政令，夜里用来安养身体。在这时可以调节宣通体气，不要让它有闭塞不通的地方，致使自己身体衰弱，造成精神不爽朗，而使百事昏乱。现在恐怕是体气凝滞在一处，就生病了。我又听说，姬妾不能娶同姓，否则他的子孙不能兴旺。美女集于一人，也会使他生病，君子因此讨厌这个。所以古书记载说：'买姬妾不知道她的姓，就占卜一下。'对这两条，古人很慎重。男女婚嫁要辨别姓氏，这是重要的礼仪。现在国君宫内姬妾有四个同姓姬的，恐怕这个就是病因吧！如果由于这两条，病就不能治了。四个姬姓女子有节制还可以，不能的话就必定生病了。"

叔向说："说得好啊！我没有听说过这些，这些都是对的。"

叔向出来，行人子羽送他。叔向询问郑国的政事，并且问到子皙。子羽回答说："他还能活多久？没有礼仪而又喜欢陵驾他人之上，依仗富有而轻视他的上级，不能长久了。"

晋平公听到子产的话，说："他是个通晓事物道理的君子啊！"重重地送给他财礼。

晋平公向秦国求医，秦景公派医和去看病，医和说："病无法治了，这叫作亲近女人，得病像蛊症。不是由于鬼神，不是由于饮食，是因为惑乱而丧失意志。良臣将要死去，天命不能保佑。"晋平公问："女人不可亲近吗？"医和回答说："要节制。先王的音乐，是用来节制百事的，所以有五声的节奏，快和慢，开头和结尾互相顾及，声音中和然后降下来。五声降下停止之后，不应当再弹了。在这时再弹则有烦琐的手法和靡靡之音，使人心壅蔽，听觉阻塞，就会忘记了平正和谐，因此君子是不听的。事情也像音乐一样，一到烦琐，就得放手，不要因此得病。君子接近琴瑟，是用来调适礼节的，不是用来使心壅蔽的。天有六种气候，降到地上产生五种口味，生发出五种颜色，表现为五种声音，过度了就产生六种疾病。所谓六气，是指阴、阳、风、雨、晦、明。划分为四段时间，排次为五声的节奏。六气过度就成灾祸，阴过度生寒病，阳过度生热病，风过度手脚生病，雨过度肠胃生病，昏暗过度生惑乱病，光明过度精神生病。女人，是属于阳性之事而时间在晚上，过度了就会产生内热惑乱的疾病。现在您不加节制不守时间，能不达到这种地步吗？"

医和出来，告诉赵孟晋平公的病情。赵孟问："良臣对谁而言？"医和回答说："指的是您。您辅佐晋国，到现在八年了，晋国没有动乱，诸侯朝聘没有缺失，可说是良臣了。我听说，国家的大臣，以君王的宠信爵禄为荣，以国家的大节为重任，如果有灾祸发生而不改变自己的做法，必定受到它的祸害。如今国君由于没有节制而生病，将不能再为国家图谋考虑，什么灾祸比这个更大呢？您不能加以制止，所以我才这样说。"赵孟问："什么叫作蛊？"医和回答说："蛊是过度沉迷和惑乱所产生的根源。在文字上，皿上有虫叫做蛊。谷物中的飞虫也叫作蛊。在《周易》中，女人迷惑男人，大风吹落山木叫做蛊。这都是属于同类。"赵孟说："是个好医生啊！"重重地赠送给他礼物，送他回国。

楚国的公子围派公子黑肱、伯州犁修筑犫、栎、郏等城，郑国人害怕。子产说："没有妨害。是令尹打算干大事而先要除掉两位。灾祸不会连及郑国，担心什么呢？"

冬天，楚国的公子围要到郑国聘问，伍举担任副使。没有走出国境，听说楚王有病就返回来，伍举就到郑国聘问。十一月初四日，公子围到达，进宫探问楚王的病情，把楚王勒死了，随即又杀掉他的两个儿子幕和平夏。右尹子干逃亡到晋国，宫厩尹子皙逃亡到郑国。公子围把太宰伯州犁杀死在郏地。把楚王埋葬在郏地，称他为郏敖。派使者到郑国报丧，伍举向使者问关于继承人的措辞，使者回答说："你就称'寡大夫围'。"伍举更改说："共王的儿子围是老大。"

子干逃亡到晋国，带着兵车五辆。叔向让他与秦公子铖享受相同食禄，都是一百人的口粮。赵孟说："秦公子富有。"叔向说："取得食禄要靠德行，德行相等根据年龄，年龄相同时考虑地位。公子的食禄按照他的国家来定，没听说按照富有来定。况且带着千辆兵车离开他的国家，强暴也太过分了。《诗》上说：'不欺侮鳏夫寡妇，不害怕强暴。'秦、楚两国是匹敌的国家。"于是让铖与子干并列。铖辞谢说："我害怕被放逐，楚公子不得信任，因此都来到晋国，也就唯命是听吧！不过朝臣与旅居的客人并列，恐怕不可以吧？史佚有话说：'不敬重客人，还敬重谁呢？'"

楚灵王即位，远罢做令尹，远启强做太宰。郑国的游吉前往楚国参加郏敖的葬礼，并且聘问新立的国君。回国，他对子产说："准备好行装吧！楚王骄傲奢侈而又自我欣赏他的作为，必然要会合诸侯，我们不用几天就要去了。"子产说："没有几年是不能办到的。"

十二月，晋国已经举行了烝祭。赵孟去到南阳，准备祭祀孟子余。初一日，在温地家庙举行烝祭，初七赵孟死去。郑简公前往晋国吊唁，到达雍地就返回了。

昭公二年

【原文】

二年：春，晋侯使韩起来聘。

夏，叔弓如晋。

秋，郑杀其大夫公孙黑。

冬，公如晋，至河乃复。

季孙宿如晋。

二年春，晋侯使韩宣子来聘，且告为政而来见，礼也。观书于大史氏，见《易》《象》与《鲁春秋》，曰："周礼尽在鲁矣。吾乃今知周公之德与周之所以王也。"公享之。季武子赋《绵》之卒章。韩子赋《角弓》，季武子拜，曰："敢拜子之弥缝敝邑，寡君有望矣。"武子赋《节》之卒章。既享，宴于季氏。有嘉树焉，宣子誉之。武子曰："宿敢不封殖此树，以无忘《角弓》！"遂赋《甘棠》。宣子曰："起不堪也，无以及召公。"

宣子遂如齐纳币。见子雅；子雅召子旗，使见宣子。宣子曰："非保家之主也，不臣。"见子尾；子尾见彊，宣子谓之如子旗。大夫多笑之，唯晏子信之，曰："夫子，君子也。君子有信，其有以知之矣。"

自齐聘于卫，卫侯享之。北宫文子赋《淇澳》，宣子赋《木瓜》。

夏四月，韩须如齐逆女。齐陈无宇送女，致少姜。少姜有宠于晋侯，晋侯谓之"少齐"。谓陈无宇非卿，执诸中都。少姜为之请，曰："送从逆班。畏大国也，犹有所易，是以乱作。"

叔弓聘于晋，报宣子也。晋侯使郊劳，辞曰："寡君使弓来继旧好，固曰'女无敢为宾'。彻命于执事，敝邑弘矣，敢辱郊使？请辞。"致馆，辞曰："寡君命下臣来继旧好，好合使成，臣之禄也。敢辱大馆？"叔向曰："子叔子知礼哉！吾闻之曰：'忠信，礼之器也。卑让，礼之宗也。'辞不忘国，忠信也；先国后己，卑让也。《诗》曰：'敬慎威仪，以近有德。'夫子近德矣。"

秋，郑公孙黑将作乱，欲去游氏而代其位，伤疾作而不果。驷氏与诸大夫欲杀之。子产在鄙闻之，惧弗及，乘遽而至；使吏数之，曰："伯有之乱，以大国之事而未尔讨也。尔有乱心无厌，国不女堪。专伐伯有，而罪一也；昆弟争室，而罪二也；薰隧之盟，女矫君位，而罪三也。有死罪三，何以堪之？不速死，大刑将至！"再拜稽首，辞曰："死在朝夕，无助天为虐。"子产曰："人谁不死？凶人不终，命也。作凶事，为凶人。不助天，其助凶人乎？"请以印为褚师，子产曰："印也若才，君将任之；不才，将朝夕从女。女罪之不恤，而又何请焉？不速死，司寇将至。"七月戊寅，缢。尸诸周市之衢，加木焉。

晋少姜卒。公如晋，及河；晋侯使士文伯来辞，曰："非伉俪也。请君无辱。"公还，季孙宿遂致服焉。

叔向言陈无宇于晋侯曰："彼何罪？君使公族逆之，齐使上大夫送之，犹曰不共：君求以贪！国则不共，而执其使；君刑已颇，何以为盟主？且少姜有辞。"冬十月，陈无宇归。

十一月，郑印段如晋吊。

【译文】

鲁昭公二年春天，晋平公派韩起前来鲁国聘问。夏天，叔弓到晋国去。秋天，郑国杀

了它的大夫子皙。冬天，昭公前往晋国，到达黄河边就返回来了。季孙宿前往晋国。

昭公二年春天，晋平公派韩宣子来鲁国聘问，并且通告他掌握了国政，因此而来进见，是合乎礼的。韩宣子在太史那里参观藏书，看到了《易》《象》和《鲁春秋》，说："周礼都在鲁国了，我今天才知道周公的盛德以及周朝之所以称王天下的原因了。"鲁昭公宴享他，席间季武子吟《绵》诗的末章，韩宣子吟《角弓》。季武子叩拜，说："谨拜谢您光临敝邑，我们国君有希望了。"又吟了《节南山》的末章。宴享结束，又在季武子家里宴饮，在那里有一棵好树，韩宣子赞美它。季武子就说："我怎敢不培植好这棵树，来表示不忘记您赋《角弓》。"于是吟了《甘棠》诗。韩宣子说："我担当不起，没法赶得上召公。"

韩宣子不久到齐国去奉献订婚彩礼。进见子雅，子雅召来了儿子子旗，让他拜见韩宣子。宣子说："不是保有家族的大夫，不像个臣子。"韩宣子进见子尾，子尾让儿子子强来拜见，韩宣子说他像子旗一样。大夫大多讥笑他，只有晏子认为他讲得对，说："韩宣子是个君子。君子有诚信，他的见解是有根据的。"

韩宣子又从齐国到卫国去聘问。卫襄公宴享他，北宫文子吟《淇澳》一诗，宣子吟了《木瓜》一诗。

夏四月，韩须到齐国迎接齐女。齐国的陈无宇送少姜，把她送到晋国。少姜受到晋平公的宠爱，晋平公称她为少齐。晋平公认为陈无宇不是卿，在中都把他拘捕起来。少姜替他请求说："送亲的人地位应依从于迎亲的人，只是因为害怕大国，才有所改变，因此发生混乱。"

叔弓到晋国聘问，是对韩宣子来访的回报。晋平公派使臣到郊外慰劳，他辞谢说："寡君派我来继续发展过去的友好关系，坚持说：'你不能作为宾客！'只要把君命禀报给执事，敝邑就大为光彩了，岂敢烦劳郊使！"让他到宾馆去住，又辞谢说："寡君命令下臣前来继续过去的友好关系，友好结合，使命完成，就是我的福分，岂敢烦劳大宾馆！"叔向说："叔弓懂得礼啊！我听说：'忠信，是礼的载体；卑让，是礼的主体。'言辞不忘国家，这是忠信；先国后己，这是卑让。《诗》上说：'严肃慎重你的威仪，以亲近有德君子。'他老人家接近有德了。"

秋天，郑国子皙打算发动叛乱，想要除掉游氏而取代他的地位，但伤痛发作而未能实现。驷氏和大夫们想要杀了他。子产正在边境城邑，听说了此事，害怕赶不上，就乘驿车赶到，派官吏历数子皙的罪状，说："伯有那次叛乱，因为正与大国有事，没有讨伐你。你有叛乱之心，没有满足，国家不能容忍你。专权而攻打伯有，是你的第一条罪状；兄弟争夺妻室，是你的第二条罪状；薰隧之盟时，你假托君位，是你的第三条罪状。有三条死罪，怎么能容忍你？不快点去死，死刑将落到你的头上。"子皙拜了两拜，磕头推脱说："我的死就在早晚之间，不要帮着上天来惩处我了。"子产说："人谁不死？恶人不得善终，这是天命。做了恶事，就是恶人，不帮助天，难道帮助恶人吗？"子皙请求让他儿子印做市官，子产说："印如果有才能，君王将任用他；没有才能，早晚将步你的后尘。你不担心自己的罪过，却又请求什么？不赶快去死，刑法官将要到来。"七月初一日，子皙自缢。暴尸在周

氏的大路上示众，尸体上放有写着罪状的木牌。

晋平公的爱妾少姜死了。昭公到晋国去，走到黄河边，晋平公派士文伯来辞谢，说："不是正式配偶，请您不必屈驾了！"昭公返回，季孙宿就到晋国去送丧服。

叔向对晋平公谈到陈无宇说："他有什么罪？您派公族大夫去迎亲，齐国派上大夫送亲，还说不恭敬，您的要求也太过分了。我国倒是不恭，却抓了他们的使者。您的刑罚太偏，靠什么做盟主？况且少姜还替陈无宇说过话。"冬十月，陈无宇被释放回国。

十一月，郑国的印段前往晋国吊唁。

昭公三年

【原文】

三年：春，王正月丁未，滕子原卒。

夏，叔弓如滕。

五月，葬滕成公。

秋，小邾子来朝。

八月，大雩。

冬，大雨雹。

北燕伯款出奔齐。

三年春，王正月，郑游吉如晋，送少姜之葬。梁丙与张趯见之，梁丙曰："甚矣哉，子之为此来也！"子大叔曰："将得已乎！昔文、襄之霸也，其务不烦诸侯，令诸侯三岁而聘、五岁而朝、有事而会、不协而盟。君薨，大夫吊，卿共葬事；夫人，士吊，大夫送葬。足以昭礼、命事、谋阙而已，无加命矣。今嬖宠之丧，不敢择位，而数于守适，唯惧获戾，岂敢惮烦？少齐有宠而死，齐必继室。今兹吾又将来贺，不唯此行也。"张趯曰："善哉！吾得闻此数也。然自今子其无事矣。譬如火焉，火中，寒暑乃退。此其极也，能无退乎？晋将失诸侯，诸侯求烦不获。"二大夫退，子大叔告人曰："张趯有知，其犹在君子之后乎？"

"丁未，滕子原卒。"同盟，故书名。

齐侯使晏婴请继室于晋，曰："寡君使婴曰：'寡人愿事君，朝夕不倦。将奉质币以无失时，则国家多难，是以不获。不腆先君之适以备内官，焜燿寡人之望；则又无禄，早世殒命，寡人失望。君若不忘先君之好，惠顾齐国，辱收寡人，徼福于大公、丁公，照临敝邑，镇抚其社稷，则犹有先君之适及遗姑姊妹若而人。君若不弃敝邑，而辱使董振择之，以备嫔嫱，寡人之望也！'"

韩宣子使叔向对曰："寡君之愿也。寡君不能独任其社稷之事，未有伉俪；在缞绖之中，是以未敢请。君有辱命，惠莫大焉！若惠顾敝邑，抚有晋国，赐之内主；岂唯寡君，举群臣实受其贶，其自唐叔以下实宠嘉之。"

既成昏,晏子受礼,叔向从之宴,相与语。叔向曰:"齐其何如?"晏子曰:"此季世也,吾弗知,齐其为陈氏矣。公弃其民,而归于陈氏。齐旧四量:豆、区、釜、钟。四升为豆,各自其四,以登于釜,釜十则钟。陈氏三量,皆登一焉,钟乃大矣。以家量贷,而以公量收之。山木如市,弗加于山;鱼盐蜃蛤,弗加于海。民参其力,二入于公,而衣食其一。公聚朽蠹,而三老冻馁。国之诸市,屦贱踊贵。民人痛疾,而或燠休之,其爱之如父母,其归之如流水。欲无获民,将焉辟之?箕伯、直柄、虞遂、伯戏,其相胡公、大姬,已在齐矣!"

叔向曰:"然。虽吾公室,今亦季世也。戎马不驾,卿无军行;公乘无人,卒列无长。庶民罢敝,而公室滋侈。道殣相望,而女富溢尤。民闻公命,如逃寇雠。栾、郤、胥、原、狐、续、庆、伯,降在皂隶,政在家门,民无所依。君日不悛,以乐慆忧。公室之卑,其何日之有?《谗鼎之铭》曰:'昧旦丕显,后世犹怠。'况日不悛,其能久乎?"

晏子曰:"子将若何?"叔向曰:"晋之公族尽矣。肸闻之,公室将卑,其宗族枝叶先落,则公〔室〕从之。肸之宗十一族,唯羊舌氏在而已。肸又无子;公室无度,幸而得死,岂其获祀?"

初,景公欲更晏子之宅,曰:"子之宅近市,湫隘嚣尘,不可以居,请更诸爽垲者。"辞曰:"君之先臣容焉。臣不足以嗣之,于臣侈矣。且小人近市,朝夕得所求,小人之利也。敢烦里旅?"公笑曰:"子近市,识贵贱乎?"对曰:"既利之,敢不识乎?"公曰:"何贵何贱?"于是景公繁于刑,有鬻踊者,故对曰:"踊贵屦贱。"既已告于君,故与叔向语而称之。景公为是省于刑。君子曰:"仁人之言,其利博哉!晏子一言而齐侯省刑。《诗》曰:'君子如祉,乱庶遄已。'其是之谓乎!"

及晏子如晋,公更其宅。反,则成矣。既拜,乃毁之,而为里室皆如其旧,则使宅人反之,(且)〔曰:"〕谚曰:'非宅是卜,唯邻是卜。'二三子先卜邻矣。违卜不祥。君子不犯非礼,小人不犯不祥,古之制也。吾敢违诸乎?"卒复其旧宅,公弗许。因陈桓子以请,乃许之。

夏四月,郑伯如晋,公孙段相,甚敬而卑,礼无违者。晋侯嘉焉,授之以策,曰:"子丰有劳于晋国,余闻而弗忘。赐女州田,以胙乃旧勋。"伯石再拜稽首,受策以出。君子曰:"礼,其人之急也乎!伯石之(汰)〔汏〕也,一为礼于晋,犹荷其禄,况以礼终始乎?《诗》曰:'人而无礼,胡不遄死?'其是之谓乎!"

初,州县,栾豹之邑也。及栾氏亡,范宣子、赵文子、韩宣子皆欲之。文子曰:"温,吾县也。"二宣子曰:"自郘称以别,三传矣。晋之别县不唯州,谁获治之?"文子病之,乃舍之。二〔宣〕子曰:"吾不可以正议而自与也。"皆舍之。及文子为政,赵获曰:"可以取州矣。"文子曰:"退!二子之言,义也。违义,祸也。余不能治余县,又焉用州?其以徼祸也?君子曰:'弗知实难。'知而弗从,祸莫大焉!有言州必死!"

丰氏故主韩氏,伯石之获州也,韩宣子为之请之,为其复取之之故。

五月,叔弓如滕葬滕成公,子服椒为介。及郊,遇懿伯之忌,敬子不入。惠伯曰:"公事有公利,无私忌。椒请先入。"乃先受馆。敬子从之。

晋韩起如齐逆女。公孙虿为少姜之有宠也，以其子更公女而嫁公子。人谓宣子："子尾欺晋，晋胡受之？"宣子曰："我欲得齐而远其宠，宠将来乎？"

秋七月，郑罕虎如晋，贺夫人，且告曰："楚人日徵敝邑，以不朝立王之故。敝邑之往，则畏执事其谓寡君：'而固有外心。'其不往，则宋之盟云。进退罪也！寡君使虎布之。"宣子使叔向对曰："君若辱有寡君，在楚何害？修宋盟也。君苟思盟，寡君乃知免于戾矣。君若不有寡君，虽朝夕辱于敝邑，寡君猜焉。君实有心，何辱命焉？君其往也！苟有寡君，在楚犹在晋也。"

张趯使谓大叔曰："自子之归也，小人粪除先人之敝庐，曰：'子其将来。'今子皮实来，小人失望。"大叔曰："吉贱，不获来，畏大国，尊夫人也。且孟曰'而将无事'，吉庶几焉。"

小邾穆公来朝，季武子欲卑之。穆叔曰："不可。曹、滕、二邾实不忘我好，敬以逆之犹惧其贰，又卑一睦，焉逆群好也？其如旧而加敬焉！《志》曰：'能敬无灾。'又曰：'敬逆来者，天所福也。'"季孙从之。

"八月，大雩"，旱也。

齐侯田于莒，卢蒲嫳见，泣，且请曰："余发如此种种，余奚能为！"公曰："诺！吾告二子。"归而告之。子尾欲复之。子雅不可，曰："彼其髪短而心甚长，其或寝处我矣！"九月，子雅放卢蒲嫳于北燕。

燕简公多嬖宠，欲去诸大夫而立其宠人。冬，燕大夫比以杀公之外嬖。公惧，奔齐。书曰："北燕伯款出奔齐。"罪之也。

十月，郑伯如楚，子产相。楚子享之，赋《吉日》。既享，子产乃具田备，王以田江南之梦。

齐公孙灶卒。司马灶见晏子，曰："又丧子雅矣。"晏子曰："惜也！子旗不免，殆哉！姜族弱矣，而妫将始昌。二惠竞爽犹可，又弱一个焉，姜其危哉！"

【译文】

鲁昭公三年春天，周历正月初九，滕成公死了。夏天，叔弓去到滕国。五月，为滕成公举行葬礼。秋天，小邾穆公来鲁国朝聘。八月，举行求雨大祭。冬天，下大冰雹。燕简公款逃亡到晋国。

鲁昭公三年春天，周历正月，郑国的游吉到晋国去，为少姜送葬。晋大夫梁丙和张趯接见他。梁丙说："过礼了！您为这件事而来。"游吉说："我能不来吗？过去文公、襄公做霸主时，他们的事务不烦劳诸侯。命令诸侯三年聘问一次，五年朝觐一次，有事才会见，不和睦才盟誓。君王死去，大夫吊丧，卿参与丧事。夫人死了，士吊丧，大夫送葬。只要足以表明礼仪，发布命令，商量补救缺失就行了，没有多余的命令。现在宠姬的丧事，不敢选择适当职位的人来参加丧礼，因而礼数超过正夫人。惟恐得罪贵国，哪里还敢怕烦劳？少姜得宠而死，齐国必定另嫁女子来做继室，今年我又将前来祝贺，不只是这一趟啊。"张趯说："好啊，我能听到这样的礼数！但从现在起，您将没事了。就好像大火星，它

居于天空正中,寒气暑气就消退。这次就是他的顶峰,能不消退吗? 晋国将失去诸侯,诸侯想自找麻烦还得不到呢。"两位大夫退出,游吉告诉别人说:"张趯有真知灼见,大概还在君子的行列里吧!"

正月初九日,滕成公死了。因为是鲁国的盟国,所以《春秋》记载他的名字。

齐景公派晏婴向晋国请求嫁女子去做继室。说:"寡君派遣我来时说:'寡人愿意侍奉君主,早晚都不倦怠,想要奉献财礼,以按时朝聘,只是国家多难,因此未能得到机会。敝先君的嫡女,在君主内宫充数,照亮了寡人的希望,却又没有福分,过早地死去,寡人失去了希望。君主如果不忘记先君的友好,加恩顾念齐国,屈尊收容寡人,为寡人向大公、丁公求福,光辉照临敝邑,安抚我们的国家,那么还有先君的嫡女及留下的姑姐妹若干人。君主如果不嫌弃敝邑,而派使者慎重地加以选择,以充姬妾,实在是寡人的愿望。'"

韩宣子派叔向回答说:"这正是寡君的愿望。寡君不能单独承担国家大事,又没有正夫人。由于在服丧期间,所以没敢请婚。贵君有命令,没有比这更大的恩惠了。如果加恩顾念敝邑,安抚晋国,赐给晋国内主,岂止是寡君,连所有臣下都将受到恩赐。也许从先祖唐叔以下的人都会尊崇赞许他。"

订婚之后,晏子接受晋国宴享,叔向陪他饮宴,互相谈话。叔向问:"齐国怎么样?"晏子说:"现在是末世,我难说齐国不会成为陈氏的了。国君抛弃他的人民,而迫使他们归向陈氏。齐国过去有豆、区、釜、钟四种量器,四升为一豆,豆和区各自进四,而达到釜,十釜就是一钟。陈氏的豆、区、釜三种量器,都比齐国量器增大一成,钟的容量就大了。陈氏用私家量器借出,而用公家量器收进。山上的木材运往市场,价格不比在山上高;鱼盐蜃蛤运往市场,价格不比在海边贵。假如老百姓把力气分为三份,有两份交给了国君,只有一份维持衣食。国君聚敛的财货腐烂虫蛀,而老百姓却挨冻受饿。国内的各个市场,鞋子便宜假腿昂贵。百姓有痛苦疾病,只要有人去抚慰他们。他们就像爱父母一样爱他,像流水一样归附他,想要不得到百姓拥护,又哪里能躲避? 箕伯、直柄、虞遂、伯戏等陈氏的祖先,以及他们的后代胡公、太姬,都已在齐国了。"

叔向说:"是这样。即使是我们公室,现在也是末世了。国君的战马已不驾车,卿已不率领军队,公室的车乘左右没有好的人才,军队没有好的长官。百姓疲困,宫室却更加奢侈。道路上饿死的人触目皆是,而宠姬的家里更加富裕。老百姓听到国君的命令,就像躲避强盗仇敌。栾、郤、胥、原、狐、续、庆、伯等八家旧臣子孙已沦为低贱仆隶,政权落在私家,老百姓无所依靠。国君天天不思悔改,以欢乐掩盖忧患。公室的卑微衰落,还有多少日子呢? 逸鼎的铭文说:'每天清晨起来,功绩就会伟大显赫,后代却还懒得去做。'何况天天不思悔改,难道能长久吗?"

晏子说:"您怎么办?"叔向说:"晋国的公族完了。我听说,公室将要衰落,它的宗族像树的枝叶一样首先凋零,公室就跟着凋零了。我的宗族有十一族,唯有羊舌氏还在。我又没有好儿子,公室又没有法度,得到善终就是幸运,难道还能获得祭祀吗?"

起初,齐景公要更新晏子的住宅,说:"您的住房靠近市场,低湿狭小,喧闹多尘,不可

用来居住，请您换到高爽干燥的房子里去。"晏子辞谢说："君王的先臣住在这里，我还不足以继承他们，住在这里对我来说已算奢侈了。而且小臣靠近市场，早晚可以得到所要的东西，这是小臣的便利，岂敢麻烦里旅？"景公笑着说："您靠近市场，知道价格高低吗？"晏子回答说："既然以它为利，岂能不知道？"景公问："什么贵什么便宜？"当时景公滥用刑罚，市场有出卖假腿的，所以晏子回答说："假腿贵鞋子便宜。"晏子已经告诉景公，所以和叔向谈话时称引此事。景公因此减省刑罚。君子说："仁人的话，它的利益多么广博啊！晏子一句话而齐景公减省刑罚。《诗》上说：'君子如果喜悦，祸乱可能很快平息。'说的就是这种情况吧！"

等到晏子前往晋国，景公便更新他的住宅。他回国时，已经完成了。晏子拜谢以后，就拆毁了它，重新修建邻居的房屋，都像原来的一样，随即让原来的住户返回来住，说："俗话讲：'不选择房子，只选择邻居。'这几位已先占卜选择过邻居了。违背占卜不吉利。君子不触犯非礼的事，小人不触犯不吉利的事，这是古代的制度。我敢违背它吗？"晏子终于恢复他的旧宅。起初景公不允许，晏子托陈桓子去请求，才准许了。

夏四月，郑简公前往晋国，公孙段担任相礼，非常恭敬而且谦卑，没有违背礼仪的地方。晋平公赞赏他，授给他策书，说："子丰对晋国有功劳，我听说了没有忘记。赐给你州县田土，以酬报你家过去的功勋。"公孙段拜了两拜磕头，接受了策书出来。君子说："礼仪，大约是人所急需的吧！公孙段这样骄傲，一旦在晋国讲究点礼仪，尚且蒙受它的福禄，何况始终讲求礼仪呢？《诗》上说：'人如果没有礼仪，为什么不赶快去死？'说的大概就是这个吧！"

起初，州县是栾豹的封邑。等到栾氏败亡，范宣子、赵文子、韩宣子都想要这块地方。赵文子说："温县是我的县。"两位宣子说："从郤称划分州县、温县以来，已经传了三家了。再说晋国把一县划分为二的不只是州县，谁还能得到以前的地域去治理？"赵文子感到内疚，就放弃了。两位宣子说："我们不能因为说话得理而把好处给自己。"他们就都放弃了。等到赵文子执政，他儿子赵获说："可以取得州地了。"赵文子说："退下！两位宣子的话，合乎道义。违背道义，就是祸患。我不能治理我的封邑，又哪里用得着州地？难道用来招灾祸？君子说：'不懂得道义是很艰危的。'懂得了却不照着去做，灾祸没有比这更大的了。有再说州地的一定处死！"

丰氏原来住在韩宣子家里，公孙段得到州地，是韩宣子替他请求的，这是为了他将来可以再次取得州地的缘故。

五月，叔弓前往滕国，参加滕成公的葬礼，子服椒做副使。到达郊外，碰上子服椒父亲懿伯的忌日，叔弓不肯进城。子服椒说："公事有公家的利益，没有私家的忌讳，请允许我先进去。"他就先进城接受了宾馆的招待，叔弓跟着进了城。

晋国的韩宣子到齐国迎接齐女。公孙虿因为少姜在晋国受到宠幸的缘故，把自己的女儿换下齐景公的女儿，而把齐景公的女儿嫁给别的公子。有人对韩宣子说："公孙虿欺骗晋国，你们晋国为何接受？"宣子说："我想要得到齐国却疏远它的宠臣，宠臣能来吗？"

秋天七月,郑国子皮前往晋国,祝贺夫人,并且报告说:"楚国人天天责问敝国,因为敝国没有去朝贺他们新立的国君。敝国如果前去朝贺,则害怕执事会说寡君本来就有外心;如果不去,则担心违背宋国盟约的规定。可说进退都是罪过。寡君派我陈述这个难处。"韩宣子派叔向回答说:"贵君如果心存寡君,在楚国又有什么妨害?那是为了重修宋国的盟会。贵君如果想到盟约,寡君就知道免于罪过了。贵君如果心中没有寡君,即使从早到晚光临敝国,寡君还是有猜疑。贵君确实心存寡君,何必烦劳来告诉我们?君还是去楚国吧!如果心存寡君,在楚国就好像在晋国一样。"

张趯派人对游吉说:"自从您回到郑国以来,我就打扫先人的旧房子,说:'您大概会来的!'现在实际来的是子皮,小人感到失望。"游吉说:"我地位低下,不能前来,这是敬畏大国,尊敬夫人的缘故。而且张趯说过:'你将没事了。'我也许可以没事了吧!"

小邾穆公前来朝见,季武子打算用低一级的礼仪接待他,叔孙豹说:"不可以。曹国、滕国和两个邾国,确实没忘记和我国的友好,恭敬地迎接他们,还担心他们有二心,又降低一个和睦国家的地位,怎么能迎接其他友好国家呢?还是像过去一样并且更加恭敬!古书说:'能恭敬没有灾祸。'又说:'恭敬地迎接来宾,是上天降福的原因。'"季武子听从了他的意见。

八月,举行求雨大祭,是因为天旱的缘故。

齐景公在莒国打猎,卢蒲嫳来进见,边哭边请求说:"我头发短得像这样了,我还能干什么?"景公说:"好的。我告诉子尾、子雅两位。"景公回去就告诉了他们。子尾想要让他复职,子雅不赞成,说:"他头发短但心计很长,也许要坐卧到我们的皮上了。"九月,子雅把卢蒲嫳放逐到北燕。

燕简公有很多宠爱的人,打算去掉大夫们而立他宠幸的人。冬天,燕国大夫联合起来杀了简公的宠臣。简公害怕了,逃亡到齐国。《春秋》记载说:"北燕伯款出奔齐。"就是归罪于他。

十月,郑简公到楚国,子产辅助。楚灵王宴享他们,吟诵了《吉日》一诗。宴享结束,子产就准备打猎的用具,楚灵王与郑简公到江南的云梦去打猎。

齐国的子雅死了,司马灶见到晏子说:"又失去了子雅了!"晏子说:"可惜啊!子旗也不能免除灾祸,危险啊!姜家衰落了,而妫家将开始兴旺。惠公的两个后代都强劲高明还可以,现在又丧失了一个,姜家危险啊!"